南开大学历史学院教育基金资助（范曾先生捐赠）

南开大学中外文明交叉科学中心资助

南开史学家论丛
第四辑

史学史研究的理论与实践

乔治忠 著

中华书局

图书在版编目(CIP)数据

史学史研究的理论与实践/乔治忠著. —北京:中华书局,
2023.2
(南开史学家论丛. 第四辑)
ISBN 978-7-101-16052-9

Ⅰ. 史…　Ⅱ. 乔…　Ⅲ. 史学史-研究　Ⅳ. K09

中国版本图书馆 CIP 数据核字(2022)第 241515 号

书　　名　史学史研究的理论与实践
著　　者　乔治忠
丛 书 名　《南开史学家论丛》第四辑
责任编辑　杜艳茹
责任印制　陈丽娜
出版发行　中华书局
(北京市丰台区太平桥西里 38 号　100073)
http://www.zhbc.com.cn
E-mail:zhbc@zhbc.com.cn
印　　刷　三河市中晟雅豪印务有限公司
版　　次　2023 年 2 月第 1 版
2023 年 2 月第 1 次印刷
规　　格　开本/920×1250 毫米　1/32
印张 17　插页 2　字数 488 千字
印　　数　1-900 册
国际书号　ISBN 978-7-101-16052-9
定　　价　88.00 元

《南开史学家论丛》(第四辑

冯尔康　王敦书　范　曾　李治
陈志强　杨栋梁　常建华　王先

主编: 江沛(常务)　余新忠

出版说明

新世纪伊始，南开大学历史学科魏宏运、刘泽华、张国刚等先生与著名国画大师范曾先生商定，设立“范伯子史学基金”，资助出版《南开史学家论丛》第一辑，一为纪念南开史学的奠基一代，二为总结南开史学文脉一系，三为传承郑天挺、雷海宗等先生的教泽。第一辑收录了郑天挺、雷海宗、杨志玖、王玉哲、杨生茂、杨翼骧、来新夏、魏宏运等先生的文集（中国日本史、亚洲史研究的开拓者吴廷璆先生，因文集另外出版故暂未收入），九位先生可谓南开史学在20世纪50年代崛起的奠基一代，令人高山仰止。第一辑于2002年由中华书局出版后，产生了良好的学术和社会反响，形成了南开史学的品牌效应。

2003年，《南开史学家论丛》第二辑出版，收录刘泽华、冯尔康、俞辛焞、张友伦、王敦书、陈振江、范曾先生的文集。七位先生是20世纪80—90年代南开史学持续提升的学术带头人，可谓一时风流。

2007年，《南开史学家论丛》第三辑出版，收录南炳文、李治安、李喜所、陈志强、杨栋梁、王晓德六位先生的文集。确定入选者朱凤瀚、张国刚、李剑鸣先生此时调离南开，王永祥先生英年早逝，四位先生的文集未及编辑。诸位先生皆是南开史学崛起的股肱帅才。

《南开史学家论丛》第一至三辑，共收录了自郑天挺、雷海宗先生以下二十一位南开历史学科著名学者的文集，大致可分为三代学人，他们或治中古史、或修中近史、或览欧美文化、或观东洋史实。三代衣钵相继，奠基、传承、发扬，对相关学术方向皆有重要贡献，享誉史林，才有了南开史学近百年的无上荣光。这是一份能激动人心的史学积淀，一份能催人奋进的学脉遗产。

有鉴于此，南开大学历史学科学术委员会决定继续出版此套丛书的第四辑，委托江沛教授主持编务，以持续梳理南开史学的学术史，总结学科名家的高水平成果，向 2023 年南开史学的百年华诞献礼。

《南开史学家论丛》第四辑入选学者是：中国史学科的郑克晟、白新良、赵伯雄、张分田、杜家骥、乔治忠、许檀、王先明、常建华，世界史学科的杨巨平、李卓教授。十一位学者在各自领域皆有公认的学术成就，其学术活跃期多在 20—21 世纪之交前后三十年间，同样是南开史学第四代的代表性学者。

从四辑的入选学者名单可以看出，南开史学历经百年发展，先有梁启超、蒋廷黻、刘崇鋐、蔡维藩等先生筚路蓝缕，继有郑天挺、雷海宗先生代表的第二代深耕根基，再经刘泽华、冯尔康先生领衔的第三代发扬光大，继有多为 20 世纪 50 年代出生学者扛鼎的第四代学人守正创新，终于成就蔚然之史学重镇。

如今，南开史学百余名教师，秉承“惟真惟新、求通致用”的院训，以高水准的人才培养、求真创新的学术成果，打造出一支公认的实力雄厚、享誉全球的史学群体，努力为探寻中华传统文化、构建人类命运共同体而全力拼搏。

2019 年，南开大学提出“4211”发展战略，其中一个“1”，即是建立十个交叉科学中心，努力实现跨学科融汇，强调人文与自然科学两大学科间贯通、协同发展，以服务于国家战略及社会发展需求，这是中外文明交叉科学中心的宗旨所在。在文科率先成立的中外文明交叉科学中心，依托历史学科建设。《南开史学家论丛》第四辑，是一个学术品牌的延续，也是中国史、世界史两大学科成果的总结，凝结了对中外历史与文明的比较及思考。故而第四辑的出版，得到了南开大学中外文明交叉科学中心的资助，在此衷心致谢。

在《南开史学家论丛》第四辑出版之际，衷心感谢著名国画大师范曾先生对本丛书连续四辑的慷慨捐赠和大力支持，他致力弘扬中华优秀传统文化、尊师重道的精神令人敬仰。希望早日迎来第五、六辑的持续出版，让南开史学始终站在历史学的潮头，共同迎接中华民族的伟大复兴。

南开大学历史学科学术委员会
2020 年 12 月 12 日

目　录

第一章　史学理论探析

第二章　史家史书个案考析

第三章　史学专题考论

第一章　史学理论探析

论中国史学史的学术体系

中国史学史作为一门专史，自近代梁启超等学者倡导以来，起伏而扎实地发展起来。自 20 世纪 60 年代初，特别是 70 年代末开始，在老一辈史学家白寿彝、尹达、吴泽、杨翼骧等先生的教学、科研实践及宣传、推动下，学术成果日益丰硕，逐步地形成了一支比较稳定的专业队伍，学科重要性显现出来，因而受到国家教育与社会科学管理部门的重视，将史学史与史学理论结合起来，规定为历史学中八个二级学科之一。这为中国史学史的学科建设，提供了良好的条件。但是应当看到，许多大学的历史系至今未能开设中国史学史课程，专业研究一定程度上还处于"冷门"状态，其原因之一是史学界仍有很多人对史学史专业认识不清。因此，继续讨论史学史的基本性质和特点，特别是探讨中国史学史的学术体系问题，对于本学科的发展仍然很有必要。

一　史学史在认识论上的层次和特点

人类社会的各种知识，都是人对客观事物与对自身活动的认识。知识总是由片断的积累而逐步形成系统性，知识的系统化过程是持续的、不断组合与分流的进程，但总会存在着非系统知识与系统性知识的区别。系统性知识不同于零散、片断的知识，它把握了知识各部分内容的内在联系，一定程度上认识到了相关事物的本质及其演化规律。例如化学知识原本是一些片断经验的总结，经过相当长期的积累，终于产生了反映化学变化本质与规律性内容的门捷列夫周期律，这使化学成为具有严密系统性的知识，化学遂形成自身的学术体系。其他学科的学术体系在结构上不必尽同，但必须具备一套系统性的知识结构，则应是最基本的条件。知识的积累升华成为多种学术体系，这是人类社会最可宝贵的文化财富。

人们的社会活动，在某种意义上可以分为实践活动和认识活动，二者是有机地联系在一起的。如果单从认识角度而言，人类不仅在实践中需要对自然界的客观事物加以认识，而且需要对自身社会的认识。人们对自然界的认识，逐步形成各门类的自然科学；对社会问题的认识，则形成各种社会科学。其中历史学是对人类既往一切活动的认识，这里的"一切活动"包括实践活动、认识活动，既包括面对自然界的实践和认识，也包括社会关系之内的实践和认识活动，是这些活动"写实性"的综合与总结。历史学的研究对象十分广泛，乍看包吞千有、层层叠叠，然而既往的人类活动是贯穿所有涉及问题的主线，历史学研究的只是人类实践与认识活动所涉及的范围。由于人类实践与认识的范围由狭至广、由浅到深，呈现为有序的发展进程，以此为对象的历史学也就能够成为系统的知识体系。

历史学在认识上的特点，除了范围极广而且统摄于一体的综合性之外，最明显的是动态回顾性与写实性。所谓"动态回顾性"，是指历史学的研究对象是既往的人类活动，而不是现实的和未来的事物。但历史学将既往的人类活动看作前后相承、连续发展的过程，是以动态的眼光研究过去，因此，历史学不但可以参与设计人类的现实生活和未来发展，而且史学家必须站在现代的、前沿的思想高度才能做好历史的研究。所谓"写实性"，是指历史学不仅要对研究对象予以概括和总结，还必须记述其客观的真情实景，而有条理、有体系地记述真实的历史场景，应当是历史学的基本的和主要的内容。从历史学的综合性、动态回顾性、写实性等三个认识特点可以看出：历史学是人类对于自身社会的一种特殊的反思，其最终目标不是将既往的一切用肢解的方式剖析，而是将之有序地活化起来，从而能够比实际的社会生活更清晰地展现其发展的本质。

人类理性思维总是具有两个相辅相成的认识方向，一是对客观对象的认识，二是对“自身”的反思，反思实际上是将“自身”的历程当作一个客观的对象来认识，历史学之形成体系，充分表明这种反思是必要的和不可限止的。历史学本身也有其发生、发展的历史，它在不断完善的进程中，同样会出现两种认识方向，即继续认识人类的既往活动，并且向内作自身的反思，前者的积累导致后者的发生，后者的开展推动前者的深化。史学史、史学理论就是历史学作出自我反思的系统性学问，二者又有密切的联系，史学史要研究史学理论发展的历史，而史学理论必然包括对史学史成果的概括与总结。古代伟大史学家司马迁在撰史的过程中，对于以往的史学状况有深入的反思，他在《十二诸侯年表序》中分析了孔子作《春秋》的背景、用意和作用，叙述了承《春秋》之意而撰写的《左氏春秋》《铎氏微》《虞氏春秋》等等史籍，以及战国时期诸子“各往往捃摭《春秋》之文以著书”的现象，指出了“儒者断其义，驰说者骋其辞，不务综其终始”①的缺陷；《六国年表序》又指出“学者牵于所闻，见秦在帝位日浅，不察其终始”②的遗憾。因此，司马迁之所以立意撰写一部“原始察终”“通古今之变”的通史，盖由于反思以往史学状况而发现了其中的“不务综其终始”的问题，于是起而弥补之。唐代史学家刘知幾著《史通》一书，对既往史学发展作出理论性的反思和总结，其中《史官建置》《古今正史》是带有史学史含义的专篇。刘知幾的论述，有力地推动了中国古代史学的发展。而此前此后，对史学的反思、总结之文络绎不绝，频见于文集、书序，如明代魏显国《历代史书大全》卷首，撰有篇幅甚大的《史书总论》和《史书述略》。《史书总论》有“史体论”“史法论”“帝纪论”“列传论”等等各节，分类表述对撰述史书的理论性见解；《史书述略》评述各朝代出现的史籍，分析其得失，并且申明作者对诸史的取舍剪裁，表明《历代史书大全》就是在反思、总结历代史学成果的基础上撰写的。至清朝，不仅有章学诚撰著许多评析史学发展历程的理论性文章，而且清高宗亲拟乾隆元年的博学鸿词特科第二场试题即“史论问”③，提出一系列史学史性质的问题，涉及对历代史书的评价、修

---

① 《史记》卷一四《十二诸侯年表·序》，中华书局，1959年，第511页。

② 《史记》卷一五《六国年表·序》，第686页。

③ 载清高宗：《御制文初集》卷一四，景印文渊阁《四库全书》第1301册，台湾商务印书馆，1986年。

史制度的利弊、史学人才的标准、史学发展的源流等等。当时中试者齐召南的答问，无疑是一篇综述和评析史学发展历程的论文。[①]清朝乾隆时期官方史学繁荣兴旺，与朝廷首先倡导反思、总结历代史学很有关系。外国的史学，也是在总结前人成果和得失的基础上而有所发展，典型者如英国史学家R·G·柯林伍德，其名著《历史的观念》除《导论》外共有五编，而前四编乃是评述自古希腊到西方当代的史学。因此，史学理论与史学史的研究，对于整个历史学的进步是必不可少的。如果历史学是对于人类社会的一种反思，那么史学理论、史学史则是对于历史学的反思，是一种新的、更深一层的反思，是人类系统的思维活动不断深化、学术探讨不断进展的结果，是整个历史学蓬勃发展的产物。

就史学史而言，中国与外国相比，学科建设具有更大的必要性和重要性。中国自古以来史学极其发达兴盛，表现为：第一，历史记载和历史著述在时间上连续不断，从上古直至晚近，各个时期都有相应的史书；第二，史籍不但内容丰富，而且形式多样，形成同一时段内多种形式、多种内容范围的史籍；第三，史学与政治联系紧密，史学的社会功能明显，史学直接成为社会政治、文化和生活机制的一个组成部分；第四，史家群体成员广泛、队伍庞大，从皇帝、官员到平民，从文人、学者到武将，撰史者所在多有；第五，史学活动主体的非单一性，即官方和私家皆热衷修史；第六，中国古代官方、私家都对史书义例、史学方法、修史制度等问题进行了长期的探讨，积累了丰富的思想资料。诚如梁启超所言："中国于各种学问中，惟史学为最发达；史学在世界各国中，唯中国为最发达。"[②]这为中国史学史学科的建立和发展，提供了发掘不尽的素材、永不局促的天地。其他单一的民族和国家缺乏成熟的史学史学科体系，或无大碍，中国若不重视史学史研究，则为学术的一大残缺。

史学史是历史学发展的后续的学问，是又一层次的反思。但是却与历史学一样，具有综合性、动态回顾性、写实性等认识特点。认

---

① 见(清)齐召南：《宝纶堂文钞》卷一《史论》，清嘉庆间刻本。

② 梁启超：《中国历史研究法》第二章《过去之中国史学界》，上海古籍出版社，1987年，第10页。

识特点的相同,决定了研究方法的近似,这使一般历史学者感到可以方便地做一些史学史性质的研究,如研究断代史的学者能够研究该朝代的史家、史书和史学现象,促使史学史的学术成果因素增多。然而,史学史与整个历史学的认识特点相同,也造成一些问题和误解。自从梁启超提出研究中国史学史的建议,在学术上有所发展以来,史学界也出现各种异议,有人认为史学史算不上专门学问,历史学者人人皆可撰述;有人认为中国史学史已经出版著述,特别是金毓黻《中国史学史》面世之后,再无继续研究的必要了。[①]如此等等,皆缘于对史学史的学科性质认识不清,而深层的原因,盖由于认识特点和研究方法的类同,而觉得史学史不必成为相对独立的学术门类。不少史学家在大声疾呼重视中国史学史专业时,提出过"大学哲学系以哲学史为必修课、中文系以中国文学史为必修课,为什么许多历史系却不将中国史学史作为必修课"的问题,现在这种状况依然存在。究其原因,哲学史、文学史乃以历史学的方法进行研究,具有动态回顾性和写实性的认识特点,这与哲学、文学本身明显不同,从而容易将其认定为一门独立而必要的学科;史学史与历史学之间则不具备那样明显的区别,其区别在于认识对象的不同并且处于不同的反思层次,然而这是不易引为注意或容易被忽略的。朱杰勤先生的《中国古代史学史》竟将近代人洪钧的《元史译文证补》等编入讲述,刘节先生的《中国史学史稿》将《清史稿》放在清代史学中论述,都是一不留意即把史学史的研究对象误作为历史研究的史料,混淆了史学史与一般历史学的区别。由此可见,即使是功力深厚、成就突出的史家,也需要对史学史在认识论上的层次和特点、对史学史与一般历史学的区别及联系、对史学史的研究对象与学术体系作认真的理解,才能写好中国史学史的著述。

二 中国史学史的学术任务与研究内容

作为一种学术门类,史学史是研究历史学发生、发展与各个时期史学活动状况,以及史学与各种社会因素相互关系的学科,它有着清

---

① 杨翼骧:《谈治学与做人》(1993 年 9 月的讲话),载《学忍堂文集》,中华书局,2002 年,第 459 页。

理史学遗产、阐明史学演进过程、揭示史学发展规律的任务。中国史学史就是把演进的范围大体规定在中国的范围之内，清理祖国自古以来的史学遗产，阐明中国史学的演进过程，揭示中国史学发展的一般规律及特有规律。

（1）清理史学遗产，是史学史研究的基础性工作。我国是史学遗产最为丰富的国家，多种体裁、多类内容的史籍浩如烟海，古代散见于经部、子部、集部诸书中的历史评论、史学批评、史学议论多不胜收，近现代发表于报刊的史学撰著绚丽多彩，这是卓有中国特色、富于理性精神的文化财富。清理这些史学遗产，是长期的艰巨的任务，尽管前人已经取得很大成绩，但仍然是今后史学史研究的一项重要的工作。清理史学遗产包括这样一些工作内容：搜集、发掘各种类型的史学著述以及相关资料；分析历史著述的内容和形式；考察史籍的史料来源、撰述过程、可信程度；探寻历史著述蕴含的史学观点、思想倾向等等。这是一项有考订、有分析、有评价的综合性工作，因此有可能取得很显著的研究成果，但它对于整个史学史研究来说，大部分是属于一个个"点"上的工作，与历史文献学、断代史研究的某些选题，有时是类似的和有交叉的。

（2）阐明史学演进过程，是在清理史学遗产的基础上进行的，其任务是将历史学产生、发展以及在各个时期的基本状况，予以条理化、系列化的叙述与评析，这就要求把清理史学遗产的各个知识"点"联结成包括时间先后在内的有序的线索。这不等于是各个"点"的简单相加，而是充满了对不同或相同时期史著、史家、史学现象的对比分析和总结概括，指出其间的联系以及与社会环境间的联系，剖析活跃在史学发展中的史学思想和史学方法，评述史学的社会作用，对于有代表性的、开拓性的史家和史书，予以重点的研究。总之，要表述出关于史学发展进程的连续的实景、系统性的知识，作出精湛的评析。阐明史学的演进过程，才能使史学史研究真正具备独立学科的性质，从而与目录学的史籍解题、人物传记中的史家介绍以及其他相邻学科区别开来。

（3）揭示史学发展规律，是史学史研究的重要任务。历史学是一种学术、一个学科，它反映的是既往的一项社会文化活动，因而史学的发展不但受到社会整体条件的制约，还会受到政治、哲学等上层建筑及其他社会意识的影响。但历史学的系统一经形成，它的发展也具有相对的独立性，有它内在的动力。揭示史学的发展规律，就是要探讨史学发展的社会条件与内在原因，剖析历史学在不同水平、不同阶段的整体状况和本质特征，这在史学史研究相当深入的基础上才可以解决。

这三项任务不是互相分离的，前项是后项的基础，后项是前项的指导，各项任务有机地结合在一起。只有对史学遗产作出一定程度的清理，才能较好地阐述历史学的演进过程；对史学演进过程有了比较清晰的理解，才能探讨史学发展的规律；在对史学规律的探讨中，才能更深切地理解史学从古至今的演进；在探讨史学发展规律和基本掌握史学演进过程的情况下，才会从史学史角度对史学遗产作出高水平的清理。杨翼骧先生编撰的一套《中国史学史资料编年》，就是在把握中国史学整体演进过程和对于史学史学科性质、任务、内容深切理解的前提下，做出的清理史学遗产的工作。瞿林东先生《中国史学史纲》，则是在长期研究中国史学史个案和史学理论的基础上，做出的阐明中国史学演进过程的工作，其中对各个阶段史学的概括，探索了史学发展状况的本质特征。似这样的成功范例，充分表现了史学史各项学术任务间的辩证关系。

中国史学史的学术任务，是对研究者提出的要求和由浅至深的阶段性目标。任务明确之后，可以将中国史学史研究应当关注的内容，以分类分析的方式归结为历史观问题、史学思想、历史编纂学、官方修史活动及其相关的制度、史家的史学活动、史学评论、史学与其他社会因素的相互作用、史学发展的运行机制等几个方面。

(1)历史观是对历史的概括性看法，其系统化为历史哲学，回答诸如历史是否发展进步，历史变化发展的原因和动力，历史的变化发展有没有规律性等等一系列根本性的问题。严格说来，历史观在整体上不属于史学史的研究范围，但是，在历史上曾经形成思想潮流的历史观，如中国古代的“五德终始论”“正统论”等等，对史学的发展极有影响，史家的历史观也制约着他的史学活动，这些都是史学史研究不应回避的。因此，史学史将历史上对史学造成很大影响的历史观以及重要史家的历史观，作为本学科的研究内容之一。

(2)史学思想是对历史学本身的一种认识，涉及历史学的性质、功能、治史目的以及与此相关的方法论问题，例如撰史目的是作为“名山事业”还是经世致用？史学的功能有哪些？史家必备的条件和素质是什么？历史记载求真与求用的关系？等等。这些多为理论层面的问题，但古代的史家和学者，其见解和论述往往是零散、片断的，有的甚至没有直接的论述，而是通过历史著述间接地表达出观点，这需要通过史学史的研究加以发掘和整理。史学思想与历史观是不同的范畴，前者的认知对象是史学，后者的对象是历史，史学界存在着将这两个概念含混使用的现象，应当予以纠正。

在史学史上，各种史学思想也有一个从零星的、个别的认识逐步完善化、系统化的发展过程，而史学思想一经形成体系，即成为一种史学理论。史学思想的概念包含着史学理论，史学理论是系统化表述出来的史学思想，因此，史学史应当将各种史学理论的形成和发展的进程及其原因纳入考察的范围。

(3)历史编纂学是关于编撰历史著述具体方式、方法的学问，它所解决的是史书如何更好地表现客观历史内容的技能问题，这既涉及史书的编写形式，又涉及史书的内容取裁和文字技巧，如史料的整理、鉴别和筛选，史书的结构安排，史文的斟酌修饰等等。这其中有些是常被人视为历史文献学、“史料学”的内容，而从史学史角度出发，可将之视为编纂史书整体工作的一部分，皆归属于历史编纂学。我国自古代以来，历史编纂学的成就异常丰富，有精细的搜集、鉴择史料的经验，有多种形式的史书体例，这使历史编纂学在中国史学史的研究中占有很突出的地位。

(4)官方修史活动及其相关的制度，是中国古代特有的史学现象。西周初年，统治者就形成了“殷鉴”的历史意识，推动官方重视总结历史的经验，后来形成官方的记史制度，春秋时期“君举必书”“书法不隐”等等观念，反映出这种记史制度具有了某种严肃乃至神圣的品性。官方从记史发展到修史，至迟从东汉即兴起和繁荣，官方修史活动连续不断，修史机构和修史官职逐渐成为国家官僚机器的组成部分，官修史在史学遗产中占有相当大的比重，这是西方古代史学所不具备的特点。中国官方修史制度和史学活动，包括历代史官建置、史馆机构、官方对修史的政策与规定(其中有针对私家修史的干预)、官方历代历次修史的具体过程和具体措施等等，不仅史学史研究无可回避，而且是中国断代史、通史、政治制度史、政治思想史所必须关注的内容，否则上述各项专史的研究都是不完整的。

（5）史家的史学活动，构成了史学史的发展过程，是史学史必须研究的内容。但史家的史学活动乃是一种社会现象，是历史观、史学思想、历史编纂学等类内容具体、生动、活化的体现，研究史家的史学活动，也需要从历史观、史学思想、历史编纂学等方面予以分析。将其单独列为一项内容，是因为对史家的研究不仅仅是分析和概括，还必须记述那些表现本质问题的具体过程与客观的细节。研究史家的史学活动，应包括史家所组成的团体及形成的流派，同时，史家的史学活动是与他的政治活动、其他学术活动联系在一起的，史学史研究应涉及史家的这些生平事迹、其他活动，但这些都是为研究其史学活动服务的。因此，研究史家史学活动与研究官方史学活动一样，是史学史中特别具有综合性、写实性的方面，是能够生动、真切地反映史学的演进状况的。

（6）史学评论，就是对历史著述进行诸如材料真伪、结构优劣、成就高低、影响大小等方面的判断和论证。史学评论的问题涉及历史观、史学思想和史学方法的各个方面，是一项综合性的工作，为了恰如其分地评价史籍，有时还需要进行必要的考证。在史学史上，史学评论对促进史学的发展进步起了重要的作用。史学史学科不仅本身有着评论历史著述的工作内容，而且还要对前人的史学评论工作进行阐述和总结。因此，史学评论既是史学史学科的一个研究手段，也是史学史研究的一项内容，即我们要以史学评论的方式研究史学著述，也要研究过去史学发展中出现的史学评论。

（7）史学与其他社会因素的相互作用，应是史学史研究的一个重要内容。史学的发展不是孤立的现象，越是在古代，史学活动越是与政治、文化及其他社会因素交织一起，处于相互作用之中。而历史学发展的原因，历史学发展的各个阶段的取向，历史学功能的发挥，史学潮流的形成和转变等等，这些重大的与根本性的史学史问题，都必须置于整个社会条件、各种社会因素的内在联系中才能够探讨。

（8）史学发展中的社会运行机制，是一个特别需要补充和说明的问题。史学的发展离不开一定的社会条件，已如前述。而关于史学发展的社会运行机制，是要研究史学究竟怎样在社会中运行，这种运行状况给史学的发展方向带来怎样的影响。中国古代史学的社会运行方式比较简单,但这个问题到近现代凸显出来,成为史学发展的极其重要的因素。在中国古代,史学长期处于政治社会的附庸地位,史书编纂,即使是私家修史,往往也以进献于朝廷作为价值实现的主要成就,在史家群体内得到承认处于次要地位。因此,在中国多数朝代,史学在学术、文化机制上的运行十分薄弱。明代后期出现显著变化,私家修史的宗旨是社会普及与流传,加以书坊刻印售卖的经济机制,一度呈现脱离官方控制的倾向。而到清朝,在学者群体内得以承认的学术机制有所加强,特别是乾嘉时期较为突出。近代以来,有关历史学专业化、社会化的机制以及历史教学的社会机制的演变、转型和发展状况,成为史学史研究的新内容。由于西方文化的引进,学术观念发生很大的转变,特别是随着大学历史教学与研究的开展,形成了专业化、职业化的史学工作者,这是古代所没有的,史学与其他学科一样,学术研究已经是社会化的文化形式。史学教学、研究和学术队伍的建设联系在一起,成为社会运转的一项机制。这种机制与中国原有的史学社会机制碰撞、磨合,出现非常值得注意的特点,是中国史学史应当深入研究的内容。

以上八项反映出中国史学史内容的类别结构,但不能将它们绝对地分割开来,而应有机地结合于一起。将这些内容放在一定时间段之内作逻辑性的考察,其结构似乎是横向并列的,而这些内容是处于发展变迁之中的,对这种发展变迁作全程的研究与表述,实际上就是阐明史学的演进过程。因此,上文论述的史学史研究的三项任务,可视为八项内容研究之由浅向深的层次结构。任务与内容的二元结构,是中国史学史学术体系的基本体现,真正解决了史学史研究的任务和内容问题,就大体上把握了它的学术体系。

三　中国史学史学术体系的深层特征

中国史学史之所以能够形成学术体系,有其深层的原因,即它的研究对象——中国史学,乃是源远流长、内容丰富、连续不断、持续发展的社会活动兼学科门类,这个雄厚的根基,使中国史学史的学术体系具备一些深层次的特征。这些作为学术体系的特征,表达的是一种知识成不成体系和体系上是否完整的标准,与上文谈到的认识特点是不同的概念。

(一)学科内涵的完整性

从中国史学史在学术上的三项任务、八点内容看,史学史不仅要作贯通古今的宏观研究,还必须进行为宏观研究提供依据的微观研究,大至整个史学的发展规律,小至一名史家、一部史书、一件史学往事的考订,都在其研究的范围之内。从研究的广度上看,不仅研究史学活动的主体——史家和官方修史机构,研究史学活动的结果——史籍、史学文献,还要研究史学活动的背景、条件、影响等等。从研究的深度上看,既要对史籍的外部形式、直接内容作出分析,又要进行史学思想的深入探讨。从研究的方法上看,要应用全部的逻辑的方法和历史的方法,从个别的考证到高度的理论概括,从一人一事的记述到整个史学发展历程的阐明,可谓包吞千有。而且所有这些都是由具体到普遍、由浅表到深入、由细微到宏阔的有机的结合,呈现出有程序的、完整的认识体系。这与目录学、史料学等等明显不同。目录学、史料学虽各有特色,但其目标和研究成果都是反映史籍、历史资料的存在状况,内涵比较单一,有历史学的辅助分支性质。而史学史关注史籍、历史文献的存在状况,是为了探讨史学的发展源流,并且通过研究史籍内容、史家活动、史学流派、官方史学政策等一切相关的问题,探讨史学思想与历史观的发展状况。这表明史学史具有全面审视历史学的性质,在体系的完整性上与它的研究对象基本相同,因而不能简单地将其视为历史学的一个附属分支。

(二)学术前景的继进性

一种学术、一个学科的可持续发展状况,归根结底与研究对象的状态有关。只有能够持续发展的学科,才是真正意义上的成体系的学科。社会的历史是持续发展的,在时间上自然而然地延续,历史学的时间范围也自然地向下延续。除了这种自然的内容扩展之外,历史学的研究手段不断增多,认识水平不断提高,将开发许多新的内容,原有内容的研究也会不断地深化。而且,随着时代的进步,历史学研究的触角也必然向新的空间范围开拓。总之,历史学的发展不会停止。史学史继历史学的发展而增进其内容,也会不断地提高学术研究的水平。近年出现对 20 世纪 50 年代之后史学的比较系统的研究，如王学典《二十世纪后半期中国史学主潮》[①]，是史学史研究时间段下延到当代的明显事例；原来不被注意的明代史学，近年得到史学史学者的关注，出现不少研究成果；中国传统史学在古代朝鲜、日本等东亚各国的传播与影响，也开始有所探讨。以上都是新发掘的内容，至于中国史学史具体问题研究的深化，其事例则不胜枚举。这表明中国历史学为中国史学史的研究提供了广阔的天地，使之充满发展的活力，不像有些学术如"校勘学""避讳学"等的研究对象已经凝滞，很难持续不断地有所进展。

(三)研究系统的开放性

史学史学科定义明确，界限分明，特征显著，这是学术系统性、学科成熟化的标志之一。反之，如果表示一个学科性质的定义概念模糊、界限不清，许多琐碎内容都可以挂上这个旗号，那就不能自成体系，甚或不成为一个学科、一门学术。但是，定义明确、界限分明并不等于完全封闭，封闭的系统是缺乏发展活力的。中国史学史之自成体系，上文已经论述，而从任务和内容组合的结构上可以看出其开放性十分明显。就研究任务而言，清理史学遗产的工作与历史文献学、目录学等相近，并有交叉；阐明史学演进过程和探讨史学发展规律，皆需要联系社会条件、文化背景的研究。就研究内容而言，史学史对史家历史观、史学思想的研究，不能不涉及哲学史、思想史的方方面面；研究官方修史制度，必须与各朝代的官僚制度联系起来考察；史家的史学活动、史学与社会其他因素的相互作用，更与一般通史、断代史的研究内容联结在一起。而哲学史、思想史、政治制度史以及通史、断代史的研究，也不可避免地会涉及史学史研究的领域。

四　建设中国史学史学术体系的作用和意义

不断深入地致力于完成史学史研究的各项任务，建设一个成熟的中国史学史的学术体系，其意义不限于史学史学科本身的学术发展，对于整个社会、对于其他门类的学术研究，都将有积极的影响。

中国史学史的社会意义与历史研究一样，具有传播真实、准确、

---

① 王学典：《二十世纪后半期中国史学主潮》，山东大学出版社，1996 年。

深刻的知识，提高全民族文化素质的作用，也能够直接提供历史的借鉴，鼓舞人民斗志。在中国历史上，涌现出不少刚正不阿、奋笔直书，为历史记载的真实性而斗争，甚至不惜牺牲生命的优秀史家。有不少孜孜不倦、精研深思，几十年如一日著述不辍，以撰史为己任，为中国史学发展作出贡献的史家。有秉持“天下兴亡，匹夫有责”的理念，将著史、评史、考史作为政治斗争、民族斗争手段的史家。通过中国史学史的研究，批判地汲取这种勤奋精神、刚正风范、社会责任感与历史责任感，对于各种工作岗位的人们都有正面的激励作用。

中国史学史的系统研究在学术上具有重要的意义，其直接作用可以大略归结为以下几点。

第一，为建立和丰富史学理论提供必要的条件。建设和进一步丰富史学理论，第一要坚持历史唯物论的基本原理，第二要对历史学的历程和现状进行总结和概括。因此史学史与史学理论有着极其密切的关系，史学史的研究是建立、丰富和发展科学史学理论的必备条件。中国史学的发展源远流长、内容全面，研究中国史学史本身就会涉及史学的宗旨、史学的功能、史书内容与形式的关系、史料与史论的关系等等理论层面的问题，直接促进史学理论的丰富和发展。

第二，有助于历史研究的全面和深入。中国史学史的研究，无论在宏观问题抑或微观问题上，都与通史、断代史的研究错综交叉，缺乏系统的史学史知识，常常会使一般的历史研究产生缺漏和讹误。笔者曾对几部乾隆皇帝传记著述予以评论，在肯定成就的同时，也指出几部著述共同的薄弱环节，即未能重视对乾隆帝思想的分析，而分析乾隆帝的思想，应抓住研究《御批通鉴辑览》这一要领。[①]《御批通鉴辑览》一书及其中乾隆帝的批语，以审视古今历史为枢机，建立起一个比宋明理学更严密、更纯粹的封建主义政治思想与历史思想的体系。乾隆皇帝的传记无此内容，是作者缺乏研究史学史的眼光、视角，并且可参考的成果不足而导致。由此可见，中国史学史研究的深入，对断代史之比较具体问题的探讨也有重要的作用。

---

① 陆申：《乾隆皇帝传的世纪末审视——兼及传记史学的方法问题》，《清史研究》1997年第3期。

通过对中国史学史的研究，总结史学发展的成果，洞悉以往的学术水平及存在的问题，就可以批判地继承史学遗产，汲取前人的史学方法，从而在整体上推进历史研究的深化。白寿彝先生主编的多卷本《中国通史》在整体设计上，采古今各种史书体例之长，创立新的综合体裁，经纬分明，结构严整，内容全面，成为 20 世纪中国史学的压轴之作。这项重要的成就，得益于白先生对中国史学史的系统研究。在当今，要高水平地编纂大型历史著述，主持人必须具备系统的史学史知识、具备把握史学史学术体系基础上的宏大视野，这从多卷本《中国通史》之成功范例，可以得到充分的证明。

第三，有助于其他学术史、专门史研究的全面与准确。中国史学史具有与其他学术专史如哲学史、思想史等内容交叉、形式并列的特点，因此不仅研究方法可以互相借鉴，而且研究成果也应当互为参照。例如唐朝官修《隋书》等史书中的政治思想，反映唐太宗时期官方的政治理念，早已被史学史专业学者分析论述。这应当在中国古代政治思想史上占有一席之地，而不少政治思想史的著述却未涉及，有赖史学史的研究为之补充。随着史学史研究的深入和知识的普及，这样的补充会有所增多，并且为思想史的著述所采用。中国古代哲学史的研究多取资于传统的子部、经部之书和散见议论，对史籍的利用较少，这样造成的遗缺或讹误很需要史学史研究来补正。例如东晋史家孙盛的《与罗君章书》①有“形既粉散，知亦如之”的论述，主旨是反对佛教的灵魂不灭说，一些哲学史论著乃至《辞海》，皆据此将孙盛定为“东晋无神论者”②，而实际上他所撰《魏氏春秋》《晋阳秋》③等史书，充满天人感应与灾异应验的迷信观念，而且相信鬼神，孙盛反对的只是外来的佛教和流俗妄设的怪力乱神而已。不从史学史角度来研究孙盛，就不能纠正哲学史、思想史论断的失误。

第四，中国史学史的研究，应在端正历史学学风上发挥重要的作用。尽管史学界有过“史学危机”的担心，但历史学专业队伍却迅速

---

① 载(清)严可均辑:《全上古三代秦汉三国六朝文・全晋文》卷六三，中华书局，1985 年影印本，第 1816 页。

② 《辞海・哲学分册》“孙盛”条，上海辞书出版社，1980 年，第 178 页。

③ 此二书久佚，但裴松之《三国志注》等书中多有征引。《晋阳秋》尚有清黄奭、汤球的两种辑本，《众家编年体晋史》(天津古籍出版社，1989 年)收载并校注。

扩大，历史类出版物成倍地增长。在这繁荣的景象之内，也涌动着十分浮躁的学风，无节制地追求数量，“专著不专，抄纂成编，东拉西扯，错谬满篇”，已经不是很个别的现象。这种虚伪浮夸的“泡沫学术”，除了个人行为之外，还存在组织性、计划性的运作，对历史学的健康发展危害极大。究其原因，大致有管理体制的失当、理论思维的苍白、名利因素的驱动、史学批评的欠缺等等。史学界应当大力促进史学理论的建设，并且以公正无私的态度拿起史学评论的学术武器，为学风的端正而奋斗，其中史学史学科负有义不容辞的责任。

史学评论本是史学史学科的分内之事，揭发那些抄纂者的抄纂来源，指出苍白、拼凑、炒作之书在史学发展进程中的无新意、无价值，乃是史学史研究方法的特长。坚持公正、健康的史学批评，使之蔚然成风，推行于整个学术界，就会推进理论思维的深化，挫败“泡沫学术”制造者的名利企图，使人们打消对表面繁荣的陶醉，令失当的管理体制作出反省与改革，从而清除各个领域的文化垃圾，使真正有价值的成果从遮盖掩埋中展现出来，促进社会精神文明的建设。其重大意义自是不言而喻，但实现这一目标，需要许多学者坚持不懈的努力。

从长久的前景来看，中国史学史必然对端正历史学学风发挥巨大的作用。因为史学史迟早要将现代的史学状况纳入学术研究的范围，历史地审视各个史家、史著、史学制度、史学活动的内容、价值与影响。淘汰曾经泛起的沉渣，批判喧嚣一时的浮躁，推重具备学术价值的成果，摈弃不值一谈的滥造，使吹嘘、浮夸成为历史的笑柄，这是成熟的中国史学史学术体系必然要做、不得不做的评判。在终极目标上，历史学对历史活动的审视将是无情的，史学史对史学活动的审视也将是无情的，这正是史学史学科在历史学内的可敬可畏之处，也是史学史学术体系的最大价值取向。

（原载《史学理论与史学史学刊》2002 年卷，社会科学文献出版社，2003 年）

论学术史视野下的史学史研究

学术的发展，是一个专科研究与总括研究互辅、互动的进程，20世纪至今，学科门类的分野日益精细，乃至有了一级、二级、三级学科的梯形层次。百年来各个专门学科的长足发展，呼唤学术史总括性研究的重新开展。然而，时下更重要的是：应当从学术史的视角认真总结各个专门学科的发展历程，将专门学科的研究置于学术史的视野之下予以审视。对历史学科的发展历程的系统研究，可以称为"历史学科学术史"，它应当是史学史在学术史视野下的强化与扩充。本文拟从学术史的研究规范、历史学科学术史的建设以及历史学的健康发展等几方面，提出个人的思考和建议，以就正于史学界的时贤。

一　学术史与专门学科的研究

顾名思义，学术史所要研究的是整个学术事业的发展状况，而所谓"学术"，乃是人们针对各种专门的问题，以追求认识的正确性、深刻性、创新性为目标的研讨过程及其成果，它以较为系统的理性见解实现于社会。学术的根本精神是摈弃盲从、迷信和狭隘短视的趋利观念，自觉地追求理性认识的真理性、创新性，批驳谬误、贬抑平庸。因此，学术史的主要任务就是要总结理性认识逐步深化、日趋真确与形成体系的发展历程，彰明各个历史时期创新性的研究成果，评析学术事业的社会影响与发展的方向，分析某种可能存在的误区，特别是要清算因盲从、迷信与追逐某种直接利益而伤害学术真理性的倾向。学术史的研究应当具有鲜明的批判性。

总括性的学术史的研究，不但综合总结各专门学科的学术成果，而且要探讨各门学术发展中的内在联系，因而具有更宽阔、更全面的学术视野，可以克服单科专业眼光的局限性。学术上的分门别类，是随着社会文化的发展逐步进行的，近现代的专门学科形成之后，有力地推动了学术事业的进步，但各门学科在知识、方法上是密切关联的，在发展进程中是相互影响、相互作用的。如果专门学科的研究在沿着自己关注的问题纵深探讨之时，过分囿于专业畛域而忽视了各门学科间的联系，则可能出现认识的轻重失宜、讹误或疏漏。就历史学的研究而言，应当从哲学、文学、文献学等多种视角审视资料，检验结论，同样，其他学科也应当注意应用历史学的资料、成果和研究方法。例如在众多的中国思想史、哲学史著述中，皆论述了西周初产生怀疑天命的思想观念，但未能论及其来自于“殷鉴”的思考，即通过历史鉴戒的思考才导致天命转移、“敬德”“保民”等观念的产生。“殷鉴”的思想对中国文化特征的形成具有不可磨灭的影响，使历史认识与政治文化结成密不可分的联系，积淀为凡事从以往历史中寻求根据、经验与教训的思想模式。[①] 东晋的学者孙盛，因为在《与罗君章书》[②]中反对“神不灭论”，提出“形既粉散，知亦如之”，而被思想史、哲学史的研究者认定为无神论思想家，现《辞海》条目上即依此评断。事实上，孙盛更是一位著述宏富的史家，他的史著《魏氏春秋》《晋阳秋》虽已久佚，但仍有大量内容存于《三国志注》《北堂书钞》《太平御览》等书的引述之中，其中充满天人感应、灾祥符瑞和鬼神显现之事[③]，可见孙盛的鬼神迷信观念十分浓重，他绝不是什么无神论者，反对的仅仅是佛教的灵魂不灭之说。这说明史学研究可以补正思想史、哲学史的研究，有时这种补正是十分必要的。

司马迁打破传统的编年史格局，写成中国第一部纪传体通史《史记》，视野广阔，内容弘博，分类述事，文采飞动。对于《史记》产生的

---

① 乔治忠：《中国先秦时期的史学观念》，南开大学古籍研究所编《文史论集》二集，天津社会科学院出版社，2001 年。

② 载（梁）僧佑辑：《弘明集》卷五，景印文渊阁《四库全书》本。

③ 详见乔治忠：《孙盛史学发微》，《史学史研究》1995 年第 4 期。

历史背景及其引用、参考的史籍，史学界做过很多的研究，然而却长期忽略了司马迁对西汉司马相如等人大赋的格外钟爱，忽略了汉代大赋在当时的重大文化影响，忽略了大赋那“赋家之心，包括宇宙，总览人物”①的恢宏气度、归类铺叙的写作方法、夸张渲染的文笔风格对《史记》创作的启示。中国古代官方修史形成制度，无疑是中国史学史上最显著的特点。然而古代官方修成一代正史之后，便不再注意保存原始档案资料，甚至主动销毁之，致使明朝之前的实录大都未能留存②，对比西方尚保存许多罗马帝国时期的原始档案，实为中国史学意识和文化传统上的一个缺陷。这说明研究中国史学，需要掌握和联系一些文学史的重要知识，也需要具备文献学、档案学的眼光，还需要与外国史学做客观的比较。一般而言，专业研究的问题越具体，视角越可能倾向于单一，如善于利用清入关前满文档案研究具体史事的学者，则不去思考为什么《旧满洲档》记事至崇德元年(1636)戛然而止，不去思考《旧满洲档》与内国史院满文档案的关系，尽管那是他们习见文献中相当显见的疑问。

上述实例说明，开展学术史的研究，提炼、综合、概括和评析各个专门学科的成果，应该成为当前学术发展的重要内容。但高质量的学术史的研究并非易事，自梁启超与钱穆各自撰著不同风格的《中国近三百年学术史》以来，不仅系统的中国学术史专著数量甚少，而且关于学术史的研究范围、研究方法、内容体系、撰著结构等基本理论问题，也没有进行过认真的讨论。因此，为了给总体性学术史研究奠定牢固的基础，一是要进行学术史基本理论和基本规范的探讨，二是要做好各个专门学科的学术史研究。因此，倡导综合各个学科总的发展历程的学术史研究，不是包揽和弱化各种专门史的发展，恰恰相反，是需要加强各专门学科史，而且将之与总括性学术史有机地结合起来，构成活跃的、互相开放、互相吸纳方法与成果的网络。

学术史的研究规范，就是在审视以往的学术历程之中，贯彻学术的根本精神，这在上文已有所论述。至于专门学科的学术史，是否完

---

① （晋）葛洪：《西京杂记》卷二《百日成赋》条，中华书局，1985年，第12页。

② 《清圣祖实录》卷一五四载，康熙三十一年正月丁丑，清圣祖指示：“明代实录及纪载事绩诸书，皆当搜罗藏弃，异日《明史》告成之后，新史与诸书俾得并观，以俟天下后世之公论焉。”这一语打破千年以来正史修成即焚弃史料的旧习，令《明实录》等典籍得以留存。

全等同于哲学史、经济学史、文学史、史学史等久已有之的专史呢？从一般意义上看，上述专史确与专门学科的学术史概念一致，但这里要强调的是：应该从学术史建设的角度对专史的研究予以整合和扩充，这种整合和扩充，一是将每一专门学科史研究皆置于整体学术史的视野之下，二是开展专门学科内部分支专业甚至重要专题的学术史清理。历史学是综合性强、内涵丰富、分支较多的学科，也是学术发展比较成熟的学科，因而深入进行总括与分支相结合的历史学科学术史研究，尤其必要。这就是说：第一，以学术史的眼光和要求强化史学史的研究；第二，对历史学内的各个断代、各个分支如先秦史、秦汉史乃至明清史、近现代史、政治制度史、思想史、经济史等等的学术发展历程，皆作系统的清理和研究。二者密切结合，即构成历史学科学术史的研究体系。

二　建设以史学史为龙头的历史学科学术史

总括性的历史学科学术史，就是在学术史视野下的史学史。关于史学史研究的任务、内容，史学界已经多有讨论，且已体现在多种专著和教科书中，笔者在《中国史学史研究述要》[①]第一章《绪论》中亦有论述，这里不再重复。但若将史学史置于学术史的视野之下，还应当特别关注以下几个方面：

(1)史学史研究要具有为总体学术史提供相关成果的宗旨，这一宗旨要求史学史在研究方法、研究对象、概念应用上都有所调整，要不断地关注其他学科的发展变化，思考可以汲取哪些成果，可以提供哪些论断以更新其他学科的现行观念，将史学史研究与其他学科史联系起来，探察史学在整个社会文化中的地位和作用。这样，史学史研究就会面临许多以往不甚注意的较大问题，例如：西周“殷鉴”思想对整个古代社会文化的影响究竟有多大？魏晋南朝史学对于玄学思想是否起到抵制的作用？为什么中国古代较早形成史学的系统和史书编纂的连续性、系列化，而与此形成对照，科技发明则零散断续、不成体系？中国古代史书编纂形式的规范化的原因和影响如何？史书规范化与诸如文学上的诗词规范化、格律化有无社会文化方面的联

---

① 乔治忠、姜胜利：《中国史学史研究述要》，天津教育出版社，1996年。

系？类似这些问题的探讨，不仅可以深化中国史学史的研究，而且会在结合其他学科知识的同时促进整个学术史的发展。

(2)为了便于研究，史学史分为中国史学史与外国史学史两个部分。但研究之中必当注意中外史学的比较，注意史学在域外的传播和影响。中国史学的发展源远流长，西方史学自古希腊时代已经发轫，亦具有悠久的历史。近代之前，中西史学之间的影响甚少，各具特点，比较其异同，极有助于史学史研究的深化。例如，中国古代存在官方史学与私家史学两条相互联系的轨道，形成连续不断的史书编纂体系，而西方史学缺乏中国这样的官方修史活动，史学著述的出现是零散断续和非系统的进程。经过比较即提出了一个问题："中国于各种学问中，惟史学为最发达；史学在世界各国中，唯中国为最发达"[①]，这是否由中国古代官方一贯对史学的格外重视所导致？因此，官方史学的发展及其作用实为中国史学史中应当重点研究的问题。中国传统史学对日本、越南、朝鲜半岛有着长久、深刻的影响，中国史学史的研究不应局限于中国的范围之内。笔者曾经就元代史书《十八史略》在日本的影响作过评述，《十八史略》在日本的传播与影响只是一个具体的事例，众多的中国古代史籍以及整个中国传统史学在日本的影响，应当具有更为丰富、深刻的内容，值得予以系统地考察和研究。[②] 越南、朝鲜半岛亦有相类似的丰富内容。将中国史学的域外影响纳入史学史研究的必备范围，可以显著地增强学术认识的深度和广度。

(3)学术的根本精神之一，是倡导首创性的发掘、发现、发明和理性认识的创新，史学史研究应当彰明历代史学发展中的创新成果，只有在真正揭示和正确评价各类创新性成果的基础上，才能对史学总的发展进程做出恰当的论述。然而揭示史学史上的创新性成果，除了需要掌握妥当的判断标准之外，更必须对历来的史学遗产、史学事件做细致、深入的清理和研究。北宋司马光编纂《资治通鉴》时，对史事的歧异记载进行判断、考订与甄择，并且汇编为《资治通鉴考异》一

① 梁启超：《中国历史研究法》第二章《过去之中国史学界》，上海古籍出版社，1987年，第10页。

② 乔治忠：《〈十八史略〉及其在日本的影响》，《南开学报》2001年第1期。

书，史学界多认为司马光创造了史书编纂过程中的“考异”方法。实际上，东晋时的孙盛即已首创这种方法，他编纂《魏氏春秋》一书，对不同的史事记载辨别异同，予以甄择，编为《异同评》一书。司马光了解孙盛及其史著，《资治通鉴考异》中曾引用《异同评》，《资治通鉴》多处引用孙盛的史论，修史方法多得益于孙盛。不过，孙盛的史著今已散佚，部分内容残存于《三国志注》等典籍中，鲜为世人所知，论者失考，致久被埋没。可见不经过扎扎实实的考订与研究，是不能遽下结论的。正确掌握判断史学创新的标准，也十分重要。明代史书的编纂形式变种甚多，带有很大的随意性，许多不过是模仿类书，但我们可以看到常有论文将明代史书轻许以“体例创新”的佳评，甚属无谓。史书“体例创新”，应是采取一种很好的表达史事内容的编纂方式，并且具有普遍意义和难以取代的效果，因而被后世认可与沿用。以此言之，唐朝纂修的《晋书》设“载记”来记述与西晋、东晋并立、对峙的各少数民族政权，亦不必褒之为创新体例，因为既无十足的必要，也未被后史仿从。

史学史研究不仅要彰明历代史学的创新性成果，而且也必须重视本专业内观点的推进和旧说的更新现象。学术研究不是闭门造车，要时刻关注新的学术动态，旧说更新是学术发展、进步的机制。如关于乾嘉学派，20 世纪 70 年代之前的评论无论是褒是贬，皆认为乾嘉考据学者缺乏理论思维与思想见识。但后来学术界的认识逐渐转变，发现钱大昕、王鸣盛、洪亮吉等等大学者均具备深刻的思想见解，戴震就更是尽人皆知。“当我们全面审视乾嘉考据学的大家时，发现很少专营琐碎考证而思想苍白者，只是平庸的考据学者才缺乏深刻思想，而缺乏思想见识的同时，其考据成绩也平淡、支离，无足轻重。”①这涉及史学史研究和整个学术史的研究，可引起对清乾嘉学术的重新评价。对于学术前沿出现否定原先见解的新说法，当然不能盲从，但也绝不可以懵然无知、漠然无视，而需要认真对待，是者从之，误者正之，这是尊重学术创新精神的具体体现。同时，每一位史学研究者应勇于学术创新，不为现行的学术见解所拘囿，积极开发、利用史学与其他学科的资料、方法和成果，作出新的探讨，形成新的

① 张国刚、乔治忠等:《中国学术史》，上海东方出版中心，2002 年，第 540 页。

认识，做学术事业进步的促进者。

(4)研究以往的史学发展，从而发现和提出新的学术问题，才能推动历史学的进展。史学史研究不但要陈述、评析以往的史学事件，还应该窥见史学研究尚未解决的课题，指出亟待开发的境域和应坚持的学术方向。这里最起码的要求是不能对现存的学术分歧点置若罔闻、予以回避，因为存在不同甚至对立的见解，就是一项最明显的尚需解决的问题。见解分歧的问题，往往涉及史学与相关学科的联系，具有从点至面、从微观拓展至宏观认识的学术空间。例如唐代史学家刘知幾是不是无神论者，学术界存在完全不同的认识，这涉及思想史上的评价标准问题；章学诚关于“史德”思想的真正含义，史学界有完全不同的评析，这关乎章氏的思想基础和政治态度，也涉及程朱理学和哲学史的研究；关于浙东史学与浙东学派，史学界有截然相反的意见，承认浙东学术并且探讨其学术源流者固然大有人在，但也有些学者不承认浙东学派乃至反对曾经存在过按地域形成的学派，这涉及学术史上一个相当重大的问题。诸如此类的问题还可以列举许多，对之进行认真而比较广泛的讨论，可能成为学术迅速推进的契机，即使有些问题不容易完全定论，而资料与史实的清理、研究方法和思辨方法的进步也必然会成绩卓然。遗憾的是，近年往往出现将学术分歧搁置不顾的倾向，偶有不同观点的争论，参与者也不甚踊跃。“求同存异”本是很好的学风，但缺少“求同”的研究和讨论，流行消极的“存异”，则是需要克服的弊病。

(5)史学史的研究，应当尽快地推进到全面研究现代的史学，这是历史学科学术史建设的需要。而历史学科的发展，特别是近现代时期，历史教学、史学人才培养、有关学术团体活动等社会性内容，越来越占有重要的地位，历史教学的内容、水平和规模，史学人才培养的体制，史学团体的运作机制等等，直接关乎史学研究的状况与发展前景，因此也应当成为学术史视野下史学史研究的重要内容，这意味着史学史的关注点应扩充到整个历史学科参与社会运转的方方面面。在西方，伴随大学校的建立，较早地出现职业化的史学工作者，从事历史教学和历史研究，历史教育与史学人才的培养成为一种社会文化机制。中国古代，有专职的史官建置，虽然不能与西方的史学职业化等同看待，而历史教学和史学人才的培养，在某种程度上是存在的。中国近代伊始，引进了西方的学术文化机制，在中国特殊的国情内融合演变，至今形成了庞大的职业性史学工作者队伍。史学发展的状况——无论成就抑或弊端，都与史学的这种社会机制有关，须当对之深入剖析，考察它在史学发展中的影响，才能取得史学史研究上全面、真确的认识。

梁启超说："治一学而不深观其历史演进之迹……而兹学系统终末由明了。"[①]这就是说，史学史研究的深入，是整个历史学系统"明了"的必备条件；史学各专业研究历程的总结、评析，是各专业学科系统"明了"的必备条件。以经过加强了的史学史研究为龙头，带动史学各个分支专业、重要史学专题的学术史研究，即可组成一个历史学科学术史的研究体系，这对于历史学的发展，具有重大的意义。

对历史学各分支专业、重要专题作学术史的清理、总结与评论，不是史学史专业的人员所能全部承担的工作，必须有各个专业学者共同进行，当然，史学史专业的人员也要认真总结本专业的学术发展历程。这种各分支专业、重要专题学术研究历程的总结，首先有助于推进本专业的学术事业，正如梁启超早就说过的那样："无论何种学问，要想对于该种学问有所贡献，都应该做历史的研究。写成历史以后，一方面可以使研究那种学问的人了解过去成绩如何，一方面可以使研究全部历史的人知道这种学问发达到何种程度。"[②]学术研究是不断前承后继的事业，每一项新的探讨，都必须在充分了解以往研究状况和已有观点、认识水平的基础上进行。不认真总结与剖析以往的研究状况，就无法把握探讨的方向，难以取得较大的学术进步。司马迁之所以首创纪传体通史的编撰，有多种因素促成，其中重要条件之一是总结、评析以往的历史撰述，《史记·十二诸侯年表·序》评析了《春秋》以及其后的史籍，指出战国时期诸子"各往往捃摭《春秋》之文以著书"，而"儒者断其义，驰说者骋其辞，不务综其终始"[③]，于是立意撰写一部"原始察终""通古今之变"的大型通史。这是发现以往史学发展中"不务综其终始"的缺憾，遂起而弥补之，已经超越其父司

① 梁启超：《中国历史研究法》第三章《史之改造》，第 38 页。

② 梁启超：《中国历史研究法补编》分论三，第五章《文物专史做法总说》，上海古籍出版社，1987 年，第 315 页。

③ 《史记》卷一四《十二诸侯年表·序》，中华书局，1959 年，第 511 页。

马谈撰史以记述汉朝业绩的遗嘱。刘知幾是中国古代的史学理论家，而他的《史通》是在总结、评析以往史学和史书的基础上撰著的，不仅其中《史官建置》《古今正史》是史学反思和总结的专篇，而且所有各篇都充满对过去史书的评论。司马迁、刘知幾的事例说明：即使是某种创始性的学术研究，也以认真总结以往的相关学术状况为必要条件。总体性的宏观研究如此，各个分支专业、各大专题的具体研究也是如此。

历史学的分支专业和重要专题研究历程与成果的总结，是早已起步的学术工作，1926 年上海中华书局就出版李思纯的《元史学》，主要内容是述评元史的研究历程、研究状况、研究成果和课题展望。近十几年间，历史学队伍扩大，史学信息迅增，清理和总结以往的史学成果，成为史学发展的客观需要，许多史学专业、专题的总结应运而生，其中天津教育出版社出版的《学术研究指南丛书》尤为引人注目。这套丛书设若干中国断代史和专门史分册，各自独立成书，叙述该专业的发展历程和研究成果，介绍基本史料、工具书，并附列论文论著目录，极有益于学者参考。但今日看来，也存在不少缺点，如仅限于中国史学、介绍叙述为主而提出问题很少、表彰较多而批判性弱等等。随着新中国成立 40 周年、50 周年与世纪之交的莅临，政治、文化、学术、军事、外交等等皆兴起很有声势的回顾活动，历史学及其各个分支专业发展状况的总结也几次掀起高潮，涌现出许多认真总结且加以理论性概括，而又提出今后发展方向的文章，这些佳作大多出自在专业上探研多年、极有学术造诣的专家。所有这些，都为历史学科学术史的建设提供了有利的条件，但还远远没有完成其学术任务。以单篇文章回顾有关史学专业几十年的学术发展，因篇幅关系，许多具体状况和不同见解得不到反映。除有规划征集的一组文章如《中国历史学四十年》①外，散见发表的文章数量虽多，而在覆盖史学各个分支、重要专题方面仍畸轻畸重，分布不匀，缺乏出于历史学科学术史上的总体构想。现在，历史学科学术史的建设，除了上文所述强化史学史的研究之外，各分支专业、重要专题学术历程的总结研究，应该在结构布局和学术规范方面加以努力。在结构布局上，可以

① 肖黎主编，书目文献出版社，1989 年。

分成三个层次，第一是若干部专书，分别清理、总结历史学各个二级、三级学科及成熟的热门的专史、专题，包括史学史本身在内，原原本本地叙述其学术发展、成果、缺憾及有待解决的问题；第二是总结、分析某一史学专业、某一专题的论文，题目的大小、时段可以各随机宜，单篇文章有其具体对象，但多篇文章整体上要构成对史学各分支的全面覆盖；第三是针对具体史学著述的随时评论，应深入剖析，兼指得失。在对史学著述评价定位之时，必将联系以往相关问题的研究情况，史学评论的积累，也为日后历史学科学术史的总结提供素材，因此史学评论亦当纳入其中。每个层次的撰述都要恪守史学史研究的学术规范，起码应在以下三点特别注意。

（1）对一个专业、专题内史学成果的总结、评析要力求全面性、客观性，须将专业、专题的学术史总结视为非常严谨的学术工作，应进行细致的查阅，深入的比较研究，仅以当时所知所见应付性地综述一番，是不可取的。阅览以往的有关成果，要真正理解原作的主旨，突出介绍和评析其中独到的见解。长时段的总结评析，于取舍详略之间更能透现出专业水平。例如一篇《〈史通〉研究五十年》[①]的综述文章，且不论其中缺略了重要考订成果的介绍，就是述及的论文，也有观点上取舍片面的问题。例如白寿彝先生指出：唐代已形成一个与刘知幾主张相近、互有联系的具有进步思想的学派，包括徐坚、朱敬则、吴兢等七人。[②]这是白先生首创的特见，足以补救学界专从《左传》《论衡》《文心雕龙》等寻求刘知幾学术渊源之偏向。而《〈史通〉研究五十年》对此丝毫没有介绍，却用很大篇幅介绍从前代寻求刘知幾学术渊源的文章，这容易给读者以误导。力求客观如实地反映情况，是历史学的基本道德规范，对重要专题学术研究历程的总结，要特别反对和批判以偏概全、随意轩轾的不良倾向。

（2）上文所述对史学史研究的强化要求，同样适于各专业、各专题研究状况的总结评析，即打破区域界限，兼顾海内外相关专业的研究情况；按事件顺序条理材料，彰明首创的新见解；注意同一问题的不同见解，提出有待探讨的问题；放宽眼界，注意相邻专业、相关专题

① 代继华：《〈史通〉研究五十年》，《中国史研究动态》2000年第1期。

② 白寿彝：《刘知幾的史学》，《北京师范大学学报》1959年第5期。

的联系和交叉的内容，有为史学史整体研究提供成果的宗旨。

(3)史学各个专业、各大专题学术历程的总结、评析，包括撰成详尽的专书或概要的论文、长时段的总结或具体的史学评论等不同的情况。这就应该在学术范围内积极地讨论、争鸣和批评，对于史学评论中虚美、偏激等有失公允之处，除了应当随即予以批评外，长时段的史学总结亦可对之驳正。迄今发表的总结综述之文，大多只顾自己叙述下去，较少更正他人评述之失，这是一个亟待弥补的缺憾。

史学各个专业、各大专题的学术史，在方法和性质上与史学史研究是完全一致的，可以视为史学史的许多分立的专项研究。而史学史需要提炼、汲取和概括史学各个专业、各大专题的学术史中的信息与成果。例如萧一山以二十多岁的年纪，于 1930 年即撰成《清代通史》三卷，是为中国第一部清史，得到学界名家梁启超、朱希祖、李大钊及日本学者今西龙的热烈赞扬，应在史学史研究中书上一笔。但通过清史研究的学术史总结清理，我们得知：该书内容丰富，贯穿排满的民族革命思想，但史实上受日本学者稻叶君山的《清朝全史》影响太深，史实错误、史料错误、译文错误、解释错误多达数百条，夏鼐、陈恭禄等皆曾撰文批评。萧一山对陈文起而辩难，双方一来一往，唇枪舌剑，“陈恭禄的批评难免有过甚之辞，而萧一山的答辩则意气用事、拒谏饰非”。至 20 世纪 60 年代，萧一山将《清代通史》进行修订，虽修改了一些错误和补充了材料，但“对于已为史学界证明纯系传闻附会之遗闻野史，仍不忍割弃……一味追求趣味性而忽视科学性”。[①] 这样的总结无以偏概全之嫌，给史学史的研究提供了可靠的参考。因此，史学各个专业、各大专题的总结若全面开展，无疑将壮大史学史的学科建设。将史学史的方法、规范贯彻到史学各个专业学术成果的清理之中，能起到总括和指导作用，而且通过提炼与概括将各个专业联系起来，组成历史学科学术史的研究体系，不仅使历史学科具备史学理论与史学史的专业队伍，而且其他专业也都能形成自己的学术批评及学术史研究的专门学者，二者密切联系、共同工作，统一于史学史研究的方法与规范，这对于当前的史学界是一项迫切的任务。

---

① 陈生玺、杜家骥：《清史研究概说》，天津教育出版社，1991 年，第 26—27 页。

三　历史学科学术史与史学的健康发展

据以上论述，这里提出“历史学科学术史”的概念，实质就是史学史在学术史视野下的总体强化和分支细化。全面开展历史学科学术史的研究，可以为学者提供以往学术状况的专业信息，成为进一步探讨的基础，促进历史学的快速发展。这是事理明显、无须多论的。而毋庸讳言，现今史学界出现一些不良风气，侵蚀着历史学健康发展的肌体，已引起许多学者的严重关注。如何在史学领域扼制学术腐败的倾向，有识之士已经提出了不少的建议。章开沅指出：“史学在某种程度上已经自我迷失，而首先是因为许多历史学者在不同程度上已经自我迷失”，他发出“史学寻找自己”的呼吁，号召历史学者加强史德自律，以“超越世俗的纯真与虔诚”精神对待学术工作。[①]但学术腐败就是一些人做不到或者根本不愿意以史德自律所导致，遏制的关键在于如何挖掉其赖以流行的根源。瞿林东则从另一角度提出“史学寻找自己”的问题，认为“史学应从历史上去‘寻找’自己”，“历史学是希望人类社会重视自己历史的学问，那末它本身就应当首先重视自己的历史”，即历史学应当通过史学史的研究来“寻找”自己。[②] 从这些关于“史学寻找自己”的意见中，可以得出启示：系统地开展历史学科学术史的研究和讨论，是端正学风、保证历史学健康发展的有效措施。

历史学科学术史研究所具有的学术特点，可以在端正史学风气上发挥以下几项重要作用：

第一，历史学科学术史会着重总结正面的史学成果，其中史学史的研究会将每一时代的史学精品载于史册、彰明后世。而堪称史学精品的唯一标准，将是其学术价值。史学史上传颂百世的名著，如《史记》《通典》《资治通鉴》等等，无一不是精研极思，扎实探索，经多年撰写和修订而成书。重视史学史的研究，可以鼓舞历史学者克服浮躁风气与极端功利主义的影响，献身于史学学术事业，成为抵制、反对学术腐败的中坚力量。

---

① 章开沅：《论史魂》，《华中师范大学学报》1998年第1期。

② 瞿林东：《史学寻找自己》，《史学月刊》1997年第3期。

第二，历史学科学术史倡导对各个专业、各大专题学术研究的总结清理，使史学的大量成果、研究历程、不同见解清晰扼要地展现出来，什么见解曾经流行而后来被否定，什么见解提出后被批驳，具体问题的研究成果有怎样的发展轨迹等等，都易于查阅，众人悉知。这既可避免治学时误取已被否定的旧说，亦可扼制故意采取误说以适己用的非学术态度。当前，像上文述及的萧一山修订本《清代通史》那样，无辩解、无理由地坚持自己已被明确批驳的说法，择取旧说而无视明确否定旧说的新成果，都是相当普遍的现象，这更表明进行历史学科学术史总结和研究的必要性。

第三，抄袭和剽窃时人的学术成果，较容易被发现和揭露，而对多年以前学术观点的抄袭，则隐蔽性很强。历史学科学术史将长时期的首创成果和有学术价值的观点充分展现出来，可使有意识的抄袭现象无可遁形。当然，学术事业是十分复杂的，不能绝对排除有独立研究而与前人暗合的情况，抄袭者也会这样辩解。历史学科学术史的全面研究与普遍重视，有助于避免结论雷同地重复前人的工作，抄袭现象也就无可回护。

第四，对于史学中的热门问题，特别是一些比较具体的问题，如孔子思想的评析，对曹操的评论，对农民战争的评论，对历代有作为君主的评析，对司马迁、刘知幾、章学诚、梁启超的研究等等，历史学科学术史必当清理出有价值、有影响的论述，指摘谬说，贬抑随风炒作，有益于学风的端正。

第五，历史学科学术史的建设包括广泛开展兼指得失的史学评论，提倡学术范围内的史学批评与反批评，从而以学术争鸣方式，形成对史学成果有效评价的机制，这是端正学风、遏止学术腐败的必备条件。

史学界不正学风的出现，与部分史学工作者史德修养欠缺有关，但不应该完全归因于此，还应当有着体制的原因。中国历史学工作者的队伍，规模不可谓不大，而且都是国家公职人员，施行一定的管理措施是不可或缺的、完全必要的。在管理措施中，以学术业绩的考核作为职称评定的依据，将工作量（包括质量和数量）与经济待遇做某种比例的挂钩，都是正确的，问题在于：对一种学术工作，应当用什么方式考核业绩、计算工作量？很明显，学术业绩的判别应当以学术标准为主导，结合行政方式的程序来完成。社会人文学科的学术标准就是贯彻发现、发明、推进、创新的根本精神，史学业绩的评价是要看你在史实上有哪些新的发掘、清理和考订，在论断上对理论性、系统性的历史认识有哪些新的推进，简言之就是在“求真”“求是”“求新”上做出了什么成绩。以此观之，现今多数单位的史学业绩评定，行政方式已居于主要地位，最显著的表现是以数量多寡定优差等次的“量化”标准。

学术业绩的“量化”考核，曾被认为是科学、准确、便于操作的方法而广泛推行。学术事业是十分复杂的，研究课题有难有易，成果水平有高有低，一个学科内的各个专业也有不同的特点，不应以同一的数量标准衡量。但“量化”考核方法的推广亦非无因，其一是行政管理上便于操作，其二是学术业绩也的确需要有一定的数量基础。如果能做到摈除低水平重复炒作作品之后的“量化”，虽不能完全反映学术业绩，但其合理的因素就会大为增长。判断哪些作品可以计入学术成果，必应依靠历史学科之学术史的研究，包括大力开展公正的史学评论，并且将其结论运用于学科管理机制。

然而“量化”考核的方式却有日益机械和僵化的倾向，有不少单位已经简单、便捷到论文仅计篇数、撰书仅看几本的程度。这种导向，使大量抄纂拼凑之作充斥于报刊，剽窃现象也时有出现。蜂拥发表的历史类文章，使稍有学术知识的人都对学术废品与垃圾的堆积感到厌恶。因此，许多单位出台和推行了不少补救方法，例如以著作之出版社来划分等次，以论文是否刊载“核心期刊”来分级别等等。出版社、期刊在人们心目中，的确有水平高下之分，但这最多也只是总体的大致印象，不应成为判定每一项作品的根据。诸如此类的方法，仍然是便于操作的行政管理措施，机械地施行会产生许多新的弊端。

加强各种学术评定与业绩考核的学术性因素，应是端正史学界学风、推动史学在新世纪健康发展的基本思路；倡导认真的史学批评和史学研究历程的总结，是其中最主要的方法。但史学评论也曾流行只言优点、不批谬误，甚至虚美夸饰、相互吹捧的风气，史学的学术总结也多有仅谈成就的现象，尽量保持“和气”——无学术原则性的和气，成为一种较大的时弊。厌倦史学批评的心理，产生与扩散于

20世纪70年代末，这是对此前无限政治上纲性的大批判运动的一种惩罚，但它能够蔓延多年，还需要其他条件。在中国史学界，有许许多多的评奖、评定职称、评定学术资助项目、评定学位授予权等等权益激励机制，随机抽取专业人员予以通讯评议等等，仍然是一种行政管理方式。这种让许多学者参与其中的行政管理方式，其目的本是力求公正，也起到防止某些弊窦的效果。但其副作用是导致同行、同专业内互不批评，以免可能出现的报复，“多栽花、少种刺”已成为许多学者的信条。可见在学术管理上，单用行政举措即便取得某种效果，也可能形成另一类负面影响。而单单用行政方式堵塞弊窦，出现新问题再采取新的行政方式，这种状态会不断消蚀学术意识，助长一些投机行为，其后果实堪忧虑。

学术批评一定会在学术界造成恩怨、报复吗？未必然也！我们知道，梁启超与胡适、钱穆与胡适相互都有过尖锐的学术批评，而交谊甚好；郭沫若与范文澜辩论中国历史分期问题，互相批驳，言辞激烈，却未因此结怨。这样的事例在清代、在近现代史学史上俯拾皆是。只要社会对学术的促进机制充分发挥学术因素的作用，蔚成良好的学术环境和学术风气，出现个别因史学批评闹意气的现象也无足轻重。对学术事业的宏观行政管理是极其必要的，但其主要目标应是建设学术业绩评定的学术性社会机制，让学术业绩首先以学术的方式清理明晰。史学研究的立项，参考历史学科学术史研究提出的新问题、需解决的问题；学术水平的评定，依据正规史学批评与辩论的情况，可以省略一些繁复的行政环节。行政管理所要约束的对象，是参与决策和得出评定结论的部分学者，而不是想方设法防范所有的学者。对那些有较高学术造诣的部分学者，引入直接利益脱钩和某种避嫌机制，要求道德自律，实行舆论或其他的监督，都是可行、有效的。

回到本文的主题：建设史学业绩评定的学术性社会机制，切要之事是调动包括行政管理在内的社会资源，倡导、扶助史学批评和史学辩论，倡导、扶助历史学科的学术总结与史学史研究，即全面开展历史学科学术史的研究。在实事求是的学术原则下，着重培植尖锐、泼辣的史学批评作风，打破沉闷的学术空气，从而以学术争鸣的方式检验史学的成果，激浊扬清，推动历史学的健康发展。当今的历史学界，一方面创新思维不断涌现，一方面浮躁风气有所蔓延，在这关键时期，历史学应该跨进一个史学批评与总结的时代，一个强化历史学科学术史之研究的时代。

（原载《南开学报》2004年第2期）

论中国古代的政治历史观

在中国古代传统的社会意识中，政治思想处于最显著的核心地位，如何在政治上求治、弭乱，古代在朝的政治家与在野的思想家，都予以了积极的思考和论述，构成政治思想史的丰富内容。而中国古代政治思想史的主流，又表现出一种“政治历史观”的特色，这是思想史研究不应忽略的问题。何谓“政治历史观”？这种政治历史观在中国是怎样产生、如何运行的？其社会作用和长远影响何在？本文试作初步探讨，以供史学界时贤参考与商榷。

一　中国传统“政治历史观”的形成

一般说来，只要有国家政权的产生和存在，就会导致一些政治观念的出现，当然，政治观念有直觉与理性、简单和复杂、零散与系统的区别，政治观念与其他社会意识一样，一般是从直觉、简单、零散的初始状态向理性化、系统化、复杂化（多种观念的矛盾）的状态过渡。中国上古的殷商时期，已经出现简单的政治概念，但社会意识整体地盲从于对“上帝”迷信的牢笼之中，政治观念也缺乏理性成分。那么，中国上古理性思维是如何起步的呢？这要从西周之初说起。西周“武王伐纣”，经过血战而灭商，无疑是一场极大的社会动荡，由此不仅完成了地域占领与政权的更替，而且松动了殷商时期对神秘力量的顽固迷信。

商代的卜辞，反映出凡事皆须仰求上帝以定然否，一切皆由冥冥中的神秘力量所决定，人是绝对被动的，统治者也没有对事务独立判断的自觉意识，而最早的脑力劳动者基本上均担任或兼任占卜、祭祀一类的神职，并不具备独立进行理性思维的社会条件。周灭殷商之后，西周政权仍然面临着殷民的反抗，这一切引发了周初主要统治人物的忧思：殷商为何败亡？周政权如何巩固？于是形成了明晰的"宜鉴于殷，骏命不易"观念[①]，意思是：以殷商的覆灭为鉴戒，则知"天命"之难保，即从历史思考而重新认识天命。《尚书》中《康诰》《多士》《无逸》《君奭》《多方》等篇记载周公等统治者详细总结夏、商、周政权变革的历史，认为统治者如果对天帝失敬、行为放纵、贪图安逸、弃德任刑、残害无辜，都会被上天遗弃并降下惩罚，转移天命。《尚书・酒诰》的主旨是下令戒酒，而文中则首先引证周文王的训导，除祭祀之外不可饮酒。其次说明殷商从成汤到帝乙，不仅不喜好饮酒，而且因为勤政而根本没有时间饮酒，而后的商王却"荒腆于酒"，终于导致"天降丧于殷"。

对于一项政治主张，甚至仅仅是戒酒一类的具体政令，就以历史上正反两方面的事例，从政治的成败、兴亡的角度立论，体现了中国上古政治观念具备"政治历史观"的特征。所谓"政治历史观"，就是从历史的叙述与分析中得出政治见解、政治方针，而且以历史的事例来论证自己的政治理念，形成政治观点与历史知识的互动与循环。同时，又按照政治价值观、政治利益构建历史认识体系，形成政治与史学的互动。西周时的"殷鉴"思想，即是这种政治历史观的肇始。

西周统治者反复强调与深化这种思考，如《诗经・大雅・荡》所云："殷鉴不远，在夏后之世。"[②]这里所说的"殷鉴"，是指殷朝应以夏为鉴，这自然会推导出周以夏、殷为鉴的认识，《尚书・召诰》言："我不可不监于有夏，亦不可不监于有殷"，即将夏、商兴亡的历史引为借鉴。"殷鉴"是周初统治者提出的概念，表达了对历史的思索与总结，就是要以前朝历史的经验和教训，作为行政的借鉴与警惕。这种思

---

① 《诗经・大雅・文王》。(宋)朱熹:《诗集传》卷一六，上海古籍出版社，1980年，第176页。按，《文王》一诗，据《吕氏春秋》等书为周公旦所作。

② 《诗经・大雅・荡》。(宋)朱熹:《诗集传》卷一八，第204页。

索深化到天命与人事的关系、民众的作用以及施政措施和政治原则等问题，形成了在天命论外壳内具有理性精神的历史观与政治观。“惟命不于常”①“天惟时求民主”②等天命可以转移的思想，在政务上“敬德”③的原则，“用康保民”④的政治策略等等，都是从“殷鉴”的思考中产生的。

因此，“殷鉴”乃是中国理性思维的第一线曙光，统治者首先是通过历史的思考来认识政治、认识社会、解读天人关系，继而启沃心智，丰富逻辑思考能力，打开哲理的眼界。这对中国文化传统产生了不可磨灭的影响，使历史认识与政治文化结成密不可分的联系，积淀为凡事从以往历史中寻求根据、经验与教训的思想模式，中国特有的“政治历史观”就此渐形渐著。

据说西周穆王令史官戎夫撰写《史记解》⑤，通篇总结上古政权灭亡的历史教训，经过探讨许多政权的灭亡原因，得出了讲求政治信义，做好文德、武备，君主不可好财货、不可大建宫室、不可贪图享乐、不可穷兵黩武，防止臣下形成朋党之争，掌握适度的赏罚、刑法等等政治理念，还批判了依赖占卜作政治决策的那种“谋臣不用，龟策是从”的迷信行为，反对“好变故易常”而造成“事无故业，官无定位”的政治运作。《逸周书序》称“穆王思保位惟难，恐贻世羞，欲自警悟，作《史记》”⑥，撰述宗旨就是以若干政权灭亡的前车之鉴，来总结政治上保守基业的指导方针。《史记解》可以说是贯彻以史为鉴精神、熔铸政治历史观于其中的早期代表作之一，与周公时期所撰《酒诰》《康诰》《召诰》《多士》《无逸》《君奭》等《尚书》篇章的“殷鉴”观念一脉相承。但《史记解》的特殊性在于，它不是像《酒诰》《康诰》等那样专对某一特定人物或发自某一具体政务，而是一般性的综论，因而更具有

---

① 《尚书・康诰》。王世舜：《尚书译注》，四川人民出版社，1982 年，第 161 页。

② 《尚书・多方》载周公之语。王世舜：《尚书译注》，第 233 页。

③ 《尚书・召诰》。王世舜：《尚书译注》，第 185、186、189 页。

④ 《尚书・康诰》。王世舜：《尚书译注》，第 152 页。

⑤ 《史记解》，载文渊阁《四库全书》史部别史类，《逸周书》卷八第六十一。此文涉及许多不见于一般史籍记载的上古政权，但有的见于《竹书纪年》，如“玄都”“皮氏”“有洛氏”等，故虽不能排除其中有些词语被后世所修改，但可以信从为西周时文献。参见黄怀信：《〈逸周书〉源流考辨》，西北大学出版社，1992 年，第 120—121 页。

⑥ 《逸周书》卷首《逸周书序》，景印文渊阁《四库全书》本。

建树政治思想的意味。

春秋时期，关于历史和史学作用的观念大为丰富。周灵王时，太子晋畅谈往古胜败兴衰，提出："若启先王之遗训，省其典图刑法，而观其废兴者，皆可知也。其兴者，必有夏、吕之功焉；其废者，必有共、鲧之败。"[①]这明确表达了应当从历史文献记载中寻求兴亡成败教训的观念，不仅是讲历史的鉴戒作用，而且突出了历史记载的作用。在各个诸侯国政权，历史经验与教训辅助当代政治的作用日益得到重视。晋悼公时，叔向"习于春秋"，被认为可以做到"日在君侧，以其善行，以其恶戒"[②]；楚昭王时，其史官倚相被视为国宝，因为他"能道训典，以叙百物，以朝夕献善败于寡君，使寡君无忘先王之业"。[③]这些都表现出历史的鉴戒作用，有力地影响着统治者的政治观念。自西周至春秋，周王室与各诸侯国判断政治措施可否的一个重要的方式，就是引证"先王"来说明是非。例如周穆王欲征犬戎，祭公谋父即进谏称"先王耀德不观兵"，并且叙述周后稷、周武王的事迹，从而申述不应当动兵的理由。[④]春秋最早的霸主齐桓公重用的管仲，即曾认为"昔吾先王昭王、穆王世法文武远绩以成名"，提出仿照"圣王"实行"四民者勿使杂处"的统治措施。[⑤] 郑国子产铸刑书，而叔向写信反对，声称"昔先王议事以制，不为刑辟，惧民之有争心也"，甚至说"夏有乱政而作禹刑，商有乱政而作汤刑，周有乱政而作九刑"，铸刑书会导致"乱狱滋丰，贿赂并行"的亡国后果。[⑥] 以上对"先王"的引证，实际是对以往历史经验的理解或发挥，不免带有主观解释和保守的倾向，但是将"先王"作为论证的理由，本身就表现出政治上的以史为鉴获得了普遍的舆论认同。

战国时期是思想十分活跃的历史阶段，诸子百家的历史观各不相同，但是大多数流派都将政治观与历史观纠结于一起，在根本上没有脱离西周以来思想文化的发展趋向，不过战国时期的思想家、政客

---

① 《国语》卷三《周语下》，上海古籍出版社，1988年，第108页。
② 《国语》卷一三《晋语七》，第445页。
③ 《国语》卷一八《楚语下》，第580页。
④ 《国语》卷一《周语上》，第1页。
⑤ 《国语》卷六《齐语》，第226页。
⑥ 《左传》昭公六年。杨伯峻：《春秋左传注》，中华书局，1990年，第1274—1276页。

及辩士引证历史事例为根据，往往并不忠于史实，而是多有臆造和发挥，但这不影响思想方法上具有的政治历史观特色。儒家和墨家的政治思想，常常是言必称尧舜、言必称先王，政治见解与历史论证缠绕在一起是明显的。大儒孟子认为《春秋》为孔子所修，其中充满政治主张和政治伦理的“义”，功能可以与大禹、周公之平定天下相类比，“《春秋》，天子之事也”，“昔者禹抑洪水而天下平，周公兼夷狄驱猛兽而天下宁，孔子成《春秋》而乱臣贼子惧”。[①] 这是将评断历史的政治作用拔高到了极点。《墨子》不仅通过推崇尧舜以来的圣王而申明宏观的政治主张，而且在《明鬼》篇通过引述历史上政治人物的事例以证明神鬼的存在。法家如商鞅、韩非，都叙述人类社会总的发展历程，指出历史的不断变动，从而为其政治见解作出总体纲领性的论证，说明随时变法的合理性。他们将政治历史观推进到历史哲学的高度，所追溯的历史比儒家更为遥远，也更加宏观。道家崇尚“自然”，将“小国寡民”当成理想的社会，似乎不牵涉历史认识，但实际上对历史的认识思路与法家有些近似，即认定在现存的充满纷争的社会之前，有过近乎“自然”的原初社会，但与法家的历史进化论不同，道家认为历史发展走上错误的方向，“故失道而后德，失德而后仁，失仁而后义，失义而后礼。夫礼者，忠信之薄，而乱之首”。[②] 因而道家的政治思想，乃是以否定当前历史前进方向的历史观为基础的。

总之，在先秦时期，政治历史观虽并非是无所不在，但着实占据了思想界的重要地位，由殷鉴观念积淀而来的历史文化意识，已融入多数政治家、思想家的思维方式。战国后期赵国的虞卿，在政治失意时撰写历史论著，“上采春秋，下观近世，曰节义称号，揣摩政谋，凡八篇，以刺讥国家得失。世传之曰《虞氏春秋》”。[③]《虞氏春秋》既为史论，又是政论，系先秦时期自觉有意识撰成的政治历史观著作。

经过秦统一后短暂的极端文化专制，西汉政权逐步地走上恢复学术文化的途径。汉高祖刘邦接受儒士陆贾的建议，开始讲求文治、礼仪，“乃谓陆生曰：‘试为我著秦所以失天下，吾所以得之者何，及古

---

① 《孟子·滕文公下》。（宋）朱熹：《四书章句集注·孟子集注》，上海古籍出版社，2001年，第320页。

② 《老子》第三十八章。楼宇烈：《老子道德经注校释》，中华书局，2008年，第94页。

③ 《史记》卷七六《平原君虞卿列传》，中华书局，1959年，第2375页。

成败之国'"。陆贾于是撰《新语》十二篇,在朝堂逐次宣读,"高帝未尝不称善,左右呼万岁"。[①]《新语·术事》称:"善言古者,合之于今;能述远者,考之于近。故说事者上陈五帝之功,而思之于身;下列桀纣之败,而戒之于己,则德可以配日月,行可以合神灵。"[②]是西汉统治者自汉初始,已将以史为鉴作为政治要则。此后历代皆畅行以史论政和因政述史,贾谊所撰《过秦论》、东晋干宝的《晋纪总论》,直至王夫之《读通鉴论》等等,都具有既为政论又是史论的特点,政治历史观成为主流意识持续不替的表现方式。

二　中国古代政治理论的"三联套"

中国古代历届王朝在施政探索、政权更迭和时代进展的历程中,政治思想也逐渐丰富和发展,汉代以降,与中央集权政治体制相适应,形成以改造后儒学为基础的主流思想体系。而略成体系的政治思想,即可形成政治理论。作为社会意识形态,任何理论皆与宗教的盲目崇拜不同,理论需要论说自己的正确性,不同的理论可能具有不同的论辩范式,或称论辩的"套路"。中国古代政治理论的论辩套路是由三大环节组合的"三联套":第一,"天人"比附;第二,引经据典;第三,以史论政。这三个环节循环相扣,相互配合,为古代多数政治家、思想家所采纳,不过,不同人物的政治思想所倚重的环节各有不同,从而导致理论思维表现出多种样态。

政治思维"三联套"的第一环"天人"比附,源自天命观框架下对人事作用的承认,亦可追溯到西周初年。西周统治者形成殷鉴观念之后,并未摒弃天命观,敬德、保民都是为了获得上天的永久护佑,巩固统治,《尚书·召诰》言"肆惟王其疾敬德。王其德之用,祈天永命",表达的就是这种观念。《尚书·大诰》通篇贯穿着统治政权得自天命,而人间统治者的行事应当符合天意的思想。"呜呼!天明畏,弼我丕丕基!"意思是说:"啊!明确的天意令人敬畏,护持我们伟大的基业吧!"[③]既然上天的意志已经与人间的政治联结在一起,那么

---

① 《史记》卷九七《郦生陆贾列传》,第2699页。

② (汉)陆贾:《新语》卷上《术事第二》,王利器校注本,中华书局,1986年,第37页。

③ 《尚书·大诰》。王世舜:《尚书译注》,第141页。据《史记》叙述,此篇是周公东征后发布的文告。但据当代学者的研究,应为东征前夕以周王名义发布的动员令。

顺理成章地就会出现探讨天人关系的政治思维，约春秋时期形成的《尚书·洪范》，被后世视为关于古代政治理论的经典文献，其中论述说："曰休徵：曰肃，时雨若；曰乂，时旸若；曰哲，时燠若；曰谋，时寒若；曰圣，时风若。曰咎徵：曰狂，恒雨若；曰僭，恒旸若；曰豫，恒燠若；曰急，恒寒若；曰蒙，恒风若。"①这就是说，如果君主恭谨、清正、明理、智慧、高尚，相对应的雨水、阳光、温暖、寒凉、季风都会应时而来，恰到好处。君主如果张狂、违制、懈怠、急躁、昏聩，相对应的阴雨、干旱、炎热、严寒、大风均会没完没了，形成灾害。因此国君的行为好坏，要影响一年的天气是否风调雨顺。这已然清晰地呈现了政治上天人相应观念的基本框架。

西汉初年，政治家陆贾就具有天人合一的观念，认为上天对人间社会有"改之以灾变，告之以祯祥"②的神秘作用。汉武帝时期，董仲舒则将儒学与阴阳家的思想结合起来，系统地论述了"天人感应"学说，其思维方式充满了天人之间的比附，如提出人头圆而足方，为天圆地方之象，头发之多象星辰，耳目象日月，鼻口呼吸象风气，"天以终岁之数成人之身，故小节三百六十六，副日之数也；大节十二分，副月数也；内有五脏，副五行数也；外有四肢，副四时数也……"③他把神秘的天地、阴阳、五行比附到所有的社会结构、政治体制和思想意识，构建了统一的宏观伦理哲学，认为"唯天子受命于天，天下受命于天子"④，藉天意的权威演绎出三纲五常的政治理论。同时，又以天道制约君主政治，制造了一整套天人感应的灾异"谴告"说法，使其政治观染上浓厚的神学色彩。这种牵强的比附思维，理性的因素不强，况且天象祥瑞与灾异之征，可以作出不同的解释，穿凿于人事，往往明显荒唐。因此"天人"比附这一环节在政治理论中的权重，自汉末便日益衰减，但最终还是保存未泯，如北宋吕公著上疏宋神宗仍然强

---

① 《尚书·洪范》。王世舜：《尚书译注》，第127页。关于《洪范》的成文时代，学术界尚有不同的说法。

② （汉）陆贾：《新语》卷上《道基第一》，王利器校注本，第2页。

③ 《春秋繁露》（清凌曙注本）卷一三《人副天数第五十六》，中华书局，1975年，第443页。

④ 《春秋繁露》（清凌曙注本）卷一一《为人者天第四十一》，第386页。

调："盖天虽高远，日监在下，人君动息，天必应之。"[①]直至清代，乾隆帝依然声称"盖闻国之将兴，必有祯祥，然祯祥之赐由乎天，而致天之赐则由乎人"。[②] 这不仅作为"君权天授""三纲五常"之说的支撑，而且可以在政治论说陷入矛盾和困境时归结为"天命"，成为古代政治理论最后可以退守的营垒。

"三联套"的第二环"引经据典"，在中国古代是与"天人相应"的比附思维同时构建的，前提是要树立一种学说的思想权威，即董仲舒提出、为汉政权采纳的"罢黜百家，独尊儒术"，从而形成以儒学经典作为是非的标准。本来，在先秦时期政治家、思想家论证自己的见解，有各种不同的方式，除了以天象、灾异、史事为证据之外，老子、孔子偏于自作裁断，或随机立言，庄子则多以寓言故事作讽喻，儒家后学颇有引证"《志》曰""《诗》曰""《周书》曰""君子曰"等等预设权威性言论为根据的思路，这是后世"引经据典"理论模式的滥觞。汉朝既已树立儒学经典的权威，引经据典来论定政治原则自然最为兴盛，达到"朝臣论议，靡不据经"[③]的程度。古人坚信"《六经》者，圣人所以统天地之心，著善恶之归，明吉凶之分，通人道之正"[④]，可以提供解决政治难题和社会问题的不二法门，在政治观念上"援据经义，酌古准今，郁然成一代休明之治"[⑤]，是政治体制建设的要旨。

儒学经典权威地位得以建立，是靠政权的强制力量与统一的教育模式达成的。以经典的说法为政治理论和政治行为的依据，取得了表面、直观的合理性，然而经典的义蕴需要阐发，经典未能直接涉及的问题需要引申，分歧困扰时时出现，引经据典不得不求助于述史，即以历史认识为根据。况且经典中《尚书》《春秋》之性质本为史籍，其他经书也必须结合历史来解说才有经典的意义，这就是古人所强调的"以史翼经""经与史相表里"。

① 《续资治通鉴长编》卷三五七，神宗元丰八年六月癸未，中华书局，2004年，第8539页。

② 《清高宗实录》卷九九六，乾隆四十年十一月癸未，中华书局，1985年影印本。

③ 《汉书》卷九九上《王莽传》，中华书局，1962年，第4073页。

④ 《汉书》卷八一《匡衡传》，第3343页。

⑤ 《明史》卷一三六，卷末史臣"赞曰"，中华书局，1974年，第3939页。

"三联套"的第三环"述史论证",体现的就是"政治历史观",为中国古代政治理论中最具理性思维的部分,它通过引述历史事实阐明经验教训,提供解决同类政治问题已经有过的先例,给人以言之有据的印象。同时,历史经验的积累又是一个越来越厚重的进程,这无疑可以不断拓展"殷鉴"观念所涵括的政治思维空间,因而具有一定程度的活力。历代政治家和学者,无不推重历史和史学的鉴戒、惩劝与资治的作用,如唐太宗赞叹曰:"大矣哉!盖史籍之为用也……彰善瘅恶,激一代之清芬,褒吉惩凶,备百王之令典。"①司马光认为认真习史可以"鉴前世之兴衰,考当今之得失,嘉善矜恶,取是舍非,足以懋稽古之盛德,跻无前之至治"②,这是从史学的角度讲以史为鉴、以史资治的政治作用。龚自珍于清季社会已然呈现危机之时,仍主张"尊史",力倡"欲知大道,必先为史"③,声言"何敢自矜医国手,药方只贩古时丹"。④ 这种政治历史观的影响颇为深广,直至现代仍在持续。

古代政治理论的"三联套",是三环相扣、联结一起,从而组成一个外形圆满的稳定性思维模式。在这三个环节之间,儒学经典与史学撰述互动互补,结成一体的经史之学,成为中国古代学术的主体格局。南宋李杞说:"经辩其理,史纪其事,有是理必有其事,二者常相关而不可一缺焉……不质之于史,则何以见圣人之经为万世有用之学也耶!"⑤这里通过辨析"理"和"事"的关系,指出经与史的密不可分,而且主要是从政治观念出发的。引经据史,两相配合,确为中国政治思想主要的理论模式。而儒学经典的《周易》、《尚书·洪范》、《春秋》公羊学、《仪礼》的各种规定,都与天人相应理念缠绕在一起。检讨天人关系,也离不开历史事例的引证。近代以来,思想界巨变,天人感应之说已被鄙弃,经学式微,"三联套"原有的两个环节基本瓦解,惟以史为证、以史为鉴的政治历史观不仅依然延续,而且时有强化趋向,因此应当予以认真的反思和剖析。

---

① 《唐大诏令集》卷八一《修晋书诏》,学林出版社,1992年,第422页。

② (宋)司马光:《进书表》,《资治通鉴》卷末,中华书局,1956年,第9608页。

③ (清)龚自珍:《尊史》,《龚自珍全集》第一辑,上海人民出版社,1975年,第81页。

④ (清)龚自珍:《已亥杂诗》,《龚自珍全集》第十辑,第513页。

⑤ (宋)李杞:《用易详解·自序》,景印文渊阁《四库全书》本。

三　政治历史观的社会效应与基本信念

在中国古代的历史进程中，社会经济的利益矛盾与政治体制的权力结构，固然在整体上起到决定性作用，但政治历史观的一贯性理念历代传承，造就了厚重的思想文化积淀，其影响及效应亦不可小觑，其中利弊得失，乃是社会史研究、思想史研究亟须关注的问题。

（一）中国的政治历史观与传统史学

从先秦到汉代，由“殷鉴”观念导发的政治思维逐步形成中国特色的政治历史观，上文已经概述。西汉以降，随着政治历史观的强化，反作用于社会的效应日益展现开来。

古代政治历史观的显著效应之一，是中国传统史学的格外兴盛和步入定轨。司马迁撰著《史记》，在其受刑之后转入“成一家之言”的宗旨，而“究天人之际，通古今之变”只是“成一家之言”的途径和手段。他受宫刑而“所以隐忍苟活，函粪土之中而不辞者，恨私心有所不尽，鄙没世而文采不表于后也”[①]，明白无误地表示了《史记》撰著意图与司马迁的人生目标，其特点是并不理会先秦以来以史辅政、以史教化、惩恶劝善等等社会功用，摒弃了原先要记载汉朝“盛德”的打算，也没有为当前政治提供鉴戒的意旨，撰史在司马迁心中，最终是自我的、个性的事业，这具有将史学拉入另一条发展路向的趋势。但司马迁的《史记》尽管体例独创、文采飞动、载事广博，成就无可抹杀，却仍受到“是非颇缪于圣人”[②]等尖锐的批判，东汉明帝更发表了代表官方的评论：“司马迁著书，成一家之言，扬名后世，至以身陷刑之故，反微文刺讥，贬损当世，非谊士也。”[③]

采纳《史记》的历史编纂学成果，但改变司马迁的史学宗旨与思想理路，班固的《汉书》是一典范之作。他贯彻“尊汉”的宗旨，恪守“唯圣人之道然后尽心”[④]的思想准则，以私修史达到与官方立场的

---

① 《汉书》卷六二《司马迁传》，第 2733 页。

② 《汉书》卷六二《司马迁传・赞》，第 2737—2738 页。

③ 见（汉）班固《典引・序》，（清）严可均辑《全上古三代秦汉三国六朝文・全后汉文》卷二六，中华书局，1985 年影印本，第 614 页。

④ 《汉书》卷一〇〇上《叙传上》，第 4207 页。

一致化效果。然而东汉朝廷随即启动官修的《东观汉记》，正式形成了官方史学与私家史学两条相互联系的发展轨道，不仅促进了传统史学的繁荣兴盛，而且把史学纳入国家政治机制之内，成为中国传统史学最突出的特点。汉末史家、政论家荀悦，对史学有“夫立典有五志焉，一曰达道义、二曰彰法式、三曰通古今、四曰著功勋、五曰表贤能”[①]的理论表述，他编纂编年体断代史《汉纪》的目的就是“爰著典籍，以立旧勋，综往昭来，永监后昆”。[②] 这承袭了先秦的史学观念和政治历史观，并且有所发展，在实践和理念上完成了传统史学基础的奠定，古代史学此后的发展，整体上再没有动摇和离开这个基础。

中国传统史学的这个特色，并不单单是一种文化的现象，而是整个社会的效应，因为格外发达的史学特别是官方史学，已经成为政治机制的组成部分，撰史、论史均包含政治的意旨。新王朝纂修前朝的断代史，一是要宣示本朝的正统地位，二是要从前朝的兴败之中汲取借鉴。更有出于具体目的之修史行为，如宋代的新党与旧党斗争，胜败反复，致使《宋神宗实录》多次改写；明朝天启年间，魏忠贤“阉党”垄断朝政，编纂了《三朝要典》这部当代史，用以打击东林党；清朝乾隆帝指示编纂《古今储贰金鉴》，目的是论证历代册立太子的举措均为致乱之阶，惟雍正帝创办的秘密建储方法最为妥善，从而将之确立为清朝的定制。这样的事例不胜枚举，既是一种政治举措，也属史学活动。私家史学在儒学思想体系的引导下，史学思想、史学宗旨的主流实与官方大体一致，私修史也往往以进献朝廷、得到官方认可作为价值的实现。撰史注目于政治的兴衰，史学将经世作为根本的宗旨，成为政治的附庸，反过来进一步强化政治历史观，给引史论政提供更多的根据和素材。

(二)古代政治历史观的社会效应

政治历史观大行其道，对古代社会政治的运行和政治思想的演变施加了深刻影响。由于政治主张的合理性要寻求历史的例证，因而促成“向后看”的思维模式和社会价值观，保守观念必然占据主流

---

① 《汉纪》卷一《高祖纪一》。见《两汉纪》上，中华书局，2002年，第1页。

② 《汉纪后序》，载(明)张溥辑《汉魏六朝百三家集》卷一七《荀悦集》，景印文渊阁《四库全书》本。

地位，拖住社会发展的步伐，阻遏文化的更新。政治历史观越是成熟和系统化，保守的力量就越大，即使有所改革也往往需要“托古”，如王莽改制将自己的王朝定名为“新”朝，但改制的措施却形式化地仿从《周礼》，北宋王安石的变法同样从《周礼》中寻求依据，近代康有为宣传变法维新，仍然打出“孔子改制”的旗号。无论这些政治人物是出于本心还是权为策略，都反映了以史论政的思维模式已然深入人心，难以回避。按照这种政治历史观的逻辑，需要树立历史上正、反两方面的样板和标本，要有“盛世”“圣王”的形象以资参证。于是，真实状况比较模糊的夏商周三代开国史，以至更久远、更混沌的唐尧、虞舜时期，自战国以来就被渲染、夸张为黄金时代，成为政治思想家发表政见随时拈取的论据。汉代以后，又不断构建“治世”“盛世”，让历史上的“榜样”光彩夺目。当然，反面的典型亦不可少，桀纣之后，昏君暴主迭出，弊政、乱政历历可数。这样，政治历史观获得日益丰富的论证素材，似乎在政治上仿从以往的“盛世”作为，避免过去有过的弊政，就可以解决所有社会问题，达到长治久安了。中国古代社会就在面目相似的盛衰兴亡中轮回，政治思想也在不断对历史的总结之中周转，不能取得根本性、时代性的突破。

从“殷鉴”发展而来的政治历史观始终含有理性思维的因素，这不时带来思想的活跃，但政治历史观的特点是从以往事例探究出路，总体上很难避免保守、复旧的归宿。理性因素和守旧归宿，是政治历史观运行中的一对矛盾，沿着这一思路探讨社会政治的历代思想家，虽然新论迭出，但却常常出现“周而复返”的守旧效应。大量史实表明:政治历史观本身所包含的理性因素，不足以冲破其“向后看”的守旧指向。唐末曾参加农民暴动的皮日休，在诗文中猛烈抨击昏庸腐败的君主政治，但政治理想则归结为实行尧舜、周公、孔子规定的清明仁政，“圣人之化，出于三皇，成于五帝，定于周、孔”①，而后世“制礼作乐，宜取周书、孔策为标准也”。② 清初，黄宗羲的《明夷待访录》尖锐批判了荼毒天下的皇帝专制制度，甚至讲出“然则为天下之大害者，君而已矣”的惊人论断，这曾被看作中国典型的民主启蒙思想。

---

① 《皮子文薮》卷三《原化》，上海古籍出版社，1981 年，第 12 页。
② 《皮子文薮》卷八《题叔孙通传》，第 76 页。

然而，这是出于对明末昏暗政治、明清之际激烈变动的反思，通过政治历史观的探讨而发出的激情议论，若全面考察其政治思想，则并非否定君权和主张民主。① 黄宗羲将政治史划分为三个阶段，第一阶段没有君主，“人各其私也，人各其利也，天下有公利而莫或兴之，有公害而莫或除之”，当然是一个不好的时代；第二阶段有了圣君明主，“凡君之所毕世而经营者，为天下也”，即最理想的尧舜和夏商周三代；第三阶段从战国时期开始，至秦始皇建立集权制度，一发不可收拾，皇权专制遂成祸害。② 于是，他的政治理想其实还是仿从尧舜、三代的社会体制，回复上古那个缥缈的“天下为公”时代，甚至连井田制、分封制等也都可以实行。这并未突破帝王施行“仁政”的诉求和民本思想的范围，而且颇有复古观念和空想色彩。黄宗羲政治思想的归宿，最能反映中国古代政治历史观的实质。漫长的中国古代，反复地在政治兴衰、政权兴亡和改朝换代之中周转，固然有多方面的原因，而中国古代思想家也在对现实政治不满和批判中向过去的历史时代寻求理想社会，这不能不说是中国特色的政治历史观造成的总体上的保守效应。

如果说黄宗羲等古代思想家未能突破政治历史观的守旧局限，有着时代的局限和社会条件的制约，那么近代一些思想家的事例更发人深省。康有为在中日甲午战后，是激进的维新派思想家，但他的政论常常引据历史，具有政治历史观的色彩，主张保皇、尊孔，而最终成为时代的落伍者。章太炎曾经是近代的革命派学者，有过激烈的批孔议论，但并未脱开政治历史观的思维模式，最后竟然公开表示忏悔，返回到尊孔、复旧的主张。这种思想倒退并非孤立的现象，新史学名作《中国古代史》的作者夏曾佑具有类似的思想蜕变经历。在西方文化影响日益扩展的民国时期，尊儒守旧的史家不仅有维护旧文化传统的柳诒徵、钱穆等人，而且包括一批从西方留学归来的学者如

---

① 参阅南炳文:《黄宗羲政治思想的一个方面——肯定封建君主专制制度》,《清史研究通讯》1989 年第 1 期;程志华:《儒学民本思想的终极视域——卢梭与黄宗羲的“对话”》,《哲学研究》2004 年第 2 期。

② 以上见《明夷待访录 · 原君》,《黄宗羲全集》第一册,浙江古籍出版社,1985 年,第 2—3 页。

吴宓、胡先骕等“学衡派”人士[①]，这种局面的形成，大半要从中国固有的、近代仍然延续和发展的政治历史观中探求原因。

(三)政治历史观的“以史为鉴”理念

中国古代政治历史观的基本信念，是确认以往的历史对现实的人与社会有莫大的鉴戒作用，尤其是历代政治上的得失、兴亡，是不能不汲取的经验或教训。统治者、政治家、思想家平时就需要熟知历史上发生过的沟沟坎坎，成功者引为榜样，失败者作为儆戒；遇到当前难以解决的问题，首先应当从历史的先例中获得应对方案、找寻出路。这可以大致地概括为“以史为鉴”的理念。

政治历史观乃是从西周的“殷鉴”观念而导发，“以史为鉴”很自然地成为其最基本的理念，在中国古代不断地扩展和丰富，而且无论在官方还是私家，几乎是毫无异议地得到普遍的认同。“以史为鉴”理念在传统史学角度的体现，就是史学经世致用的宗旨，政治的“以史为鉴”与史学的“经世致用”互为表里，聚合成一道政治文化风景线，通过历代政界、学界的反复表述而强化。荀悦在《汉纪》的序言中强调：“凡《汉纪》有法式焉，有监戒焉……惩恶而劝善，奖成而惧败，兹亦有国之常训，典籍之渊林。”唐太宗高度评价著史的作用，称“朕睹前代史书，彰善瘅恶，足为将来之戒……将欲览前王之得失，为在身之龟镜”。[②] 著有《通典》的杜佑也坚信“至于往昔是非，可为来今龟镜”。[③] 王夫之说：“所贵乎史者，述往以为来者师也。”[④]近代梁启超在其影响巨大的《新史学》中，仍高倡“史学者，学问之最博大而最切要者也，国民之明镜也，爱国心之源泉也”。总之，无论从史学角度还是从政治角度，历史的借鉴作用都被描述得极其重要、不可或缺。

但是从中国古代乱世多、治世少，政权兴亡屡屡重演的客观史实来看，“以史为鉴”的政治效果并不良好，这其中多由统治者荒唐昏暴、不认真汲取历史教训所导致，但也有“以史为鉴”的后果。三国时

---

① “学衡派”的人员组成复杂，思想主张多样，但共同的主旨是“昌明国粹”、讴歌孔子和吹捧儒教，文化上属于守旧的性质。

② 《册府元龟》卷五五四《国史部·恩奖》，景印文渊阁《四库全书》本。

③ 《旧唐书》卷一四七《杜佑传》，中华书局，1975 年，第 3983 页。

④ （清）王夫之：《读通鉴论》卷六《后汉光武第十》，中华书局，1975 年，第 156 页。

曹魏政权对诸王防范压制,“不思藩屏之术,违敦睦之风,背维城之义”①,造成“委权异族”,西晋以此为鉴,分封诸王而各有兵权,却出现“八王之乱”而衰亡。北宋以唐代藩镇割据为鉴戒,大削武官兵权,改变军制,却军力软弱,终于丢掉江山。明朝建文帝以西汉“七国之乱”为鉴戒,力行削藩,导致“靖难之役”而败亡。明朝皇帝汲取前代大臣擅权的历史教训,任用宦官执政,造成“阉党”猖獗,政治黑暗。这些皆属荦荦大端,以史为鉴的具体举措,其得失还有很多值得深入分析,原因是历史事例十分复杂,仅“分封制”之利弊得失,思想家聚讼千年而莫衷一是,其他如法律严厉与宽松、对域外势力的或和或战,都不是从历史中即能找出妥当的策略。因此,“以史为鉴”并非至理,应当以历史发展的眼光辩证地分析。

四　政治历史观基本理念的症结

政治历史观的理性因素与守旧归宿,在古代就造成思维模式的二重性效应,既能促使一些新思想的产生和解决一些社会问题,也会造成结论的错误和导致政治措施的失败,并且总体上指向守旧的归宿,从而不利于社会跨入新的时代。政治历史观的基本理念——以史为鉴,在古代既有实效,也会失效,那么这种理念必有其严重的逻辑缺陷。我们深入探研,可以发现其症结就在于用过往的历史实例指导现实,淡化和排斥了对当前社会的调查研究。在汗牛充栋的中国史籍中,记载了大量的君臣政论,多为引经据典、以史为鉴的发挥,历代思想家多是在社会危机显露之后,倡言历史的经验教训,设想救世方案,总是在经史、文牍中流连寻绎,对现实社会状况深入地做实际调查研究者则寥寥无几,皇帝和高官的“微服私访”不过仅存在于小说之中而已。笃信“以史为鉴”的政治家、思想家不出朝堂与书斋,凭借经史典籍,附加天人之际的想象,就可以在思辨的“三联套”内推衍出一系列政治见解。这些见解也可能闪耀思想的火花,但难以解决实际问题。欲解决当前社会问题,而不将研究当前的社会实况置于首位,这是致命的逻辑错谬。

① (晋)孙盛:《魏氏春秋评》,(清)严可均辑《全上古三代秦汉三国六朝文·全晋文》卷六三,第1817页。

将"以史为鉴"运用于现实政治的实践，其思维模式大多采用择取一个或几个历史的实例，与现实问题进行简单类比，从中得出相应的判断。这种历史的比附类似于天人感应的牵强比附，而缺乏对史事严格考证求真，再进行综合、系统研究的过程。这样，对所借鉴事例本身的理解就可能片面和错误，又不计时代区别地进行附会，就不能保证结论的正确。因此，"以史为鉴"在古代也不是绝对可以信赖的理念，而在中国古代之所以会有不少成功的范例，全因为政治制度和经济水平的发展缓慢，但发展缓慢并不等于平静安稳，而是治乱、兴亡相交替的动荡，"以史为鉴"的政治观念正好在这种历史背景下产生，同时继续强化"向后看"的意识，增添了社会进步迟缓的惰性因素。

1840年鸦片战争爆发后，中国面对一个前所未有的国际政治局面，中国社会已经卷入复杂的国际关系之内，发展历程已经大不同于以往的历史。随后西学传入，经长期冲突、磨合，逐步导致社会转型与文化革新。在新文化运动、五四运动中，旧文化大都受到很大冲击与批判，但表现为引史论政、以史为鉴的传统政治历史观依然畅行，史学经世的观念并未被"新史学"思潮所否定，反而在"国难"悲情的背景下得到强化。这看起来具有某种积极意义，但对整个社会意识和文化形态的负面作用甚大，抗拒科学与民主的保守思潮，无一不是从中国历史上的"国情"出发而提出倒退的主张。"以史为鉴"理念在近代中国的作用，应当重新予以考量。现代的社会更新与几十年前不同，经济、政治、文化的发展极为迅速，且不断涌现前所未有的新现象，"以史为鉴"的比附思维更加无所适从，勉强为之，必生误判。在当代，决不能因护惜"以史为鉴"的传统理念而背上历史的大包袱，拖累前进的步伐，更不能重捡儒学、"国学"之类的经典以及神秘的信仰，而重新钻入"三联套"的思维模式。对现实的世界态势和社会状况做实事求是的调查研究，才是应对问题、解决问题的主要方法。在对现实社会做调查研究之际，必然会运用多种自然科学、社会科学的知识与方法，有时也需要历史学知识的参与，但这应当来自对历史的求真求是、系统性研究的概括，而避免将具体历史事例做跨时代的简单附会。

（原载《天津社会科学》2011年第6期）

中国史学起源问题新论

对于中国史学史的研究，其学术探索自然应当追溯到历史学的起源问题，真正明了起源，才能很好地把握历史学的发展历程和文化特点。迄今为止，许多学者对中国史学的起源做出了不同角度的探研，见解互有异同，虽多具启发性，但也意见分歧，尚未得到充分地辨析与整合。本文拟作新的探析，以求正于史学界时贤。

一 史学原发性产生的基本社会条件

探讨史学起源的问题，首先应当思考史学在一个国家或民族的产生与持续发展，需要怎样的社会条件和文化背景，这必须在中外史学比较的基础上才能做出允当的分析。史学在一个国家的存在，有两个不同的来源，一是本土上原发性的产生，二是从外国、外族传播而来，植入本国和本民族的社会文化肌体。区别这两种情况，确认历史学并不是在每一个民族内都会自然而然地产生，才能通过对不同国家和民族的早期历史文化的比较研究，探索史学在一个国家、民族或地区原发性产生的社会条件。

纵观整个世界史学的发展，自上古起即形成了两大最具活力的史学体系，一是以中国传统史学为核心的东亚历史学，另一是以古希腊史学为起源的西方历史学。上古的中国和古希腊，都是史学原发性产生并且得以持续发展的源头，将之与更早的文明古国却未能产生史学的古埃及加以比较，并且结合史学的本质特征综合分析，可以得出史学原发性产生的基本社会条件，主要有以下三点。

第一，比较完备的文字和可以运用的历法。文字产生并且用于记述史事，与口耳相传具有十分不同的意义，它能够使所包含的内容凝固下来，保持一定的面貌，避免口述往事那种不断流动、遗忘、添加渲染而无踪迹可以核查的状态。历法也是史事记述能否完备的一个重要条件，没有确切时间的记载，无论其真实程度如何，价值都会大打折扣，即使单单从史料利用角度而言，也必须首先将其中关键的时间要素考订清楚，否则很难进行深入的研究。如果记事者没有写明确切时间的意识，记事文献缺乏完整的时间要素，则根本不能作为历史学产生的标志。因此，史学的诞生，只能在比较完备的文字和一定的记时方法通行之后。我国上古文字和历算方法产生较早，殷墟出土的甲骨卜辞，显示出殷商时代已经有了相当完备和成熟的文字。

至于历法，传说自有夏就已产生，孔子曾主张"行夏之时"[①]，战国时有讲述夏历的《夏小正》一书。中国历法产生的详情，还有许多未能考察清晰的问题，但殷商甲骨卜辞中以干支记日以及记载月份已十分普遍，唯在纪年上还存在较大的缺陷，这种缺陷一直延续到周代。当然，有了文字和历法，是否会自觉、充分地运用于记述史事，仍然具有不确定性。与中国一样，古希腊也是早就产生文字和历法的国家。

第二，社会运行机制上产生了对于准确历史记忆的客观需要，或社会大变动、大事件引起系统性描述和记载的冲动，促使人们予以总结以及进行理性的思考。对社会大变动、大事件进行这种描述、记载、总结与思考之主体，可以是作为国家机构的官方，也可能是某些有知识、有能力的私家。在中国是官方首先执行了此项使命，在古希腊则是私家学者如希罗多德等首先获得成功。希罗多德（约前484—前425）在他撰写的《历史》一书绪言表示，其写作宗旨就是"为了保存人类的功业，使之不致由于年深日久而被人们遗忘"[②]，显然

① 《论语·卫灵公》。（宋）朱熹：《四书章句集注·论语集注》，上海古籍出版社，2001年，第193页。

② ［古希腊］希罗多德：《历史》，商务印书馆，1985年，第1页。

是希腊与波斯战争这个重大的事件，导致了希罗多德记述历史的意念并且付诸行动。

第三，在追忆往事而渐次形成文字撰述的早期阶段，一定的社会历史背景和文化环境，造成较普遍的自觉记史意识与记事求真的强劲理念，并且此种理念立足于社会后，历史学才能真正破土萌发，由可能性转化为现实。希罗多德的《历史》虽然采取有闻则录的编纂态度，但他对史事往往“亲自观察、判断和探索”，常常在叙述一个传说之后申明“我是不能相信这个说法的”。[①]因此，希罗多德具备了一定的记事求真意识。其后，修昔底德（约前460—前396）撰写《伯罗奔尼撒战争史》，声明“这些事实是经过我尽可能严格而仔细地考证核实了的”，他的著述中没有任何神话的成分，建立起严格求真的撰史规范。波里比阿（约前201—前120）发扬修昔底德的理念，认识到求真是史学的首要准则。[②] 总之，古希腊史学的产生和发展与记事求真观念的树立是同步的进程。

上述三个史学产生的社会条件，第一项文字、记时方法的掌握与第二项社会重大变动事件的出现，在上古的许多民族都能够具备，惟第三项属于一种社会意识，能否具备的或然性很大，倘若错过时机，只能等待外来史学文化的影响。古埃及是最早的文明古国，文字产生甚早，远超前于其他古国，但始终未能独立地产生像中国与古希腊那样的史学文化。汤普森在《历史著作史》中指出：“埃及人从来就不是一个很喜欢写历史的民族”，因此古埃及虽有丰富的史料，例如大量的铭文，但没有产生自己的史学。“埃及铭文的历史价值必须经常细心判断，因为诸法老往往把他们祖先的事迹，归到他们自己名下。他们用来达到自己目的的方法很简单，磨掉石柱或墙壁上已记载的事迹中那位英雄的名字，然后刻上自己的名字就行了；或者把别人的功绩记录抄刻在另一块石板或纪念物上，把过去完成那些功业的真正君主的名字改成他们自己的就行了”。[③] 这种行为，是中国古代最荒唐的皇帝也不可能做出的。由此可见，古埃及几乎没有记事需要

---

① [古希腊]希罗多德：《历史》，第151、306页。

② 以上参见[美]J·W·汤普森著，谢德风译：《历史著作史》上卷第一分册，商务印书馆，1988年，第40、82—83页。

③ [美]J·W·汤普森著，谢德风译：《历史著作史》上卷第一分册，第6页。

真实的观念，缺此意识，即无法原发性地产生本民族的史学。公元前3世纪，古埃及僧侣曼涅托根据寺院档案等资料编写了一套埃及编年史，以希腊文撰成，明显是受到古希腊史学的影响。但就是这种次生的史学文化，也因缺乏一种社会性的史学意识而未能充分的发育和成长，这与古希腊的社会文化条件大不相同，也与中国上古的社会文化迥然有别。以下，让我们以文化观念为线索探讨中国史学产生的进程。

二　中国史学产生的主导进程

与古希腊以希罗多德《历史》为史学产生标志的飞跃性特征不同，中国上古史学的产生经历了漫长的渐进式历程，主导线索可以大致分为两个阶段。

（一）"殷鉴"观念与官方文书的整编

殷商末期，周族建立的方国逐渐强盛，终于由周武王率兵讨伐商纣王，经过"牧野之战"攻陷殷都，取而代之。周武王伐灭商纣，在当时引发巨大的社会震荡。周占领殷商地区，仍然面临着殷民的顽强反抗，特别是殷商后裔武庚的武力叛乱，这不能不引发周初主要统治人物的忧思：殷商为何败亡？周政权如何巩固、如何避免重蹈殷商的覆辙？于是形成了明晰的"宜鉴于殷，骏命不易"观念[①]，意思是以殷商的覆灭为鉴戒，则知"天命"之难保，即从历史思考而重新认识天命。这种思考得到反复的强调与深化，例如《诗经·大雅·荡》说："殷鉴不远，在夏后之世"[②]，《尚书·召诰》言："我不可不监于有夏，亦不可不监于有殷"，即将夏、商兴亡的历史引为借鉴。"殷鉴"是周初统治者提出的理念，表达出对历史的思索与总结，就是要以前代历史的经验和教训，作为政治的借鉴与警惕。

"殷鉴"观念是中国上古理性思维的第一线曙光。此前的殷商时代，对上帝是绝对的迷信，凡事皆须占卜，人间的一切似乎皆由神秘的力量所掌控，社会意识在整体上并不认可理性的思维与判断。"殷

① 见《诗经·大雅·文王》。（宋）朱熹：《诗集传》卷一六，上海古籍出版社，1980年，第176页。按，《文王》一诗，据《吕氏春秋》为周公旦所作。

② 《诗经·大雅·荡》。（宋）朱熹：《诗集传》卷一八，第204页。

鉴”的观念初步撕开了禁锢思维发展的迷信罗网，开启了从历史上政权兴亡变化的角度思考政治得失之端倪，理性思维由此勃发。天命与人事关系的新认识、敬德的政治原则、保民的行政理念等等，都由“殷鉴”即对历史的思考而导出，对“监于有夏”和“监于有殷”的许多细节也做出具体的解说，如《尚书·酒诰》之厉行禁酒、《尚书·无逸》之倡导勤政等等。

因此，中国上古最早的理性思维，乃产生于以“殷鉴”为标志的历史认识领域，首先通过对历史的思考来认识政治、认识天人关系，从而启沃心智，继而丰富逻辑思考能力。这对中国古代文化传统产生不可磨灭的影响，造成历史认识与政治文化结成密不可分的联系，积淀为凡事从以往历史中寻求根据、经验与教训的思想模式，中国古代史学的兴旺发达，历代官方的史学活动之绵延不废，古代史学多以经世致用为根本宗旨等等，这些西方所不具备的特点，皆可追溯至“殷鉴”这个源头。而“殷鉴”观念对史学文化萌发的直接促进作用，乃是官方文书的保存和整编，即日后称为《尚书》的历史文献的形成，在中国古代史学史与学术史上影响广博而深远。

西周灭殷之后，统治者具备了“殷鉴”的历史认识，最初还只是从亲身经历与口耳相传的史事直接汲取借鉴。但“殷鉴”这种历史意识，必然导致对历史遗留文献的重视，同时也会注意保存本政权的官方文书。《周书》《尚书》之中不少历史文献，就是由于周初具备“殷鉴”的历史意识，不但被自觉地保存下来，而且经过了整理编辑，其中包括被整编的殷商时代留存下来的官方文书。据郭沫若等学者研究，《周书》之《牧誓》《世俘》《克殷》等多篇可定为周初之作。①又据张西堂《尚书引论》的考订，《尚书》中《盘庚》即为殷商遗留文件，在西周时期进行了整编。而《尚书》的《康诰》《酒诰》《多士》《洛诰》等篇，多数学者认为虽不免含有后来掺入、窜乱及被分合的文句，但仍可以相信是西周时期的成文。②这些历史文献能够保存、流传，有赖于历史意识的强化与朦胧史学意识的产生，而最早有目的、系统地整编官方

① 见《中国古代社会研究》附录《追论及补遗》，《郭沫若全集》历史编第一卷，人民出版社，1982 年，第 299 页。

② 见张西堂：《尚书引论》六《〈尚书〉之考证》，陕西人民出版社，1958 年，第 199 页。

文书，应在周公东征平叛与成王营洛之后，主持者似应就是周公。第一次的整编非常重要，因为这改变了官方文书的秘存档案的性质，而成为在一定范围内传布的史籍。《国语》虽在战国时期成书，但它记载春秋时期人物的言论，其中颇有引述《夏书》《商书》《周书》者，《论语·为政》记载孔子也曾引用《尚书》，说明《尚书》于春秋时期或之前就已经在各诸侯国流传。

《尚书》（原称《书》）虽是最早的史籍，但许多篇目的时间线索不很明晰，其宗旨主要体现在政治功用方面，叙事求真的意识不强，不少文本充满修饰、更改、编造的痕迹，以致与时代不符、真伪相杂，因此，还不足以作为中国史学产生的完备标志，仅可视为“殷鉴”理念下历史文献编辑向史学方向迈进的一个重要的过渡阶段。当然，《尚书》后来成为儒学的经典，其中的史事记述被奉为上古的信史，对中国传统史学的影响是十分巨大的。

（二）官方连续性记录史事及其制度化

“殷鉴”历史意识导致对官方所存文书的整编，从而初步具有朦胧的史学意识，而自觉地系统记录历史的史学意识，在中国上古又经历了很长的时段。关于中国从何时开始自觉地、系统地记录史事，尚没有直接的证据，只能依据零星史料加以推论。白寿彝先生提出：

> 《墨子·明鬼》为证成己说，列举各书。于宗周晚年以后之事，引周、齐、宋、燕之春秋，而以所引宣王杀杜伯一事为最早。在此以前，不是引某国春秋，而是引《商书》和《大雅》。《国语》记周事，以穆王征犬戎一事为最早，然记事同时又记年者却始于宣王。这两事似可提供一些迹象，说明编年体国史的出现在周宣王或其前不久的时期。①

这个见解很具有启发性，虽主要依据《墨子·明鬼下》的一段资料，却与整个社会文化的发展背景十分契合。周宣王之前，“国人暴动”、周厉王奔逃是西周政权经历的一次重大的政治危机，造成一个“共和行政”的特殊时期。从“国人暴动”到“宣王中兴”，西周建国以来未曾有过的大事件竟然连续发生，具备了可激发出系统性、连续性

---

① 白寿彝：《中国史学史》第一册，上海人民出版社，1986年，第210页。

记载史事的社会条件，按时间顺序连续记载史事的做法是极其可能出现的。

中国上古自殷商时代就具有比较好的记月份、记日期的方法，但纪年方法则有严重缺陷。甲骨文、金文中多有缺少纪年之件，若有纪年，也只是时王在位的年数，而在位的君主又缺乏特定的称谓，造成许多铜器的时代难以判断，其铭文史料的运用当然也受到很大的制约。这种不完善的纪年方式的缺陷，只有靠形成连续的按时间顺序记事的系统性史籍来弥补。中国上古是从公元前 841 年开始具有确切的连续性纪年，这正是"共和行政"的开始之年，而这个确切纪年是否是记载史事的结果？尚无确证，但可以推断成立。连续的按年、月顺序记事，乃是确切的连续纪年体系产生的条件，同时也意味着官方编年体历史记载的产生，这都发生在共和行政初年。共和行政的掌权者，很清楚他的执政仅仅是个过渡时期，于是要随时记载史事以备查究，连续性记事和连续性纪年都因此同时产生。所以，编年形式的官方记史体制的出现，在中国具有重大文化意义，用编年体方式记录历史，是真正有目的、有系统地记载自身的经历以留存后世，是史学活动在中国完整意义上的产生。有意识地按时间顺序记载史事，不论内容怎样简单，在史学史上都比口头讲述往事、比保存公文文书的行为有更为重要的作用，官方记史体制亦当由此而形成。自觉地、连续地记述历史，进而体制化，记录历史的史学意识便得到了社会性的承认和确立。

由于史料的缺失，现在无法确切考证西周季年官方记史体制的详细情况，但仍可推断当时已经具有相当程度的记史求真意识。周宣王为中兴君主，功业显著，据历代学者研究，《诗经》中颇多颂扬之词。然今存《国语》之中，载有宣王不少负面行为，如即位之初就"不藉千亩"，三十二年伐鲁且立鲁孝公为君，却造成"诸侯从是而不睦"的不良影响，三十九年"王师败绩于姜氏之戎"等等。① 这些必是早就记录于周之史册，才会转录于后来的《国语》，倘无君举必书的理念，这些史实就会因为褒扬"中兴"君主而隐没。实际上，经历了"国人暴动""厉王奔彘""共和行政"等大的政治动荡，朝廷和君主的阴暗

① 以上见《国语》卷一《周语上》，上海古籍出版社，1988 年，第 15、23、22 页。

面已经无法掩饰，历史记载不可能仍维持那种青铜器铭文式的歌功颂德，如实述史的取向必然日益高涨。就连毛公鼎铭文所载周宣王的训谕，也不能不承认国家处于不安定的局势，满怀“惧余小子圂湛于艰”的忧患。因此，共和行政至周宣王时期的官方记史活动，已经具有如实、求真的理念，是完全可以认定的。

至春秋时期，曹刿向鲁国君主进谏时曾说：“君举必书，书而不法，后嗣何观？”[①]表明记史制度遵循“君举必书”与讲究一定书法的规则。“君举必书”表现出自觉记史意识与如实记载史事的理念；讲究“书法”，则显现了官方记史的制度化。而从曹刿的语气来看，这些理念已是普遍的社会共识，应当来源很久，是西周季年记史理念的延伸和发展。

至于官方记史体制的发展，齐国的管仲说：“夫诸侯之会，其德、刑、礼、义，无国不记……作而不记，非盛德也。”[②]“无国不记”，显示了自觉记录史事已经在诸侯国普遍化。地理位置较为偏僻的秦国，也于周平王十八年（前753）“初有史以纪事”[③]，可见各诸侯国记载史事已普遍制度化，所谓“史不失书，矇不失诵，以训御之”。[④] 由此逆推，西周季年周王室早应确立了官方的记史制度，然后扩张到各个诸侯国，至春秋时期，各主要诸侯国都制度化了史官记史活动，并且用于辅助政治，故墨子称其见过“百国《春秋》”[⑤]，即为各国的编年体历史记录。中国上古这项与西方相比独具特色的官方记史体制，是中国史学产生的主要标志，它至迟应当于西周宣王时期确立。

在西方，按时间顺序编辑史料的史籍称“编年史”（中文译称），一般不被视作历史学的标志。但在中国史学史上，不能套用这样的观念，这是因为：第一，中国官方按时间顺序记录历史，虽内容简略，但属于制度化、组织化的行为，形成国家体制，而且是通贯的、连续不断

---

① 《国语》卷四《鲁语上》，第153页。

② 《左传·僖公七年》。（晋）杜预：《春秋经传集解》卷六，上海古籍出版社，1978年，第263页。

③ 《史记》卷五《秦本纪》，中华书局，1959年，第179页。

④ 《国语》卷一七《楚语上》，第551页。

⑤ 见《史通·六家》篇引《墨子》佚文。（唐）刘知幾著，（清）浦起龙通释：《史通通释》卷一《六家》，上海古籍出版社，1978年，第7页。

的历史记载体系。第二,中国官方的这种历史记载,以"书法"等方式表达褒贬之意,例如晋国史官董狐记载"赵盾弑其君",孔子赞扬他"古之良史也,书法不隐"[①],因而不能视为简单的记录。第三,中国史学起源于官方,这与古希腊不同。两种不同的途径,自当具体问题各作具体分析。

中国上古从西周初期"殷鉴"的历史意识,发展到保存和整编官方文献,逐步演化出"君举必书"的制度化的记史意识,"良史"的"书法不隐"准则以及史学辅助政治、参与教化等经世理念,随官方的记史活动而渐次健全,这历时较久的过程是中国史学起源的主线,其他文化因素只对这个主线起到辅助作用。

三　相关问题的几点辨析

在对于中国史学起源机制的研究中,还有一些相关的问题值得辨析,其中上古传说及神话、甲骨文和金文的记事方法、中国上古史官等社会文化现象,与中国史学产生之间的关系,极有必要予以厘清。

(一)传说与神话不是史学产生的原因

高等动物有相当强的记忆能力,所谓"老马识途"即为一例。人类不仅记忆力更强,同时还因为具备语言表达能力,可以将记忆的往事转述给他人,往事长期和反复地被转述,就成为传说。在文字产生之前,传说是人们试图了解过去、解释过去时代的主要方式;在文字产生之后,传说的这种功能依然不同程度地存在,在传说之中肯定包含着历史。然而问题在于:传说能够多大程度上符合真实的历史?往事的传说能否直接导致历史学的诞生?

一般说来,传说经历的转述者越多、流传的年代越久,就越远离真实的历史情节,因为每个转述之人都免不了对旧事有所渲染和融入个人的感情色彩。部分情节的遗忘或者本不完备,就可能用想象来加以弥补。这样,传布的故事趋于圆满,语言修饰也日益精湛,口述的内容渐渐走向文学化,渐渐偏离真实性。在追述往事的操作中,必然将追述推向更久远的往事,而对于那些原本是无记忆或失去记

---

① 《左传》宣公二年。(晋)杜预:《春秋经传集解》卷一〇,第 541 页。

忆的远久之事，就会不断地做出想象性的探讨，造出一些虚拟的故事，甚或改造原有的记忆以达到一致性，这是许多远古传说的来源之一。这就是说，一个民族的远古传说，在具体情节上往往已经远远离开了历史的记忆。

人类早期知识贫乏、社会生产力低下，对自然和社会的许多现象不能理解，但却有急于说明它的意愿。同时，人类又有着恐惧自然力的心情和征服自然力的愿望，往往以想象弥补认识的不足，将征服欲望寄托到神化了的历史人物或虚拟的英雄身上。所有这些想象和寄托都不能与往事的记忆区分开来，而是在长期的混淆中融合、嬗变，大失原貌，使历史的记忆神话化。在上古，一个部族还往往把自己的始祖予以神化，这就更使往事追述具有神话化的倾向。上古的口述往事演变成为神话传说，是人类征服外界的愿望、祖先崇拜心理、以想象补充所知不足等等因素交织的产物。中国古代流行伏羲、神农、黄帝等等传说故事，其中就颇多神异成分，具体现象和情节皆不能当作信史。

上古传说的失真不仅使之在史料价值上多有扭曲，而且也不是导致历史学产生的源头，因为经过改造、渲染的传说与富于奇异情节的神话都具备很强的文学性，在上古要比往事的真实记忆更具有传布上的优势，致使上古传说在流传中不可避免地文学化、神话化，这样就越来越远离史学的产生。史学的产生需要的是包括求真意识在内的其他条件，在史学产生之前，神话性的传说是阻挡史学产生的因素，但当史学从另外途径产生之后，传说与神话却可能被当作一种填充素材，经过一定时代限制下的整合而纳入历史的叙述。因此，世界上各个民族都具有自己的传说故事和神话，但不是每个民族都会自行产生史学。

（二）甲骨文和金文的记事与史学的起源没有直接关系

甲骨文是刻划在龟甲或兽骨上的上古文字，大量地出现于中国历史上的殷商时代，多为贞卜之辞，其中对贞卜应验内容的记事，是研究殷商历史的珍贵资料。金文是指上古青铜器上的铭文，至今所发现带有铭文的青铜器，多为殷、周两代之物，以周代的资料更为丰富，其中包含很多的记言、记事内容。甲骨卜辞的目的不是记事，其史事内容主要出现于验辞之中，另有一些不属于贞卜的甲骨记事性文字，则为显示功业或荣耀，有如后来的金石铭文。而西周青铜铭文追述祖上功德或记述自己成就，用以显示家族荣耀的宗旨十分明显。因此，甲骨文和金文中的记事，是在完成其制作宗旨的过程中的附带行为，而并无自觉性质，其历史意识十分薄弱，更不具有史学意识。即使西周后期到春秋时期，青铜器铭文的文字增多，记事含量增加，其中的历史意识仍然远不能与西周初期形成的《大诰》《酒诰》《洛诰》等文献相比。

甲骨卜辞充满蒙昧和迷信，与史学产生的社会文化条件遥不可及，无须多赘。西周金文在年月日已有记录方法的背景下，整体上却或记、或不记，相当随意，无规范可言，反映出其中历史意识的薄弱。青铜器铭文所表达的是记功显德意识，这与反思以往政治得失、汲取经验和教训的历史意识并不相同。其材质和制作方式，适合长久保存，但不便用于传播也不是为了传播，迄今为止，还极少发现西周青铜器载有如同《尚书》之《酒诰》《多士》那样的政府布告。①可见，由于意识上有别，载体材料的选择也很不同，青铜载体的使用不是促进史学产生的途径。当然，金文作为史料，对于考订和研究西周的历史价值极大，但史料与史学是不同的概念，在中国古代史学最初产生及初步发展的问题上，起主要促进作用的仍为“殷鉴”意识下保存和整编的那些历史文献。

甲骨文与金文具有“记事”与“记言”两种叙述方式，与上古史籍的“记言”“记事”或许有方法上的联系。甲骨卜辞在记述应验的事件时，面对上帝的威灵，吉凶祸福都要如实面对②，这有助于如实记事理念的形成。金文出于显示功德的目的，未免隐讳负面史事，但作为礼器文字，追述祖上之功德也带有对祖先神的惶恐虔诚，同样不能随意捏造史事，这对于加强如实记史的理念，也具有积极意义。不过，这只是长期、细微的文化积淀而已，并非直接性的影响。

（三）中国上古史官与史学的关系

迄今的史学史著述在论述中国史学的产生时，无不牵涉上古的

---

① 至春秋时期，才有郑国、晋国铸刑书、刑鼎的做法，但这仍不等同于将政府公文制作于金属器具。

② 有学者认为甲骨文的“验辞”也有倾向性，一般多选择应验者刻写。

史官问题，但许多论著出现了思路的偏差，一是缘于《说文解字》对“史”的解说，二是与职任复杂的“史官”纠缠在一起，此二者实际上联成一气，都未能准确地理解中国上古史官与史学的关系。

汉代许慎《说文解字》：“史，记事者也，从又持中。中，正也。”[①]这里“中，正也”当然难以令人信服，于是不同的解读纷纭出现，影响最大的是把“中”说成简册，这样，“史”就被视为从事文字工作的文官，或径直地说成负责记录史事的官员。但《说文解字》解说的“史”义乃为后起，不符合殷商与西周的实际官制。“史”字早在甲骨文中即已出现，兼具后来“事”“吏”“使”之义，任何受命办事官员皆可称作“史”官，更重要的是甲骨文“史”字或写作“史”，被不少甲骨学家如胡厚宣等解释为田猎与战争中的手持武器者。“史”字的源头既然如此，依据汉代《说文解字》的字形来解说“史”已经没有意义，因为殷周之“史”就是“吏”，可以是任何受命任职的官员，包括武官在内。

至于将记录历史的史官与“巫”“瞽”或祭祀、占卜、星相等活动联系在一起，搞成史官来历的多元化，就愈发模糊不清。其实，关于后世史官体制的渊源问题，应当结合殷周之间“作册”的职官系统及其演变来探讨，庶几可明晰其本源。

甲骨文与殷商金文反映出直至商末都有“作册”的官职，作册带有人名的记载很多，如“作册吾”“作册丰”“作册宅”“作册般”等等。“册”肯定是由竹简、木简等书写载体连接起来的文件，殷商既有“作册”官员，那么古文献说“唯殷先人，有册有典”[②]，实为可信。但殷商的册、典还不能说是正式的历史记录，册、典内容乃是册命、文诰等等政府文书，作册的职责为拟定与宣布册命。周初保留了“作册”这种职官，其职责应为以文字事务服务于周王朝以及诸侯国，包括册命、文书的撰拟。周初王室的作册，常以地位尊崇者担任。西周成康时期的荣伯地位十分尊贵，《尚书序》《史记·周本纪》皆记载成王既伐东夷，肃慎来贺，王俾荣伯作《贿肃慎之命》。宣布册命为作册之职，故荣伯是以高贵的身份出任周朝的作册。《史记》又载“康王命作策

① （汉）许慎：《说文解字》，中华书局，1985年影印版，第90页。
② 《尚书·多士》。王世舜：《尚书译注》，四川人民出版社，1982年，第209页。

毕公分居里，成周郊，作《毕命》”①，“作策”即作册，而任作册之职的毕公，有紧紧排列于召公之下的尊贵身份。②

作册与“史”相比，无论殷商还是西周，显然具有了较大的专职性质，其主要职责是掌管官方文书事务，从事的文字性工作属于人世间的行政事务，不同于贞人、巫史的神秘性、神职性职务。而西周政权又建置了史官的系统，与“作册”系统并列。西周“史”官，担任的职责远比作册繁多、庞杂，金文中如史颂鼎记述了史官颂被派出视察基层的“里君”“百姓”，史密簋记载史官密随军东征，史兽鼎记载史官兽被派出监督工程，其他诸如办理祭祀、随从出游、观天象、做筹算等等，不一而足。③

但值得注意的是：西周初期分化出“内史”职官，进入了作册的职能系列，成为宣布王命的执行人。周康王时的井侯簋铭文记载“王命荣及内史”④向周公旦之子宣布册命封赏，这里内史与尊贵的作册荣伯一起执行此事，表明内史加入了作册的职任。此后，由内史宣布册命屡见于金文，如穆王时虎簋盖铭文：“王乎（呼）入（内）史曰：册命虎”⑤，内史越来越取代作册的职务，使作册逐步地退出了古代职官制度的舞台，于西周中晚期从官制中消失。⑥

内史加入了“作册”职能系列，先是与作册共同或分别担任同一文字性职责，继而逐渐侵蚀、消化了“作册”，是上古史官体系演变的重要一步，取得掌管文书、宣达命令这一职能，此后才演变出记录政务、时事的史官和纂修史书的史官，掌管政府文书则熟知史事，进而担负记史之任，是职务的延伸。必须注意的是：内史职务延伸到记录史事，不是史学产生的原因，而是史学产生的结果，因为只有记录史事成为官方的一种制度化行为，才会将此职任逐步地交给同一类文

---

① 《史记》卷四《周本纪》，第133—134页。

② 毕公地位紧列召公之下，参见《尚书·顾命》篇。

③ 转自张亚初、刘雨：《西周金文官制研究》，中华书局，1986年，第28页。

④ 转自张亚初、刘雨：《西周金文官制研究·西周铭文职官资料集录》，第79页。

⑤ 转自张亚初、刘雨：《西周金文官制研究·西周铭文职官资料集录》，第80页。

⑥ 关于作册这种官员的消亡时间，彭曦《作册艺鬲铭文简释》（载《宝鸡文理学院学报》2005年第6期）一文根据拓片，将作册艺鬲解释为西周末年器物，即作册至西周末年仍然存在，这个问题还应进一步研究。

官去执行，从而产生真正意义的史官。

《左传》记述春秋时期的史事，多有关于“大史”（或作“太史”）记载时事的事件，“大史”应当是内史中地位显贵之人，即取代了“作册”“作册尹”称谓的官员。《左传》襄公二十五年载：“大史书曰：‘崔杼弑其君。’崔子杀之。其弟嗣书而死者二人。其弟又书，乃舍之。南史氏闻大史尽死，执简以往，闻既书矣，乃还。”这是先秦史学史的著名事件，而其中的“南史”之称，独此一处，在所有先秦典籍和所知金文资料中再无出现，历代亦无合理的解释。笔者认为“南史”应当是“内史”之讹，“南”与“内”古音声纽相同，读音易混，《左传》之书源于口语传讲，战国时期才编纂录写成为文本①，故音近而讹。“南史氏闻大史尽死”应是“内史氏闻大史尽死”，此时理当低一级的内史出场，因而“执简以往”，才合乎逻辑，如此也才合乎上古史官制度的实际状况。

总之，中国上古“史官”的性质和职责复杂多样，其中从出现执掌文字性事务到记述史事，中间尚有许多未知环节需要考订，值得进一步研究。但总体的状况是，随着史学的产生才渐渐出现具有记史职能的史官，真正记史、修史的史官制度，即专职的史官和修史机构，更是晚至三国时期才开始设立。因此，不能从所谓的史官制度上探索中国史学的起源。

（原载《史学史研究》2011 年第 3 期）

① 此说见于徐中舒：《〈左传〉的作者与成书年代》，《历史教学》1963 年第 11 期。

试论史学理论学术体系的建设

在中国，历史学的产生和发展可谓源远流长，在史学长足发展的基础上，理所当然地产生予以总结和概括的要求。对历史学发展状况进行抽象性的概括，达到从具体研讨到理论思维的升华，这样形成的史学理论，在历史学整体结构中具备高层次、宏观性的特征，应为历史学科的核心内容，需要坚持不懈地建设与发展。迄今为止，史学理论的研究虽有了很多论著，但如何建立起中国史学理论的学术体系，还有诸多亟须探索的问题，其中厘清基本概念和基本的学术范畴，是必不可少的起点。

一　历史与史学

史学理论的建设从何说起？首先应当厘清“史学理论”这一范畴的内涵和外延，方能够形成提出问题与解决问题的目标导向。但“史学理论”的概念、内容并不是孤立的，它混含在史学发展和中外史学交流过程的概念系列之内，需要从头道来。

在中国古代，单音词盛行，“史”字最初是指执行某种使命的官员，即所谓史官，当史官中分配出一部分人作为内史，参与从事撰述政府公文和记载事宜之职务，就越来越倾向于把史官看作记事、记言的职官，这显现于西周末期到春秋时代，也正是中国上古史学萌发和早期发展阶段。约于战国时期，“史”也渐渐代指史官记载的文化产品，孟子说："晋之《乘》，楚之《梼杌》，鲁之《春秋》，一也。其事则齐桓、晋文，其文则史，孔子曰：其义则丘窃取之矣。"[①]《庄子·天下》篇称："其明而在数度者，旧法世传之史，尚多有之。"这里的"史"，都明显是指史文、史书。但是，在中国古代很长时间，史官与史书都言之为"史"，二义并行，撰史之人与撰写的史籍二者在语词上不严格划分，全凭整句整段语义加以理解，却很少会出现误读。对于以往的史事，多直言某个朝代之事，或以"古"字表达，"殷鉴"就是以殷商的史事为鉴戒，"唐鉴"就是以唐代的政治得失为鉴戒。唐太宗说："夫以铜为镜，可以正衣冠；以古为镜，可以知兴替；以人为镜，可以明得失。"[②]请注意语句中是"以古为镜"而不是"以史为镜"。宋代刘随上奏说："臣闻以古为鉴，可以知兴亡。不敢远稽前典，且以近代言之：唐太宗何如主也！十八起义师，二十四定天下，二十九即帝位。鉴情伪之理，明治乱之由，圣文神武，高于三代。然犹每与大臣会议，政事必令谏官、宪臣、史官预闻之。苟诏令不便，大臣不直，刑赏不当，邪正未分，则谏官得诤之，宪臣得弹之，史官得书之。是以上下无壅，而君臣同德，太平之风可谓至矣。"[③]刘随虽然引证最近的唐代史事，仍称"以古为鉴"。近代以来几乎成为口头禅的"以史为鉴"这种语词表达，在中国古代直至清朝前期，却是极其罕见的。诚然古代也有"史鉴"这个词语，但"史鉴"乃是指可以用来作为鉴戒的史籍，如明黄佐、廖道南撰《殿阁词林记》卷九载明英宗谕旨："翰林官中有才识忠行者，日轮二员入直东阁，凡经书、史鉴有关君德者，日录所闻，以赞朕不逮"；清《钦定国子监志》载大臣王熙上奏要求国子监"设立课程，定期稽查，必使各习一经，兼习史鉴，详为讲解，俾令贯通，务期成材，以收实用"。[④] 以史鉴与经书相对应，其意甚明，均为正宗而有益的经史典籍。即使极其偶然出现"以史为鉴"的语句，其中"史"的含义仍

① 《孟子·离娄下》。（宋）朱熹：《四书章句集注·孟子集注》，中华书局，1983年，第295页。

② 《旧唐书》卷七一《魏征传》，中华书局，1975年，第2561页。

③ （宋）刘随：《上仁宗论当今所切在纳谏》，《宋朝诸臣奏议》卷五一，上海古籍出版社，1999年，第554页。

④ （清）王熙：《请严国学官学疏》，（清）文庆等《钦定国子监志》卷六七《艺文一》，北京古籍出版社，2000年，第1166页。

然是史籍。清乾嘉时倪思宽读书笔记《二初斋读书记》有言曰:“古称史,今亦称鉴,‘鉴’字本于《说苑》公扈子曰‘《春秋》,国之鉴也’一语。宋司马温公编集《历代君臣事迹》,神宗赐名《资治通鉴》,以史为鉴,殊觉意味深长。”[①]此处“以史为鉴”是说宋神宗把“史”称为“鉴”[②],这与现代所言“以史为鉴”的内容、含义是大不相同的。

以上辨析,并非无端的咬文嚼字,绵延几千年的语词、话语的特征,应当映射着某种基本的观念和认知,就是中国古代在史学的发展中,“史”字虽然从史家、史官等人员的指称延伸到对典籍的指认,但却避免了将客观史事与人们对于历史的撰写混为一谈,即单一的“史”字很少用以表示过去所发生的客观史事,史事与对于史事的记述这两者有清晰的分界。在东晋到南北朝时期,还出现了“史学”这个词语,先是北方少数民族石勒政权委令“任播、崔濬为史学祭酒”[③],后南朝刘宋政权于元嘉年间“上留意艺文,使丹阳尹何尚之立玄学,太子率更令何承天立史学,司徒参军谢玄立文学”[④],此后历代言“史学”者充满官、私文献和四部之书,表明在中国古代已经明确了史学是一种专门的学问。与此大体同时,中国古人也将“事实”这一概念,用来表示与书史记载可能不同的真实史事,例如《晋书·裴秀传》载,裴秀作《禹贡地域图》,其序说大量书籍记述的历史地理“或荒外迂诞之言,不合事实,于义无取”[⑤];《宋书·裴松之传》言裴松之“以世立私碑,有乖事实,上表陈之”[⑥];北宋史家范祖禹指出史官应当“执简记事,直书其实而已”,但“后之为史者,务褒贬而忘事实,失其职矣”[⑦]。所谓的“事实”,是与“史学”之记述相区别的概念,相互对比,反映了客观历史与历史认识之间的辩证关系,这是中国传统史学在概念体系上的重大成果,值得重视。

整个世界历史学的发展,自上古就形成了两大最具活力的史学

---

① (清)倪思宽:《二初斋读书记》卷九,清嘉庆八年涵和堂刻本。

② 除了上引倪思宽的语句之外,笔者再未发现中国古代有“以史为鉴”的词语运用。

③ 《晋书》卷一〇五《石勒载记下》,中华书局,1974年,第2735页。

④ 《南史》卷七五《雷次宗传》,中华书局,1975年,第1868页。

⑤ 《晋书》卷三五《裴秀传》,第1039页。

⑥ 《宋书》卷六四《裴松之传》,中华书局,1974年,第1699页。

⑦ (宋)范祖禹:《唐鉴》卷六《太宗四》,商务印书馆《丛书集成初编》本,1936年,第45页。

体系，一是以中国传统史学为核心的东亚史学，另一是以古希腊史学为起源的西方史学。在古代，两大史学体系各自独立发展。西方史学的概念与观念，与中国传统史学存在许多异同之处。至近代，西方史学依靠政治、经济、思想文化各个方面的综合优势影响东方，而最初的一些新概念，是通过日本以汉字翻译西文的方式传入中国，其中包括“历史”这一词语，很快就被中国史学界、文化界所接受。遗憾的是，在西方的概念中，客观的历史与人们对于历史的撰述含混不分，在词语上都可以用 history 来表示，自希罗多德之后两千年没有产生如同中国“史学”一语的明确概念。这反映了西方古典史学的一个先天的不足。虽然西方古代学者也有人坚持历史撰述绝不同于文学作品，但大部分史家还是将历史撰著的文学色彩作为最重要的追求，因为古代西方没有中国传统史学中组织化、制度化的官方史学，不像中国史学那样被纳入国家的政治机制，西方史著不仅依靠内容的鉴择，也需要笔法的睿智和文采，才会获得社会的接受，文学性是古代西方历史著作生存、传世的条件之一。把史书的文采和文学性当作撰述的焦点，这不可避免地限制了对于真实历史与史籍记述之间关系的理论性关注。

“历史”这个词语，由日本对西文的翻译而输入中国，如果用于表达人类社会业已经历过的客观进程，包括以往所有的人物、事迹、生产、生活，确是非常有价值的概念。与“史学”一语配合，一个表示客观历史，一个表达对于客观历史的记述与研究，有助于形成确切的学术理念。杨鸿烈《史学通论》指出：“概念不明瞭的结果，可使人的思想混乱……‘历史’是历史，‘史学’是史学，两者截然为二事。现在若更进一步，寻本溯源，就不得不要首先就明白‘什么是历史’？‘什么是史学’？”①

区分“历史”与“史学”这两个概念，看上去简单，实际意义颇大，为史学理论建设正途的第一步。承认以往客观“历史”的独立存在，意味着“史学”研究必须力求符合历史的真实，即求真是其学术的底线，这与马克思主义认识论若合符契。人类社会曾经存在过一个不以今天人们意愿为转移的历史过程，这是极其简明、最无可置疑的常

---

① 杨鸿烈：《史学通论》第一章《绪论》，商务印书馆，1939 年，第 2 页。

识，但在唯物史观之外，西方近现代各种史学流派大多回避或曲解这一常识，把客观历史消解在无休止的诡辩之中。例如意大利思想家克罗齐有“一切真历史都是当代史”[①]的论点，直至21世纪我们有些学者还为之叫好，这是理论界很悲哀的事情。克罗齐立论的理由是说只有与“现在生活的一种兴趣打成一片”、表现当下之思想的撰述才算“真历史”。[②] 他划定的“历史”圈子排除了史料汇编性的“编年史”，排除了历史的叙述，将之定性为“死历史”；也排除了充满爱憎激情而对历史人物、事件评论的史著（克罗齐称之为“诗歌性历史”），排除了自然史等等，将之归结为“假历史”。[③] 那么克罗齐的“真历史”还剩下什么？他既然提倡联结“现在生活的一种兴趣”才是“真历史”，是不是要主张历史学为现实中的政治或其他利益服务呢？有些人正是这样把克罗齐的观念联系到中国的“史学经世”思想。可是真的对不起！克罗齐倘若有知，也会对此报以嗤笑，因为他对所谓“实用性历史”也颇多微词，“偏颇的历史，如果细加考虑，其实不是诗歌性历史就是实用性历史”，实用性历史“它并不是历史”，它讲究的是“道德功效”，而“真历史”是“作为思想的历史”，它应当具备的乃是现在“思想的生活兴趣”。[④] 于是，克罗齐的“真历史”只剩下一种，就是像他的著述那样，驰骋个人想法而不时地选择一些史事当作实例，没有历史叙述、没有对历史事件的褒贬、没有历史评论。如同史学界之外的一个思想暴君，断然否定了以往几乎所有历史著述作为“历史”的资格，当然，对于独立于史著之外的客观历史，更从论述的开始就抛到九霄云外了，用其自己的话说就是达到了“这种思想主观性的高度”。[⑤] 有的学者认为按照克罗齐的理论“根本不可能写出一部真实

① 在克罗齐等人的理念中，根本没有以往客观史实的内容，我们姑且将他们所云的“历史”视为史学。

② ［意］贝内戴托·克罗齐著，傅任敢译：《历史的理论和实际》，商务印书馆，1986年，第2、8页。

③ ［意］贝内戴托·克罗齐著，傅任敢译：《历史的理论和实际》，第17、23、27、28、105页。

④ ［意］贝内戴托·克罗齐著，傅任敢译：《历史的理论和实际》，第29、28、30、23页。

⑤ ［意］贝内戴托·克罗齐著，傅任敢译：《历史的理论和实际》，第23页。

的历史”[①]，是很正确的评判。

广泛流传的英国史家卡尔（Edward Hallett Carr）的《历史是什么》一书提出：“历史是历史学家与历史事实之间连续不断的、互为作用的过程，就是现在与过去之间永无休止的对话。”[②]这里承认历史事实的存在，甚至还承认历史研究是一种社会的过程，现在与过去的对话“不是一场抽象的、孤立的个人之间的对话，而是今日社会与昨日社会之间的对话”。[③] 表面上声称历史学家与历史事实之间是平等、互动的关系，但实际仍然以折中主义和诡辩论方法取消了客观历史事实的独立地位，抛弃历史学最根本的求真准则，在所谓“对话”中选择事实和加以解释，都是由历史学家做主，怎能实现与事实之间的平等和互动关系？卡尔同样认为只有被历史学家选择的事实才会成为历史，并且断言：“历史学家当然对事实有所选择。相信历史事实的硬核客观独立于历史学家解释之外的信念，是一种可笑的谬论。”[④]这清楚地体现了一切主观唯心主义史学理论都着意混淆客观历史与历史学的区别，否定客观历史独立存在的地位，从而消解史学必须力求符合真实历史的原则，以便于任凭己意地选择史事和随意解说。

总之，区分客观历史与人们研讨历史的史学，虽然是中国古代学者就得出清晰认识的常识，但至今还是坚持正确历史观念和史学观念的基点，是建设史学理论体系的底线，必须明确历史是指客观的、独立于历史学者之外的、以往人类社会的发展历程，而史学则是人们对于客观历史的系统性研究，史学的研究结论必须符合历史的真实状况。这个求真的进程是持续的，其中某些问题的偏差要在研究进程中纠正和修订。以往历史的一去不返，并不影响其独立地存在并且起到约束史学探讨的作用，这是因为：第一，大量史料（包括文献、实物与遗迹）的存在，有助于考订历史的真相；第二，运用系统性知识

---

① 刘修明：《非“一切真历史都是当代史”——兼评一种现代史学思潮的形成与前途》，《江汉论坛》1987年第5期。

② ［英］爱德华·霍列特·卡尔著，陈恒译：《历史是什么》，商务印书馆，2007年，第115页。

③ ［英］爱德华·霍列特·卡尔著，陈恒译：《历史是什么》，第146页。

④ ［英］爱德华·霍列特·卡尔著，陈恒译：《历史是什么》，第93页。

的推理可以弥补一些史料的缺环，如掌握太平天国自广西金田起事后的多次战役和定都南京，可基本推断其主力的进军路线和壮大过程。学术界自有学者将考订史实当作他们“思想的生活兴趣”，而不容许自由的思想者任意解说历史。在面对形形色色史学流派云遮雾罩的辩词之时，只要用是否承认客观历史的存在、是否主张史学的准则为求真来检测，其观念体系与宗旨就可以烛照无遗。可见对于无论多么抽象和高深的理论，最基础的概念总是很有效的试金石。

二　历史理论与史学理论

历史研究与其他门类的学术研究一样，认知的积累会逐步形成系统性的知识结构，与此同时，历史认识会出现概括提炼、抽象总结的理论化趋向，逐步形成系统的历史观即历史理论。具备宏观性和高度抽象性的历史理论，也被称作历史哲学。当然，历史理论除了具有指导具体历史研究的作用之外，它本身也要经受进一步历史认识的检验，从而做出改造和修订，有些历史理论体系会被否定，而有些历史理论自产生之日起，整体上就不能合乎客观历史及其系统的知识结构。被否定的历史理论，也可能留下某些启示和借鉴。这是历史认识发展的一般规律。

历史理论与其他历史认识的具体知识一样，都是人们对于人类社会以往生活历程的反思，比较丰厚、比较系统的反思形式即可成为史学，历史进程的系统描述和系统概括都是史学研究的成果。换言之，史学就是对人类历史的较丰厚、较系统的反思。而史学也处于不断发展的进程之中，它本身的认知积累也一定会予以反思，其反思也是采取两种方式，一是系统描述性的反思，即史学史；二是抽象概括性的反思，即史学理论。这种以历史认识论反思角度考察的关系，可以作图示意如下。

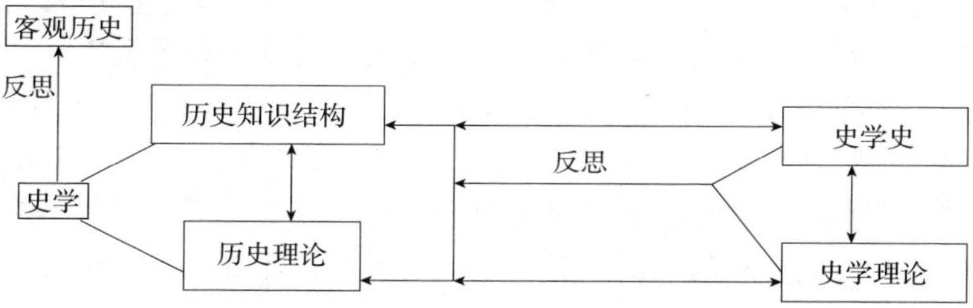

上图的单箭头表示反思的指向，双箭头表示具有明显的学术互动的关系。而客观的历史作为所有广义历史认识的依据，史学之内所有发展出来的认知之间互动、互补、互为检验的关系都是不言而喻的，图中不作标示。这里需要注意的是历史理论与史学理论的联系与区别，重点在于厘清二者乃为不同的概念，具有很不一样的内涵。在上文已经辨明“历史”与“史学”两个概念之区分的基础上，顺理成章，历史理论与史学理论的区别也应当是清晰的。然而情况并不那么简单，因为历史理论和史学理论都在广义的历史认识范围之内，都是历史学科中的事项，许多人没有察觉将之区别开来的必要，而且二者确有较为密切的联系，很容易混含在一起。西方史学大多流派既然不分历史和史学，也就没有区分历史理论与史学理论的概念。虽然中国的马克思主义史学对客观历史与历史学的区别有明确的认识，但马克思主义的经典作家主要致力于历史理论即唯物史观的探索和论述，不暇进行史学理论方面深入、系统的研究。所有这些因素，致使史学界长期忽略了历史理论与史学理论的区别，至今行世的大量书名中标示为“史学理论”的撰述，内容多含有高比例的历史理论的内容，甚至完全以历史理论的论述为主，可见其普遍与严重的程度。

历史理论与史学理论的联系，主要在于研究方法，二者都体现着理论思维的高度概括性、抽象性，历史理论先行发展，其较为成熟的思维方法，特别是提升到哲学层次的方法论，被史学理论的探讨所借鉴。历史理论与史学理论的区别，是研究对象的不同。历史理论研究和思考的是客观历史的发展问题，是对以往客观历史的概括和抽象，是宏观考察古今中外历史发展的总结，提出和所要解决的问题有：人类社会是怎样产生的？人类社会组成结构的根本机制是什么？历史上个别人物与人们群体的关系如何？不同群体之间的关系在历史进程中如何演化？历史人物与事件的评价标准如何掌握？人类历史是否发展？历史发展的动力是什么？社会的发展有无规律？社会发展的进程和方向如何？诸如此类，都是针对客观历史的深入探讨。史学理论则是对于历史学的概括性、抽象性认识，研究和思考的是史学的发展问题。诸如历史学是如何产生的？历史学产生的基本条件是什么？历史学的基本属性是什么？历史认识能否符合客观历史的真实概括？历史认识如何检验？凡此均为探索史学本身的理论，与历史理论隔着一个反思和总结的层次。学术研究的方法论在很多学科中可以相通，而研究对象是决定学术方向的标的，是决定学术属性的关键。如果把历史理论与史学理论含混地视为一体，谈论史学理论往往跑题到历史哲学问题，就会使真正的史学理论问题淡化、隐没而不彰明，造成亟须解决的理论问题得不到关注，反而把形形色色历史哲学的议论重复组合，烦琐炒作，不着边际。为了正本清源，现在强调一下史学理论与历史理论的区别是必要的，因为将二者混淆的时间和程度已经很过分了。

值得提出的是，西方许多史学流派虽没有客观历史与史学相区别的意识，但在理论的探研中还是体会到历史理论与史学理论的区别，因为二者思考与研究的对象明显不同，但他们用另外的话语来表达，即所谓“历史哲学由思辨向分析的转移”。自 20 世纪以来，西方史学流派杂沓纷呈，例如文化形态史观、新黑格尔主义史学、新文化主义史学、后现代主义史学等等，而在理论上的一个共同的话语是区分“思辨的”与“分析的”历史哲学，这是一个值得关注的重要问题。什么是思辨的历史哲学？什么是分析的（也称为“批判的”）历史哲学？学术界有过多次同样的解释，“思辨的历史哲学试图在历史中（在时间的过程中）发现一种超出一般历史学家视野之外的模式和意义”①，其含义指探索历史发展的动力及其规律性，考察历史事物的评价和意义，很明显，这是对社会历史作理论层次探讨的历史理论。“分析派的历史哲学”乃是“从解释历史事实的性质转移到解释历史知识的性质上来……是对历史学的探讨和解释”②，这也很明显，乃是对历史学作理论性总结的史学理论。因此，所谓“思辨的”与“分析的”历史哲学，实质不过是历史理论与史学理论而已，此乃中国史学界早就具备的学术概念。

西方学者之所以采用了词不达意和蹩脚的表述方式，部分原因是语词的贫乏——据说西方缺少区别“历史”与“史学”的语词概念，

① ［美］威廉·德雷著，王炜、尚新建译：《历史哲学》，生活·读书·新知三联书店，1988 年，第 8 页。

② 何兆武：《从思辨的到分析的历史哲学》，《世界历史》1986 年第 1 期。

但这绝非主要原因，因为语词很容易根据需要而构建出来。如果明确划分历史与史学的概念、划分历史理论和史学理论的范畴，一开始就清晰地展示了客观历史与人们之历史认识的区别和联系，这是西方“分析派”历史家所不愿意看到的，他们主张历史依赖于史家的主观精神、个人思想，从而以主观主义或相对主义的方法消解客观历史。历史理论与史学理论的概念是平行存在的，二者各有探索领域，不可混淆也不可取代，而所谓“历史哲学由思辨向分析的转移”，乃是抛弃历史发展理论的研究。在现代西方史学流派看来，历史是无客观性、无规律性的，甚至反对宏观地研究“大写历史”，因而才转移到关注史学理论的问题。“思辨的”“分析的”历史哲学，不管原文还是译文，皆表意模糊，扞格不通，却正好被用于填塞反历史科学的议论。一些中国学者，对本国史学界固有的准确概念熟视无睹，却津津乐道地向西方流派学舌，如果不是故弄玄虚，就是在理论上一塌糊涂。中国史学界毫无必要接纳“思辨的、分析的历史哲学”一类话语，区分历史与史学、区分历史理论和史学理论，这是中国史学界的理论优势，这一点与现代西方史学理念格格不入，而符合马克思主义的唯物史观。

史学理论与历史理论的区别原本十分明显，而其联系也很明晰，史学理论可以将以往的历史理论作为史学现象予以总结和反思，而史学理论的研究也离不开先进历史理论的原则和方法，如唯物史观和唯物辩证法对史学理论的建设具有原则性的指导作用。但只有厘清二者的区别，才能把握二者的联系，否则只是一团迷茫。遗憾的是，多年以来国内史学界习惯于把史学理论看作唯物史观的附庸，或者在史学理论的论著中填塞关于唯物史观的常识性知识，而对于史学理论的探索则尚难差强人意，许多问题语焉不明。当前的史学理论研究，应当打破现代西方史学概念工具的套路，建设具有中国话语指征的史学理论体系，这是历史学界当前的要务。

三　史学理论建设的基础与构想

将史学理论作为一个相对独立的专业来建设，在逻辑上必然面对一个问题：史学理论研究的起点和基点何在？史学理论建设所依靠的知识基础和学术前提是什么？这是不能不提出的问题。对此，我们先从历史理论的来源说起。众所周知,历史唯物论是马克思主义的历史哲学,且与辩证唯物主义构成马克思主义哲学的完整体系。但历史唯物论虽然贯穿唯物辩证法的思想方法,但其全部观点和结论不是将辩证唯物主义套在历史问题上得出来的,而是立足于对历史事实的研讨和考察。真实的历史进程如何,真实的历史状况如何,才是历史唯物论的基点和研究的起点,唯物辩证法只是研究中的指导思想,而且这种指导思想也是在研究史实中发展、完善的。这就是说,历史唯物论是从历史真情实况的研究出发。恩格斯说:“如果不把唯物主义方法当作研究历史的指南,而把它当作现成的公式,按照它来剪裁各种历史事实那末它就会转变为自己的对立物。”①很明显,马克思主义历史理论并不是从哪种一般的哲学体系中推衍出来,而是必须通过研究历史来作出总结、概括和抽象,整个研究过程当然包含着科学思想方法的指导,但真正研究历史和参考历史研究已有的成果是必不可缺的基础。

正如历史理论是对历史事实和社会发展真实历程的抽象性概括,史学理论的建设基础也应当来自历史学发展状况和发展历程的总结。这里仍然需要唯物辩证法的指导,但不能简单地套用某种历史哲学的范畴和观念。对史学发展状况予以描述性总结的学科,就是史学史,不言而喻,史学理论应当以史学史的研究为基点,从史学史研究的可信成果出发,抽象出理论化的论断,建立自己的认识体系。不少史学理论的著述,习惯于从唯物史观的论断推衍出史学理论的论述,总想着怎样套用马克思主义哲学的观点,似乎坚持了马克思主义的理念,但这种做法从一开始就违反了马克思主义的唯物论,那不是从史学发展的史实出发,犯了把历史唯物论当作现成公式来剪裁史学事例的错误,乃是根本思想方法的问题。平实而言,以某种哲理推衍具体的学术问题,也可以提出某种富于启发性的见识,但不能获得关键的核心认知,不能解决主要的难点,更不能建立系统而正确的理论体系。根据唯物辩证法的认识论原理,史学理论的研究务必摒弃观念推衍的论述方式,牢牢立足于史学史研究成果的基础

---

① 恩格斯:《致保・恩斯特(1890年6月5日)》,《马克思恩格斯选集》第四卷,人民出版社,1995年,第471—472页。

之上。

中国史学史在世界文化史中占有十分特殊的地位，梁启超说："中国于各种学问中，惟史学为最发达；史学在世界各国中，惟中国为最发达。"①作为史学理论建设的知识基础，中国史学史不能缺位；而根据中国连续发展的史学发展史，且参照西方史学史，概括为史学理论，就能够取得高屋建瓴的学术水平。这样得出的史学理论，毫无疑问会带有中国自古以来优良史学遗产中的概念、命题与思想因素，即具有明显的中国式的话语指征，这应是史学理论新建设的特点之一，也是其优点之一。

中国史学在长足的发展中，形成了丰富的概念组合，如表达史家必备资质的史才、史学、史识、史德等概念，反映史籍存在官修、私修以及不同级别的国史、野史、正史、杂史等概念，说明史学社会功能的鉴戒、资治、经世等概念，彰显治史准则的直书、实录、实事求是等概念，归纳史书编纂方式和内容范围的体例、书法、通史、断代史等概念，揭示史学内在结构和层次的"事""义""文"概念等等，不胜枚举。这些概念经过整合与新的阐释之后，大多能融会到当代史学理论之中，发挥积极的作用。例如意大利思想家克罗齐认为，只有灌注了当代思想和精神的历史才是"真历史"，"既然一件事实只有当他被人想起时才是一件历史事实"，那么在史学家思想之外，"事实其实并不存在"。② 而中国传统史学关于区分史学"事""义""文"层次的理念，即可破解克罗齐的观点，北宋史家吴缜说："夫为史之要有三，一曰事实，二曰褒贬，三曰文采……至于事得其实矣，而褒贬、文采则缺焉，虽未能成书，犹不失为史之意。若乃事实不明，而徒以褒贬、文采为事，则是既不成书，而又失为史之意矣。"③作为历史思想的"义"是附从于史事的，二者关系不能颠倒，也不可搅合一团，克罗齐的主观主义狡辩是站不住脚的。在史学理论建设中，以唯物辩证法的思想方法为指导，充分利用中国史学史的知识体系，是大有可为的。总结和

---

① 梁启超：《中国历史研究法》第二章《过去之中国史学界》，上海古籍出版社，1987年，第10页。

② ［意］贝内戴托·克罗齐著，傅任敢译：《历史的理论和实际》，第83、54页。

③ （宋）吴缜：《新唐书纠谬序》，载《四部丛刊三编》本《新唐书纠谬》卷首，商务印书馆，1936年。

概括几千年来中国史学以及史学思想的发展,必须得到格外重视,让中国话语成为当代史学理论的显著指征。建设中国的史学理论,并非盲目排外、闭门造车。相反,史学理论的探索应当观照古今中外的史学发展状况,外来史学理论的优秀成果需要认真鉴别和汲取精华。新的史学理论体系的建设,需要理解中外史学史的系统知识,深入比较中外史学发展状况,探索其中的异同并且析解造成这种异同的原因。

关于史学理论的组成结构,史学界、理论界进行了长期的研讨,提出许多卓识。例如将史学理论的内容概括为"本体论""历史认识论""史学方法论"三大组成部分(当然也有不同的意见)。所谓"本体论",是指历史唯物论的主要观点和基本原理。于是给人以这样的印象:既然本体在于历史哲学,似乎史学理论还是历史唯物论观念的延伸。现在的作为,应当贯彻区分历史理论与史学理论的理念,贯彻对于中外史学史的总结、比较与概括的思路,加以调整、充实、更新和提高,以建设史学理论的新体系。

史学理论的结构应当包括三个组成部分,即史学本体论、史学认识论、史学方法论。史学本体论不应叙述唯物史观的原理,因为那属于历史理论的范围。史学本体论要探讨历史学的本质是什么,是科学还是艺术,客观历史与历史学的关系如何,历史学是如何产生和发展的,是否各个民族或地区都会原发性地产生史学,史学存在和运行的社会机制是什么,历史学的发展有无规律等等。

史学认识论,是史学理论的核心内容,大量难点皆在其中,例如:历史认识能否达到符合客观历史的真实概况?历史认识是否可以检验、如何检验?历史学研究的宗旨是什么?不妥善解决这些难点,马克思主义的史学理论就不能说是建立起来。对此,回避不可以,随便解说不可以,套用别的一种观念也不可以,必须结合史学史的研究予以阐明。没有史学认识论的史学理论,不仅是残缺的,而且是缺少了主要内容,回避要点与难点就不成为一种系统的理论。将史学理论建立在史学史研究的基础上,那些认识论的难点就可以解决。例如历史认识如何检验的问题,是主观唯心论历史观否认历史学科学性的主要说辞,而从史学史上考察,凡属可靠的和正确的历史论点,都是史学探讨者群体在求真、求是准则下,经过研究与论辩得出的。因此，在求真、求是理念下，历史学界共同进行的历史学学术实践，才是检验历史认识的唯一标准。而顺理成章，求真与求是，乃是历史学的根本宗旨。

史学方法论的主要内容，不应只是讲述研究历史的具体技能，那种如何搜集史料、如何判别文献史料和其他资料的具体方法和事例，可以提到一些，但必须将治史方法概括、提高为理论化的总结，以高度抽象的纲领，纳入具体实例。在方法论的层面上，历史研究的根本方法只有三项：历史的方法、逻辑的方法、系统与层次的分析方法。

历史的方法是社会科学和人类思维活动的基本方法之一，其特征是事物的产生、发展从何时何地开始，我们的考察就从该时该地开始，按照事物本身的发展过程展开研究程序，通过事物发展中包括时间顺序在内的有机联系，探索其因果关系、演化过程与发展趋向，从而得出深入系统的历史认识。逻辑的方法是暂时摆脱事物的原初状态，抓住典型、有代表性的现象，进行一系列归类、分析、综合、概括以透视历史内涵，以归纳、演绎等推理过程揭示事物的本质。逻辑的方法具有抽象性，在运用中往往撇开事物的曲折过程与偶然的、枝节的表象。系统和层次的分析方法具有总体、宏观地考察事物的特征，即将持续存在、有序发展的事物视为一种系统。就社会而言，每一由社会关系组成的集团、民族、国家，都可以看作一个社会系统，随着社会联系的日益广泛，直至全世界人类社会组成一个大的系统。同时，社会与自然又时时组成自然—社会生态系统，这是系统由分支组成整体的进程，而系统内部又有不同的层次。分析历史现象，要将之放在不同层次的系统中考虑，既注意总的整体系统的作用，注意大的系统的作用，也要注意子系统、小系统相对独立的作用，在系统与层次的结构中研究事物所处的地位及内外联系。其余具体的研究方法和技能，或者是从大的方法论中衍生出来，或者如历史比较方法、计量史学方法、心理史学方法等等，虽也被称为历史研究的基本方法，但其实仅仅可以针对某些具体课题，并不普遍适用，故不能归结为史学方法论，毋宁将之视为历史研究的一种切入方式更为妥当。

史学理论在本体论、认识论、方法论的探讨上，有着广阔的有待开发的领域，还有许多问题需要解决，其学术前景灿烂辉煌，但也充满难点。发现史学发展的动力和社会运行机制，揭示史学发展的规律，是史学理论达于成熟化的标志，不解决这一史学本体论的高端问题，史学理论体系的建设就不算成功。源远流长、连续不断、特别兴盛的中国史学，为史学理论的探研提供了丰富、清晰的素材与发展线索，运用唯物辩证法深入研究，完全可以揭示中国史学起源与繁荣的原因和机制，阐明中国史学的发展规律。解决了中国史学的理论问题，进而考察整个世界史学的发展机制与规律，总结其方法和理路，反过来给社会历史规律的探讨以启迪，推动历史理论研究的进展，这些都是可能达到的目标。当然，这些理论研究工作的每一进展，仍是十分艰难的，需要史学界更多的学者勇于投入，锲而不舍地共同努力。

（原载《中国史研究》2017 年第 2 期）

唯物辩证法与中国史学史研究

——我的一项治学体会

研究历史,是否应该在思想方法论的指导下进行?回答是肯定的。事实上,凡以研治历史学为专业的学者,鲜不受到某种思想方法的指导或制约,区别仅在于其思想方法是自觉的还是懵懂的,是系统的还是支离的,是正确的还是谬误的。唯物辩证法是马克思主义哲学的思维方法、是学术研究方法最高层次的方法论,乃是发现问题、解决问题的最理性、最有力和最高层次的指导思想,适用于一切工作,更是历史研究的利器。史学史则是对历史学进程的系统反思,同样需要唯物辩证法的指导与运用。笔者在研究中国史学史几十年间最重要的治学体会,是深切认识到唯物辩证法所具有的破解史学难题的强大作用,任何其他方法无法伦比,谨此扼要条述,以与学界同人共享、共勉。

一　史学研讨中的整体观与变化观

历史研究考察人类的发展进程,面对的是社会以往一切事物及其错综关系,宏观研究要对整体对象的结构和所包括的具体事物有所把握,具体历史事物的微观研究需要注意考察事物在社会整体架构中的地位。不言而喻,在整个以往社会历史的组成结构中,有不同层次之大大小小、性质有别的相对独立系统,每一或大或小的相对独立系统，作为研究对象都具有其整体性。历史研究的整体对象与具体对象的研究之间，存在既有层次区别、又有关联的对立统一关系。宏观历史研究需要以各个层次历史问题的研究为基础，这在学界人所共知，而研究具体历史对象也需要整体认识的指导和制约，则往往被学者所忽略，以致出现一些似是而非论点。

唐代史学家刘知幾所撰《史通》一书，为中国古代唯一一部系统的史学理论著述，是中国史学研究的重要对象。其书分为内篇和外篇，关于《史通》内、外篇的关系以及撰著的先后顺序，学界历有论断，例如《四库全书总目》认为，刘知幾《史通》"先有外篇，乃撷其精华以成内篇"[①]，其根据是内篇《六家》开端即言"自古帝王编述文籍，外篇言之备矣"。[②] 然而，《史通》外篇另有两条资料与上引之文不相符合，外篇首篇《史官建置》称："陈寿评云'蜀不置史官'者，得非厚诬诸葛乎？别有《曲笔》篇言之详矣。"外篇《点烦》篇说："夫史之烦文，已于《叙事》篇言之详矣。"[③]从这两条资料又会得出先成内篇、后撰外篇的结论。

内篇提到了外篇，外篇也提到了内篇，显然不能直接得出撰写先后顺序的判断。南京大学程千帆教授认为："《史通》分内外篇与夫诸篇次第虽出子玄手定，然各篇成书之先后，则今不得而详。所可知者，则内外诸篇，互有后先，及其既成，始定谁属耳。"[④]这似乎已经作出了较圆满的解答，但是《史通》全书并非史学论文集，其内篇乃极有系统，各篇共同组成一个史学理论体系。外篇则显得相当复杂，有精心撰写的专题论述，也有笔录札记。内篇与外篇在文章结构、议论角度、材料组织等方面都迥然不同。倘若刘知幾当年果真写一二篇内篇，忽又写一二篇外篇，不时打断内篇的构思系统，世间著述者岂能如此漫无伦次？刘知幾当初是先撰写内篇抑或外篇，看似是一个很具体的问题，却需要我们对《史通》编纂问题作整体性的研究方能

---

① 《四库全书总目》卷八八史部史评类，中华书局，1981 年影印本，第 751 页。

② （唐）刘知幾著，（清）浦起龙通释：《史通通释》卷一《六家》，上海古籍出版社，1978 年，第 1 页。

③ 见（唐）刘知幾著，（清）浦起龙通释：《史通通释》卷一一《史官建置》，第 313 页；卷一五《点烦》，第 433 页。

④ 程千帆：《史通笺记》"内篇"条按语，中华书局，1980 年，第 3 页。

解决。

笔者在攻读硕士研究生期间就撰成《〈史通〉编撰问题辩正》一文，提出一系列新的考析与论断，其中指出：刘知幾的撰著目标最初是要评论众史得失，即“史籍逾多，苟非命世大才，孰能刊正其失？嗟予小子，敢当此任”①，为此积累了大量批评各种史籍的资料。后来身入史馆，多有感触，改为撰写史学理论专著，即“若《史通》之为书也，盖伤当时载笔之士，其义不纯，思欲辨其指归，殚其体统”。② 史之“指归”，即著史的宗旨、目的，而“体统”一语，乃指史书体例上的裁制与史文风格、编写手法、语义、称谓等在全书的统摄划一。但最后撰成的《史通》，仍然使用了原先准备评判众史的资料，所以其内容充满对各种史籍的批评。同时考订《史通》按规划写成各篇，就不曾对全书做通同修改，故书中具有明显的史实讹误与前后见解的冲突。③

因此，《史通》内篇、外篇都是利用前此积累的资料结合新的著述宗旨撰成，《四库全书总目》所言“外篇为内篇底本”的说法不能成立。合理的判断应当是刘知幾规划好内篇的理论体系以及计划以外篇作补充，先撰写成有体系的内篇，又将余下的资料与新形成的见解编撰为外篇，即内篇先成，外篇在后。《史通》外篇之《史官建置》与《点烦》篇提到的内篇，皆实有篇名《曲笔》与《叙事》，而内篇《六家》仅言“外篇言之详矣”，并无篇名，则为计划中的虚拟而已。更重要的是，外篇的认识和思想比内篇有了明显的进展，不仅史学批评有所深化，尤其对儒学五经的看法大有变动，内篇充满对《尚书》《春秋》等的赞颂，而外篇则激烈批评《尚书》《春秋》记述的失实与曲笔。这是因为刘知幾在撰写《史通》进程中得出新见，从而改变了自幼接受的崇敬儒学经典的传统观念。这种史识的进展，即可证实外篇成于内篇之后，否则便不合逻辑。

针对这个问题的整体性考察，其意义不仅在于辨清《史通》撰写程序的具体问题，更在于加深对刘知幾学术与思想演变的认识。

---

① （唐）刘知幾著，（清）浦起龙通释：《史通通释》内篇卷一〇《自叙》，第 290 页。

② （唐）刘知幾著，（清）浦起龙通释：《史通通释》内篇卷一〇《自叙》，第 291 页。

③ 详见乔治忠：《〈史通〉编撰问题辩正》，张舜徽主编《中国历史文献研究》（一），华中师范大学出版社，1986 年。又载乔治忠：《中国官方史学与私家史学》，北京图书馆出版社，2008 年。

我对东晋孙盛史学的研究，也运用了唯物辩证法的整体性考察方法。首先发现一些哲学史论著乃至《辞海》，称孙盛为“东晋无神论者”[①]，根据仅是孙盛的《与罗君章书》有“形既粉散，知亦如之”[②]，这是反对佛教的灵魂不灭说。实际上从他所撰《魏氏春秋》《晋阳秋》[③]等史书中可以看出，孙盛天人感应与灾异应验的观念十分浓重，而且相信鬼神，其书常有神灵与世上人物直接交涉的记述。他所反对的只是外来的佛教和流俗妄设的怪力乱神而已，这岂能称为“无神论”？看来仅据片断资料即下结论，而不做研究对象的整体研究，乃是学界比较流行的通病。

孙盛是东晋著名史家，撰有《魏氏春秋》《晋阳秋》《异同评》《魏世谱》《蜀世谱》等等，这些史著都已佚失，但各书都尚有若干被他书转引的遗存资料。另外他还撰有几篇论辩之文，大旨是反对佛教灵魂不灭说法和批驳老庄思想，今仍载于《弘明集》《广弘明集》中。如果对这些零散残存文籍分别予以孤立考察，不仅不得要领，而且难免产生误解，若将其主要史著作为一个整体研究，则能取得别开生面的学术突破。

《魏氏春秋》《晋阳秋》是时间接续的两部编年体史著，前者二十卷，以曹魏为中心记述三国时期历史；后者三十三卷，记述西晋、东晋直至孙盛逝世前几年的历史。《异同评》八卷，又称《魏氏春秋异同评》，通过考辨史籍记载资料的异同以定取舍，配合编年史之撰述而独立成书。该书记述了两国君主宗室、主要大臣将领的事迹，涉及军政形势，间有评论，而且一直延续至晋代。将这几种史著整体性综合探研，可以发现孙盛撰著编年史的全盘规划，即编纂通贯三国至东晋的编年史，以《魏世谱》《蜀世谱》编辑梳理资料，以《异同评》考订歧异记载，形成编年史为主体、多种撰著附属的局面，其中《异同评》创举了史料考异方法，早于司马光七百多年。司马光编纂《资治通鉴》、附属撰述《资治通鉴考异》，都得自于孙盛修史活动的启示，由此可知孙

---

① 《辞海·哲学分册》“孙盛”条，上海辞书出版社，1980年，第178页。

② 载（清）严可均辑：《全上古三代秦汉三国六朝文·全晋文》卷六三，中华书局，1985年影印本，第1816页。

③ 此二书久佚，但裴松之《三国志注》等书中多有征引。《晋阳秋》尚有清黄奭、汤球的两种辑本，乔治忠《众家编年体晋史》（天津古籍出版社，1989年）收载并校注。

盛在中国史学发展史上的重要地位。[①]

自觉树立史学研讨的整体性考察观念，会将学术认识推进到更全面的视野、更深入的视角。例如我对清朝乾隆时期官方史学与私家史学作总体的探讨，窥破这个“盛世”在文化上进入一个大总结阶段，从而使整个社会的史学呈现四种史学活动，其一是朝廷占据着审视古来史学遗产和编纂各种史书著作的主导地位；其二是私家史学被挤压到主要进行历史考据的境遇，但考据成果的总和则从微观方面配合了史学遗产的总结和审视；其三是各地积极纂修方志，这是官方史学从朝廷向下延及于地方官府，而修方志往往成为官方史学与私家史学的交集点；其四是官僚幕府的修史活动，这是私家史学模仿官方史学的某些优长之处，如对于人力和其他资源的组合等等，形成向官方修史开展竞争的态势，毕沅幕府纂修《续资治通鉴》与《史籍考》即为典型。这样的总体分析，无疑是清代史学史研究的深化，也提升了乾嘉历史考据学的认识层次。

唯物辩证法注重整体地考察事物的同时，还注重事物的发展变化，这一点人所共知，但在史学研究的具体问题上，则往往被忽略。例如唐代刘知幾生活的几十年间、撰写《史通》的几年间，对于悠长的中国历史而言极其短暂，故他著书宗旨从批评众史向撰写史学理论著作的转变，以及撰写《史通》期间其思想向批判《春秋》、贬抑五经的重大演变，许多研究者即未能发现，说明认真树立史学研究的整体观和变化观十分重要。

又如现存清入关前的满文档册，以台北藏“旧满洲档”与北京藏“内国史院满文档案”最为重要。“旧满洲档”记载史事起于清太祖而止于清太宗崇德元年（1636），“内国史院满文档案”起于清太宗天聪元年（1627），延及于入关后的清世祖顺治年间，二者有十年时间的记事重叠。那么“旧满洲档”与“内国史院满文档案”之间有什么关系呢？清史学界与专门的“满学”研究者毫无论及，甚至根本没有提出这一问题，原因是十年记载时间的重叠掩盖了真相，似乎两种满文档案记载是平行的。我从考察清入关前记载档册体制的变化入手，提出问题并且将之迎刃而解。在后金清太祖天命年间与清太宗天聪年

① 详见乔治忠：《孙盛史学发微》，《史学史研究》1995年第4期。

间,“汗的档子”即“旧满洲档”主要功能是在军政方面,办理政务有案可查,纪史功能是附带性的。而天聪十年(1636)清太宗改国号为“清”、年号为“崇德”,设立了“内三院”,其中内国史院的职掌规定:“凡皇上用兵行政事宜编纂史书……纂修历代祖宗实录……凡六部所办事宜可入史册者选择记载,一应邻国远方往来书札俱编为史册。”①这里透露出满文档案已经归内国史院编辑,编纂的主要目的也变为为将来纂修君主实录做准备。因此“内国史院满文档案”乃是接续、替代了“旧满洲档”,二者实际是前后承继关系,所以“旧满洲档”才会于崇德元年戛然而止。但“内国史院满文档案”既然有将来为清太宗纂修实录的宗旨,则自然应当抄编天聪年间的档案,以求史料的完整。天聪年间的资料主要抄自“旧满洲档”,这可以确证,在天聪九年“旧满洲档”原文旁,注明“要写”字样者,都出现于“内国史院满文档案”的该年记述,凡注明“不写”者,均未收录,两处在文献纪事与文句表述方面大量雷同,连日期书写方式的特例也一致②,无可争辩地证明内国史院满文档册的天聪年间部分,就是从“旧满洲档”中选录而来的。

笔者治学早年做出的这类考订与论析的学术突破,并非当时掌握资料与治史功力的高超,而是因为用唯物辩证法整体考察观念与发展变化观念引导史料的搜集、分析和学术思考的展开,是历史学方法论发挥了重要的作用。

二 史评与史考中的辩证逻辑

史学研究并不是单单以历史资料为依托,“史学就是史料学”的命题是完全错误的,治史中合理地运用逻辑分析同等重要,逻辑的分析与核实的史料相结合,才是史学研究方法的真谛。评判已有历史见解的正误,应首先看其是否合乎逻辑,一般而言,只要发现对方论述中带有明显的逻辑错谬,其结论就可以予以否定,因为逻辑错谬是整体性的错谬,是真正的硬伤。有逻辑性硬伤的论著,总会同时存在史料运用上的片面和舛误,从逻辑分析窥破症结而继续追究,能够产

---

① 《清太宗实录》卷二八,天聪十年三月辛亥,中华书局,1985 年影印本。

② 详见乔治忠:《〈旧满洲档〉与内国史院档关系考析》,《历史档案》1994 年第 1 期。

生事半功倍之效。

笔者曾主要研究中国古代史学史，但为了参加专题学术会议，准备写一篇讨论王国维“二重证据法”之文。而一读其《古史新证》中的论断，发现其逻辑上大有问题：

> 吾辈生于今日，幸于纸上之材料外，更得地下之新材料；由此种材料，我辈固得据以补正纸上之材料，亦得证明古书之某部分全为实录，即百家不雅驯之言，亦不无表示一面之事实。此二重证据法，惟在今日始得为之。虽古书之未得证明者，不能加以否定；而其已得证明者，不能不加以肯定，可断言也。①

这段常被人引用的论述，逻辑荒唐不止一端。说“地下之新材料”能够补正文献、能够证明“古书之某部分全为实录”，这是偷偷塞进一个概念，即认为出土“新材料”完全可信，不容怀疑，在逻辑上是不能成立的。实际上出土文献一样需要鉴定，绝非必然真实。既称“古书之未得证明者”也不能否定，等于是守旧信古的宣言，更无逻辑合理性可言。在学术逻辑上，“未得证明”之古书是不是可以否定，需要经过考核、研究，发现其疑点即可以质疑，有疑点而无法辩解、开释的部分，即可以否定，但还不是否定全书。若疑点太多，覆盖了全书的主要组成部分，则可以基本否定。因此“古书之未得证明者”，应当是可以怀疑、可以部分否定、也可能全面否定的对象。王国维还说：“由殷周世系之确实，因之推想夏后氏世系之确实，此又当然之事也。”②这里的逻辑荒谬则更加明显，即使史籍记述的某一部分果真确实，焉能就可以推想其他部分也同样确实？此乃唐宋以来最拙劣史家也不曾有过的迷乱说法。其逻辑荒谬至于如此，已经无须姑容，笔者遂撰《王国维“二重证据法”蕴义与影响的再审视》一文③，剖析其说的动机、症结、谬误和被吹捧的原因，以及在史学上的不良影响等等，理据充分，至今未见稍具学理性的商榷意见。但继续夸饰“二

① 王国维：《古史新证——王国维最后的讲义》第一章《总论》，清华大学出版社，1994年，第2—3页。

② 王国维：《古史新证——王国维最后的讲义》第四章《商诸臣》，第52—53页。

③ 乔治忠：《王国维“二重证据法”蕴义与影响的再审视》，《南开学报》2010年第4期。

重证据法”的惯例却仍持续，呈现学术史上一种少有的麻木与顽固时风。

比王国维更加缺乏逻辑性的论述，也时有所见。例如邵望平女士发表题为《〈禹贡〉九州的考古学研究》[①]的长文，引述考古发现的上古三千年以来各地的山川、田野、物产以及人类的遗迹，与《禹贡》所描述的九州状况比对，从而认为中国这块地方分为九州起自于大约3000年前的西周时期。这种逻辑混乱，令人惊诧。各地出土年代极为久远的物产、遗迹，丝毫不能证明极早时期即具有整体性的人文地理观念，人们把几十万平方公里的范围分成九州，是在经济联系扩展、军政活动范围扩大和地理知识丰富、对事物总体考察理念深化的基础上才逐渐形成的。只有秦国势力扩张到今四川一带之后，才可能出现关于“梁州”的认识，所以顾颉刚等将《禹贡》九州之说的形成定为战国时期，是正确的。像邵文这样一眼即可看穿其逻辑荒谬的文章，竟然获得许多学人的捧场，可见强调学术上的逻辑性审视是多么迫切与多么重要。

关于历史研究中“默证法”的使用问题，笔者曾在批驳张荫麟的同时，强调了辩证逻辑与形式逻辑的区别。默证法是根据现存所有文献是否有所记载而做出判断，而暂且不考量已经佚失的文献，也难以预计还可能发现的文献，这似乎不合逻辑，但它不太符合的逻辑只是形式逻辑，却切合于更高级的辩证逻辑。辩证逻辑包括形式逻辑所有的优点，同时能够从事物的整体系统上考察，又予以分层次地对比分析，以发展的眼光进行判断。默证法根据现存所有可信资料皆无某种记载，因而质疑其是否存在，待新的资料发现，可修正或推进原来的判断，历史认识就是这样接近于真实。不仅仅是默证法，一切历史研究方法都是在现存资料基础上运作，都会因新发现资料而修订或推进结论，这就是历史研究的辩证法。张荫麟单单诘难顾颉刚使用的默证法，完全属于别有用心的狡辩。[②]

辩证法认识事物的特点，第一是包含具体问题与整体问题在内的

---

① 邵望平:《〈禹贡〉九州的考古学研究》,《九州学刊》(香港中华文化促进中心编辑出版)2卷1期,1987年9月。

② 笔者对张荫麟的全面辩驳,见《张荫麟诘难顾颉刚“默证”问题之研判》,《史学月刊》2013年第8期。

全面性,第二是在事物的普遍联系中考察,第三是将静态研究融入总体发展变动的框架内分析,形而上学则是以片面、孤立和静止的观点看待事物。将辩证法融入逻辑思维,即为辩证逻辑,不具有辩证思维的形式逻辑,同样具有研究问题的一定程度的有效性。识破上述王国维、邵望平说法的错误,形式逻辑已大体够用,批驳张荫麟这类的诡辩,则需要具备辩证逻辑。因此,辩证逻辑乃是史学研究最有力的工具。

对研究对象作内在矛盾的发现与分析,是辩证法最基本的思想方法,在史学史研究中,无论史学评判还是史学考证,都应该以矛盾分析的方法来发现问题和解决问题,正如马克思所言:"真理通过论战而确立,历史事实从矛盾的陈述中清理出来。"[①]

例如《越绝书》的作者与成书年代,自唐朝就多有歧见,历代众说纷纭。近现代学界各种揣测、论议及奇谈异说频出,光怪陆离。笔者发现此书不署作者姓名,却在末篇《篇叙外传记》特别用隐语道出两位重要作者袁康和吴平,并且不厌其烦地对吴平极力颂扬,比拟为孔子弟子颜回"怀道而终"。此文前已说明袁康"死葬其疆",是两个作者皆死,吴平更应是像颜回一样年岁不大而亡。《篇叙外传记》对吴平极为崇拜、对其早亡极其哀悯,应是吴平弟子所撰,书中提到吴平确曾有"师"的称呼。那么《越绝书》不题作者之名,却在《篇叙外传记》大力赞扬作者,此项矛盾之中必有隐情。经细细爬梳资料,特别是《越绝书·外传本事》透露本书"各辩士所述,不可断绝,小道不通,偏有所期"[②],隐然道出是同时多人所述,主编者又无权大力修改,导致全书各篇良莠不齐,内容拉杂,应是一群当地的浅薄乡绅所为,写作目的是颂扬越王勾践,贬斥吴国。袁康、吴平先后被聘作主编,但受有势力的乡绅掌控,连作品怎样署名也不能意见一致。袁、康皆死于此书编辑任上。

至于成书时间,有另一矛盾现象提供信息,即末篇《篇叙外传记》赞扬吴平"勾践以来,至乎更始之元,五百余年,吴越相复见于今,百

---

① 马克思:《致恩格斯(1853年9月3日)》,《马克思恩格斯全集》第二十八卷,人民出版社,1973年,第286页。

② 《越绝书·外传本事》,乐祖谋点校,上海古籍出版社,1985年,第3页。

岁一贤,犹为比肩"。[①] 这里使用了更始元年(23)作为"百岁一贤"的时间起点,而不用稍晚两年正统的后汉光武年号,说明这里的"百岁"应当是个实实在在的数字,即更始元年之后到吴平去世而《越绝书》完成,正好是一百年。如果"百年"是个约略数目,那就不大可能在书中不用光武年号。同篇还称吴平"明于古今,德配颜渊。时莫能与,伏窜自容。年加申酉,怀道而终"[②],这个"申酉"就是庚申年(120)与辛酉年(121),正与更始元年之后"百年一贤"之说相符。吴平当在这两年患病直至逝世,《篇叙外传记》作者将庚申、辛酉两年视为对于越地很不吉利之年,这是依从了东汉盛行的五行相生相克说法。[③]

总之,通过破解《越绝书》叙事中的矛盾纽结,加以深入考据,将这部古籍的成书时间考证出具体年份,即公元122年,其成效尤为瞩目。一千多年来的学界聚讼,自此可以涣然冰释。

清代乾嘉时期章学诚在毕沅幕府主持编纂《史籍考》,是史学史上的大事。毕沅逝世后,《史籍考》稿本一直在章氏手中。后章学诚到谢启昆幕府,拟定了《史考释例》即新的编纂凡例,显示着章氏是要在谢启昆幕府中完成《史籍考》的编纂。然而矛盾的是,谢启昆确实启动了此书编纂,而章学诚却东奔西跑谋求生计,他怎么不在谢氏幕府内做他最愿意做的事情?笔者从此入手,细蒐资料,精密解析,揭示了谢启昆乃出于私欲,夺取《史籍考》稿本,踢章学诚出局,另聘学者编辑,欲将此学术巨著窃为己有,只因慑于学界议论纷纭,终于撒手中止,但仍然不归还书稿,自然也不再珍视,为此后《史籍考》的毁灭种下了祸根。[④] 凡此事例,思路和结论皆为创新,关键在于秉持辩证法的矛盾分析理念,对于史籍史料叙事中矛盾纠结之处,捕捉探究,追踪查证,从而取得学术探讨的突破。提高学术研究之思想方法的水平,掌握唯物辩证法的逻辑分析能力,乃历练治史功力的重中之重。这不是忽略史料的重要性,而是要在逻辑思维方法的指引下,更

① 《越绝书・篇叙外传记》,第108页。

② 《越绝书・篇叙外传记》,第109页。

③ 详见乔治忠:《〈越绝书〉成书年代与作者问题的重新考辨》,《学术月刊》2013年第11期。

④ 详见乔治忠:《〈史籍考〉编纂问题的几点考析》,《史学史研究》2009年第2期。

全面掌握史料和抓住关键的史料。

三　历史学总体发展进程的矛盾分析

对研究对象做整体性内在矛盾的探索和分析，在历史研究中具有更重大的意义。“要认识在‘自己运动’中、自生发展中和蓬勃生活中的世界一切过程，就要把这些过程当作对立面的统一来认识。发展是对立面的‘斗争’。”①在史学史研究中，对于中国史学历来的发展进程，亦须探求其中的矛盾运动，才能揭示历史学产生和发展的社会机制。

我在2007年发表《中国与西方古代史学的异同及其理论启示》一文，提出“历史记述的真实性与历史撰述的社会功用之间的矛盾，是历史学发展的内在动力”，认为：

> 记事求真的理念与社会功用的诉求存在着矛盾，矛盾的焦点是孰为主导的问题。中国传统史学和西方古典史学在发展进程中，应对这项矛盾的方式是不尽相同的。……中国在强调史学具备垂训鉴戒、惩恶劝善、资治、教化、明道等等社会功能的同时，并不否认撰史的务求真实，官方、私家都有“君举必书”、直书实录的规范，致用与求实是当作一个理想的统一体提倡的，但在具体实行中，却有着为君父讳、为尊者讳等等抵消记史真实度的戒律，更不用说涉及政治私利时的故意隐瞒和曲笔。但是中国古代反复地改朝换代，而且同一朝代也政局屡变，这可以使原先一些隐瞒的史实得以揭发。加之尚有私家史学这一轨道，与官方记载相参照，同样起到加强真实性作用。如唐太宗曾问史官：“朕有不善，卿必记之耶?”褚遂良曰：“守道不如守官，臣职当载笔，君举必记。”另一官员刘洎说：“设令遂良不记，天下亦记之矣。”②这形象地表明中国古代记史规范与官私双方记录史事的相互牵制，撰史的真实性与功用性的矛盾，就在官私之间、政局变动的流程之中运转。在改朝换代之后，史学求真与以史鉴戒间的对立统一

① 列宁：《谈谈辩证法问题》（1915年），《列宁选集》第二卷，人民出版社，1992年，第557页。

② 《旧唐书》卷八〇《褚遂良传》，中华书局，1975年，第2730页。

往往十分活跃，于是，官、私史学都可能会出现新的起色。①

此后，笔者进一步论述了“史学经世功用、统治者的利益要求，与求真务实的史学理念之间存在着对立统一的矛盾，这对基本矛盾，在官方史学与私家史学互动、互补也时有冲突的运行机制中斗争、磨合与调整，成为中国古代史学发展的内在动力”②，指出正是官方史学与私家史学互动、互补又互有排抑的矛盾，造成中国古代史学的极端兴盛，这是古代西方史学所不具备的特点。

分析中国史学发展的内在矛盾，以探索史学发展的动力，无疑是符合唯物辩证法思想准则的学术尝试，但这样的探讨，必须建立在对历代中国史学状况和发展状态的研究与概括的基础上。即以史实史料的深入分析为基础，使辩证思维不脱离“唯物”的前提，一切遵从实事求是原则。套用阶级矛盾的分析、套用经济基础与上层建筑矛盾的分析，都不符合中国古代史学史的实际情况。在探索史学史此种理论层次的问题时，还需要作中外史学比较的研究，以认识历史学在世界范围的共性与中国史学的特色，才可能得出比较确切的结论。不言而喻，探索中国传统史学的内在矛盾和发展动力，是揭示中国史学发展规律的关键性工作。

四　结语

历史研究的具体方法是多种多样的，治史者个人的体会也不完全相同，但有一点是可以肯定的，即将治史方法和经验教训总结与归纳到最高层次，能否自觉地运用唯物辩证法的思维方式，决定了学术成果的正确程度及深切与否。恩格斯说：“辩证法的规律无论对自然界中和人类历史中的运动，或者对思维的运动，都必定是同样适用的。”③用辩证逻辑审视史论或史料，貌似隐蔽的史论谬误和史料蕴义都能够像层层剥笋一样被发掘出来，此乃笔者研治史学史的最大体会。现今一些青年学者的史学论文仍然存在逻辑偏失现象，加强唯物辩证法的教学和运用上的锻炼，是当务之急。

---

① 乔治忠：《中国与西方古代史学的异同及其理论启示》，《学术研究》2007年第11期。

② 乔治忠：《中国史学史》第三章，中国人民大学出版社，2011年，第99页。

③ 恩格斯：《自然辩证法》，《马克思恩格斯选集》第四卷，人民出版社，1995年，第365页。

本文结合实例，阐释了史学史研究中要注重从整体视野上考察研究，注重以发展变动的眼光看待研究对象，要主动地对史学长时段的发展作内在矛盾的分析等等。这其中涉及研究对象的整体方面与具体方面，事物存续与发展的动态考察和静态考察，分析事物内在矛盾的性质与运行机制。学好学透辩证法的基本原理是非常重要的，但还必须将辩证思维融入史学研究的实践，面对研究对象，能够主动从整体的联系中分析具体的问题。整体与具体之间，也是互动的辩证关系。辩证法要求研究进程贯彻整体性考察与具体分析有机结合的全面性，其中整体观念是研究方法的要点。事物是发展变化的，但变化的速度与趋向各有不同。为了更清晰地掌握细节，有必要在一定条件下对研究对象做相对静态的考察。动态考察与静态考察也是辩证关系，其中变动和发展是主导性的，这也应当成为思考问题主动和常备的理念。至于发现和分析事物的内在矛盾，则是辩证思维的最基本原则，是做史学研究不可或缺的方法论。矛盾的分析同样需要置于尊重史实的基础上，矛盾的斗争性不等于对抗性。中国史学史上官方史学与私家史学的矛盾，大多在互动、互补和互有排抑中运行，只在少数文字狱的背景下才呈现为对抗，这值得特别注意。

辩证思维是一种理论思维，辩证法或称之辩证逻辑，处于理论层次的高端。我们见到国内的许多关于史学方法、历史研究法的撰述，大多不惜篇幅地讲述搜集、梳理和鉴别史料的治学技能，不谈历史学者如何做好理论素养的历练和准备，基本属于经验主义范围。有些经验也许相当宝贵，但完全不讲理论素养与方法论的学习，仍不免于误人子弟。恩格斯说："蔑视辩证法是不能不受惩罚的。对一切理论思维尽可以表示那么多的轻视，可是没有理论思维，的确无法使自然界中的两件事实联系起来，或者洞察二者之间的既有的联系。"①当代的青年历史学者，不应再受经验主义的拘囿，需要掀起一个学习和运用唯物辩证法的热潮，从而开拓史学研究的新局面。

（原载《淮阴师范学院学报》2018 年第 5 期）

① 恩格斯：《自然辩证法》，《马克思恩格斯选集》第四卷，第 300 页。

第二章　史家史书个案考析

《世本》成书年代问题考论

《世本》一书，是中国古代十分值得注意的史籍，中国史学史研究、历史文献学研究、先秦史研究、中国古代文化史研究，对此书均不能无所涉及。因此，考清《世本》的成书年代，是一个极其重要的问题，以往史学界有过不少探索，但皆没有得出系统、明晰而正确的结论。有些论述一起步就陷入误区，有些考述则在临近得出确论的边缘颠仆，十分遗憾！由于《世本》成书问题未能正确解决，已经导致史学上的不少错误论断，有鉴于此，本文首先申明研究后的结论：《世本》并非先秦时期所成的史书。

一 《世本》及其成书年代问题

《世本》为中国古代著名史籍，记载先秦时期史事是其主要内容。据南宋学者洪迈《容斋随笔》所言："盖世次之说，皆出于《世本》，故荒唐特甚，其书今亡。"①大致可以判定《世本》佚失于宋代。后历有辑佚者，至清代文献辑佚和历史考据大兴，出现了多种《世本》辑本。1957年，商务印书馆出版清人辑佚的《世本八种》，纵观各种辑本，虽各家篇目不一，但大多除了有记上古帝王、诸侯、卿大夫世系的篇目之外，还有诸如关于姓氏源流的《氏姓篇》、记述都邑的《居篇》、记发

① （宋）洪迈：《容斋随笔》卷七"姜嫄简狄"条，齐鲁书社，2007年，第74页。

明创作的《作篇》等等，俨然是史事的分类组合。《世本八种》的"出版说明"指出："总的说来，出处错漏，引文讹脱，以及误入非《世本》文字，是各本普遍存在的情形，只不过程度有所不同。"这就是说，《世本》的各种现行版本，都已经严重脱离佚失前的原书面貌，虽其中史料尚可为先秦史研究所择用，但据之作历史文献学与史学史方面的研究，则会很容易地出现谬误。

在《世本》成书年代的问题上，不仅历代史家、文献学家记述歧异，而且近现代以来的学者也众说纷纭，今仅择重要的几种见解条列如下。

(1)左丘明所书。此说见于《颜氏家训·书证》："《世本》，左丘明所书，而有燕王喜、汉高祖……皆由后人所羼，非本文也。"自注称"此说出皇甫谧《帝王世纪》"。近代章太炎信从之，其《訄书·尊史第五十六》云："盖左丘明成《春秋》内、外《传》，又有《世本》以为胠翼，近之矣。"这个说法本无依据，无足徵信，连"左丘明成《春秋》内、外《传》"的传统说法也为学术界所否定，更不用说《世本》的作者了。对于"左丘明"作《世本》之说，清人孙星衍、近人陈梦家皆有驳论，今可从略。

(2)楚汉之际好事者所录。此说源自晋代杨泉的《物理论》，其书虽久佚，但清人从唐代马总的《意林》和《太平御览》引文中，辑出其"楚汉之际，有好事者作《世本》，上录黄帝，下逮汉末"的记载。唐代史学家刘知幾《史通·古今正史》亦言："楚汉之际，有好事者，录自古帝王、公侯、卿大夫之世，终乎秦末，号曰《世本》，十五篇。"是唐代尚有此说流传，而现代学者齐思和在《黄帝之制器故事》[①]一文中也倾向于此说。这种说法本就扑朔迷离，并无确指，已有许多学者对之辩难，似难成立，但既长期流传，亦不可简单否定，应当探析其因由。

(3)战国末年赵人所作。这一观点最早见于清人张澍《辑〈世本〉序》："《王侯大夫谱云》：'孝成王丹生悼襄王偃，偃生今王迁'，是作者犹值赵王迁时"[②]，近代学者陈梦家《〈世本〉考略》[③]一文见解亦同。此说影响甚广，但也有不少学者指出仅凭"今王迁"一语，不足判断全

① 齐思和：《黄帝之制器故事》，载童书业、吕思勉编《古史辨》第七册（中），上海古籍出版社，1982年，第381—415页。

② 《世本八种》第五种，张澍稡集补注本卷首，商务印书馆，1957年，第1页。

③ 载陈梦家《西周年代考》与《六国纪年》合印本，中华书局，2005年，第135—141页。

部文献的形成时间。

(4)古史官记述。此类说法见诸古籍记载，例如，司马贞《史记索隐》引西汉刘向之言称："《世本》，古史官明于古事者之所记也。录黄帝已来帝王诸侯及卿大夫系谥名号，凡十五篇也。"[①]《汉书·艺文志·春秋类》："《世本》十五篇，古史官记黄帝以来讫春秋时诸侯大夫。"这种记载模糊笼统，时代宽泛，不足以直接解决具体历史文献的考订问题，但如果结合语境认真地分析其中蕴义，则很有裨益。

(5)《隋书·经籍志·史部》径直著录曰："《世本》二卷，刘向撰"，因此学术界也有人主张《世本》为西汉刘向成书说，如李宗邺《中国历史要籍介绍》认为："最早校定《世本》成书的是刘向……刘向校正之后，才有《世本》这一种书名出现。"[②]但持这种见解者缺乏系统的论证，遭到反对意见辩驳也未作回应。

由于《世本》的作者于成书年代问题记载纷纭，难以考定，另有一些零星异说，如认为是西汉初年张苍所撰等等，全凭推想而并无实据，为学界所不取，这里不作详论。而当前流行于史学界的观点，是将《世本》归结于战国时期的史籍，即其成书于先秦时期。例如《中国史学名著评介》所载赵生群撰写的《世本》评介[③]，即认为"《世本》成书，应在战国末年"。更细致的一些的论述，如王玉德认为"《世本》产生于春秋战国之际，最初仅是记世系的谱牒书。现存《世本》中诸篇成书时间不一"，例如《作篇》，"产生于战国末期的可能性较大"[④]，即实际仍是战国时期成书。这些看法都是不允当的。排除《世本》成书于先秦战国时期之说，对历史文献学与史学史的研究具有十分重要的意义。

---

① 《史记》卷末附录裴骃《史记集解序》第 2 页注五引司马贞《史记索隐》，中华书局，1959 年。

② 李宗邺：《中国历史要籍介绍》，上海古籍出版社，1982 年，第 106 页。

③ 仓修良主编：《中国史学名著评介》第一卷，山东教育出版社，2006 年，第 78—90 页。

④ 王玉德：《〈世本〉成书初探》，《华中师范大学学报》1986 年第 1 期。

二　解决《世本》成书年代问题的关键

考察《世本》的成书问题，史料不多而纷杂歧异，历代学者做过各种探索，得出十分不同的见解。今欲研讨有所推进，不能不从理念、方法上予以重新思考，是为解决问题的关键。关于《世本》的成书年代，由于没有任何记载可以直接地说明真实状况，而若要在深入进行史料辨析的基础上作严格的逻辑推断，就必须在学术宗旨、研究方法上纠正不可靠的与偏颇的做法，树立以下几个基本理念。

第一，像《世本》这样流传中历经佚失和辑存，且版本复杂的古籍，判断其成书问题不能以其内容为主要依据。对此，许多学者业已指明：不能因为书中有“今王迁”一语，就判断是战国赵王迁之时赵国人所撰，不能根据其中有汉初史事和人物，就判断为西汉张苍所撰等等。赵生群的前揭之文提出：“今本《世本》有后人羼入的成分。因此，考论其成书年代，应当系统考察其内容，而不能仅据个别资料。”然而，对一种书籍“系统考察其内容”，就一定能够解决其成书年代吗？笔者认为这是不可靠的，道理甚明，如《四库全书总目》著录《宋遗民录》一卷，认为此书“或元人所撰，或明初人所撰，均未可知”①，即不能根据其内容判断成书年代。

第二，判断书籍的成书年代，在没有可靠的直接记载情况下，与书籍的辨伪一样，必须追踪其来历与流传轨迹，看它在相关时代其他文献中有怎样的记述，在史料仍然十分缺乏的状况下，就需要联系大的文化背景予以分析。对《世本》一书的记载，最早出现于东汉初年成书的《汉书》，《汉书·司马迁传》提到《世本》，《汉书·艺文志》著录了《世本》。《汉书》既然将《世本》与司马迁生平联系在一起，那么司马迁的史学活动对考察《世本》成书问题即为关键点。《汉书·艺文志》的许多内容承袭了西汉刘向整理图书的成就，恰好唐初司马贞《史记索隐》片断地引述了刘向对《世本》的说明。因此，《汉书》中对《世本》的记述是最重要的史料，刘向对朝廷所藏图书、文献的整理，是与《世本》密切相关的文化背景。

---

① 《宋遗民录》提要，《四库全书总目》卷六一史部传记类存目三，中华书局，1964年影印本。

第三，现存的较为可靠的文献，对《世本》来历的记述皆十分简略，需要结合这些史料的语境予以深入分析，发掘义蕴，避免误解。例如《史记索隐》引用的刘向之言，应当出自他整编《世本》所撰的叙录，这种语境应当作为深入考析的依据。《汉书·艺文志》著录《世本》之文，亦须与刘向之言对比，以有助于去粗取精、去伪存真、由此及彼、由表及里地剖析。

第四，考察《世本》的成书年代，研究宗旨亦须有确当的学科定位。《世本》的成书年代问题，可以归于历史文献学的范围，然而历史文献学不是一个统一系统的学科，其组成之中如目录学、版本学、辨伪学等，虽互有知识上的联系，但各具独立治学体系，即单从治史资料出发的所谓"史料学"，也可以聊作文献学的组成部分。因此，以历史文献学的定位来研究《世本》，就可能漫无标的，导致不自觉地游移失据。研究《世本》，应当将其置于中国史学史的学术层次，只有这样定位，才能将其与整个史学发展流程相联结，与前前后后相关史书、相关史学活动有机地结合起来予以考析。当然，在史学史学科层次的研究，必须是真正认真的重新探讨。

以上四点，并非仅仅托之空言，以下的考析即贯彻这些理念，当可引导《世本》成书时间的正确解决。

三 《世本》乃刘向编辑的图书之一

现存最早提到《世本》的历史文献是班固撰写的《汉书》，其中《司马迁传·赞》的一段文字十分重要：

> 及孔子因鲁史记而作《春秋》，而左丘明论辑其本事以为之传，又纂异同为《国语》。又有《世本》，录黄帝以来至春秋时帝王公侯卿大夫祖世所出。春秋之后，七国并争，秦兼诸侯，有《战国策》。汉兴伐秦定天下，有《楚汉春秋》。故司马迁据《左氏》《国语》，采《世本》《战国策》，述《楚汉春秋》，接其后事，讫于天汉。其言秦汉，详矣。至于采经摭传，分散数家之事，甚多疏略，或有抵牾。亦其涉猎者广博，贯穿经传，驰骋古今，上下数千载间，斯以勤矣。[①]

① 《汉书》卷六二《司马迁传·赞》，中华书局，1962年，第2737页。

要解决《世本》成书时间的问题，必须正确地解读班固的这一段论述。许多学者根据此处“司马迁据《左传》《国语》，采《世本》《战国策》，述《楚汉春秋》”的描述，便将《世本》成书时间着意说成先秦时期，实际乃是对班固之言未作深层剖析而产生的误解。班固这段话的主旨在于说明司马迁《史记》撰写的资料来源，而所谓“采《世本》《战国策》”，乃是从班固本人所见史籍出发，其完整的说法应当是：“采录我们现在所见到的《世本》《战国策》书中所包含的资料。”当然，古人用语简约，是不会如此讲究的。

关键的问题是：司马迁是否真的见到过《世本》其书？前辈学者对此早有考订，司马迁对自己所知、所读、所用典籍皆有记述，而整部《史记》决无提到《世本》之处，这已经为学界公认。据卢南乔《论司马迁及其历史编纂学》[①]一文附录的《史记》材料来源列表，司马迁自称曾阅读过“五帝德”“帝系姓”“谍记”“历谱谍”“五帝系谍”“春秋历谱谍”等等历史文献[②]，而这些文献大多未见于班固《汉书·艺文志》的著录。这样就形成一个反差：班固说《史记》采用了《世本》，司马迁竟未曾提到；司马迁自称参阅的许多文献，班固《汉书·艺文志》却没有著录。最可能的原因是，司马迁所见“谍记”之类的资料已被人整理、编辑为《世本》一书，而进行过这项工作的只能是刘向。

西汉成帝河平三年（前26），刘向主持下的“校中秘书”，即校订宫廷内藏书的活动，是中国古代文化史的大事。在此之前，先是“求遗书于天下”，随即“诏光禄大夫刘向校经传、诸子、诗赋，步兵校尉任宏校兵书，太史令尹咸校数术，侍医李柱国校方技。每一书已，向辄条其篇目，撮其指意，录而奏之”，即对每一书皆撰写说明该书篇目、内容、源流以及整理经过的“书录”，上奏朝廷。刘向卒后，其子刘歆奉旨接续工作，并完成图书分类性的解题目录学著作《七略》。[③]这里需要特别强调的是，这次图书整理，不仅仅是文字上的校对与订正，而且包含着大量图书汇编、排纂命名及其中各篇命名的工作，即利用已有资料，纂辑了大量过去并不存在的书籍，《世本》乃其中一种，具

① 卢南乔：《论司马迁及其历史编纂学》，《文史哲》1955年第11期。

② 参见《史记》之《五帝本纪·太史公曰》《三代世表·序》《十二诸侯表·序》。

③ 《汉书》卷三〇《艺文志》，第1701页。

体理由及相关问题条列如下：

第一，唐代司马贞《史记索隐》引述刘向之语："《世本》，古史官明于古事者之所记也。录黄帝以来帝王诸侯及卿大夫系谥名号，凡十五篇也。"①这项史料的可靠性不成问题，则刘向是第一个道出《世本》书名的古人，应是此书名称的实际命名人。司马迁《史记》中没有出现称为"世本"的史籍，是一个有力的旁证。

第二，这部《世本》，刘向等人是为现成的书籍命名？还是经过自行编纂后命名？虽史料缺失，但可以推断。刘向为《世本》撰写的别录，全文久已佚失，上述《史记索隐》引用刘向之语，应即出自《世本》别录，但过于简略。查今存刘向《战国策书录》达 1100 多字，叙事详明，《世本》之别录不应仅仅片言只语。班固称"司马迁据《左传》《国语》，采《世本》《战国策》，述《楚汉春秋》"，这里对《左传》《国语》用"据"字，而《世本》与《战国策》同列于"采"的范围，则班固可能熟知《世本》与《战国策》具有多方面的相同性质。而《战国策》同样未见于司马迁《史记》，乃刘向等人将当时所存"或曰国策、或曰国事、或曰短长、或曰事语、或曰长书、或曰修书"②的众多零星文献修补校订，编辑为一书，得三十三篇，命名为《战国策》。1973 年长沙马王堆三号汉墓出土类似《战国策》内容的二十七篇文献，其中十六篇不见于今《战国策》书内。此墓下葬时间早于刘向整理图书一百多年，更证明了刘向之前没有《战国策》其书，而只有散存的游士说词、谋略等多种独立文献。《世本》的十五篇，在先秦时期也应当是些散见零星文献，不具备一书的性质。故刘向之前，司马迁只见到"谍记""历谱谍""五帝系谍"之类散存文献。因此，《世本》与《战国策》一样，都是西汉季年刘向编辑而成，此前并无其书。

第三，《史记索隐》引述的刘向之语"《世本》，古史官明于古事者之所记也"，这里的"世本"也是指其中各篇的具体资料，而"古史官明于古事者"更不是指一时一人，今学者大多也承认《世本》乃长时期间多人积累撰成。在战争频仍、天下分裂的战国时期，不大具备将分

---

① 《史记》卷末附录裴骃《史记集解序》第 2 页注五引司马贞《史记索隐》。

② （汉）刘向：《战国策序》，见何建章：《战国策注释》附录，中华书局，1990 年，第 1355 页。

散于各国的帝王、诸侯、卿大夫家世谱系文件汇编成一书的条件。况且这些家世谱系文件一般应为各国上层秘存，不会比纵横家的说辞、谋略更流行于世，既然纵横家的零散谋略都未能在战国时期编成一书，那么当时没有汇编《世本》成书，就不难理解。

第四，《汉书·艺文志》乃是直接承袭了刘向父子整理图书的成果。为深入了解刘向的编订图书工作与《世本》的成书时间，有必要细致分析《汉书·艺文志》对史籍的相关著录：

> 《国语》二十一篇(左丘明著)。
> 《新国语》五十四篇(刘向分《国语》)。
> 《世本》十五篇(古史官记黄帝以来讫春秋时诸侯大夫)。
> 《战国策》三十三篇(记春秋后)。
> 《奏事》二十篇(秦时大臣奏事，及刻石名山文也)。
> 《楚汉春秋》九篇(陆贾所记)。①
> ……

从上引资料可以看出，虽然有先秦史籍《国语》存在，刘向仍然将其分割、重编为《新国语》五十四篇。随后的《世本》《战国策》《奏事》三书，应都是刘向等利用零散资料编辑成书。这种编纂方式有利于文献的留存，但却因刘向所撰别录和刘歆《七略》原文的大量佚失，往往令人不明编辑历程以及成书的时间。

第五，在刘向整理、编辑之前，官方或私家典藏文献也可能将内容相类似的书简或帛书存放一起，但这并不等于已是一书。因为历史文献学对于将资料编辑“成书”，应有其严格的概念，它至少要具备这样几个条件：经过取舍，确定了收录范围与篇目规模；确定了各个组成部分的排序；给全书予以命名，即具备可资著录的书名。

有的学者明知刘向之前还没有“世本”这个书名，却引述春秋时期就有“世”“周谱”等谱牒之类的文籍名目，将之说成《世本》的“滥觞”，把各种零散文籍混淆为完整的一书，等于偷换了概念。进而甚至强自为说，以司马迁《史记》曾称“太史公”“太史公书”相比附，认为

---

① 《汉书》卷三〇《艺文志》，第1714页。

“《世本》在先秦也无定名……不称‘世本’，并不等于无其书”①，这就完全成了狡辩。《史记》一书的名称确实前后有变，但无论如何称谓，都有其自己的特定书名，都确指司马迁纂修之书，都是包含本纪、书、表、世家、列传五体合一的一百三十卷通史。请问在刘向整编图书之前，称作“世”“周谱”“谍记”②等等一类文籍，有哪一个是包含了“帝系”“氏姓”“谥法”“居篇”“作篇”等分门别类内容？如此重大而显著的区别，焉可蒙混过关？

综上所述，我们的结论是：(1)《世本》在西汉季年由刘向编辑成书，其中收录了战国时期的许多零散文献。(2)《世本》书名为刘向拟定，各篇篇名也是刘向重拟。(3)刘向排纂的《世本》，虽确定了十五篇的规模及篇章次序，但仍然是互相独立文献的汇集，各篇之间不具备相互配合的有机联系，因此仅仅为“资料丛编”而已。

总之，《世本》是西汉刘向根据散存文献编辑而成的史书。作为一种史籍，如此判断，并不涉及其史料价值，判断记述的真伪、虚实另当别论，因为它本来只是汇编了先秦时期的资料。但成书年代早晚，在中国史学史上则具有非常不同的意义。历来对其成书年代的错误认识，已经造成很大的学术混乱，现在必须予以纠正。

四　误判《世本》成书年代的学术教训

刘向编成的《世本》连同书录因日后佚失，其内容已经无法备知，后世重新辑佚，乃大失原貌。佚书的辑佚，除了从《永乐大典》辑出的某些书籍之外，一般不可避免的是内容残缺、支离，难以恢复原貌。但《世本》的辑佚，却非惟残缺、支离，而且肿胀、变形。所谓“肿胀”，是指把大量史料无根据地辑入《世本》，使其篇幅、内容皆膨大起来。所谓变形，是通过编排、命名和评议，改变《世本》原书的性质，抬高其地位。

清人辑本中或多或少都具有“误入非《世本》文字”③的倾向，而

---

① 王玉德：《〈世本〉成书初探》，《华中师范大学学报》1986年第1期。

② 先秦时期所谓的“世”“谍记”等等，乃此类零散资料的笼统称呼，非书名，亦非篇名。

③ “误入非《世本》文字，是各本普遍存在的情形，只不过程度有所不同。”见《世本八种》卷首，《〈世本八种〉出版说明》，第3页。

尤其以秦嘉谟的《世本辑补》为甚。秦氏将《左传》杜预注、《国语》韦昭注等等言及世系、姓氏之类内容者，皆算作《世本》文字，而为了填充卷四的内容，更武断地认为《史记·世家》内容乃取自《世本》，径行“援《史记》成文以补之”。[①] 这已经算不得辑佚，简直就是随意地另编一书了。

刘向将零散文献汇编一起之际，定书名为“世本”，共分十五篇，也给每篇拟定一个篇名，各篇之间仍是互相独立，并非形成什么统一体系和逻辑结构，因为各篇原本就不是作为一部著作的组成部分来规划成书。秦嘉谟《世本辑补》分为十卷，各卷篇名依次是“帝系”“纪”“王侯谱”“世家”“大夫谱”“传”“氏姓篇”“居篇”“作篇”“谥法”。这些名目是否与刘向编辑的《世本》篇目完全符合，连秦嘉谟本人也不敢担保。但这一点已不必深究，因为各个篇名无论是完全出于刘向拟定，还是其中包含了清人臆造，都是司马迁去世后的产物，《世本》一书之所以有“纪”“世家”“传”等组成部分，其名目乃参照了《史记》。但秦嘉谟反而说：“太史公书采《世本》，其创立篇目，如本纪、如世家、如列传，皆因《世本》”[②]，真是颠倒错乱，莫此为甚！本来刘向编辑《世本》，收录不同内容的零散文献，仅聚拢资料，便于留存。班固称司马迁“采《世本》《战国策》”，是指采用内中包含的史料。而到了秦嘉谟等清人这里，就将《世本》变形为先秦时统一规划、颇具整齐义例的著作，并且将司马迁“采《世本》”解说为在著作体例上因袭《世本》，甚至断言“夫《春秋》为编年，《世本》为纪传，太史公述《世本》以成《史记》，纪传不自《史记》始也”。[③]后出的《世本》明明是后人参照《史记》拟定出“纪”“世家”“传”等篇目，却反诬《史记》体例模仿了司马迁不曾见到过的《世本》，这种怪论总的根源，就是硬将《世本》定为先秦成书。

清人对《世本》多加夸诞，是主观上具有嗜古、崇古的情结，今天不能再蹈那种旧辙。客观如实地考察《世本》，不仅应当确认为西汉后期刘向编辑成书，而且对其内容的史料价值也不可估量过高。刘

---

① 秦嘉谟：《世本辑补》卷四《燕昭公世家·案语》，《世本八种》第四种，第 21 页。

② 秦嘉谟：《世本辑补》卷首《诸书论述》，《世本八种》第四种，第 2 页。

③ 秦嘉谟：《世本辑补》卷首《自序》，《世本八种》第四种，第 1 页。

向编辑的《世本》，揽取先秦零散文献，汇集分篇，内容是相当驳杂的。其中记述商周以下王侯大夫世系、谱牒，很可能源自各政权官方人员的记录，自有其宝贵的史料价值。而所言黄帝至尧、舜的所谓帝系，均为黄帝直系血亲后裔，岂可据为信史？至于“陆终娶于鬼方氏之妹，谓之女隤，是生六子。孕三年，启其左胁，三人出焉；破其右胁，三人出焉”[①]之类，在古代也属于怪力乱神、妖言左道。即所谓“作篇”中的素材，漫言“伏羲造琴瑟”“神农作琴”“蚩尤作兵”“黄帝造火食、旃冕”“史皇作图”“胡曹作衣”[②]云云，把许多事物的发明归于臆造的远古帝王将相，其荒诞无稽且自相冲突，岂可曲意赞称？在《世本》尚未佚失的唐朝早期，主编《五经正义》的孔颖达就指出：“今之《世本》与（司马）迁言不同，《世本》多误，不足依凭。”[③]看来刘向在《世本》内收编的零散资料，有许多是战国时期民间流行的传闻杂记，秽乱芜杂，其后来全部佚失，并非无因。

清代以降，学术界凡将《世本》视为先秦成书者，大多有意无意地抬高《世本》的价值和意义，在历史文献学研究、中国史学史的研究上造成严重曲解和迷误。以梁启超之博学强识，居然也相信《世本》“为《史记》之蓝本”，称其“开后此分析的综合的研究之端绪。彼能将史料纵切横断，分别部居，俾读者得所比较以资推论也”。[④]时至当今，类似“司马迁之《史记》，不论于材料上有取于《世本》，以至其所‘开创’之纪传体，亦受《世本》之影响”[⑤]的言论仍在流播，颠倒错乱之见还在延续。实际上，司马迁《史记》才是第一部“将史料纵切横断，分别部居”的历史著作。梁启超的错误，很明显是误信《世本》成书于先秦、误信清人关于《史记》体例模仿《世本》谬说。其他未加查考而随声附和之说，更是流弊极广，以至许多中国史学史的著述和教科书均将《世本》列于先秦史籍加以述评，甚至认为在历史编纂方面颇具创

① 茆泮林辑本《世本》第一篇《帝王世本》，《世本八种》第七种，第 5 页。

② 茆泮林辑本《世本》第五篇《世本作篇》，《世本八种》第七种，第 50—51 页。

③ （唐）孔颖达：《春秋左传正义》卷五二，昭公二十七年，《十三经注疏》本，北京大学出版社，2000 年，第 1707 页。

④ 梁启超：《中国历史研究法》第二章《过去之中国史学界》，上海古籍出版社，1987 年，第 14 页。

⑤ 见陈建梁：《〈世本〉析论》，《史学史研究》1996 年第 1 期。

意,“被视为综合体通史的先驱”。① 可见西汉季年刘向编辑的此书,被混迹于先秦史籍之内,造成多么大的混乱!

将《世本》误判为先秦史籍,造成的学术教训应当总结,今后的史学研究,必须在以下几个理念上提起特别的注意。

第一,历史文献学的研究,对史料、文献、史籍必须严格区分零星史料、散存文献、汇编之书与系统著述的不同性质,决不能彼此混淆。以《世本》为例,本来先秦并无此书,只有零散史料和文献,待刘向汇编为书,仍是各篇独立存在,不能侈谈有什么精深的义例。因其佚失,清人秦嘉谟等再次搜罗编辑,即硬说成是系统性著作,强作为先秦之书,一步步陷入谬误的泥淖。在文献研究上,像这样导致学术谬误的例子不止《世本》一例,只是《世本》造成的混乱极大、错误更加积重难返而已。

第二,关于《世本》判断上的错误,对中国史学史研究影响甚大,已如上述。这个教训告诉我们:史学史研究不能现成地借用史料分析、文献评介等方面的旧有结论,必须尽力重新审视文献学上的具体成说,避免承讹袭误。因为就学科本质而言,史学史就是要重新审视历史学的一切成果和全部历程,予以系统地评断与定位,这其中也涵括对史家、史籍、历史文献等等具体问题的深入考订。

史学史研究,应当比历史文献学具有较深的理论层次、较大范围和较长时段的视野,这就是我们上文所强调的应当把《世本》置于中国史学史学科层次来重新研究的理由。

(原载《史学集刊》2010 年第 5 期,童杰署名第二作者)

---

① 谢保成主编:《中国史学史》第一编,商务印书馆,2006 年,第 127 页。

《越绝书》成书年代与作者问题的重新考辨

《越绝书》是中国古代史学早期发展中的一部比较重要的史籍，由于其作者和成书年代问题众说纷纭，更引起了自古至今学界的广泛关注，研讨论辩，时起时伏，学术见解莫衷一是。本文拟对此做出新的考析，相信不仅有利于具体问题的研讨，也会对古籍文献考证的思路和方法有所澄清。

一 《越绝书》成书年代与作者问题之众说纷纭

《越绝书》记述中国先秦春秋时期吴、越两国争霸的相关史事，今存之本分十五卷，共十九篇。各篇标题间或为“内传”“外传”，却有两篇称作“内经”，即《计倪内经》和《内经九术》。这一著述的作者和成书年代问题颇为复杂，自古以来学界见解参差，臆测频出。简要总结，比较值得关注的说法有如下几种。

(1)认为该书是春秋末期子贡或子胥所撰。子贡为孔子的著名弟子，《论语》《史记》对他的事迹多有记载，特点是能言善辩、极具才干，曾经为官，后又经商致富。但《论语》《史记》都没有记载他撰写过什么著述。子胥即伍子胥，为春秋后期的政治家、军事家，从楚国逃亡到吴国，后率吴国军队攻破楚国都城，是《史记》中记述较详、颇得司马迁肯定的历史人物，但并无注明他写过史书。《汉书·艺文志》著录有《伍子胥八篇》《伍子胥十篇》，分别载于子部杂家类和兵家类。

这种著录不排除是战国之后的伪托之作，其中附带记述一些吴、越之事亦完全可能，但与《越绝书》其书不能归属一类。

《越绝外传本事》虽自言“或以为子贡所作”及“一说盖是子胥所作”[①]，但稍稍审读其文，可知乃闪烁其词，实际已否定了子贡、伍子胥为作者。虽《隋书》、新旧《唐书》之《经籍志》《艺文志》依传闻而著录子贡为作者，但宋以后学者已极少信从者，因此《越绝书》作者为子贡或伍子胥的说法，盖属于讹传或伪托。

（2）认为是汉代袁康、吴平编撰。明代学者杨慎首倡此论，他通过对篇末《篇叙外传记》中的一段隐语予以解读，断定《越绝书》的作者为东汉时期的会稽人袁康、吴平，其言曰：

> 或问《越绝》不著作者姓名，何也？予曰：姓名具在书中，览者第不深考耳，子不观其绝篇之言乎？曰“以去为姓，得衣乃成；厥名有米，覆之以庚。禹来东征，死葬其乡；不直自斥，托类自明”；“文属辞定，自于邦贤”；“以口为姓，承之以天；楚相屈原，与之同名”，此以隐语见其姓名也。去得衣，乃袁字也；米覆以庚，乃康字也；禹葬之乡则会稽也。是乃会稽人袁康也……盖所共著，非袁一人也。以口承天，吴字也；屈原同名，平字也。与康共著此书者，乃吴平也。不然，此言何为而设乎？或曰：二人何时人也？予曰：东汉也。何以知之？曰：东汉之末，文人好作隐语，黄绢碑，其著者也。[②]

此后，许多学者予以赞同和发挥，特别是清乾隆年间纂修《四库全书总目》，肯定了杨慎的说法，使之影响大增。今学界对此既有反对者，亦有迂回维护、进而发挥者，而自明代杨慎立说之后，至今多数版本仍题作者为汉代袁康、吴平，故研究者仍当对此说引为重视。

（3）认为该书乃“战国后人所为”，而汉代之人又加以附益。南宋陈振孙倡导此说，其《直斋书录解题》卷五《杂史类》称：“《越绝书》十六卷，无撰人名氏，相传以为子贡者，非也。其书杂记吴、越事，下及秦、汉，直至建武二十八年，盖战国后人所为，而汉人又附益之耳。”[③]

---

① 《越绝书》，乐祖谋点校，上海古籍出版社，1985年，第2—3页。

② （明）杨慎：《升庵集》卷一〇《跋〈越绝〉》，景印文渊阁《四库全书》本。

③ （宋）陈振孙：《直斋书录解题》，上海古籍出版社，1987年，第142页。

近代文献学家余嘉锡在《四库提要辨证》中主张："自来以《越绝》为子贡或子胥作者，固非其实……以为纯出于袁康、吴平之手者，亦非也。余以为战国时人所作之《越绝》，原系兵家之书，特其姓名不可考，于《汉志》不知属何家耳。要之，此书非一时一人所作。《书录解题》卷五云：'《越绝书》十六卷，无撰人名氏，相传以为子贡者，非也。盖战国后人所为，而汉人又附益之耳。'斯言得之矣。"[①]目前，这一观点赞同者较多，如著名学者黄苇、仓修良先生等，都大体上认同此说。当然在具体的见解上，仍然人言言殊。

(4)当代学者在"此书非一时一人所作"已有认识的前提下，加大力度扩展其成书年代的时间跨度和作者范围，遂提出古人未曾有过的见解。如周生春先生主张《越绝书》的成书过程是从先秦时期一直延续到东晋，可分若干阶段，但核心部分于秦汉之交业已成书。他认为子贡、伍子胥、计倪、大夫种等等，是间接作者[②]，直接作者包括袁康、吴平以及秦汉至东晋许多不知名的文人，而袁康、吴平起到主要作用，"袁康生活的时代大致应在秦代前后……吴平是西汉前期《越绝书》的增补修订者"。[③] 这个说法标新立异，但仅依据该书零零散散的迹象，诸如文字是否避讳、地名直接联系时代等，轻加判定。

(5)李步嘉先生提出：明代杨慎对《篇叙外传记》之中隐语的破解虽然正确，但"袁康""吴平"并非人物名称，而是政治谶语，"袁康"与"吴平"最初暗示的是"袁术昌盛"和"吴国平安"，至西晋初年又转为袁术政权被否定和平定东吴。因此他认为"《越绝书》是袁术称帝，统治吴地，进而想统一中国，在学术文化上所作的准备之一"，"其作者当为袁术身边之人，其书完整面貌今已不可知……在上书的基础上，《越绝书》增补改编当在孙吴统治时期"。[④] 作者曾撰有《〈越绝书〉校释》，对相关史料融汇熟知，学术成就显著。既而著《〈越绝书〉研究》提出上述见解，论证中广征博引，不乏精见，然考释中颇多穿凿附会

① 余嘉锡：《四库提要辨证》，中华书局，2007年，第382—383页。

② 周生春将这些人称为"原始作者"或"间接作者"，并不妥当。其书资料虽可能被新书采录，但其人若未参与新书之写作，即与"作者"名义毫无牵涉。

③ 周生春：《〈越绝书〉成书年代及作者新探》，《中华文史论丛》第49辑，上海古籍出版社，1992年。

④ 李步嘉：《〈越绝书〉研究》，上海古籍出版社，2003年，第289、302页。

之嫌、因小失大之处。

以上仅择要列述几大不同观点，实际上的意见分歧远远不止于此，十分复杂。“此书非一时一人所作”这个估量，本身就会导致不同年代与多名作者的多重组合。更由于成书之后，仍有被人增删现象，其文字尤其难于分辨和梳理。有认为先秦时先有《越绝》，汉代增补编辑才出现《越绝书》者；有认为袁康、吴平乃“乌有先生”，出于臆造者；有将《越绝书》联结东汉王充提到过《越纽录》一书者。如此等等，论断多端。李步嘉《〈越绝书〉研究》一书，对不同观点有十分细致的条列，限于篇幅，这里不再过多叙述。关于《越绝书》的成书年代和作者，迄今所有观点都存在论点不完善、视线不深彻、解说不确切甚或陷入认识误区的状况，本文试以新的思路予以探讨，谋求解决这一史学史研究的悬案。

二　对比《吴越春秋》以审视《越绝书》

《越绝书》成书年代与作者问题的众说纷纭，以及历久得不出圆满结论，除其他原因之外，存在着研究思路、考释方法以及文本解读方向等多方面的偏颇。因此，新的探讨必须开拓出新的、符合历史实际状态的思路。笔者认为，《越绝书》与《吴越春秋》从具体内容、行文用语到编辑形式上，都有摆脱不开的关系，因此必须将之比较分析，从而完成对《越绝书》一书的全面审视。

《吴越春秋》一书为东汉赵晔编纂，《隋书·经籍志》著录为十二卷，《宋史·艺文志》著录为十卷。今存行本为十卷。该书记载春秋末期吴越两国争霸及其相关史事，其中颇多传说佚闻，间或掺杂神异荒唐故事，这一点与《越绝书》类似，因而《隋书·经籍志》云：“又有《越绝》，相承以为子贡所作。后汉赵晔，又为《吴越春秋》。其属辞比事，皆不与《春秋》《史记》《汉书》相似，盖率尔而作，非史策之正也。”[①]该书编纂中显露出“内吴而外越”，即凡记述吴国史事，标名或为“传”，或为“内传”；凡记述越国史事之篇，一律称之“外传”。一部著述篇目划分内外，这种现象起自西汉以后，其“内”与“外”的区别，或隐含内尊外卑，或寓主与从、正与偏、实与虚、典要与庞杂之分，总

① 《隋书》卷三三《经籍志二》，中华书局，1973年，第962页。

之略有轩轾厚薄之意。《吴越春秋》的篇目中卷九有《勾践阴谋外传》,题目即含贬斥。但作者赵晔毕竟是治经阅史较有功底的学者,厚吴薄越的情绪仅稍稍表达于编纂形式,而记述史事和采录传说并不刻意回避吴国之短,也不掩盖越国之长,兼收旧籍所载和神异传说,对历史人物亦极少发表褒贬评论,乃以记叙历史故事的态度分类讲述。

赵晔其人在《后汉书》中有简短的传记:“赵晔字长君,会稽山阴人也。少尝为县吏,奉檄迎督邮,晔耻于厮役,遂弃车马去。到犍为资中,诣杜抚受《韩诗》,究竟其术。积二十年,绝问不还,家为发丧制服。抚卒乃归。州召补从事,不就。举有道。卒于家。晔著《吴越春秋》《诗细历神渊》。蔡邕至会稽,读《诗细》而叹息,以为长于《论衡》。”[①]由此可知:赵晔为越地会稽人,曾从师于杜抚专门研习《韩诗》。对于吴越争霸这段历史,他作为会稽人却厚吴薄越,看似难以理解,有文章解释说:“从世系上说吴传自太伯,尊吴即尊周。”[②]按此说未得要领,越王据称是大禹后裔,祖德不减于吴王。赵晔主要是比较了吴王夫差和越王勾践,内吴外越是出于贯彻《韩诗》的崇重礼、义精神。

《韩诗》之学自西晋之时衰微,及今《韩诗内传》佚失而《韩诗外传》尚有遗存,“其书杂引古事古语,证以诗词,与经义不相比附,故曰外传”。[③] 但此门学派的精神宗旨仍大略可见,其于儒学思想体系中,尤强调礼与义,“在天者,莫明乎日月;在地者,莫明于水火;在人者,莫明乎礼、义。故日月不高,则所照不远,水火不积,则光炎不博,礼、义不加乎国家,则功名不白”[④],这是书中反复申述的原则。该书反对“好利多诈”“废义而行诈”,更特别主张:“礼义节奏齐乎朝,法则度量正乎官,忠信爱利刑乎下。行一不义、杀一无罪而得天下,不为也!”[⑤]以这样的政治价值观来品评吴越争霸的诸多事件,吴王夫差

① 《后汉书》卷七九下《儒林列传》,中华书局,1965 年,第 2575 页。

② 许殿才:《〈吴越春秋〉说略》,《史学史研究》2007 年第 1 期。

③ 《四库全书总目》卷一六经部《诗》类二,《韩诗外传》提要,中华书局,1965 年影印本,第 136 页。

④ 许维遹校释:《韩诗外传集释》卷一第五章,中华书局,1980 年,第 6 页。

⑤ 许维遹校释:《韩诗外传集释》卷六第二十三章,第 229 页。按,原标点有误,今改之。

君臣固然也颇有违义之举，但到底是越王勾践诈伪甚多，不义之举极其严重，例如越向吴“请籴”，吴国许之，而次年越国却向吴国送上蒸过的种籽，“吴种越粟，粟种杀而无生者，吴民大饥”。[①] 越王勾践破吴次年，即迫使功臣大夫文种自杀，《吴越春秋》记载勾践逼迫大夫文种之言曰：“子有阴谋兵法，倾敌取国。九术之策，今用三已破强吴。其六尚在子所。愿幸以余术，为孤前王于地下谋吴之前人。”[②]可知勾践为人，残忍刻毒、无情无义已甚。虽最终取得灭吴称霸的胜利，以礼义标准衡量，仍须加以贬抑。

总之，《吴越春秋》作者赵晔，是东汉时较有学术素养的学者，故本书记述很有条理，逻辑思路清晰，语言叙述顺畅。至于其中收载有不确史事和神异传说，乃是作者立意网罗故事，兼存异闻，非以记史惟真为宗旨。是书对历史人物虽微有轩轾，但仅以编纂形式之内吴、外越略示意趣而已。

不言而喻，《越绝书》记述史事，也以春秋时期吴越争霸为核心，其内容与《吴越春秋》颇多相同之处，而且还多有他书不见、惟载于此二书的故事或传说，不仅如此，更有文句用语雷同之处。因此，两书之间存在参酌和采录的关系，是毫无疑问的。那么，到底两书撰成孰前孰后？这实在是研究《越绝书》的一个至关重要的问题，不能不认真探讨。

检阅历代学者的有关论述，惟宋代学者黄震指出：“‘越绝’之义，取勾践功成，能绝人之恶，于理既无当矣。谓子贡所作，又疑子胥所作，而所载乃及建武二十八年，何其自为矛盾耶！其书大抵祖袭《吴越春秋》，而文则杂而不伦矣。”[③]这个见解，遭到晚清人钱培名的反对，但钱氏并未提出任何理由。迄今许多学者，大约是受《越绝书》初成稿于战国之说的影响，懵懂地认为《越绝书》撰成于《吴越春秋》之前，其中晁岳佩的文章值得玩味，他说：“从内容上看，今本《越绝书》的内外篇，基本上全部见于《吴越春秋》，凡仅见于二书者，文字完全相同；又见于前人著作者，《吴越春秋》往往同于原书，而《越绝书》则

① 刘晓东等点校：《吴越春秋》卷九《勾践阴谋外传》，齐鲁书社，2000 年，第 87 页。

② 刘晓东等点校：《吴越春秋》卷一〇《勾践伐吴外传》，第 103 页。

③ (宋)黄震：《黄氏日抄》卷五二《读杂史二 · 越绝书》，景印文渊阁《四库全书》本。

多有改写痕迹……《吴越春秋》在内容的广博和体例的严谨方面都明显优于《越绝书》。”这段评述大体上正确，但作者却据此得出结论说：“若吴平辑录外篇于《吴越春秋》成书之后，他应该有条件见到此书并吸取其优点，但在二书比较中，很显然是赵晔借鉴了《越绝书》，而不是吴平抄袭《吴越春秋》。”[①]这真是匪夷所思的逻辑混乱，为什么后成的书就一定会吸取前书的优点？如果后之作者没有这种能力怎么办？如果后之作者根本就不想吸取前书优点呢？至今我们看到的后出之书抄袭拼凑、率尔编造者，难道还少吗？

我们认为：《越绝书》编辑和成书都在《吴越春秋》之后，而且年限相隔并不很久，《吴越春秋》的面世和在会稽一带的流行，就是编撰《越绝书》的导因。理由以及相应的解析有如下列。

第一，《越绝书》较多地出现问答的行文方式和议论性的内容，其议论中明确地表达出褒扬越国、赞颂勾践的情绪，首篇《外传本事》申明虽然编排上先叙述吴太伯之事，但实质精神是“欲以贬大吴，显弱越之功也”。[②] 末篇《篇叙外传记》提出这样的设问与回答：“问曰：‘勾践何德也？’曰：‘伯德，贤君也。’”又设问：“行伪以胜，灭人以伯，其贤奈何？”回答是：“固伯道也。祺道厌驳，一善一恶。当时无天子，彊者为右，使勾践无权，灭邦久矣……遭逢变乱，权以自存，不亦贤乎！行伯非贤，晋文之能因时顺宜，随而可之。”[③]大意是讲在“时无天子”的形势下，不管用什么手段保护了邦国，都是有“伯德”的贤君。

问题是为勾践所作的辩解缘何兴起，不可不寻其因由。先秦诸子和史籍对吴越争霸多有记载，但并无褒贬予夺。司马迁《史记》有《越王勾践世家》，记事详细，而颇有赞叹之意。这些早期的书籍，当然不会引起东汉时越人的争议。但赵晔作为当时、当地的越人，居然撰写抹黑越国的书籍，这对于乡土情结较为浓重的某些会稽人，必有很大的刺激，于是稍知文字的所谓“邦贤”挺身而出，有人牵头、有人协从，撰一书予以抵制，乃顺理成章之事。《越绝书》即因此而产生，其主旨是申明越王勾践的贤君形象，抵消《吴越春秋》的负面影响。

---

① 晁岳佩：《也谈〈越绝书〉的作者及成书年代》，《山东师范大学学报》1991年第5期。
② 《越绝书·越绝外传本事》，第2页。
③ 《越绝书·篇叙外传记》，第107页。

《越绝书》作者的这种努力，从其《篇叙外传记》等篇反复有“时莫能与”“时莫能用”之类感叹来看，效果很不理想，当时未必有很多人怀有乡土情结，赵晔的思想与行为就是证明。而赵晔一定也有支持者，因为他毕竟名望较高，且得到官府的器重，为《越绝书》作者所不能匹敌。《越绝书·篇叙外传记》说“吴越相（攻）复见于今”[①]，许多学者据此将成书年代判断在东汉初年和末年的战乱时期，是错误的，实际上东汉初年和末年都没有吴越两地相攻的战争，这里的“吴越相（攻）复见于今”，乃借指在评议吴越争霸问题上的意见相对立，这反衬出本书的编辑缘由。

第二，由于赵晔为本乡本土的名人，他在书中只是讲述和渲染越王勾践的不义之举，并未发布攻击、贬斥的议论，所以《越绝书》也不能指名道姓批评赵晔的《吴越春秋》，“乡贤”之间相攻击，不利于弘扬本乡本土之荣誉。于是《越绝书》采取重新编排历史故事的方式，更增添了正面议论的发表。《越绝书》的内容大部分抄自《吴越春秋》，亦有来自传说和其他文献资料。多人分头摘录，形成专题性的篇目，其抄撮也是有选择的，例如《越绝请籴内传》抄自《吴越春秋》的《勾践阴谋外传》，但《越绝书》不能容许将之视为阴谋，乃是当作越国的智慧来描述的，自然就删去了越国用蒸过的种籽还贷而造成“吴民大饥”的情节。越灭吴后，功臣范蠡出逃、文种被逼自杀，《吴越春秋》与《史记》等书的记述相同，相信在越地的民间传说中也大体如是，但《越绝书》将具体情节全部删除，仅偶尔在议论中提到只言片语，而勾践逼死文种的狠毒言语[②]，范蠡评论勾践“越王为人长颈鸟喙，鹰视狼步，可与共患难而不可共处乐，可与履危，不可与安”[③]之言，更不存一字。关于西施的结局，《吴越春秋》佚文是“吴亡后，越浮西施于江，令随鸱夷以终”[④]，这与《墨子》所言“西施之沉，其美也”[⑤]符合。

---

① 据明人钱培名校释，此句惟《汉魏丛书》本《越绝书》有“攻”字。笔者认为，有无“攻”字，不大影响语义，若无“攻”字，当为“吴越相覆”，其义亦妥。

② 《越绝书·德序外传记》甚至为勾践杀大夫种强为辩解，见第102页。

③ 刘晓东等点校：《吴越春秋》卷一〇《勾践伐吴外传》，第99页。

④ 转自周生春：《吴越春秋辑校汇考》附录《吴越春秋佚文》，上海古籍出版社，1997年，第270页。

⑤ 《墨子》卷一《亲士第一》，《新编诸子集成》本，中华书局，1993年，第2页。

而查《越绝书》佚文，却篡改为“西施亡吴国后，复归范蠡，同泛五湖而去”①，目的也是出于掩盖勾践之恶行。《越绝书》对吴国的伍子胥大为赞誉，其实是颂扬越王勾践的一种衬托，称伍子胥“子之复仇，臣之讨贼，至诚感天，矫枉过直”②，不必追究其“笞墓”等过分的举动，那么勾践为国复仇岂不更可以“矫枉过直”？这样，《越绝书》不期而然地倾向于复仇主义情绪，此乃作者刻意为勾践辩解所导致。

第三，《越绝书》与《吴越春秋》共有而不见于他书的记述，内容大体一致，甚至一些文句也极其雷同，但凡此情况，都是《吴越春秋》叙述完整、线索清晰，而《越绝书》记叙大加删略、支离破碎，甚至多有前言不搭后语的现象，这既显示其作者文笔拙劣，也透露出是率尔抄撮而成。例如《吴越春秋》有大夫种向勾践进献灭吴“九术”，详述了其中几项的具体施行情况，内容丰富，文笔生动。但在今本《越绝书·内经九术》中，只简单列出“九术”的条目，然后举出两个例子，一是向吴国献巨大木材，促使其建筑姑苏台而大兴土木，另一是向吴王献上西施、郑旦两位美女。第一例开头是“于是作为策楯，婴以白璧，镂以黄金”，起始突然，毫无原委，似有脱文，疑今本脱落第一“术”全文以及第二“术”的开头。关于进献“西施”之“术”，叙述伍子胥进谏后即言“吴王不听，遂受其女，以申胥为不忠而杀之。越乃兴师伐吴，大败之于秦余杭山，灭吴，禽夫差，而戮太宰嚭与其妻子”。③ 这与《吴越春秋》的记载比较，则删略过多而造成史实扭曲。

查《吴越春秋》记载的越国“九术”，在实施“尊天事鬼”后越王说“善哉，大夫之术”；在记叙进献木材促使吴国大兴土木造成民力凋敝后，“越王曰：善哉，第二术也”；在进献西施成功后，“越王曰：善哉，第三术也”。而实际上其他各“术”也有实行者，如通过“请籴”、还贷使“吴民大饥”，发展本国农业，加强兵力等，记述详细，都在“九术”之列，只是没有记载越王的赞叹。《越绝书》的作者抄撮《吴越春秋》时，

---

① 《吴地记》引《越绝书》佚文，景印文渊阁《四库全书》本。按，《吴地记》旧题唐陆广微撰，但内容有出自唐后者，仍须考订。

② 《越绝书·篇叙外传记》，第108页。

③ 《越绝书·内经九术》，第83—84页。

见越王只赞叹三“术”，于是仅仅摘录此三事[①]，随之就以吴王杀伍子胥、越灭吴的字句含混结尾。这充分证明了《越绝书》抄撮于《吴越春秋》，否则不合逻辑。

确知《吴越春秋》与《越绝书》先后成书及相互关系，就可以对《越绝书》做出恰当的解析。

首先，《越绝书》各篇乃多人分撰，但不是有些学者所言跨很长年代的多人撰写，而是东汉同时期一些具有乡土情结者合伙分撰，除两篇记述吴越地理者外，大多为宣讲的底稿，多篇开言都冠以“昔者”，显示了在人前讲说的迹象。《外传本事》曰“各辩士所述，不可断绝，小道不通，偏有所期。明说者不专，故删定复重，以为中外篇”[②]，这里的“各辩士”即指多名撰稿和宣讲人，他们争辩的目标是褒越贬吴。这个群体学薄识浅，文笔拙劣，所以各篇多为随意抄撮，支离片断，既讲不清完整的历史过程，又掺杂无关的内容。例如《吴内传》开头就本于《春秋》公羊学贬吴国为“夷狄”[③]，然后拉拉杂杂讲述蔡昭公结怨楚国、越王欲伐吴国而范蠡进谏事，晋国、齐国、尧舜、夏启、商汤、周文王、周武王、周公事等等，竟然没有多少吴国的事件，何谓“吴内传”？这种驳杂的行文，在几篇内不同程度地存在，如《外传纪策考》《外传记宝剑》都是杂沓漫谈，并无伦次。而有些篇章则内容比较专一，风格迥异，足见其作者非一，且缺乏统摄修订。

其次，全书编纂体例芜乱，作者眼见《吴越春秋》有内传、外传，也想采取类似形式，但没有领会“内”与“外”的含义，朦胧地把自以为重要内容的篇目名为内传，次要者名为外传，还有个别最重要的得意篇目，名之为“内经”。《越绝书·外传本事》篇说：“经者，论其事，传者，道其意，外者，非一人所作，颇相覆载。或非其事，引类以托意”[④]，这种解释也不成立，我们从各篇中看不出“论其事”与“道其意”的区别。例如《计倪内经》与《请籴内传》比较，性质接近，若非要寻其区别，《请

---

① 如上文所言，第一“术”“尊天事鬼”，文字无多，《越绝书》原文可能与第二“术”开头文字一起脱失。

② 《越绝书·外传本事》，第3页。

③ 《越绝书》这里的文字，不合乎《公羊传》原文书法，前人已有考述，此亦见《越绝书》之陋。

④ 《越绝书·外传本事》，第3页。

(余内传)倒更像"论其事"。《越绝书》之各篇只能说是随便定名。如《计倪内经》抄撮计倪的议论,《外传计倪》同样是抄撮计倪另外的议论,完全应当合并,然而一者为内经,一者为外传,莫名其妙。在中古时代,随意将文籍称之为"经",可谓类若愚狂,而既无"外经",何故称之"内经"? 有的学者解说这是受谶纬学的影响,亦属牵强,谶纬之书乃是曲解儒学经典来发挥神秘观念,总称"纬书",何曾将文籍随便自命为"经"?《越绝书》内还有文不对题者,《荆平王内传》实际是叙述伍子胥叛楚归吴之事,《内传陈成恒》主要叙述子贡游说各国,其篇名也不合于实际内容。窥其原因,应是内容抄自《吴越春秋》,而又不满于伍子胥、子贡之事都被叙述于吴国君主的传记,于是另寻相关政权的主宰者作为题目,遂成笑柄。其余如《越绝书》各篇次序散乱无章,毫无系统;各篇内容不相配合,每有抵牾之处等等,有目共睹,实为文化层次较低的人所编纂。

总之,将《越绝书》视为近两千前的乡曲陋儒之作,并不过苛。当然,其书采录了一些当时当地的传说,不无史料参考价值,但从史学史角度评价史书优劣,些许史料价值不具重要意义。《越绝书》的编纂和撰写水平,不仅远远劣于早已有之的史籍名著,就与它所抄撮的《吴越春秋》相比,也望尘莫及。需要指出的是:《越绝书》展示的吴越争霸评议问题的争辩,只在很小的范围之内。《越绝书》也长期在少数地域的民间流传,这样的书籍要比名家名著更容易散失、附益和窜乱。因此,摭取书内零碎、偶见的避讳字、年号等个别现象考订其成书年代,不足为训,往往还会陷入进退维谷的境地。必须从整体性的证据入手,正确解读可用的资料,才有助于问题的解决。

三 成书年代及作者的考析

如上所述,《越绝书》成书于《吴越春秋》之后,并且时间上相隔不太久远,这就需要先考订《吴越春秋》的成书时间。《吴越春秋》成书时间虽然也史无明文,但有迹可循。前引《后汉书·儒林列传》言赵晔师从杜抚研治《韩诗》有二十年,至杜抚卒后归乡。关于杜抚,《后汉书》卷七九下《杜抚传》言其"建初中为公车令,数月卒官"。汉章帝建初共有八年,即公元 76—83 年,建初中应为公元 80 年前后,此时赵晔回乡,《吴越春秋》应为他归乡后撰著。根据赵晔年少离家求学,二十年后返回的履历，回乡时年纪大约 40 岁至 50 岁之间。《后汉书·儒林列传》称其“州召补从事，不就，举有道，卒于家。晔著《吴越春秋》《诗细历神渊》”。赵晔拒不为官，看来还是专心于治学，他可能先撰成《诗细历神渊》，后撰写《吴越春秋》，两书都已有知识基础，在二十年内完全能够完成。《越绝书》在《吴越春秋》之后产生，则《越绝书》的开始撰写，不会早于汉和帝永元十一年即公元 99 年。而考虑到当时当地的具体条件，从赵晔写成《吴越春秋》，到决心将这部可能引起当地人反感的书抄录面世，达到一定程度的传布，引起某些乡绅不满，再有某人牵头另撰一书相抵制，这个过程也必经年所，但难以估算，且假定有五至十年左右，那么《越绝书》的初撰很可能在汉和帝永元十六年（104）之后。

《越绝书》的成书时间更为重要，要探讨这个问题，须结合其作者的考察一并进行。前揭明代学者杨慎解说《越绝书·篇叙外传记》的隐语，指出其作者是东汉时期的袁康、吴平，得到清四库馆臣群体和迄今多数学者的认同①，如果对此予以否定，需要先有理有据地证明《篇叙外传记》是伪造的，或其隐语并非涉及作者问题。然而审阅所有反对意见，绝大多数皆属全无证据。例如张仲清的文章认为《篇叙外传记》是宋代伪造的，这本为臆想，他又制造一系列的臆想来证明臆想，说是关于袁康、吴平的隐语太简单，“既无联想的意蕴，也无离合诗的韵味……未得汉末魏晋时期离合隐语的要领”。② 这种说法武断得离格，关于董卓之死的谣谶“十日卜，不得生”③，不是更简明吗？是谁规定过“离合隐语的要领”？东汉时会稽的乡曲陋儒为什么一定遵守所谓的“要领”？宋代的什么人、有什么必要来伪造一篇文字掺入《越绝书》？不回答诸如此类的问题，就不能自圆其说。另一说是认为袁康、吴平“子虚乌有”，从未见于明代以前的历史记载，“是杨慎臆造的人物”。④ 此言非是，不成理据。查《隋书·经籍志》，失去作者名氏者触目可见，有的图书作者仅题“张氏”“孟氏”等等；虽有作者姓名但其人事迹无考者也不少见，如潘杰撰《王霸记》三卷、毛范

---

① 这里包括承认东汉袁康、吴平是《越绝书》最重要的整理编辑者。

② 张仲清：《〈越绝书〉作者考辨》，《绍兴文理学院学报》2005 年第 4 期。

③ 《后汉书》志第一三《五行志一》，第 3285 页。

④ 仓修良：《〈越绝书〉散论》，《史学史研究》1998 年第 1 期。

撰《吕布本事》一卷、姚恭撰《年历帝纪》三十卷、何仲熙撰《秦书》八卷等，潘杰、毛范、姚恭、何仲熙都是史事失载的人物。《越绝书》的作者在乡下虽被同伙捧为“邦贤”，实际乃乡曲略微知书之人，史籍未予记载是十分正常的。《越绝书》内容、体例、文字甚为谫陋，并非有影响的书籍，只是明代杨慎据隐语揭出其作者问题，才引起学界的兴趣。

惟李步嘉先生试图论证“袁康”“吴平”不是人名而是政治谶语，着实下了一番功夫，其论点、论据且待后文辩驳。这里谨说明，正是李先生考证了《越绝书·篇叙外传记》的可靠性和杨慎破解隐语得出“袁康”“吴平”四字的正确。他说：“《篇叙》篇很早就被编入《越绝书》，不仅从早期类书曾经征引过该篇得到证明，而且，从该篇记述与《越绝书》多篇文字有联系也可以看出……今本《篇叙》篇应是真实可靠的。”[①]他经缜密的考核指出：“杨慎把《越绝书·篇叙外传记》中的那段文字确定为隐语没有问题，杨慎的看法是对的……把隐语中的含义解释为‘袁康’‘吴平’，也是对的，没有问题。”[②]李先生的考证是确凿的，他引证古碑刻的隶书字指出“袁”字上部可以是“去”，引证《说文解字》中篆书展示了“米”上覆“庚”即为“康”字，将曾经有人对字形组合的质疑也解决了。[③] 当然，这种字谜形式的隐语，本来大致符合即可，即使字形不太贴切，也不影响破解的正确性。

解决《越绝书》的作者和成书年代问题，最直接、最可靠的资料还是《篇叙外传记》，其他旁征博引只可作为旁证，但过度穿凿和东拉西扯则可能误入歧途。首先要对《篇叙外传记》有个整体的认识。此文隐语透露出最先牵头写作者是袁康，承接编订者为吴平，但文中说道吴平“怀道而终”，故应当是在吴平去世后写成。全文内容分两部分，前为讲述全书意旨、谋篇布局，以及解答评论吴越的一些疑难问题。其中称“及外篇各有差叙，师不说”，可见执笔者乃是吴平之弟子，而文内确实没有讲解“外篇”的次序安排，这是因为“师不说”之故，可知本文前部分内容，都是记述吴平所讲述过的观点，成文也必在吴平故去不久。按一般惯例，这样的“篇叙”理应叙述作者特别是执笔者之

---

① 李步嘉：《〈越绝书〉研究》，第 266 页。
② 李步嘉：《〈越绝书〉研究》，第 264 页。
③ 李步嘉：《〈越绝书〉研究》，第 269 页。

师吴平的事迹，但此书不署作者之名是早就决定了的，《外传本事》篇言“是人有大雅之才，直道一国之事，不见姓名，小之辞也”，“嫌于求誉，是以不著姓名”[①]，真正原因恐不在此，难道陆贾、贾谊、司马迁、班固等著书署名者都可指摘吗？如前所述，《越绝书》是多人参与、各自谋篇，袁康、吴平虽前后牵头其事，但实际没有权威，参与其事者皆具一定势力，署名问题无法协调，又不能不维护这个松散的合作关系，才在内部打出“嫌于求誉”旗号，达成众人都不署名的协定。然而吴平的弟子即《篇叙外传记》的执笔者，心有不甘，故写出一段隐语于文中。大抵用隐语成文，多属貌似诙谐、形同游戏，唯此文不同，字里行间情绪苍凉，透出深沉的无奈和惆怅，作者和成书时间的信息，均隐喻其中。现解析其文如下。

“维子胥之述吴越也”，是说伍子胥曾经记述吴越之事，并非指本书是伍子胥所作。《汉书·艺文志》兵家类著录有“伍子胥十篇”，东汉时仍存，《越绝书》有佚篇称《伍子胥水战兵法内经》[②]，或许抄撮于“伍子胥十篇”。

“勾践以来，至乎更始之元，五百余年，吴越相复见于今。”所言更始元年，乃为“百岁一贤，犹为比肩”找一个时间起点，“吴越相复见于今”前已作解，是说于今出现了对吴越争霸评议的争论。以下一段，杨慎等早有解释，即关于作者袁康、吴平的隐语。

随后“明于古今，德配颜渊。时莫能与，伏窜自容。年加申酉，怀道而终。友臣不施，犹夫子得麟……”这一段带有非常重要的信息，而且全是关乎吴平的叙述。执笔人对袁康之事简略提到，真正颂扬的是“邦贤”吴平，“百岁一贤”也是指的吴平。看来袁康与吴平并无师生关系，袁康死后，吴平接续其事，应当是有势力的乡曲人士的推举。这里说吴平“德配颜渊”，暗示他如同孔子弟子颜回一样早死，故后文又言“后生可畏，盖不在年”，吴平享年应当不到 50 岁。吴平对编订《越绝书》贡献最大，却处于很困难境遇，即“时莫能与，伏窜自容”，对古代越国的褒扬未能得到广泛支持。“年加申酉，怀道而终。

---

① 《越绝书·外传本事》，第 2—3 页。

② 见(梁)萧统《文选》卷二二，颜延年《车驾幸京口三月三日侍游曲阿后湖作》李善注，上海古籍出版社，1992 年，第 1054 页。

友臣不施，犹夫子得麟”，是说吴平之做官吏的友人也未予以支持，像孔子修《春秋》止笔于“获麟”一样，停下《越绝书》的编订。这里关键的是“年加申酉”，这是吴平病死的时间，也是《越绝书》基本成书的时间。

历来学者对于“年加申酉”，或回避不言，或解释讹误，如周生春先生认为“申、酉在地支中位居第九、第十，‘年加申酉’系指年逾九十”。[①] 这种解释毫无道理，天干、地支偶可表示序数，而从未被当作数字，把两个地支拼成两位数更是闻所未闻。而且吴平如果高寿，又为何说他“德配颜渊”？也有人认为“申酉”是一日中的时辰，即傍晚时分，更扞格不通。这里明言是“年加”，表达的只能是申年和酉年，即吴平于申年卧病，编辑《越绝书》停笔，酉年去世。

根据《越绝书》撰于《吴越春秋》之后，那么吴平之卧病、停笔时间，只可以考虑三个定点：汉和帝永元八年（96）丙申、汉安帝永初二年（108）戊申、汉安帝永宁元年（120）庚申，不能更早与更晚。全面衡量，以汉安帝永宁元年（120）庚申为最大可能，理由如下。

（1）中国古代，干支纪年方法至东汉章帝元和二年（85）才由朝廷认可，此年“二月甲寅，始用四分历”[②]，为历算方法的一大调整，同时推行干支纪年。而这种纪年方式通行于社会，仍是渐进的过程，汉安帝元初元年（114）甲寅，此年改元年号为“元初”，应意味着官方着力统一干支纪年的序列，此前、此后的历年干支，皆以本年甲寅予以推算。“年加申酉”的“加”字，显示出这种纪年法是新加的，因此判断为甲寅年之后的庚申、辛酉年较为合理。

（2）吴平于辛酉年（121）逝世，若一年后其弟子撰成《篇叙外传记》及最后完成全书定稿，距更始元年（23）恰好百年，正合本篇中“百岁一贤”的年数。那么可以断定《篇叙外传记》写成，亦即《越绝书》全部完稿是在公元 122 年，即东汉安帝延光元年。能够考证出此书准确的成书之年，这足以令人大为惊喜！

或许有人说这里“百岁”不是个准确数字，此言非是！原文“勾践以来，至乎更始之元，五百余年，吴越相复见于今，百岁一贤，犹为比

① 周生春：《〈越绝书〉成书年代及作者新探》，《中华文史论丛》第 49 辑，第 137 页。

② 《后汉书》卷三《章帝纪》，第 149 页。

肩”，此处“更始之元”是撰文者倒推一百年而找出的准确定点时间，因西汉、东汉都没有该年年号，又不能使用王莽的年号，故只能用“更始之元”。如果“百岁”不是确切年数，则会采用稍晚的光武帝年号，仍合“五百余年”时段。后文又讲到“百岁一贤，贤复生也”，寄托作者的希望，也表达了下一个“百岁”的即将开始。

(3)《篇叙外传记》两次写有孔子“获麟”，用以比附吴平编订《越绝书》之停笔，其中也有玄机。当时施行的四分历法，以孔子获麟之年为计算的支撑点之一，“岁在庚申，则孔子获麟。二百七十六万岁，寻之上行，复得庚申，岁岁相承，从下寻上，其执不误。此《四分历》元明文图谶所著也”。[①] 可见在当时的历法体系内，孔子获麟在庚申年，吴平著书停笔也恰为庚申年，其比附和标榜算是有所依据，若合符契。

(4)在《越绝书》中，“年加申酉”一语还出现于《外传记地传》篇开头的序文，讲说大禹在越地病死，葬于会稽。其中曰：“及其王也，巡狩大越……禹知时晏岁暮，年加申酉，求书其下，祠白马。”[②]这里称大禹自知“时晏岁暮”，即将要死去，是因为正好赶上了“年加申酉”。看来东汉的“四分历”和某些谶纬书也推算了大禹的卒年，这在当时属于泛常的知识，而今所有纬书基本散佚，查考为难，但也还有踪迹可稽。今本《竹书纪年》载：“禹崩，三年丧毕，天下归启。帝启：元年癸亥，帝即位于夏邑，大飨诸侯于钧台。”[③]这当然不是真实的史事，但却是自古相沿的认识。从夏启即帝位的癸亥年倒推三年，大禹则正好死于庚申、辛酉年间。这样，两次出现于《越绝书》的“年加申酉”，可以相互映照。申、酉之年，在《越绝书》作者看来是不吉祥的，其中有浅显的五行相克观念。地支的申、酉在五行属金[④]，越国之地位于东南，五行属木，金可克木，故对越地贤人不利。而天干之庚、辛也是属金，庚申年的金势尤强。

---

① 《后汉书》志第二《律历中》，第 3036 页。

② 《越绝书·外传记地传》，第 57 页。

③ 今本《竹书纪年》卷上，清嘉庆平津馆刻本。

④ 关于地支与五行的对应，古来颇有复杂而歧异的说法。此据田合禄、田蔚《中医运气学解秘》(山西科学技术出版社，2002 年)第 79 页列表。该表按《黄帝内经》《素问》的说法制作。

综上所述,《越绝书》是东汉会稽一些乡土情结浓重的乡曲人士,出于对《吴越春秋》褒吴贬越倾向的反感而撰写,牵头领其事者,先是袁康,继而为吴平。吴平于汉安帝永宁元年(120)庚申卧病,此时全书基本编成,次年去世。此后一二年间,吴平的弟子撰《篇叙外传记》,叙述吴平的著书宗旨,以隐语感叹吴平等人编书之事,因张扬"大越"效果不佳而抒发了"时莫能与","论者不得,莫能达焉"的忧思。而《篇叙外传记》接着又写出关于吴平、袁康姓名的隐语,这不是简单重复,而是执笔者讲说姓名之谶。"以口为姓,万事道也。丞之以天,德高明也。屈原同名,意相应也",前四句含义明晰,不必解释,后两句是说吴平与屈原同名,也同样具备热爱本邦的意旨。"姓有去,不能容也。得衣乃成,贤人衣之能章也",讲袁康姓氏内有"去"字,所以不容于当世,但姓氏中有"衣"字,预示因得到"贤人衣(依)之",名声能够彰显。"名有米,八政宝也。覆以庚,兵绝之也","八政"出于《尚书·洪范》,前两项"一曰食,二曰货",指农业与商业,其余六项都是行政事务管理与执行。袁康名内有"米",合于八政之首,为"八政宝也",这应当是很吉利的。但"覆以庚,兵绝之也",兵者,刀剑一类的兵器,天干的"庚"在五行内属金,兵器可以被视为"金"的物象之一。"兵绝之也"是说因为"庚"覆"米"上,使袁康名字的吉祥运完全断绝。以姓名字谶作出测验,休咎范围是十分宽泛的,此处"兵绝之也",可以代指各种人生坎坷和事业不顺,当然也不排除袁康死于意外的凶器伤害,但若认为他一定死于战乱,则为臆想,并不合乎"兵"字的含义。

"屈原隔界,放于南楚,自沉湘水,蠡所有也",这是全文最后几句,盖考虑吴平既与屈原同名,是否包含不祥之谶?屈原是自沉湘水的结局,但他"放于南楚",与越地"隔界",所以吴平之名并无不祥因素,例如范蠡泛五湖而去,成为富商,结果吉祥,这就是结尾"蠡所有也"的含义,疑此四字之前脱失"水可生木"之类的一句。

这里解读《篇叙外传记》,颇费篇幅,但非常必要,因为能否全面、通畅地解说这段文字,是检验考订思路是否正确的一枚试金石。我们注意到,此前尚无一例将《篇叙外传记》全文都合理解读,而总是有所回避、有所牵强,论点偏正,于此概见。

四　几点祛疑与论辩

本文的主要结论是:《越绝书》撰于赵晔《吴越春秋》之后,起因是会稽的一些乡曲之士不满于《吴越春秋》之贬抑越国。袁康、吴平乃前后牵头之人,参与其事者似颇具地方势力,诸人各自撰文宣讲,抄撮《吴越春秋》之处甚多。袁、吴自撰文篇,也收集他人文稿,但并无驾驭和修订之力,只能委屈曲护其松散的乡曲合作关系,甚至连成书后的署名也都放弃。吴平卧病于汉安帝永宁元年(120)庚申,此年纂辑工作止笔,次年逝世。再一二年间,吴平之弟子撰《篇叙外传记》,或同时对《越绝书》作出少许补订,故其最后成书应在公元 122 年。《越绝书》的参与群体与成书进程,决定其内容芜杂,体式混乱,水平低下,是一部乡曲陋儒之作。

这个结论还面对今本《越绝书》文字上的一些疑问,必当将之祛除,方能立于确信之地。

第一,《越绝书》的文本或佚文,有与东汉时期不协同的地名,出现东汉之后的年号,导致某些学者对成书年代得出不同的见解。例如周生春先生根据《外传记军气》等篇中出现了汉武帝元狩时才有的郡国名称,就认为"只能成文于元狩年间"。① 这种判断不能成立,从《越绝书》作者的素质来看,在抄撮西汉旧文献时,照录其中旧地名而不作任何考辨,是毫不意外的,因为即使很有学问的学者,也往往沿袭旧称。另外,《越绝书》靠民间传抄得以保存,而其并非名著,得不到抄录者的敬重,被随手改动、增益、删削的现象远过于名家名著,因而即使出现个别东汉以后的地名、年号,也不足以证明整篇文字的写作时间。

《越绝书》中最易被后人添加内容的篇目,是《外传记吴地传》与《外传记地传》,两篇分别记述吴越两地的山川、建筑、城乡地点以及各种历史古迹,后之阅读者、传抄者都可能添加附注或续写此后的沿革,因此可疑为东汉以后的地名、年号往往出现于此二篇内。故而对《越绝书》这种佚文和附益内容较多的古籍,不能以零星、个别的地名、年号以及某种语句作为考察成书年代的依据。

---

① 周生春:《〈越绝书〉成书年代及作者新探》,《中华文史论丛》第 49 辑,第 130 页。

第二，周生春先生还较多考察了《越绝书》各篇避讳字的使用情况，以此判断其撰写时间。例如《荆平王内传》《吴内传》《计倪内经》《请籴内传》《内传陈成恒》《内经九术》皆不避讳先秦吴越等国君主之名和不避汉高祖刘邦的“邦”字，加之他认为凡内传、内经都撰写较早，就断定这些篇目均写成于不大讲避讳的秦汉之际。[①]而《外传记吴王占梦》也是不避夫差、勾践等先秦君主之名，也不避刘邦、刘恒、司马师、司马昭之名，“其文字应写定于秦汉之间，或两汉之间，或三国时”。[②] 这是错误的研究方法，因为撰文回避君主名讳，唐代之后才渐渐严格，至清代在民族矛盾的背景下才发展到极端。先秦至于两汉，则相当随意，是否避讳、如何避讳，官员、学者、民间人士各自取舍，并无官方制度。在司马迁《史记》之中，“邦”字触目皆是，《汉书》内使用光武帝之名的“秀”字多得不可胜计，这类在朝中任职的大学者在著述中都不避讳，岂能以之判断村野俗儒之作？两晋、南朝避讳渐渐讲究，但避讳君主之名，不一定严于世族家讳，且讳与不讳，仍无定制。如韦昭撰《国语注》，西晋时将韦昭改称“韦曜”，以避司马昭名讳，但陈寿《三国志》内“昭”字时时出现，并无避忌，难道《三国志》不是成书于西晋时期？可见用所谓避讳学方法考订《越绝书》，根本方法不当，结论必然坠入误区。

在《越绝书》的研究中，还有某些影响较大的不同观点需要面对，这里谨对两种观点予以辨正。

其一，认为《越绝书》是战国时期所作，汉人又附益之，由南宋时陈振孙最先提出，近人余嘉锡支持，前文已述。此说的致命弱点，一是言之无据，二为结论空泛。例如前揭余嘉锡辩驳《四库全书总目》时说：“余以为战国时人所作之《越绝》，原系兵家之书，特其姓名不可考，于《汉志》不知属何家耳。”这里毫无证据，岂能以“余以为”就下结论？“于《汉志》不知属何家耳”的说法，更是乖戾。我们知道，《汉书·艺文志》中根本没有《越绝》的著录，严谨的文献学家不应当硬说战国时人撰有此书，更不应用“《汉志》不知属何家”这样语义不明的

① 周生春：《〈越绝书〉成书年代及作者新探》，《中华文史论丛》第 49 辑，第 125—126 页。

② 周生春：《〈越绝书〉成书年代及作者新探》，《中华文史论丛》第 49 辑，第 131 页。

言辞混淆视听。余嘉锡指摘《四库全书总目》的讹舛成绩斐然，但这一条却有故入其误之嫌。

《汉书·艺文志》未曾著录《越绝书》，是称该书“战国时人所作”论者无法攀越的屏障，因为《汉书·艺文志》源于西汉官方的图书整理和编辑。汉成帝河平三年(26)，“以书颇散亡，使谒者陈农求遗书于天下。诏光禄大夫刘向校经传、诸子、诗赋，步兵校尉任宏校兵书，太史令尹咸校数术……”[①]此次图书整理，规模宏大，历时较久。唐朝之前，政府征集图书多能得普遍响应，时人以藏书得到官方录写、保存为荣，即使有个别秘而不宣者，年久也会散佚毁失。先秦旧籍未在《汉书·艺文志》著录者，或在西汉中期以前已经佚失，或被刘向等合并编辑，题为另外书名。《越绝书》无论整体书名还是各篇篇名，都未见著录，也未见于先秦各种书籍提及，安得谓之战国时人有此著述?

有些现存书籍的作者和著述年代，确无资料可考，估测一下成书年代未尝不可，但仅可作为存疑备考。而关乎《越绝书》的作者和成书年代问题，有《篇叙外传记》这样的内证可资辨析，又何必匪夷所思地做没有边际的臆测、发挥和穿凿附会!

其二，李步嘉先生将“袁康”“吴平”都视为政治隐语，意为“袁术昌盛”“吴国平安”，认为《越绝书》是袁术政权文官撰写，三国时期孙吴政权又做了改编，他说:“在袁术称帝前后由其政权内部的文人，在原有古籍材料的基础上编撰一部这样的史书为其政治服务，也是顺理成章的事。”[②]

我们认为恰恰相反，上述说法既不“顺理”，也未“成章”。按当时的社会文化背景，一个急于起事或僭位称帝的政权势力，可编排较为浅显的谣谶，或解说某种图谶，利用迷信观念以骗取人心归附。岂有兵马倥偬之际编辑寓意不明不白的史书“为其政治服务”? 政治隐语固然曾经兴盛，但把隐语又隐藏到别的隐语之中，这也是从未有过的做法，再将之写于书序，更是无人理解，如何能够起到政治作用? 假如袁术果真具有超越唐宗、宋祖的史学意识，应当讨厌《越绝书》这样

① 《汉书》卷三〇《艺文志》，中华书局，1964年，第1701页。

② 李步嘉:《〈越绝书〉研究》，第290页。

支离、拙劣而且起不到预期政治效果的史书，定然是毁之犹恐不及。如果《越绝书》隐喻的是“袁术昌盛”“吴国平安”，那为什么不褒扬吴国，反而推重越国？袁术从未实际控制越地，孙吴政权虽统领越地，但其政治中心在吴，国号为“吴”，他们若从政治角度编辑和改编《越绝书》，都没有贬吴扬越的道理。

按照李先生过度政治敏感的思路，实际上无法解说《越绝书・篇叙外传记》之文。例如文中“文属辞定，自于邦贤”，“时莫能与，伏窜自容。年加申酉，怀道而终”等等，明显是说吴平撰书和生平遭际之事，按照“袁术昌盛”“吴国平安”的政治寓意来解释，是无论如何也讲不通的。总之，李步嘉先生对《越绝书・篇叙外传记》的解读，臆想加上穿凿，毫无真实历史的可能性和现实性。

《越绝书》的作者和成书年代，虽众说纷纭，而历史的真相只有一个，联系时代文化背景，对书中本自固有的《篇叙外传记》做深入、确切的剖析，摈弃东摘西引的穿凿，排除臆想和附会，是唯一正确的研究思路。如此疑问皆可化解，结论也并非特别难以判定。

（原载《学术月刊》2013 年第 11 期）

李东阳《历代通鉴纂要》及其在清朝的境遇

明朝正德初年，官方修成一部名为《历代通鉴纂要》的史书，由大学士李东阳奉表奏进。近代以来，学术界一直对此不大关注，多种中国史学史著述很少提到该书。然而，从明清两代官方史学角度审视，《历代通鉴纂要》不仅是明朝官修史的一个亮点，而且对清朝的官方史学造成了微妙的影响，值得发掘阐释，认真评析。

一 《历代通鉴纂要》的编纂及其普及性史学的文化背景

《历代通鉴纂要》始修于明弘治十六年(1503)，《明实录》记载此事缘起称：

> 大学士刘健、李东阳、谢迁言：昨二十四日，司礼太监扶安传奉圣旨：《通鉴纲目》并《续编》深切治道，命臣等撮取节要，撰次一本，仍分卷帙陆续进来，以便观览。次日，安又传谕圣意：欲自三王五帝以来历代事迹，通为一书。臣等仰见皇上稽古图治之盛心，宗社之庆，生民之福，端在于此。窃闻经以载道，史以纪事，二者盖相为用，而不可相无者也……切照历代事迹，各有旧史。其会萃成编者，战国以后之事则有《通鉴纲目》，宋元之事则有《纲目续编》，若三王五帝夏商之事，则有《通鉴节要》《通鉴前编》等处书。上下数千年间，篇帙浩繁，事端分散，万机之外，岂暇周详？信有如圣谕所及者。臣等拟将前项历代史书，摘其尤

切治道者，各照原文通加节省，贯穿成编，以便御览。或有宏纲要义，宜用发挥者，间述臣等愚见，附注于后，以代讲说。务令事理明白，鉴戒昭彰，可以补益宸衷，恢张治化，亦臣等辅导启沃，图报于万一者也。①

随即拟定由吴宽、谢铎、张元祯、杨廷和等十九名礼部、翰林院、詹事府、太常寺、左右春坊等衙门官员担任纂修官，且调集大量文官充任誊录官，人员组成具有较大的规模，并要求较为可观的纂修进度。

从上述叙述可得而知：明廷纂修《历代通鉴纂要》，是承接《续资治通鉴纲目》之后的又一官方修史举动。然而《历代通鉴纂要》是通史性的撰述，与《续资治通鉴纲目》不同，明孝宗原本是要将《通鉴纲目》与《续资治通鉴纲目》合编一书，而次日就改变主旨，意欲重新编纂一部完整的通史，则说明其中更有一种文化背景所激发出的修史意图，这就是明初以来史学普及性潮流的发展趋势。

史书之冠以“普及性”之称，是一个相对的概念，史书如果具备相当的流布广度，且能以较为简明、浅显、生动的叙述满足社会各阶层了解、学习历史知识的功能，可视之为具有普及性功能。普及性史书形成一定规模，加之部分史家以传播历史知识为宗旨而撰史，具有明确的史学普及意识，二者相结合，即构成一定社会历史时期的普及性史学，这种状况应当从雕版印刷术真正用于印行史籍的宋代开始。

元朝承南宋之绪，缩编的《资治通鉴》各书多有重编与翻刻，特别是江贽（人称“少微先生”）《少微通鉴节要》，曾以《少微家塾点校附音通鉴节要》等商业性名称刊印，对后来普及性史书的发展影响很大。元人亦编辑一些适于普及历史知识的书籍，如胡一桂《十七史纂古今通要》、陈栎《历代通略》、察罕《帝王纪年纂要》等等。而元初宋遗民曾先之撰《古今历代十八史略》一书，具有简明生动的特点，最初仅为课蒙教本，后大为流行，又为普及性史书开一新境。元朝由于十分推重朱熹理学，《资治通鉴纲目》的地位显著上升，南宋尹起莘撰《资治通鉴纲目发明》、元朝王幼学编《资治通鉴纲目集览》、刘友益撰《资治

① 《明孝宗实录》卷一九九，弘治十六年五月辛卯，台北“中研院”历史语言研究所1962年校印本，第3694—3695页。下引《明实录》均为此版本。

通鉴纲目书法》都广为流行，成为普及史书的又一类别。

明朝史学的发展，从明初就呈现出普及性史书增长壮大的势头[①]，官方的史学举措一定程度上也促进了史学普及意识的形成与发展。明太祖朱元璋曾下令纂辑《臣戒录》，收载历代悖逆不道王侯、宗戚、宦官事类，“颁布中外之臣，俾知所警”[②]，编写《志戒录》“采辑秦、汉、唐、宋为臣悖逆者，凡百有余事，赐群臣及教官、诸生讲诵，使知所鉴戒”。[③] 洪武十一年（1378），明廷还编撰《春秋本末》一书，体现“尊王攘夷”精神，“敕内官刊梓禁中，以传示四方”[④]，这不能不认为其中带有普及历史知识的意识。明初的私家学人早已十分关注普及性史书，特别是元初宋遗民曾先之的《古今历代十八史略》得到格外重视，注释、增编者层出，各种版本广传全国。朱熹《资治通鉴纲目》及其注解、阐释性撰述，仍是重要的普及性典籍，传扬正统政治历史观念的作用十分突出。

大约到明宪宗成化年间，以简明通史普及史学知识的风气已经相当强劲，故朝廷有敕命考订《资治通鉴纲目》之举，订正一些讹误，去除后人所加“考异”等文字，附上《资治通鉴纲目发明》《资治通鉴纲目集览》的内容。此项考订于成化九年（1473）告成，“命缮录正本，附以凡例，并刻诸梓以传”。[⑤] 同年，官方纂修《续资治通鉴纲目》，于成化十二年（1476）成书，明宪宗的序文称此书与《资治通鉴纲目》一样，“诛乱讨逆，内夏外夷，扶天理而遏人欲，正名分以植纲常，亦庶几得朱子之意，而可羽翼乎圣经。仍命梓行，嘉惠天下”。[⑥] 从这些举动来看，明朝朝廷已经意识到普及性史学发展的重要性，试图由官方掌控历史评论的基调，主导历史观念的思想取向。而成化、弘治年间，各种普及性通史史书继续在民间流行，特别是经过改订的《古今历代

---

① 关于明代的普及性史学发展，详见乔治忠：《明代史学发展的普及性潮流》，载张国刚主编《中国社会历史评论》第4卷，商务印书馆，2002年，第439—452页。

② 《明太祖实录》卷一三二，洪武十三年六月甲申（于月末以“是月”补述），第2100页。

③ 《明太祖实录》卷一七九，洪武十九年十月辛亥，第2712页。

④ （明）宋濂：《文宪集》卷五《春秋本末序》，景印文渊阁《四库全书》第1223册，台湾商务印书馆，1986年，第363页。

⑤ 《明宪宗实录》卷一一三，成化九年二月丁丑，第2197页。

⑥ 《明宪宗实录》卷一五九，成化十二年十一月乙丑，第2910页。

十八史略》《少微通鉴节要》和《通鉴节要续编》，各种版本改头换面、反复刊行，遍于全国且传布海外。一些官员也投身于这种普及性通史的撰修，如时为翰林学士、国子监祭酒的丘濬，成化十三年（1477）撰成编年史《世史正纲》，记事起于秦代，终于元朝，他在《自序》中称：

> 愚为此书，直述其事，显明其义，使凡有目者所共睹，有耳者所共闻，粗知文义者不待讲明思索，皆可与知也。苟或因是而驯致夫贤人君子之地，则夫圣贤婉而正之书，亦可由此而得之矣。[①]

此书历史思想的主旨在于申明纲常伦理、华夷之辨和政权正统观念，但撰述对象则是大众读者，体现了强烈的史学普及意识。

由此可以推知，官方也必然认识到普及性通史简明扼要、线索清晰的优点，而致力于编纂更为系统的朝廷应用之书。于是，明孝宗在弘治十五年（1502）《大明会典》告成、腾出人力之后，次年就敕令纂修《历代通鉴纂要》，从而整合官方认可的历史体系和历史观，作为君臣便于学习、掌握与讲说的史书蓝本。在各类普及性史书之中，通史撰述能够提供贯通古今的历史知识和历史观念，尤其是编年体通史，线索单纯而清晰，便于表述历史演变的宏纲大势。编年体通史中有“通鉴”“纲目”两类撰写方式，“纲目”形式便于寻检阅读，也更容易通过纪年、书法等手段展示政权统绪和人物褒贬，因此官方对此情有独钟，《历代通鉴纂要》即为编年体纲目类的简要通史。

弘治十八年（1505）五月，明孝宗逝世，政局大变。继位的明武宗生性好游乐，刘瑾等一应宦官投皇帝所好，因以得势。自明孝宗时就已主持政务的刘健、谢迁等，发起对宦官刘瑾一伙的斗争，终归失败，刘健、谢迁被致仕免官，继而削夺名位，独留李东阳仍居大学士职位。这样，纂修《历代通鉴纂要》的主持工作就落在李东阳肩上。明武宗正德二年（1507）本书告成奏进，进书表名列第一者为李东阳。名列第二者焦芳，亲近于刘瑾，他对本书的纂修之事不大关注，而是将注

---

① （明）丘濬：《世史正纲》卷首《世史正纲序》，《四库全书存目丛书》史部第6册，齐鲁书社，1997年，第152页。

意力集中于同时纂修的《明孝宗实录》。[①] 因此,《历代通鉴纂要》后期的撰写直至定稿成书,主要为李东阳所裁定。该书卷首有御制序和进书表,自属于官修史,但纂修过程经历政治变动,主修者惟李东阳始终其事,可视为李东阳的撰述。

二 李东阳在明武宗朝的政治角色

李东阳是明代重要的历史人物之一,一生事迹卓有特色,在政治、文学、史学等方面都发挥了很大影响,值得予以多角度研讨。李东阳(1447—1516),字宾之,号西涯,祖籍湖南茶陵。其曾祖父即已随军驻扎燕京,其父李淳教书为生,正统十二年(1447),李东阳出生于北京。幼年极为聪颖,以"神童"闻名遐迩,十八岁即中进士,后于翰林院供职。弘治年间参修《明宪宗实录》,职位屡屡提升。李东阳文笔典雅,书法精湛,著述宏富,诗歌更开创流派,乃明代茶陵诗派宗主,享盛名于海内。弘治年间入内阁参预机务,朝廷典诰多出其手,编纂书史,常为主笔,是具备多种优长才干的学者型高官,且清廉正直。明孝宗弘治朝官礼部尚书兼文渊阁大学士,与内阁首辅刘健、东阁大学士谢迁和衷共济,辅助朝政。《历代通鉴纂要》的开始修撰,就在此春风得意之际。

明孝宗逝世而武宗继位,刘瑾等原东宫宦官八人皆在宫内任事,时称"八党",这些宦官想方设法引导皇帝游乐,因而花费侈增而朝政荒废,于是刘健等发起清除"八党"运动,连章上奏,请诛刘瑾等人。明武宗不仅不听,反而任命刘瑾为司礼太监,标志着刘健等大臣的彻底失败。刘健、谢迁等愤而乞请致仕,得到旨准,李东阳虽也参与弹劾刘瑾,事败后同样乞请致仕,却被挽留,仍任原职且居于首席大学士之位。李东阳独被挽留且不降职的原因大抵是:其一,刘健、谢迁等朝臣请诛刘瑾,而李东阳态度则比较缓和;其二,明武宗不想将先帝重臣尽数斥去,留用李东阳可以搪塞舆论;其三,李东阳乃一代文宗,朝廷文治事务及纂修书史多所倚仗;其四,李东阳诗文传扬天下,

---

① 《明史》卷三〇六《焦芳传》言焦芳"总裁《孝宗实录》,若何乔新、彭韶、谢迁皆肆诬诋,自喜曰:'今朝廷之上,谁如我直者'"。(中华书局,1974 年,第 7836 页)焦芳对纂修实录倍加关注,而不大干预《历代通鉴纂要》的编纂。

人望颇高，据说就连刘瑾也对之保持表面的敬重。

史称刘瑾得势之后，“摧抑缙绅，而焦芳入阁助之虐，老臣、忠直士放逐殆尽。东阳悒悒不得志，亦委蛇避祸……凡瑾所为乱政，东阳弥缝其间，亦多所补救”[①]，特别是刘瑾借机意欲谋害刘健、谢迁、刘大夏、杨一清等诸多正直之士，赖李东阳进言救免，其中杨一清就是日后诛除刘瑾的关键人物。因此李东阳的政治作为起到了积极效果，其功绩不可抹杀，《明史》称其“潜移默夺，保全善类，天下阴受其庇”[②]，是公允的评价。在皇帝游乐无度和阉党专政的昏暗政治局面下，李东阳之所以坚持任职而不告退，目的正在于匡救时政，而并非贪图官位，这从其为官两袖清风，死后家无余资的境况即可得到验证。然而处在困窘的局势下，要实施自己的政治作为，自不能完全排除对刘瑾的附从，例如正德三年（1508）“刘瑾创玄真观于朝阳门外，大学士李东阳为制碑文，极称颂”[③]，这很受时人与后世诟病。李东阳在朝为官，名节屡屡被人訾议，其中包括自己的门生，致使他受到来自阉党排斥和舆论攻击的两方面压力。在其诗文集《怀麓堂集》之中，有不少诗作道出了自己的心迹：

> 《红梅为力斋题》：谁道南枝胜北枝？北枝偏耐霜雪欺。雪霜消尽春风改，只有丹心似旧时。
>
> 《竹雀图》：爱听琳琅戛素秋，恶闻啁哳绕枝头。若教爱恶浑无迹，须向天机静处求。
>
> 《泥金梅》：梨花如雪柳如金，俗眼犹将较浅深。争似能黄亦能白，两般颜色一般心。
>
> 《题画芥》：雨洗尘沙不受侵，短篱横圃带秋阴。城居不改山林味，世上何人识苦心。[④]

以上各诗均以竹木花鸟为借喻，申明无须纠缠于“南枝”“北枝”，城居、野居，也不必计较颜色浅深，关键在于内心的真谛。时人往往

---

① 《明史》卷一八一《李东阳传》，第 4822 页。

② 《明史》卷一八一《李东阳传》，第 4823 页。

③ （清）谷应泰：《明史纪事本末》卷四三《刘瑾用事》，中华书局，1977 年，第 647 页。

④ （明）李东阳：《怀麓堂集》卷二〇，景印文渊阁《四库全书》第 1250 册，第 210、213、214 页。

爱听清脆顿挫的鸟鸣，而讨厌细碎庞杂之音，但爱憎无迹的深邃追求，乃在于"天机静处"。这里表达了李东阳在政治上自觉地"争似能黄亦能白"，即能屈能伸、与各种对手周旋，但保持"两般颜色一般心"的根本立场，这是一种忍辱负重、忠君为国、识大体而顾大局的价值观。当处于奸邪势力猖獗得势的状况下，出于正义、气节，以势不两立姿态抗争，是为大义凛然，值得敬仰，然这种抗争能否成功，则类若孤注一掷，激变的结果反而更加昏暗。如此特殊时期，出现李东阳这样有一定地位、条件而又善于周旋的角色，采用政治"柔术"匡救弊政、保全正人，乃是时势不幸中之幸事。清代学者这样评论李东阳：

> 当武宗不听(刘)健、(谢)迁之谏，东阳岂不能出一语力争？争之不得亦去，岂不计之熟哉？乃委屈隐默，卒谋诛瑾。是健、迁任其易，东阳任其难；健、迁所见者小，东阳所见者大；健、迁所处者安，东阳所处者危。若东阳者，诚大臣之所为也……或讥其《玄真观碑》颂(刘)瑾功德，夫危行言逊者，居乱邦之苦心；阳顺阴违者，制小人之要术……崇气节而立门户者，有明士大夫之积习，彼于东阳攻之不遗余力，皆未权其轻重缓急，而究夫用心之所在也。①

他还认为"延明祚百有余年，谓非东阳一人之力不可也"②，给李东阳在明武宗朝的政治作为予以全面肯定和极高评价。明清以来，李东阳的心迹越来越被更多的研究者所理解，这是总的趋势。但还有许多问题缺少深入探查，其中《历代通鉴纂要》如何体现了李东阳的政治历史观念，即亟须讨论评析。

三 《历代通鉴纂要》撰著宗旨评析

《历代通鉴纂要》纂修之初，必然先确定记事的起止和商讨编纂方案，然其详情今已难知，但尚可见到谢铎《与李西涯论〈历代通鉴纂要〉书》讨论义例，应当是弘治朝纂修伊始时撰写的。此书信似乎透露出李东阳最初就是《历代通鉴纂要》的实际主修人，因为谢铎讨论

---

① (清)法式善：《李东阳论》，载周寅宾点校：《李东阳集》第三卷附录，岳麓书社，1984年，第470—471页。

② (清)法式善：《李东阳论》，载周寅宾点校：《李东阳集》第三卷附录，第471页。

义例，单单致信于李氏一人，而不顾及刘健、谢迁。谢铎（1435—1510），字鸣治，号方石，浙江太平（今浙江温岭）人。年长于李东阳，而与之十分友善，二人同属于茶陵派诗人。弘治十六年，被任命与吴宽、张元桢一同负责《历代通鉴纂要》的“通行润色”[①]，是较为重要的纂修官。他在这封信件中向李东阳提出建议，要点有：(1)认为秦不可以为正统政权，“以其强暴并吞，非若汉、唐、宋诸君之犹有志于救民者也。秦既不得为统之正，而司马晋、杨隋之篡窃弑逆，亦新莽之流亚耳，又可以上阶诸君而例以正统予之哉？”(2)主张记史从伏羲氏起始，因为伏羲是《易传·系辞》提到的，符合儒学的经传本义，伏羲、炎帝、黄帝列为三皇，这与《史记》的古帝王系列已然不同。(3)体例上“先为编年，略如《春秋左传》之例，而又每事别记，以仿佛《书》与《国语》之例”，即修纂成为编年与分别集中记言和记事的混合体裁。他特别强调义例不能拘泥于《资治通鉴纲目》，在正统论方面，有“《纲目》之所未尝正、今日之所当正也”，“虽《纲目》之所已书，而义理无穷，参之后贤之论，恐亦未必无可议也”。[②] 这种见解，反映了明代中期之后涌动的将正统论极端化的历史观念，是纲常伦理准则日趋苛严、理学思想体系愈加僵化的体现。

《历代通鉴纂要》于正德二年六月告成，全书 92 卷，记事起于伏羲氏，终于元末。今南开大学图书馆存有明内府刊印的善本，分装 8 函 56 册，每册首页多有“表章经史之宝” 红色正方篆印，亦间有“广运之宝”篆印，卷首有明武宗的《御制历代通鉴纂要序》、李东阳等《进书表》和本书凡例，还特别列出《纂辑书籍》和《引用先儒姓氏》。《纂辑书籍》表示史事的编纂来源于哪些书籍，而《引用先儒姓氏》显示引用历史论断的范围。据此可知本书编纂主要取自 19 种经史著述，而引录的历史论断则来源于 88 人，另外加上本书的编纂者，可见纂修功力主要用于史论的斟酌取舍，着重表达正宗的历史观念。

该书第一卷以伏羲、炎帝、黄帝列为三皇，随之以少昊金天氏、颛顼高阳氏、帝喾高辛氏、帝尧陶唐氏、帝舜有虞氏为五帝。这是自宋

---

① 《明孝宗实录》卷一九九，弘治十六年五月辛卯，第 3696 页。

② （明）谢铎：《与李西涯论〈历代通鉴纂要〉书》，载（明）贺复徵编：《文章辨体汇选》卷二三三，景印文渊阁《四库全书》第 1404 册，第 746 页。

代兴起的一种上古史体系，刘恕的《资治通鉴外纪》已有此说，元代成书而在明代畅行的曾先之《古今历代十八史略》、察罕《帝王纪年纂要》等普及性史书，也都采用了这种三皇、五帝的序列。因此，《历代通鉴纂要》在这里施行的是李东阳与其他纂修官的共识，并非依据谢铎一人的建议。谢铎主张不承认秦、晋、隋三朝的正统地位，但李东阳并未采纳，说明他不认同过激的正统论观点。《历代通鉴纂要凡例》的第一条就强调“纂要之法，编年叙事，一以《通鉴纲目》为主”[1]，即在政权是否正统的判断上，因袭《资治通鉴纲目》和《续资治通鉴纲目》的成例，这是稳妥的抉择。

正如《历代通鉴纂要凡例》所言，虽然书名没有“纲目”字样，但本书编年叙事仿照的是《资治通鉴纲目》，而不是《资治通鉴》。在书页天头外以干支纪年，大书正统政权年号，非正统政权年号写为双行小字；记事内容有“纲”有“目”，“纲”的内容概括、简明，近似于标题，“目”较为具体地讲述史事。这都是朱熹《资治通鉴纲目》使用过的写作方式，眉目清晰、便于寻绎。至于在某些史事叙述之后，选择引用前人的相关史论，司马光《资治通鉴》、朱熹《资治通鉴纲目》皆有前例，本书将之发扬扩大，加强了评论历史、汲取鉴戒的特征。《历代通鉴纂要凡例》称：“时有经先儒论断、纲目所采而关系治乱及切于时宜者，仍存其旧。其未采者间亦补入，词繁者并从省节，各著姓名。或未经论断而尤大且急者，别为论说以代讲读。及有所考订厘正者，亦附其下，以‘臣谨按’别之。”这说明本书引用先人史论，多是从“切于时宜”出发，而自拟的史论标明“臣谨按”者，更值得注意，乃具有“尤大且急”的意义。可见本书的史论，强烈体现着针砭时局的以史为鉴、以史资治的撰著宗旨。

这里不拟全面评述《历代通鉴纂要》的政治历史观，仅从以下几个方面择要分析其中最切时政的史论，以展现李东阳撰史发论的良苦用心。

第一，李东阳《历代通鉴纂要》选择史论和发表史论的主要出发点，是要阐扬儒学，强调纲常伦理准则。本书卷一连续引用元朝人胡一桂的议论，对于尧禅让君位一事，声称：“中者，天下之大本，而天下

---

① （明）李东阳：《历代通鉴纂要》卷首《凡例》，清光绪二十三年（1897）广雅书局刻本。

之事物，莫不有一中。举天下与人，大事也，而授受之际，不过曰‘允执厥中’。圣经‘中’之为义，自尧发之，《中庸》一书，亦本于此。然则开千万世圣学之源，尧之功顾不大乎！”至舜禅让禹的记事后，又引其言，鼓吹所谓十六字箴言即“人心惟危，道心惟微，惟精惟一，允执厥中”，认为“此十六字实万世心学之要”。这里借前人之口把儒学的基本原则说成是起自尧舜时期，而且儒学一开始就具有理学的味道，表现出《历代通鉴纂要》的思想基础乃是宋明理学。《历代通鉴纂要》尊奉的理学思想力求纯正，因而力排佛教，也反对道教，以此体现其“惟精惟一”。在对南朝梁武帝的记事中，连续引录胡寅、尹起莘批驳佛教、挖苦梁武帝信佛而乱国的史论。[①] 甚至在东汉明帝“始遣使之天竺求佛法”的记事之后，引用胡寅的史论从理论上批佛，指出“佛固人耳”，不能脱离夫妇、父子、君臣三者，“何乃立教使天下之人必去此三者以为心也?”随之立即托名“史臣”发论：“此佛法入中国之始，自天地开辟以来，夷狄之祸，未有甚于此者也……呜呼！岂非天地间一大变欤！《春秋》之法，推见至隐，必诛党恶之人，必原开端之始，若明帝者，岂非名教中万世之罪人哉！”[②]汉明帝并不是很糟糕的皇帝，而本书仅以佛教传入一事而彻底否定，可知其排佛思想之强烈。《历代通鉴纂要》对道教批驳较少，但从根本上予以否定，如建安六年记张鲁为汉宁太守，李东阳加“臣谨按”评论：“此张道陵之孙，所谓五斗米贼也。史明言其以鬼道惑众，后世乃崇尚其教而世封其子孙，果何道哉?”[③]

讲求理学，在政治上必然强调纲常伦理。《历代通鉴纂要》在唐代的历史记述中，多引用范祖禹的论点，如关于唐太宗发动玄武门兵变夺取帝位，本书接连引录范祖禹《唐鉴》之言，斥责唐太宗“悖天理、灭人伦而有天下”，“以弟杀兄，以藩王杀太子而夺其位，太宗亦非可

---

① （明）李东阳：《历代通鉴纂要》卷三九梁武帝大同三年“梁修长干塔”事、梁武帝太清元年“梁主舍身于同泰寺”条、卷四〇梁武帝太清三年“梁以侯景为大丞相”事所引胡寅、尹起莘等史论。

② （明）李东阳：《历代通鉴纂要》卷一六，汉明帝永平八年“遣使之天竺求佛法”事史论。

③ （明）李东阳：《历代通鉴纂要》卷二〇，汉献帝建安六年“张鲁取巴郡诏以鲁为汉宁太守”事“臣谨按”。

事之君矣”。[①] 后又引范氏之论说:“太宗杀其弟而纳其妃,其渎人伦甚矣! 又以明继元吉后,是彰其母为其弟媳也。”[②]对于唐太宗违背纲常伦理的行为,均不因其政绩而有丝毫回护。而对于五代时历仕几代的冯道,本书引用了欧阳修的批斥,仍觉不尽其意,乃加“臣谨按”指出“冯道反君事仇,奸臣之尤也”[③],同时批驳苏辙对冯道的辩解,提醒读者不要被异说所惑。

纲常伦理准则,一向为中国古代政权的立国之本,是藉以维护统治秩序的基本理念。但上层统治者往往自坏其制,这为历代“正臣”所忧患,往往借论史以申其说,李东阳《历代通鉴纂要》表达的正是这种观念。

第二,《历代通鉴纂要》在主张维护正常统治秩序的史论中,非常突出的一点是特别反对宦官干政。在记述秦朝赵高之事后以“臣谨按”论述说:“宦者之祸,始于赵高,盖皆隔绝蒙蔽之术,以愚其君而利其私图,遂为后来奸佞乱贼之祖……秦固不足惜,宁不贻千万世之永慨乎!”[④]这简直就是对现实刘瑾行为的一种影射。在对三国时曹魏政治的论述中,“臣谨按”再次申明:“外戚专政而西京亡,中官擅权而东京亡,此曹魏不远之鉴也,夫禁微者易,而救末者难……岂非万世人君所当谨守者哉!”[⑤]字里行间,隐含对明朝由来很久的宦官干政的深切反思。其余引范祖禹批评唐朝“宪宗以中官为大将,乱政也”[⑥],“臣谨按”斥责宋徽宗封宦官童贯为王,认为君主颠悖如此,无怪乎“他日屈辱虏庭”。[⑦] 这类评论尚多,不一一列举。可得而知者,

---

① (明)李东阳:《历代通鉴纂要》卷四六,武德九年“秦王世民杀太子建成”事、“以魏征、王珪为谏议大夫”事引范祖禹史论。

② (明)李东阳:《历代通鉴纂要》卷四七,贞观二十一年“立子明为曹王”事引史论。按,唐太宗之子李明,其母杨氏原为李元吉之妃,此时封为曹王,是继李元吉之嗣。

③ (明)李东阳:《历代通鉴纂要》卷六六,后周世宗显德元年“冯道卒”条“臣谨按”。

④ (明)李东阳:《历代通鉴纂要》卷九,秦二世二年“以赵高为中丞相”事“臣谨按”。

⑤ (明)李东阳:《历代通鉴纂要》卷二一,曹魏文帝黄初二年“魏立法自今后家不得辅政”条“臣谨按”。

⑥ (明)李东阳:《历代通鉴纂要》卷五五,唐宪宗元和四年“削夺王承宗官爵发兵讨之”事引史论。

⑦ (明)李东阳:《历代通鉴纂要》卷七六,宋徽宗重和七年“封宦者童贯为广阳郡王”条“臣谨按”。

《历代通鉴纂要》的史论无论引自前人还是自行撰写，其中多有针对时局、有为而发，值得注意。

第三，论述为君之道，以史讽谏当朝。《历代通鉴纂要》每随史事的叙述而发表史论和引用史论，申明有利于国家长治久安的“为君之道”。如提倡君主节俭，要求君主纳谏，主张人主应当研经读史、重用贤臣等等，此处不作详述。而有些记述配合以史论，则显示出针对时事的特征。明武宗是个游乐无度的君主，且不听取大臣的进谏，李东阳对此郁结于心，发于史论，在评论隋炀帝时评论说：“臣等谨按：炀帝之筑西苑，穷极华丽，自以为此乐可以长保也，不知江都西阁之祸已伏于此。千日之乐，不足偿一时之苦，岂非万世之永鉴哉！”[①]此处言“千日之乐，不足偿一时之苦”，应当是李东阳苦思出来用以讽谏君主的理念。《历代通鉴纂要》记载汉武帝建元年间，“天子方召文学，尝曰‘吾欲云云’，(汲)黯对曰：‘陛下内多欲而外施仁义，奈何欲效唐虞之治乎？’上怒罢朝。”随后即引录胡寅的史论：

> 汲黯“多欲”之言，岂惟深中武帝之病，凡为人君莫不然矣。所谓“欲”，或酒或色、或货利、或宫室、或游畋、或狗马、或博弈，或词艺图书以为文，或抚剑疾视以为武，或辟土服远以为功，或耽佛好仙以为高。虽污絜不齐，欲有大小，然皆足以变移智虑，荒废政理。虽欲勉行仁义，而行之无本，其不足以感人心而正民志矣。[②]

这段充满理学色彩的论断虽来自引述，但却恰到好处替李东阳作出申论，表现了善于选择思想资料针砭现实的运用之妙。再如记载唐武宗时宦官仇士良嘱咐其他宦官之言：“天子不可令闲，常宜以奢靡娱其耳目，使日新月盛，无暇更及他事，然后吾辈可以得志。慎勿使之读书，亲近儒生。彼见前代兴亡，心知忧惧，则吾辈疏斥矣！”紧接着引录孙甫的史论：“观士良之言，则内臣惑乱人主之术尽见矣。”[③]这里的选择史事和选录史论都颇具心机，不用自己发论，就将

---

① (明)李东阳：《历代通鉴纂要》卷四三，隋炀帝大业元年“筑西苑”条“臣谨按”。

② (明)李东阳：《历代通鉴纂要》卷一一，汉武帝建元六年“以汲黯为主爵都尉”条引史论。

③ (明)李东阳：《历代通鉴纂要》卷五七，唐武宗会昌三年“内侍监仇士良致仕”条。

记史、论史从唐武宗朝的仇士良出发而径直指向了明武宗宠信的刘瑾。

自刘健、谢迁免官，李东阳深知无法再就宦官受宠问题、君主不当耽于游乐问题谏止明武宗，于是将之寄托于撰史发论以申政见，也不无藉此启发皇上的希望，但在当时的局势下也只能曲折地做出表达，这仅仅算是以史讽喻、“以史代谏”而已。在《进历代通鉴纂要表》中，李东阳希望皇帝读此书而“考治乱存亡之故”，明武宗却未必对读史有多大兴趣，他虽在继位之初设经筵，曾讲读本书初成之首卷[①]，但此后再无讲经读史的记载。

本书修纂告成后即交付内府刊刻，其间出现了变故，《明武宗实录》记述说：“《通鉴纂要》进呈后，司礼监官即至内阁传示圣意，令刊刻板本。中官督刊刻者，检其中有一二纸装潢颠倒，复持至内阁见示，欲更定其序耳。是日值大学士李东阳家居，惟同官焦芳、王鏊在阁，芳以为编纂总于东阳，非己责也，慢其人，不加礼遇。其人怒，遂以白于瑾。瑾方欲以事裁抑儒臣，初一日早朝，毕集府部大臣、科道等官于左顺门，以进呈本出示，遍摘其中字画之浓淡不均及微有差讹者百余处以为罪。给事中潘铎、御史杨武等遂劾礼部左侍郎兼翰林院学士刘玑等、受命编纂光禄寺卿周文通等，职专誊写，不能研精其事，俱宜究治。东阳等失于检点，责亦难辞……”[②]

此事已经有兴起大狱的端倪，虽各种史籍、文献记载不一，而共同处在于许多编纂官员都受到惩罚。《明史》述其结局曰：“东阳奉命编《通鉴纂要》，既成，瑾令人摘笔画小疵，除誊录官数人名，欲因以及东阳。东阳大窘，属（焦）芳与张彩为解，乃已。”[③]焦芳、张彩都是勾结刘瑾的阉党朝臣，李东阳不得不向他们请求帮助以避祸。今有学者对此大不以为然，认为出现这一点点问题就向阉党人物求救，“这能说是真正具有能屈能伸、舍弃私利吗?”[④]这种质问不成道理，刘瑾乃具有灵敏的政治嗅觉，他既然找出《历代通鉴纂要》“微有差讹者百

① 刘健等奏请讲读《大学衍义》《历代通鉴纂要》，得旨应允。（据《明武宗实录》卷六，弘治十八年十月己卯，台北“中研院”历史语言研究所 1962 年校印本，第 205 页）

② 《明武宗实录》卷二八，正德二年七月癸卯，第 713—714 页。

③ 《明史》卷一八一《李东阳传》，第 4822 页。

④ 薛泉：《李东阳的仕宦意识》，《中南大学学报》2005 年第 4 期。

余处”，则已经体味出该书贬斥宦官、讽喻时局的蕴义，他以“差讹者百余处”打开缺口，穷追根究，势头非可小觑。李东阳抓紧时机，利用焦芳本人也挂名于本书总裁之列，求其平息此事，是非常必要和巧妙的斗争策略。因为刘瑾欲在修史问题上发难，不能不依靠朝中文官的协同，焦芳等态度如此，刘瑾也只好作罢。而此事件也表明：无论皇帝还是宦官党羽，在《历代通鉴纂要》纂修中都没有投入起码的关注，成书后才发现若干问题。是其书的内容，专由李东阳裁定。

《历代通鉴纂要》刊成后，对明代官私史学均有不小的影响。明神宗时曾多次将本书用于经筵日讲，并且常以此书赏赐藩王和大臣。《历代通鉴纂要》对普及性史学的发展也起到推动作用，今《中国古籍善本书目》仍著录有明正德十四年《历代通鉴纂要》慎独斋刻本[①]，可知官方刻行不久即在民间传播与刊印。明代后期兴起“纲鉴”类史籍，是为“纲目”类通史而罗列大量历代名人的史论，其体裁与《历代通鉴纂要》相仿佛，不能排除其中含有这部官修史书的影响。总之，明朝李东阳主修的《历代通鉴纂要》一书，史事和史论的鉴择相当精要，而且具备深湛的编纂意图，其中表达了李东阳的历史观和政治态度，具有针砭时弊、谴责宦官干政和以史事讽谏皇帝的撰著宗旨。在明代繁杂的普及性通史史籍中，卓然具有精简、典雅、正规的史学特征，成就卓著，值得深入细致地予以研究。

四 《历代通鉴纂要》在清朝的境遇

清朝皇帝入主中原，多能接受和发扬儒学文化，以维护其统治地位，读经讲史是清帝学习儒学文化的主要途径。清高宗选取的通史读物乃是《历代通鉴纂要》，从中收益甚大，而且直至年老，仍然喜读不厌。但是，这样一部被皇帝喜爱的史书，却没有被收入清朝的《四库全书》，也没有在《四库全书总目》中列入“存目”，只是在其他史书的提要中附带提到，《四库全书总目》卷四七史部编年类《御批历代通鉴辑览》提要称：“内府旧藏明正德中李东阳等所撰《通鉴纂要》一书，皇上幾暇披寻，以其褒贬失宜，纪载芜漏，不足以备乙览，因命重加编订。”《四库全书总目》卷四八史部编年类存目《少微通鉴节要》提要

① 《中国古籍善本书目》史部上，上海古籍出版社，1991年，第128页。

称:“宋江贽编……是书取司马光《资治通鉴》删存大要,然首尾赅贯,究不及原书。此本为明正德中所刊……又《明史·李东阳传》称李东阳奉命编《通鉴纂要》……‘纂要’当即‘节要’,盖史偶异文。”

其他清朝官修史书中还有相关记述,但内容都不出以上的两段史料之外。从这两段史料可以分解出几点含义:第一,清高宗读过宫廷中存有的《历代通鉴纂要》;第二,该书水平低劣,“不足以备乙览”,所以才下令纂修《御批历代通鉴辑览》;第三,一些四库馆臣认为《通鉴纂要》就是《少微通鉴节要》。

把《历代通鉴纂要》混同于《少微通鉴节要》,是一个极大的错误,明武宗时期确实刊印了《少微通鉴节要》且稍作校改,但与纂修《历代通鉴纂要》是两件事。二书撰写时代不同,卷数不同,记述历史时间跨度不同。[①]那么,清朝官方学者对于《历代通鉴纂要》是否如此无知,以至于《四库全书》将之漏略呢?是否清高宗真的认为《历代通鉴纂要》不值一提,乃至于连《四库全书》存目也不屑于列入?笔者经过考究,发现情况恰恰相反,清高宗对《历代通鉴纂要》实乃珍爱有加、推重备至,《四库全书》不收录此书,应当另有原因。

清高宗何时开始阅读《历代通鉴纂要》,已经难于稽考,但可以确知的是:他经常、反复地阅览此书,将之作为习知历代史事的基本读物。为了随时阅读,清高宗下令翰林院专门书写了一部便于携带的袖珍本,这部特制之书现今仍然保存于中国国家图书馆善本室,书册尺寸仅高11厘米,宽6.3厘米,装订为一函十册,文字有红、黑两种颜色,即干支纪年与事件之“纲”为红色,详述史事的“目”为黑色,仍分92卷,但删去了历史评论内容。此书每册首页、末页皆有长圆形“乾隆御览之宝”篆印和扁圆“古希天子”篆印。

另外,清廷还抄写有较大开本的《历代通鉴纂要》一套,书写、装帧都异乎寻常的考究和精致,现存故宫博物院图书馆。此书共20册,书册高25厘米,宽18厘米,装于精致的木匣。字体为精美正楷,用三种颜色抄写,干支纪年、帝王纪年与“纲”都用红色,每一正统帝王即位时的称谓用黄色书写,起到十分醒目的效果。每册首页、末页皆有长圆形“乾隆御览之宝”篆印和长方形“养心殿鉴藏宝”篆印。

---

① 按,《少微通鉴节要》记史范围与《资治通鉴》一致,即起于战国,仅止于唐后五代。

毫无疑问，这两部《历代通鉴纂要》因为都有“乾隆御览之宝”，所以都是为乾隆皇帝本人精工制作的，说明清高宗对该书的赏识。袖珍本卷首更录有清高宗的题诗，是由“曹文埴奉敕敬书”。这首诗是：

御制题袖珍书

初年翰院遴文臣，小字蝇头书聚珍。
塞北江南属车挈，花朝月夕拂庐陈。
匆匆弗展逾数岁，冉冉忽惊逮七旬。
兴到吟诗重一阅，雾中花对梦中宾。
臣　曹文埴　奉敕敬书

清高宗的题诗前两句，说明早年就命令翰林官写成了这部袖珍书，接着说南北巡游中随车携带，从早至晚摆放于行宫的案头。第三联转折，言其因为事务繁忙而几年未读此袖珍本，在时光慢慢流逝中突然发觉自己已经七十岁了。最后说此间兴致很高地重新一阅，并且吟诗抒情，而往昔阅读此书以了解古代史事的那些情景，似乎成为一种朦胧、依稀的复杂感受。这首诗都透露出对《历代通鉴纂要》的肯定和赞扬，绝无一点贬斥语意。清高宗在宫中养心殿时常阅读《历代通鉴纂要》的三色书写本，又特别备有袖珍本在出行时携带阅读，年过七十，重读而颇多感触。而清高宗七十岁之时，如果按中国古人年龄以虚岁计算，则为乾隆四十四年（“古希天子”篆印就是此时制作的）。作诗之时[①]，《四库全书》正在纂修，《四库全书总目》初稿的纂修也在进行[②]，应是逐步进入裁定取舍及修订、补充的阶段，抄录清高宗诗作的曹文埴，于乾隆四十四年起官任《四库全书》馆总阅[③]，因此无论如何，《历代通鉴纂要》绝不可能是偶然、无意地漏收，而是乾隆君臣自觉确定将之隐没的方针，“雾中花对梦中宾”的诗句或许就含有这个复杂的心态。寻其原因，则与清廷纂修的《御批历代通鉴辑

① 按，此诗亦载于清高宗《御制诗四集》卷七七，编于辛卯年之初，应作于乾隆四十六年。见景印文渊阁《四库全书》第 1308 册，第 545—546 页。

② 按，《四库全书总目》主体基本告成于乾隆四十七年七月，但后来仍作修改和补充。

③ 《清高宗实录》卷一〇七六，乾隆四十四年二月丙辰朔记载：“窦光鼐、曹文埴、金士松、李汪度、朱圭、倪承宽、吉梦熊，着充《四库全书》馆总阅。书成时，与总裁一体列名。”（中华书局，1985 年影印本）

览》密切相关，即《御批历代通鉴辑览》的纲目正文，过多地抄录了《历代通鉴纂要》的原文。例如：

《历代通鉴纂要》卷一记帝尧陶唐氏，“置谏鼓立谤木”纲，“置敢谏之鼓，使天下得尽其言；立诽谤之木，使天下得攻其过”。

《御批历代通鉴辑览》卷一将其文一字不差地抄录。

《历代通鉴纂要》卷一记帝舜有虞氏，“三十二载命禹摄位”纲，“帝子商均不肖，于是命禹摄位。禹让于皋陶，帝曰：惟汝谐。命之曰：人心惟危，道心惟微；惟精惟一，允执厥中”（下有明代学者胡一桂的史论）。

《御批历代通鉴辑览》卷一仍一字不差地抄录其纲目正文，但删去胡一桂的史论。在清代，学者早已考证《古文尚书》是伪书，出于其中的“十六字箴言”应不可信，但乾隆朝修史仍然抄录之。

《历代通鉴纂要》卷二载夏朝王癸癸巳岁，“五十一岁，太史令终古奔商”纲，“王凿池为夜宫，男女杂处，三旬不朝。终古执图法泣谏，不听，遂奔商”。

《御批历代通鉴辑览》卷二仅仅把夏桀的称谓由“王癸”改成“后癸”，把纲中的“五十一岁”改成“五十有一岁”而已，其余文字全同。

《历代通鉴纂要》卷六十七，“宋以范质、王溥、魏仁浦同平章事，吴廷祚为枢密使”纲，“旧制，宰臣上殿，命坐而议大政，其进拟差除，但入熟状画可，降出举行而已。质等自以周朝旧臣，稍存形迹，且惮宋主英睿，乃请用札子面取旨，退各疏其事，同列书字以志。宋主从之，坐论之礼遂废”。

《御批历代通鉴辑览》卷七十一记述此事，仅在纲中对出现的人名，用双行小字加有简略注释，其余全录原文。

《历代通鉴纂要》卷九十二，“元翰林学士承旨欧阳玄卒”纲，“初，玄以湖广行省右丞致仕，将归，帝谕留之，仍为承旨。及天下盗起，玄献招捕之策千余言，皆切实可行，时不能用。后以中原道梗，欲乞致仕，由蜀还乡，复不允。至是卒”。

《御批历代通鉴辑览》卷九十九记述此事，删纲中“元翰林学士”的“元”字，改“欲乞致仕”为“欲致仕去”，因避康熙帝名讳改欧阳玄的

“玄”为“元”，其余文字皆同。[①]

这样的实例不必过多列举，因为只要将两书对读，处处都见因袭抄录。当然，《御批历代通鉴辑览》并非机械地抄袭，内容和文字做出改写、补充、删略之处亦多，原书史论都已删去，改为天头上录写清高宗的批语。按古代编纂史书的惯例，并没有近现代“著作权”的概念，是不必严加苛责的，《历代通鉴纂要》也同样抄录了《资治通鉴纲目》及其他同类史书。在古代，史籍的相互因袭为惯常做法，尤其是明代畅行的普及性史籍，各书体式雷同，内容近似，乃普遍现象。即使清朝皇帝，对此也无苛刻讲求，御用文人沈德潜、钱陈群常为清高宗撰文写诗，代笔捉刀，而一些作品不仅收入清高宗《御制诗文集》，有的也在二人别集之中收入原文，并不隐讳。

但是，这里有着十分特殊的情况：《御批历代通鉴辑览》之最初编纂，本作为本朝的历史知识的普及读本，朝廷和皇帝并未特别重视，乃至于《清高宗实录》及所有官书都未记载开始纂修的时间，也没有相关的谕旨。[②] 但当纂修大半，且清高宗撰有大量批语之后，《历代通鉴辑览》才受到空前推重，清朝君臣将此书奉为治史圭臬，视如经典性的史籍，抬至纂修前代通史的至尊地位，称其“必公必平，惟严惟谨……则所以教万世之为君者，即所以教万世之为臣者也”。[③] “予夺进退，悉准致公……凡向来怀铅握椠、聚讼不决者，一经烛照，无不得所折衷……诚圣训所谓此非一时之书，而万世之书也”[④]，清高宗自己也称此书“一本至公，以为万世君臣法戒”。[⑤] 这样，如果将《历代通鉴纂要》与《御批历代通鉴辑览》一同收录于《四库全书》，让人们轻易看到两书文字、内容有着诸多的雷同，毕竟会对《御批历代通鉴

---

① 以上内容、文字的对照，《历代通鉴纂要》据明正德二年内府刻本。《御批通鉴辑览》据景印文渊阁《四库全书》本，依次见第335册第40、46、57页，第337册759页、第339册第159页。

② 笔者曾以间接资料，考订此书初修于乾隆二十四年，乾隆三十三年完全告成。见《〈四库全书总目〉清代官修史书提要订误》一文，《史学集刊》1990年第1期。

③ （清）傅恒等：《御批通鉴辑览》卷首《御制序》，景印文渊阁《四库全书》第335册。

④ （清）永瑢等：《四库全书总目》卷四七史部编年类，《御批通鉴辑览》提要，中华书局，1965年，第430页。

⑤ （清）庆桂等编纂，左步青点校：《国朝宫史续编》卷八九《史学二·圣制阅〈通鉴辑览〉作》，北京古籍出版社，1994年，第868页。

辑览》的光辉形象形成负面影响。于是，只好将《历代通鉴纂要》隐没不彰，更昧着良心地把时时阅览、大加称赞之书硬说成“不足以备乙览”。现在回过头来看看前引《四库全书总目》曾将《历代通鉴纂要》混同于《少微通鉴节要》的问题，两书在明代都是流传极广的普及性史书，清代治史者初涉史学，也往往用作入门之书，四库馆臣竟然混同，难道真的愚钝无知，又不加查对吗？揆之情理，四库馆内的考据学者，断不至于如此，最大的可能性是四库馆臣甘居舛误，以掩饰故意隐没《历代通鉴纂要》的情节。《历代通鉴纂要》的境遇如此，在中国史学史上具有特殊意味。明清官方史学的机理和利弊由此而充分显露，即官方充分了解记史应当求实的史学规范，也热衷于史籍的编纂与重视高质量的史书，但清廷在史学上乃以维护统治者根本利益为至上目标，在评价和处置有碍其某种私利的历史文籍时，会做出或者专横、或者阴暗的行为，而并不顾及学术上的良知。

（原载《中国史研究》2014 年第 4 期）

论章学诚史学理论形成的三项根基

清代乾嘉时期的史学家章学诚(1738—1801),在考据学风最为强劲之际,独辟蹊径地进行学术理论的探讨,成为中国古代屈指可数的史学理论家之一。对于章氏之所以成学的原因,史学界曾提出许多论述,诸如有的从刘知幾《史通》的影响、邵念鲁《思复堂文集》的影响寻求根源,有的置于"浙东学派"的传承统系中考察等等。笔者认为,诸说虽各言其理,然皆未触及问题的根本,章学诚史学理论的成因,应当从他的治学实践活动中、从他思想意识的修养历程中探寻。校雠(目录)学的知识基础,程朱理学的思想基础与纂修方志的实践基础,乃是章氏史学理论形成的三项根基,其中纂修方志的实践是最主要的因素。

一 章学诚学术思想的主要特征

章学诚生于乾隆三年(1738),卒于嘉庆六年(1801),一生著述宏富,除他本人明言应当独立成书的《文史通义》《校雠通义》外,还纂修多种方志,撰写论文、书信、序跋、传记、碑铭、札记等等各种体裁的文稿,刘氏嘉业堂刻本《章氏遗书》搜采甚全,1985年文物出版社之《章学诚遗书》又予以补充,成为最全面汇集章氏著述的版本。从章学诚的著述中可以看到,他论述了文学、史学、哲理、教育、文献学等各种理论层面的问题,还表达了在政治观念、社会伦理、时尚风习等方面的见解，内容可谓丰富亦且复杂。然而若对比当时风靡的考据学风，章学诚学术思想区别于多数时人的主要特征，可以从学术宗旨、治学途径、治学风格等几方面予以概括。

(一)经世致用的学术宗旨

章氏明确提出“学术将以经世”[①]的观念，认为“史学所以经世，固非空言著述也”。[②]经世致用的学术宗旨，是中国古代一面冠冕堂皇的旗帜，即使在乾嘉考据学盛行之时，亦无人予以否定。章学诚强调经世，乃是用以批评一味考据的倾向，他指出：“自四库馆开，寒士多以校书谋生，而学问之途乃出一种贪多务博而胸无伦次者，于一切撰述不求宗旨，而务为无理之繁富……真孽海也。”[③]即将那种“不求宗旨”的贪多务博学风，指责为违反经世致用原则，“有如桑蚕食叶而不能抽丝”。[④] 按章氏一贯的主张，所谓经世之学的表现，一是切合于政教典章、人伦日用，二是要挽救一时风气所造成的偏颇，“天下事凡风气所趋，虽善必有其弊，君子经世之学，但当相弊而救其偏”。[⑤]这里的“风气”是指学术风气，从学者与学术的角度而言，挽救和端正学风是更为切实的经世宗旨，“不思救挽，无为贵著述矣”。将经世宗旨施用于学术领域，以开辟新的学风为目标，是章学诚学术思想的特点。

(二)以史明道的治学途径

在中国古代，一般将经学视为最尊崇的学术，史学乃是经学的羽翼。乾嘉时期考据学鼎盛，戴震提出：“经之所至者道也，所以明道者词也，所以成词者字也。由字以通其词，由词以通其道，必有渐。”[⑥]历史考据学家王鸣盛亦认为：“经以明道，而求道者不必空执义理以求之也，但当正文字、辨音读、释训诂、通传注，则义理自见而道在其

---

① 《章氏遗书》卷六《天喻》,《章学诚遗书》影印刘氏嘉业堂刻本，文物出版社，1985年，第51页。

② 《章氏遗书》卷二《浙东学术》,《章学诚遗书》,第15页。

③ 《章氏遗书》外编卷一《丙辰札记》,《章学诚遗书》,第390页。

④ 《章氏遗书》卷九《与汪龙庄书》,《章学诚遗书》,第82页。

⑤ 《章氏遗书》卷七《淮南子洪保辨》,《章学诚遗书》,第62页。

⑥ (清)戴震:《戴东原集》卷九《与是仲明论学书》,商务印书馆1929年《万有文库》本，第30页。

中矣……读史者不必以褒贬为与夺，而当考其事迹之实，亦犹是也。”[①]这规定了以经学为本、以训诂考据为基点的治学途径，已举世趋从。但章学诚则因自己不善于记诵、考订，而欲开辟另一“以史明道”的治学途径，他认为“史家之书，非徒记事，亦以明道”[②]，且治史也不必专事考据，“高明者多独断之学，沉潜者尚考索之功，天下之学术，不能不具此二途”[③]，得独断之学者，乃运以别识心裁，“纲纪天人，推明大道，所以通古今之变，而成一家之言”。[④] 这就在不完全否定考据的前提下，把以史明道标举为更加精深、更加高明的学术途径。

（三）既反对烦琐考据又避免空谈义理的治学风格

章学诚根据孟子对《春秋》的阐释，认为史著应是“义、事、文”的有机结合，三者不可偏废，而史义最为重要，“载笔之士，有志《春秋》之业，固将唯义之求，其事与文，所以藉为存义之资也”。[⑤] 他批评当时多数学者的琐碎考据倾向，“但知聚铜，不解铸釜，其下焉者，则砂砾粪土，亦曰聚之而已”[⑥]，同时提出不能重蹈宋学末流“空谈义理以为功”的覆辙。在章学诚看来，深究于史学，以史明道，是学术上避免琐屑而又不堕入空疏的切实途径。[⑦] “明道”使人重视义理的探求，从而“贵其著述成家，不取方圆求备”[⑧]；而治史则切于人事，“典章事实，作者之所不敢忽”。[⑨] 因此，章氏讲求的治学风格，与他以史明道的治学途径相一致，这种治学风格是章学诚卓然区别于考据学派的主要标志。

章学诚的学术宗旨、治学途径和治学风格，铸成他在乾嘉时期独树一帜的理论特征，而主要的成就是在史学方面。章氏主要的史学

---

① （清）王鸣盛：《十七史商榷》卷首《序》，商务印书馆，2005 年，第 1—2 页。
② 《章氏遗书》外编卷一二《永清县志前志列传序例》，《章学诚遗书》，第 523 页。
③ 《章氏遗书》卷四《答客问中》，《章学诚遗书》，第 38 页。
④ 《章氏遗书》卷四《答客问上》，《章学诚遗书》，第 38 页。
⑤ 《章氏遗书》卷四《言公上》，《章学诚遗书》，第 29 页。
⑥ 《章氏遗书》卷九《与邵二云书》，《章学诚遗书》，第 82 页。
⑦ 参见《章氏遗书》卷二《浙东学术》。
⑧ 《章氏遗书》卷九《家书三》，《章学诚遗书》，第 92 页。
⑨ 《章氏遗书》卷四《答客问上》，《章学诚遗书》，第 38 页。

创见与值得关注的史学见解，可以概括为以下几项：阐发“六经皆史”；将学术分为著述和比类两家；对“史意”的标举；改进史书体例的设想；提倡考述史学源流；史学总体观念；关于“史德”的主张等等。这些史学见解与他的学术宗旨、治学途径、治学风格一样，皆具有共同的知识上、哲理上及治学实践上的根基，其具体内容我们将在后文阐释。

二　章学诚的校雠学与史学

章学诚在《家书二》中，曾将自己的学术创树归结为“史学义例”与“校雠心法”，校雠心法就是对校雠学[1]理论和方法的系统性认识。章氏从事校雠学研讨起步甚早，乾隆二十八年（1763）即与学友甄松年讨论纂修方志中“艺文”一项的内容、体例。次年协助其父纂修湖北《天门县志》，撰《修志十议》而仍论及“艺文”，初步形成“取是邦学士著撰书籍，分其部汇，首标目录，次序颠末，删芜撷秀，掇取大旨，论其得失，比类成编”，与稽考“作者源流始末”[2]的见解。乾隆三十八年（1773）章学诚36岁，此年撰成《和州志》，其中《艺文书》是他的第一部系统的校雠学理论著述。在《和州志艺文书序例》中，章氏通过“原道”“明时”“复古”“家法”“例志”等几个层次的论述，认为“天下之术业，皆出于官师之掌故”，主张将“以部次治书籍……著为条贯，以溯其源”，达到考察学术源流，“条辨学术同异，推究利病”的效果。提出在“宗旨有所统会”的前提下，可以采取互见、别裁等著录方法。探讨了《七略》转变为四部分类法的原因以及“变乱古人立言本旨、部次成法，以就简易”的弊端，并且对经、史、诸子等等书籍的发展源流进行了学术史的考述。[3] 乾隆四十四年（1779）撰成的《校雠通义》四卷（今存前三卷），就是在《和州志艺文书》的基础上进一步深化研究的成果，标志着章学诚“校雠心法”理论的成熟化。乾隆五十二年（1787），章学诚开始依附于当时的地方大员毕沅，着手编纂《史籍考》。这是一部大型史籍解题目录学著述，按照章氏设想，不仅收载

---

① 校雠学即目录学，但章学诚反对有所谓的目录学。

② 《章氏遗书》卷一五《修志十议》，《章学诚遗书》，第140页。

③ 见《章氏遗书》外编卷一七《和州志·书第六·艺文》。按，大梁本《文史通义·和州志艺文书序例》删去“原道”“明时”等五个层次的标示，与原《和州志》略有不同。

古来史部书籍加以“撮取大旨”、条别源流和综合考述，而且将经部、子部、集部中属于史学和关乎史学渊源的篇目收载[①]，实际是从整个学术史角度清理和总结史学的成果。章学诚的校雠学研究以及主持编纂《史籍考》，无疑为其史学理论的探讨提供了文献学、学术史和史学发展总体上的知识基础，推动了他史学思想的发展成熟。

章学诚把他校雠学的理论与方法，称之为“校雠心法”，“校雠心法”对章氏的治学取向和一些具体史学创见的形成，起到直接的催化作用。其主要内容可简约地归结为以下几点，皆与章氏的史学思想相关联：

一曰明大义

章学诚批评“世之论校雠者，惟争辩于行墨字句之间”[②]，认为“大义不明而铢铢作解，此治书者之不如无书也”。[③] 推明大义，就是要掌握书籍的中心内容和宗旨，这是将图书部次条别的先决条件。所以章氏十分推重汉代刘歆“讨论群书之旨”的《辑略》，认为“此最为明道之要”。[④]

章学诚自幼有“读书当得大意”的治学习性，但在考据学风的吹袭下曾不无彷徨困惑，至乾隆三十八年，用“谨据存书之中，为条别一二大义”的方法纂修《和州志艺文书》，批评“方且炫博综之才、索隐之功”而“不知古人大体”的倾向，体会出校雠学“所以辨章百家，通于大道”的宗旨，找寻自己的治学风格。他认为治学途径不一，“高明者由大略而切求，沉潜者循度数而徐达”[⑤]，因而提出“读书观大意，亦未始不可以求学问，但要中有自得之实耳”。[⑥] 总之校雠学“撮取大旨，论其得失”的学术特点，促使章学诚始终偏重于理论的评述与概括，对他治学方式的确立起到相当重要的作用。

二曰辨源流

章学诚认为校雠学的主旨是“辨章学术，考镜源流”，即明了群书

---

① 参见《章氏遗书》卷一三《论修史籍考要略》。

② 《章氏遗书》外编卷一《信摭》，《章学诚遗书》，第 367 页。

③ 《章氏遗书》卷八《为谢司马撰楚辞章句序》，《章学诚遗书》，第 68 页。

④ 《章氏遗书》卷一〇《校雠通义·原道第一》，《章学诚遗书》，第 95 页。

⑤ 《章氏遗书》卷九《家书三》，《章学诚遗书》，第 92 页。

⑥ 《章氏遗书》卷二九《又与正甫论文》，《章学诚遗书》，第 337 页。

大旨,因书籍而考察相关学术发展的渊源流别,“使人由委溯源,以想见坟籍之初者”。[①] 他特别赞扬刘向、刘歆“其叙六艺而后次及诸子百家,必云某家者流盖出古者某官之掌,其流为某家之学,失而为某家之弊”,认为这种因流别而见原委的方法是“治书之要法”。[②]

章氏以“辨章学术,考镜源流”的思想方法探讨史学问题,指出:“史氏专家,渊源有自,分门别派,抑亦古今得失之林。”[③]他提出史书应设“史官传”的设想,认为史官传的写法要“申明家学,以书为主,不复以一人首尾名篇”[④],对史书要阐明其取材、传习的情况,对私家史著要考察其学术源流而予以评析,对史馆修书则要考察各篇各出于何人之手,而且辨析优劣得失。这实际打破人物传记的格式,成为考述史学源流的专篇,接近于记述史学史的内容,是一个很有价值的创见。在《书教》等重要的著述中,章学诚相当深刻地论述了史书体式从编年到纪传、从通史到断代的史体变化,以及纪事本末体等撰写形式产生的根源与利弊,这里很明显的包含校雠学的研究功底和研究方法。

章学诚提出:“六经皆史也,古人不著书,古人未尝离事而言理,六经皆先王之政典也”,“若夫六经,皆先王得位行道、经纬世宙之迹”。[⑤] 这种论述本身就是“考镜源流”的思想方法,而且早在《和州志艺文书》中就提出“天下之术业,皆出于官师之掌故”的见解,在《校雠通义》中从理论层次明确地提出上古“私门无著述文字”,“后世文字必溯源于六艺,六艺非孔氏之书,乃周官之旧典也”,可见“六经皆史”说的基本观点,乃是从校雠学的研讨中受刘歆《七略》的启发而直接得出的。

三曰清类例

对图书分清类例,是校雠学又一基本任务,这是“辨章学术”所要达到的效果。章学诚主张对众书“部次条别,疏通伦类,考其得失之

---

① 《章氏遗书》卷一〇《校雠通义·叙》,《章学诚遗书》,第95页。
② 《章氏遗书》卷一〇《校雠通义·宗刘第二》,《章学诚遗书》,第96页。
③ 《章氏遗书》卷二七《湖北通志检存稿四·前志传》,《章学诚遗书》,第294页。
④ 《章氏遗书》外编卷一八《和州志前志列传·序例》,《章学诚遗书》,第573页。
⑤ 《章氏遗书》卷一《易教上》,《章学诚遗书》,第1页。

故而为之校雠”，从而“欲人即类求书，因书究学”。[1] 他强调了清类例的重要性，指出“校雠类例不清，著录终无原委”。[2] 为了使类例更加清晰，章氏还提出对于一书内容可以两用者，应在不同部类内兼载，称为“互著”；文集中有不同性质的篇章，可以裁篇别出，名曰“别裁”。

“学者之要，贵乎知类”，章氏将“部次条别，疏通伦类”的校雠方法引申到史学研究，把治学途径、史籍性质等等都加以区分类别、辨其异同。他指出治学有“高明”与“沉潜”之分，在不完全否定考据的前提下批判了烦琐考据的弊端。他更将学术区分为著述与比类，著述表现出独断之学，有独到的理论和方法的创新，比类只是资料的纂辑、编汇和考订，这在思想方法上与其校雠学“疏通伦类”的观念有着密切的联系。

四曰申家学

章学诚说：“夫著录之例，先明家学。”[3]所谓“家学”，乃泛指具有同一宗旨的同一类学术，以史书为例，则“二十三史皆《春秋》家学也”。[4]“家学”的概念，体现了章学诚以学术宗旨、内容性质判别学术成果的思想，他认为“古人最重家学，叙列一家之书，凡有涉此一家之学者，无不穷源至委，竟其流别，所谓著作之标准，群言之折衷也”。[5]一种家学，还必有与之相应的治学方法，称为“家法”。章氏倡言“家学”“家法”，固然是为了彰明刘向以来的校雠学体系，主张“校雠师法，不可不传，而著录专家，不可不立也”，但亦与他注重学术宗旨，强调“学贵专门，识须坚定”[6]的思想一脉相通。

综上所述，章学诚校雠学理论的成熟，远早于史学思想的成熟，但《校雠通义》撰成后还曾修订，而编纂《史籍考》的工作则与史学理论的最后成熟基本同步。在章氏的学术构成中，校雠学造诣对其史

---

① 《章氏遗书》卷一〇《校雠通义·叙》《校雠通义·互著第三》，《章学诚遗书》，第 96 页。

② 《章氏遗书》卷一三《论修史籍考要略》，《章学诚遗书》，第 116 页。

③ 《章氏遗书》卷一二《校雠通义·汉志诗赋第十五》，《章学诚遗书》，第 106 页。

④ 《章氏遗书》卷一〇《校雠通义·宗刘第二》，《章学诚遗书》，第 96 页。

⑤ 《章氏遗书》卷一〇《校雠通义·互著第三》，《章学诚遗书》，第 96 页。

⑥ 《章氏遗书》卷九《家书四》，《章学诚遗书》，第 92 页。

学理念有很大的影响，一是令章学诚了解了众多书籍的内容大要，提供了学术史的知识基础；二是校雠学的理论促成了他的独特治学道路；三是直接引导出章氏的一些史学创见。

三 章学诚的哲学观念与史学思想

清末即有学者指出，章学诚的主要著述《文史通义》乃“镕冶哲理，造论驯懿”①，即充满了哲学思想、哲学概念和哲理性表述方式。因此，研究章学诚的史学思想，必须对其哲学观念作出准确的分析。章氏哲学观念最集中地表现于对“道”“器”关系的论述，除《文史通义》中《原道》《原学》《经解》各上、中、下三篇外，尚有他文论及这个问题。概括而言，章氏的主要观点在于两个方面，一是“道不离器”的历史观和学术史观，二是“即器求道”的认识论。

（一）“道不离器”的历史观与学术史观

“道”“器”的概念来自儒学的经传。《周易·系辞上》曰“形而上者谓之道，形而下者谓之器”，这种高度抽象的表述，给人以发挥见解的很大空间。所谓“器”，一般指有形迹可见、可感受的具体事物、文化形式和章程制度等，但“道”的意义比较复杂，有人用以指代精神本原、思想体系，有人用以表述法则、规律，也有人说成是物质最元初的空朦状态，总之是不可直接感受、没有一定形体而又无所不在的。程朱理学将“道”和“理”作为同等的范畴，朱熹说：“理也者，形而上之道也，生物之本也；气也者，形而下之器也，生物之具也。”②即理等于道，是万物赖以生成的精神本原；气等于器，是万物生成的具体形态。章学诚论述“道”与“器”，并不是在何者为第一性上展开，而是在“道不离器，犹影不离形”③的理念上予以阐发。他认为“道”虽存在于人世之先，但初未显现，由于人的群居而分工合作、各司其事，于是“均平秩序之义出矣”，为此，“必推年之长者持其平”，于是“长幼尊卑之别形矣”。随着社会联系的扩大和人事的繁杂，“而作君作师，画野分

① 王潜刚：《湖北通志稿跋》，载嘉业堂刻本《章氏遗书》卷末附录，《章学诚遗书》，第623页。

② 《答黄道夫》，《晦庵先生朱文公文集》卷五八，《四部丛刊》影印明嘉靖刻本。

③ 《章氏遗书》卷二《原道中》，《章学诚遗书》，第11页。

州，井田、封建、学校之意著矣”。这都是不得不然之势，“故道者，非圣人智力之所能为，皆其事势自然，渐形渐著，不得已而出之”。章氏描述的不是“道”的产生，而是“道因器而显”，即其逐步显现的进程，这个进程到周公已经是“道法大备之时，是以经纶制作，集千古之大成”。而孔子有德无位，只是“学而尽周公之道”，“周公集其成以行其道，孔子尽其道以明其教，符节吻合，如出于一人”。[①]至此，章学诚便将论述转入对学术史的探讨，这是他阐释“道”“器”关系的本意。

对周公和孔子的关系论定之后，章学诚顺理成章地将所谓孔子修订的儒学六经指认为“周公之旧典”，认为“夫子述而不作，而表章六艺，以存周公之旧典也”。这样，不仅推论出“六经皆史”，而且“六经皆器”，抨击后世儒者将六经视为载道之书的观点。这里对“六经皆史”性质的论述，由于探讨了“道因器而显”的进程，解决了孔子的学术定位，因而达到了逻辑上的彻底性。在章学诚之前，虽然早有“六经皆史”一类说法出现，但从未有人作出如此深入的哲理性论断。

在章氏的学术思想中，绝无贬低六经的用意，他声称“六经之道，如日中天”[②]，不但反对诸家著述名之为“经”，而且反对儒者的拟经之作：“异学称经以抗六艺，愚也；儒者僭经以拟六艺，妄也。”[③]六经仍然处于不可违背的尊崇地位，“盖周公集成之功在前王，夫子明教之功在万世也”[④]，孔子的名望亦不可贬低。但六经既然是“器”、是史，“乃三代盛时，典章法度见于政教行事之实”[⑤]，那么研治六经就不能脱离政教典章、人伦日用，也就是不能脱离对“史”的研究，而且“政教典章、人伦日用之外，更无别出著述之道”[⑥]，这就为他“以史明道”的治学途径找到一个坚实的哲理基础，也成为经世致用学术宗旨的理论依据。因为六经不是载道之书，所以不能通过对六经文字的琐碎考释来发明大道，这就否定了戴震等人倡导的治学路线；因六经是实实在在的“器”，那么脱离事物而空谈义理也就无当于六经之旨。

① 详见《章氏遗书》卷二《原道上》，《章学诚遗书》，第10页。
② 《章氏遗书》卷一《经解下》，《章学诚遗书》，第9页。
③ 《章氏遗书》卷一《易教上》，《章学诚遗书》，第1页。
④ 《章氏遗书》卷二《原道中》，《章学诚遗书》，第11页。
⑤ 《章氏遗书》卷一《经解上》，《章学诚遗书》，第8页。
⑥ 《章氏遗书》卷二《原道中》，《章学诚遗书》，第11页。

于是章氏所标榜的不作琐碎考据、不尚空谈的治学风格，便最为妥当。

（二）即器求道的认识论

根据“道不离器”的观念，探求天下大道自然需要“即器求道”，章学诚说：“君子即器以明道，将以立乎其大也。”①他认为上古官师不分，政教合一，道寓于器，“学士所肄，非国家之典章，即有司之故事，耳目习而无事深求，故其得之易也。后儒即器求道，有师无官，事出传闻而非目见……是以得之难也”。②至于“即器求道”的方法，他说：“先王之道不可见，六经即其器之可见者也，后人不见先王，当据可守之器思不可见之道。”因此，六经乃是探求先王之道的凭藉，但研治经典不能再采取那种无休止的经义考辨，因为“经师先已不能无抵牾，传其学者又复各分其门户，不啻儒墨之辩焉。则因宾定主而又有主中之宾，因非立是而又有是中之非，门径愈歧而大道愈隐矣”。③既然强调不可“舍天下事物、人伦日用，守六籍而言道”④，就出现了后世的天下事物在“求道”中的作用问题。章学诚精辟地提出：“夫道备于六经，义蕴之匿于前者，章句训诂足以发明之。事变之出于后者，六经不能言，固贵约六经之旨，而随时撰述以究大道也。”⑤这里的“随时撰述”，当然是反映“事变”的史学撰述，不过，其中需要“约六经之旨”，即在六经之旨的指导下撰史，以史学撰述来申明大道。章氏认为“经之流变必入于史”⑥，他理直气壮地断言：“史学不明，经师即伏、孔、贾、郑，只是得半之道。”⑦这些议论都宣扬了史学明道的必要性、优越性，章学诚晚年在《浙东学术》一文更明言“浙东之学，言性命者必究于史，此其所以为卓也”。浙东学者是否“必究于史”自当别论，但章氏将研治史学置于优越地位的思想是显而易见的。

总之，章学诚“道不离器”的学术史观念与“即器求道”的认识论，

---

① 《章氏遗书》卷九《与朱沧湄中翰论学书》，《章学诚遗书》，第 84 页。
② 《章氏遗书》卷二《原道下》，《章学诚遗书》，第 12 页。
③ 《章氏遗书》卷二《原道下》，《章学诚遗书》，第 12 页。
④ 《章氏遗书》卷二《原道中》，《章学诚遗书》，第 11 页。
⑤ 《章氏遗书》卷二《原道下》，《章学诚遗书》，第 12 页。
⑥ 《章氏遗书》卷九《与汪龙庄书》，《章学诚遗书》，第 82 页。
⑦ 《章氏遗书》卷二八《上朱中堂世叔》，《章学诚遗书》，第 315 页。

是他坚持自己治学宗旨、治学途径、治学风格以及得出许多史学见解的哲学基础，是其学术思想的理论根基。无论“道不离器”还是“即器求道”，都不带有重“器”轻“道”的用意，而强调的是“道”“器”合一，正如与此相关的“六经皆史”说并不贬抑经典一样。章氏认为他的哲理具有治学的指导意义，琐屑考据和空谈义理的学风都是缺乏对“道”“器”关系的正确认识。在《与陈鉴亭论学》中，他声称《原道》三篇就是思欲挽救当时的考据学风而撰写，因而强调指出：“知道器合一，方可言学。”①

（三）哲学观念的局限性与相关的史学见解

章学诚的哲学观念被许多论者评为唯物主义思想，其实他并未脱离程朱理学的思想体系。章氏讲“道不离器”，绝无“道”从属于“器”的含义，相反，在《原道上》声称“是未有人而道已具也”，在《与朱沧湄中翰论学书》中，他把“道”比作“日月光天，终古不变”，而万事万物“各以质之所赋而被其光……所得光影各有大小高下之不齐”，仍是强调“道”的本原性、第一性。朱熹早曾讲过“愚谓道、器一也，示人以器，则道在其中”，“道与器之未尝相离也”②，章氏的“道不离器”与朱熹的说法没有本质的区别。

章氏“即器求道”的认识论，也与朱熹的“格物致知”论基本相符。朱熹“格物致知”的内容十分复杂，要之为“即事物上穷得本来自然当然之理”③，这多少带有认识外界客观对象的合理因素，但“格物”不仅是接触自然界和社会存在，也包括读书、对话、讲论等活动，所致知之“理”乃是早已具备的天理。章学诚也认为“学问文章皆形下之器”④，“即器”所求之“道”也是早已存在的先王之道。

不可否认，章学诚在叙述“道因器而显”时，将“长幼尊卑”“作君作师”等社会理念说成因社会需要而演化，“必有所需而后从而给之，有所郁而后从而宣之，有所弊而后从而救之”⑤，提出“必习于事而后

① 《章氏遗书》卷九《与陈鉴亭论学》，《章学诚遗书》，第 86 页。

② 《晦庵先生朱文公文集》卷七二《苏黄门老子解》，《四部丛刊》影印明嘉靖刻本。

③ 《晦庵先生朱文公文集》卷五〇《答潘文叔》。

④ 《章氏遗书》卷九《与吴胥石简》，《章学诚遗书》，第 79 页。

⑤ 《章氏遗书》卷二《原道上》，《章学诚遗书》，第 10 页。

可以言学”[①]等等,带有朴素唯物主义的因素。正如列宁所指出:“客观(尤其是绝对)唯心主义转弯抹角地(而且还翻筋斗式地)紧密地接近了唯物主义,甚至部分地变成了唯物主义。”[②]章学诚思想的主体仍是理学的客观唯心主义,不应夸大他的个别论点而轻许以唯物主义思想家称号。章氏自己多次斥责戴震等人反对理学的行为,赞扬“程朱当末学忘本之会,故辨明性理以挽流俗之心”[③],坚信“程朱之学,乃为人之命脉也”[④],声称重新编纂《宋史》,要“以班、马之业而明程朱之道”。[⑤]这再明白不过地表明了章学诚的理学精神。

辨明章学诚哲学思想的理学性质,是理解其某些史学见解的关键,特别是章氏的“史德”观念,完全为理学思想的体现。章学诚在《文史通义·史德》篇中提出:“能具史识者,必知史德。德者何?谓著书者之心术也。”至于怎样的心术才符合史德的标准,章氏的回答是:“当慎辨于天人之际,尽其天而不益以人也。”[⑥]

论者多将这里的“天”解释为客观史事,把“人”解释为私人情感,于是认为章学诚倡言的史德就是如实记述历史,而不掺杂个人私意。这种解释是毫无根据的,因为“尽其天而不益以人”是一个极其哲理化的说法,章氏对于哲理性的“天”有过明确的阐释:“天数、天理皆可称天,数之自然而莫能强,固曰天也,理之至当而不可易,亦未尝不谓之天。”[⑦]章氏“史德”之“尽其天而不益以人”,乃要求史家对史事的评论尽合于天理,不夹杂个人私意、私欲,这与朱熹所说的“有以尽夫天理之极而无一毫人欲之私”[⑧],句式和语义都别无二致。众所周知,理学把“天理”具体化为人世间的纲常伦理,同样,《史德》篇在议

---

① 《章氏遗书》卷二《原学中》,《章学诚遗书》,第13页。

② 《黑格尔“哲学史讲演录”一书摘要》,载《列宁全集》第五十五卷,人民出版社,2017年,第237页。

③ 《章氏遗书》卷六《天喻》,《章学诚遗书》,第51页。

④ 《章氏遗书》外编卷三《丙辰札记》,《章学诚遗书》,第393页。

⑤ 《章氏遗书》卷九《家书五》,《章学诚遗书》,第93页。

⑥ 《章氏遗书》卷五《史德》,《章学诚遗书》,第40页。按,以下凡引自《史德》篇语句,均在《章学诚遗书》第40—41页,不再加注释。

⑦ 《章氏遗书》外编卷三《丙辰札记》,《章学诚遗书》,第389页。

⑧ 朱熹《大学章句》“大学之道,在明明德、在亲民、在至于至善”解。(宋)朱熹:《四书章句集注·大学章句》,上海古籍出版社,2001年,第4页。

论天人之辨后，也大讲史家不可“诽君谤主”，倘若“怨诽及于君父”，便是“名教中之罪人，天理所诛”。因此，章学诚的《史德》篇除了在抽象意义上提出一个应当关注的概念外，并无值得赞扬之处，其思想在当时的学者中也是腐朽、落后的。①至于章氏以封建卫道士立场撰写的《朱陆篇书后》《诗话》《妇学》等等，虽非史学文章，但也足可表明他的理学思想极其浓厚。

四　章学诚的修志实践与史学创见

编修方志，是章学诚一生最主要的学术活动。他从27岁至57岁，修志活动经历了30年，所修方志中尤以《和州志》《永清县志》《亳州志》《湖北通志》为重要。修志的实践活动是他史学创见形成的最主要原因。

在清代，纂修方志盛行于世，清廷屡因修史、修《会典》、修《一统志》等事，诏令各地续修方志，各地方官亦热衷此道，藉以表彰地方政绩、文化、人物、风情。纂修方志是由官方集资操办，而往往聘请知名学者主持撰写，诚如梁启超所言：“清之盛时，各省、府、州、县皆以修志相尚，其志多出硕学之手。”②学者们的修志主张虽然不同，但皆认真负责，使纂修方志成为促进学术发展的动因之一。

乾嘉时期，考据学虽风行于世，但在编修方志活动中却未能占据统治地位。方志学中的考据学派以洪亮吉、戴震为代表，主张方志应为地理之书，“但悉心于地理沿革，则志事已竟”。③ 这种主张并不符合清廷的要求，早在雍正年间，清世宗就曾经谕令：“志书与史传相表里，其登载一代名宦人物，较之山川风土尤为紧要，必须详细确查，慎重采录。”④因此，将方志视为一方之史的观念始终处于主流的地位，致使清代纂修方志的社会活动蕴含着创明史学理论的有利条件。章学诚一生从事修志，对他提高史学见识而言，是一种机遇。

① 关于章氏之“史德”论，参见拙撰《中国官方史学与私家史学》之《章学诚“史德”论思想评析》，北京图书馆出版社，2008年。

② 梁启超：《清代学术概论》，上海古籍出版社，1998年，第54页。

③ 此为戴震的主张，见《章氏遗书》卷一四《记与戴东原论修志》，《章学诚遗书》，第128页。

④ 《上谕内阁》，雍正元年十一月二十八日，影印文渊阁《四库全书》本。

章学诚编纂方志，既要使之成为一家著述，又欲为国史提供详备的资料，这使他的修志活动面临方志的著作性与资料性的矛盾。在探讨解决这个矛盾的过程中，他形成将学术分为著述和比类的重要创见，这留待下文详述。章氏编纂方志，遵循“方志乃一方全史”①的理念，必参照史书来设置门类，使其在修志中可以体验和检测史书既有的义例，也能使修志的经验直接上升为史学义例的理论。方志又有为地方官提供行政参考的功能，因而需要详今略古，重于实务，这有助于章学诚经世致用史学思想的形成。在编纂方志的活动中，章氏总是受到持异议者的诘难和攻击，正如他自己所说：“历聘志局，频遭目不识丁之流横加弹射，亦必补录其言反复辩证。此则虽为《文史通义》有所藉以发明，而屡遭坎坷不能忘情。”②在与不同意见的辩驳中，为了争取地方官的支持，必须通过论说史学义例来表明见解的正确，这实际上推动了章氏史学理论的发展和成熟。

上文我们列举章学诚七项值得注意的史学见解，已对“六经皆史”说的哲学思想基础和校雠学根基作过阐释，对其考述史学源流的观念及其与“校雠心法”的联系作了分析，对章氏“史德”观念作了哲学上的评析和论断。这里将从纂修方志之实践上，对章学诚的几项史学创见的来源予以探讨。

把学术分为著述与比类两家，是章学诚最重要的史学创见之一。作为著述，需要独断别裁，在理论和方法上创新；而比类只是资料的纂辑、编汇和考释。将之严格区分的思想，产生于章学诚面对的方志著作性与资料性的矛盾。章氏想把方志修成一家著作，就需要对资料取舍裁断，不能全收并载。而方志又有向国史提供资料的任务，这要求“广为诠次，巨细毕收”③，于是前者与后者形成矛盾，这个矛盾在编纂《永清县志》时尖锐起来。《永清县志》以六部官职名目编辑“六书”，载入大量公文档案资料，却降低了著作性。章氏当时即有所察觉，在相当芜杂的《永清县志·礼书》中，他朦胧地认识到“著述之体与类次之法分部而行，固亦相资为用者也”，二者“离则双美而合则

① 《章氏遗书》卷二八《丁巳岁暮书怀投赠宾谷转运因以志别·自注》，《章学诚遗书》，第 317 页。

② 《章氏遗书》卷九《与胡雒君》，《章学诚遗书》，第 83 页。

③ 《章氏遗书》卷一五《答甄秀才论修志第二书》，《章学诚遗书》，第 137—138 页。

两伤”。[①] 乾隆五十五年纂修《亳州志》时，章氏用“整齐掌故，别为专书”[②]的方法解决了这个矛盾，将“著述”部分与资料部分分为“相辅不相侵”的两书。这是章氏在方志义例上的重大突破，很快就形成理论性的总结，不仅撰成《方志立三书议》，而且扩展为对治史不同路径的思考，写出《答客问》等文，探讨“独断之学”与“比次之书”“考索之功”的区别。在两年后的《书教》中，把这个观点表述为古今载籍分“撰述”和“记注”两类。后来纂修《湖北通志》期间，又在讨论修志问题的书信中，提出学术分“著述与比类两家，其大要也”，比类之作仅仅提供资料，“使著述者出，得所凭藉，有以恣其纵横变化”，因此“不可以比类之密而笑著述之或有所疏”[③]，体现了史学贵其著述成家的理论。可见这一史学创见从问题的肇始到观点的成熟，都得自于方志的编纂活动。

章学诚标举自己的史学建树为“吾言史意”，认为郑樵、曾巩、刘知幾分别在“史识”“史学”“史法”方面有所成就，但皆“不得史意”，“此予《文史通义》所为作也”。[④]将“史意”这个概念等同于“史义”、解释为“别识心裁”等等，都是不准确的。“史意”乃是指作史者根本的意旨、意图，即学术宗旨。这包括相互联系的两方面内容：一是“读古人书而求其意”[⑤]，即探讨以往史家的著书意旨；二是“作史贵知其意”，“征学术者，贵有怀抱之志”[⑥]，即在史学上应有自觉而明确的宗旨。章氏《文史通义》各篇多具明确的撰写意图，自觉地贯彻他的学术宗旨，这实为评析其思想的关键切入点。章学诚关于“史意”的思想，是从编修方志中获得体验和启示。他两次用“史意”的概念说明自己的学术特点，都是紧踵修志活动之后，第一次是《和州志》修成后的《志隅自叙》中，第二次是在《亳州志》修成后的《家书一》中，这并非偶然。《和州志》《亳州志》皆为章氏当时的精心撰著，却都因为本省

---

① 《章氏遗书》外编卷九《永清县志·礼书第三》，《章学诚遗书》，第 481 页。

② 《章氏遗书》卷一五《亳州志掌故例议下》，《章学诚遗书》，第 137 页。

③ 《章氏遗书》卷九《报黄大俞先生》，《章学诚遗书》，第 77 页。

④ 《章氏遗书》卷九《家书二》，《章学诚遗书》，第 92 页。

⑤ 《章氏遗书》卷八《为谢司马撰楚辞章句序》，《章学诚遗书》，第 68 页。

⑥ 《章氏遗书》卷四《言公上》、《章氏遗书》卷一三《韩诗编年笺注书后》，《章学诚遗书》第 29、114 页。

学政的否定或州官易任而未能刊刻。这种遭遇,使章学诚痛感自己的著述意旨、意图难于被世人理解,从而产生读史、作史"贵知其意"的学术主张,并且作为自己治史特点的标榜。"史意"的观念又与章氏校雠学重视探求学术宗旨的思想相通,而章氏校雠学的基础也是在编纂《和州志艺文书》中奠定的。

改进史书体例的设想,是章学诚史学理论的组成部分,具体的建议有史书应当立图、应设人物表、应设"史篇别录"、列传记人亦当记事等等,这些见解多得自编修方志对体例的实际改进。章学诚虽早年即有"史书立图"的想法,但尚为简单、直观,26 岁时所作《答甄松年论修志第一书》《第二书》以及次年的《修志十议》都未提到史志设图。直至主持纂修《和州志》时,才体会出方志与史书不仅应当立图,而且像天文、地理、河渠等内容,要以图为基本体式,系以文字说明,即立图不是附图,而是作为一种史体,以取代史书的部分典志。①这成为一个独到的创见,乃产生于编修方志的实践。

章学诚编纂《亳州志》与《湖北通志》,都遇到如何处理正史、国史内已有的历史人物传记问题,对正史的传记,"摘撮则嫌如类纂,全篇有似于传抄,书欲成家,良难位置"。②于是他设立人物表,仅列正史有传人物的姓名,史传全文则录于《文徵》。《文史通义·亳州志人物表例议下》说:"方志之人物表何所仿乎?曰:将以救方志之弊也,非谓必欲仿乎史也,而史裁亦于是具焉而已。"可见人物表的设立源于修志实践,然后推论为史学创见。

在章学诚编纂的《和州志》中,"有《乙亥义烈传》,专记明末崇祯八年闯贼攻破和州,官吏、绅民男妇殉难之事。用纪事本末之例,以事为经,以人为纬,详细据载"。③《湖北通志》也多有这种以共同历史事件为中心的记事性传记,如《嘉定蕲难传》《明季寇难传》等等。《湖北通志》的体例曾引起争论,在辩论中,章学诚认为"传分记人记事,可谓辟前史之蹊矣"④,对记事性传记的设置进行了理论探讨,得

---

① 《章氏遗书》外编卷一六《和州志舆地图序例》,《章学诚遗书》,第 554—555 页。

② 《章氏遗书》卷二七《湖北通志检存稿·文徵甲集裒集正史列传论》,《章学诚遗书》,第 299 页。

③ 《章氏遗书》卷二《古文公式》,《章学诚遗书》,第 18 页。

④ 《章氏遗书》卷一四《与陈观民工部论史学》,《章学诚遗书》,第 126 页。

出了发挥纪事本末体之长，用以改造纪传体的设想。此项创见，发端于《和州志》的编纂，而确立于《湖北通志》的修撰活动。

章学诚认识到编年史和纪传史有共同的缺点，即“纪传之史，事同而人隔其篇，犹编年之史，事同而年异其卷也”[①]，因而欲以“史篇别录”补救之。这种“史篇别录”是要将事件、典制、人物等等以专篇予以登录，类似今天的综合索引，且作为史书的必要组成部分。章氏曾建议毕沅《续资治通鉴》采纳，后又撰《史篇别录例议》一文论述。章氏自言在修《和州志》期间，曾试编这类工具书，因此不能说与修志实践无关，金毓黻《中国史学史》就认为章学诚提倡的“史篇别录”乃是“推其修志之法以治史”。[②]按史体编纂方志，从而体会出固有体例不可拘泥，探索改进的方案，直至提出史体应当“圆神”通变的理论性见解，批判历代史书体式僵化的倾向，是章学诚史学思想的一个重要内容。没有多次纂修方志或其他修史的实践，在那个时代是不会取得这些创见的。

章学诚关于考述史学源流的见解，与他“辨章学术，考镜源流”的校雠学思想通同一致，上文已有论述，而这项见解的形成亦与纂修方志密切关联。《和州志》的编修，创立了《前志列传》，提出要考述“史学渊源，作述家法”[③]，至《永清县志前志列传序例》便论述了考述史学源流的系统看法，接近于考察和撰述史学史的主张。章氏虽早年即有史书当立“史官传”的想法，但只是一个关于“类传”的朦胧见解，算不得史学创见。待纂修方志创设《前志列传》，情况大有改观，因《前志列传》乃是追述和评析当地方志历来的纂修状况与发展源流，于是联系原来“史官传”的想法，才提出“史官传”不是记述人物的官职、履历，而是考述史学源流这一创见。

章学诚的史学总体观念，表现了他对于修史的全局性眼光，是一项独创性见解。他概括地提出：“有天下之史，有一国之史，有一家之史，有一人之史。传状志述，一人之史也；家乘谱牒，一家之史也；部府县志，一国之史也；综记一朝，天下之史也。”把这些不同层次的典

---

① 《章氏遗书》卷七《史篇别录例议》，《章学诚遗书》，第 65 页。

② 金毓黻：《中国史学史》第八章《刘知幾与章学诚之史学》，商务印书馆，1999 年，第 319 页。

③ 《章氏遗书》外编卷一八《和州志前志列传 · 序例》，《章学诚遗书》，第 573 页

籍看作一个密切联系的体系，要从上到下地贯彻“天下之史”的体例和史法，而史料的采择则是由下向上提供，这叫作“制度由上而下，采摭由下而上”。[①]这个主张，是章学诚在历次修志中形成的。编修方志，必然要征集家谱、传状等等文献，同时章氏要按史体编纂方志，又要方志为国史提供资料，将这种方志与国史关系的见解延伸至所有史料文献之间，并且加以理论性概括，就是史学总体观念的形成机制。章学诚认为州县方志是基层的官修之书，在史学总体结构中最为重要，可以“下为谱牒传志持平，上为部府征信”，“今天下大计既始于州县，则史事责成，亦当始于州县之志”。[②]这种见解本身，就表明修志实践是章学诚史学总体观念形成的根本原因。

以往论者多认为章学诚有丰富的史学见识，因无缘纂修国史，不得已才将其史学理论转向方志领域予以实践，此乃颠倒因果的不正确说法。章氏从事修志活动甚早，而史学理论形成很晚，重要的史学论文是在重要的修志活动之后写成，各项具体的史学创见从修志实践中产生，大多有实迹可以考察，这是无可置辩的史实。

五　章学诚史学理论及其三项根基的互动进程

上文我们分项论述了章学诚史学理论形成的根基，这并不完全否定前人思想和学术成果对他的影响，甚至也不应排除章氏成学过程中的人格与性情因素，但起主要的、决定性作用的乃是章学诚之校雠学提供的知识基础，哲学观念提供的思想基础，编修方志所具备的实践基础。这三项根基互补互动，又有其他因素不同程度的参与，从而在章氏学术生涯中构成其史学理论发展、成熟的进程。

章学诚自言20岁之前读书不善记诵，文字功底甚差，然性情逐渐近于史学。于年少气盛的状况下，读书专务涉猎，四部九流，泛览漫无涯际，且好发议论。他26岁进入国子监学习，结识学友甄松年。本年甄松年被人聘请纂修方志，二人通信讨论修志方法，是章氏最早关注方志义例问题的开始。次年即乾隆二十九年，助其父纂修湖北《天门县志》，这是实际纂修方志之始，章学诚并撰有《修志十议》一

---

① 《章氏遗书》卷一四《州县请立志科议》，《章学诚遗书》，第124页。

② 《章氏遗书》卷一四《州县请立志科议》，《章学诚遗书》，第125页。

文。两年间对于方志写法的讨论与实际纂修《天门县志》，使章氏形成方志应为史体的观念，这也与当时多数已有的方志相契合，例如乾隆二年修成、被清廷颁为各地仿从体式的《江南通志》，就明确宣称“例准史裁”[①]，“志与史相表里”[②]等等。乾隆三十年至京师，始读刘知幾《史通》，师从朱筠，隔年协助朱筠编纂《顺天府志》，并且参修《国子监志》。可知章学诚的实际学术活动是由修志开始。

在北京这几年，章学诚见闻益广。乾隆三十一年前后，面聆戴震大力宣扬以识字为开端的考据学方法，十分震动，感到“可为惭惕，可为寒心”。他不善考据，亦不乐于考据，戴震的高谈阔论、日益兴旺的考据学风，使他茫然、失落，在精神世界投下一个沉重的阴影。[③] 数年之后至乾隆三十八年，章氏在独立主持编撰《和州志》的过程中，才得到精神解脱，真正从困惑中走出。

《和州志》是章学诚主持纂修的第一部地方全史，在其学术生涯中具有极其重要的意义。第一，从编修《和州志》开始，章氏不再拘守旧有纪传史的样式来设计方志的体例，而是根据修志的需要探讨方志体例的改进，并且总结、概括为史学的理论。例如因创设《前志列传》而提出考述史学源流的问题，在《舆地图序例》中论述了史书应当立图的问题，都成为他的重要创见。第二，《和州志艺文书》的编纂及其《序例》，奠定了章氏校雠学的基础，《序例》中关于学术渊源的论点及其“原道”等字样的标识，表明他已经开始致力于哲理性地探讨学术史问题，哲学观念亦从中萌发，上文对此已有论及。第三，编纂《和州志》期间，章学诚与考据学大师戴震就方志的性质、体例、作用等问题进行了面对面的辩论，当即占据上风，一扫对考据学派权威的敬畏，看清对方“经术淹贯，名久著于公卿间，而不解史学”，往往“无其识而强作解事”[④]，从而坚定了走自己治学途径的信心。如果说编纂《和州志》之前章氏治学仅凭性情所近，此后则出于完全自觉的选择，这个变化的意义是不应忽视的。总之，编纂《和州志》的实践，使章学诚开始探索史学义例问题，形成校雠学理论的基本思路，启导了探讨

---

① 乾隆《江南通志》卷首，高斌《序》，景印文渊阁《四库全书》本。

② 乾隆《江南通志》卷首，《凡例》。

③ 《章氏遗书》卷二二《与族孙汝楠论学书》，《章学诚遗书》，第224页。

④ 《章氏遗书》卷一四《记与戴东原论修志》，《章学诚遗书》，第128页。

哲理的动因，成为同一目标、三条纲维的学术导向，增强了独树一帜、开一新境的信念。《和州志》纂修始于乾隆三十八年二月，是年夏天与戴震辩论，至秋季，章氏就在《与严冬友侍读》[①]的书信中称：“检点前后，识力颇进……思敛精神为校雠之学，上探班、刘，溯源官礼，下该《雕龙》《史通》，甄别名实，品藻流别，为《文史通义》一书。”字里行间，语气踌躇满志。《跋甲乙剩稿》也称：“甲午、乙未，则江南修志，反浙而复入都门，学识方长，而文笔亦纵横能达。”[②]表明章学诚自己也深知纂修《和州志》对其成学的重大意义。

乾隆四十四年，章学诚修成《永清县志》，在前此形成的“溯源官礼”的学术史观念影响之下，试图“以当代人官为纲纪”[③]来改造方志体裁，录入大量官衙档案，令方志的著作性与资料性的矛盾尖锐地显现出来，他后来承认：“《永清》全志，颇恨芜杂。”[④]这成为章氏对方志编纂问题进行新探索的契机，但《永清县志》也取得一些史学见解的发展，如《前志列传序例》对考述史学源流的论述。此年他撰成《校雠通义》四卷，总结、发展了两次编纂方志《艺文书》的体会与见解。乾隆四十八年的《与朱沧湄中翰论学书》，有较多讨论“道”“器”关系的内容，提出了“道不离器，犹形不离影”的命题，本年的《言公》《诗教》等篇都是讨论学术史问题而颇带哲理性的论文。乾隆五十三年，进行《史籍考》的编纂，又校正了《校雠通义》，在校雠学理论、实践上都有所前进。本年《礼教》一文，以哲理性语言对学术史作了“溯源官礼”的论述。

经过诸如上述的学识积累，乾隆五十四年撰成《原道》《原学》《经

---

① 载于《章氏遗书》卷二十九。按，胡适、姚名达《章实斋先生年谱》记此信于本年之春，误。信中虽有“书到此，正值南州春雨缠绵，檐坎心坎，使人怊怅无已”一语，但这指对方书信到达之际为梅雨时节，已在春末，乃回忆语气，章氏并未立即回信。信中曰：“足下见此，亦颇有天末故人之感否?”说明此信写于秋天，典故出于杜甫思念李白之诗：“凉风起天末，君子意如何。鸿雁几时到，江湖秋水多……”章氏之信乃秋天语意。又，此信开头说“别来惘惘几两年矣”，查其分别之日，乃乾隆三十六年十月十八日（见《章实斋先生年谱》是年条），如果是春天写信，尚不到一年半，何能言“几两年”? 故此信写于秋天为是。

② 《章氏遗书》卷二八《跋甲乙剩稿》，《章学诚遗书》，第319页。“甲午”即乾隆三十八年。

③ 《章氏遗书》外编卷九《永清县志・吏书》，《章学诚遗书》，第457页。

④ 《章氏遗书》卷九《又与永清论文》，《章学诚遗书》，第87页。

解》《天喻》等等多篇哲学性甚强的文章，写作目的是“推原道术……以为文史缘起”。[①]表明章氏哲学观念的基本形成，其主要观点是从《和州志艺文书》《校雠通义》中的思想发展而来的。这一年，也正是纂修《亳州志》的开始。次年，《亳州志》修成，同时进行了和州、永清二志的删定，是章学诚编修方志方法上成熟的标志，这迅速带来治学理念与史学见解的成熟。《家书》七封和《答客问》《释通》等文即为突出的成就，尤其是《答客问》三篇，高倡“独断之学”，纵论学术类别，表述精辟，气势雄壮，是章氏最具个性之文。《家书》七封将自己的治学历程、学术主张、治学特点等作了总结，亦为史学理论成熟的代表作之一。乾隆五十七年撰成的《方志立三书议》与《书教》三篇，仍是对《亳州志》编纂实践的理论总结。而此时章氏的史学见解，不仅从修志实践中总结概括，也受到哲学理念的制约，《答客问》三篇撰写后翌年，章氏著《史德》一文，自称“近撰《史德》诸篇，所见较前有进，与《原道》《原学》诸篇，足相表里”。[②] 而实际上这是从理学思想出发，将“专门之学，未有不孤行其意，虽使同侪争之而不疑，举世非之而不顾”[③]的论点拉向后转，来一个“尽其天而不益以人”的限制，即要求符合“天理”，而不能无顾忌地“孤行其意”。其后章学诚还编修过《湖北通志》等方志，亦遇持异议者的攻诋，最终未获刊行。辩论中章氏申明史学与方志学见解，对此前的理论稍有调整、修补而无大的发展。编纂《湖北通志》整个经历，显示出章学诚坚持自己独到史学见解的意志，然而不容于时，又一次遭际了极大坎坷的刺激。

总而言之，章学诚的学术生涯展示了他成学的错综过程，校雠学素养、哲学观念和修志实践构成其史学理论的三项根基。校雠学理论虽然形成最早，但它是从修志实践中奠定基础，哲学的探讨是因校雠学讨论学术史源流而引发，二者皆是最先在《和州志艺文书》中形成基本的观念，因此修志实践应是章氏史学理论形成的最重要原因。至于具体的史学创见，多数更是直接从修志实践中总结而来。章氏成学，固然也有得于师友之益、读书之效、前人影响等等，但论其主

---

① 《章氏遗书》卷二九《姑孰夏课甲编小引》，《章学诚遗书》，第 325 页。

② 《章氏遗书》卷九《与史余村简》，《章学诚遗书》，第 82 页。

③ 《章氏遗书》卷四《答客问中》，《章学诚遗书》，第 38 页。

因，应从本人的社会活动、学术活动中探寻。前人影响，斑驳多彩；书籍品类，千差万别；师友教益，焉能一致？况与世情、学风对比，难言强弱。面对师友、书籍、前人的影响，章学诚接受什么、排斥什么，归根结底仍是由他的社会活动和学术实践所决定。如上文所述，章氏一生主要学术实践是编纂方志，修志又恰好是当时考据学派不占主导地位，且富于创明史学理论之条件的领域，他得此机遇，才成为乾嘉时期独树一帜的史学理论家。

（原载陈祖武主编《明清浙东学术文化研究》，中国社会科学出版社，2004 年）

论清高宗的史学思想

清高宗是一位在历史上发挥过重大作用的封建君主，他临御天下六十余年，不仅在政治、军事、经济和社会文化事业等各个方面都颇有作为，而且还具备很高的学术造诣，尤其重视对史学的研治。他的史学思想成为乾隆时官方史学活动的指导思想，发挥了十分重要的作用。

一　清高宗的正统论观点

将历史上不同的政权分为"正统"或"闰统"，是中国古代历史思想中一项独特的内容。对于统一局面崩析时期并存的政权，判定哪一政权具备代表这一历史时期的正统地位，尤为重要。编年史的纪年要采用正统政权的年号，纪传体史书要为正统政权的帝王编撰本纪，这是封建传统史学难以回避的问题。此外，政权嬗代之际，新旧政权正统地位的替代时间，在传统史学中亦不可忽视，这些皆与现实的政治密切相关。各朝代的统治者或学者在政治因素的制约下，提出了多种判别正、闰的标准，例如：(1)以占据中原地区的政权为正统；(2)以原正统政权统绪的相承递及为准；(3)以原正统政权皇帝的血统关系为标准；(4)以政权的民族属性为准，即视汉族建立的政权为正统；(5)以统一华夏区宇的功业为准；(6)以贯彻封建道统、实现一统治世的政权为正统等等。南宋学者朱熹撰《通鉴纲目》，对五代之前的历代正统问题作了裁定，后被封建统治者奉为圭臬，而明代诸人通过对《通鉴纲目》的续编、阐释和发挥，明显表现出排抑少数民族政权的倾向，使华夷之分的观念成为封建正统论思想的重要内容。

清廷入关后，较长时期内未遑系统地触及正统问题，清圣祖虽亲自批阅《通鉴纲目》等书，但旨在从中学习历史。清世宗针对吕留良案，提出了“大一统”新论，主张惟有德者可为天下君，批驳了华夷之分、中外之别的思想，强调了清朝建立了天下一统、华夷一家的历史业绩和不容置疑的正统地位①，然而，这不过是仅仅涉及了正统论思想的一个侧面而已。直至乾隆中，才以纂修《御批通鉴辑览》为契机，清高宗亲自审视了历代政权的正、闰地位，又于乾隆四十六年十月甲申日的谕旨中，集中地阐述了他的正统论观点，其文曰：

> 《春秋》大一统之义，尊王黜霸，所立万世纲常，使名正言顺，出于天命人心之正。紫阳《纲目》，义在正统，是以始皇之廿六年，秦始继周；汉始于高帝之五年，而不始于秦降之岁；三国不以魏、吴之强夺汉统之正，《春秋》之义然也……夫正统者，继前统、受新命也。东晋以后，宋、齐、梁、陈虽江左偏安，而所承者晋之正统。其时若拓拔魏氏，地大势强，北齐、北周继之，亦较南朝兴盛，而中华正统，不得不属之宋、齐、梁、陈者，其所承之统正也。至隋则平陈以后，混一区宇，始得为大一统。即唐之末季，藩镇扰乱，自朱温以讫郭威等，或起自寇窃，或身为叛臣，五十余年之间更易数姓，甚且称臣称侄于契丹，然中国统绪相承，宋以前亦不得不以正统属之梁、唐、晋、汉、周也。至于宋南渡后，偏处临安……辽、金不得攘而有之。至元世祖平宋，始有宋统当绝、我统当续之语，则统续之正，元世祖已知之稔矣。②

这段上谕不仅对历代政权的正统归属问题作出裁断，而且明确提出判别正统地位的标准，结合《御批通鉴辑览》及其他一些论述，可知清高宗的正统论思想，理论上具有如下几个层次。

---

① 清世宗：《大义觉迷录》卷一《上谕》，《近代中国史料丛刊》第三十六辑，台北文海出版社，1973 年。

② 《清高宗实录》卷一一四二，乾隆四十六年十月甲申，中华书局，1985 年影印本。

第一，大一统政权有绝对的正统地位，不论其统治民族如何、发祥地何在。如元朝虽起自北边，皇帝亦非汉人，而仍为正统政权。一统政权的唯一标准，就是对以中原为中心的广大经济、文化发达地区的实际统治，即所谓“为中华之主”。[①]清高宗说：“大一统而斥偏安，内中华而外夷狄，此天地之常经、古今之通义。是故夷狄而中华，则中华之；中华而夷狄，则夷狄之，此亦《春秋》之法，司马光、朱子所为亟亟也。”[②]这是在大一统的总纲下，将成为中华之主的少数民族政权置于同等的正统地位。

第二，统一政权崩析，几个政权并存的时期，承续原正统政权者为正统，如东晋与南朝宋、齐、梁、陈等等。只要具备偏安一方的规模，即视为正统。

第三，统治的区域仍作为判定正统地位得失之际的依据。清高宗认为：“宋自建炎南渡，已属偏安，然德祐以前尚有疆域可凭，朝廷规模未失，犹可比之东晋。至临安既破，帝㬎见俘，宗社成墟，宋统遂绝”，而昰、昺二王“残喘苟延，流离失据，不复成其为君”，与明末唐、桂二王无异，皆不得谓之正统政权。[③]很明显，这里判断正统地位的得失，是要根据是否尚有相当的统治疆域可凭。而所谓的“疆域可凭”，是排除了海岛、边徼等类地区的，为此，清高宗特指出“如元顺帝北迁沙漠，未尝不子孙继立、苗裔屡传。然既委弃中原，编年即不复大书故号，此正也”。[④]藉此表明否定宋末昰、昺二王和明末唐、桂二王政权的正统地位，并非有失公道。

第四，原正统政权的皇族血统，仍作为很重要的因素。如三国时刘备的蜀汉政权，与东汉并无政权上的承续关系，仅以刘氏皇族身份借用汉朝名号而已。《通鉴纲目》将之作为正统，清高宗亦予以赞许，说明血统关系仍作为判断正统与否的参考因素。实际上东晋、南宋被认为承续前统，也包含着皇族血统上的因素。对于南明唐、桂二王，清高宗虽然认为其“转徙闽滇、苟延一线”，不足为承续正统的政

---

① 《清高宗实录》卷一一四二，乾隆四十六年十月甲申。

② 《国朝宫史续编》卷八九，《圣制通鉴纲目续编内“发明”“广义”题词》，北京出版社，1994年，第869页。

③ 《御批通鉴辑览》卷九五，元世祖至元十三年批语，景印文渊阁《四库全书》本。

④ 《御批通鉴辑览》卷九五，元世祖至元十三年批语。

权，但既为明室子孙，非若异姓僭窃，故指出不得称为“伪”朝①，又下令于《通鉴辑览》中附记其事迹。②这种处理，也是出于对原明朝宗支血统关系的考虑。

推尊大一统政权，是清高宗正统论思想的中心内容，不仅大一统政权的正统地位无条件地得以确认，而且一统政权的承续者只要具备偏安规模，也保持着正统地位，在新的大一统政权出现之前，这种正统地位将一直传递下去，如西晋政权递及于东晋与宋、齐、梁、陈，唐朝递及于梁、唐、晋、汉、周各代。这里强调政权的传承递及为正统标准，实则也突出了原一统政权的历史地位。无这种承续关系的新兴势力，只有建立新的大一统，才可能具备正统政权地位。因此，历史上正统名分的存在与转移，皆系于大一统政权的建立。

清高宗的正统论思想，坚决摒弃某些正统论中排抑少数民族政权的因素，但由于在分析并存政权的正、闰地位时，以“继前统、受新命”为主要标准，结论便大体认同于朱熹《通鉴纲目》，这样，清高宗就在弘扬“《春秋》大义、《纲目》大法”的旗帜下，对以往的正统观念有融汇、有吸取、有改造，形成以大一统观念为核心，以政权承续关系为主线，并将地域、血统等因素折中其间的正统论思想，以适应清廷处理史学问题的需要。这种正统论思想的贯彻，对官方的史学观点和史学政策影响甚大，主要表现为：(1)对宋元之际、元明之际的历史重作论断，否定《续资治通鉴纲目》将宋末昰、昺政权作为正统和明太祖称帝即以明朝年号纪年的做法，批判其书对少数民族政权的贬抑，并发动了旷日持久的查禁和收缴《续资治通鉴纲目》及其雕版板片的行动，其中包括清圣祖的御批本③，并令皇子和军机大臣对该书重加订正。④从官方角度而言，这是对历史思想和史学思想的一项大的清理整顿，以建立对少数民族政权一视同仁的正统论思想体系。清高宗将之视为关乎“是非曲直之公，天命人心之正”⑤的大事，予以极端的

---

① 见《清高宗实录》卷七六一，乾隆三十一年五月甲午。

② 《清高宗实录》卷九九五，乾隆四十年闰十月己巳。

③ 见《清高宗实录》卷一一六八，乾隆四十七年十一月辛丑谕。

④ 《国朝宫史续编》卷八九，《圣制命皇子及军机大臣订正〈通鉴纲目续编〉谕》，第868页。

⑤ 《国朝宫史续编》卷八九，《圣制通鉴纲目续编内“发明”“广义”题词》，第871页。

重视。(2)对明清之际的历史问题重加裁定,使之符合于正统论的思想体系。如改变了清廷自入关后即宣称的明朝于崇祯帝自尽即已灭亡的说法,将明朝灭亡时间推移至南明福王被执。在《御批通鉴辑览》中大书“崇祯十七年”,而下附顺治元年,同时分注福王弘光年号等等。[①]这些举措,在当时十分引人注目,清高宗也自诩为“使天下后世,晓然于《春秋》大义。实为大公至正,无一毫偏倚之见”。[②] (3)对私修明史的禁令也有所调整,如清高宗亲自解除了对《明纪辑略》[③]一书的禁毁,指出:“即朱璘之《明纪辑略》,亦以附三王纪年,为浙江抚臣等所奏毁。兹以搜访遗集,外省奏进此书,阅其体例,非不尊崇本朝,且无犯讳字迹,徒以附纪明末三王,自不宜在概禁之列。”[④]这一方面是将文网稍有放宽,另一方面则企图将私家记述引至与官方记载相同的基调上来,化堵塞为疏导,以收思想控制之实效。

总之,清高宗的正统论明晰地为评论历史、编撰史籍划出一道准绳,并在官修《御批通鉴辑览》内作出具体的样板。通过左右开弓地拨正贬抑少数民族政权与贬抑明季史事这两种倾向,标榜史学上的大中至正之道,提出要“使天下万世知史法大公至当之理应如此”[⑤],这是清高宗史学思想在成熟时期的重要特点。

二　贯彻于史学中的“臣节”准则

中国封建主义的纲常名教原则,是封建专制统治的思想基础,如何以史学扶植纲常,是清高宗极为关注的问题。他以独裁君主的地位,经长期的研究思索,在评析历史和指导官方修史方面,都使纲常准则的贯彻达到了前所未有的广度和深度,其中尤以强调“臣节”最为昭著。

《御批通鉴辑览》是清高宗评析历史的集大成之作,其中批语于

---

① 《御批通鉴辑鉴》卷一一六,崇祯十七年批语。

② 《国朝宫史续编》卷八九,《圣制命皇子及军机大臣订正〈通鉴纲目续编〉谕》,第868页。

③ 《明纪辑略》一书,清康熙间朱璘撰,以编年体略述明代史事,其中记有南明事略。

④ 《清高宗实录》卷九九五,乾隆四十年闰十月己巳。

⑤ 《御批通鉴辑览》卷九九,“至正二十八年元顺帝北去,元亡”事批语。

君臣之义持之甚严。对臣节的要求无丝毫姑容，批评的矛头常触及古代一些“名臣”。如指责春秋时齐国晏婴不死崔杼之难[1]；指出陈平、周勃直至吕后死后才安定西汉刘氏天下，乃是“柔奸自全者流”，是汉高祖之罪人[2]；王祥以孝行为天下知，既仕曹魏，又仕西晋，亦受清高宗责难。[3]特别是对武则天时身居高位的狄仁杰，接连以六条批语予之挞伐，认为狄仁杰本唐臣，在武周时为相，“后世反以复唐之功归之，是皆托于明哲保身、宽柔以教之论，而未终读夫子至死不变之语，是非倒置，莫甚于此”。[4]批评了朱熹《通鉴纲目》“于仁杰津津言之，且以荐张柬之为复唐张本”的错误，改变《通鉴纲目》的书法，于狄仁杰一律书为“周”臣，“以为为人臣而事二姓者戒”。[5]其他如南唐亡国而降宋的徐铉、原为宋将而降元的刘整，皆受到清高宗无情的指斥，认为这些人“已不足齿于人类”。[6]总之，强调忠君思想，是清高宗在史学中贯彻纲常伦理的中心内容，为此他对于孟子、朱子等的一些言论亦公然批驳。孟子曾言益、伊尹、周公未尝不羡天子之位，朱熹亦曾本其意为《中庸》作注，清高宗指出：“予以为后世之乱臣贼子，未必非此言有以启之。然此言非予言之，他人不敢言也。”[7]这实际上是对孟子和朱子有关言论的严厉谴责。同样，在历史问题上，他对有开创治世之功的唐宗、宋祖亦有所抨击，如评论唐太宗时认为：“唐太宗要父以叛君、杀兄以逼父，忠孝之道泯矣。自知无以取誉于后世，故即位之后，于凡好名之事无所不为。”[8]对于宋太祖赵匡胤因陈桥兵变夺取后周政权，指出：“其得国之不以道，又岂能曲为原谅哉！”[9]这些都充分表明清高宗在人臣忠于君主的问题上，有着不容稍有回护、不存一丝罅隙的彻底态度。

将这种纲常准则施于对明清之际史事的考察，清高宗有两项重

---

① 《御批通鉴辑览》卷六，“崔杼弑其君”事批语。
② 《御批通鉴辑览》卷一三，“张辟疆请拜吕台、吕产为将”事批语。
③ 《御批通鉴辑览》卷二九，“晋太保王祥卒”批语。
④ 《御批通鉴辑览》卷五三，“武氏改国号为周”事批语。
⑤ 《评鉴阐要》卷五，“周平章事狄仁杰卒”批语，景印文渊阁《四库全书》本。
⑥ 《御批通鉴辑览》卷九四，“刘整发愤死”批语。
⑦ 清高宗：《御制文二集》卷二《四得续论》，景印文渊阁《四库全书》本。
⑧ 清高宗：《御制文二集》卷三四《读欧阳修纵囚论》。
⑨ 《御批通鉴辑览》卷七一，“陈桥兵变”事批语。

大举措，一是议谥明季殉节诸臣，并编辑《胜朝殉节诸臣录》；二是于国史创立《贰臣传》。乾隆四十年二月，清廷大张旗鼓地为明朝殉节死义的大臣议谥，包括明季殉节诸臣与建文朝殉节之臣两部分内容，生平大节卓然者各定以专谥，平时无甚表见者定以通谥，以《明史》《通鉴辑览》《大清一统志》及各省通志为据，严格甄别事迹，得三千六百余人。又令将入谥人物于原籍设牌位入祀忠义祠，并根据专谥、通谥清单，编为一册，冠以清高宗有关谕旨及廷臣议疏，“一体成书，与《明史》相附而行”①，成《胜朝殉节诸臣录》一书。这是一场广泛的崇奖忠贞、风励臣节的道德教化活动，但随之而来的问题是如何评定降附清朝的许多明臣。是年十二月，清高宗决定在国史中特立《贰臣传》，将“在明已登仕版，又复身仕本朝”的“大节有亏”人物，凡可立传者均归于此类，并阐扬其义旨说：

> 朕思此等大节有亏之人，不能念其建有勋绩，谅于生前，亦不能因其尚有后人，原于既死。今为准情酌理，自应于国史内另立《贰臣传》一门，将诸臣仕明及仕本朝各事迹，据实直书，使不能纤微隐饰……此实朕大中至正之心，为万世臣子植纲常，即以是示彰瘅。昨岁已加谥胜国死事诸臣，其幽光既为阐发，而斧钺之诛，不宜偏废，此《贰臣传》之不可不核定于此时，以补前世史传所未及也。②

《贰臣传》的编纂，确实解决了在史学中贯彻封建纲常准则的一个较大问题。以往各朝代纂修国史，对前朝降附之臣，未能从总体上绳以“臣节”。清高宗从维护整个封建主义思想体系出发，从提高忠君意识、维护清朝统治的根本利益出发，在国史中创立了《贰臣传》，这是将纲常准则彻底贯彻于史学的典型体现，从封建政权的官方角度来看，使史学思想达到一个新的高度。

三　垂训鉴戒、匡助政治的修史宗旨

以史为鉴、以史资治，本是中国古代传统的史学思想，历代相沿，

---

① 《清高宗实录》卷一〇〇二，乾隆四十一年二月庚戌。

② 《清高宗实录》卷一〇二二，乾隆四十一年十二月庚子。

源远流长，在官方史学活动中更成为奉行不渝的基本宗旨。清高宗十分重视历史的垂训鉴戒、匡助政治作用，他主持编纂《御批通鉴辑览》，目的就在于使“观是书者，凛天命之无常，知统系之应守，则所以教万世之为君者，即所以教万世之为臣者也”。[①]这是以编纂和评析历代史事的方式，申明训诫、辅佐政治。明朝与清朝首尾相接，前鉴不远，明代史事的鉴戒作用更为清高宗所重视。乾隆四年《明史》刻成之后，就成为他加意阅读之书。《读明史》一诗形象地反映了这种情况：“几余何所乐，书史案头横。稽古征文献，诠时验治平。百年民物盛，一代纪纲呈。抚卷增乾惕，还垂殷鉴明。”[②]后来清高宗下令编辑《明臣奏议》，指出：“此事关系明季之所以亡、我朝之所以兴。敬怠之分，天人之际，不可不深思远虑，触目警心。”[③]明确地表达了欲从明代史事总结出历史教训的撰述宗旨。

在各种史籍中，典制体之书匡助政治的作用更为卓著，清高宗指示编纂“续三通”“清三通”等大型史籍，皆期于“立纲陈纪、斟酌古今”[④]，于政务有所裨益，正如他在谕令编纂《国朝宫史》时指出：“夫祖宗立纲陈纪、垂之典则者若此，朕之防微杜渐、谨其操柄者又若此。不有成书，奚以行远？”[⑤]道明了以本朝典制体史籍辅助政治的编纂目的。

除了通过纂修历代史、前代史、典制史以汲取鉴戒、辅助政治，清高宗以史为鉴、以史资治的思想和措施还具备一些新的内容。

第一，修史活动直接导致一些行政措施，从而直接表现出官方史学对官方政治的辅助作用。如乾隆四十一年对徐治都后裔补加恩赏[⑥]，乾隆六十年追夺于敏中世职[⑦]，皆因阅读国史馆所呈列传引发，这种事例屡有发生。乾隆五十一年，清高宗详阅三通馆进呈的《清朝通志·职官略》，发现了官制品级中的重文轻武倾向，于是要求大臣

① 《御批通鉴辑览》卷首，御制序。
② 清高宗：《御制诗初集》卷五《读明史》。
③ 《清高宗实录》卷一一四三，乾隆四十六年十月丙申。
④ 清高宗：《御制文初集》卷一一《重刻通典序》。
⑤ 《国朝宫史》卷首《圣谕》，北京古籍出版社，1987年，第2—3页。
⑥ 《清高宗实录》卷一〇二一，乾隆四十一年十一月戊子。
⑦ 《清高宗实录》卷一四七九，乾隆六十年五月辛未。

们会同更定。[①] 这里因修史而导致官制的部分改变，是以史资治宗旨的具体体现。

第二，将本朝史事，尤其是开国之史引为教化之资，试图藉此激发起维护清廷统治的政治热情。如纂修《宗室王公功绩表传》，其目的之一就是使其“奕世子孙观感奋发，竞知鼓励”。[②] 特别是从乾隆三十八年敕撰《开国方略》始，随即进行了一系列重理本朝开国史的编纂活动，其宗旨就在于“以示我大清亿万年子孙臣庶，期共勉以无忘祖宗开创之艰难”，从而使其后世子孙“思所以永天命、绵帝图，兢兢业业，治国安民，凛惟休惟恤之诚，存监夏监殷之心”。[③]在关于绘写《盛京事迹图》的谕旨中，清高宗还把向最高统治阶层展示业绩的方法，视为“诒谋垂裕之道，无有大于此者”。[④] 这是在满洲贵族、八旗子弟日趋腐化的历史背景下，从巩固清朝长久的统治地位着眼，求助于史学的政治作用，是清高宗史学思想的独特内容。

第三，借助历史的总结和分析，推动政治理论的创建和深化，这生动地体现于《古今储贰金鉴》一书的编纂。清朝自雍正朝起，已然采取“秘密建储”的帝位传袭方式，但当时并未从理论上阐明这项改革的必要性，因此是很不巩固的。清高宗初继皇位，就曾认为其父的秘密建储方法不过是“酌权剂经之道，非谓后世子孙皆当奉此以为法则也”。[⑤]后来，清高宗在对现实政治的体验和对历史的总结中，认识到秘密建储对稳定宫廷政治秩序的积极作用，从理论上否定二千年来的册立储君制度，就成为他所探讨的问题。而这种政治理论的探讨，基本依据于史学上的研治。在清高宗的文集、《通鉴辑览》的批语及乾隆四十三年九月的上谕中，都有借总结和评析历史以探讨建储问题的论述，乾隆四十八年九、十两月，他再次申述历朝历代因预立太子招致祸乱的历史教训，下令编纂《古今储贰金鉴》一书。此书收录清圣祖谕旨一道及清高宗大量上谕和论文，列于卷首。全书顺次

① 《皇朝朝文献通考》卷七八《职官二》，景印文渊阁《四库全书》本。
② 《清高宗实录》卷七一九，乾隆二十九年九月乙亥。
③ 《清高宗实录》卷九九六，乾隆四十年十一月癸未。
④ 《清高宗实录》卷一〇一一，乾隆四十一年六月丁巳。
⑤ 《清高宗实录》卷二二，乾隆元年七月甲午。

叙述自周代至明朝因册立储君而引起祸乱的二十九项事例[①]（另附叙五事），各加按语评论。这是一部立足于历史教训的总结与分析，汇集和阐明清高宗建储理论的史评类著述，其突出的特点是以传统史学的方法，否定了一项历史形成的传统政治制度，标志着清朝对建储制度的改革提高到理论的水平，是清高宗以史资治的史学思想取得的重要成就。

综上所述，清高宗从维护清廷的根本利益出发，既注意从治史、修史中得到启发，直接用于具体行政措施和典制、政策的调整，也放眼于对后世继位承国子孙的教化训诫，同时还在以史学方式进行政治理论的建设方面做出了新的探索。为此，他特地倡导了多种史籍的编纂，将史学的垂训鉴戒、匡助政治的作用拓展到新的境界和较高层次，发展了传统史学中以史为鉴、以史资治的思想。

四 彰善瘅恶、信今传后的史学观念

清高宗极为重视史书的彰善瘅恶作用，早在他继位之前，就强调《春秋》《通鉴纲目》等书为“彰善瘅恶，比事属词”的杰作，能使不畏王法的乱臣贼子“读此书而知惧”，“人知有所惩劝，惧见诛于后世”。[②]在强调史学的重要作用的同时，清高宗也倡导撰史应真实可信，认为“盖史者，所以传万世、垂法戒”[③]，为达此目的，史书必须足资垂信。这种彰善瘅恶、信今传后的史学观念本为传统史学思想的主要内容之一，并非清高宗的创见，但经过清高宗的强调和阐发，成为国史纂修的指导思想，形成了“国史之修，所以彰善瘅恶、信今传后”[④]的基本原则，在官方史学的发展中起到了十分重要的作用。

清朝康、雍两朝皆曾纂修本朝国史，但国史列传仅择取有显著功勋和政绩的大臣为之立传，有褒无贬、内容片面，纂修工作也成就寥寥。乾隆三十年六月，清高宗指示重开国史馆，将注意力集中于列传的编纂，提出“国史所以传信”和贯彻《春秋》“华衮斧钺之义”的要

① 《四库全书总目》称本书记有三十三事，误，与实际内容未合。

② 《乐善堂全集定本》卷七《朱子资治通鉴纲目序》，景印文渊阁《四库全书》本。

③ 《清高宗实录》卷一一五四，乾隆四十七年四月辛巳。

④ 《清高宗实录》卷一一四二，乾隆四十六年十月癸酉。

求。[①]在国史纂修的进程中，清高宗逐次发布有关指示，以体现其“彰善瘅恶、信今传后”的史学观念，概略而言，主要为以下三个方面。

第一，国史列传应贤否兼载、瑕瑜不隐。清高宗指出：“向来国史馆所辑列传，原系择满汉大臣中功业政绩素著者列于史册，以彰懿美。其无所表见及获罪罢斥者概屏弗与。第国史所以传信，公是公非所关，原不容毫厘假借，而瑕瑜并列，益足昭衡品之公。所为据事直书，而其人之贤否自见，若徒事铺张夸美，甚或略其所短、暴其所长，则是有褒而无贬，又岂《春秋》华衮斧钺之义乎！”[②]因此，“大臣之贤否，均不可隐而弗彰”[③]，而对于具体人物的记载，则要“瑕瑜并列”，即使地位尊贵的宗室王公，“即其中有瑕瑜互见、功过不掩之处，亦当并存其实，以示传信”。[④]此外，清高宗还指示，国史立传不得专以官员职衔高低为据，要取其事迹可纪。儒林、隐逸、列女等卓然可称者，亦当核实兼收，另为立传。[⑤]这样，就使国史列传内容全面，可具备一朝全史的规模。清高宗要求史馆诸臣“稽之诸史体例，折衷斟酌，定为凡例，按次编纂，以备一代信史”[⑥]，改变了原以国史列传作为表彰贤臣工具的编纂方向，而步入比肩于历代正史的封建史学轨道，这是清朝在纂修国史方面的一大转折。

第二，记事载文，应原委明晰。乾隆三十七年十月，清高宗阅看国史馆进呈的《明珠列传》，见“内所列郭琇纠参各款，胪采不全，于核实记载之义未合”，因令于传中全文载入郭琇参本，“俾天下后世，得喻此事本末”。[⑦]乾隆四十年三月，发现《王鸿绪列传》存在同样问题，遂提出批评，下令“将王鸿绪、徐乾学、高士奇等列传复加核订。所有郭琇等原劾诸疏，悉载入传内，另缮呈览，其余有类此者，并着一体详载，以示大公而昭传信”。[⑧]这些指示的实质就在于令国史列传在关

---

① 见《清高宗实录》卷七三九，乾隆三十年六月丁卯。

② 《清高宗实录》卷七三九，乾隆三十年六月丁卯。

③ 《清高宗实录》卷七三九，乾隆三十年六月丁卯。

④ 《清高宗实录》卷一三一八，乾隆五十三年十二月壬辰。

⑤ 《清高宗实录》卷七四四，乾隆三十年九月戊子。

⑥ 《清高宗实录》卷七四四，乾隆三十年九月戊子。

⑦ 《国朝宫史续编》卷八八《史学一》，第853—854页。

⑧ 《国朝宫史续编》卷八八《史学一》，第855页。

键事件和内容上，原委明晰，详其本末，不留疑义而信今传后。

第三，亲自为国史严定体例。为使国史真正达于彰善瘅恶、信今传后之效，清高宗亲自为之议定体例。早在乾隆三十年九月，他就提出国史中为大臣内而卿贰以上，外而将军、督抚、提督以上者分别立表，各表"仍应于各姓氏下注明有传无传，使览者于表传并列者，即可知某某之美恶瑕瑜；而有表无传者，必其人无足置议；有传无表者，必其人实可表章。则开卷了然，不烦言而其义自见"。[①]这个见解比章学诚提出同样的主张早了二十余年[②]，是清高宗在史例上的创树。在大臣列传的分类上，清高宗贯彻植纲常、示彰瘅的原则。乾隆四十一年十二月，首倡于国史中立《贰臣传》，将先仕明朝、后归降本朝的大节有亏之臣归入。乾隆四十三年二月，又指示《贰臣传》要分甲、乙二编。甲编收载降附后忠于本朝，并有勋绩劳效之臣，是贰臣中的优者，乙编收载归降后无功可录或仍二三其心之人。清高宗认为只有这样，才做到了"俾优者瑕瑜不掩，劣者斧钺凛然，于以传信简编，而得天下后世之公论，庶有合于《春秋》之义焉"。[③]乾隆五十四年十二月，又下令再立《逆臣传》，将先曾降附农民起义军和降附本朝又复叛者剔出《贰臣传》，归于此类。[④]乾隆五十六年三月，又指示在明朝只登科第、未经授职者不得归于贰臣，令于国史查明改正，"以昭信史"。[⑤]可见，清高宗对国史列传的甄别归类日趋精细，并以此作为国史彰善瘅恶的重要手段，在义例上也有所创新。

由于清高宗将彰善瘅恶、信今传后的史学观念贯彻于国史，解决了国史列传纂修中的许多具体问题，从而丰富了这一传统史学思想的内容。这种信史的观念，也被用于治史的其他方面，如在编纂《皇清开国方略》过程中，其事其文多取于《太祖武皇帝实录》，就是因为该书"盖崇德元年所辑，文直事核，足资垂信"。[⑥]这显然是信史观念有所增强的表现。

---

① 《清高宗实录》卷七四四，乾隆三十年九月戊子。

② 章学诚于乾隆五十四年修《亳州志》时才提出史书立"人物表"的论述。

③ 《清高宗实录》卷一〇五一，乾隆四十三年二月乙卯。

④ 《清高宗实录》卷一三四四，乾隆五十四年十二月庚申。

⑤ 《国朝宫史续编》卷八八《史学一》，第861页。

⑥ 《御制开国方略联句》注，载《皇清开国方略》卷首，景印文渊阁《四库全书》本。

清高宗对于史学的彰善瘅恶、信今传后有统一的思想标准，这就是他一贯标榜的公是公非，大公至正，声称“作史乃千秋万世之定论，而非一人一时之私言”。[①] 出于这种公是公非，他批判“自来修史者多轩本朝而轻胜国，皆出于一己之私，而不合于天理人情之公”[②]的倾向，有一定的积极意义。但是，所谓的公是公非的实质是遵循纲常名教，这使清高宗的信史观念产生了扭曲，他大肆修改史籍中的文句、译音用字和书法体例，而且皆自称“用昭正讹传信之至意”[③]，造成了历史文献的歧异混乱。至于那些为泯没反清意识而禁毁某些书史的做法，是从维护本朝政治利益出发的一种极端的文化专制行为，着眼点在于这些书籍的“狂诞”与“悖逆”，记载是否真实已是退居次要地位的问题，更是其信史观念的严重局限性。

五　精思善疑、考据求实的治史精神

清高宗阅读史籍和研治史学，对史事的记载是否真实经常地予以注意。他指出，“尽信书不如无书，读史者不可不具卓识”[④]，“记载家尚奇藻而失真实者，盖不可屈指数，读书者所宜尚论识时也”。[⑤]在其文集和《御批通鉴辑览》的批语中，存有大量指摘史笔失实的论断，表现了他杰出的史识。例如对于楚国欲以地七百里封孔子的记载，清高宗指出：“周制，公侯封域最大者四五百里，楚地虽广，度其疆界止千有余里耳，且楚重臣如沈尹戌辈，不过封以郡县，安有以七百里予人？此事之必无者。”[⑥]又如对齐国田单运用火牛阵破燕军一事，清高宗批语曰：“蕞尔一邑，被围已三年，其不至析骸易子者盖亦几希，何得城中之牛尚有千余耶？火牛之事当日谅或有之，史家过为文饰，反启后世之疑矣！”[⑦]南宋岳飞大破金兵“拐子马”之事，一直脍炙人口，传为美谈，而清高宗以独到的见解指出：

---

① 清高宗：《御制文二集》卷三五《读金史》。

② 《国朝宫史续编》卷八九《圣制阅通鉴辑览》诗自注，第868页。

③ 《国朝宫史续编》卷九二，乾隆三十六年十二月十三日谕，第903页。

④ 《御批通鉴辑览》卷五〇，“唐太宗怀鹞”事批语。

⑤ 《御批通鉴辑览》卷五，“城濮之战”事批语。

⑥ 《御批通鉴辑览》卷八，周敬王三十一年“楚子将以书社地七百里封孔子”事批语。

⑦ 《御批通鉴辑览》卷一〇，周赧王三十六年“田单用火牛阵”事批语。

> 北人使马，惟以控纵便捷为主。若三马联络，马力既有参差，势必此前彼却。而三人相连或勇怯不齐，勇者且为怯者所累，此理之易明者。拐子马之说，《金史》本纪、兵志及乌珠（兀术）等传皆不载，惟见《宋史》岳飞、刘锜传，本不足为确据……即所云马被重铠，亦徒束缚而不能骋其腾骧之力，尤理所必无。纪事家狃于兵车驷介之说，强为附会，不足当有识者一哂。千载传讹，耳食之徒无能究其真伪，皆为史册无稽之说所误，不得不明辨之。①

这些分析，可谓鞭辟入里、思索缜密，既善于质疑，又锐于审断。其他如苏武困于匈奴“啮雪餐旃”事②、诸葛亮征孟获七擒七纵事③、唐太宗怀鹞事④等等，清高宗皆有相当中肯的疑辨，指出史书记载的不足征信。《读严光传》《读后汉书明德马后传》《读刘昆传》⑤等文亦指摘了史籍的夸张失实之弊，这样的事例不胜枚举，充分表现了清高宗精思善疑的治史态度。

清高宗对史籍载事失实问题的指摘，其中有相当部分是辩驳那些神怪、灾异之类的无稽之谈。他反对将星变、灾异等附会于世事。如史载耶律楚材据“长星见西方”，预言金国将易君主，清高宗予以批评说：“金距此时逾一年四月始易主，何系于长星之见？且彼时南有宋而北有金，蒙古亦方兴之国，而西方则西夏之地，长星究为谁见耶？此不过附会耶律楚材明天文之说，而不知其怪诞已甚也。”⑥史书载有宋徽宗时多种灾异，清高宗认为皆无足征验，“徽宗昏乱，既无灾异亦必亡国。作者因宋运日替，遂据一时讹言以为五行灾异之征，亦好奇而不知失之诬矣”。⑦ 在批驳了大量这类荒诞记载后，清高宗指出：“灾异率庸俗谬传，而神怪尤圣人不语，真伪更无庸深辩矣。”⑧不

① 《御批通鉴辑览》卷八六，“岳飞战金兵于郾城，破拐子马”事批语。
② 分别见《御批通鉴辑览》卷六、卷一二、卷一六批语。
③ 清高宗：《御制文初集》卷三一《书蜀志诸葛亮七纵七禽事》。
④ 清高宗：《御制文初集》卷一三《书唐太宗怀鹞事》。
⑤ 清高宗：《御制文二集》卷三四《杂著》。
⑥ 《评鉴阐要》卷九，“耶律楚材言金国易主”事批语。
⑦ 《御批通鉴辑览》卷八一，宋宣和元年“京师大雨”批语。
⑧ 《御批通鉴辑览》卷九九，至正十四年“汴河冰五色”事批语。

过，清高宗并未完全摆脱天命论思想，虽亦言“天道远、人事迩”，但仍相信“国之将兴，必有祯祥，然祯祥之赐由乎天，而致天之赐则由乎人”。[①] 他虽力斥“五德终始”说之妄，却执守着“帝王肇兴，本由天命”的观念[②]，这表明清高宗在对待史书中的迷信与荒诞记载方面，仍存在着严重的局限性。

与读书阅史的精思善疑精神相关联，清高宗也十分注重对史事记载的考证。如《三传晋假道伐虢辨》[③]一文，不仅指出《春秋》三传之记述在年代上的歧异，而且通过考察晋国与虢国的地理位置，指出晋伐虢实无“假道”的必要。其他如《广陵涛疆域辨》《翻译名义集正讹》《三韩订谬》《夫余国传订讹》等文[④]，皆为对史籍及其他文献的考证，并且利用了语言学、地理学及地方风俗等方面的知识。

清高宗注重考据求实的精神特别集中地体现于历史地理学方面。早在乾隆二十一年二月，用兵西北的战争尚未结束，清高宗即令勘察西北山川地理，经过长期考订、验证，至乾隆四十七年才完成《西域图志》一书。其后《日下旧闻考》《热河志》《满洲源流考》《河源纪略》等书的编纂，均按清高宗的指示，贯彻了考辨史籍记载与实地勘察相结合的方法，这对清代史地学的兴起起到了开导先河的作用。清高宗还亲撰史地考证之文，如《阳关考》《热河考》[⑤]《滦河濡水源考证》[⑥]《济水考》[⑦]等等，对考据之道十分热衷，并且具备比较谨慎、认真的精神。他主张：“事不再三精核，率据耳食以为实，君子弗为也。言不求于至是，己觉其失，护己短而莫之改易，君子弗为也。必知斯二者然后可以秉史笔，以记千载之公是公非。”[⑧]这里将考据求实的治学态度，作为秉笔修史应必备的基本条件，是清高宗史学思想中的积极因素，对官方史学以及整个史学风气都有相当大的影响。第一，这种考据求实的治学态度，使官修史籍增强了学术性，并且促使清统

---

① 《清高宗实录》卷九九六，乾隆四十年十一月癸未。

② 《御批通鉴辑览》卷一一，“秦定为水德”事批语。

③ 载清高宗《御制文二集》卷二四。

④ 载清高宗《御制文二集》卷二四、卷二五。

⑤ 以上载清高宗《御制文二集》卷二一。

⑥ 载清高宗《御制文二集》卷二二。

⑦ 载清高宗《御制文二集》卷二三。

⑧ 清高宗：《御制文二集》卷一一《土尔扈特部纪略》。

治者在尊重史实方面有所进步。如入关前努尔哈赤曾受明朝龙虎将军封号一事，清廷向来讳莫如深，而至清高宗谕令纂修《满洲源流考》时则爽口承认。[①]第二，清高宗对考据求实的倡导，与当时正趋兴起的历史考据学相契合，对乾嘉考据学热潮的形成，无疑起到了推波助澜的作用。

六　清高宗史学思想的特点

清高宗并非一般的史学家或学者，他身为皇帝，处于整个封建时代的晚期，而又身居经济和文化相对繁荣的所谓盛世，这种社会上的特殊地位，决定他的史学思想具备一些值得注意的特点，即史学上的帝王立场、对史学的垄断意识和总体保守而又追求翻新的治史倾向。

清高宗的史学思想，在主体和实质上未出以往传统史学所具备的内容范围，且融入了较多的帝王立场，他将纲常名教更进一步贯彻于史学，对“臣节”极为强调，明显地体现出这个特点。其他诸如对以史取鉴、以史资治的论述，对彰善瘅恶、信今传后史学标准的论述，也蕴含着帝王立场和眼光，往往是从帝王统驭天下、巩固亿万年基业的角度出发。一些具体的历史评论更是如此，如对于史载周文王向商纣献地以请除酷刑之事，清高宗批语曰：“市惠行权，似非圣人所为，予不能无疑。”[②]对于后汉光武帝迷信图谶，则辨解为“假神道以设教”，声称“此不足为盛德之累”。[③]这些疑史、论史之词，均带有从帝王立场出发的明显偏见。不过，清高宗又以治世明君自居，故对历代一些败国乱政之君亦有抨击，但往往不赞成该朝臣子亦取讥评的态度。如对于北宋真宗“得天书”之事，清高宗斥其诞妄，但却反对宋真宗死后应当烧天书追究伪造之人的说法，认为臣子不应彰君父之过，“事后止宜置之不论不议而已”。[④]

与皇帝的地位相关联，清高宗还有着对史学的独裁垄断的意识，他既为政治上的专制君主，又要充任史学上的主宰。早在乾隆七年，正当编纂《明纪纲目》之际，清高宗即对馆臣称，该书“予夺严乎辞语

① 《满洲源流考》卷首谕旨，景印文渊阁《四库全书》本。

② 《御批通鉴辑览》卷二，“周文王献地请除炮烙之刑”事批语。

③ 《御批通鉴辑览》卷二一，“儒生强华奉赤伏符”事批语。

④ 《御批通鉴辑览》卷七三，“宋真宗葬永定陵，以天书殉葬”事批语。

内，敢曰继《春秋》之翼道，于此昭来兹之鉴观，我君臣其共勉之”。[①]这已然包含着由官方执掌历史之褒贬予夺的意图。后来编纂《通鉴辑览》，清高宗对正统问题、历代善恶是非问题亲自论定、撰为批语，又将大部分批语录出纂成《评鉴阐要》一书，被官方奉为“洵足觉聩震聋，垂教万世”[②]，又称“日月著明，爝火可息，百家谰言，原可无存”。[③]即不但欲于清代垄断史学评论，而且将历代史评类典籍一笔否定。清朝本朝国史，是清高宗所要垄断的另一重点。乾隆三十年重开国史馆时的谕旨曰：“朕每览历代史册，褒讥率无定评，即良史如司马迁，尚不免逞其私意，非阿好而过于铺张，即怨嫉而妄为指摘，其他更可知矣……今悉据事核实，立为表传，总裁大臣公同商榷，朕复亲为裁定，传之万世，使淑慝并昭，而衮钺不爽，不更愈于自来秉史笔者之传闻异词，而任爱憎为毁誉者耶！”[④]这里明确表达了本朝国史不容私人修纂的观念。

清高宗不仅热爱治史，还热衷于诗文，他的诗作有四万余首，数量惊人，但是却常常表白自己无意与文人争短长，指出“为人君者，若专以吟咏为能，亦即溺情之一端，自古有戒”。[⑤]而对于史学，则与诗文完全不同，声称“《春秋》天子之事，是非万世之公”。[⑥] 对官修史的体例、内容等等皆亲作裁决和审定，加强控制，以主持官方史学活动为己任，同时又利用官方的人力、物力等条件，广开修史项目，将《通鉴纲目》、“三通”等原为私修史籍者由官方接续纂办。在文字狱配合下，一定程度上形成皇帝主宰官修史、官方占据修史要津的局面，体现出清高宗对史学的垄断。

清高宗的史学思想具有明显的保守倾向，而缺乏实质性的创树。他尽量在不触动《通鉴纲目》基本框架的前提下提出其正统论观点，更热衷于将纲常名教贯彻于史学。其他如以史为鉴、以史资治和史

---

① 《清高宗实录》卷一七八，乾隆七年十一月丙辰。

② 《四库全书总目》卷八八史部史评类，《评鉴阐要》提要，中华书局 1981 年影印本，第 756 页。

③ 《四库全书总目》卷八八史部史评类小序，第 750 页。

④ 《清高宗实录》卷七四四，乾隆三十年九月戊子。

⑤ 《国朝宫史续编》卷七六《圣制鉴始斋题句》，第 713 页。

⑥ 《国朝宫史续编》卷九一《圣制命馆臣重订契丹国志谕》，第 898 页。

学传信的观点，亦为传统史学已有的思想内容。不过，清高宗在传统史学的范围和封建思想体系之内，针对具体史学问题，均能翻出新意，从而推动官方史学的发展，体现出总体上保守而具体上有所作为的特征。这种思想特征，是与清高宗既处于整个封建制度和封建思想体系的没落时期，而又作为经济和文化相对繁荣的盛世君主相对应的。他要竭力维护封建统治，将史学作为其思想工具之一，就必然采取保守的思想倾向；而作为"盛世"君主，有一种高屋建瓴审视千古的气魄，在追求官方史学蓬勃发展的动机下，自然会提出一些新的史学见解，对封建传统史学思想作出一些新的发展。

中国的封建文化至于清代，已经进入一个全面总结和清理的历史时期，私家学者对古来经学、史学、诸子百家学说的全面考释、对历代古文献的整理，都是这种清理和总结的一个方面。清高宗主持编辑的《四库全书》，是官方对文化遗产的一次大的清理和总结，对史学的清理也不例外。清高宗本人的史学思想，就是对传统史学思想从官方角度的总结和提高，并促使官方史学发展到历代以来的最繁荣的时期。无论是从中国史学史抑或从清代文化史角度来看，清高宗的史学思想以及他在官方史学发展上的作为，都占有很重要的地位，值得深入总结和分析，这也是研究清高宗生平、思想和清乾隆朝历史必备的组成部分。

（原载《中国史研究》1992 年第 1 期）

历史年代学家刘坦手稿序

“人世有代谢，往来成古今”，人间的历史演变，无论政治社会史还是文化学术史，都好比是一条流动的长河，既冲刷堤岸，也淤积沙滩，其景观不觉之中会发生改换，显露之处也许十分平淡，而埋没于沙滩者往往是宝贵的真金，需要再次勘探和发现。清乾嘉时期，疑古考据学家崔述，学术精深而不合于风靡一时的信古学风，著述丰富却少有流传，至近现代才由日本学者那珂通世、中国学者顾颉刚等鼎力表彰，遂在学术史上大放异彩。而在现代的学术史上，五十多年前逝世的刘坦，私下治学取得丰富而特殊的学术成就，却已经鲜为人知，也如同一块被掩埋的真金，可谓是现代的崔述。

刘坦（1910—1960），武清县（今天津市武清区）王庆坨镇人，潜心研究中国古代的纪年问题，早年撰有《史记纪年考》，商务印书馆 1937 年出版，时年仅 27 岁。1950 年代在《历史研究》发表过学术论文，著有《论星岁纪年》（科学出版社，1955 年）、《中国古代之星岁纪年》（科学出版社，1957 年）。其中《中国古代之星岁纪年》约 27 万字，至今仍是全世界在这个专题领域的唯一专著。仅凭此一书，刘坦即可居于第一流的历史年代学家之列。除此之外，今天津市武清区图书馆至今收藏着他终生治学留下的手稿，虽已经遭受散佚的损失，而保存下来的部分仍部帙可观。今国家图书馆出版社要将这批手稿影印出版，是嘉惠学林之举。受收藏处、编辑者以及出版者的委托，谨弁言如下。

一 刘坦的传奇性生平事迹

刘坦，原名允恭，号田骄，中年方改名刘坦，其生平事迹虽不复杂，却具有20世纪以来罕见的传奇性。他出生于一个普通的农民家庭，由于家境不佳，至九岁才在本镇拜师求学，进入本镇名士王猩酋（1876—1948）自办的私塾。王猩酋乃当时文化名士，其人私办书塾，教习本乡学子，不出王庆坨乡里而享誉京津学界乃至全国，性格洒脱，品格刚正，诗文豪爽，书画凝重，且有多种学术论著面世。所撰《雨花石子记》全面考察雨花石的质地、形色、纹路、鉴赏、交易、收藏，先在报纸上连载，后于1943年出版，驰名全国[①]，2006年又得以再版。他在天津《星期报》与其他报刊发表多种作品，包括诗词、散文、时论等等，获奖甚多。也曾撰写历史学学术论文，例如《大禹九鼎所在考》一文，发表于1936年第1期《考古社刊》，此刊同期载有董作宾、唐兰、容庚、杨树达、陈梦家、徐中舒等人的文章，是高水平的学术刊物，可见王猩酋的确具有相当的知识积累和治学素养。刘坦初始开蒙问学，即遇如此良师，真乃幸运，而王猩酋先生亦赏识刘坦聪慧好学，根据其性情、资质，从识字起步，循序渐进地课以《四书》《左传》《国语》等典籍，间读子部各书以及《昭明文选》等等。

王庆坨镇是个重视文教的乡镇，乡绅捐助兴办书院，早有前例。而在清末，王庆坨镇就顺从改革学制的新潮流，设立了清朝官方认可的新式学堂，但私塾的教学方式仍然存续，王猩酋这位当地最有声名的学人，就不大赞同新式学堂，曾断然拒绝新学堂的聘任邀请，坚持自办私家学塾。私塾当时具有某些优点，一是可以因材施教，对不同学生可以有不同的教习重点；二是不拘一格，学生入学学习一年、两年或几个月，可各凭自愿。王猩酋私塾还另有优长，即教习本乡学子，家境贫困者可以免除学费。刘坦选择私塾、拜此良师，既非常适宜，也属于幸运，而且他一直学习了七年。自古以来，在同一乡间私塾、同一教师名下学习这么长久，少有所闻，其中教师学识的精深、学生一方的笃学以及师生间的融洽，都不待言说而自明。王猩酋先生

---

① 见周德麟、赵启斌：《民国雨花石收藏的巨擘王猩酋及其〈雨花石子记〉》，《收藏家》2006年第11期。

授课亦不陈旧迂腐，除传习儒学经史之书外，同时“讲尺牍，习珠算，读医书，诵《孙子兵法》”，还训练学生绘画地图。他雅好收藏书画、古砚、铜器，更收集了大量的雨花石，常常举行自己的博物展览，向乡人免费开放，起到陶冶文思、开阔视野的作用。学生们既协助部署，又是最认真的观赏者。雨花石的收藏和研究，影响同乡及学生多人，其中张轮远后来成为最有业绩的收藏家和研究者，今南京雨花石博物馆树立着王猩酋、张轮远的半身铜像，纪念这两位同乡学人的突出贡献，此为后话。

随从王猩酋学习七年之后，刘坦迫于生计而辍学。1927 年，曾执教于天津武清王庆坨镇小范口小学，“然于学问之道，未敢或忘”①，坚持自修文史，茫昧之中苦苦探索。刘坦本具沉潜的性情，他逐渐将自己的治学兴趣转向于历史的考证，而且特别关注历史年代的问题。1935 年，刘坦《孔诞考正》发表于是年 9 月出版的《东方杂志》第 32 卷第 17 号。《东方杂志》是上海商务印书馆主办的名刊，创始于清季的 1904 年，直至 1948 年才停刊，作为乡间学人在此刊物上发文，其激励与鼓舞作用不言而喻。更重要的是，商务印书馆了解了这位年轻的学者，与之签订了出版学术著述的合同，促使刘坦确定了终生治学、毫不旁骛的学术目标，此后研讨益深，笔耕不断。接着，《史记纪年考》一书于 1937 年 5 月在上海商务印书馆出版，标志着作者在历史年代学研究上已经渐入佳境，能够自立于学术之林，而此年刘坦仅 27 岁。遗憾的是正遇上日本军国主义者大举进攻和侵占中国，全国性的抗日战争爆发，商务印书馆遭到日寇野蛮轰炸，刘坦的学术成就未能获得时人的充分关注。但商务印书馆从沦陷的上海迁往长沙、香港，仍在 1938 年 4 月的《东方杂志》第 35 卷 8 期刊登了刘坦《老子〈道德经〉作于周国考》。此文所署完稿日期为“民国二十四年七月十八日”，即在 1935 年，是应于《孔诞考正》之文发表前后不久已经投稿，因战争的影响拖延了两年多才得以面世。文章考据周密，立说精湛，至今不失学术参考价值，当于另文论析。

无论是贫病交加还是世势变迁，都丝毫不能改变刘坦的治学意志。他的生活状况十分艰苦，终生未婚，一生除了很短时期担任教师

---

① 刘坦：《四十自纪》，手书稿本，今藏天津市武清区图书馆。

或其他办事人员外，绝大多数年华都是做无报酬的学术研究。身为农民却并不种田，土屋之内，整日闭门谢客，埋头于古代人物、史事及其年代的疏通考核。吃穿简陋，长期以玉米窝头和咸菜充饥。其妹刘慧牲女士虽不通史学，却尽力协助兄长的治学与研究，料理家务并且打理收发书信、预备纸墨等一应琐事。刘坦之弟并不识字，为传统型农民，有妻室子女，也对兄长的学问由衷敬服，心甘情愿地种田劳动，供养刘坦兄妹的衣食。这是一个极为特殊的家庭，所有成员为了一种学术而默默地做力所能及的贡献。刘坦研究的课题与眼前的生活事务毫无关系，也无法与社会的风云动荡直接关联，兢兢业业、孜孜探讨，全凭治学兴趣，皆因痴迷于那遥远的历史文化内容，从未想过名与利的谋求，唯此而能够做到直书真见，丝毫没有讨好任何个人或学派的心思，也不顾及任何避讳，真正是独立的学者。到 20 世纪 50 年代之初，刘坦按照自己的治学理路，陆续撰写了《史记世族谱》书稿与《三五通考》《世经纪年考》《竹书纪年表》等多篇考据论文（以上各篇皆佚失），均属于与现实社会生活无多关联的研讨。不仅如此，他由历史年代学的研习而步入了中国古代星岁纪年问题的探索，这个专题在传统学术中十分冷僻，但对刘坦个人的治学而言，乃是打开了一个别致的境界。

1954 年，刘坦的长文《论星岁纪年》，受到中国科学院院长郭沫若、副院长竺可桢的关注，1955 年 8 月科学出版社将之公开出版。另一论文《〈吕览〉“涒滩”与〈服赋〉“单阏”、〈淮南〉“丙子”之通考》，发表于《历史研究》1956 年第 4 期。而英国学者李约瑟《中国科学技术史》七卷本的首卷，也正是在 1954 年于英国剑桥大学出版，这在中国引起很大的轰动。新中国的科学院，一方面积极联络和支持李约瑟的工作，一方面加快了研究中国古代科学技术史的学术部署，1954 年 8 月就组织了中国自然科学史研究委员会，竺可桢为主任，叶企孙、侯外庐为副主任，分为几个学科而各聘委员，如天文学史研究委员由竺可桢担任，物理学史为叶企孙、丁西林，水利工程学史为张含英，建筑学史为梁思成、刘敦桢等等①，调动全国力量投入研究。通

① 中国科学院档案馆藏：《中国科学院第 23—46 次院务常务会议记录》，1954—2—7 号案卷。

过一系列的准备工作，1956 年 7 月 9 日至 12 日，在北京西苑大旅社召开了中国自然科学史第一次科学讨论会，刘坦被邀请参加了这次大会。

笔者经查阅此次科学史讨论会的会议档案①，知会议分为四组，即农学及生物学史组，医学史组，数学及天文学史组，其余各学科史组。刘坦参加第三组，学科属于天文学史，因为星岁纪年亦可归属于历法，而历法与日月、星宿密切相关，星岁纪年在研究中，是要涉及木星运行周期等天文学问题。与会名单上列有代表 85 人②，来自天津者唯刘坦一人，那时天津隶属于河北省，而整个河北省也是刘坦为唯一的与会代表。全国来自民间无公务职业者，仍是唯刘坦一人，其他会议代表姓名后都注明任职单位如大学、各种研究所、政府、文化部门等，唯刘坦姓名之后写的是居住地址：天津西王庆坨建设街盐店胡同。会议收到论文共 54 篇，具体题目不详，经审阅挑选仅在会议上宣读 23 篇③，这第一是为了严格把守学术质量，第二是便于进行充分、集中的学术讨论。其中刘坦没有提交论文，应是仓促间征召与会，未遑准备。

这次学术会议结束，刘坦回到故乡，专心撰写和修订关于星岁纪年的论著，1957 年 12 月，科学出版社仍以大开本出版发行刘坦《中国古代之星岁纪年》一书，约 27 万字，这是其一系列论著中的最佳精品，可谓中国历史年代学研究园地的一朵奇葩。仅凭此一书，作者即可挺立于史学界第一流学者之林。此后，刘坦受到户籍所在地武清县政府的高度重视，1958 年 2 月，刘坦被选为王庆坨乡第三届人民代表，1959 年被聘为人民政协武清县第二届委员。然而刘坦依然过着清贫节俭的生活，出书、发文的稿费数额可观，但大都购买了学术书籍，不大用于改善衣食水平。至 1960 年旧病复发，且营养不良，于当年秋季逝世，享年仅 50 周岁。政府有关部门实际上对刘坦颇为照顾，按高级知识分子待遇给以特供食品购买券，病重期间特派有名医

---

① 此件档案为 2004 年重新整理立卷，相关公文文献佚失严重。

② 根据档案所载本次会议的总结报告，参加会议者有 120 人，可能包括一些行政人员，不在学术代表名单之内。

③ 中国科学院档案馆藏：《全国第一次自然科学史会议档案》，1956—2y—01 号案卷。

生专职守护，予以调理和医治，然终因身体过于虚弱，难以挽救。刘坦逝世后，人们发现他将食品特供券悉数压于床枕之下，多已过期作废，盖刘坦不愿意享受有别于平民的待遇。而枕边放置的，乃是尚在修订的《三五通考》，其情景令人咨嗟。

在刘坦逝世后，其事迹广为传扬，特别是在家乡武清县的行政机构、文化单位、医院、学校，人们对本地出现这样一位大学者惊奇、感奋，又因其过早去世而惋叹。传闻多来自各个知情人，而故事流传日积月累，则不免失真或稍有夸张，近年来已有若干采写、报道见诸报纸、书刊及电子网络，应当择要予以甄别和考析，真实者传扬之，讹误者消除之，处疑信之间者且待进一步考订。

其一，传闻1937年刘坦《史记纪年考》出版之后，陈垣先生来信祝贺。[①] 经查《陈垣来往书信集》(增订本)，毫无关乎刘坦的信息，也没有陈垣曾经提到《史记纪年考》的任何资料，而刘坦自己保存的信件已经不知下落，无法证实。况当时正值日寇侵占北京，国民政府西迁时节，陈垣是否见到刘坦之书，尚存疑问，如不能发现新的确切资料，则不应信从。

其二，刘坦《中国古代之星岁纪年》1957年出版后，传闻日本新城新藏博士得知后，来函表示折服，并约其会面。[②] 这很不属实，实际上日本史学家新城新藏早于1938年8月逝世。或许有其他日本学者来函，也未可知，只可惜刘坦所存信件已经散佚，此间无法查验。

其三，传闻1956年7月刘坦参加全国第一次自然科学史学术讨论会之时，受到周恩来总理的接见。[③] 此事亦不属实，《人民日报》《光明日报》对此次大会均有集中报道[④]，《科学通报》(1956年第8期)、《历史研究》(1956年第8期)等期刊也发表了此次会议的综述，皆无周恩来接见会议代表的消息。特别是科学院副院长竺可桢的日记记述了全国第一次自然科学史学术讨论会的筹备、召开、会间与闭幕。已经出版的《竺可桢日记》以"求全""求真"为准则，不做任何删改，而竺可桢对于国家各级领导人参与科学活动和关心科学事业，是

① 见新编《武清县志·人物》，天津社会科学出版社，1991年，第792页。

② 见新编《武清县志·人物》，第792页。

③ 见新编《武清县志·人物》，第792页。

④ 见《人民日报》1956年7月15日，《光明日报》1956年7月10日、14日。

一定会记入日记的，这样的内容极多，巨细不遗。查《竺可桢日记》自1956年7月2日至12日，均多次记述本次会议的准备和进行情况，对7月9日开幕与7月12日闭幕记述尤其详细，却未有周恩来会见会议代表的消息。[①]这足以说明所谓周总理接见会议代表的传闻并无根据。

其四，在关乎刘坦的事迹中，涉及郭沫若的传言最为具体，据说刘坦在《历史研究》发论文、在科学出版社刊行《中国古代之星岁纪年》一书以及参加全国自然科学史学术会议，都是得自郭沫若的奖助和提携。在全国第一次自然科学史讨论会期间，郭沫若曾对刘坦说："世界上研究星岁纪年的人屈指可数，祝你取得更大成绩。"并希望刘坦留在北京搞研究，他婉言谢绝了。以上说法虽然迄今尚未查到直接的确证，但传言所来有自，可以通过分析予以认定。理由有两点：

(1)这个说法源于与刘坦密切接触的人和刘坦的亲人，刘坦逝世后几年内在本乡以及武清县政府、文化和医疗界流传，传言者不同但描述一致。1960年至1961年间，笔者的叔叔乃武清杨村镇医院医生，院长时美辰即被派往王庆坨医治刘坦病患的名医。时医生陪伴刘坦多日，医疗间二老谈话投契，得知刘坦许多事迹和缘由。刘坦去世后，时医生返回杨村镇医院，常将刘坦之奇人其事向同仁叙述，笔者当时就从叔叔那里得闻此事，确有郭沫若对刘坦提携、奖助，以及挽留他在北京任科学研究职务，1960年不买特供食品、临终仍在修订文稿等等事由、情节。

(2)《郭沫若全集》虽已编辑出版，但收载的多为已经公开发表过的作品，其书信曾选择性地另行出版极少部分，而未见有日记公布。但《竺可桢日记》则记述了刘坦的《论星岁纪年》(未刊稿)一文。1954年9月7日，竺可桢在日记中首先写上"岁星纪年"，以表示重视。本日之日记，记述了阅读刘坦之文而获得的知识，排列了基本名称和概念，还列出了浦江清的观点，但立即就根据刘坦的说法否定了。次日即9月8日，继续记述了阅读刘坦之文的理解与感触，文字较前为多，仍列出浦江清观点而否定之。那么，竺可桢读刘坦之文何以牵涉浦江清呢？浦江清是著名的北京大学教授，在《历史研究》1954年第

---

① 《竺可桢日记》第14卷第2册，上海科技出版社，2008年，第368—370页。

1期发表《屈原生年月日的推算问题》，运用他对于古代星岁纪年方法的理解，反驳郭沫若以及古今许多学者的考订，自行推算了屈原的生年月日。而刘坦撰《论星岁纪年》，是申明这种星岁纪年方法的真谛，顺便指出浦江清方法和见解的完全错误。竺可桢是将两篇文章对照阅读的，显然是倾向于支持刘坦。这件事不可能不引起郭沫若的关注，也许正是郭沫若指示将刘坦之文交给竺可桢评判，因为一则此项辩论牵涉到自己而不好表态，二则竺可桢在天文学史上比郭沫若更加精通。刘文并未支持郭沫若的观点，并且按照刘坦的论述，郭沫若《屈原研究》[①]中的推算也是不成立的，但刘文既然完全否定了浦江清的立论根基，自然也就起到给郭沫若解围的作用。因此，郭沫若必然会细读刘坦之文，从而感受到其中的学术精深，不能不予以提携，《论星岁纪年》和《中国古代之星岁纪年》得以接连在科学出版社出版，应是得到郭沫若的安排。[②] 在全国第一次自然科学史大会闭幕后的宴会上，郭沫若一定会主动与刘坦谈话，劝他留在北京做研究工作，此乃顺理成章。因为当时急需发展自然科学史研究，科学院曾多处挖掘人才，准备1957年成立自然科学史研究室，会议的总结文件特别提出"要求科学院应把全国的科学史研究力量进一步组织起来"。[③] 当时在李约瑟著述的刺激下，建立自然科学史研究学科，乃是中国科学院的急切任务，发现和组织专业人才则为急中之急，连英国学者李约瑟的助手王铃博士，都几次被邀请回国工作。[④] 可惜刘坦过于淡泊，没有抓住这次有利于研究、有利于培养后继人才的发展机遇。

在中国学术文化的发展中，刘坦这样历史人物的传奇并非不可复制，清代的崔述即早有类似的故事。但在近现代的中国，学术研究日益专业化，像刘坦这样身居乡下，独立钻研，专做极其艰深、一般人

---

① 郭沫若：《屈原研究》，群益出版社，1946年。

② 科学出版社由科学院主办，当时规格甚高，20世纪50年代一般学人很难在此处出版著述，何况刘坦只是农民身份。

③ 中国科学院档案馆藏：《全国第一次自然科学史会议档案》，1956—2y—01号案卷。

④ 参见郭金海：《李约瑟〈中国科学技术史〉与中国自然科学史研究室的成立》，《自然科学史研究》2007年第3期。

看不懂，一般学者也感觉枯燥的学问，居然取得光彩灿然的成就，这恐怕是中国现代学术史中的唯一，而且其唯一性将会维持许多年。

二　刘坦发表的论著与手稿

前面已经提到，刘坦最早发表的是一篇《孔诞考正》的短文，刊载于1935年9月出版的《东方杂志》。此文考订孔子的生年月日，首次从学术研究上否定官方确立的孔子生日，认为规定农历八月廿七日为孔子生日违背常识，因为史料明晰记述"冬十月庚辰朔，日有食之……庚子，孔子生"[①]，将之换算为农历八月，季节不合，应当径直定为"国历"（即今农历）的十月二十一日。这时仅25岁的刘坦，尚不太了解春秋时期鲁国施行的"周正"岁首，本就造成季节的记述对于气候实感的违背，因而此篇处女作很有缺陷，然而提出的问题仍然具备很大的学术启发性。

刘坦《史记纪年考》一书的撰著，直接得益于《史记别录》的编辑，他自己认为《史记纪年考》的撰成，乃是"《史记别录》第一次在应用上试验之成就，盖当时对于须要解决之疑问，一以'别录'为依据，尽可左右逢源也"。[②] 关于此书的出版，刘坦在《四十自纪》中自称："民国二十五年五月由上海商务印书馆出版，初版值八一三事变，毁于炮火，翌年更由该馆在长沙再版。"这里的记忆有误，查今存《史记纪年考》原书，版权页清晰写明"中华民国二十六年五月初版"，出版地也是上海河南路商务印书馆，在日寇"八一三"进攻上海、轰炸商务印书馆之前，此书已经印行，并未毁于战火。该书为石印本，即按照手稿字迹印刷，今刘坦原手稿残件，仍存于中国国家图书馆善本部，封面竖排题签为："史记纪年考补正稿　刘坦　寄自天津西王庆坨盐店胡同"，据说是原商务印书馆人员在1950年代捐赠给北京图书馆。可见此书及原稿均十分幸运，在抗战之际都被抢救留存。

1954年刘坦撰成的《论星岁纪年》，应当是投稿于学术刊物《历史研究》，可能因其四万多字的篇幅过大，而由科学出版社于1955年

① 《春秋穀梁传》襄公二十一年，《十三经注疏》整理本，北京大学出版社，2000年，第301—302页。

② 刘坦：《四十自纪》，手书稿本。

以大开本单独刊行。同年写成的《〈吕览〉“涒滩”与〈服赋〉“单阏”、〈淮南〉“丙子”之通考》一文，亦为星岁纪年研究的精品佳作，标志着他的学术事业更上一层楼。实际上，刘坦探索星岁纪年问题至迟从1950年即已步入门庭，是年撰《世经纪年考》，梳理和研究西汉刘歆《世经》的纪年方法，认为必须探明自战国时期到王莽改制间星岁纪年形式和方法的演变，才能透视刘歆纪年体系的真相。《世经纪年考》未单独刊行，今也未见其稿本，但全部内容皆已融入1957年12月出版的《中国古代之星岁纪年》一书，刘坦在本书《前识》中说：

> 一九五〇年坦为研整古代纪年，草作《世经纪年考》，至一九五二年重作修订（未刊）；一九五四年作《论星岁纪年》，一九五五年秋由中国科学院历史研究编辑委员会作专刊出版；又在作《论星岁纪年》之后，继作《吕览涒滩与服赋单阏淮南丙子之通考》，一九五六年刊载于《历史研究》第四期。是编之作，盖纠合以上三稿并以一、二年来所集资料及修正意见以总成之者。疏舛讹误，深知犹自难免，将来在获得各方是正后，谨当更作校补。
> 刘坦　一九五六年七月二十七日。①

说明此书融汇以前论文、论著并且予以补充修订，是刘坦研究古代星岁纪年的总结性、集成性成果，学术价值更高于此前之作，概念、用语、引证、结论更为严谨准确，他个人的学术水平也由此达于巅峰。

以上所述刘坦生前已经发表和出版的论文、论著，计刊于报刊杂志的文章三篇：《孔诞考正》《老子〈道德经〉作于周国考》与《〈吕览〉“涒滩”与〈服赋〉“单阏”、〈淮南〉“丙子”之通考》；出版著述三册：《史记纪年考》《论星岁纪年》与《中国古代之星岁纪年》。此外还有发表于报纸副刊的八篇考论文章，如《孔诞再考》《太史公先黄老而后六经辨》《汉高祖生年稽疑》等等，原以为都已经佚失，直至本序文撰写甫就的2016年12月16日才被发现，令人惊喜，笔者将对此做综合性研讨，予以刊布。

刘坦的论著内容独特，学术艰深而少人企及。当然，刘坦的著述未刊者颇多，也有不少稿件佚失，十分可惜，在刘坦自撰的《四十自

---

① 刘坦：《中国古代之星岁纪年》前识，科学出版社，1957年。

纪》中,有的略述梗概,有的则仅存篇名而已。现存手稿多庋藏于武清图书馆,可粗分为三大类别,一是成系统的史料抄节总汇,如《史记别录》,以及诸多的史料索引;二是专题性考录;三是具备深湛学术研究水平的论著。以下对于或存或佚的刘坦撰述,做择要的简略介绍。

(一)“别录”及其他

在刘坦的现存手稿中,这些资料性撰述大部分仍存,其中《史记别录》的部帙最大,有十二卷,另有《史记别录续补》和《史记别录补遗》各一函,不分卷。1930年间,刘坦曾撰成十余万字的《周秦诸子传略考》,此文不被作者自己看好,在世时即已佚失。后来刘坦自己总结说:“虽于上考辑得十万余言,然去成功绝远,但因感觉一切典籍关于史实检讨之繁费多难,实启是后致力‘别录’工作之门径。”[①]由此可知,这次撰写论著的尝试,使刘坦在治学生涯上获得不少进展,第一,研究“诸子传略”,必然已经细读司马迁《史记》,此乃不言而喻。精心研究《史记》,后来成为刘坦一生治学的枢纽。第二,开始系统性思考治学门径的问题,悟出针对古代史籍做“别录”的方法,不仅可以打下牢固的学术根基,而且大开历史考证中提供检索和利用资料的方便之门。因此,刘坦不惜投入很大的精力和占用很多时间,做各种古代典籍的“别录”。除《史记别录》之外,最早所作的还有《左传》《战国策》《国语》《春秋》之“别录”,随后扩展到《韩非子》《淮南子》《逸周书》《楚辞》《大戴礼》《墨子》《礼记》《孟子》《尚书》《春秋穀梁传》等等。

刘坦的所谓“别录”,突破和甩开原古籍的编纂系统和体例,另行分门别类地辑录其中的史事记载。例如《国语》一书,原本是按照春秋时代的周、晋、鲁、齐、郑、楚、吴、越等八个国别,分别记载当时人物的言论和事迹,而刘坦《国语》之“别录”则设立人物或八国之外的国别与地区,抄录《国语》中的相关内容。如“周弃史略”条抄写了《国语》中《周语》《鲁语》《晋语》《郑语》所载关于弃(即周先祖后稷)的记述;“莒史略”条抄录了《鲁语》《齐语》《郑语》所载关于莒国和莒人的记述。其余皆类此例。可以想见,这是一项强制研习、梳理和归纳历史资料的工作,耗时费力,但起到夯实治学基础的作用,编辑过程中

① 刘坦:《四十自纪》,手书稿本。

就会发现许多值得研究的学术问题。在当年缺乏史料检索工具，更没有电子学术数据资源的条件下，这类“别录”对治学具有重大的辅助作用。

但“别录”的编辑要抄录大量史籍的原文，特别耗时费力。从1951年起，此类工具书的编辑，改为只注明见于某书页数的方式，有时摘略一些提示，而不再抄录原文，称为“纂目”“史纂”或“引目”，乃纯为自己查阅之用，无撰述用意，也许是作为此后正式编辑“别录”的先期准备。其涉及古籍范围广博，如《荀子》《孙子兵法》《诗经》《山海经》《管子》《汉书》《后汉书》《春秋公羊传》《春秋繁露》等自不待言，连《鬼谷子》《尸子》《关尹子》之类亦一览全收，掌握史料而且欲竭泽而渔，由此可见一斑。刘坦1952年撰有《前汉书经学史料》《后汉书经学史料》，将这两部史籍中凡涉及经学内容者，按六经经传、《论语》、《石经》、《尔雅》、《周礼》、图谶等分类抄录，虽用意同于“别录”，但专题明晰，部帙丰硕，已经近乎两汉经学史撰述。上述之书，多数尚藏于天津武清图书馆，少数佚失。同藏于武清图书馆的还有《左传横纪》附《左传别纂》《战国策横纪》，名目未见于截止于1954年的《四十自纪》，当为1955年之后将多年前所撰《左传别录》《战国策别录》修订补充而重新定名。总之，刘坦自编古籍工具书的工作，是其不断更新和时时扩展的治学项目，显现出他在古代史料典籍中纵横贯穿、往复细绎的不懈努力，无怪乎其论著基础扎实、理据充沛，史料拈来，多遂心应手。

（二）专题考录类

刘坦在编辑“别录”之类的工具书时，会想到进一步整理、汇集与考校资料，从而形成专题纂辑和考录性的撰述，但大多至今未知去向，可暂且置于佚失之列。如《史记世族谱》《竹书纪年表》《正史纪年表》《文献通考纪年表》等等，在治学上属于由资料向著述迈进了一步。《竹书纪年表》《正史纪年表》《文献通考纪年表》都已不知下落，但顾名思义，皆为据史籍而编撰的年表，均撰于1950年，是刘坦注重历史年代学的又一表征。《史记世族谱》始撰于1947年，至1949年基本定稿，刘坦自言其内容曰：

> 中国古代世族，传记间有异同。本编旨在细绎《史记》有关

> 世族之文，使成一家单纪世族之史料，俾供具体整理之检讨。全编十余万言，共分三卷，第一、二卷除将起自五帝之前迄至秦汉所有族属蝉嫣绵衍，详予捃摭，并各按其宗支，著为谱表。第三卷纂辑与前两卷复见间出及后人续补有关系属之语，汇为备考。编后更联缀一切相关世谱，列成总表两幅，以纵观览。①

这段自述，已能够将《史记世族谱》的内容、学术价值和编纂功力显现于中，可惜的是该书稿亦不知下落。刘坦的不少撰述，皆失落在其逝世之后，这是非常遗憾的，深望学界共同搜寻。不过这里的"专题考录"与"别录"相比，区别不大，只是在分类抄录史料时，遇上值得特别注意的问题而特意做出组合排比，较为全面地显示出某一历史内容。现存《前汉书古今人表世谱》，是将《汉书·古今人物表》著录的人物，按照血缘世系绘为图表，并详加解说，另有考证和校勘。这项工作颇费一番参照其他史籍进行考校的功夫，可以视为一种专题考录，甚或已经近于专门著述了。在刘坦的意识中，是不分"别录"与"考录"的，因此以上两种刘坦遗稿的界限不必多加强调。

(三)学术论文与著述

刘坦的短篇论著，据其《四十自纪》的资料，诸如《汉李广利伐大宛之另一种观察》《太史公先黄老而后六经辨》《〈读书杂志〉谓秦始都咸阳在孝公十二年考》《汉高祖生年稽疑》等等，有存有佚。而他临终时还在修订的六万多字的《三五通考》，迄今踪影全无，至为可惜。刘坦在《四十自纪》介绍此篇要旨说：

> 全编约六万余言。"三五"系指三皇五帝及三王五伯而言。内容在将被称为三皇之天皇、地皇、人皇、盘古、有巢、燧人、伏羲、祝融、女娲、神农、黄帝十一氏，被称为五帝之伏羲、神农、黄帝、帝鸿、少皞、颛顼、帝喾、唐尧、虞舜九帝，及被称为三王之夏禹、商汤、周文王、武王四王，被称为五伯之昆吾、大彭、豕韦、齐桓、宋襄、晋文、秦穆、楚庄、吴阖闾、夫差、越句践十一伯，做溯本穷源之考核，以是正两千年史籍中习称之讹误。②

---

① 刘坦：《四十自纪》，手书稿本。
② 刘坦：《四十自纪》，手书稿本。

这里指出在古籍中有十一位神人被列入“三皇”，有九位被列入“五帝”，所谓三王、五伯亦如此类，可见其十分混乱。那么为什么一定要以“三”和“五”的数字表述呢？这就是极其值得探讨的问题。此文已佚，因而难以猜测刘坦如何议论，但上述引文中“以是正两千年史籍中习称之讹误”，足可知其具备不盲目信古的思想倾向。在顾颉刚等古史辨派对这类问题早就作出系统论辩的情况下，不能说刘坦的考论具备多大的思想价值，但他独立性的研讨必有新的特色，倘若该文存留，定有助于评析刘坦个人独自治史而颇具前沿性学术思想的心路历程。清人崔述撰《考信录》，也是独自治学得出的结论，他与当时的考据大家钱大昕等几乎毫无联系，这说明孤独治学而没有派系的纠缠和牵掣，尽管信息可能闭塞，但只要怀抱求真、务实的准则，决不阿世媚时，也完全能够产生很先进的独得之见。

值得庆幸的是，刘坦的学术论文《论殷历纪年》以及两部重要著作《史记系年考》《星岁纪年之研究》的手稿，则完整地保存下来，成为本套影印刘坦手稿的最精华部分。

《论殷历纪年》一文撰成于 1955 年 7 月，是一篇誊写清稿，字迹工整，封面有“寄自天津西王庆坨建设街盐店胡同”和签名、盖章，似曾投稿或准备投稿于学术期刊。此稿已存留六十年，至今学术价值仍处于前沿位置，撰写起因是唐兰、陈梦家各自发表考述商周年代的论文中应用了古代殷历的知识作证据，而实际对于殷历的认知大有问题。刘坦此文主旨在于考论古之殷历一向缺乏正确体系，东汉谶纬之书中叙次的殷历知识更是荒唐无稽，不可据信，从而指出唐兰、陈梦家在考订殷商年代上方法既误，结论也就全部无凭，由此更引申出中国历史年代学上的一些理念问题。笔者将此文整理编辑为简体字横排版，发表于《史学月刊》2016 年第 7 期，并且同时发表了评介文章。

《史记系年考》约二十万字，是继《史记纪年考》一书完成出版后进一步的研究成果，撰著过程十分艰难，其内容与《史记纪年考》大有不同。《史记纪年考》只在于考订与校订各朝各国君主的纪年，而《史记系年考》是要考订《史记》中所有重要人物、事件的系年，核定其有无偏差及讹误，工作更加繁难，刘坦花费了大约六年左右时间，才基本撰成全稿。1946 年 8 月，与上海商务印书馆签订了出版合同，本来拟于翌年完稿刊行，但因大病一场，“频年陷于半死状态，稽延数年之久，始告成功”，然而出版界已然世异人非，遂使该书稿迄今仍未刊行。《史记系年考》虽远不及《史记纪年考》顺利，但毕竟留存至今。现存纸本虽非精心誊录的清稿，有勾画、修改之处，但字迹清晰，完全可以经整理后排印刊行。

刘坦撰著的《星岁纪年之研究》于 1958 年 4 月完稿，十八万字左右，内容专述中国星岁纪年方法真谛，用以辩驳日本学者新城新藏《东洋天文学史研究》一书的相关内容。全书分为九章，除首章《总序》与末章《总结》外，每章均条述中国历法的原理，并且指出新城新藏的舛误，认为新城氏《东洋天文学史研究》在星岁纪年问题上，“尤在其附会多于考证，想象浮于事实”。刘坦的这一著述，与《史记系年考》一样，不仅应当影印出版，而且值得经过整理、注释后以现代图书形式出版，以利于广泛流传，提供给中外学术界继续探讨。

三　刘坦在中国历史年代学上的卓识特见

刘坦治学的主要学术成就，在于对中国古代历史年代学的研究。历史年代学本身就是复杂、精微和技术性很强的学问，更需要掌握一些相当艰涩的专业知识，能够在这门学科取得丰硕成果，极为困难。刘坦的相关著述，读懂已属不易，倘若细致清理，更极费功力，这里仅扼要做些总结。

（一）缜密考校，纵横贯穿，业绩雄冠一世

这主要体现于《史记纪年考》《史记系年考》两书，是刘坦研究《史记》纪年问题最为透彻的著述。《史记纪年考》考订《史记》一书中本纪、世家以及年表对于各个朝代和诸侯国世系、纪年记载的自相矛盾之处，从中梳理参差出入及其原因而予以调整，并且为之列出新的纪年表。这项工作需要把散见于《史记》各处的相关纪年资料汇集考校，如理乱丝，繁难程度可想而知。这里且举出简单和人们较熟悉的事例以见一斑：

> 《十二诸侯年表》载共和元年，为晋靖侯十八年，而《晋世家》载：“靖侯十七年，周厉王迷惑暴虐，国人作乱，厉王出奔于彘，大臣行政，故曰共和。十八年，靖侯卒，子釐侯司徒立。”是《世家》

> 谓共和元年，在靖侯十七年，而靖侯之卒，在共和二年。按《晋世家》载："釐侯十四年，周宣王初立。"《年表》周宣王元年，亦在晋釐侯十四年。假使共和元年，为靖侯十七年，而靖侯卒在共和二年，则周宣王初立，应在釐侯十三年，而不得载云十四年，因周历年，自共和三年至宣王元年，凡十三年也。故《世家》纪靖侯十七年为共和元年，实未足信。复据《齐太公世家》载："武公九年，周厉王出奔，居彘，十年，王室乱，大臣行政，号曰共和。"是共和元年，实在厉王奔彘之翌年。①

这是把《史记》中围绕共和元年与晋纪年关系的资料，全部调动运用，决不局限一国一地或一种年表上的记载，考订翔实。通晓历史的考据者尽可以做出一项或几项这类考订，但若将史记所有各国君主的纪年统统考核订正，迄今只刘坦一人做出了这种尝试。

《史记系年考》的工作更加繁难，因为《史记纪年考》只在于考订各朝各国君主的纪年，而《史记系年考》是要考订《史记》中所有重要人物、事件的系年，因此撰写过程多历年所，甚至中间大病一场，迄今书稿未得刊行。刘坦自言其书旨意曰：

> 全书四卷，约二十万言。内容在将司马迁《史记》中本纪、表、书、世家、列传所有关于史事之系年，悉依历史系统及范围，作有具体计划之考订……总计《史记》本身系年之纷歧，经兹整理，大抵尽已获得通解，而靡有孑遗……并足资年代学者之参考。②

这部著述在研究《史记》之年代记载上的功力和收获，与上一书结合起来，是学界迄今独一无二的成果。年代考订涉及之广、梳理之细密，堪可称最，业绩雄冠一世。需要说明的是，刘坦这两种著述仅仅是考订《史记》的纪年，而不是考证中国古代真实的纪年。燕京大学的《燕京学报》，即于 1938 年发表了对于《史记纪年考》的简短评介，在肯定学术成绩的同时，也对该书不涉及《史记》之外纪年资料的

---

① 刘坦：《史记纪年考》卷二，晋纪年考，上海商务印书馆，1937 年，第 28—29 页。

② 刘坦：《四十自纪》，手书稿本。

做法有所指摘。[1] 这确为一项缺憾，但上古历史纪年的研究与《史记》内纪年问题的研究，关系密切，后者是前者不能逾越的工作范围，不对《史记》纪年进行梳理，考察上古历史纪年就会举步维艰。从这个意义上看，刘坦的工作实可作为中国上古年代学的探讨的一方柱石，不应漠视。

（二）独家挺进，绝学特立，破解千古迷茫

这主要体现于刘坦在星岁纪年方面的研究，特别是《中国古代之星岁纪年》一书的精到论述。笔者初步阅读此书，体会到作者不仅系统清理了中国古代星岁纪年发展演变，指出其文化实质和历史影响，而且作出许多具体的论断，清理、解析、考释、裁定了自古及今大量的讹误和混乱，至少取得以下重要的突破性成果，可以将千古迷茫一举廓清。

（1）依据可靠史料指明西汉时《淮南子·天文训》《史记·天官书》等，乃采用了战国时期石氏星法，战国后期甘氏星法上保存于唐代《开元占经》的引录中，而石氏、甘氏二人的星法大体相同。[2] 刘坦梳理解决了石氏、甘氏的星岁纪年交在率及应用问题。所论明白、确切，无半点游移、模糊，这一点超越了前此学人。

（2）揭示了西汉末王莽时期刘歆制作《三统历》与《世经》的纪年体系，指出其全部改变石氏十二星次名称，并且伪造多项春秋时的岁星纪事，羼入《左传》《国语》，导致了典籍面目的大混乱。刘坦将《世经》的历史纪年全部列出年表，显示了刘歆之所以在《左传》《国语》造假，乃为了给自己构建的大历史体系埋伏证据。对于刘歆的天文历法学，刘坦肯定刘歆发现了岁星超辰是一个成绩，但“羼乱载籍，迷误古今，致后人对于所谓星岁纪年者，于其体系与规律，均几于茫然莫解”[3]，作用和影响极其恶劣。破解刘歆的行为，乃是清理中国古代星岁纪年法的一大关节，刘坦抓住这一关键，在研究中用力最多，成就卓荦。

---

① 容媛：《国内学术界消息》，载《燕京学报》第23期，1938年6月。

② 石申、甘德为战国中后期天文家。二人所撰书名，古文献记载不一，一般混称“甘、石《星经》”。

③ 刘坦：《中国古代之星岁纪年》卷末《结论》，第233页。

(3)对古籍中出现的所有关涉星岁纪年的记述,都作详明的考释和辨析,纠正历来学者解说的舛误。

(4)考辨了清代考据学家钱大昕在星岁纪年问题上的根本性谬误,另一清代学者孙星衍虽与钱大昕见解不同,反复辩论,但也是错误多而所得少,“率皆偏执一见,互启争端”。①

(5)指出现代著名天文学家朱文鑫《天文考古录》在星岁纪年问题上的错误,除交在率等技术上的失误之外,特别批评了朱文鑫依据刘歆伪造的“武王伐殷,岁在鹑火”推算年代,严肃地指出:

> 考刘歆《世经》纪年,武王伐纣(公元前一一二二年)星在鹑火(午)岁在辛未。朱氏所述武王伐纣之星在、岁在,应即元本《世经》……总结朱氏论述,所以造成纰缪之原因,固然在其将春秋至汉初之年限缩短,有以致之,另外,尤在其未能理解《左传》中之星次,元出刘歆伪托。②

在刘坦的研讨、评论中,认为自从刘歆惑乱星岁纪年之后,历代学者没有人弄清这一历史问题的真实情况。因此《中国古代之星岁纪年》的成就是空前的,是独家绝学。那么在刘坦之后呢?刘坦没有学术上的伙伴,没有学生,也没有人按照他的思路继续研究,至今为止,刘坦之书还是世界上关于星岁纪年的唯一的专著。今人论著,包括一些名家的论著,偶尔也会谈到星岁纪年问题,但大多存有重复刘坦已经批评过的讹误,这是全然不了解刘坦其人其书的缺憾。因此,当从学术史、科学技术史、史学史角度,阐扬刘坦的学术主张和学术成就,作为探索相关问题的参考。

(三)探本求源,考真订讹,无半点姑容

我从刘坦遗著中发现题为《论殷历纪年》的一篇论文,已经誊写为清稿,封面钤有刘坦篆印,文末署有“一九五五年,七月二十一日”,乃本文完稿日期。《论殷历纪年》开头即道明原委,盖刘坦阅读到唐兰先生《中国古代历史上的年代问题》与陈梦家先生《商殷与夏周的

---

① 刘坦:《中国古代之星岁纪年》卷末《结论》,第 234 页。

② 刘坦:《中国古代之星岁纪年》第四章《有关星岁纪年问题之辩证》,第 232 页。

年代问题》二文[①]，皆涉及了古代“殷历”的运用，认为“两作中之殷历纪年，颇有未经参综检校之处，以致两作所有关于殷、周上及夏代纪年之推考，诸难肯定”。于是撰成此文，“暂不亟于夏、殷、周纪年历数多少之结论，先将有关殷历及其纪年问题之关键，试作阐述”，将殷历的实质和具体症结讲清，唐、陈二文的讹误自然也就明晰。

唐兰、陈梦家都是当时第一流历史学家，在先秦史、甲骨文、金文、文字学等多个研究领域取得卓越成就。他们在考订夏商周三代纪年的上述文章中，都利用了所谓中国“古六历”之一的“殷历”，但在刘坦看来，殷历没有这种考订纪年的学术价值，将殷历资料与《竹书纪年》等其他史料结合来考订，尤为不可。《论殷历纪年》的主旨就在于考察和细致讲清殷历的实质和来龙去脉，于是得出几条结论，斩钉截铁，毫不含糊。例如：殷历最早形成于战国时期，“从制作时代言之，殷历不等于殷代之历，因而不能据以推考殷代纪年”；现存殷历的内容，有些是来自东汉时期的谶纬之书，不仅不能据信，而且它本身也是自相矛盾；“殷历及《易纬》纪年，不能与《竹书纪年》混为一体”；自古“殷历历家对于历史纪年，一向缺乏正确体系”。[②]

刘坦对于殷历——无论是原本产生于战国时期的殷历，还是被后世改造过的殷历，基本上是贬抑的，即“一向缺乏正确体系”，在考真订讹上绝无半点姑容，与唐兰等先生视殷历为“比较可靠”的说法，意见完全不同。

刘坦的著述对于现今的历史年代学研究，能够提供十分有益的学术启示。他的著述之中蕴含可贵的历史年代学思想，在某些方面正是医治偏颇学风的良药。

考订中国古代的历史年代是极为复杂的学术问题，其中不仅需要许多专门的知识技能，更要具备先进、正确的学术思想。历史年代的考订，应当体现纯粹追求客观、真实的精神，其结论具有排他的唯一性，因此来不得半点模糊与游移。中国历史年代学的研究必须遵循实事求是的科学态度，任何情况下都应当恪守这一原则。应当承认，由于历史资料的残缺或纷纭繁杂，有些重要历史事物的准确年代

---

① 分别载于《新建设》1955年第3期、《历史研究》1955年第3期。

② 刘坦：《论殷历纪年》第四节“结论”，《史学月刊》2016年第7期。

是无法证实的，但不能为了追求某些年代问题的解决，就放弃求真考实的宗旨，不能为了某种目的或需要，就背弃历史学的科学精神与方法。

刘坦作为一位有突出成就的民间历史年代学家，献身于学术而无丝毫的功利追求，不附从任何政治倾向，未结交任何学术流派，独立探索，求真求是，尽管他受教育背景的局限，缺乏比较精密艰深的现代天文学与历法运算技能，而仍能从实事求是的研讨中取得杰出的成就①，并且在其论著中体现出可贵的历史年代学思想。从《论殷历纪年》《论星岁纪年》等文，可以考见刘坦的历史年代学思想有以下几点。

第一，认真考察相关资料来源，严格判定其可靠性，决不能采用无稽之说作为历史考订的依据。中国古籍记述有关历史年代的资料十分庞杂，曾经出现和应用过的古历法，也都程度不同地存在残缺、走形甚至被窜乱现象，古籍中的历史记载在时间上往往模糊、错谬和充满抵牾，考索中予以鉴别和合理取舍尤为紧要，有些书籍、文献在整体上就是不可信的，用其中具体资料来考订史实与年代就更加危险。唐兰先生、陈梦家先生强调刘歆《世经》的历史纪年绝不可信，这是正确的，但却采用了更加不能据信的谶纬之书，这都是刘坦所不能同意的。

在史料十分稀缺的情况下，是否可以放松鉴别与采用的标准呢？刘坦认为不可，降低标准就是离开求真准则，他说："所谓《易纬》也者，其价值更无足论。但在文献绝少，降而求其次，以至不遑顾及其牝牡骊黄之环境与情况中，学者未免犹拟寄予信赖，因而尚须给予批判。"②这种学术思想十分可贵，值得阐发和弘扬。

第二，强调不同体系的历法之间，不可穿凿拼接、凑出结论。《论殷历纪年》一文特别指出殷历与《竹书纪年》不是同一体系，举出了二者在纪年数据上的参差抵牾而加以论定。唐、陈二文均认为殷历与《竹书纪年》可能同属于一个历法纪年体系，遂将之拼接，互相补足，凑出夏商周断代纪年。刘坦则认为"殷历及《易纬》纪年，不能与《竹

---

① 近现代缺乏现代天文学精深造诣的学者，能够在历史年代学取得骄人业绩者不乏其例，如陈垣。因为历史年代学涵括的内容十分广泛，某些探讨不一定依赖于天文运算。缺乏这种技能固然是很大局限，但对不可信史料施以天文运算而得出结论，在考订古史年代中不仅劳而无功，而且平添惑乱，危害尤大。

② 刘坦：《论殷历纪年》第二节"《易纬》"之（己）项，《史学月刊》2016 年第 7 期。

书纪年》混为一体"[①]，即不可拼接互补，批评"唐、陈以上所论，均难成立"。[②] 刘坦的这一见识是值得注意的，今史学界将不同体系的资料穿凿拼接以立论的现象相当普遍，尤其是上古史的领域，每有考古发现，立即引来众多的穿凿嫁接之手，将考古遗存与上古文献这两个不同的素材体系捆绑拼凑，各自得出五花八门、互相冲突的考订"成果"。一时好生热闹，但整体合并起来等于零！最终什么也未能解决，而且离解决问题是更加遥远了。现在是应该反思包括历史年代学在内的考据方法了。

第三，对于一种纪年体系和历史资料，应首先辨明其整体内容和内在本质，在此之前不宜急于将之运用于具体历史年代的考订。这是刘坦历史年代学思想的重要特点，与众不同而卓荦于史坛。如前所述，《论殷历纪年》开篇就声明"不亟于夏、殷、周纪年历数多少之结论，先将有关殷历及其纪年问题之关键，试作阐述"，就是不以考订夏商周年代为本文鹄的，而是试图讲清殷历以及相关问题的内容与实质，令人明晓殷历到底是怎样的历法。"殷历历家对于历史纪年，一向缺乏正确体系"，就是刘坦的核心结论之一，显示了殷历对于考证上古纪年并无功效。唐兰等先生的文章，是在尚未弄明殷历实质就率尔运用，实乃劳而无功。1954年，北京大学教授浦江清发表《屈原生年月日的推算问题》[③]一文，利用星岁纪年资料考证屈原生年，批驳了郭沫若早年的见解。刘坦读后，撰写四万四千多字的《论星岁纪年》，指出浦江清对星岁纪年法的理解是舛误的，于是全面阐明关于星岁纪年之源流、内容和体系，而不具体地考索屈原的生年。因为在刘坦看来，具体年代的考证，如若史料不足就不能勉强为之，在基础理论、基础知识体系上正本清源，则更加重要。

在中国，历史年代的考订是多年来的学术热点，但学术界特别热衷于具体历史年代的考索，例如孔子生年月日问题、屈原生年问题、西周克商之年问题等等，在古历法状况、星岁纪年方法和一些基本史料远未理清、尚未辨明的条件下，就各自按照自己的需要予以解释和

① 刘坦：《论殷历纪年》第四节"结论"，《史学月刊》2016年第7期。
② 刘坦：《论殷历纪年》第二节"《易纬》"之（戊）项，《史学月刊》2016年第7期。
③ 浦江清：《屈原生年月日的推算问题》，《历史研究》1954年第1期（创刊号）。

取舍，匆忙地投入考证，无怪乎议论纷呈，令人眼花缭乱。这种急于直奔具体历史年代考证的风习，也是一种治学浮躁的表现。

综上所述，刘坦这位民间历史年代学家的学术思想，给学界提供了值得反思的启示，其意义不仅仅在历史年代学的范围之内，对整个历史学研究方法的改进均有裨益。其著作未曾面世者，至今仍有多种遗存，学术上弥足珍贵，值得整理公布，有助于促进学术的健康发展。

四　刘坦之学的弘扬及其手稿的保存和出版

如前所述，刘坦于 1960 年因病去世，遗嘱将所有手稿和存书都捐献给当时武清县政协与文化部门。此后中国经历了多场政治运动和社会结构变迁，文化遗物被损坏和废弃者难以胜计，刘坦的遗稿也曾在库房随便堆放，沦落佚失，实所难免。“文革”过后，百废待兴，重视文献遗存意识渐入人心，至 20 世纪 90 年代末及 21 世纪初，武清图书馆的建置渐趋完善，馆长穆祥萍女士十分重视文献、图书的规范保藏，对武清独有的特殊文献——刘坦的手稿，予以特别的关注，采取保护措施，并且委托天津市图书馆历史文献部对刘坦全部手稿进行规范的整理和编目，市图书馆历史文献部负责人李国庆先生积极配合，提供了无偿的帮助。自此，刘坦遗稿在武清图书馆存放专柜，严格控制阅览，制度严于现今图书馆的一般规则，使刘坦手稿再不会发生遗失和损坏。

笔者自初中入学前后，即已闻听刘坦考史治学的故事，负笈入南开大学历史系就读本科生期间，即已在图书目录中发现刘坦著作，不禁惊讶称奇。至 1996 年，笔者在南开大学已为历史学教授，时业师杨翼骧先生编著第三册《中国史学史资料编年》，需要判定明代罗曰褧著《咸宾录》的成书之年，涉及将星岁纪年转换为明代万历朝的干支纪年问题。然而查检各种参考资料，均不得要领。杨先生将此事对我说起，我想起了少年之时听到乡贤刘坦研究年代学的故事，提议杨先生参考刘坦《中国古代之星岁纪年》，也许有助于推算。结果十分理想，杨先生十分高兴，连夸刘坦此书学术精深，应当好好研读。这是一个值得记忆的学术佳话。但当我浏览《中国古代之星岁纪年》，懵然若坠入五里雾中，完全不懂，心中则立下夙愿：有朝一日，定要从学术上彰明这位乡贤的成就。2006 年 4 月，笔者专程到武清，在县文化馆馆长、老同学王毅先生的介绍下，结识图书馆馆长张文先生，得以破例浏览了刘坦的手稿，拍摄少量资料，但仍因刘坦学问的艰深而暂且放置。直至 2015 年临近退休得暇，遂决心钻研一下历史年代学的基本知识。是年 1 月份，在学生辈李金华教授的协助下，赴刘坦家乡王庆坨镇，拜访当地文化名人孙德恕先生，以更多地了解刘坦事迹。孙德恕先生是武清王庆坨人，热心于乡邦文化的发掘与整理，他较早地对刘坦事迹予以访查，并且作为主要撰稿人编辑了《王庆坨镇志》《王庆坨史话》，其中所述刘坦的生平比较审慎与确切，在诸多热心传扬刘坦事迹的乡人之中贡献较大。

5 月 20 日，笔者赴中国科学院文献情报中心大厦，查阅 1956 年 7 月第一次全国自然科学史学术讨论会的档案资料，收获颇丰，证实刘坦确实参加了此次会议，从而信心倍增，曾写出七言律诗一首，题为《述愿》：

多年夙愿在心房，为有乡贤待阐扬。
几度萦怀难搭界，此番告老定登堂。
新朋聚坐言刘坦，故地依稀贝叶香。
史苑春秋开直笔，敢教天下见华章。

随后，在上海大学、南开大学、内蒙古师范大学以及武清图书馆，笔者做了四场关于刘坦生平与学术贡献的报告，又整理发表了刘坦六十年前的历史年代学论文《论殷历纪年》，撰写研究刘坦学术的四篇论文（其中一篇与李金华合作），发表于核心学术期刊与全国性报纸，形成一定的文化影响。在天津市武清区文化广播电视局局长尤鑫栋先生的部署下，武清图书馆开展了有关文稿的数字化整理和建设，并且经过天津市图书馆历史文献部主任李国庆的牵线搭桥与技术支持，征得国家图书馆出版社历史文献影印编辑室主任宋志英等的通力合作，将刘坦全部手稿影印出版。在整个进程中，武清图书馆馆长张文、副馆长王佳承担了各个方面的具体联络与协调工作，使得本书编辑和出版工作有条不紊地进行。

正在本书编排之际，笔者获悉刘坦于 20 世纪 40 年代发表于报刊的九篇历史考据论文，原以为早已佚失，不意忽然得以浮现，乃为一大惊喜！真是老天有眼，不灭斯文，经与出版社协商，将之整理成为横排印刷版本，笔者撰写必要的解说，一并附录于后，以飨读者，以助研讨。

刘坦手稿的出版，具有重要的学术意义。刘坦的著述虽然撰写于几十年之前，但历久弥新，展阅之间，依然感受到耀眼的学术光芒。刘坦的见解不仅显示出成一家之言的成就，表现出别开生面的治学方法，而且其论断大可纠正现今某些流行历史观点之讹误。例如在历史年代学上，刘坦主张先要探索中国古代历法学说的真相，不同意急于运用尚不深入了解的古代历法而直奔具体历史年代的考订，这种优良的学术理念上文已经述及，实可作为目前学风的针砭。刘坦对于古代星岁纪年的系统研究，足以动摇某些历史研究大工程的根基，这涉及复杂的学术问题，笔者发表过《〈左传〉〈国语〉被刘歆窜乱的一项铁证——历史年代学家刘坦之说申论》一文（载《北京师范大学学报》2016 年第 3 期），已经作出了论述，此处不赘。要之刘坦之学，多年埋没，致使历史年代学科内多出了些纰缪之谈，今其手稿已然出版，取正纠偏，史学界不能不格外重视。

学术史、史学史的研究在整个历史学中具有特别重要的意义，因为研究任何历史问题，都必须梳理以往已有相关见解、论述和成果。学术史研究的任务之一，就是清理和重新评价以往学者的成就、已有著述的真实水平，包括对被掩盖了的杰出学者发微阐幽，使之彰明于天下，为进一步的学术探讨提供参考。刘坦的历史考证和年代学研究独具特色，与任何人不相雷同，其《中国古代之星岁纪年》一书解决的问题极其艰深，面世七十年之后，迄今仍然是在世界上流布的唯一专著。而刘坦还撰写了又一部这类专著，其手稿乃是借本次影印才得以刊布。中国学术史、史学史的研究，忽略或隐没了刘坦一人，乃是丢弃了一大片江山！因此本书的出版，对于中国学术史研究而言乃厥功甚巨。

在这套刘坦的手稿中，《史记别录》等多种“别录”类撰述占有较大部帙，显示了作者在梳理史料上投入极大的精力和时间，是他学术研究历程的记录，是他做深入探讨的工具书，刘坦正是赖此取得诸多的学术性突破。而在当下图书资料建设长足发展、电子学术资源日益扩充的状况下，刘坦编辑“别录”的做法似乎已经过时。而从另一角度观察，这些“别录”之书，展现的是刘坦在他那时代、条件下的治学方法，仍是学术史研究无可替代的宝贵资料。现代利用计算机收集文献资料固然效率极高，但旧的方法也并非完全失去存在价值，在某些具体问题的解决上，采用刘坦那样搜集和编辑资料的思路与方法，可以将文献、史料强化记忆、烂熟于心，打下牢固的学术基础，从而受益终生。

上文说到刘坦有许多“短篇论著，据其《四十自纪》的资料，诸如《汉李广利伐大宛之另一种观察》《太史公先黄老而后六经辨》《〈读书杂志〉谓秦始都咸阳在孝公十二年考》《汉高祖生年稽疑》等等，有存有佚”。这些未在武清图书馆所藏手稿中发现，原以为早已全然佚失。2015年在朱洪斌君的帮助下，寻得发表于《东方杂志》的《孔诞考正》一文扫描版，后来又根据刘坦《四十自纪》之线索，找到发表于《东方杂志》的《老子〈道德经〉作于周国考》，而再寻其遗文，久无进展。孰料2016年12月，曾在我名下从事博士后研究的王传博士，于华东师范大学研究中国史学史和历史文献的工作中，竟然不期然地发现了刘坦若干发表于报纸的考证之文，计有《孔诞再考》《孔诞再考补》《汉李广利伐大宛之另一种观察》《太史公先黄老而后六经辨》《老子出关考（上）》《老子出关考（下）》《蒲满互出辑例》《汉高祖生年稽疑》以及《前汉书古今人表世谱》的连载七篇，均发表于1947年下半年到1948年上半年的天津《益世报·人文周刊》。这真可以令人欢欣鼓舞，王传君不啻是为刘坦发微阐幽的一大功臣了！王传君知我研讨刘坦学术且已发表重要论文，即将其下载的电子扫描版全部发送给我，今经整理校点，也收录于本书，作为附录部分，便于读者参阅，亦使本书文献更为充足。

刘坦的这些历史考证之文，承袭传统的勾稽文献史料，排比勘对，辨析抽绎，多具独得之见，对学界已有观点并不盲从，敢于质疑论辩。例如在《汉高祖生年稽疑》一文中，刘坦以他充分掌握的历史纪年知识，清理了与汉高祖刘邦有关的史籍纪年差误，推出在西汉建立、英布造反等几个历史节点上对刘邦年岁皆有不同记载，引证史籍记述英布谋反时说过“上老矣，厌兵”，因而取刘邦当时61岁的记载，摒弃52岁的说法，一举考定了汉高祖的生年。这种善于梳理史料，善于抓住关键资料的考据风格，值得肯定和赞扬。

又如《汉李广利伐大宛之另一种观察》一文，这是因学者周桓发表《汉李广利伐大宛》一文引起的讨论。余嘉锡曾认为汉武帝派李广利征伐大宛，是为了得到好马以改良内地马种。周文驳此说法，指出所得之马都放在宫中供皇帝驭使，并未用于养育繁衍，而发动大规模战争，是要征发"莠民""恶少"到边郡，令内地获得长久安定。刘坦同意周桓对余嘉锡的驳议，但也反对周文的观点。他引据史料来说明这次战争耗费极大，征兵甚多，引起了"天下骚动"，根本不利于社会安定。汉武帝发动大战，起初是贪图西域好马，继之因宠幸李姬，所以给其兄李广利以立功封侯的机会，但李广利初战受挫，汉武帝大怒，遂不惜倾国之力征讨，荼毒生灵且损失浩大。这里固然包含对于史料的考释，但更引人注目的是对历史人物的分析评论，有理有据地批判了汉武帝穷兵黩武、专制残暴的作为。可见刘坦对学界的研究信息相当灵通，并非闭目塞听地孤独治学，其思想也不守旧。

无须隐讳，刘坦所处的时代和个人经历与环境，会造成某些知识结构的缺欠，因而也有一些不正确的主张，例如考订孔子诞生日期的三篇文章即未能重视《春秋》日食记载的现代天文学推算，因而忽略先秦鲁国历法的"周正"问题，其见解恐怕不能成立。我们对刘坦的学术发微阐幽，大力表扬其治学精神和突出成就，使久被沉埋的学术大家彰显于世，但仍须坚持实事求是的原则，对他的局限与讹误之处不能文过饰非。这些新发现的刘坦之文章，无论立言是否准确，选题是否重要，都是全面评析刘坦学术风格的重要资料，值得充分重视，深入研究。

刘坦的著述，研究对象多为特别艰难的问题，而学术的魅力在于知难而进，攻夺难关。阅读刘坦的著述，能够体会出作者的不图名利、不计得失，惟以求真、求是为宗旨的治学态度，这是学者最为宝贵的素质和准则。读其书而知其人，知其人而见贤思齐，愿本书的出版，能够促成不惧艰难险阻，勇于探讨难题的学风，推进中国历史年代学以及整个历史学科的健康发展。

衷心祝贺刘坦手稿的影印出版！这将使更多的人了解刘坦扎实治学、勤奋研讨所取得的业绩，祈望实事求是、勇破难关的学术精神，得以不断地发扬光大！

（原载《中国古代纪年丛考》卷首，国家图书馆出版社，2018 年）

第三章　史学专题考论

中国先秦时期的史学观念

中国古代史学极其兴旺发达，在世界文化史上独树一帜，史学发展上的连续不断，史籍形式与内容的丰富多样，是其他任何单一的古代民族和国家所无与伦比的。这种文化特点的出现、巩固和持续发展，当然有着很复杂的原因，但追溯到中国文化起源的先秦时期，探讨当时史学观念的形成与发展，以及如何奠定了中国古代史学日趋繁荣的基础，则为史学史研究所必须关注的焦点。

一 "殷鉴"——中国上古理性思维的第一线曙光

人类的意识，是从原始社会就存在的，但从意识进步到理性思维，则经历了较长的过程。这里所说的"理性思维"，是指具有深刻性、系统性的逻辑思考。原始人在生产斗争中，会得到丰富的感性认识，但却不能以系统性逻辑思考的方式认识其本质。原始神话是当时思维和认识的最高成果，其中包涵神天迷信、自然崇拜以及征服自然力的愿望，而这种思维寄托于虚幻的想象，不属于理性思维的性质。

当人类社会携带原始宗教意识与征服自然力的愿望步入阶级分化时期，一方面自然力的人格化即神的信仰被统治者强化，可能使思想更趋向于麻木；另一方面社会变革、社会分工与脑力劳动者的出现，以及生产力的进步，都可能使理性思维迅猛发展。这两种对立的因素的消长，将决定一个民族、一个国家在“文明”时代到来之际的文化发展状况。

古希腊的奴隶制由于打破了氏族公社的框架，解除了氏族血缘关系纽带对人们个性的束缚，手工业与农业的分工比较明显，商业比较发达，神权的统治比较松弛，政治上形成奴隶主民主制等等社会条件，产生了一批人身与思想皆比较自由的脑力劳动者，带来了学术文化的繁荣，产生了较为系统的科学和哲学。而中国进入阶级社会之后，仍袭用氏族制度的躯壳以建立统治政权，血缘氏族纽带经过改造形成了更为紧密的种族关系与宗法关系纽带，为适应水利的需要而实行土地公有制，在政治上也表现为王权专制，所谓“溥天之下，莫非王土；率土之滨，莫非王臣”①，即反映了这种状况。于是，与王权专制对应的上帝崇拜和反映宗法关系的祖先崇拜相结合，形成牢固的神权、族权观念，各个层次人们思想的理性自由受到扼制，文化的发展走上与古希腊不同的途径。

中国上古至商代弥漫着浓重的宗教迷信观念。所谓夏代遗存的文化资料很少，商代的卜辞则反映出凡事皆须仰求上帝以定然否，一切皆由冥冥中的神秘力量所决定，人是绝对被动的，统治者也没有对事务独立判断的自觉意识，而最早的脑力劳动者基本上均担任或兼任占卜、祭祀一类的神职，并不具备独立进行理性思维的社会条件。文化发展的成就主要体现在与农业生产、日常生活相关联的气象、历法、冶炼及直接观察的天文星象等方面，缺乏如古希腊那样灿烂的学术遗产。据传夏朝经历了约五百年，商朝的历史也达五百年之久，然而至春秋时期，孔子即发出夏、商“文献不足”的浩叹②，其实更为不足的乃是理性思维及其成果。夏商两代，漫漫千年，社会意识上严重缺乏自觉精神，充满盲目和蒙昧。在中国上古，理性思维要冲破神天迷信罗网的禁锢，只能等待机缘、另辟蹊径，这机缘就是殷周之际的政权变革，这蹊径就是首先从历史思考上打开缺口。

周族原为臣属于殷商的小邦，逐步强大并最终取代殷商的统治

---

① 《诗经·小雅·北山》。(宋)朱熹:《诗集传》卷一三，上海古籍出版社，1980 年，第 150 页。

② 《论语·八佾》。(宋)朱熹:《四书章句集注·论语集注》，上海古籍出版社，2001 年，第 74 页。

地位，这在当时造成了巨大的社会震荡。殷商末年，商朝的个别政治人物已经预感到危机，向商纣王提出警告，而纣王则认为他受大命于上天，不以为意。[①]可见在商代，除极少数人之外，统治者对“天命”皆抱有极其僵化的迷信。周灭殷商之后，周仍然面临着殷民的反抗，这引发了周初主要统治人物的忧思：殷商为何败亡？周政权如何巩固？如何避免重蹈殷商的覆辙？于是形成了明晰的“宜鉴于殷，骏命不易”观念[②]，意思是以殷商的覆灭为鉴戒，则知“天命”之难保，即从历史思考而重新认识天命。这种思考得到反复的强调与深化，例如《诗经·大雅·荡》说：“殷鉴不远，在夏后之世。”[③]这里所说的“殷鉴”，是指殷朝应以夏为鉴。这自然会导出周以夏、殷为鉴的认识，《尚书·召诰》言：“我不可不监于有夏，亦不可不监于有殷”，即将夏、商兴亡的历史引为借鉴。“殷鉴”是周初统治者提出的概念，表达了对历史的思索与总结，就是要以前朝历史的经验和教训，作为行政的借鉴与警惕。这种思索深化到天命与人事的关系、民众的作用以及施政措施和政治原则等问题，形成了在天命论外壳内具有理性精神的历史观与政治观，主要表现为以下几点：

第一，天命转移的观念。周初统治者在《康诰》中，通过总结历史明确地提出“惟命不于常”[④]，这与《诗经·大雅·文王》中“天命靡常”一样，都是说“天命”是可以改变和转移的，周初的许多诗歌、文诰皆在叙述历史时表达了这一思想。那么“天命”发生转移的条件是什么？《尚书》中《多士》《无逸》《君奭》《多方》等篇记载周公多次详细总结夏、商、周政权变革的历史，认为统治者如果对天帝失敬、行为放纵、贪图安逸、弃德任刑、残害无辜，都会被上天遗弃并降下惩罚，转移天命。上天密切地关注着人世，特别是监督人间统治者的举动。《多方》记载周公的话说：“天惟时求民主”，即上天时刻寻求着好的君主，这意味着天命的转移是随时可能的，使周初统治者充满上帝可怕而不可依赖、保守天命很不容易等忧患意识。这种天命转移、上天时刻监督下界的观念，是殷商统治者所没有的，在思想上顺理成章地引

① 《尚书·西伯戡黎》。王世舜：《尚书译注》，四川人民出版社，1982年，第104页。
② 《诗经·大雅·文王》。(宋)朱熹：《诗集传》卷一六，第176页。
③ 《诗经·大雅·荡》。(宋)朱熹：《诗集传》卷一八，第204页。
④ 《尚书·康诰》。王世舜：《尚书译注》，第161页。

出两个重要的认识：其一是上天成了制约王权的力量，君主不能为所欲为；其二是承认改朝换代的合理性，甚至从历史变动的现实出发来说明天命的归宿。这种历史观点对中国古代政治、思想、学术均有深远的影响。

第二，"敬德"以修人事的观念。周初统治者的"天命转移"观念，形式上似乎强化了天命的权威，但却在描述天命转移原因时注入了理性思维的因素，实际上探讨了天命与人事间的关系。人在"天命"面前不是无所事事，不是无能为力，统治者可以通过其符合"天意"的作为以"祈天永命"，巩固政权。这种"祈天永命"的作为包括较多的内容，诸如敬天敬祖、勤政恤民、谦逊俭朴、行教化、慎刑罚等等均在其内，大多属于修治人事的范围。这些内容被抽象地概括为"德"[①]，进而产生"敬德"的政治原则。"敬"，就是以恭谨态度对待和执行，"敬德"的主张在《尚书·召诰》中被再三申说，夏、殷的灭亡都是"不敬厥德"造成的。在周初历史文献中，《康诰》《梓材》《多士》《多方》等篇均强调"明德"，"明德"与"敬德"的含义基本一致[②]，其他周初文献也普遍使用"德"的概念阐述政治、教化和个人修养的问题。"德"这个概念的提出，源自对历史、对天人关系的理性思考，是对人事行为的积极认识，是中国上古哲理性政治观念的主要标志之一。"皇天无亲，惟德是辅"[③]，"敬德"观念在思想上原本是要调和天命与人事，使之合一的，但天命掌握在神明的上帝手中，人只能在修治人事上下功夫。"敬德"实际是立足于人间的现实事务，因此周初统治者甚至说出"天不可信，我道惟宁王德延"[④]的话来。

第三，"保民"的观念。从殷末到周初的社会震荡，令统治者亲眼看到下层民众的力量。改朝换代的战争需要许多下层民众为之冲锋陷阵，在这种情况下，人心向背就成为决定胜负的重要因素。周初统

① 《尚书》中记载商代史事的《盘庚》《高宗肜日》已有"德"的概念，但学术界多认为这两篇或经过西周初年整编，或就是周代的作品。

② "明"字多义，有"彰明、光大"与"勉力为之"等含义。

③ 《左传》僖公五年引《周书·蔡仲之命》。杨伯峻：《春秋左传注》，中华书局，1990年，第309页。

④ 《尚书·君奭》。王世舜：《尚书译注》，第223页。大意是：上天不可信赖，我们只有继承文王的传统。

治者认真思考这段亲身经历的历史，产生了重视民众的思想。《酒诰》称："人无于水监，当于民监，今惟殷坠厥命，我其可不大监抚于时。"意思是说：人不要把水当作镜子，应该把下民作镜子，现在殷商灭亡了，我怎能不据此为重要鉴戒呢？以民为鉴，包含着重民和重视人心向背的认识，这必将导致对待民众政策的调整，于是周初统治者明确提出"保民"的政治观念。《康诰》中讲"用康保民"，是说要使民众安康；讲"裕民"[①]，是说要教化民众；讲"作新民"，是说要改造殷商遗民。《无逸》篇还讲到要体察民间疾苦，施惠于民，关爱鳏寡孤独等等。这一切的目的十分明确，就是防止民怨，使之顺从。为此，谨慎而严明地使用刑罚当然极其重要，但鉴于殷纣王滥用酷刑之弊，因而更强调"慎罚"。民怨是可以反映人心向背的，周初统治者对此格外重视，认为"怨不在大，亦不在小"，都必须认真对待，听到民怨，应更加"敬德"，使不顺从的小民变得顺从。《康诰》中大声疾呼："敬哉！天畏棐忱，民情大可见。"意思是：要谨慎呀！可畏的上天是否诚心辅助你，可以从民情中表现出来。这又具有将天意与民情合一的意味，成为后来"天视自我民视，天听自我民听"[②]"民之所欲，天必从之"[③]思想的先声。

第四，明确的以历史为鉴戒的思想。周初对政权兴亡问题的理性思考，没有停留于笼统的认识，而是深化到一些细节，注意到正反两方面的历史经验与教训。例如《康诰》中即已提出立身行政要"往敷求于殷先哲王""别求闻由古先哲王"，即向殷商以及更古的英明君王学习。《酒诰》则在关于戒酒这一具体问题上，叙述了商朝国王从成汤至帝乙时的君臣都勤于政务，不但不敢纵情饮酒，而且也没有纵饮的闲暇。商纣王时君臣都大肆饮酒，政治败坏，终于亡国。周文王则早就教导说只有祭祀时才可用酒，我们遵守文王之教，所以代殷受命。《无逸》篇更细致地列举商代勤政君主绵长的执政年限，将之与贪图享乐君主短命的年限作对比，要求引为鉴戒。《召诰》《多士》《多方》等篇都谈论了夏、商改朝换代的历史，《君奭》《立政》篇更为详细

① 《康诰》中讲"乃由裕民""乃裕民"，"裕"是启迪诱导的意思。

② 《孟子·万章上》。(宋)朱熹：《四书章句集注·孟子集注》，第 363 页。

③ 《左传》昭公元年引《尚书·太誓》。杨伯峻：《春秋左传注》，第 1204 页。

地总结了夏商周(文王、武王)三代用人行政制度的发展与经验教训,从而提出治国"立政"的原则。

综上所述可以看出,周初统治者已经做到从多种角度总结历史,通贯地考察夏、商到周文王、武王的历史发展,从中概括出一些政治经验和教训。因此,周初统治者的历史认识是最早的理性思维,其"敬德"、保民观念以及对天人关系的新见解,皆是从历史思考中得出的。至今诸多的中国哲学史、思想史著述强调西周产生怀疑天命的观念,却不知其来自"殷鉴",即来自对历史的思考,所以难免得出本末倒悬、因果错位的结论。

中国上古最早的理性思维,产生于以"殷鉴"为标志的历史认识领域,首先通过对历史的思考来认识政治,认识天人关系,从而启沃心智,继而丰富逻辑思考能力,打开哲理的眼界。这对中国文化特征的形成具有不可磨灭的影响,使历史认识与政治文化结成密不可分的联系,积淀为凡事从以往历史中寻求根据、经验与教训的思想模式。"殷鉴"的思考,还导致历史文献的保存与整编,今所存之上古典籍文献,都是西周及其后保存和整编的。所有这些,都是史学得以发展的基础。因此,中国古代史学的兴旺发达,历代官方的史学活动绵延不废,古代史学多以经世致用为根本宗旨等等西方所不具备的特点,皆可追溯至理性思维的源头,追溯到"殷鉴"给中国社会文化植入的思想根基。

二　官方记史体制以及相应的史学观念

中国什么时候开始有了正式的历史记载?这是一个扑朔迷离的问题。《左传》中有《夏书》《夏训》的记载[①],然而那是否真实、是否真是夏代的历史记载,很难定论。《尚书·多士》称"惟殷先人,有册有典",许多学者据此认为商代已有正式记述的历史典籍,但典、册的内容不一定就是历史记载。甲骨文中有"史""尹""作册"等官名的记录,后人将之称为史官,而其职责乃是起草和掌管官方文书而已,亦不足以证明记史制度的产生。殷商并未留下可靠的史籍文献,从今存甲骨卜辞来看,仅在记载贞卜活动及其结果的同时,无意间记载了

① 见《左传》庄公八年、襄公四年。杨伯峻:《春秋左传注》,第173、936页。

当时的史事，由于未能摆脱凡事必卜、极端迷信的精神蒙昧，尚不可能具有自觉记述历史的意识。

一般而言，一个政权若非承袭民族传统或者接受外部文化影响，只能在认识到历史的借鉴作用之后，才会形成自觉的记史制度。殷商时代可能会保存少部分重要的官方文书，但不会有系统的历史记述。西周初年具备了"殷鉴"的历史认识，那是从亲身经历与口耳相传的史事直接汲取借鉴，尚无阅读历史载籍的例证。因此，周初提出的"殷鉴"是一种历史意识，由历史意识到自觉记述历史的意识，在我们看来不过一步之隔，但古人实现这一步的跨越并非易事。从现存的文献看来，周初由于具备了"殷鉴"的历史意识，不仅自觉地保存更多的官方文书，而且整编了殷商时代的历史文献。[①] 从注意保存档案、文书到特意记述历史载籍，则又历年长久，白寿彝先生指出，《墨子·明鬼》篇于宗周晚年以后之事，引周、齐、宋、燕之春秋，而以所引宣王杀杜伯一事为最早，又参照其他先秦典籍，因而判断"编年体国史的出现在周宣王或其前不久的时期"。[②]这个见解极其精到，官方记史制度的形成亦当在这个时期。保存与整编档案文献只是初始和朦胧的史学意识，特意和自觉地记述历史，进而形成记史的制度，史学意识便得到了明确与巩固。

官方记史制度在春秋时期迅速发展，周王朝与诸侯国皆以编年体形式记载史事，出现了许多著名的史官，形成各国官方记录的史册，这些史册多以"春秋"为名，也有如晋之"乘"、楚之"梼杌"等别名。一些史学上的基本原则，也陆续提了出来。

据文献记载，春秋时期周王室与诸侯国的史官名目很多，《周礼·春官宗伯》记载西周即有大史、小史、内史、外史、御史，其职能中包含记录历史。[③]《汉书·艺文志》说古时"左史记言，右史记事，事为《春秋》，言为《尚书》，帝王靡不同之"，清人黄以周《礼书通故》认为

---

① 据王国维《古史新证》、张西堂《尚书引论》，《尚书》中《汤誓》《盘庚》为西周初年整编；《周书》中关于西周的文献情况复杂，学界意见不一，但各篇皆当有其所本，又据王国维、郭沫若等学者研究，《牧誓》《世俘》等多篇可定为周初之作。要之西周开始特别注意保存历史文献，应可确认。

② 白寿彝：《中国史学史》第一册，上海人民出版社，1986 年，第 210 页。

③ 《周礼》其书晚出，所载史官之称非必西周时完全具备，似可作春秋时期的参考。

左史即内史，右史即大史。而春秋时期各诸侯国史官名称与王室类似，如鲁、齐、晋、郑、卫皆有大史，鲁又有外史，齐有南史，晋与楚有左史等等。[①]齐管仲说："夫诸侯之会，其德、刑、礼、义，无国不记……作而不记，非盛德也。"[②]地理位置较为偏僻的秦国也于周平王十八年（前 753）"初有史以纪事"[③]，可见各诸侯国记载史事已普遍制度化。曹刿向鲁国君主进谏时曾说："君举必书，书而不法，后嗣何观？"[④]表明记史制度遵循"君举必书"与讲究一定书法的规则，从曹刿语意上看，这已经实行许久了。《左传》宣公二年记载晋史官董狐于史册书"赵盾弑其君"，同书襄公二十五年记载齐国史官不顾接连被杀，坚持记录"崔杼弑其君"的事迹，成为古代史官不惧强权、奋笔直书的典范。孔子赞扬"董狐，古之良史也，书法不隐"，提出史家的"良史"标准及"书法不隐"的原则，在古代史学的发展中有深远的影响。

春秋时期，关于历史和史学作用的观念大为丰富。周灵王时，太子晋畅谈往古胜败兴衰，提出："若启先王之遗训，省其典图刑法，而观其废兴者，皆可知也。其兴者，必有夏、吕之功焉；其废者，必有共、鲧之败。"[⑤]这明确表达了应当从历史文献记载中寻求兴亡成败教训的观念，不仅是讲历史的鉴戒作用，而且突出了史学记载的作用。鲁庄公时，夏父展因事进谏称："君作而顺则故之，逆则亦书其逆也。臣从有司，惧逆之书于后也，故不敢不告。"[⑥]这里的"顺""逆"是指符合、不符合礼制，史官记事是"顺""逆"皆如实记载，夏父展以历史记载流传后世来进谏，已试图利用历史记载对君主的行为予以制约。晋悼公时叔向"习于《春秋》"，被认为可以做到"日在君侧，以其善行，以其恶戒"[⑦]，反映出当时对史学作用的认识。楚昭王时，其史官倚相被视为国宝，因为他"能道训典，以叙百物，以朝夕献善败于寡君，使寡君无忘先王之业"。[⑧]这已经是史官直接利用历史记载诱导与辅

---

① 以上史官名称零星见于《左传》《国语》。

② 《左传》僖公七年。杨伯峻：《春秋左传注》，第 318—319 页。

③ 《史记》卷五《秦本纪》，中华书局，1959 年，第 179 页。

④ 《国语》卷四《鲁语上》，上海古籍出版社，1988 年，第 153 页。

⑤ 《国语》卷三《周语下》，第 108 页。

⑥ 《国语》卷四《鲁语上》，第 156 页。

⑦ 《国语》卷一三《晋语七》，第 445 页。

⑧ 《国语》卷一八《楚语下》，第 580 页。

助君主的事例。不仅如此，据倚相的叙述，早在两百多年前的卫国卫武公时，已经“史不失书，矇不失诵，以训御之”。[1]史册、史官和记史制度向君主提供鉴戒、行为制约和思想诱导，从而参与了深层的政治机制，其影响之一，就是使史学发展的动因深深地扎根于古代中国的社会肌体之内。

楚庄王时申叔时论教育太子方法说：

> 教之春秋，而为之耸善而抑恶焉，以戒劝其心；教之世，而为之昭明德而废幽昏焉，以休惧其动；教之诗，而为之导广显德，以耀明其志；教之礼，使知上下之则；教之乐，以疏其秽而镇其浮；教之令，使访物官；教之语，使明其德，而知先王之务用明德于民也；教之故志，使知废兴者而戒惧焉；教之训典，使知族类，行比义焉。[2]

“春秋”（编年记事之史）、“世”（世系之书）、“令”（先王之官法、时令）、“语”（以往治国之善语）、“故志”（记前世成败而总结出议论、格言之书）、“训典”（五帝之书），均为史籍。这段言论，包含以史实施教育、教化，汲取鉴戒，从史学中学习政治经验、提高行政能力和学习治国政策的丰富的思想内容。很明显，这些史学观念都是在官方记史制度、官方政治与史学相结合的机制上形成的。

总之，在西周“殷鉴”思想的基础上，春秋时期建立“君举必书”和讲究一定书法的记史制度；提出“良史”的概念，这涉及史家标准的评议，产生了史家的榜样性人物；形成以史借鉴、以史教化、以史辅政和从史学中学习治国之策的史学观念，奠定了中国古代史学运行发展的基本原则。这些原则表述得还相当简约，有如格言成语，而唯其简约，更便于传播，给后世提供了展开、发挥与丰富化的空间。

三　孔子与《春秋》相联结的史学意义

流传于世的《春秋》是否经过孔子的修订？这是学术界尚未完全解决的问题。笔者是倾向于孔子修订《春秋》之说的。《孟子》的言

---

① 《国语》卷一七《楚语上》，第551页。

② 《国语》卷一七《楚语上》，第528页。

论、《史记》的记载以及古代几乎所有经、史、子、集著述中的说法，多认定孔子作《春秋》。但是记述孔子及其弟子言行的《论语》之中，却无片言只字提到修《春秋》之事，因此近代以来，否定孔子曾经修订《春秋》的学者亦不在少数。

孔子是先秦儒家学派的创始人，在中国历史上，孔子至少做出以下三项破天荒的创举：第一，孔子是进行大规模私家讲学活动的第一人，三十岁左右即开始收徒讲学，传说他的学生有三千人，学业甚好者也有七十余人，后来带领学生周游列国长达十四年。这打破了官府垄断教育的局面，将之引向民间。第二，首次创立了具有相对独立意义的学派，即不依附某个特定政治势力，形成以思想、学问的传承为纽带的学术集体。第三，最早地将政治、社会及人际关系等社会问题升华为非参政人士探讨的学术问题，并且建立起系统的思想体系。从孔子生平事业来看，修订《春秋》与整理《尚书》等文献以备教学、治学之用，其可能性是很大的。

孔子是否修订过《春秋》，考清这个史实自然是十分重要的，但这里还存在另一层面的史实，即在整个中国古代，孔子修《春秋》乃是久被认定的，而这个无可争议的史实对于史学史研究来说，重要性并不亚于孔子是否真的修过《春秋》。孔子与《春秋》联结在一起所造成的影响，在中国古代史学发展史上具有极其重大的意义。

孔子为春秋后期人，而大力推崇《春秋》并且将之与孔子联系起来，则发生在战国时期。《左传·君子曰》评论说："《春秋》之称微而显，志而晦，婉而成章，尽而不污，惩恶而劝善。非圣人谁能修之？"① 这里提出的"惩恶而劝善"，"善人劝焉，淫人惧焉"，既是论史学的功用，也道出了修史的宗旨，比春秋时期的史学观念又前进了一步。孟子旗帜鲜明地将《春秋》说成是孔子的有为之作："世衰道微，邪说暴行有作，臣弑其君者有之，子弑其父者有之。孔子惧，作《春秋》。《春秋》，天子之事也。是故孔子曰：知我者其为《春秋》乎！罪我者其为《春秋》乎！"他把孔子修《春秋》与大禹治水、周公平定天下等伟大功业相提并论："昔者禹抑洪水而天下平，周公兼夷狄驱猛兽而百姓宁，

---

① 《左传》成公十四年。杨伯峻：《春秋左传注》，第870页。

孔子成《春秋》而乱臣贼子惧。”[①]这样，《春秋》所能起到的政治作用就不可估量，成为拨乱反正以安定天下秩序的法宝。按照孟子的说法，孔子将修订《春秋》视为“知我”“罪我”的最重要的事业，是以一般平民身份而行“天子之事”。尊崇《春秋》，也就同时提高了史学的地位。

春秋时期人们强调史学的鉴戒作用、辅政作用、教育作用等等，而是否真的以史为鉴，占主动地位的乃是君主、统治者，而不是史学和史家，前引夏父展以历史记载会传于后世来向鲁君进谏，就没有被接受。至此，《左传》提出《春秋》有“惩恶而劝善”的宗旨，特别是孟子鼓吹孔子鉴于“世衰道微”而作《春秋》、“孔子成《春秋》而乱臣贼子惧”，并以孔子为榜样，倡导撰史者积极用世的主体意识，即史家以撰史方式主动干预世事。无论有权势的在位者是否愿意接受，史家都将使其历史记载流行当时、传扬后世，从而鼓舞善行，令恶人知惧。正是在这种信念之下，建立起历代优秀史家的崇高社会责任感，经世致用成为传统史学的准则。史学的终极宗旨，已不是具体当权者的接受与采纳，而是关注在整个社会和未来的效果。

如上所述，不管孔子是否真的修订过《春秋》，古人基本上公认《春秋》为孔子所作，乃是另一层次的史实。随着孔子的不断圣化及《春秋》成为儒学的经典，其崇高的地位在古代主流思想意识中已经不容怀疑和否认，这为中国古代史学的发展铺垫了日趋繁荣的坦途，其影响之大者有以下几点。

(1)《春秋》成为儒学的经典，在汉代公羊学派的鼓吹中，尊崇到骇人的程度，此后经学的《春秋》学长盛不衰。但《春秋》毕竟是记事的史书，推重《春秋》之论其实即推重史学，《春秋》地位的高涨带动史学地位的提高。《春秋》经学不能完全脱离史学，经与史之间密切地联系在一起[②]；《春秋》经学的论断，有相当大的部分可以纳入史学理论的范围；《春秋》(还有《尚书》)亦经亦史的现实，为后世“六经皆史”的理论探讨准备了条件。总之，是孔子修《春秋》促成史学的重要地位，带动了史学理论的探讨。

---

① 《孟子·滕文公下》。(宋)朱熹:《四书章句集注·孟子集注》,第 320 页。

② 与《春秋》起到相同作用的还有《尚书》,但不如《春秋》为突出,此不备论。

(2)认定孔子修《春秋》,是在根本原则上认可私家修订国史,这是对私家史学最大程度的承认。历史上虽然有如隋朝等朝代曾短暂地禁止私修国史,但这仅限于当代史,而且根本难以真正施行。孔子这位至圣先师的修史行为,令历代君主找不到禁止私家史学的法理。于是私家撰史不断,史家无不推重孔子修《春秋》,悬为楷模,历代以"春秋"为史著书名者不可胜计。《春秋》在政治文化中的独特地位,铺就了官方史学与私家史学两条相联系的发展轨道,而这史学的双轨是古代中国史学持续繁荣的最重要的条件。

(3)据说孔子修《春秋》是"贬天子、退诸侯、讨大夫,以达王事"[①],对历史人物予以华衮斧钺之褒贬,"拨乱世反诸正"。圣人的榜样使后世史家具备这样的信念:不仅撰史,而且论史;不仅论史,而且联系时事。在绝大多数朝代,官方也只能承认或默认史家有撰史、论史的权力,这应当说是得自孔子与《春秋》精神的无形庇护。

《春秋》之义对于中国古代的史学也有消极的影响,它规定了史学思想的主流方向,纳入封建伦理的规范而难以突破。然而若考究中国古代史学发达兴旺的原因,不能不强调孔子与《春秋》联结在一起所起到的特殊作用。

四　史学观念上的新拓展

战国时期孟子等儒家学者推重《春秋》,将以史戒鉴、以史教化、以史辅政的观念深化为史家和史学干预时事的主体意识,从理论和精神上将史学置于高屋建瓴的主动地位。除此之外,史学观念还取得了多方位的拓展,主要体现于以下几个方面。

首先,战国时期的百家争鸣使学者、士人的撰著意识空前强化,产生了大量的典籍。有私家一人之书,有一学派积累共纂之书,有杂取各派汇编之书等等,琳琅满目。史书的撰著亦格外盛行,《竹书纪年》一书可说明战国时期官方记史制度延续不废,我国第一部内容充实,记言、记事兼备的史籍《左氏春秋》(即《左传》)的产生,表明历史著述的水平达到一个新的阶段。据学术界研究,今《尚书》内有写于战国时期的文献,晋代曾从战国古墓出土《周书》,今存篇目中亦有可

---

① 《史记》卷一三〇《太史公自序》,第3297页。

认定写成于战国者，可见战国期间必然重新整编过《尚书》《周书》。战国后期，楚国铎椒所撰《铎氏微》四十篇，选编历史上成功与失败的事迹[①]，书名用“微”字，说明关于《春秋》“微而显，婉而辨”“惩恶而劝善”的史学原则已广泛传播；赵国虞卿撰《虞氏春秋》八篇，分类记述春秋至战国中期史事，内容、宗旨为“刺讥国家得失”[②]，表明史学主动干预时政的精神亦得以发扬。其他如《国语》为分国记述政治言论，说明撰述史籍已经采用较多种类的体裁，史学眼光有所放宽，撰史方法有所增加。总之，多种类史籍的出现，折射出史学观念的多样化拓展。

其次，孟子在评述《春秋》时概括了史学在内容、形式和观点上的内在结构，他说：“晋之《乘》、楚之《梼杌》、鲁之《春秋》，一也。其事则齐桓、晋文，其文则史。孔子曰：‘其义则丘窃取之矣。’”[③]这为后世撰述与评论史书提供了一个方法的总则，即必须以史实为基础，运用生动的文笔，尤其要具备深刻的历史见解，三者相结合才是完整的史学著述。

其三，形成了对史事考信征实的观念。早在春秋时期，孔子即说：“夏礼吾能言之，杞不足征也；殷礼吾能言之，宋不足征也，文献不足故也。”[④]这段话是说认识历史必须取证于“文”（历史记载）和“献”（贤才），不能凭空捏造。而战国时的孟子觉得历史记载也不完全可靠，他说：“尽信《书》则不如无《书》，吾于《武成》，取二三策而已矣。仁人无敌于天下，以至仁伐至不仁，而何其血之流杵也？”[⑤]这里对具体事例的分析有误，但“尽信《书》则不如无《书》”的原则是正确的。法家韩非说：“孔子、墨子俱道尧舜，而取舍不同，皆自谓真尧舜。尧舜不复生，将谁使定儒墨之诚乎？”他认为对历史记载、历史传说应当予以“参验”，“无参验而必之者，愚也；弗能必而据之者，诬也”。[⑥]若

---

① 《史记》卷一四《十二诸侯年表》，第510页。

② 《史记》卷七六《平原君虞卿列传》，第2375页。

③ 《孟子·离娄下》。（宋）朱熹：《四书章句集注·孟子集注》，第348页。

④ 《论语·八佾》。（宋）朱熹：《四书章句集注·论语集注》，第74页。

⑤ 《孟子·尽心下》。（宋）朱熹：《四书章句集注·孟子集注》，第433页。

⑥ 《韩非子·显学》。（清）王先慎：《韩非子集解》卷一九，中华书局，1998年，第457页。

摈去其中的历史不可知论观念，这种不经“参验”就不能认定真实，未验证其真实就不能引作根据的思想，便很有史料学上的理论价值。

其四，以史学提高自身能力和素质的观念。孔子曾称“我非生而知之者，好古敏以求之者也”。① 非但孔子，上文叙述到的晋叔向、楚倚相，也是由习史而著称于时。至战国成书的《周易·大畜·象传》，即提出“君子多识前言往行以畜其德”的命题，言简意赅，深刻精辟。这里的“德”，包括见识、能力、品行等在内的综合素质，“多识前言往行”就意味着学习历史。

其五，会通古今的史学观念。将历史引为鉴戒，一定会导致列举历史事例、评议时事和预测后果的思考。《左传》《国语》大量记载各国君臣间引据历史申说主张的情节，战国诸子著述如《墨子》《孟子》《荀子》《管子》等等也无不引古论今，《韩非子·五蠹》将历史分为上古、中古、近古，得出历史进化观点，邹衍则宏观地用“五德终始”描述历史的演变程序，凡此皆对历史事物做出会通古今的思考。而在史学理论和原则上，先秦时期也提出会通古今的主张，《礼记·经解》借孔子之语称“疏通知远，《书》教也”，《周易·系辞下》提出“彰往而察来”的命题。这种格言、成语式的精辟语句，极便于传诵，为史学的会通古今观念提供莫大的发挥空间，启迪了后世史家。战国后期，荀子有比较明确的会通古今的观念，他说：“君子审后王之道而论于百王之前，若端拜而议。”②“欲观千岁，则数今日；欲知亿万，则审一二；欲知上世，则审周道”，从而得出“以近知远，以一知万，以微知明”的结论。③这里的会通古今，是以强调知今为重点的。《吕氏春秋·长见》篇进一步发挥了这种观念，认为“今之于古也，犹古之于后世也；今之于后世，亦犹今之于古也。故审知今则可知古，知古则可知后，古今前后一也。故圣人上知千岁，下知千岁也”④，将会通古、今、后世的认识，称为“长见”，即长远的见识。《察今》篇又言：“先王之所以为法者，人也，而己亦人也，故察己则可以知人，察今则可以知古，古今一

---

① 《论语·述而》。(宋)朱熹:《四书章句集注·论语集注》,第 113 页。

② 《荀子·不苟》。(清)王先谦:《荀子集解》卷二,第 48 页。

③ 《荀子·非相》。(清)王先谦:《荀子集解》卷三,第 81 页。

④ 《吕氏春秋·长见》。许维遹:《吕氏春秋集释》卷一一,中华书局,2009 年,第 253 页。

也，人与我同耳。有道之士，贵以近知远，以今知古，以益所见，知所不见。"[①]可惜后代在发扬先秦史学会通古今观念的过程中，仅关注"彰往而察来"的认识方向，未能光大"察今则可以知古"的历史认识论。尽管如此，"以今知古"的思想仍在先秦史学观念中闪烁着奇光异彩。

综上所述，先秦时期的史学观念，体现出中国古代史学蓬勃发展的渊源。由"殷鉴"的思索进展到官方巩固的记史制度，继而产生一系列基本原则性质的史学观念，随之又有孔子修《春秋》为私家史学辟开蹊径，促使史学观念的进一步深化。这一步步的跨越，为古代史学的兴旺发达准备了势不可遏的社会条件。源远流长的中国传统史学，唯其源头深邃丰饶，才成其日后的烟波浩瀚、奔流不废。

（原载南开大学古籍研究所编《文史论集》二集，天津社会科学院出版社，2001年）

① 《吕氏春秋·察今》。许维遹：《吕氏春秋集释》卷一五，第391页。

论中国传统史学双轨发展格局的形成

中国传统史学繁荣兴盛的重要原因，是中国具有官方史学与私家史学这两条互动、互补又互相排抑的发展轨道。而形成组织化、制度化并且连续发展的官方史学，是中国传统史学区别于西方古代史学的显著特点，官方和私家作为两种不同性质的史学活动主体，视野、价值观、利益诉求不可能完全一致，从而处于不断的矛盾与磨合之中，交织出多彩的史学景观，演绎着丰富的规范与理念。因此，欲深入研究中国史学史，就有必要考察史学双轨发展格局的形成过程和运行机制。

一　中国传统史学产生于官方

一个上古民族能否产生原发性的历史学具有或然性，而即使产生史学，其形式和途径也非一定。从世界各地上古文明的对照和中西史学的比较即可看出：第一，文明发达很早的古埃及，仅存丰富史料，并未产生本民族原发的史学，原因是古埃及缺乏自觉记史意识与强劲的记事求真理念。史学产生的社会条件，需要发明文字和具有相当程度的历法，需要大事件的激发，更需要一定社会背景下产生强劲的记事求真意识。第二，西方史学的产生可以从古希腊说起，“希腊人是史学创始人，正如他们也是科学和哲学的创始人那样。欧洲的史学无须向更古的时代追溯了”[①]，其标志性成果是希罗多德(约前484—前425)撰著的《历史》(又称《希波战争史》)一书。因此，西方史学实际是从私家撰史诞生的。

然而中国史学乃是从官方产生，这是与古希腊完全不同的途径。在西周武王伐纣之后，统治者面对殷商“顽民”的反抗，总结殷商灭亡的原因，同时思考如何建立稳固的统治秩序，形成“殷鉴”的理念。《诗经·大雅·荡》说：“殷鉴不远，在夏后之世”[②]，《尚书·召诰》称：“我不可不监于有夏，亦不可不监于有殷”，就是要将夏、商兴亡的历史引为借鉴。这是中国上古思想文化的巨大飞跃，真正的理性思维由此而起步。殷商时期还弥漫着浓重的蒙昧迷信观念，殷墟的卜辞则反映出凡事皆须仰求上帝以定然否，似乎一切皆由冥冥中的神秘力量所决定。凡事均须占卜，说明社会意识在整体上并不真正具备发展理性思维的条件，文化和认识的发展还停滞于直觉、感性、经验、想象的水平，对于气候、星象、历法取得的知识均未超越观察、经验和想象的范围。但“殷鉴”的观念不同，这是要追究以往政权兴亡成败的原因，化作自身行政的参考，包含对因果关系深度的逻辑推理，打开理性思维的新天地。因此，“殷鉴”观念是中国上古理性思维的第一线曙光，撕开了禁锢思维发展的迷信罗网，天命与人事关系的新认识、“敬德”“保民”等政治思想，都由“殷鉴”观念即历史的思考而导出。

中国上古理性思维从“殷鉴”的历史思考开始，给传统文化注入格外重视历史经验的基因，意义深远，也迈出中国史学产生之漫长进程的第一步。“殷鉴”这种历史意识，必然导致对历史遗留文献的重视，同时也会注意保存本政权的官方文书。在现存的《逸周书》《尚书》之中，即有不少西周早期形成和整编过的文献，如《尚书》的《盘庚》篇，应是殷商时期文献而经过西周的整编和补订，《康诰》《酒诰》《召诰》《多士》《洛诰》等篇虽不免有后世掺杂、窜乱之

---

① [美]J·W·汤普森著，谢德风译：《历史著作史》上卷第一分册，商务印书馆，1988年，第31页。

② 《诗经·大雅·荡》。(宋)朱熹：《诗集传》卷一八，上海古籍出版社，1980年，第204页。

迹，但基本可以确认为西周文献。[1]《逸周书》之《世俘》《克殷》等篇，也可定为周初之作。[2] 这里还需说明：西周统治者并非简单地将政府公文作为档案保存，而是将之编辑整理并在一定范围内传布，否则就没有必要将《盘庚》等篇予以较大的加工修订。史籍《国语》虽在战国时期成书，但它记载的是春秋时期人物的言论，其中颇有引述《夏书》《商书》《周书》者，《论语·为政》也记载了孔子曾引用《尚书》，说明《尚书》于春秋时期或之前就已经在各诸侯国流传。对国家公文书编辑整理的举措，当然主要出于政治需要，但与单纯的留存不同，已经包含朦胧的史学意识，是向史学的产生又跨近一步。

经过编辑、整理的《尚书》等典籍，是一种历史文献的汇集，成为很贴近于史学的史料，但只要未能将公文文献的内容连同政治背景、前缘后果等系统地表述出来，还是不能算作史学诞生的标志。很明显，从官方公文文献的整编蜕化为系统性的历史叙述，进而演化为持续发展的史学，存在着难以穿越的瓶颈，中国史学的产生仍需要走另一途径，即主动记载史事。主动地记载史事，无论中外皆早已有之。希罗多德之前，古埃及、古希腊政权以及其他政权，就已经出现碑铭、泥版或其他方式的史事记录。在中国，甲骨文也颇有记事的内容，商末周初的金文多为记载一件荣耀的事件。但这些文字史料尚不能视为史学，只有时间明晰、连续、制度化的史事记载，才具备史学产生的要素，才具有趋于严谨、日益丰富的发展前景。

中国于何时产生这种连续性的历史记载？虽缺乏直接的史料，但依靠间接的资料，也能作出大致的推断。白寿彝先生认为："《墨子·明鬼》为证成己说，列举各书。于宗周晚年以后之事，引周、齐、宋、燕之《春秋》，而以所引宣王杀杜伯一事为最早。在此以前，不是引某国《春秋》，而是引《商书》和《大雅》。《国语》记周事，以穆王征犬戎一事为最早，然记事同时又记年者却始于宣王。这两事似可提供一些迹象，说明编年体国史的出现在周宣王或其前不久的时期。"[3]

---

① 见张西堂：《尚书引论》六《〈尚书〉之考证》，陕西人民出版社，1958年，第199页。

② 《中国古代社会研究》附录《追论及补遗》，《郭沫若全集》历史编第一卷，人民出版社，1982年，第299页。

③ 白寿彝：《中国史学史》第一册，上海人民出版社，1986年，第210页。

白先生举出的史料，表示中国至迟在周宣王时有了《春秋》这种连续性编年记事的史籍，而不能排除更早的可能性。周宣王之父周厉王之时发生了"国人暴动"，厉王被驱逐，西周进入一个特殊的"共和行政"时期，中国具有准确和连续的纪年，即从"共和行政"的公元前841年开始。

需要追问的是：公元前841年的准确连续性纪年是怎样产生的？众所周知，中国虽然很早就掌握了较好的记日和记月的方法，但纪年方法长期存在着很大缺陷，周代长期沿用殷商时期"唯王"若干祀（年）的纪年方式，而对于在位君王又缺乏明确的称谓，致使今存不少青铜彝器铭文即使纪年，但所属哪一周王仍难以判定。在历法的这一缺陷制约下，形成确切年代谱系的最可能的方式，是按时间顺序连续性地记载时事，公元前841年之后的连续纪年是否缘于官方连续性的史事记载呢？这虽尚未找出明确的证据，但逻辑上是成立的，因为"国人暴动"、国王被逐，随之出现没有国王参与的"共和行政"，都是极其重大的历史事件，足以刺激记述历史的可能。"共和行政"无论实际是周公、召公联合执政，抑或共伯和执政，执政者都深知这只是权宜的过渡时期，连续记载时事以防日后的追究，自然是可能产生的举措。合乎逻辑的估测不等于实证，仅为今后的考订提供思路。但从"国人暴动"直至"宣王中兴"，一系列重大的政治变动促成连续记载史事制度的形成，而且不得不如实记述这些负面的史实，这种推论则大体上无误。总之在西周末期，已经出现连续性的官方记录史事的体制，标志着中国独具特色的史学从官方产生。

《国语》记载楚国史官倚相的叙述，指出卫国卫武公时，已经"史不失书，矇不失诵，以训御之"。[①] 卫武公约在周宣王十六年（前812）即位，至周平王十四年（前757）去世，跨过西周末到春秋初。他在位时期实行"史不失书"，应当是自西周末期开始，仿从周天子体制，坚持到晚年。对于春秋时期史学状况的这类记载虽然零星、简略，但蕴含着丰富的内容：第一，卫武公时"史不失书"，进一步提供了西周晚期形成编年体历史记载体制的佐证。第二，"史不失书"，反映出记录历史乃为连续的、制度化的。曹刿向鲁国君主进谏时曾说："君举必

① 《国语》卷一七《楚语上》，上海古籍出版社，1988年，第551页。

书，书而不法，后嗣何观？”[①]表明记史制度遵循“君举必书”与讲究一定书法的规则，从曹刿语意上看，这已经实行许久了。第三，至迟在春秋初期，记史体制已经扩展到诸侯国，连地理位置较为偏僻的秦国也于周平王十八年(前753)“初有史以纪事”[②]，可见记录史事已成为春秋时期各诸侯国的普遍举措。第四，历史记载既然用来“训御”，那就允许君主观看和闻知，在上层统治者范围内是公开的。晋悼公时叔向“习于《春秋》”，被认为可以做到“日在君侧，以其善行，以其恶戒”[③]，也反映了历史记录并非仅留存档，而是研讨总结，用于政治。《左传》宣公二年记载晋史官董狐于史册书“赵盾弑其君”，赵盾为此向董狐辩解，孔子赞扬他“董狐，古之良史也，书法不隐”[④]；同书襄公二十五年载齐国事，“大史书曰：‘崔杼弑其君’，崔子杀之”，则当时记载史事亦不向被贬斥的当事人隐瞒，不顾忌权臣的报复。

总之，西周末期产生、春秋初期扩展的官方连续性记录史事的体制，是中国史学已然形成的标志。虽在记载内容方面很简略，但成为制度化、组织化的举措，史事记载中又以“书法”等方式表达善恶褒贬，不能看成简单的史料汇集。更重要的是，中国记史、讲史与政治结合在一起，使史学行为加入政治运行机制，对社会文化的整体取向产生重大影响，强化了史学持续发展的基础。

二　私家史学的勃兴与超越

战国时期是中国思想文化辉煌发展的兴盛时期，众多学派兴起、百家争鸣是其重要特征，与此同时，私家著述也大量产生，此为先前没有的文化现象。春秋时期，即使儒学创始人孔子也未曾撰著个人的著述，这主要不是因为其文化程度和能力的限制，乃是整个社会与时代并未形成私人撰著的需要。所谓孙武撰《孙子兵法》，乃是缘于传说的不可靠记述，“孔子作《春秋》”的说法也缺乏实据且疑点重重，皆不足为据。但到了战国时期，情况发生根本的变化，学派蜂起，相

---

① 《国语》卷四《鲁语上》，第153页。

② 《史记》卷五《秦本纪》，中华书局，1959年，第179页。

③ 《国语》卷一三《晋语七》，第445页。

④ 《左传》宣公二年。(晋)杜预：《春秋经传集解》卷一〇，上海古籍出版社，1978年，第541页。

互争论，诸子百家为扩大社会影响、压倒异说，产生了撰辑著述的需要，而为了学派传承的广远，也不能单凭口耳相传，需要付诸文籍。这样，私家著述的涌现成为必然的趋势。诸子的论说各自汇集为书，一些传说、故事和实用知识编纂成型，私家的历史撰述也在这种文化氛围中产生。不少私家著述实际并非一人所作，如《墨子》《庄子》之中既有本人之文，也汇入后学撰述，《管子》更是多种学派文献的杂编，学士将一些论说和撰述归属于本学派或某学派的创始人，是当时社会文化的常例。

在战国的百家争鸣中，儒家既比其他各家渊源较长，又热衷于招生授学，因而徒众亦多，内部支派分立，理念参差，学术深浅不一，可谓处于"杂儒"泛泛的状态。但秉承孔子"信而好古""好古敏以求之"[①]的遗训，儒家比其他学派更重视历史、重视历史文献。在私家撰述风生水起的背景下，许多儒学士人不仅编辑、整理、解释《诗》《书》《易》《礼》等文献，而且编撰了《左氏春秋》[②]《国语》等史籍。《左氏春秋》和《国语》，是战国时期私家撰史的代表作。《左氏春秋》后称《左传》，关于其书的作者和成书年代，学界聚讼纷纭，莫衷一是。我们认为著名先秦史学家徐中舒的说法比较可信，要点是：《左氏春秋》起先乃贵族盲人左丘明开始讲说的历史故事，由盲人讲史者继承，口耳相传。至战国时期由孔子后学的子夏支派在魏国写定，但仍以最先讲述人左丘明为作者。撰写中将鲁《春秋》作为时间、事件的参照，因而与之颇有联系但又有内容出入，其立意并非解说《春秋》。据书中对魏、秦等列国军政态势预言的应验与否，可判定成书年代在公元前375—前351年之间。[③]

和其他学派一样，儒家对《易经》等古文献的解释出现大量托名孔子的言论，《孟子》《荀子》《左氏春秋》和《国语》也引述所谓孔子之言，甚至不遑顾及是否与孔子的真实思想、风格相一致。不仅如此，儒家学派还放出孔子删定《诗》《书》、注释《礼》《易》及孔子作《春秋》

① 《论语·述而第七》。朱熹：《四书章句集注·论语集注》，上海古籍出版社，2001年，第113页。

② 《左氏春秋》即《左传》之原名，至汉代才改称为《左传》，以表示此乃解释《春秋》之书。

③ 见徐中舒：《〈左传〉的作者及其成书年代》，《历史教学》1962年第11期。

的舆论，将之揽入儒学体系。战国百家多有本学派的撰述，但只有儒家抢占这些“元典”性古文献，并奉为经典，因而文化根基雄厚，为后来成为占统治地位的思想准备了条件。不过在战国时期，很少有著述明言“五经”的删定、注释和修订是出于孔子之手。如《左传》中说：“君子曰：《春秋》之称，微而显，志而晦，婉而成章，尽而不污，惩恶而劝善，非圣人谁能修之！”[①]这里有些闪烁其词。后来孟子则径直说“孔子成《春秋》而乱臣贼子惧”[②]，这不能信以为真，只反映儒家学派存有将古文献归属于孔子的愿望，并且制造了流言，只有在言论上多所夸张失实的《孟子》，才将“孔子作《春秋》”形诸文字。晚于孟子的荀子，虽将《春秋》置于经典之列，但也未曾明言孔子修订过《春秋》。因此，中国私家修史的兴起应在战国时期。

以《国语》《左氏春秋》为代表的私家史学，在撰著水平上已经超过官方史学，但官方除了保持按时间顺序记录史事的体制之外，也有个别的新进展，即魏国有官修的《竹书纪年》。此书是中国第一部编年体通史，内容起自传说的黄帝，按时间顺序记事，直至当代，至春秋时记事以晋国为中心，三家分晋后专述魏国史事。内容上的这个特点，加之记事如同《春秋》那样简略，深藏不传而不被世人所知等等，都显示了当时的官修史性质。[③]《竹书纪年》展现了官方不仅记录当时史事，而且做出撰述通史的尝试，其历史观念也不同于儒学思想，是值得注意的史学现象。但这种尝试在各国没有得到推广，没有在官方史学活动中传承，其书也未能在世间传播，被随葬于魏襄王墓，淹没近六百年之久，到西晋时才得以出土。《竹书纪年》在什么背景下编纂？为何密不传人乃至埋葬？这是史学史上的未解之谜。

战国的私家修史虽超过官方记录史事的水平，但在史学思想上却沿袭官方以史鉴戒、以史教化、以史辅政的观念。至战国后期赵孝成王（前 265—前 244 年在位）时的虞卿，失官后“不得意，乃著书，上采《春秋》，下观近世，曰《节义》《称号》《揣摩》《政谋》，凡八篇，以刺讥

---

① 《左传》成公十四年。杨伯峻：《春秋左传注》，中华书局，1990 年，第 870 页。

② 《孟子・滕文公下》。（宋）朱熹：《四书章句集注・孟子集注》，第 320 页。

③ 史学界也有认为《竹书纪年》为史官私修史的说法，理由是它曾作为随葬品。但这个理由不能成立，至唐朝皇帝崩逝，仍有以官修实录随葬事，见《新唐书・吴兢传》。

国家得失，世传之曰《虞氏春秋》”。[①] 这无疑属于私修史，但仍贯彻与官方史学一样的政治宗旨。秦与汉初，无论饱含史论的《吕氏春秋》，抑或陆贾的《楚汉春秋》，大致如此。待西汉司马迁《史记》出现，私修史实现了一个巨大的跨越。

司马迁的《史记》纵览今古，内容宏富，开创了史书纪传体通史的编纂方式，这是世界史学史上独一无二的成就。但这部私修史的著述宗旨则值得探讨。司马迁自称其书“欲以究天人之际，通古今之变，成一家之言”[②]，其中“成一家之言”是司马迁撰史的根本宗旨，前两项都是实现成一家之言的方式和手段。早在司马谈临逝世嘱令司马迁撰史之际，目的就包含“扬名于后世，以显父母，此孝之大者”。[③] 司马迁在《报任安书》中申明，他受宫刑而“所以隐忍苟活，函粪土之中而不辞者，恨私心有所不尽，鄙没世而文采不表于后也”。司马迁被“屈原放逐，乃赋《离骚》；左丘失明，厥有《国语》；孙子髌脚，《兵法》修列”[④]等事例所鼓舞，在受刑之后发奋著书，认为受到打击和挫折，有时却正好成为著书立说的动力。在司马迁看来，所有历史人物都应当以留芳名于后世为人生目标，“君子疾没世而名不称焉”。[⑤] 整部《史记》评论历史人物，也都贯彻了这一标准。

本来司马谈嘱令撰史，含有记载汉朝大一统功德以及“明主、贤君、忠臣、死义之士”事迹的意旨，司马迁在与壶遂的对话中，也表达了“余尝掌其官，废明圣盛德不载，灭功臣世家贤大夫之业不述，堕先人所言，罪莫大焉”[⑥]的责任感，这其实是要以撰史来歌颂汉朝。然而受刑之后，态度已经改变，在《报任安书》中不仅绝口不提撰史的任何政治意图、社会责任，而且对任安要求司马迁为朝廷“推贤进士”的提议予以拒绝：“无乃与仆之私指谬乎！”依照这里显露的心态，可知司马迁撰写《史记》，只剩下留名后世的“私指”，为此“则仆偿前辱之

---

① 《史记》卷七六《平原君虞卿列传》，第 2375 页。

② 《报任安书》，《汉书》卷六二《司马迁传》，中华书局，1962 年，第 2735 页。

③ 《史记》卷一三〇《太史公自序》，第 3295 页。

④ 《报任安书》，《汉书》卷六二《司马迁传》，第 2735 页。

⑤ 《史记》卷六一《伯夷列传》，第 2127 页。

⑥ 《史记》卷一三〇《太史公自序》，第 3299 页。

责，虽万被戮，岂有悔哉”。[1] 司马迁的《史记》，实际是将以“殷鉴”观念为根基的史学意识拉向一旁，离开原来的轨道，另辟一条发展路线。其特点是并不理会先秦以来以史辅政、以史教化、惩恶劝善等等社会功用，并无为当前政治提供鉴戒的意旨，独立地“究天人之际，通古今之变”，褒贬人物、评论史事，显示个人的见识与文采，毫不顾及统治者的喜好或厌恶，“藏之名山，副在京师，俟后世圣人君子”。[2] 撰史在司马迁心中，最终是自我的、个性的事业，体现出个人“扬名于后世”的终极目标，这是一种反传统价值观的觉醒。《史记》以其杰出的编纂方式和生动的文笔，以及通贯古今、包举天下的宏博内容，取得史学史上不可抹杀的突出地位。但古代中国的历史文化积淀与集权政治的环境，不可能让《史记》的撰著宗旨成为主流的文化意识，古代史学不过历经了一个迂回，最终仍然返还到传统价值观导引的方向。

三　官修《东观汉记》与史学发展新格局

《史记》取得辉煌的史学成就，造成巨大的社会影响，面世之后立即引起广泛注意，许多学者接续撰写，私家史学的发展远远超越了官方，西汉自司马迁之后，官方史学几乎看不到任何起色。但是，在《史记》成就被肯定的同时，也泛起批判其思想倾向的声浪。西汉末年，扬雄就指责《史记》述史“不与圣人同，是非颇谬于经”[3]，而东汉初续写《史记》的班彪，则批评司马迁“薄五经”“轻仁义”“贱守节”等等，“此其大敝伤道，所以遇极刑之咎也”[4]，用语可谓十分尖刻。因此，司马迁所开辟的史家个性发展的路径，在私家学者中就遇到反制，而官方也随之做出相应的史学举措。

班彪之子班固承袭其父的撰史成就和史学思想，并且做出重要的改变，即决定将西汉的历史断代成书，摈弃了接续《史记》撰述的模式。班固认为，司马迁不仅在历史观点上“其是非颇缪于圣人”[5]，而

---

① 《报任安书》，《汉书》卷六二《司马迁传》，第 2735 页。

② 《史记》卷一三〇《太史公自序》，第 3320 页。

③ （汉）扬雄：《扬子云集》卷首《序》，景印文渊阁《四库全书》本。

④ 《后汉书》卷四〇上《班彪传》，中华书局，1965 年，第 1325 页。

⑤ 《汉书》卷六二《司马迁传》，第 2737—2738 页。

且那种通史的写法也是把汉朝“编于百王之末，厕于秦、项之列”，同样有不敬之嫌，于是“探篹前记，缀辑所闻，以述《汉书》”[①]，以“尊汉”为出发点，遵循“唯圣人之道然后尽心”[②]的准则。但《汉书》还在撰写中就被人诬告，这导致史学上的一个重大变化，《后汉书·班彪附班固传》记载说：

> 既而有人上书显宗，告(班)固私改作国史者，有诏下郡，收固系京兆狱，尽取其家书……固弟超恐固为郡所核考，不能自明，乃驰诣阙上书，得召见，具言固所著述意，而郡亦上其书。显宗甚奇之，召诣校书部，除兰台令史，与前睢阳令陈宗、长陵令尹敏、司隶从事孟异共成《世祖本纪》。迁为郎，典校秘书。固又撰功臣、平林、新市、公孙述事，作列传、载记二十八篇，奏之。[③]

班固因祸得福，汉明帝任其为兰台令史，因而获得编撰《汉书》的更好条件。但重要的是他同时被任命纂修《世祖本纪》，这实际就是《汉记》纂修的开始，后来撰有列传、载记多篇，均为其书的组成部分。《汉记》是东汉官方修撰的纪传体本朝史，编纂历程延续至东汉末年，因东汉后来将藏书机构改在“东观”，修史工作也在此处，故该书被称为《东观汉记》。班固是第一批参与纂修《东观汉记》的官员，开展此项修史活动的决策者乃是汉明帝。据《后汉书》卷二《显宗孝明帝纪》记载，汉明帝“十岁能通《春秋》”，后又“学通《尚书》”，具有相当的史学造诣。他对《史记》的思想倾向很不满意，曾公开对文臣宣称：“司马迁著书，成一家之言，扬名后世，至以身陷刑之故，反微文刺讥，贬损当世，非谊士也。”[④]汉明帝阅读了班固《汉书》文稿后十分赞赏，在对不同的私修史既有厌烦、也有赏识的感受下，受《汉书》体例和宗旨的启示，遂决计由官方纂修当朝的纪传体国史，将史学拖向依附于朝廷政治的路径。

《东观汉记》的纂修在东汉是间断性的，即积累一段时期后，由皇

---

① 《汉书》卷一〇〇下《叙传下》，第 4235 页。

② 《汉书》卷一〇〇上《叙传上》，第 4207 页。

③ 《后汉书》卷四〇上《班彪附班固传》，第 1334 页。

④ (汉)班固：《典引·序》，(清)严可均辑《全上古三代秦汉三国六朝文·全后汉文》卷二六，中华书局，1985 年影印本，第 614 页。

帝或其他执政者提议，再接续编撰。根据前引班固事略，可知于汉明帝时纂修伊始，就创立且编撰了“载记”，说明当时已经做出体例的全面规划。此后，汉安帝至顺帝、汉桓帝至灵帝两大段时期也取得重要进展。汉安帝时邓太后重视文史典籍，她亲自部署纂修《东观汉记》事宜，先后几次令文官刘珍、刘騊駼、刘毅、李尤等人撰述名臣、节士、儒林、外戚等传以及史表，整理修订本纪。汉顺帝时，多名文官接续这些纂修工作，撰成“诸王”“王子”“功臣”等传、《南单于传》《西羌传》以及《恩泽表》《地理志》等等。这样，加上最初班固纂修之时就具备的本纪、载记，《东观汉记》之五种构成体式即纪、表、志、列传、载记，都有了成文之作，为此后进一步的撰述奠定了基础。

据刘知幾《史通・古今正史》记述，汉桓帝时《东观汉记》的撰成篇目大增，还修成《百官表》，书稿达到 114 篇。汉灵帝时期，统治根基动摇，东汉已成末世，而纂修国史却颇有起色，原因是一些有识官员及学者看到国势衰弱，因而更有撰史的紧迫感，马日磾、蔡邕、杨彪、卢植均为参与纂修的官员，此时史稿已经达到 143 卷以上的规模。[①] 其中蔡邕对此情有独钟，他在体例上有自己的见解，因故被判罪流徙之后，仍然致志于撰史，除撰四十多篇纪、传之外，还完成“十意”即十篇志，并将成稿都进献给朝廷。

在中国官方史学的发展中，记史与修史大有区别。记史是当时记录下来，作为一种资料保存；修史是要修成一个成品的历史著作，使之得以传世。《东观汉记》的编纂，是官方纂修本朝断代国史的创举性尝试[②]，并且获得了巨大的成功。“晋时以此书与《史记》《汉书》为‘三史’，人多习之”[③]，地位重要且影响广泛。其中的资料成为后来编纂东汉历史者的主要依据，唐代之后才渐渐散佚，但其宝贵的史料价值和官方修史的巨大示范作用不可忽视。这种官方修史活动和修史意识，不仅带动了官方记史体制的建设，也对私家修史产生很大

---

① 《隋书・经籍志》著录《东观汉记》为 143 卷，盖唐初存本，则东汉末年撰就的史稿应卷帙更多。

② 战国时虽有过编年体通史《竹书纪年》，但在其存世之际就影响很小，且早已湮没而不为人知。

③ 《四库全书总目》卷五〇史部别史类，《东观汉记》提要，中华书局，1965 年影印本，第 446 页。

的激发作用，中国史学的发展因此而进入新的阶段。

自汉明帝倡导官修史书之时，官方从未试图废止私家史学，班固一人既私修《汉书》又参修《东观汉记》，表明官方史学与私家史学可以并存互济。汉顺帝时，应奉“删《史记》《汉书》及《汉记》三百六十余年，自汉兴至其时，凡十七卷，名曰《汉事》”①，即应奉所撰《汉事》，利用了官修的《东观汉记》。另有侯瑾“徙入山中，覃思著述……又案《汉记》撰中兴以后行事，为《皇德传》三十篇，行于世”②，即根据《东观汉记》撰写了《汉皇德传》一书。侯瑾并非朝廷官员，也能参阅《东观汉记》取材著书，可见私家修史借助于官方史学业绩，在《东观汉记》纂修进程中即已肇始。东汉政权包容私家史学，但要求政治观点和史学思想与官方基本一致。汉和帝时，郎中杨终“受诏删《太史公书》为十余万言”③，这样大肆删去五分之四篇幅，当然已尽除朝廷不喜欢的内容。允许私家撰史利用官方的资源，诱导私家撰史迎合官方意旨，官方还可以委任私家独自完成官方需要的修史事项，是东汉朝廷的基本文化政策之一，这构建了官、私史学互动的新格局。

官方与私家史学的互动关系，在东汉末年促成中国史学史的又一名著，即荀悦的《汉纪》。建安三年（198），汉献帝“常以班固《汉书》文繁难省，乃令悦依《左氏传》体以为《汉纪》三十篇，诏尚书给笔札”。④ 荀悦自己撰写的《汉纪序》记述其事更详：“诏给事中、秘书监荀悦抄撰《汉书》，略举其要，假以不直，尚书给纸笔，虎贲给书吏。悦于是约集旧书，撮序表志，总为帝纪。”⑤这里显示出《汉纪》虽为私修史，但却在官方的大力支持下完成，荀悦自觉地在撰史中体现了上层统治者的根本利益，而且归纳出比较系统的理论表述。

荀悦论述说：“夫立典有五志焉，一曰达道义，二曰彰法式，三曰通古今，四曰著功勋，五曰表贤能。”这样撰写史书，即达到“天人之际、事物之宜，粲然显著，罔不备矣”。⑥ “达道义”是指史籍要通达儒

---

① 《后汉书》卷四八《应奉传》唐李贤注，第1608页。

② 《后汉书》卷八〇下《文苑列传·侯瑾传》，第2649页。

③ 《后汉书》卷四八《杨终传》，第1599页。

④ 《后汉书》卷六二《荀淑附荀悦传》，第2062页。

⑤ （汉）荀悦：《汉纪序》，载（明）梅鼎祚《东汉文纪》卷二五，景印文渊阁《四库全书》本。

⑥ （汉）荀悦：《汉纪》卷一《高祖纪一》，《两汉纪》上册，中华书局，2002年，第1页。

学思想体系的根本原则;“彰法式”是史籍要彰明国家纲纪与符合纲纪的制度,重点是突出记述正面的内容;“通古今”是要讲明社会历史演进的源流;“著功勋”“表贤能”是指对国家有功勋、品德高、能力强的人物应当记载和表彰。关于史学的社会功能,荀悦有十分经典的论述:“君举必记,臧否成败,无不存焉,下及士庶,等各有异,咸在载籍。或欲显而不得,或欲隐而名章,得失一朝而荣辱千载。善人劝焉,淫人惧焉,故先王重之,以嗣赏罚,以辅法教。”[①]在谈到《汉纪》时,自称“惩恶而劝善,奖成而惧败,兹亦有国之常训,典籍之渊林”。[②] 这里,司马迁“成一家之言”的个性精神已被摈弃,《史记》以及《汉书》所记载的大量人物、事迹都不在“五志”之内,“以嗣赏罚,以辅法教”的宗旨令史学成为王朝政治的附庸,这种理念得到历代统治者的赞扬。荀悦的史学理论与实践,标志着在官、私史学互动的新格局下,完成了古代传统史学基础的奠定。

四　史学双轨发展格局的重大意义

东汉建立的传统史学双轨发展格局,对此后的社会文化、民族关系都产生很大影响,具有不可忽视的历史意义。

第一,挽救秦朝、西汉官方史学的衰退局面,使之复兴。如前所述,中国古代史学从官方产生,但战国时期私家史学已经发展到超过官方的水平。秦始皇在武力统一全国的进程中,灭裂六国历史载籍,而秦国的历史记载又很不健全,司马迁曾慨叹:“秦既得意,烧天下《诗》《书》,诸侯史记尤甚,为其有所刺讥也。《诗》《书》所以复见者,多藏人家,而史记独藏周室,以故灭。惜哉! 惜哉! 独有《秦记》,又不载日月,其文略不具。”[③]西汉官方虽然在恢复儒学经典和促进文学发展上均有不少建树,但史学作为甚寡,西汉朝廷有记事性“注记”(又称“著纪”),现存资料却见不到朝廷对这种记史体制的描述,说明记史制度已经得不到应有的重视。因为秦火,战国时期东方六国的官方史学状况难于考知,但《竹书纪年》能够表明已比春秋时期有所

---

① (汉)荀悦:《申鉴》卷二《时事》,上海古籍出版社,1990年,第19页。

② (汉)荀悦:《汉纪序》,载明梅鼎祚《东汉文纪》卷二五,景印文渊阁《四库全书》本。

③ 《史记》卷一五《六国年表·序》,第686页。

进展，而秦与西汉的官方史学反不及战国时期。东汉对《东观汉记》的撰修，抵消了司马迁另一史学途径的影响，扭转了官方史学停滞、衰颓的局面，不仅修成一部影响很大的纪传体史籍，而且带动了记史体制的发展。东汉坚持了“汉之旧典，世有注记”[①]的记史方式，还创造宫内“起居注”的载籍形式，启示了西晋以后的记史制度的建设。此后官方史学的发展和繁荣，就是在东汉的基础上再度兴起。东汉不仅是汉朝的“中兴”，同时也是官方史学的“中兴”。

第二，东汉将官方与私家史学的关系做出成功的整合，构建了史学发展的新格局，这是中国传统史学得以繁荣发展的重要原因。官方的记史制度虽在春秋时期即已扩展到各个诸侯国，但编年记事的载籍乃藏于宫廷，并不传播。至战国时期私修史兴起，虽然官方一些“语”类、“书”类、“谱牒”类文献可能有所流布，但编年史记载依然封闭，连《竹书纪年》之书也如法秘存，直至随葬而少人知晓。可见当时官方史学与私家史学之间尚未构成充分互动的社会结构，致使史学发展持续性的链条还有脆弱的一面，秦朝与西汉官方史学的衰微即是这种脆弱面的反映。

东汉朝廷开始官修《东观汉记》，但并不禁止私修史，对私家史学引导而不堵塞。如汉明帝虽厌恶司马迁的“贬损当世”，但没有采取查禁举措。前文提到应奉所撰《汉事》，侯瑾所撰《汉皇德传》，都是包含东汉当代内容的私修史，都得到朝廷的认可。当局发展官方史学，也容许私家修史，是官、私史学能够良性互动的基本条件。《东观汉记》还在撰修进程之中，其内容已经有所传布，使私家修史者得以参考。如前所述，《汉事》《汉皇德传》等书都直接利用了《东观汉记》的资料，这是十分开明的做法，是官、私史学互动新格局的良好开端。此后经魏晋南北朝的继续发展，确立官方史学与私家史学两条相互联系的发展轨道，这给史学以充沛的发展空间和活力，导致中国古代史学的兴盛远远超过世界上任何其他民族与国家。

第三，官方不仅记史，而且修史（指纂修传世的成品史著），对于周边民族政权以及域外政权具有特别的文化魅力，促使其学习和模

---

① 《后汉书》卷一〇《皇后纪》，第426页。

仿。原因十分明显，一个政权若将自己的功业予以记载，许多上层人物可以青史留名，这是官方史学最明显的功能。西晋衰亡，北方呈现多种民族政权的代兴局面，史称“十六国”。而“十六国”则多数都开展了官方的记史、修史活动，例如匈奴族刘渊、刘聪政权，有“公师彧以太中大夫领左国史，撰其国君臣纪传”。[①] 羯族石勒的后赵政权，“擢拜太学生五人为佐著作郎，录述时事”。[②] 鲜卑族后燕慕容垂政权，“董统受诏草创‘后书’，著本纪并佐命功臣王公列传，合三十卷”。[③] 这是传统史学扩展到少数民族政权的崭新景象。北魏政权创业之初就着手修史，明言“史阙其职，篇籍不著，每惧斯事之坠焉”[④]，即恐怕自己的功业湮灭不闻于后世。虽然传统史学在少数民族政权内发生一些大的冲突，但总的方向是在记史的实录理念与统治当局的政治利益之间，通过磨合找出一个互为牵制的中和点，使史学的求真准则与政治功用的矛盾化为非对抗性，这在汉族政权与少数民族政权内都是古代史学发展的通例，传统史学具有适应于各族古代社会的兼容性能。

更重要的是，少数民族政权由于仿从汉人政权的官方史学活动，从而对传统史学蕴含的历史观念逐步认同，向慕传统史学记载的源远流长的帝王统绪，从而将自己的祖先衔接于黄帝以来的历史统绪上，如鲜卑族慕容氏、拓跋氏都自称是黄帝之后裔，匈奴族的赫连勃勃自称夏后氏之苗裔，国号为大夏，鲜卑宇文氏自称炎帝神农氏之后，将其政权命名为“周”。诸如此类，几乎所有少数民族政权均采用历史上已有过的国号，如“燕”“赵”“秦”“汉”“齐”等等。这种历史文化的认同，成为该时期民族大融合的最先导、最稳定的促进因素，北方民族各政权内皆有明显的“汉化”，而北魏孝文帝的改革乃为最突出的典型。东晋、十六国、北朝这一历史阶段，是汉族和汉族政权相对弱势的时期，但是恰恰在这一时期，各少数民族政权纷纷开始了记史、修史的官方史学活动，从而在汉人政权弱势的形势下确立了汉文

---

① (唐)刘知幾著，(清)浦起龙通释:《史通通释》卷一一《史官建置》，上海古籍出版社，1978 年，第 313 页。

② 《晋书》卷一〇五《石勒载记下》，中华书局，1974 年，第 2751 页。

③ (唐)刘知幾著，(清)浦起龙通释:《史通通释》卷一二《古今正史》，第 358 页。

④ 《魏书》卷三五《崔浩传》，中华书局，1974 年，第 823 页。

化的主导地位，推动了以汉族为中心的民族大融合。由此可知，东汉时期官方史学的勃兴，在中国古代历史上发挥了多么重大、深远的潜在影响。

（原载《苏州大学学报》2012 年第 3 期，孔永红署名第二作者）

《左传》《国语》被刘歆窜乱的一项铁证

——历史年代学家刘坦之说申论

在中国学术史上，《左传》作者问题的争论，自唐代以来，历久不息。其中《左传》是否为西汉末年刘歆所伪作？或者是否经过刘歆所窜乱？这个问题联结了对于《国语》的研讨，在学术争辩中最为激烈。这个问题在近代涉及了中国学术史、史学史、政治史、思想史等各个层面，甚或掺入政治因素，并且延伸到国外学界。主张刘歆对《左传》做了手脚的学者，皆致力搜讨《左传》内可以证明是刘歆窜入的内容，而对方则搜求反例，并且否定《左传》中会有所谓刘歆掺入的内容。这样的论辩极大地推进了《左传》研究的深化，但却远未取得共识。当代民间历史年代学家刘坦并未着意研讨《左传》的作者问题，而在深入研究中国古代星岁纪年法的过程中，顺便提供了刘歆窜乱《左传》的铁证，值得历史学界注意。

一　传本《左传》《国语》内出现的十二星次概念

中国古代很早就观测到木星每年所处天空位置的循序移动，约十二年运行一个周天。于是在对星空已有的四象（东方苍龙、北方玄武、西方白虎、南方朱雀）、二十八宿说法的基础上，再划分十二个星区，称为十二星次。这样，观察木星所在的星次，则可以纪年，木星也被称之为“岁星”，即为星岁纪年法的起始。但这里有一个问题，即岁星的行进方向与众星宿运行方向相反，与天象的整体性观测不大协调，因此想象出一个与岁星行进方向相反、速率一致的虚拟星体，初名之曰“太阴”或“岁阴”（后被改称“太岁”），按十二地支困敦（子）、赤若奋（丑）、摄提格（寅）、单阏（卯）……的顺序顺时针运行，称“十二辰”。当然，十二辰与十二星次是存在对应关系的。星区、星宿与地面各个区域对应联系起来，称为“分星”或“分野”“星野”，星区内的天象、星象变化则预示着下界相应地区的灾祥祸福，从而演化成一种“星占”之学。因此在中国古代，天文学、历法和纪年往往与天人相通、天人感应的神秘说法纠缠在一起。单就星岁纪年而言，由于“岁阴”（太岁）的加入，不但要观测或推算岁星的所居星次，还要推想此年太岁所处的辰次，方法复杂化且带来新问题，给后来干支纪年的产生提供了发展的契机。这一套星岁纪年法都产生于战国中期之后，其学说体现于战国后期石申、甘德分别撰写的天文星象著述。[①] 但岁星运行一周天，并非正好为 12 年，而是 11.8622 年，即速率比古人的观察稍快。于是经若干年之后，必然会观察到岁星超越了一个星次，古人对此虽有觉察，但仅仅以星空“盈缩”的模糊说法敷衍解释。直至西汉季年，刘歆发明了岁星有规律“超辰”的学说，这是一个很大的进步，但他认为是经过 144 年超辰一次，并且将此编入《三统历》和中国历史的年谱《世经》。实际上按现代天文学的测算，是约 86 年超辰一次，可知刘歆的超辰之说有很大的误差。

在十二星次的划定中，各个星次是有专门名称的，而名目又曾经有过很大的变化，这一点十分重要，不能忽略。今传世本的《左传》一书，其中出现若干处十二星次名称与纪事，是最应当深入剖析的历史信息，谨将之条列如下：

> 春无冰，梓慎曰：“今兹宋、郑其饥乎！”岁在星纪，而淫于玄枵……玄枵，虚中也。枵，耗名也。土虚而民耗，不饥何为？……岁弃其次，而旅于明年之次，害在鸟、帑，周、楚恶之。（襄公二十八年）
>
> 过伯有氏，其门上生莠。子羽曰：“其莠犹在乎？”于是岁在降娄，降娄中而旦。裨灶指之曰：“犹可以终岁，岁不及此次也

① 石氏、甘氏所撰书名，古文献记载不一，一般混通言之曰“甘、石《星经》”。

已。"及其亡也，岁在娵訾之口。其明年，乃及降娄。（襄公三十年）

晋侯问于史赵曰："陈其遂亡乎？"对曰："未也。"公曰："何故？"对曰："陈，颛顼之族也，岁在鹑火，是以卒灭，陈将如之。今在析木之津，犹将复由。"（昭公八年）

夏四月，陈灾。郑裨灶曰："五年，陈将复封，封五十二年而遂亡。"子产问其故，对曰："陈，水属也，火，水妃也，而楚所相也。今火出而火陈，逐楚而建陈也。妃以五成，故曰五年。岁五及鹑火，而后陈卒亡，楚克有之，天之道也，故曰五十二年。"（昭公九年）

蔡凶，此蔡侯般弑其君之岁也，岁在豕韦。弗过此矣，楚将有之，然壅也。岁及大梁，蔡复楚凶，天之道也。（昭公十一年）①

史墨曰：不及四十年，越其有吴乎！越得岁，而吴伐之，必受其凶。（昭公三十二年）②

以上所引《左传》之文，出现了十二星次的名称有星纪、玄枵、降娄、鹑火、娵訾、豕韦、析木、大梁。其中"豕韦"是娵訾（又写作"诹訾""娵觜"）星次的别称，二者为一，总之传本《左传》中出现了十二次中的七项名称。而《左传》昭公三十二年的"越得岁"，虽未明言星次名称，但西晋学者杜预根据各种典籍，认为越地的分野乃为星纪，故注释为"此年岁在星纪"。这条"越得岁"史料虽寥寥三字，但在近代以来的学术研究上曾引起很大争议，这里暂且存录，后文还将涉及。与《左传》同是记述春秋时代史事的《国语》，也出现十二星次名称，所涉史事延及上古，更为广远，不得不引为注意。如：

昔武王伐殷，岁在鹑火，月在天驷，日在析木之津。（《国语·周语下》）

文公在狄十二年……过五鹿，乞食于野人，野人举块以与

---

① 以上依次见（晋）杜预：《春秋左传集解》，上海人民出版社，1977 年，第三册第 1092—1096、1142 页，第四册第 1316、1323、1337 页。

② 见（晋）杜预：《春秋左传集解》，第四册，第 1596 页。按杜预《春秋左传集解》注释曰："此年岁在星纪。星纪，吴越之分也。岁星所在，其国有福。吴先用兵，故反受其殃。"

之。公子怒，将鞭之。子犯曰：天赐也，民以土服，又何求焉！天事必象，十有二年必获此土，二三子志之。岁在寿星及鹑尾，其有此土乎！天以命矣，复于寿星，必获诸侯，天之道也，由是始之。（《国语·晋语四》）

晋之始封也，岁在大火，阏伯之星也。（《国语·晋语四》）

董因迎公于河，公问焉曰：吾其济乎？对曰：岁在大梁，将集天行，元年始受，实沈之星也。实沈之虚，晋人是居，所以兴也。今君当之，无不济矣，君之行也，岁在大火，大火，阏伯之星也，是谓大辰。辰以成善，后稷是相，唐叔以封。（《国语·晋语四》）①

据上引资料，今传本《国语》出现鹑火、析木、寿星、鹑尾、大火、大梁、实沈等七种星次名称，其中寿星、鹑尾、大火、实沈是《左传》中没有的，这四个星次名称加上《左传》内已有的七个，总计二书达十一个星次之名，于十二次称谓的既定体系中，只差“鹑首”没有出现，已属相当完备。以上罗列的十二星次资料，都是通过记述春秋时期历史人物的言论而道出，至于这些历史人物在春秋时期能否具备此种十二星次的知识，此种知识产生于何时，是何人将此类知识强加于春秋时期历史人物，均为本文将要解析的关键问题，也涉及了中国古代史学史、政治文化史、文献学史上极其重要的学术疑案。

二　刘坦所揭示的问题及相关论辩

《左传》作者与成书时代的争议源远流长，不同观点的交锋往往呈现学派门户倾向，甚至带有政治立场的因素，因此持论情况复杂，而且多数参与论辩的学者皆自认为占有理据，不愿改变观点。尤其自康有为发布《新学伪经考》，极力主张是刘歆伪造了《左传》以及多种经史典籍，致使争议不可开交，其中各方执守成见，甚或先预定主张，再寻理据互相诘难，议论繁多却无法取得共识。这里不能再详细缕述各派学术名家的不同观点，谨彰明民间学者、历史年代学家刘坦的见解，他在研讨中国古代星岁纪年的过程中，顺便指出《左传》被刘歆所窜乱这一史实。刘坦并未专题研究《左传》的成书及其作者，仅顺便发现刘歆对《左传》《国语》的掺假、窜乱。刘坦终生生活在乡下，

---

① 以上依次见《国语》，上海古籍出版社，1989年，下册第138、337、342、365页。

独立研治历史年代学，不曾与史学界各派学者有所过从，因此其结论不带有主观先验性或学术派系的倾向。

刘坦（1910—1960），原名允恭，后改名郁，中年再改名坦，今天津市武清区王庆坨镇人。幼年家贫，无力求学。9岁方从乡下塾师王猩酋习读经史。王猩酋为当地名师，能诗善文，并工于书法绘画，又以研究雨花石著述闻名于世。刘坦则潜心于历史学，由研究《史记》入手，而发现中国古代纪年方法上的诸多问题，1937年就在上海商务印书馆出版了精于历史年代学考证的独特著作《史记纪年考》，此时年方27岁。后又撰成《史记系年考》（未刊行）等著述，并且逐渐转入对古代星岁纪年问题的研究。1955年8月，科学出版社将刘坦的长文《论星岁纪年》作为单行本出版发行。1956年7月9日至12日，刘坦参加了中国第一届全国自然科学史学术讨论会，是唯一以乡村农民学者身份参与此次会议之人，这得自科学院院长郭沫若的提携。会后，没有响应郭沫若希望他到北京做专业研究者的建议，返回故乡，继续独自做历史年代学研究。1957年12月，科学出版社又出版刘坦的《中国古代之星岁纪年》一书，篇幅约27万字。此后，他进一步撰写了《星岁纪年之研究》一书，约12万字，未得出版，今存手稿。除著书之外，刘坦还撰有《〈吕览〉"涒滩"与〈服赋〉"单阏"、〈淮南〉"丙子"之通考》[①]《论殷历纪年》等重要论文。多年以来，他撰写的学术论文还有《孔诞再考》《孔诞再考补》《汉高祖生年稽疑》《三五通考》《世经纪年考》《竹书纪年考》等等多篇，有些未能刊发，甚至连手稿也不知下落。1960年因病逝世，年仅50周岁。

《中国古代之星岁纪年》是刘坦的主要著述，融合了《论星岁纪年》《世经纪年考》《〈吕览〉"涒滩"与〈服赋〉"单阏"、〈淮南〉"丙子"之通考》三文的学术成果，并经过新的研讨、补充而撰成。其书系统梳理了先秦石氏、甘氏、西汉《淮南子》、《太初历》、西汉末《三统历》的星岁纪年方法，析解各项历法的要义和讹误，进而针对史籍中载有的多处星岁纪年的定点资料，予以深入考证，辨其真义或指明虚构。其中对于汉末刘歆的《三统历》与《世经》的纪年，考析尤深，所占篇幅也为最大。正是在这种研讨中，刘坦独立地发现了汉末刘歆窜乱《左传》

---

① 载《历史研究》1956年第4期。

《国语》的行为，这主要表现在上文所引见于《左传》《国语》的岁星纪事内容。

简要言之，古人以 12 年一周天的速率，只要做出一两次观测，就不难推定其他年份的岁星位置。而无论《左传》《国语》内记述的春秋时人，还是撰著《左传》《国语》的战国时人，都绝对没有岁星"超辰"的理念。那么从《左传》昭公十一年"岁在豕韦"计算，《左传》昭公三十二年记载的"越得岁"，应当是岁在析木。但杜预注释《左传》，认为越国的分野是"星纪"，故指出"此年岁在星纪"。而刘歆《三统历》在春秋鲁昭公十五年，值岁星超辰一次，正好与昭公三十二年"岁在星纪"吻合。《左传》的星岁纪年居然符合刘歆 144 年超辰一次的体系，即说明这不可能是《左传》原有之文。因此，刘坦提出：

> 吾人对于以上《国语》《左传》所述春秋时代之岁星纪年，不能因其记叙为春秋当时人论述春秋当时星次，遂认为春秋时代岁星纪年之星次，即是如此。亦不能因《国语》《左传》作者之时代或在战国，遂认为其所论述岁星纪年之星次，系战国时代之岁星星次。而应根据实测岁星超辰年数，校订其与刘歆《三统历》星岁纪年之一息相通，证明其为刘歆伪托，更进而追寻刘歆羼乱经史之踪迹。①

刘坦认为："《国语》所见有关春秋时代之岁星纪年，均出刘歆伪托，据是，所谓'武王伐殷，岁在鹑火'者，踵其踪迹，亦是刘歆羼入之文。"②

查以上所述，认定刘歆窜乱了《左传》，乃因为其中岁星纪年体现了刘歆创建的岁星超辰理念，这系于杜预对《左传》昭公三十二年"越得岁"的注释，即"此年岁在星纪"，切合于《三统历》中鲁昭公十五年有过一次超辰的推算。而《左传》本文并未明言此年岁星之所在，所以仍存在证据薄弱之环节。1981 年，胡念贻发表长篇论文《〈左传〉的真伪和写作时代考辨》，主要观点为：(1)《左传》原名《左氏春秋》，

① 刘坦：《中国古代之星岁纪年》第二章，科学出版社，1957 年，第 133 页。

② 刘坦：《中国古代之星岁纪年》第二章，第 128 页。按，日本学者饭岛忠夫早曾论述过《左传》《国语》内岁星纪年内容为刘歆之作，且他主张整部《左传》乃刘歆伪造，与刘坦的结论不同。

是一部独立的史书，并非为解释《春秋》而作；(2)《左传》绝不是刘歆伪造；(3)《左传》成书于春秋晚期，其中有些内容是后人加入的，但总体上保持了原貌。全文既有精到的学术见解，也存在相当明显的偏颇之论。其中反驳刘坦的论点说：

> 刘坦《中国古代之星岁纪年》，其中第二章第二节提出《国语》和《左传》里面的岁星纪事为刘歆伪托。刘坦没有进一步论断《左传》一书为刘歆伪作，这还比较审慎。但是，刘坦的论证也是错误的，《左传》里的岁星纪事，和刘歆不发生关系。①

胡念贻先生承认《左传》成书之后曾陆续被人掺入一些文字，而且认为"《左传》和《国语》里面的岁星纪事不是本书的作者所写，而是后人写了插进书中去的"②，但就是否认刘歆是可能的掺假者，这真是十分执拗的逻辑！胡文认为：刘坦引用杜预对《左传》昭公三十二年"越得岁"的注释来推断其为超辰，是不能成立的，《左传》和《国语》的岁星纪事都不存在超辰现象。他用注解方式提出："据徐发《天元历理·考证之四》说，战国时越的分野在析木，这年应当岁在析木，则和《左传》所有岁星纪事都能契合。"③

这种论辩之辞实际取自日本学者新城新藏《东洋天文学史研究》，是日本学界曾经争辩的问题。查徐发其人，乃清朝康熙年间官员，他认为战国时越国的分野本为析木，汉初将析木分野夺取而给予燕国，越与吴遂共为星纪分野。这样，杜预的注释就不符合先秦时期的状况，即鲁昭公三十二年乃岁在析木，不存在超辰问题。然而汉初为什么会采取这种改变分野的做法呢？徐发说："汉初燕最有功，越最负固，故易之燕……理或有之。"④这个"理或有之"乃是臆想和猜测，没有任何史料根据，而且所叙的内容又张冠李戴，因为所谓"越最负固"，是南越(即今广东一带的政权)曾顽固地抵制汉王朝的统一，

---

① 胡念贻：《〈左传〉的真伪和写作时代考辨》，《文史》第十一辑，中华书局，1981年3月，第13页。

② 胡念贻：《〈左传〉的真伪和写作时代考辨》，《文史》第十一辑，第24页。

③ 胡念贻：《〈左传〉的真伪和写作时代考辨》，《文史》第十一辑，第33页注释53。

④ 转自[日]新城新藏：《东洋天文学史研究》，沈璿中译本，中华学艺社，1933年，第383页。

“越得岁”的越国是春秋、战国时的政权，为今浙江地方的东越，二者时代、地区皆不相同。汉初燕之功勋并非显著，只是封君卢绾与汉高祖刘邦同里，从父辈即相互亲近，功劳被夸大，故封为燕王，后被刘邦怀疑抓捕，逃往匈奴，死于他乡。[①] 再者，朝廷通过予夺分野来奖功惩过，亦闻所未闻。因此，徐发的臆测不具有任何合理性，其动机只是为了弥合《左传》几种星岁纪事间的不协调现象，胡文将徐发的臆测看作可信的考证，亦属无谓。新城新藏在学术上反对《左传》为伪书，但他也表示徐发的说法不能轻信，因而另寻依据。他引证《左传》昭公九年郑裨灶的预言：陈国再封五十二年后，“岁五及鹑火，而后陈卒亡”，陈亡之年果然应验[②]，“五及鹑火”排斥了超辰现象，故新城新藏以此否定《左传》中带有刘歆的超辰之说。[③] 至此，两种对立观点可谓势均力敌，难以定论。但刘坦研究星岁纪年所提供刘歆窜乱《左传》《国语》的证据，不止上文关于“越得岁”的分析，而是有更确凿的发现，谨于下文申论。

三　刘歆窜乱《左传》《国语》问题申论

关于刘歆是否有过窜乱经史典籍的行为，对立的观点持久争议，难得确认。例如，康有为提出刘歆从《国语》中抽出大批内容重加编辑，并掺入私货而伪造了《左传》，支持者如崔适、钱玄同皆为之补充了根据。而反对者引司马迁《史记》中有“左氏春秋”书名来辩驳，但康有为、崔适等学者早申明《史记》也被刘歆做了手脚，窜入不少与伪造《左传》相互呼应的内容。于是问题遂复杂化，欲证明《史记》内确有后人添加的文字，这并不困难，但要确切证明某一具体内容并非司马迁原文，则极不容易。疑信之间，只好听凭人们任情选择，遂成为学派分歧或门户之争，颇属无奈。要之，应须发现一种明晰、快捷而无法做另外解释的史实证据，方能打破僵局，突破难点。对于《左传》《国语》被刘歆窜乱的问题，刘坦《中国古代之星岁纪年》已经提供了明快而无可置疑的史实知识。

---

① 见《史记》卷九三《韩信卢绾列传》。

② 春秋末陈国灭亡之年，是个复杂的问题，《史记》之本纪、世家、表等记载参差，此处暂不具论。

③ 见[日]新城新藏：《东洋天文学史研究》，沈璿中译本，第434—438页。

战国后期，古代天文学有显著发展，渐成体系，有石申、甘德各撰天学著述，俗称之为“星经”。其书虽久佚，但石氏之说体现在《史记·天官书》与《汉书·天文志》，甘氏之说在唐代《开元占经》一书内有较详细叙述，保存的内容都相当完整。刘坦梳理了石氏、甘氏的天文学说与星岁纪年方法，可知其中已有岁星 12 年运行一周天的知识，并且将星空分出十二星次，也构拟了与岁星逆向而行的“太阴”（或名“岁阴”），以太阴所在位次作为十二支纪年的根据。而十二次的名称是监德、降入、青章、跰踵、启明、长列、天音、长王、天睢、大章、天泉、天皓。这里我们不必深究其名称形成的缘由，但须了解这个天学和星岁纪年的体系一直沿用到西汉，《史记·天官书》的采用即为明证。刘坦又深入考察刘歆《三统历》[①]，指明刘歆虽大量沿袭以往的天文、历法知识[②]，但在名称等形式上大肆更张，例如将虚拟的“太阴”（岁阴）改为“太岁”，将一些数据来源套上《周易·系辞》的象数，以增强正统性和神秘感。而在星岁纪年方面，则将十二次的名称完全改变，重新制定。《中国古代之星岁纪年》叙述这种变化之后，且列表对照：

宿次	辰次	石(甘)氏星名	三统历星名
斗、牵牛	丑	监德	星纪
婺女、虚、危	子	降入	玄枵
营室、东壁	亥	青章	诹訾
奎、娄	戌	跰踵	降娄
胃、昴、毕	酉	启明	大梁
觜觿、参	申	长列	实沈
东井、舆鬼	未	天音	鹑首

① 刘歆《三统历》载于《汉书·律历志》，并且录有刘歆撰、班固续补的《世经》。后文还将论及。

② 张培瑜、陈美东等《中国古代历法》指出，三统历许多基本数据与汉武帝时的太初历相同，但也有不同之处。见该书第四章第三节，中国科学技术出版社，2013 年，第 295—301 页。

（续表）

宿次	辰次	石(甘)氏星名	三统历星名
柳、七星、张	午	长王	鹑火
翼、轸	巳	天睢	鹑尾
角、亢	辰	大章	寿星
氐、房、心	卯	天泉	大火
尾、箕	寅	天皓	析木

（载刘坦《中国古代之星岁纪年》，第 29 页）

从上表可以看出，刘歆《三统历》除了将原先监德、降入、青章等十二星次名称一一对应地更改为星纪、玄枵、诹訾等等之外，各星次内分配的二十八宿各星宿并无变动，所属地支也依然照旧。众所周知，王莽改制就有许多单单改动名称的把戏，似乎改名即可图新，而刘歆作为王莽的国师，这类改制建议应不在少数。他与王莽一样，具有通过改变外在名称、形式来寄托内心意向的神秘化心理，对十二星次名称的全然改换，在理念上乃如出一辙。

大多数研讨中国天文学史的学者，忽视了战国时期石氏天文学的十二星次名称，把刘歆创始的星纪、玄枵、诹訾等名称体系当作是战国时期就固有的说法[①]，新城新藏《东洋天文学史研究》即如此论述，浑然不觉其非。当代天文学史专家陈久金《中国十二星次、二十八宿星名含义的系统解释》一文[②]，列有《各类文献恒星分野异同表》，竟然在《淮南子・天文训》《史记・天官书》《汉书・天文志》栏目中，都写入刘歆的十二星次名称来表示分野之说，而寻查此三部原书，则只字不见。作者将如此重要问题粗疏对待，造成误导，十分遗憾。可见关于刘歆改变十二星次名目这件大事，迄今学术界知之甚

① 郭沫若《释支干》长文提出星纪、玄枵、诹訾等一系列星次名称乃刘歆制造，前此决无。见《郭沫若全集》考古编第一卷，科学出版社，1982 年，第 320—321 页。但刘坦居于信息闭塞之乡下，未见到郭著，乃独立研究所得，而且全面考察星岁纪年之源流、演化，所论更为系统。

② 陈久金：《中国十二星次、二十八宿星名含义的系统解释》，《自然科学史研究》2012 年第 4 期。

少，也未重视，充满模糊认识。十分重要的是，《史记·天官书》乃昭然地采用先秦石氏之十二星次的名称，有如下列：

以摄提格岁，岁阴左行在寅，岁星右转居丑。正月与斗、牵牛晨出东方，名曰监德。

单阏岁，岁阴在卯，星居子。以二月与婺女、虚、危晨出，曰降入。

执徐岁，岁阴在辰，星居亥。以三月与营室、东壁晨出，曰青章。

大荒骆岁，岁阴在巳，星居戌。以四月与奎、娄、胃、昴晨出，曰跰踵。

敦牂岁，岁阴在午，星居酉。以五月与胃、昴、毕晨出，曰开明。

叶洽岁，岁阴在未，星居申。以六月与觜觿、参晨出，曰长列。

涒滩岁，岁阴在申，星居未。以七月与东井、舆鬼晨出，曰天音。

作鄂岁，岁阴在酉，星居午。以八月与柳、七星、张晨出，曰为长王。

阉茂岁，岁阴在戌，星居巳。以九月与翼、轸晨出，曰天睢。

大渊献岁，岁阴在亥，星居辰。以十月与角、亢晨出，曰大章。

困敦岁，岁阴在子，星居卯。以十一月与氐、房、心晨出，曰天泉。

赤奋若岁，岁阴在丑，星居寅。以十二月与尾、箕晨出，曰天皓。①

《史记·天官书》的这些记述，有若干要点务须注意：(1)《天官书》全部符合先秦以来石氏的星岁纪年体系及其十二次的名称，唐司马贞《史记索隐》的注释指出“出石氏《星经》文”。② 对虚拟星体称

① 《史记》卷二七《天官书》，中华书局，1959年，第1313—1316页。

② 《史记》卷二七《天官书》注释之《史记索隐》，第1313页。

“岁阴”而不是“太岁”，也与刘歆《三统历》星次名称不同。(2)其中因使用同音字、近音字，而与其他文献略有不同，乃古籍中的常态。而“敦牂岁，岁阴在午……曰开明”，不是“启明”，则因汉景帝刘启之名而讳改。作为私修史的《史记》本不留意避讳“启”字，因此“启明”被改作“开明”，似汉朝官方所为，可见当时石氏天学乃公行于世。(3)摄提格、单阏、执徐等岁阴纪年名称，来源悠久，而刘歆《三统历》则将之摈弃，此亦可区分《史记》与《三统历》之不同。(4)《史记·天官书》是专门记载天文学说者，司马迁著书首要宗旨乃是“究天人之际”，倘若当时世上有如刘歆《三统历》之星次名目，焉得不加记录？这足以证明截至汉武帝时，世间绝无星纪、玄枵、诹訾等等十二星次名称。

据此，不仅《左传》《国语》内的星纪、玄枵、降娄、鹑火等一系列星次名称，是司马迁之后人士窜乱，其他任何书籍出现上述星次名称者，皆形成于司马迁之后。问题很清楚，《左传》是刘歆于西汉末提供定本、立于学官，《国语》流传至今者也是刘歆的底本，新制定的十二星次名称也是刘歆《三统历》所首创，传本《左传》《国语》中出现《三统历》中十二星次的系列性名称，那么这些内容毫无疑义乃刘歆所窜入，舍此无法做其他解释。

著名天文学家张培瑜虽然不主张刘歆伪造或窜乱了《左传》，但他利用现代天文科学的运算方法进行研究，却实际上为刘歆窜乱《左传》《国语》提供了旁证，其文章指出：

> 《国语》记载有6条岁星位置。笔者对《国语》所书岁星位置也做了考察，情况与《左传》类似：所书位置与天象全不相符，也皆非其时观测实录。但有一点值得注意，《国语》所书岁星位置失天的规律与《左传》如出一辙(考察结果也列于表1)。这不能不使人怀疑《国语》《左传》中关于天文历法内容的作者或改写者是否是同一个人所为或是两人有着某种密切关系。

他又论断说：“《左传》《国语》中特有的天象记载，凡有年代可考、可返求者，无一真实。而史实年代更久更古更远而无考者，如伶州鸠所述伐纣天象、武王克商‘岁在鹑火’，唐叔始封‘岁在大火’等等这类的天象记载，恐怕也很难令人相信其有别的什么依据。”最后，文章特别提出：

> 另一方面，太史公推古天变，极重视天运……《天官书》记载了不少天人感应的例证，甚至认为“天变”与“政治俯仰”之间最近“天人之符”……所以《史记》中也记载了不少天象，如宋襄公七年陨五石（表）、霣星如雨（世家）；宋景公三十七年荧惑守心；秦始皇十五年彗星四见，久者八十日，长或竟天；汉之兴，五星聚于东井；平城之围，月晕参、毕七重；诸吕作乱，日蚀，昼晦；以及其他大量的日食、彗星资料等等。但在《周本纪》和诸《世家》中，太史公用“究天人之际，通古今之变”的史笔，依据《春秋》《诗》《书》《礼》《乐》《左氏春秋》《国语》《世本》等等来撰写“两周”历史，却完全没有采用现存《左氏春秋》《国语》特有的诸多天象记载中的任何一条。这是非常值得我们深思的。[①]

其实，不用太费力气深思，结论已然呼之欲出了。既然《国语》与《左传》中岁星位置弄错误的规律“如出一辙”，令人觉得似乎出于一人之手，而“究天人之际”的《史记》没有收载其中任何一条，那么只能是司马迁根本没有见到过这些内容，都是西汉末刘歆所窜乱、羼入，任何他人无此学术资质和背景条件。值得深思的是《国语》中“昔武王伐殷，岁在鹑火”，当今仍被当成断代工程考订周朝起始之年的依据之一，并且引证《利簋》的三十二字金文“珷征商，唯甲子朝，岁鼎，克，昏夙有商，辛未，王在阑师，赐有事利金，用作檀公宝尊彝”，从而构成“二重证据”。然而关键是关于“岁鼎”二字的解读，郭沫若、王宇信等不少专家将之解释为战前的祭祀兼占测[②]，是妥当的，正与克商之后“赐有事利金”符合。也有人将之解说为“岁星当空”，乃大错特错，将木星称之“岁星”，最早也是战国时期的观念，多数天文史专家包括具有信古倾向的学者如新城新藏，都是这样的主张。[③] 在学界自然还有不同主张，但皆预设了先民极早期就观测了木星的主观想

---

① 以上见张培瑜：《试论〈左传〉〈国语〉天象纪事的史料价值》，《史学月刊》2009年第1期。

② 参见《关于利簋铭文考释的讨论》载黄盛璋、王宇信之说，《文物》1978年第6期。

③ 新城新藏提出，战国中叶，木星用为纪年的指标，才称之“岁星”。见《东洋天文学史研究》，第191页。

象，不足采信。中国古人生活中自然而然地可以感受一年的周期变化，将一年的周期称之一“岁”在先，与观测木星联系起来要在很久之后，最初的先民不可能早就具有记录和比较木星十二年期间在天位置的文化意识。将《国语》内荒唐的掺假文献与对金文的谬误解释捆绑，用来考订周武王克商之年，真好比两粒毒药毁了一整锅菜肴。呜呼！此“二重证据法”之贻害，又何其甚也。

附带说明：《诗经》、《周易》、《尚书》、《楚辞》、百家诸子著述及《吕氏春秋》、汉代董仲舒《春秋繁露》、刘安《淮南子》等等，与司马迁《史记》一样，都丝毫没有星纪、玄枵、降娄、鹑火等十二次名称，在西汉政权的诏诰文书中也不见应用，唯独见于《左传》《国语》，此乃内容窜乱的旁证。倒是王莽政权多次使用这些星次概念纪年，例如《汉书·王莽传》记载王莽诏旨自言始建国五年“岁在寿星，填在明堂，仓龙癸酉”，始建国八年“岁缠星纪”，后来又下诏预先计划某些政务活动：“更以天凤七年，岁在大梁，仓龙庚辰，行巡狩之礼。厥明年，岁在实沈，仓龙辛巳，即土之中雒阳之都。”[①]这里的星岁纪年，完全符合《三统历》系统，“寿星”“星纪”“大梁”之类的名目，产生年代不是很明显了吗？

若有人举出《尔雅》载有这种星次名称来作反证，也是无效的回护，原因如下：

第一，《尔雅》成书时代问题，言人人殊，有主张出于汉代者，如梁启超、周祖谟等，指出其书含有无法否认的汉代痕迹。但大多学者认为《尔雅》于战国末年成书，因其中较多采用了《吕氏春秋》的概念和语句[②]，即其晚于《国语》《左传》。不过需要注意的是，《尔雅》是一部辞书，辞书的特点是随时被添写、改动，这还不会像其他著述那样被视为篡改。《四库全书总目》在介绍《尔雅注疏》时说：“大抵小学家缀缉旧文，递相增益……观《释地》有鹣鹣，《释鸟》又有鹣鹣，同文复出，知非纂自一手也。”[③]因此以这样处于不停流变过程的辞书内容，作

① 《汉书》卷九九中《王莽传中》，中华书局，1962 年，第 4131、4132、4134 页。按这里预先计划天凤七年巡狩，次年到东都洛阳，以对应岁星位置所启示的天运。实际上，预计的天凤七年届时则改元为地皇元年，即公元 20 年。

② 参见胡奇光、方环海：《〈尔雅〉成书时代新论》，《辞书研究》2001 年第 6 期。

③ 《四库全书总目》卷四〇经部小学类，《尔雅注疏》提要，中华书局，1981 年影印本，第 339 页。

为文献考订的时间坐标，是很不妥当的。

第二，辞书的另一特征，是已经普遍流行的概念和命题才会载入其中，除非有人能够故意添加，无所顾忌。那么《尔雅·释天》内出现九个星次名称即寿星、大火、析木、星纪、玄枵、诹訾、降娄、大梁、鹑火，是否也是刘歆羼入呢？十分可能。正是刘歆《七略》将此书置入六艺部类，附于经典，不能排除他做了手脚。但细查《尔雅·释天》所述，遗漏三个星次，语句也显粗率，又不似刘歆所精心炮制。古代有学者认为《尔雅》一书，“毛公以前，其文犹略，至郑康成时则加详”①，说明东汉之时此书渐渐补充，显著地扩大了内容，解说星次的内容很可能是东汉时期所搅入。

第三，或许会有人质问：假如《国语》《左传》中的星次纪事不是刘歆羼入，而是原先即有，后出的《尔雅》从而采录，不是也合乎逻辑吗？答曰：否！《尔雅》所述星次内容，确有抄录传本《左传》的痕迹，但其中叙述各个星次所包含二十八宿之内的某些星宿，例如“寿星，角、亢也”，“星纪，斗、牵牛也”，“降娄，奎、娄也”，“柳，鹑火也”②等等，与刘歆《三统历》契合（参见上文所引刘坦的列表），那是从《国语》《左传》中根本得不到的知识。只能是既读取了窜乱后的《左传》，又直接或间接依据刘歆《三统历》撰成，才会了解“寿星”“星纪”“降娄”究竟对应取代了原先天学体系中哪一具体的星次名称，才会得出与刘歆主张相同的十二次之星宿分配。因此，《尔雅·释天》中的星次内容也是从刘歆《三统历》学习来的，它无法充当《国语》《左传》未被刘歆窜乱的证据。

综上所述，抓住岁星纪事中星次名称问题，是破解刘歆窜乱《国语》《左传》案情的关键，是一项使辩护者无可置喙的铁证。刘坦提供了考订这个重要问题的基本知识，即强调了刘歆改变十二星次名称的史实，但他没有将之利用于论证刘歆的窜乱行为，这是因为其著述宗旨并不在此。尽管如此，我们仍然不可埋没刘坦在这个问题上的贡献。

---

① 《四库全书总目》卷四〇经部小学类，《尔雅注疏》提要，第339页。按，郑康成即东汉经学家郑玄（127—200）。

② 《尔雅注》（郑樵注本）卷中，景印文渊阁《四库全书》本。

四 刘歆窜乱经史书籍的背景与动机

上文申述了刘歆窜乱《国语》《左传》的铁证，这只是一个最低限度的结论。从逻辑上推断，刘歆做了手脚的当不止于此二书，其所作所为还应有深刻的社会背景和主观动机。康有为以及后来许多的疑古派学者，大多将刘歆之窜乱经史指斥为谄媚王莽和助其篡位，这仅仅道出了部分的、而且是不大重要的那一部分原因，需要重新审视和研讨。

西汉建国以后，逐渐重视学术文化建设，至汉文帝、景帝时期，今文经学已然兴起，虽然尚未居于主导地位，但已为进一步发展奠定了基础。至汉武帝时期遂发扬壮大，逐步成为显学。董仲舒的学说在汉代学术史占有极其重要的地位，他以改造后的儒学思想结合阴阳五行说，使用比附思维的方法，构建出天、地、人及一切事物统合一体的哲理系统。其学说凝聚于天人感应的政治历史观念，主要主张是上天具备主宰一切的力量，君主虽然对世间臣民处于绝对的统治地位，但其合法性却是上天授与的“天命”，并且时时受到上天的监督。统治者行为违背天意，上天会以天象异常或各种灾异来谴告，甚至转移天命，改朝换代。当然，上天也会以祥瑞来表彰君主和人间的德政、善行，或以各种异象暗示人世的前程。这是十分神秘化的天人合一学说，开启了究天人之际的无限法门。他还参照战国时期邹衍建立的各代政权演变的“五德终始”说，大加改造，创立了“三统论”历史观，即朝代的转换按黑统、白统、赤统而循环，人间政权应当从服色、正朔、礼制等方面顺从之，这就将历史的循环发展与现实的政治机制紧密联结起来。董仲舒并未摈弃五行之说，在他的《春秋繁露》一书中，分别于第五十八篇、第五十九篇论述了“五行相胜”和“五行相生”，但在朝代替代上，董仲舒以“三统”说覆盖了“五德终始”论。这两种历史循环论的共同特点是，逻辑上都认可改朝换代，而且视作符合天运、不可避免。“五德终始”与“三统”说在西汉学者中是并行的，但不同学人的认识有不同的偏重。

汉武帝的大肆征战和大兴土木，“多杀士众，竭民财力，奢泰亡度，天下虚耗，百姓流离，物故者半”[①]，不仅使西汉的国势迅速衰落，民怨沸腾更是严重的社会问题。汉武帝之后，根据天人感应学说和五德终始论历史观，思想界认为汉德已衰，预言“易姓革命”的舆论开始涌动，关注和解说天象变异、五行灾祥，甚至探讨禳解之方，成为显学，大量儒者兼具“方士”职能。今人时常赞誉司马迁“究天人之际，通古今之变”的治学宗旨，实际上在汉代董仲舒早开其端，整个西汉学界都是如此，而汉武帝之后，“究天人之际，通古今之变”渐渐达到走火入魔的程度。汉昭帝时，眭弘竟然仅因听闻某些五行变异，就委托官员上奏：“汉家尧后，有传国之运。汉帝宜谁差天下，求索贤人，禪以帝位，而退自封百里，如殷周二王后，以承顺天命。”[②]结果眭弘与代为上奏者皆遭诛杀，但至汉宣帝即位，则将眭弘之子招任为郎官，类若平反。待到汉成帝时，因灾异频仍，曾多次征询《易》学家谷永，谷永大谈亡国之征，当然也讲了不少荒诞的解救方法。[③]这样的实例不胜枚举，反映出朝野上下皆惶惶然生活在改朝换代的阴影之内。

刘向于汉成帝时校理群书，学问广博，然而也对汉室危亡耿耿于怀，上奏时直言兴亡之事：“王者必通三统，明天命所授者博，非独一姓也……自古及今，未有不亡之国也。”[④]他得知外戚王氏（即王莽家族）祖坟有“梓柱生枝叶”的“非常之变”，遂上封事向汉成帝进言，应警惕“国祚移于外亲，降为皂隶”。[⑤] 这固然体现了作为皇家宗族的刘向对汉朝廷有一片忠心，同时也不可否认其笃信五行变异和天人感应，预感到汉朝灭亡的危机。刘歆与其父刘向在学术上有同有异，《汉书·五行志》记载了他们父子的解说灾变之词，据说取自二人分别论述《洪范》五行的著述，具体看法不尽一致，而在相信灾异预示政治动荡和家国兴衰这点上，则并无区别。士人承认朝代兴亡的合理性与必然性，将之归结于天命，对朝廷的作为不断地失望，在这种思想、心理和情绪的氛围内，一旦出现有“德”之人并且具备更新政治的

① 《汉书》卷七五《夏侯胜传》，第 3156 页。

② 《汉书》卷七五《眭弘传》，第 3154 页。

③ 见《汉书》卷八五《谷永传》，第 3443—3464 页。

④ 《汉书》卷三六《楚元王附刘向传》，第 1950—1951 页。

⑤ 《汉书》卷三六《楚元王附刘向传》，第 1961 页。

条件，就容易视其为天命攸归的希望之星。王莽前期的作为，使之获得诸多的崇重，刘歆改为拥护王莽，任其国师，是合乎“天运”的选择。康有为和一些疑古学者一味批斥刘歆惑乱经史是出于谄媚王莽，未免过于贬低了刘歆的志趣。

刘歆学问淹通，学界共知，而其思维宏阔，学术志向高远，超越其父刘向。汉成帝时，刘歆“受诏与父向领校秘书，讲六艺传记，诸子、诗赋、数术、方技，无所不究”[①]，这是他增强学问的重要契机。在此次整理国家图书的过程中，刘向主持撰辑《别录》，即给每一整理过的书籍撰一提要，介绍该书的来历及内容。随后刘歆在《别录》的基础上编纂《七略》，将所有图书划分六大“略”，各略细分为三十八小类，又撰写了总论图书事业的《辑略》，第一次实施了系统的图书分类工作。学术界皆认为刘向、刘歆创立了目录学，但严格而言，实乃刘歆才真正创建了图书目录学。刘向《别录》缺乏归纳分类的观念，仅是分散无序的图书介绍，刘歆则完成对图书的整体把握和系统性归类，见识更为深广。刘向、刘歆都撰有论述《洪范》五行的著述，“发明《大传》，著天人之应”[②]，即将天人感应、五行变异明晰地解说，对应人事。故刘歆有治乱兴衰皆由天定的思想，信从“易姓革命”的理念。父子二人均精于天文星占，但刘歆形成系统的天文、历法学说，非其父可比。《汉书》赞刘歆的学术：“《七略》剖判艺文，总百家之绪；《三统历谱》考步日月五星之度。有意其推本之也。”[③]《三统历谱》，即指《三统历》以及与之配合的《世经》，这两个文献今载于《汉书·律历志》，但经过了删节[④]，同时，班固为《世经》补上了王莽之后到东汉初的内容。

《三统历》试图建立自具特色的“究天人之际”体系，在历法上虽基本承袭汉武帝时的《太初历》，但采取从《周易·系辞》推衍出的一系列数据，这种附会和拼凑在古代却显得更为正统、高深。在结构

---

① 《汉书》卷三六《楚元王附刘歆传》，第1967页。

② 《汉书》卷三六《楚元王传》文末赞语，第1972页。

③ 《汉书》卷三六《楚元王传》文末赞语，第1972—1973页。

④ 《隋书》卷三四《经籍志三》历数类，《四分历》条注释：“梁又有《三统历法》三卷，刘歆撰，亡。”中华书局，1973年，第1022页。今《汉书》所载《三统历》较简略，据此知《汉书》引录时多所删节。

上，分类论说“统母”、“纪母”、“岁数”、“五步”（五星运行）、“统术”、“纪术”、“岁术”等等，宏观概括与细致剖析相结合，层次分明，系统周密。而更改十二次名称，亦收令人耳目一新之效。《世经》是帝王世系与历史大事年谱的新编，形成了超越《史记》谱系的系统性新说，远古帝王从伏羲开始，为五德中之木德，随后为炎帝、黄帝、少昊帝、颛顼帝、帝喾、唐尧、虞舜、夏禹、商、周、汉……依次按火德、土德、金德、水德、木德而循环。还在伏羲之后安排了共工、帝喾之后安排了帝挚，皆以水德闰位，与周后的秦国搭配。整合传说，煞费苦心，显得十分周密。其中尽管不能排除如顾颉刚所揭示的《世经》是为汉朝的火德、且为王莽新朝土德而设计[①]，但其成为一个“通古今之变”的体系，则毫无疑问，其帝王系谱至今还有颇大影响。《世经》中涉及的春秋时期历史，引证刘歆自己窜入《国语》《左传》的语句，其中包括岁星纪事，藉以表明所论有正当根据，从而以售其欺，但许多内容与王莽篡位并无关联，乃是为了完善刘歆自己的大学术、大体系。他极力推重古文经学，也是试图构建新式大学术的组成部分。汉代学派颇多，今文、古文仅为大的门类，实际研讨每一经典，均存门户之见，各尊师承，互相倾轧。刘歆提倡古文经学，但并不否定今文经学，正如汉哀帝为之辩护曰：“歆欲广道术，亦何以为非毁哉？”[②]是其提倡古文经学的本身，目的也是“广道术”，即建构学术大体系。“五德终始”论与“易姓革命”思想，是刘歆系统学说的组成部分，这种西汉早已风行的观念，也是推动王莽逐步采取篡汉举措的舆论工具，因此不能把王莽看成天生的阴谋家，篡位行为也是该时社会观念所造就。刘歆与王莽的合作，是“易姓革命”理论与篡权实践相结合，二者互动，不必简单地归结为刘歆对王莽的谄媚。

现在回到星岁纪年和十二次名称问题。岁星的运行是星岁纪年法产生的基础，刘歆发明岁星超辰的观念，尽管数据不确，无疑是个重要创见，迄今学界对此多所肯定。这个创见在天文学上具有进步意义，但用于星岁纪年却大为不便。岁星超辰，虚拟的太岁怎么办？

---

① 顾颉刚：《五德终始下的政治和历史》，《古史辨》第五册，上海古籍出版社，1982年，第583—589页。

② 《汉书》卷三六《楚元王附刘歆传》，第1972页。

假如太岁仍然以整齐的每12年一周天运行，那么因为岁星超辰，就与太岁失去了固定的对应关系，纪年折算也相当困难和紊乱，因此，刘歆规定了虚拟的太岁同样超辰，以保持岁星与太岁的固定对应。可是新的麻烦随即产生，待到岁星、太岁超辰之年，干支或者越过一辰，或者一年两个干支，刘坦《中国古代之星岁纪年》所还原列出的《三统历》年表，就是采取一年两个干支的方法，但这样的纪年方法如果实行，是社会公众难以接受的。好在王莽新朝迅速灭亡，刘歆的星岁纪年法很快废弃，没有遇到超辰之岁。然而岁星超辰毕竟是客观的天象，它使星岁纪年法遇到难以处理的问题，倒逼纪年方法在东汉时甩掉了岁星、太岁，仅用六十甲子的干支纪年，简洁方便，这可以说是刘歆的超辰理念导致了纪年方法的进步。

按说刘歆《世经》作为贯通古今的历史年谱，在几千年的历史演变中，应当大加突出岁星超辰理念，但今存《世经》之文明确道出超辰者，只有对鲁昭公三十二年“越得岁”的解释：“岁在星纪，距辛亥百四十五岁，盈一次矣。故《传》曰‘越得岁’……”[①]这是在杜预之前已肯定了“越得岁”是“岁在星纪”。而仅仅这一条论述，表明刘歆在《世经》中对贯彻超辰理念不很积极，至于窜入《左传》《国语》的相关内容，就有更大的犹豫和纠结。第一，对岁星超辰观念在天文学上的价值，刘歆自然明白，因而未必舍得放弃发明权，即不愿将之赠送给古人；第二，超辰之说为刘歆所创，时人必多知晓，若公然塞入《左传》，岂不当即暴露了掺假，反弄巧成拙？所以仅在《左传》襄公二十八年羼入“岁在星纪，而淫于玄枵”，即岁星本应位在星纪，却侵淫进入玄枵，即“岁弃其次，而旅于明年之次”，暗示岁星可以超辰。而于《左传》昭公三十二年，仅写“越得岁”，并不明言岁星所在位次，故意留下一层模糊的迷雾。近现代不同观点的学者在《左传》是否具有超辰观念和如何解释“越得岁”问题上的争辩，只是使学术讨论陷入泥淖而已。

刘歆在岁星纪事上窜乱《国语》《左传》，主要目的是树立其更改十二星次名称的依据，这个更改对于建立新的天文、历法体系，起到刷新门面的作用。《三统历》的《岁术》一章，专讲十二次的新名目，条

---

① 《汉书》卷二一下《律历下》引《世经》，第1021页。

列星纪、玄枵至大火、析木等各星次包含的星宿度数，在全篇内十分显著，占据抢眼地位，效果是改换了先秦石氏“星经”的门庭，而吸纳其内容。《三统历》对超辰之说的叙述却相当低调，与《世经》的做法大体一致。

刘歆所定新的十二次名称，难以一一考释其具体的用意，但总括而言，其中有星名，如寿星、大火、实沈；也有传说的人名和部族之名，如娵訾（豕韦）、玄枵、析木；更出现了地名，即大梁；另外，鹑首、鹑火、鹑尾合起来，是象征“南方朱雀”那一片天区。[1] 这些命名，体现天、地、人的三统合一理念。其中“大梁”曾是战国魏国的都城名称，而《汉书》记述说：“刘向云战国时刘氏自秦获于魏。秦灭魏，迁大梁，都于丰……汉帝本系，出自唐帝。降及于周，在秦作刘。涉魏而东，遂为丰公。丰公，盖太上皇父。”[2]据此，大梁可谓汉高祖刘邦之祖父的居地，当然也是刘向、刘歆的祖先之地。如果新定十二星次的名称中必须要有一个明确的地名，那么选择“大梁”，乃是隐含对刘氏宗族渊源的拳拳情结。值得注意的还有“星纪”，其含义指星宿的总纪，“言其统计万物、十二月之位，万物之所终始，故曰星纪”[3]，这是总括性的名称，涵盖十二星次学说的整体，《三统历》正是将星纪列于首位。请看，以十一个星次分别象征天、地、人，又作一个总括性的“星纪”，这与《七略》中特立一个总论的《辑略》，在思维理路上完全一致。由此可知，这一套十二星次的新名称，只能出于刘歆手笔，他人是想不到、做不出而且绝无此等抉择的。

刘歆立意要构建一个弥伦宇宙、包吞千古的大学术体系，学问深广而志意高远，但学品败坏，并且一边研讨学术，一边热衷于政治投机，这些欲望促使他步入邪途。其才力再强，也终难实现如意算盘，随着政治局势的骤变，无可奈何地遭受了覆灭的下场，身败名裂。刘歆对于经史文献并无敬谨崇重之心，利益驱动，欲达目的，不择手段。其学术上作伪、掺假的行为，自唐宋以来屡被揭发，疑案重重，争议不绝。于今所揭示之星岁纪年及十二星次名目问题，可以作为刘歆窜

---

① 关于此十二星次各个名称的一些具体解释，见李维宝、陈久金：《论中国十二星次名称的含义和来历》，《天文研究与技术》2009年第1期。

② 《汉书》卷一下《高帝纪下》，第81页。

③ （唐）瞿昙悉达：《开元占经》卷六四《宿次分野一》，景印文渊阁《四库全书》本。

乱《国语》《左传》的一项铁定不移的确证，壁垒已然突破，有待于继续考论以扩大成果。刘歆的行为，至今仍须引为学术史上的鉴戒，治学的真髓在于求真、求是，不能为了某种“体系”的构建，就悍然步入作伪的歧途，因为任何制假行为，总会露出马脚。学理昭昭，天下共识，可不敬哉！可不畏哉！

（原载《北京师范大学学报》2016 年第 3 期）

十六国、北朝政权的史学及其历史意义

西晋政权灭亡后，晋室南迁，公元317年在东南一隅建立东晋政权。以北方为主的广大地区则军政势力割据分立、迭兴迭灭，先后形成十几个政权，史概称之为“十六国”时期。[①]公元420年，南方的东晋被刘宋取代，进入宋、齐、梁、陈汉族政权逐次更迭期，北方也从多种军政势力的角逐与混战逐渐转为一两个政权统治广大地域的局面，这就是中国古代的南北朝时期。十六国与北朝时期各国，大多为少数民族建立的政权，这与西晋之前的少数民族政权相比，政治文化上具有极其不同的特点，其中各个政权的史学建设即为前所未有，经过起始与探索、冲突与磨合，使历史观念、史学价值观念都契合于华夏主流文化，并且有许多创树，对史学和社会发展产生积极影响。

一　少数民族政权史学建设的肇始

上古至春秋、战国时期，北方所称为戎、狄的族群社会是否具有自己的历史记录，早已荒邈无闻。即秦汉时期的匈奴、乌桓、羌族等等的军政团体，恐亦不存在有组织、有意识的历史记载。而中原华夏政权官方的历史记载与史学观念则有长足的发展，东汉承袭历代官

① 当时各族政权数量甚多，迭兴迭灭，不止于十六个。本文仅借用“十六国”之称概指此时期的少数民族政权，非严格限定于一般史书特指的十六个政权。

方记史传统，支持班固撰著《汉书》，更持续编纂纪传体本朝史《东观汉记》，在修史制度和史学意识上皆奠定了基础。三国时期，魏国已设立专职史官，西晋承之，官方记史、修史已成为政权的运行机制之一。这一时期有较多的少数民族与汉人混居，汉晋之际历史文化潜移默化的影响，促使日后少数民族政权着意开展记史、修史的活动。

首先起兵叛离西晋的匈奴族人刘渊，即出生和居住于晋地，深受经史之学的熏陶，"幼好学，师事上党崔游，习《毛诗》《京氏易》《马氏尚书》，尤好《春秋左氏传》《孙吴兵法》，略皆诵之，《史》、《汉》、诸子，无不综览"。①据称其子刘聪也自幼学习汉文化，"年十四，究通经史，兼综百家之言"。②因此，公元304年刘氏建立的匈奴政权打起承袭汉朝统绪的旗号，定国号为"汉"。刘聪继位之时，有"公师彧以太中大夫领左国史，撰其国君臣纪传"；"领左国史公师彧撰《高祖本纪》(按，高祖即刘渊)及功臣传二十人，甚得良史之体"。③ 公师彧既然有"左国史"之职，则当时设有史官，其修史当为官方行为。这是古代少数民族政权首见记载的史官建置与官方修史活动。

东晋初羯族首领石勒建立后赵政权，设"史学祭酒"一职，并且分别任命官员撰写《上党国志》《大将军起居注》《大单于志》，记载本国和石勒本人的历史事迹。至公元332年，石勒强化史官建置，"擢拜太学生五人为佐著作郎，录述时事"。④又据《史通·古今正史》记述，石勒曾命大臣纂修《赵书》，后又令王兰、陈宴、程阴、徐机等相次撰述。这说明后赵自建国初始，就将学习史学、记述历史作为一项官方的必备行为。

鲜卑族慕容氏建立的前燕、后燕和南燕政权，皆设置史官并且实际进行了记史、修史活动。据《魏书·崔逞传》记述，崔逞在前燕慕容暐时曾任著作郎之职，是前燕政权设有史官。《史通·古今正史》称："前燕有起居注，杜辅全录以为《燕记》。"可见前燕官方实际地进行了比较完整的记史工作，并且录有史书流传于世。后燕慕容垂建兴元

---

① 《晋书》卷一〇一《刘元海载记》，中华书局，1974年，第2645页。

② 《晋书》卷一〇二《刘聪载记》，第2657页。

③ (唐)刘知幾著，(清)浦起龙通释：《史通通释》卷一二《古今正史》，上海古籍出版社，1978年，第358页。

④ 《晋书》卷一〇五《石勒载记下》，第2735、2751页。

年(386),“董统受诏草创‘后书’,著本纪并佐命功臣王公列传,合三十卷。慕容垂称其叙事富赡,足成一家之言”。南燕有王景晖在慕容德、慕容超时任官,“撰二主起居注”,后来仍撰写《南燕录》六卷。①从董统正式受诏编撰纪传体史书来看,后燕政权也必然具备完整的官方记史制度,以作为纂修正式史书的基础。而王景晖撰“二主起居注”,亦当是南燕官方的记史行为。据史籍记载,氐族前秦政权至苻坚为君主的时期,设“著作郎”等史官之职,赵渊、车敬、梁熙、韦谭记录起居注等史书。②鲜卑秃发部君主乌孤“初定霸基,欲造国纪,以其参军郭韶为国纪祭酒,使撰录时事”。③鲜卑拓跋部建立北魏政权,“初称制即有史臣,杂取他官,不恒厥职”。④

匈奴族刘渊、羯族石勒及鲜卑族慕容氏先辈都曾长期在晋朝任职,受到汉族文化的深刻影响,待其组建独立政权之后,模仿汉族政权记史、修史的制度,体现了上层政治文化方面的融和趋势,这与军事上的冲突状态并行不悖。从现存的史料记载来看,也有诸如苻坚等少数民族政权的统治者,早期并无在内地长期接受历史文化熏陶的经历,他们设官记录历史当有多重起因,其中或受汉族士人的推动,或为模仿其他政权的建制,但无论如何,少数民族政权的官方史学即从这种自觉或不自觉的设官记史中起步,而且成为多数政权采取的普遍举措。只是由于许多史籍后来佚失,使我们今天仅知其部分内容和大略情形。然而从这些残存的记载中亦可窥知,西晋末年与东晋时期,各少数民族政权官方史学建设的肇始,不仅在中国古代史学史上意义重大,而且在此后的发展中,对各少数民族的政治、文化和民族心理都带来许多深刻的影响。

二　各族政权史学建设中的矛盾与冲突

两晋南北朝时期,周边地区的少数民族在社会发展水平、生活习俗与生活方式、政治体制与文化心理等方面都和汉族地区有很大差别,其政权现成地移取汉人长期形成的记史、修史制度,同时也就引

---

① (唐)刘知幾著,(清)浦起龙通释:《史通通释》卷一二《古今正史》,第358—359页。
② (唐)刘知幾著,(清)浦起龙通释:《史通通释》卷一一《史官建置》,第359页。
③ (唐)刘知幾著,(清)浦起龙通释:《史通通释》卷一一《史官建置》,第313页。
④ (唐)刘知幾著,(清)浦起龙通释:《史通通释》卷一一《史官建置》,第315页。

入了汉人的史学价值观，这种价值观赋予历史记载以崇高尊贵、相对独立的品格，有着记功书过、不没其实的理念，包含劝善惩恶、针砭时政的宗旨，还透射出尊华夏、贬夷狄的文化意识。于是，除了史学价值观的磨合、融合之外，还存在史学观念的矛盾与冲突，而且往往造成少数民族政权官方史学发展的曲折、反复，甚至酿成惨烈的史狱事件。

如上文所述，匈奴族汉政权刘聪时，领左国史公师彧曾撰修其国史，且“甚得良史之体”，但“凌修谮其讪谤先帝，聪怒而诛之”。①被刘知幾《史通》称赞“甚得良史之体”的史书，刘聪等却视为“讪谤先帝”，必是其中如实记载了匈奴政权创建者的某些不甚光彩之事，这表现出史学价值观与统治者利益的某种冲突。而据《晋书》记载，刘聪诛杀公师彧等人，并未宣布罪名，当时即有大臣谏阻曰：“陛下直欲诛之耳，不露其罪名，何以示四海！”②刘聪以“不露其罪名”的方式诛杀公师彧，说明少数民族政权不能从原则、理论上否定汉族传统的史学价值观。后赵创建者石勒热衷于记史、修史，待其逝世，石虎废石勒之子而夺位，竟将史籍“并令刊消，使（石）勒功业不传”③，是从另一侧面表现了短见的强权势力对传统史学价值观的排斥。然而，比较先进的历史文化意识具有巨大的影响，在北方众多政权分立的状况下，史事往往由本国后来补修，或由其他政权追述，或由私家撰史予以弥补，总之终难完全隐没。例如前赵（即“汉”政权所改国号）刘曜时有官员和苞撰《汉赵记》记述刘渊至刘曜的历史；鲜卑慕容氏的燕政权官员田融撰写《赵书》，记述石勒、石虎政权事迹。④

氐族前秦政权的君主苻坚本来向慕中原文化，设史官记载起居注。“初，坚母少寡，将军李威有辟阳之宠，史官载之。至是，坚收起居注及著作所录而观之，见其事，惭怒，乃焚其书而大检史官，将加其罪。著作郎赵泉（本名赵渊）、车敬等已死，乃止。”⑤这种完全毁灭史

---

① （唐）刘知幾著，（清）浦起龙通释：《史通通释》卷一二《古今正史》，第358页。

② 《晋书》卷一〇二《刘聪载记》，第2671页。

③ （唐）刘知幾著，（清）浦起龙通释：《史通通释》卷一二《古今正史》，第358页。

④ 见（唐）刘知幾著，（清）浦起龙通释：《史通通释》卷一二《古今正史》，第358页；《隋书》卷三三《经籍志二》，第962页。

⑤ 《晋书》卷一一三《苻坚载记上》，第2904页。

书而不是予以修改的做法，正是早期少数民族政权统治者与内地传统史学价值观产生冲突时的普遍行为。但是追记前秦史事者历有其人，苻坚焚史后，有“著作郎董谊追录旧语，十不一存”；又有前秦秘书郎赵整曾经参撰国史，“值秦灭，隐于商洛山，著书不辍，有冯翊车频助其经费”；赵整死后，车频于南朝宋元嘉年间纂辑成书，刘知幾认为其书“年月失次，首尾不伦”。[①]且无论这些撰述是否真的“十不一存”或“首尾不伦”，要之苻坚最忌讳的史事却流传下来。这类事例，会使入主中原的少数民族统治者逐步认识到，以强力扑灭历史的记载是难以做到的，其史学价值观在冲突中作出某种转变和妥协，并经过诸多磨合而走向融合，才是最有利的结果。后来基本统一北方的北魏，其官方史学的发展最清晰地显示了这种冲突、磨合而走向融合的趋势。

北魏（又称后魏）是由鲜卑族建立的政权。鲜卑族是一个古老的民族，秦汉时游牧在我国东北一带，附于匈奴。北匈奴西迁，鲜卑进入匈奴故地，势力渐盛。两晋时，鲜卑分为慕容、乞伏、秃发、拓跋、宇文五部，曾先后在中原和西北建立政权。西晋时拓跋部首领拓跋猗卢受封代王，东晋时北方各族政权相互混战，迭兴迭败，公元 386 年拓跋珪乘机建立了北魏，公元 439 年灭北凉，统一了北方，公元 534 年北魏解体。此间南方已经历从东晋到刘宋、萧齐、萧梁几个朝代的更替。

《史通·史官建置》记述：“元魏初称制，即有史臣，杂取他官，不恒厥职。故如崔浩、高闾之徒，唯知著述，而未列名号。其后始于秘书置著作局，正郎二人，佐郎四人。”后来又有修史局一类机构，亦别设六名职官，逐步形成比较正规的史官制度。北魏初，道武帝拓跋珪曾令尚书郎邓渊撰写编年体《国记》十余卷，而拓跋嗣继位后未能接续撰写。太武帝拓跋焘补救前一朝的修史空缺，组织了较大规模的修史活动，令崔浩、高谠、邓颖、晁继、范亨、黄辅等“共参著作，叙成国书三十卷”[②]，此为公元 429 年之事。崔浩是清河士族，精通经史，虽

---

① 以上见（唐）刘知幾著，（清）浦起龙通释：《史通通释》卷一二《古今正史》，第 359 页。

② 《魏书》卷三五《崔浩传》，中华书局，1974 年，第 815 页。

是汉人，当时却颇受信重。公元431年，北魏太武帝攻灭匈奴族赫连氏夏政权，见到其国赵逸等人编纂的夏国官修史，曰："此竖无道，安得为此言乎？作者谁也？其速推之！"崔浩进言曰："彼之谬述，亦犹子云之美新，皇王之道固宜容之。"赵逸因而未被治罪，且被任命为中书侍郎。①赵逸纂修的夏史，必多有褒美本朝的内容，而北魏太武帝对此不能容忍。在崔浩的辩解下，北魏君主放弃原欲加罪撰史者的意图，仍封官任用，但据《史通·古今正史》所述，夏国史书仍然"多见焚烧"。这里表现出史学意识冲突与磨合交织的现象，魏太武帝部分地接受崔浩传达的汉族传统史学意识，是一种磨合，而依然采取简单烧书的方式，则表明史学观念的冲突仍在。公元439年，北魏吞并北凉，国势更为强盛，太武帝向崔浩颁发诏书，令其进一步组织修史，损益褒贬皆一手总管，指示"述成此书，务从实录"。②这种"务从实录"的表白，显示其史学价值观已大为前进。然而，更大的冲突和波折却潜伏其中。

似乎凭借北魏太武帝有过修史"务从实录"之诏令，崔浩竟然毫无忌讳地"叙述国事，无隐所恶，而刊石写之，以示行路"，"而石铭显在衢路，往来行者咸以为言，事遂闻发"。公元450年，崔浩坐此夷三族，同被处死的还有128人，酿成史无前例的惨烈史狱，北魏也废止修史和取消了史官。③由于各少数民族社会发展、文化水平皆落后于中原地区，风俗习惯也差别甚大，待其势力深入内地，受到儒学政治、文化、伦理的熏陶，多已讳言原初的社会状况与势力初起时的一些行为。《魏书·崔浩传》称崔浩所修之书"尽述国事，备而不典"，是记史未为失实，乃将所有"国事"不分美丑地加以"尽述"，造成"不典"的后果。其实，汉族政权内史官纂修国史，亦普遍存有避讳和曲笔，崔浩虑不及此，一味显示直笔以博取名声，终导致北魏官方史学的大倒退。因此，少数民族政权内史学意识的磨合应当是双向的，一方面统治者需要逐步理性地接受汉晋以来的传统史学观念，另一方面修史者也要与所依附政权保持立场上的一致，褒美功业而避其忌讳。

---

① 《魏书》卷五二《赵逸传》，第1145页。

② 《魏书》卷三五《崔浩传》，第824页。

③ 《史通》卷一二《古今正史》，见（唐）刘知幾著，（清）浦起龙通释：《史通通释》，第364页；《魏书》卷三五《崔浩传》，第826页。

十六国与初始时期的北魏政权，虽与内地传统的史学观念存在矛盾甚或冲突，但不可能最终废止史学，因为少数民族政权的统治者一旦了解官方史学的记述业绩的功能，都会引为重视。入主中原的少数民族政权，面对的是史学文化长足发展的地区、文人与民众，而且由于占据中原，行事即倍受关注，欲撰写其史者会比见迭出，如上述前秦官方修史制度荒废，记述其史者董谊、赵整、车频、裴景仁等等接踵而出，南朝刘宋亦派人寻访其史事。后秦姚氏政权中有马僧虔、卫隆景等人曾撰其史，姚氏政权灭亡后，原宗室姚和都则追撰《秦纪》十卷。[①]总之，史书可使统治者的功业垂于后世，可使许多人物青史留名，也可使撰史者立言传世，不仅具有很强的社会功能，而且具有极大的文化魅力。在这种政治功能与文化魅力的吸引下，在私修史与前代或他国之史的启示下，在私家和他国撰述可能曲解、误记的压力之下，一个存在年时较长的少数民族政权会或早或迟地意识到建立官方史学机制的必要性。因此，北朝少数民族统治者在较为发达的华夏文化面前，逐步接受内地传统史学价值观的进程是必然的。

三　北朝政权官方史学机制的稳定化

在崔浩的修史案件中，高允为主要撰史人之一，在北魏太子拓跋晃的护持下，他没有推卸责任，却因"临死不移""对君以实"而免受到处罚，他甚至面对盛怒的太武帝为崔浩修史辩解："浩之所坐，若更有余衅，非臣敢知。直以犯触，罪不至死。"[②]后来又对太子晃言曰：

> 夫史籍者，帝王之实录，将来之炯戒，今之所以观往，后之所以知今。是以言行举动，莫不备载，故人君慎焉。然(崔)浩世受殊遇，荣耀当时，孤负圣恩，自贻灰灭……至于书朝廷起居之迹，言国家得失之事，此亦为史之大体，未为多违。[③]

高允在史学价值观上依然没有退缩与改变，但批评崔浩辜负了北魏皇帝的"圣恩"，这里要将如实记史与尊崇本朝协调起来的意见，已经十分明显了。公元460年，即北魏文成帝和平元年，终于恢复史官建

---

① (唐)刘知幾著，(清)浦起龙通释：《史通通释》卷一二《古今正史》，第359页。

② 《魏书》卷四八《高允传》，第1071页。

③ 《魏书》卷四八《高允传》，第1071页。

置与修史活动，仍以高允典著作，校书郎刘模为助手，纂修国记。[①]“大较续崔浩故事，准《春秋》之体，而时有刊正”。[②]

至孝文帝时期，官方史学迅速发展，公元 487 年高允逝世，李彪等人纂修北魏国史，奏准改编年为纪传体。[③]几年后，北魏正式设立起居注官，“每行幸宴会，则在御左右，记录帝言及宾客酬对”，孝文帝曾谓史官：“直书时事，无讳国恶。人君威福自己，史复不书，将何所惧？”[④]这实际上是接受传统史学观念中最理想化的内容，理论上等于否定了前朝处理崔浩案件的方式。而与之相应，汉族学人充当史官后，也谨以尊崇本朝为怀，如李彪、高祐共同上疏奏请用纪传体纂修国史，称北魏“惟圣朝创制上古，开基《长发》……嘉符祯瑞，备臻于往时；洪功茂德，事萃于曩世”，“著作郎已下，请取有才用者，参造国书……然后大明之德功，光于帝篇；圣后之勋业，显于皇策。佐命忠贞之伦，纳言司直之士，咸以备著载籍矣”。[⑤]这在汉人政权内早已为习常套语，但出于少数民族政权的汉人史家，则象征着对于各个政权不再持夷夏之别的观念。在此基础上，魏孝文帝朝达到了华夏传统史学价值观与北方少数民族政权政治的基本融和，北朝史学进入了稳定的发展时期，官方史学机制逐步完善，其表现是：

第一，北朝时官方的记史、修史活动得以延续发展，连绵不断。其中北魏修史出现过波折，出于对汉人学者的戒备，“以为国史当专任代人，不宜归之汉士”，造成二十年间记史、修史的缺失。[⑥]但这不属于从制度上废止官方史学，史官建置仍在，只是所任史官并无史才，又无修史责任心。北齐时魏收纂修《魏书》，亦引起“众口沸腾”的轩然大波，但只是历史记载与部分贵族、官宦的冲突，国家政权则积极地推动史书的纂修与改修，并牢牢掌控局面。如上文所述，十六国时期的少数民族政权不仅有著作郎等史官，北魏还设立著作局、修史院等机构，北齐的修史机构已出现“史馆”“史阁”等非正式名称。中

① （唐）刘知幾著，（清）浦起龙通释：《史通通释》卷一二《古今正史》，第 364 页。
② 《魏书》卷四八《高允传》，第 1086 页。
③ 《魏书》卷六二《李彪传》，第 1381 页。
④ 《魏书》卷七下《高祖纪》，第 186 页。
⑤ 《魏书》卷五七《高祐传》，第 1260—1262 页。
⑥ （唐）刘知幾著，（清）浦起龙通释：《史通通释》卷一一《史官建置》，第 315 页。

国上古有史官在君主左右当时当地记录其言行的理想化说法，即所谓“左史记言，右史记事”。北魏建立的起居注制度规定“每行幸宴会，则在御左右，记录帝言及宾客酬对”，就是依据那理想化的古制，这与两晋、南朝仅以诏令、谕旨等文书档案纂辑起居注的做法不同。隋唐时期的起居注基本因袭的是北朝体制。北齐开国即下诏征集史料：“虽史官执笔，有闻无坠；犹恐绪言遗美，时或未书。在位王公、文武大小，降及民庶，爰至僧徒，或亲奉音旨，或承传傍说，凡可载之文籍，悉宜条录封上。”[①]这在官方史学发展上是一个创新之举。后来，北齐又有“监国史”一职，魏收曾以太子少傅兼任其职，阳休之亦曾以光禄卿兼任[②]，是为唐代“监修国史”之所本。可见北朝官方修史制度的建设卓有特色，已经不是单纯模仿两晋、南朝，且被后代所承袭。

第二，北朝的私家修史也出现比较发达的局面，北魏时期有韩显宗撰《燕志》，述北燕史事，得魏孝文帝赞称；张彝著《历帝图》，进献北魏皇帝；崔鸿撰著《十六国春秋》一百卷（一作一百零二卷），亦由其子进献等等。[③]更值得提出的是，元魏有宗室元晖、元怿、元顺三人先后撰成史书，元晖著《科录》二百七十卷，分类编纂历代史事；元怿撰《显忠录》二十卷，载往昔忠烈之士；元顺编《帝录》，辑帝王史事。[④]至北齐时，尚有元魏原宗室元晖业私撰《辨宗室录》四十卷，记述魏各藩王家世。[⑤]北齐、北周私修史有宋绘《中朝多士传》、陆元规《皇帝实录》、刘璠《梁典》、宋孝王《关东风俗传》、阳休之《幽州人物志》、李概《战国春秋》（述十六国史事）[⑥]等等。私修史的兴盛得到当局不同程度的认可、鼓励，表明北朝政权在史学上大体具备了与两晋、南朝一样完整的社会机制。

---

① 《北齐书》卷四《文宣帝纪》，中华书局，1972年，第53页。

② 参见《北史》卷五六《魏收传》，《北齐书》卷四二《阳休之传》。

③ 依次见《魏书》卷六〇《韩麒麟附韩显宗传》，第1334页；《魏书》卷六四《张彝传》，第1430页；《魏书》卷六七《崔光附崔子元传》，第1505页。

④ 依次见《北史》卷一五《魏诸宗室・元晖传》，中华书局，1974年，第572页；《魏书》卷二二《清河王怿传》，第592页；《魏书》卷一九中《任城王顺传》，第485页。

⑤ 《北齐书》卷二八《元晖业传》，第387页。

⑥ 参见《北史・宋显传》《史通・古今正史》《周书・刘璠附刘祥传》《北史・宋隐传》《北齐书・阳休之传》《北史・李灵附李公绪传》。

四　历史观念的“汉化”与民族大融和

十六国至北朝政权的官方史学，是从初建经过许多曲折、反复而走向稳定发展的，其中虽有矛盾和冲突，但融和仍在总体上处于主导的趋向。匈奴族刘渊追述与汉朝的血缘、亲属关系，定国号为汉；匈奴赫连氏则认为是大禹之后，建国以“夏”为名；羯族石勒虽常处于军旅之中，仍“常令儒生读史书而听之，每以其意论古帝王善恶”[①]，命儒官撰述《上党国记》《大将军起居注》等以载其功业；匈奴沮渠氏北凉政权，不仅记史、修史，而且曾与南朝刘宋互换史书[②]，其重视史学可见一斑；鲜卑族慕容氏的前燕、后燕政权，官方亦皆记史、修史；秃发氏南凉、拓跋氏北魏，则初建政权即设史官记史。[③]凡此举措，莫不反映出将自己民族渊源统系于华夏的观念，以及欲藉史书记功述事、传名后世的史学意识，这是向内地传统文化认同与归化的表现，我们姑且称之为历史观念和史学观念上的“汉化”趋向。

如上文所述，面对比较先进的汉族社会文化，少数民族各政权既然要记述本国史事，不能不模仿汉人的记史、修史方式，而且最初的史官也多任用汉族学人。从总体趋势而言，史学观念的“汉化”是难以避免的。当然，各少数民族政权统治者对汉人史学价值观的理解、接受程度并不一致，发展也非直线向上。北魏太武帝委任崔浩修史，诏谕明言担心“史阙其职，篇籍不著，每惧斯事之坠焉”，要求“述成此书，务从实录”。[④] 但是他在史学观念上还不能协调“实录”原则与政治好恶的关系，将强权暴力直接施加于史学以实现其政治好恶，他烧毁赫连氏夏国的史书[⑤]，后又于邹山扑毁秦始皇所立石刻[⑥]，显示出史学观念上的狭隘。这种狭隘观念结合于强权、武力，其极端化表现即为族灭崔浩事件。不过，这丝毫未能降低传统史学观念在理论及

---

① 《晋书》卷一〇五《石勒载记下》，第 2741 页。

② 见《宋书》卷九八《大且渠传》，中华书局，1974 年，第 2416 页。

③ 以上见(唐)刘知幾著，(清)浦起龙通释：《史通通释》卷一一《史官建置》、卷一二《古今正史》，第 313、359 页。

④ 《魏书》卷三五《崔浩传》，第 824 页。

⑤ 上文已述，《魏书》卷五二《赵逸传》，第 1145 页。

⑥ 《资治通鉴》卷一二五，南朝宋元嘉二十七年十一月，中华书局，1976 年，第 3951 页。

舆论方面的影响力，不仅高允等人在史学价值观上没有退缩，而且据记载，连魏太武帝对诛杀崔浩亦有所后悔。[①]因此，北魏后来恢复史学建设并且加强史学观念的“汉化”，也具有一定的必然性。

魏孝文帝时期，北魏政权的史学建设成效最著，也在北方形成各民族大融合的高潮，其中官方史学建设与历史观念的“汉化”在民族大融合中起到十分重要的作用。

自西晋末年各政权纷争于中国北方，民族融合的进程也同时开始。但在充满民族冲突的战乱之中，民族融合是缓慢片断、曲折反复的。至魏孝文帝则发生根本性转变，民族大融和自上而下地迅速推行，而且体现了以汉文化为中心的先进方向。如果把这场极有成效的民族融合分为政治、经济、文化三方面考察，那么文化上的民族融合处于决定性的地位。民族融合是各民族之间在经济生活、文化语言、风俗习惯及心理素质等方面趋于一致的过程。西晋末年以来，各民族原居住的地域界限被打破，少数民族进入到汉族的农耕地域，经济生活有所融合。但从古至今无数事例说明：同一地域和相似的、相联系的经济生活，并不能使民族畛域迅速化解。因而有学者认为，“对民族融合来说，一个最为关键的要素就是共同心理素质的形成，民族融合能否最终实现，关键取决于民族之间能否形成共同的心理素质”。[②]其实共同的心理素质的形成，不过是包括语言文字、风俗礼仪、思想意识、精神寄托、社会价值观等等文化方面的认同在人心中的综合积淀罢了，所以文化上的融合才是民族融合进程中的关键。在北魏诸种文化现象中，民族认同与民族融合最为稳定、最为深入的因素乃是史学意识及历史观念。

正如匈奴赫连氏自称大禹后裔一样，北魏将本族标榜为黄帝轩辕氏的后裔。据《资治通鉴》卷一一〇载：拓跋珪称帝之际“用崔宏议，自谓黄帝之后”；《魏书·序纪》称：“昔黄帝有子二十五人，或内列诸华，或外分荒服。昌意少子，受封北土，国有大鲜卑山，因以为号……黄帝以土德王，北俗谓土为托，谓后为跋，故以为氏。”这应是北

① 《资治通鉴》卷一二五载：“魏主既诛崔浩而悔之。”（第 3944 页）

② 钱国旗：《论南迁拓跋鲜卑与汉族融合过程中共同心理素质的形成》，《南京大学学报》1991 年第 2 期。

魏儒官杜撰出来的说法。鲜卑拓跋氏形成与汉族同源的历史观念，其意义不可低估，可增加逐鹿中原的政治力量自不待言，而更久远的影响在于提供了日后放手采取“汉化”举措的理念依据。从拓跋珪到孝文帝拓跋宏皆重视儒学，提倡儒家的社会伦理道德，施行“以礼治国”的方针，对民族融合起到积极促进作用，而这些都是以历史观念的“汉化”为依托的。

从两晋至南北朝，玄学思想畅行，佛教、道教广为传播，儒学的影响力并不强盛。北魏统治者尊崇儒术，是与其仰慕三代、两汉以来丰厚而昌盛的历史文化分不开的。史称拓跋珪“常引问古今旧事，王者制度，治世之则。（崔）玄伯陈古人制作之体，及明君贤臣，往代废兴之由，甚合上意”。[①]北魏初立国即设史官记史、修史，这是与其历史观念相关联的，虽然北魏后来发生史狱，官方修史有所波折，但史学价值观以及自认与汉族同源的历史观念并未改变，许多措施都以历代中原政权的历史事例为根据。孝文帝时，在史学意识与历史观念的发展上都达到前所未有的程度，在记史、修史上标榜“直书时事，无讳国恶”[②]，历史观念走上进一步“汉化”的道路。公元487年，李彪、高祐上书魏孝文帝，要求纂修国史由原先的编年体改为纪传体，得旨施行。奏言曰：

> 臣等闻典谟兴，话言所以光著；载籍作，成事所以昭扬。然则《尚书》者，记言之体；《春秋》者，录事之辞。寻览前志，斯皆言动之实录也。夏殷以前，其文弗具；自周以降，典章备举。史官之体，文质不同；立书之旨，随时有异。至若左氏，属词比事，两致并书，可谓存史意而非全史体。逮司马迁、班固，皆博识大才，论叙今古，典有条章；虽周达未兼，斯实前史之可言者也。至于后汉、魏、晋咸以放（仿）焉……愚谓自王业始基，庶事草创，皇始以降，光宅中土，宜依迁、固大体，令事类相从，纪传区别，表志殊贯，如此修缀，事可备尽。[③]

这不但表明北魏政权在官方史学上的成熟，而且将本国置于夏、

---

① 《魏书》卷二四《崔玄伯传》，第621页。

② 《魏书》卷七下《高祖记》载孝文帝语，第186页。

③ 《魏书》卷五七《高祐传》，第1260页。

殷、周、西汉、东汉、魏晋之后的历史系列中探讨史体的发展与承袭问题，认为“光宅中土”的本国之国史，应当采用汉代创立的纪传体，显示了史学意识与历史观念系统性的“汉化”。这种观念上的汉化，走在了大举进行政治、风俗、礼制改革的前列，在北魏从上到下的民族大融合中，起到先导与催化的作用。公元 492 年初，北魏君臣会议历代正统政权兴替问题，否定了将北方十六国置入正统序列的意见，诏令确定本朝乃接续晋代，为五德中“水德”政权。①撇开其“五德终始”论的外壳，显露出基本摈弃了少数民族心理与政治情绪的正统历史观念。此后，推行民族融合的举措以公元 493 年定议迁都洛阳为标志而进入高潮。迁都有着明确的目的，即孝文帝对本族大臣所言：“正欲卿等子孙渐染美俗，闻见广博。”众人回答：“诚如圣言。金日磾不入仕汉朝，何能七世知名！”②仰慕内地汉文化的情绪、强烈的史学意识以及汉化的历史观念，生动地表现于语句之中。士民不许着装胡服，鲜卑人一律改为汉人姓氏等等惊人的政府诏令，都是在这种历史观念和文化心理的牵动下做出的。在孝文帝一系列改革中，具有促进民族融合的一定自觉性，他常说：“人主患不能处心公平，推诚于物，能是二者，则胡、越之人皆可使如兄弟矣。”③这里的“处心公平”是指要消除民族歧视与排斥。北魏的经济改革和政治改革中确实较少民族不平等的内容，姑且不论这是否完全取决于君主一人，其心目中要使各族皆如兄弟的理想是足可称道的。

从上而下以政权力量推行的民族融合，与社会基层潜移默化的民族融合有所不同，必然先从思想观念上奠定基础。北魏时期民族大融合的思想基础中，最重要和最稳定的因素是汉化的史学意识与历史观念。北魏末期政治昏暗，上层统治者多有奢靡腐败、荒淫残暴者，宫廷政变、内讧仇杀不断发生，儒学的“礼制”被破坏殆尽，而史学意识和历史观念则基本保持下来。魏孝文帝之后的宣武帝时，曾参与迁都而立功的官员张彝进上自著《历帝图》一书，简述伏羲氏至晋末十六代、共一百二十八个帝王及朝代兴亡事迹，以为鉴戒，得到魏

① 《资治通鉴》卷一三七，南齐武帝永明十年，第 4318 页。

② 《资治通鉴》卷一三九，南齐武帝建武元年，第 4360 页。

③ 《资治通鉴》卷一四二，南齐东昏侯永元元年，第 4440 页。

宣武帝的赞赏。[1] 这里的朝代序列与孝文帝时确定的正统政权序列，具有一致的历史观念。后来更有北魏宗室撰史，而无论是奢侈逾礼的元晖还是比较正派的元顺，所著史书在史学意识与历史观念上都没有根本性的区别。与历史观念没有倒退一样，孝文帝时期奠定的民族融合方向也没有明显的后退，二者之间不是毫无关联的。只要对源远流长的中原历史文化仰慕、认同、归依的心理诉求不变，已经具备深厚基础的民族融合趋势就不会发生大的逆转，社会基层的融合还会继续。北齐、北周的历史观念大抵承续北魏而无根本性变动，民族融合进程亦未中断。各族以汉文化为中心的历史认同观念，是这一历史阶段民族融合的最稳定因素，在研究南北朝民族大融合的问题上，决不能无视十六国、北朝各族政权史学建设的发展，不能低估汉化了的史学意识和历史观念所起到的重要作用。

（原载《齐鲁学刊》2004年第4期，王秀丽署名第二作者）

---

① 《魏书》卷六四《张彝传》，第1430页。

《十八史略》及其在日本的影响

元朝统一全国的十几年之后，在今江西地方出现一部名曰《十八史略》的史籍，其基本内容是按朝代、时间顺序，以帝王为中心叙述上古至南宋末年的史事。作为书塾中启蒙性的历史读本，最初篇帙仅为二卷，简明通俗、文笔精炼。岁月流逝，人间沧桑，而这部史书没有被淘汰，却不断有人为之注释、修订，至明代大为畅行。更东传朝鲜、日本，并且在日本产生了长久的、特殊的影响，成为史学史与中日文化交流史上十分值得注意的问题。

一 元朝时期的《十八史略》

作者曾先之将书名定为《十八史略》，乃表示该书是对十八种史书的节略。据明人陈殷的解释①，所取材的史书是司马迁《史记》以下直至欧阳修《五代史记》的所谓正史，这在宋代即被统称"十七史"。另外，曾先之撰此书时，元朝官修《宋史》未成，宋代史事取材于李焘《续资治通鉴长编》与刘时举《续宋编年通鉴》，聊备一史之数，共十八史。

关于《十八史略》的作者曾先之，清官修《四库全书总目》载：

> 《十八史略》二卷，元曾先之撰。先之字从野，庐陵人，自称

---

① 《立斋先生标题解注音释十八史略》卷首《史略叙》，日本翻刻明正统六年本。

> 曰前进士，而《江西通志·选举》中不载其名。盖前明之制，会试中式称进士，乡试中式者称举人，皆得铨注授官。自唐宋至元，则贡于乡者皆称进士，试礼部中选始谓之登第……先之所谓进士，盖乡举而试不入选者，故志乘无名也……其书抄节史文，简略殊甚，卷前冠以歌括，尤为弇陋。盖乡塾课蒙之本，视同时胡一桂《古今通略》，逊之远矣。[①]

对于此说，近人朱绪曾则不以为然，他举例说明地方志对于登第进士“漏略名氏者多矣”。[②]而实际上，曾先之并非“志乘无名”，乾隆《吉安府志》卷四一赫然记载：“曾先之，字孟参，吉水人。少师王介，登咸淳进士，监惠州石桥盐场，以主学心制解官。起潭州醴陵尉，转湖南提刑佥厅权检法官，详复大辟，多从平恕。提举茶盐司干办公事，凡所任理，无一毫私曲。宋亡，隐居不出，所著有《十八史略》。年九十二卒，祀乡贤。”[③]同书卷二四《宋进士表》于咸淳元年（1265）进士人名榜上，也登录其名。只是因为曾先之本为吉水人，刻书时却题写附近古地名“庐陵”，致使难于查阅而已。南宋著名抗元英雄文天祥的文集中，有一篇书信《与曾县尉先之》，下注“字孟参”。信的开头说：“及承手书，备见缱绻故旧之意”，后文又勉励说：“但愿足下敛以静纯，守以廉朴，一如平日，则天下之奇材、青云之远业也。”[④]文天祥亦吉水人，二人应为同乡好友，这从信中可以看出。此信当写于曾先之起任潭州醴陵县尉之时，正可与《吉安府志》的记载相印证。因此，曾先之不仅是南宋末年进士，而且历任多种官职，颇有政绩。《四库全书总目》之言全凭臆测，不足为据。

《吉安府志》、文天祥文集皆载曾先之“字孟参”，而《四库全书总目》言其“字从野”，二者皆当有据。“孟参”正与曾先之姓氏关联，而“从野”或为他于南宋灭亡后决意不仕时所改。《十八史略》即曾氏隐居乡间，以教书为业时撰成。

---

① 《四库全书总目》卷五〇别史类存目，中华书局，1965年影印本，第454页。

② 朱绪曾：《开有益斋读书志》卷二《十九史略通考》条，清光绪六年刊本。

③ 乾隆《吉安府志》卷四一《庶官志一》，清乾隆四十一年刊本。

④ 载文天祥《文山先生全集》卷六，《四部丛刊初编》本，商务印书馆，1929年影印明刊本。

《十八史略》最早刊行于元成宗大德元年(1297),书前有一篇题序流传于世:"韩文公送子读书,深以人不通古今为戒。何如斯可谓之通矣?精通固难,粗通正亦未易,史册浩瀚,初学望洋。今有一编书,使十行俱下者读之,不三二日,而数千载之本末大略已在胸次,其于训蒙便甚。好事者于是刻梓以传,所以惠后学广矣。余深嘉之,为题其编首。大德丁酉嘉平月望。"①撰者是豫章(今江西省南昌市)人周天骥。周天骥号耐轩,南宋末年登神童科,名显一时,后任吉州知府。德祐二年(1276),元军兵临城下,他不战而降,被元朝任为吉州路总管,是权位很高的地方行政官。这篇题序笔力雄健,文字精炼,对《十八史略》的传播很有裨益。后来多种版本皆录用此文,但往往将"好事者"三字改为刊刻者书坊的名称。

现存《十八史略》的元代刻本,有二卷本与十卷本两种。今日本南葵文库存元朝至治年间刻本《增修宋际古今通要十八史略》二卷,中国国家图书馆、日本东京大学综合图书馆存元刊本《古今历代十八史略》二卷、纲目一卷,北京大学图书馆存元刊《新增音义释文古今历代十八史略》二卷,日本国会图书馆存《新增音义释文古今历代十八史略》二卷、纲目一卷,西安文物管理委员会存元至正二年(1342)序刊本《历代十八史略纲目》十卷。

在二卷本中,有的著录有"纲目"一卷,十卷本书名也有"纲目"二字。而所谓"纲目",实际是在正文之前罗列的"历代国号歌""历代世年歌""历代甲子纪年""历代国都"等等附属内容,有的编成粗浅的韵文以便记忆,《四库全书总目》贬斥曰"卷前冠以歌括,尤为鄙陋"者即此。这类内容在各本中有增有减,现可藉以判别版本异同及刊刻的大致年代。

西安原存的十卷本,近年收入《四库全书存目丛书》影印出版②,此本将"歌括"一类内容编为卷一,混同正文,又将原正文分为九卷,刻行于四明(今浙江省宁波市)学宫,亦作为教学用书。书中有张士弘、王元恭、朱文刚三篇序言,王元恭序称:"宪使张公出示《十八史略》,曰卷

---

① 载《立斋先生标题解注音释十八史略》卷首。

② 按,《四库全书总目》著录《十八史略》二卷本,而《四库全书存目丛书》乃收编十卷本,稍有不当。

帙简矣……盖大书锓梓以广其传”，“是用厘为十卷，刻之郡庠”。[①]此本分卷的目的是加大字体，便于阅读，并无内容上的明显增修。

以上各本皆非最初版本，元代刊本佚失者亦当不少。但从现存者即可看出，《十八史略》在元代已有多种版本，官私学塾都用为教本。有的书名标明“增修”“新增”等字样，在内容上出现了“音释”即注释字音、词义、史事等等，以双行小字夹于文中。元代《十八史略》的流传以及内容上的增修，为该书的进一步普及奠定了基础。

二 《十八史略》在明代的发展

明朝时期，二卷本的《十八史略》仍有重刻，今中国国家图书馆、长春市图书馆、河北大学图书馆、吉林省社会科学院、四川省图书馆均存有这种明代重刊的二卷本。但明代最流行的乃是经学者加工修订、增添注释内容，并且在天头加以标题解注的新版本，卷帙皆在七卷以上，有的还续补元代史事，因而扩称“十九史略”。这里姑且将明人增修、今仍存于世的主要版本条列如下。

（1）《立斋先生标题解注音释十八史略》七卷，卷端题前进士曾先之编次，后学临川陈殷音释，鄱阳松坞王逢点校，建阳县丞何景春捐俸刊。此本今有日本据明朝正统六年（1441）刊本原式的重刻本，存日本内阁文库（今名国立公文书馆，后同）、东京大学、早稻田大学等处。亦有日本刻本反传中国，北京大学图书馆、上海图书馆、辽宁省图书馆有存。

（2）《标题详注十九史音义明解》，梁寅辑，陈殷音释，吴忠音义，成化十一年（1475）刻本，今存于中国国家图书馆。

（3）《标题事义明解十九史略大全》十卷，梁寅辑，陈殷音释，王逢标题，李纪增校。有弘治、嘉靖刻本，今中国国家图书馆、日本内阁文库存有全本，天一阁文物管理所有残本。

（4）《标题详注史略补遗大成》十卷，首一卷，李纪补遗。已残缺第九、十两卷，今存于江西省图书馆。《四库全书总目》有此书提要，亦极力贬斥。[②]

---

① 《历代十八史略纲目》卷首，《四库全书存目丛书》本，齐鲁书社，1997年。

② 《四库全书总目》卷五〇别史类存目，第454页。

(5)《浒东山房批校庐陵曾氏十八史略》八卷,张卤批校。有万历八年(1580)、万历十二年刻本,今存中国国家图书馆、北京大学、北京师范大学、河北大学、新疆大学、南京图书馆、河南省图书馆等等十余处,日本东京大学东洋文化研究所也存有此书。

(6)《古今历代标题注释十九史略通考》八卷,余进编次并通考。原明代刻本已佚,今有朝鲜于万历十年(1582)重刊本,但已对文字、内容稍有修订。此书从朝鲜传入日本,历经翻刻,今于日本内阁文库、东洋文库、宫内厅书陵部等等多处有存。

总之,在明代,《十八史略》不但有卷帙、内容、书名不完全相同的版本,而且衍生出不同版本的《十九史略》。因此,本文在总括性评述这些史籍时,为行文简洁,姑且统称之为"史略"。

这些新发展起来的"史略"之书,其共同的特点是正文皆依照曾先之《十八史略》原文,仅作个别的补充修订;正文间夹以双行小字的音释、注解,而多以陈殷的音释为基础;版面天头上划出一栏,以简要语句提示正文内容,间有对典故的解说,称为"标题";"十九史略"所包含元代史内容,则多节略于梁寅《元史略》一书。这些书籍的形成,一方面缘于许多学人前后相继地注释、修订,另一方面则坊间刻书者将各种增修内容予以不同的组合,遂出现斑驳多彩的版本。据上列版本及其他史料,明代研治"史略"的学者中,值得注意之人主要有:

陈殷,临川(今江西省抚州市)人,生于元末,入明自号湖海遗民,撰有《湖海集》。音释《十八史略》于洪武五年(1372)完成,他在自序中称《十八史略》"开卷一览,古今之迹粲然,上自一人,下及黎庶,凡所以立身行己之间,皆足以为鉴戒云。其所以垂裕后来之心,可谓仁且远矣。惜乎近学者莫究其源,不无鱼豖之惑也。愚因音而释之,厘为七卷,以质其疑"。[①]因此,七卷本是陈殷加撰音释时分编而成。在凡例中,陈殷又说明了他撰写音释所取材的依据,计有史籍十余种。

梁寅,字孟敬,江西新喻(今江西省新余市)人。博通经史,但于元朝时屡试不第,明初征召入都,参修《大明集礼》,时已六十余岁。书成,仍辞官回乡,结庐石门山,人称石门先生。撰有《石门集》《历代叙略》《元史略》等十余种著述。洪武十九年(1386),他在《元史略自

---

① (明)陈殷:《史略叙》,《立斋先生标题解注音释十八史略》卷首。

序》中称："寅训诸生以读史，自曾先之《史略》之外，《通鉴》节本皆未惬意"，遂自己动手编辑，又听取学生辈建议，别为《元史略》四卷。[①]后来，《元史略》被人进一步节略而合编于《十八史略》，因成《十九史略》之书。

王逢，字原夫，号松坞，江西乐平（今江西省乐平市）人，自称鄱阳人。淹贯经史，然厌弃科举业，教书于乡间。明宣德年间以明经辟，召对后坚辞而归，杜门不入城市。年八十余卒，祀乡贤。教书中校订《十八史略》并加以标题，畅行于世。

刘剡，字用章，号仁斋，福建建阳（今福建省南平市）人。刘氏家族于明代以书坊为业。永乐十五年（1417）王逢游学至建阳，刘剡受业于其门，考究经史，尤通史学，曾修订《少微通鉴》《宋元通鉴》，编辑《资治通鉴节要续编》等书。流行于日本的《立斋先生标题解注音释十八史略》七卷，即刘剡取陈殷音释本以及其师王逢的校订标题，组编而成。虽该书未署刘剡之名[②]，但卷三留下了他修订此书的按语："……曾氏仍陈寿之旧，以魏称帝而附汉、吴。剡即尊朱子《纲目》义例而改正《少微通鉴》矣，今复正此书，以汉接统云。"据此，今七卷本《十八史略》三国时期以蜀汉为正统，乃出于刘剡的修改，则全书亦当为刘剡所编辑。又《标题事义明解十九史略大全》一书朱素的《后序》称："书林刘公剡取梁孟敬先生所编元史重加节略，校正附于其末，用备一朝事迹，名之曰十九史。刊行广播，甚盛心也。"[③]则《十九史略》最先亦由刘剡编辑。

其他相关人物还有江西鄱阳人余进，字宗海，为王逢弟子，故自称"松坞门人"。编辑《十九史略通考》八卷，此书后畅行朝鲜。江西临川人吴忠，生活在明正统年间，为《十八史略》撰写"音义"。江西金川（今江西省新干县一带）人李纪，字大正，生活在明嘉靖时期，为《十九史略》撰辑"补遗"。

江西本是《十八史略》诞生的故乡，曾先之、周天骥皆宋末元初江西人。至明代，又有一批江西民间学人前后相继，致力于此书的修订

---

① 王重民：《中国善本书提要》史部纪传类，上海古籍出版社，1983年，第86页。

② 日本学者村山隆《十八史略便蒙》认为："立斋"乃"仁斋"之讹误，刘剡号仁斋，"立斋先生"即刘剡，可备一说。

③ 《标题事义明解十九史略大全》，明嘉靖十二年至善堂刊本。

补充。刘剡虽非江西人，但以江西人王逢为师，乃学脉相联。“史略”之书以江西地区为中心，向全国传播，并且东传到国外。在众多的研治《十八史略》的学者中，也有北方人如张卤。张卤号浒东山房，仪封（今河南省兰考县）人，生活于明万历年间，曾任大理寺卿、都察院右副都御史等职。万历八年编成《浒东山房批校十八史略》，于巡抚保定时刊印。他在《自序》中称自幼习史，即由父辈教授《十八史略》，居官时仍手自批阅，积累成帙。这说明《十八史略》的传播范围早已越长江、跨黄河，直至明代北方政治中心地区，成为一种相当普及的历史书籍。

三　“史略”东传以及在异国的不同境遇

在元代，《十八史略》已有一定程度的传播，十卷本刻于浙江，说明已在东南沿海地区流行。至明代，“史略”成为相当普及的一种史书，其基本情况已如上文所述。但明代普及性通俗史书名目繁多、五花八门，有各个类别的人物传记，变换花样的历代史书抄略、会编、全编、“捷录”等等，“通鉴”类、“纲鉴”类编年史更充当了普及性历史读物最畅行的角色。而普及性史书虽然刊印量很大，声势如潮，却依然被视为通俗甚至“流俗”读物，难登大雅之堂。《十八史略》靠其便于课蒙的特点，仅在普及性史书中博得一席之地而已，与《史记》《汉书》《资治通鉴》《资治通鉴纲目》等相比，地位自有天壤之别。

但就是这样一部史书，东传朝鲜、日本后，在异国的境遇却大不相同。据记载，《十八史略》早于明成祖永乐元年（1403）就传入朝鲜，是年九月，朝鲜的使臣从中国回国，“进《资治通鉴》及《十八史略》，得之中国也”。随后，朝鲜君臣即在正式的经筵上讲读《十八史略》，又予以讨论，朝鲜国王称阅读此书后，“历代治乱兴亡，略知之矣”。①这样，《十八史略》在朝鲜一举跃至与正史、《通鉴纲目》等书平列的地位，此后历受重视并多次刊印。到晚明时期，朝鲜更看重从《十八史略》衍生出来的《十九史略通考》，即明人余进编订之本。

《十八史略》何时传入日本，现已不能确考，一般认为于日本足利时代传入，因为原足利学校所藏元代刊本上有日本人题跋，言“大永

① 吴晗编:《朝鲜李朝实录中的中国史料》第一册，中华书局，1980年，第193页。

丙戌小春日”寄附。“大永丙戌”即日本大永七年(1527),为足利义晴将军掌权之时。[①]三年后的享禄三年(1530)十一月,在日本贵族日记《实隆公记》内,就有宫廷中连续进读《十八史略》的记载。[②]此后,这样的记载每每出现。统观日本史籍的记载,能在宫廷、幕府内正式讲读的中国史书,只有《史记》《汉书》《贞观政要》《资治通鉴》《资治通鉴纲目》以及《十八史略》等几种,说明《十八史略》在日本已经跻身于最有名望、地位的几种史籍之列。大约正是这一时期,由日本著名寺院的学问僧主持,按照明正统六年本的原式,重刻印行了七卷本的《立斋先生标题解注音释十八史略》,即该书的所谓“五山版”,今东京大学综合图书馆有存。

德川幕府时代,是日本汉学发展的兴盛时期,当时各藩官学大多采用七卷本《十八史略》为教科书,传播既广,影响渐大。日本元和年间(1615—1623)以木活字刊印了《十八史略》七卷本。庆安元年(1648)和万治二年(1659)又两次重刻,此后又两次刻板印行。[③]

从这最初几次的刊印可以看出,在日本,《十八史略》的七卷本已经一枝独秀地普及开来,成为通行之本。曾先之撰《十八史略》的正文简明生动,适应日本一般读者迅速了解中国历史变动概况的需要。七卷本中陈殷的音释,除注释字音外,也解释词义和进一步讲解史事,间有引录史论,而内容紧扣正文,不杂不滥,可使读者更深入了解史实。天头的标题解注,往往以凝练的语句提示正文与音释的内容,便于记忆也便于日后查阅。例如卷五记述唐玄宗开元二十四年张九龄事迹:“千秋节,群臣皆献宝镜,九龄述前代兴废,为《千秋金鉴录》五卷上之。”这段正文用对比手法,简明生动地表现出张九龄的清正贤明。而“音释”则解释“千秋节”为唐玄宗生日,并引述《资治通鉴》之文详述其名称的由来,亦为唐玄宗朝的史事。天头的标题为“千秋节”三字,简而醒目。三项内容配合得十分和谐,使人读而难忘,查而易寻。此类事例甚多,是七卷本《十八史略》的优点。

日本明治时期的学者高阶英吉,年少时求学于五十川佐郎,“见

---

① [日]桂五十郎:《十八史略国字解》书前《解题·十八史略之传来》,东京早稻田大学出版部,1924年。

② 《实隆公记》卷八,日本足柄制版印刷株式会社,1963年。

③ [日]长泽规矩也:《和刻本汉籍分类目录》史部别史类,汲古书院,1976年。

师之课其门生，必以《十八史略》令其循环略熟，然后许读他史”，因此问其缘故，从而讲出前辈学者有关《十八史略》的一些故事。幕府十一代将军德川家齐时期，著名学者古贺精里[1]在壮年时乘船，遇一老僧善谈中国历史，连讲数日，若无所不知。临别问老僧：“平日于史，好正史乎？好编年乎？”老僧笑答：“行脚贫衲，未知正史、编年之为何物，惟藏一部《十八史略》。”古贺精里于是细读此书，后更令子弟每月必读一过。而古贺精里之子古贺侗庵（1788—1847）是一名精通汉学、融汇西学知识的学者，他坚持每月月初读一遍《十八史略》。他的学生江木鳄水[2]遵从师训，不仅自己反复阅读，也令弟子照办。五十川佐郎是江木鳄水的内弟，年幼时即遵从姐夫的指导，将《十八史略》“循环通读凡二十一遍”，据称从中获得治学上的莫大收益。[3]

这段记述中无名老僧的故事，反映了日本普通读书人对《十八史略》的垂青。而在高层次的学者中，也不仅古贺精里一派重视《十八史略》，其他学派亦是如此。例如不信奉朱子学说的日本著名学者荻生徂徕（1666—1728），其弟子服部元乔（1683—1759）学问渊博，在日本文坛执牛耳三十年，名重一世。而他也曾精心校勘《十八史略》，自称读此书三遍之后，“心已若仿佛乎具一宇宙”[4]，是赞誉《十八史略》已至极点。

服部元乔对《十八史略》的校勘，曾起到扩大其书影响的作用。而截至明治维新之前，历有学者进行研究，例如中江积德撰《十八史略闻书》、冈本保孝撰《十八史略答问》，皆为辅助阅读之作。岩垣彦明撰《标记十八史略》，成书于宽保二年（1742）。其孙岩垣松苗再加增补，成《标记增补十八史略》，于天保九年（1838）刊行，影响巨大。村山隆也于天保八年编成《十八史略便蒙》，后多次重刊，并有其他学者为之增订。村山隆在自序中说：“《十八史略》之为书也，蒐罗众史，裁断千古，简而不漏，整而不烦。数千载之间治乱兴废，历历若日星

---

① 古贺精里（1750—1817），名朴，字淳风，号精里。著名学者，初喜阳明之学，后信奉朱子学说。宽政八年（1796）任幕府儒官，为三博士之一。

② 江木鳄水（1810—1881），名戬，号鳄水。尊奉程朱理学学派的汉学家，又通军事学。曾为《孙子兵法》作注，撰经学及诗文集等著述多种。

③ ［日］高阶英吉：《鳌头十八史略读本》卷首《凡例》，日本明治十二年刊本。

④ ［日］服部元乔：《标记增补十八史略》卷首《题语》，日本明治十二年刊本。

之丽天，焕然可观。当今之时，海内外家藏户诵，日课童蒙，为读书之阶梯，不亦宜乎！”[①]这反映出至19世纪中期，《十八史略》在日本的传播与影响已成日益扩张之势。当时正是清朝嘉庆、道光时期，《十八史略》在中国已几乎被遗忘，此书在国内外的境遇是大不相同的。

四　日本明治时期的“史略”文化潮

随着德川幕府的倒台，日本跨入具有重大历史意义的明治维新时期，整个社会在政治、经济、教育等各个方面，从上而下地实行改革，效法西方。文化、学术上也倡导西学，政府的改革措施对之予以有力的支持。而源远流长的汉学，其地位先是受挫于日本“国学”派的攻击排斥，继而西学勃兴，使汉学和日本国学一起趋于衰退。《十八史略》来自中国，自然属于汉学畛域，在明治时期汉学总衰退的大势下，是否会迅速销声匿迹呢？历史事实是：不仅没有销声匿迹，反而掀起一个声势颇大的“史略”文化热潮，持续到明治之后的大正时期，余波所及，直至当今。这个热潮，主要表现在相互联系的四个方面。

第一，在明治时期，经日本学者重新修订标注的《十八史略》，以不同面目和各种版本大量地出版发行，空前广泛地传播。明治三年(1870)，岩垣彦明标记、岩垣松苗增订的《标记增补十八史略》再刻印行，揭开此书大量刊印的序幕。随后，以各种附加名称新编订的《十八史略》接踵而出，其势如潮。例如：《读本十八史略》(平田宗城补定，明治四年)、《训蒙十八史略》(市川清流注解，明治七年)、《标注十八史略读本》(大贺富二订补，明治九年)、《小学必用十八史略读本》(久保田梁山标点，明治十一年)、《鳌头十八史略读本》(浅田耕句读，明治十年)、《标注十八史略》(斋藤实颖标注，明治十三年)、《和训十八史略》(原田吉之助点校，明治十五年)、《增注补论十八史略读本》(大乡穆编订，明治十五年)、《纂注十八史略校本》(木村刚注释，明治十九年)、《标注十八史略读本》(井上揆标注，明治二十六年)、《增定十八史略讲义》(土田淡士亮讲义，林英吉增订，明治三十六年)等等，据笔者不完全统计，有四十多种。这里仅列数种以见其书名变幻状

① ［日］村山隆：《十八史略便蒙》卷首《自序》，日本天保八年刊本。

况，没有必要全部罗列，连日本著名目录学家长泽规矩也的《和刻本汉籍分类目录》一书，在登录明治之前的版本后，也写为“《十八史略》明治刊本省略”①，盖认为其过于繁多。

明治时期新编订的各种《十八史略》，皆以七卷本为依据。有的加上日文注释，称之“和训”“训蒙”等等；有的增订、删改或重写双行小字的注释，即所谓“笺注”“纂注”“增注”之类；有的在天头进一步注解史事或修订、增补原有标题，即所谓“标注”“标记”“鳌头”之类。而在天头上做些修订补充，是最省力、最便捷的，所以这一类版本也最多，形式上也翻出不少新的花样。如东条永胤的《补注十八史略》（明治十六年刊本）将天头划分二栏，上为原书标题，下为编订者的补注；笠间益三的《标注十八史略》（明治十八年刊本）则将天头分为三栏，从上而下，注释之文由简而繁，层层进解。这些修订，有的具备一定的学术价值，也有不少是应书商请求而撰写的急就之作，表明《十八史略》极其畅销。而该书普遍被用为学校的教科书，使之影响更大、传播更广。当时学者松山藤野在《笺注十八史略校本序》中说：“史略之书，陆续上木，几无虚月。盖小学逐年滋昌，就学童生以百万计，宜其旧版不能普给也……然律禁翻刻，故新镌者变其体面以避法。”②

除了将原《十八史略》改头换面刻行以外，还出现了《十八史略字引》《增定十八史略字引大全》《新纂插图十八史略字引大全》③等等工具书，内容是以日语为《十八史略》注音和解释词义，直至为器物、衣饰、草木、动物、历史人物配备画图。这类专门工具书乃是适应《十八史略》被广泛阅读所产生的社会需求而出现。

这些新编订的《十八史略》为了扩大影响，有的版本请汉学专家挂名或撰序，甚至请清朝驻日本官员为之题字。例如笠间益三《标注十八史略》请川田瓮江撰序，又请信夫粲挂名校正并撰序。川田瓮江（1830—1896），名刚，号瓮江，为著名汉学家，当时文坛泰斗。曾任宫中顾问官、贵族院议员、东京大学教授。明治年间受文部省委托，设修史局于家，编辑历史资料。后在日本汉学家和国学家所组成的斯

---

① ［日］长泽规矩也：《和刻本汉籍分类目录》史部别史类，第73页。

② ［日］近藤元粹：《笺注十八史略校本》卷首，日本明治十三年刊本。

③ 此三书分别由本木贞雄、关德、河村与一郎编写，刻印时间依次为明治七年、十四年、十六年。

文学会任学监。信夫粲(1835—1910),号恕轩,日本著名汉学家,精于《易》学、《诗》学,任教于东京大学,著有《汉译文则》等书。而高阶英吉在其《鳌头十八史略校本·凡例》中,标榜自己出于古贺精里的学统,还请清朝驻神户兼管大阪理事官蹇念咸题“书同文”三字,按真迹以大字刻印卷首,每字各占一页,颇壮气势。当然,更有不少学者直接动手编订新的《十八史略》注本,例如雨森精翁①、大乡穆②、近藤元粹③等等。

当时,各种版本的《十八史略》层出不穷,一再刊印,发行量巨大。例如上文述及的岩垣氏的《标记增补十八史略》在明治三年刊印后,京都出版人于明治八年按新法规取得版权,立即分袖珍本和普通本再刻,到明治十二年,两种开本分别达到八刻、九刻。④同一书商多次重刻同一书,应是印刷量过大造成版面损坏的缘故。大贺富二在《标注十八史略读本》的明治十五年刊本书后,附记了该书于明治九年、十二年、十五年三次刊刻的情况,又列有发卖人四十多名、全国发卖书肆156处,印行量相当巨大。而经文部省检定的《少年丛书》本《增订十八史略讲义》,明治三十六年第一版印发,在此后的十五年内刊印四十版之多,其中明治四十二年一年即刊印四版。仅上述几种书的刊行,已足见《十八史略》的盛行于世,加之几十种同类史籍争先发行,则当时日本学者所言“曾氏《十八史略》流播海内,家藏户诵”⑤,绝非虚夸之语。可以断定:在日本,一部史籍于几十年之内以几十种名目反复、大量地刊行,唯此《十八史略》,没有任何别的史书能与之伦比。《十八史略》在日本形成的这种文化现象,可谓空前绝后。

第二,在《十八史略》畅行的同时,一批后续之作也刊印问世。《十八史略》记事止于南宋,读者自然有向下了解元、明、清历史的要

① 雨森精翁(1822—1882),名谦,号精翁,撰《标纂十八史略校本》,明治十二年初版,后又再版。还撰有《日本外史纂语讲义》等著述。

② 大乡穆(1830—1881),号学桥,博学多才,善于诗画。撰《增订补论十八史略读本》、《标注十八史略副诠》(明治十三年刊行)、《日本政记》、《文体明辩纂要》等等。

③ 近藤元粹(1850—1922),字纯叔,号南洲。著述极多,有《笺注十八史略》《新战国史略》《日本外史讲义》等史书以及经部、子部、诗文集多种。

④ 《标记增补十八史略》,日本明治十二年刊本,书后《附记》。

⑤ [日]大贺富二:《标注十八史略读本》卷首,今井匡之《例言》,日本明治十五年刊本。

求。明治年间虽然也曾刊印《十九史略通考》[1]，但下限仅及于元代，且元代记事相当简略，未能畅行。德川幕府时代，本已有后藤世钧撰写的《元明史略》四卷，记事起自元世祖，止于明朝灭亡，体例仿照《十八史略》，天头亦有标题。此书于日本宝历元年（1751）成书，五十年后有学者藤原正臣予以增补刊印，皆不大流行。又过了七十余年至明治四年和五年，原本、增补本接连从尘封中被翻出，重新刊印并大为畅行。此后，有人为之增撰标记注释，有人又为之编写专门工具书[2]，这是其读者特别广泛的表现。

清朝人旷敏本于乾隆年间撰有通俗性简要通史读物《鉴撮》一书，记事从上古直至清雍正朝。此书传入日本后，日人阿部修助按照《十八史略》七卷本的方式为之添加标题、注释，删掉清代内容，改名《增注标记二十二史略》。这样一部简陋之书在明治十四年刊印之际，竟有著名学者西村茂树[3]为之题序。此事并非孤例，其他如著名学者龟谷省轩策划、增田贡执笔，将《鉴撮》截取元明两代史事，加以天头标注，"别为一编，以续曾氏《史略》"[4]，名之曰《头书十八史略后编》。此种编书方法，是只能发生在"史略"文化热潮背景下的特有现象。

在"史略"的接续之作中，也有佳品，如宫胁通赫《续十八史略读本》和石村贞一《元明清史略》。前者成书于明治九年，卷首有曾任明治天皇侍讲官的汉学家秋月种树以及清朝浙江人叶松石的两篇序言，记事上起元世祖，下至清咸丰朝。作者在《凡例》中声明："是篇编次元、明、清三代以续于曾氏《十八史略》，故名《续十八史略》。"后者《元明清史略》于明治十一年刊行，书前有著名学者、日本史学会长、修史局副长重野安绎（1827—1920）的题序。作者石村贞一在《自序》中盛赞《十八史略》"简易精核"，而缺乏好的续作，"于是不自揣，妄意

---

① 明治四年，金泽学校以木活字刊印朝鲜传入之本，今内阁文库有存。

② 例如奥野精一《标记增补元明史略》（明治八年）、堤大介《元明史略字解》（明治十年）等等。

③ 西村茂树（1828—1902），号泊翁，精于汉学，亦通西学。明治时曾任文部大丞、贵族院议员、宫中顾问官。提倡西学，又主张以儒学弘扬道德。著述宏富，有《日本道德论》《万国史略》《泰西史鉴》等等。

④ ［日］增田贡：《头书十八史略后编》日本明治九年刊本卷首，龟谷省轩《序》。

纂辑，欲以继曾氏之后”。全书仿《十八史略》七卷本的体式，天头有标题，正文间有夹注。目次之前，先排列引用书目，共有 150 种之多，可见是一部精心撰写、颇具功力的著述。

在日本的接续《十八史略》之作，除上文述及者之外，尚有岩垣其晖《标记增补元明史略》(明治四年)、藤泽恒《增补元明史略便蒙》(明治五年)、佐藤楚材《清朝史略》、增田贡《满清史略》等等共十余种。数量虽然不是很多，但这是从《十八史略》风行热潮中直接衍生出来的，尤其值得注意的是，这类续作之书的序言、凡例无不极力赞誉曾先之《十八史略》，褒美之词超过了《十八史略》各种版本的序跋。例如宫胁通赫《续十八史略读本·凡例》称：“修史之方，识见远大、文章优美，兼有此二者，始可以从事焉。盖曾氏兼有此二者，故有《十八史略》之撰。”《元明史略》一书的跋文称：“以几千百载之事能括乎数卷之间，熔铸贯穿成一家言者，独曾氏《史略》而止耳。”这一类鼓吹，反过来又给“史略”的热潮推波助澜，壮其声势。

第三，模仿《十八史略》体例、以“史略”为书名的日本历史读物纷纷涌现，是“史略”文化热潮的又一重要表现。在明治之前，已有学者按照《十八史略》的编纂形式撰述日本历史，现知这样的著述有两部，一是青山延于的《皇朝史略》，成书于文政九年(1826)，另一是岩垣松苗的《国史略》，成书于文政十年。

青山延于(1776—1843)，号云龙，著述甚多，是著名的《大日本史》一书的校雠官。在参修《大日本史》过程中，感到该书规模庞大、卷帙浩瀚，不便于一般读者阅读，遂自撰《皇朝史略》十二卷，其《凡例》中说明“是编体裁仿《十八史略》及《十九史略》”。后来又著《续皇朝史略》，明治十年被合为一书再次刊行。岩垣松苗即上文述及的曾经增补其祖父《标记十八史略》的学者，他对“史略”的体裁、写法深有所知，所撰《国史略》一书完全仿照《十八史略》，在《凡例》中强调“仿《十八史略》而无义例也”。明治九年，该书再次刊刻发行。

明治时期刊刻流行的日本史“史略”之书数量可观，仅在内阁文库一处即存有二十余种，例如：山口谦《近世史略》《汉文近世史略》(明治五年、明治十六年)，太田秀镜撰《日本新史略》《近世内国史略》二书(明治七年、十年)，石村贞一著《国史略》《续皇朝史略》《内国史略后编》三书(明治九年起陆续刊行)，草场廉《国朝史略》(明治十年），近藤圭造《内外明八史略》（明治九年）、《新国史略》及其后编（明治十年、十二年），菊池纯《国史略二编》（明治十一年），藤田久道《内国史略》（明治十二年），上方幸盛《日本国史略》（明治十三年），桥本小陆《续明治史略》（明治十三年），松本良彦《近世大东史略》（明治十三年），近藤元粹《新撰国史略》（明治十六年），栗田勤《新刻日本史略》（明治十八年），野村秋足《太古史略》（明治十八年）等等。此外，尚有很多称为"略史"或其他近似名称者，体式实际上与"史略"无异，如《标注十八史略》的作者笠间益三撰有《点注日本略史》《皇朝略史》，参与《十八史略》编辑校订的信夫粲撰有《国史概略》等等。

在众多的此类撰述中，石村贞一的《国史略》七卷值得注意。石村贞一字子刚，号桐荫，明治时期学者，专以《十八史略》的模式撰写史书。其《元明清史略》与此书都是同类著述中成就突出者。《国史略》于明治九年刻印后，十三年再刻、十五年三刻、二十二年四刻，每次重刻都下延记载时限，发行量甚大，传播广泛。第三刻之时，书肆"万卷楼主人"撰写《附言》述其盛况，称初版即发卖18000部，历年猛增，"凡售卖之盛，近年绝无而仅有者，洵为敝铺望外之荣"。[①]因此，在《十八史略》畅行的明治年间，日本本国历史的"史略"也异常流行，二者互为声势，促成一场相当长久的"史略"文化热潮。

第四，介绍西方各国的历史，可以配合西学的传播，而这类史书也往往选取"史略" 的外形予以包装。早在明治三年，河津孙四郎就撰成《英国史略》，明治四年后藤达三撰成《日耳曼史略》。随后，楯冈良知《希腊史略》、西村茂树《万国史略》、大槻文彦《罗马史略》、田中耕造《佛国史略》等等先后面世。这些史书多从相应西文史书编译而来，在写法、体式上贴近于《十八史略》一类传统史籍，而外观多采取线装方式，数册共为一函，构成日本明治时期"史略"类书籍中一道别致的风景线。

《佛国史略》记述法国的历史，在仿从《十八史略》体裁方面最为典型。不仅正文间多有双行小字注解，天头也加有标题。例如记述拿破仑事迹的各页天头上，依次有"拿破仑幼时""拿破仑成为炮兵队长""攻陷土仑""拿氏出兵以太利""拿氏告兵士文"等等标题。在正

① ［日］石村贞一：《国史略》卷末《附言》，日本明治二十二年刊本。

文“噶尔西阿”之下，以双行小字注解为“地中海之大岛”；在“直布罗陀”之下以双行小字写有“地中海口，要害之地”的注解。

此外，还有一些日本学者撰写的西方各国历史读本，虽不以“史略”为书名，但体式上近似于《十八史略》。例如汉学家冈千仞（1833—1914）曾为《标注十八史略读本》（大贺富二订补）撰写跋文，盛赞《十八史略》“疏而不漏，简而得要”，而他竟也编撰《米利坚志》《法兰西志》二书，天头加有标题解注，无疑是仿从《十八史略》七卷本体式。

明治时期的“史略”文化现象，除以上四个单项表现之外，更有将中国、日本、西方历史融于一书者，如近藤圭造《万国史标十八史略评注》和近藤瓶成《万国记注国史略》即是两个典型。近藤圭造撰有多种“史略”类著述，上文已经述及。《万国史标十八史略评注》乃是取《十八史略》原书原文，在天头上划分二栏，最上一栏对照《十八史略》记事的相应年代，标记日本和西方各国历史大事，使读者阅读时可加以对比，开阔眼界，拓宽思路。《万国记注国史略》的写法、体式同于前者，但以日本国历史为正文，天头上记注西方历史事件。此类史籍的出现，生动显示出“史略”这一撰述形式的广阔兼容性，可机动地适应内容的不同需要。

综上所述，“史略”之书的竞相刊行，形成日本明治时期基层社会的一股文化潮流，其中以各种版本《十八史略》的刊行数量最大。这种大量刊行的背后，透现出当时千百万人购买、阅读、研习《十八史略》的情景，因为刊行此书，完全受文化市场的需求推动。之所以会出现这种状况，应当与明治维新的特殊历史条件相关。

日本明治维新是一场由上而下的社会改革，明治四年至五年发布新学制，设立文部省，促使汉学走向衰退，而汉学衰退也是从上层开始，受很大影响的先是大学，被废止的首先是习读四书五经，对历史教学的冲击尚小。新学制下的中小学仍有汉文学科，废弃经学后反而给《十八史略》的选用带来更多机会。中国学术对日本社会有着悠久的影响，此时面临危机，反而会引发人们普遍关注中国历史的心理情绪，正如将落山的太阳会令人多看几眼一样。《十八史略》简明生动，且为人所熟知，于是成为一个文化热点。此时由于维新运动的推进，一些汉学家从上层社会活动中滑落下来，更多的汉学学者则失去前人那种出任儒官的仕途，于是适应社会的需求，或亲自撰写，或参与宣扬、推动，使《十八史略》的编订、刊印形成风潮。这场“史略”文化潮流，是众多作者、众多书肆、众多读者共同构架起来的广泛的活动，影响了千千万万普通人的素养，波及面包括各个学派与各个社会阶层。但是，明治维新时期有着意义更加深远的社会变革，充满更加令人瞩目的重大举措，这些西方化、近代化的举措以其耀眼的光辉遮住“史略”文化潮的声势，使其长期以来未能引起重视。

明治维新时期，改革不无阻力，上层的政治斗争有时甚至是很激烈的。在学术上，汉学、日本国学、西学之间的冲突也时时出现，这都是不争的史实。然而在社会基层，我们却看到另一幅景观，无论是倾向于汉学、国学，还是西学，都看中了“史略”这一撰史形式，找到了一个共同的文化契合点。在这里，各派学术相互兼容而绝少冲突，汉学的“史略”、日本国学的“史略”以及西学的“史略”，在同一文化潮流里共振，对于明治维新的大局有益而无害。“史略”热又一定程度上宣泄了汉学、国学学者的失落情绪，起到化解一部分矛盾的作用。因此，《十八史略》在日本又一次充当了积极的历史角色。

明治之后的大正年间（1912—1925），各种版本的《十八史略》仍在刊印流行，承继明治时期的学术成果，还出现如《十八史略国字解》之类学术价值较高的著述。其后历史多变，风云四起，“史略”文化潮悄然回落。但尽管如此，《十八史略》仍然为日本人士常常阅读，原书及相关著述时有出版。从20世纪40年代到90年代，日本“学登文库”“汉文丛书”“汉文大系”“新释汉文大系”“中国古典新书”“中国古典鉴赏”“中国古典百言百话”“PHP文库”“大日本汉文学”等等丛书，都收入出版了《十八史略》，单书刊印更连绵不辍。讲解、研讨、改编之书也不断问世，如中山久四郎《十八史略详解》（大同馆，1932年）、岛田中一《参考十八史略通解》（有精堂，1935年）、片冈直道《十八史略物语》（风文书林，1947年）、伊藤肇《十八史略的人物学》（PRESIDENT社，1980年）、森下修一《完译十八史略》（近藤出版社，1983年）、守屋洋《十八史略的人物列传：英杰贤人》（PRESIDENT社，1992年）等等，不胜枚举。至于常石茂与驹田信二的合著之书，叙述中国历史至南宋末年，内容、文字皆作者自撰，却名为《新十八史略》（河出书房新社，1981年），这简直把“十八史略”当作中国古代史的代名词了。看来，“史略”文化潮已给日本学术文化留下去不掉的《十八史略》情结。正如《十八史略的人间学》一书作者守屋洋所说：“对中国历史感兴趣的日本人，也许没有不熟知《十八史略》的。这是将漫长的历史，向初学者通俗易懂地予以概括总结之书，自古在日本被广为阅读。倘若追寻本源，则我们日本人的中国历史素养，是这本书所培育起来的。”[①]

《十八史略》在日本的传播与影响，只是一个具体的事例，众多的中国古代史籍以及整个中国传统史学在日本的影响，应当具有更为丰富、深刻的内容，值得予以系统地考察和研究。

（原载《南开学报》2001 年第 1 期）

---

① [日]守屋洋：《十八史略的人间学·前言》，东京新人物往来社，1986 年。

明代史学发展的普及性潮流

中国的古代传统史学，自两汉时期奠定牢固的基础之后，即处于持续发展的状态，而在各个历史时期、各个朝代，由于政治、经济和文化的社会背景有所不同，史学发展具有不同的特点和不同的主流趋势。迨至明朝，史学现象虽然发展得支脉繁多，光怪陆离，但渐渐出现一个主导的趋向，从而形成有别于其他朝代的史学特征。抓住明代史学的主要特征，才能更准确、深刻地认识明代史学状况及社会文化状况。这个主要的特征，就是史学发展呈现出越来越强的普及性潮流，贯彻到明末，波及于清朝。

一　普及性史书的兴起

一批史书，如果具有满足社会各阶层了解、学习历史知识的功能，且具备相当的流布程度，可称之普及性史书。普及性史书的流布，加以一部分史家以传播历史知识为宗旨而撰史，从而具有明确的史学普及意识，二者相结合，即构成一定社会历史时期的普及性史学。按照上述定义，普及性史学形成的基本表征，其一是社会动机，即具有比较普遍的欲使历史知识广为传播的史学意识；其二是社会效果，即历史著述达到了相当广泛的传播。史学普及意识是在史学发展的进程中产生和扩大的，历史著述能否广泛传播，则取决于多种社会的因素，如社会上文化需求的水平、书籍发行的技术手段等等。

宋代是中国普及性史书的萌发时期。雕版印刷术在唐代即得到了推广应用，但多为刻印佛经、字书、历书及家训、诗歌、文集类书籍，至宋代才比较广泛地刻印史书，这为历史知识的传播提供了必要条件。宋朝重视儒学教育，社会文化较前发达，农业、手工业与商业经济也比较繁荣。中国古代史学发展至宋代，已经积累了大量史籍，历史文献的文字浩瀚成为突出的问题，欧阳修等撰述《新唐书》即将“事增文省”作为目标，而独力纂修的《五代史记》则“文省而事备”，篇幅“减旧史之半”。[①]司马光撰《资治通鉴》，亦由于“每患迁、固以来，文字繁多，自布衣之士，读之不遍，况于人主，日有万机，何暇周览”，因而“欲删削冗长，举撮机要”，“为编年一书”。[②]这种史书尚简的观念，自东汉末年荀悦撰《汉纪》即已产生，其目的是为了上层统治者阅读方便，《资治通鉴》就是提供给皇帝“时赐省览”的。虽然简明扼要的史书原则上更适合于历史知识的普及，有助于史书读者的扩大，但编撰简明的史书却不一定具备史学普及的意识。

北宋时期产生许多十分简要的史书，例如宋仁宗时，宋庠撰《纪年通谱》十二卷；宋英宗时，司马光撰成《历年图》五卷；宋神宗时，章衡撰《编年通载》十卷；宋徽宗时，江贽撰《资治通鉴节要》。其他如《十史类要》(李安上撰)、《观文鉴古图记》(宋仁宗御撰)、《历代帝王绍运图》(诸葛深撰)、《稽古录》(司马光撰)、《续纪年通谱》(毕仲荀撰)等等，皆为简明通史类著述，数量甚多。但《纪年通谱》《历年图》《编年通载》等成书后，仍是进献朝廷，江贽的《通鉴节要》则留于家塾自用，其作者在史学普及问题上均处于无意识状态。章衡的《编年通载》进献于宋神宗，十年之后，族人认为其书“得居简执要之术”而谋求刊印，章楶为之写序称：“募工镂版以广其传，庶几读之者用力甚少而收功弥博……博学多识之君子，览之无忽也。”这里“以广其传”的提法，接近于普及历史知识观念。而在民间，如《历代帝王绍运图》之类篇幅甚简的史籍，则有所刊印流播。司马光撰《历年图》初成，本来“聊以私便于讨论”，却被熟识者私下“摹刻于板传之”，且书名、内容

---

① (宋)欧阳发：《先公事迹》，《欧阳文忠公文集》附录卷五，《四部丛刊初编》本，商务印书馆，1929年。

② (宋)司马光：《进资治通鉴表》，《资治通鉴》，中华书局，1956年，第9607页。

皆有改动。对此，司马光极其不满，于是修订其书，将之进献于皇帝。[①]这一方面说明像司马光这样的学者尚未意识到史学需要普及；另一方面也表明社会上产生了对普及性史书的需求，普及性史书的流行已经悄然起步。

南宋时期，对普及性史书的需求有所增长，这从编辑与刊印的史籍即可以大致看出。陈梦协《十七史蒙求》、晁公迈《历代纪年》、朱绘《历代帝王年运诠要》、南宫靖一《小学史断》、黄震《古今纪要》等等，均属简明扼要、适于流行的历史著述。自司马光著成《资治通鉴》后，他"尚患本书浩大，难领略"，曾撰《通鉴举要历》八十卷。[②]后来出现江贽的《通鉴节要》，是最早的缩写《资治通鉴》之书。至南宋，取资《资治通鉴》而予以简化改编的撰述活动接踵而行，胡安国《资治通鉴举要补遗》、史炤《资治通鉴释文》、袁枢《通鉴纪事本末》、沈枢《通鉴总类》等，著述宗旨各异，要皆力图简要，便于历史知识传播。值得注意的是，南宋吕祖谦不仅编撰了《十七史详节》，而且删节《资治通鉴》，《宋史·艺文志》著录有《吕氏家塾通鉴节要》，今仍存有宋刻元修本《吕成公点校集注司马温公资治通鉴详节》，题吕祖谦撰。[③]这带动了一股以缩编《资治通鉴》为主的编辑、刊印普及性史书的风气，现可确知者有陆唐老《增节音注资治通鉴》[④]、《入注附音司马温公资治通鉴纲目》、《吕大著点校标抹增节备注资治通鉴》、《增入名儒集议资治通鉴详节》、《省元林公集注资治通鉴详节》、《李侍郎经进六朝通鉴博议》、《分门史志通典治原之书》、《永嘉先生三国六朝纪年总辨》等等。[⑤]这些书籍皆为私家或书坊刻印，有的不标明作者，而其书名往往具有促进售卖的广告特征。关于最后一种，《四库全书总目》史部史评类指出：该书为南宋建阳书商魏仲举刻印，"盖以刊书射利者"。

① 《司马文正公传家集》卷七一《记历年图后》，清乾隆六年刻本。

② 见《直斋书录解题》卷四《编年类》，景印文渊阁《四库全书》本。

③ 见《中国古籍善本书目》史部编年类，上海古籍出版社，1992年，第114页。

④ 见《四库全书总目》史部编年类存目，中华书局，1965年影印本，第432页。按，据王重民《中国善本书提要》史部编年类考订，陆唐老之书，于南宋宁宗庆元三年(1197)有蔡氏家塾刻本。

⑤ 以上见于《中国古籍善本书目》之史部编年类，第111、115页；史抄类，第693页；史评类，第1512、1514页。

是南宋时期刻书售卖已形成商业运作，史书既然可以用来射利，表明社会对历史知识普及的需求已发达到一定的程度。

元朝承南宋之绪，缩编的《资治通鉴》各书多有重编与翻刻，特别是江贽（人称“少微先生”）《通鉴节要》，曾以《少微家塾点校附音通鉴节要》等商业性名称刊印，对后来普及性史书的发展影响很大。元人亦编辑一些适于普及历史知识的书籍，如胡一桂《十七史纂古今通要》、陈栎《历代通略》、王幼学《资治通鉴纲目集览》、察罕《帝王纪年纂要》等等。而宋遗民曾先之撰《古今历代十八史略》一书，具有简明生动的特点，最初仅为课蒙教本，后大为流行，又为普及性史书开一新境。

总之，普及性史书流行于社会，是在宋代社会经济、文化和印刷技术达到一定水平的基础上，由传统史学发展出来的现象，特别是《资治通鉴》的撰著成功起到有力的促进作用。由于《资治通鉴》的影响，史书编纂形成两种取向，一是如《续资治通鉴长编》那样鸿篇巨制的编年史，二是简化、缩编的普及之书。南宋及元朝，普及性史书在书坊的商业性刊印发行中占有一定份额，这标志着它在整个社会需求中运转开来，渐成气候。但史家中尚缺乏明确的史学普及意识，因此完整意义的普及性史学还有待后日。至于宋元时期的讲史话本、历史杂剧等等，虽也有增加某些历史情趣的效果，但应属于文艺作品，不在史学的范畴之内。那些文艺作品的产生并立足于民间，得益于历史知识一定程度的传布，是文艺取资于史学而求其自身发展的表现。有人将之视为史学活动或认为具有什么样的史学意义，乃是本末倒置、经纬不分。

二　关于明代私修史的主要特点

关于明代史学发展的主要特征，学界历有评断，而多认为明代中叶之后以私修当代史为主。例如商传先生写道：“不仅是私人修史，而且是修本朝史，成了明中叶以后史学的一大特点。”[①]笔者认为，明代的私修当代史固然很多，但若以此概括明朝史学史的主要特点，则理据不足。首先，就私修史而言，明人私修的当代史在数量上并不占

① 商传：《明代文化志》第七章，上海人民出版社，1998 年，第 406 页。

压倒性的优势。在《明史·艺文志》史部,除去官修之书[①],正史类明当代史36种,通史与前代史38种;杂史类明当代史202种,前代史15种;史抄类34种皆不是明当代史;故事类明当代史35种左右,通史、前代史25种,另有如《通漕类编》《海运编》《南船记》等,难以凭书名确认,故未计入;传记类明当代史53种,通史、前代史85种;政书类本多为官方律令、则例、规章,即使私家撰写,亦多以所任官职署名修纂,如李化龙《邦政条例》之类,为准官书性质,又非正规著述;地理类以方志居多,一般皆通贯古今,体例使然,亦不必计入。因此,从《明史·艺文志》分析明代私修史,当代史占明显优势者仅为杂史类,而这类书籍中,官员、学者的随手札记诸如费宏《武庙初所见事》一卷、申时行等皆有《召见纪事》一卷、李日宣《枚卜始末》一卷之类根本不成著述规模者为数甚多。相反,私修通史和前代史则大多部帙较大,比私修当代杂史有一以当十、一以当数十的篇幅。应当指出,《明史·艺文志》收载史籍时遗弃极多,查《中国古籍善本书目》史部,明人史抄类著述仅今存者即有142种,全属前代之史;史评类中则有今存超120种为《明史·艺文志》未加著录,也都是评议前代史事。在《中国古籍善本书目》史部编年类,有今存87种从《资治通鉴》《资治通鉴纲目》及其续编、节编衍生出的编年史,至于每一种中附加题评、批注而形成的变种,则不可胜计。当然,明当代杂史也有大量未著录于《明史·艺文志》者,但大多产生于明末国变之际,其社会影响主要在清初。有明一代史籍繁多杂乱,各类书史很难作出确切统计,但通过上述分析,明朝私修当代史相对其他私修史并无明显优势,这是不成问题的。那么,学者对于明代史学为什么多注目于私修当代史呢?这是因为明人私修当代史在明史研究中具有一定的史料参考价值,明人所纂通史、前代史则多为抄撮旧书,在历史研究中史料价值极小,治史者不予关注。然而,从史学史角度观察,则别有洞天,那些没什么史料价值的纂辑之史能够在明朝广泛流行、反复刊印,是一种值得注意的文化现象。实际上明代私修史中的当代史与非当代史并不是互相排斥的,二者具有撰著宗旨上的共同点,即著书是为了在社会上广泛流传,使更多的人了解其中所记之事、所持见解。明代著史之

① 历朝历代之官修史,数量皆以本朝史为多,明朝亦然。此不足视为史学特点。

人、所撰之书，皆多得无法确计，无论撰写当代史还是通史、前代史，绝大多数人都不再像前代史家那样去谋求朝廷的认可，而是面对社会上的广大读者，在整个社会文化氛围中表现出浓厚的史学普及意识，这一点容当后文集中论述。总之，明人对于当代史、通史、前代史编纂宗旨上的共同性取向，表明明代史学的主要特点，是包括当代史在内的普及性史书大为流行，普及性史学发展、兴盛而渐渐形成潮流。这样概括明代史学的特点，涵盖了有明一代所撰写、刊印各种史籍的状况，而避免了只注意到明代私修当代史的片面性。

瞿林东先生论及明代史学，认为有"走向社会深层"的特点，并提出明代"史学的通俗形式"问题。①愚意"走向社会深层"不如改作"走向社会基层"为确；至于"史学的通俗形式"提法，"通俗"一词非不可用，瞿先生认为明代史学的通俗形式表现于节选、摘抄、改编旧史之书，以及历史教育的蒙学读本，虽因篇幅所限而未深入细致地阐发，然议论严谨，富于学术启发性。

可是，学界一些人打起"通俗史学"的旗号，怪论迭出，例如李小树即认为明代是"通俗史学"兴盛，而他所谓的"通俗史学"，是指起自宋代讲史话本的《三国志演义》《隋唐演义》等等小说系列。②钱茂伟的文章摹仿李小树的思路而更进一步，认为"通俗史学是城市娱乐文化的产物"，"史学色彩很浓的历史演义是一种预示着史学改革的新史体"等等。③这些说法淆乱史学与文艺作品的界限，谬误荒诞，莫此为甚。一方面，史学作为一种学术，其前沿必当日益走向精深，不可能也无必要完全对社会各界"通俗化"，不仅史学如此，其他各个学科概莫能外。这是学术与娱乐文艺、特别是商业性娱乐文艺的本质性区别。另一方面，史学研究所得出的准确知识，有必要向社会普及和宣传，正如自然科学既需要尖端性研究，也需要对社会进行知识普及一样。史学的普及、宣传完全可以采取简明、生动的史学著述方式，而且这是最可靠的普及方式。文学艺术作品也可以起到宣传历

---

① 瞿林东：《中国史学史纲》第七章，北京出版社，1999 年，第 594 页。

② 李小树：《封建传统史学的没落与通俗史学的兴盛：明代史学探论》，《北京社会科学》1999 年第 1 期。

③ 钱茂伟：《从庙堂之高到江湖之远：历史知识在民间的传播》，《光明日报》2000 年 9 月 1 日。

史知识的作用，但如果文艺作品宣传了准确的历史知识，它仍然属于文艺，是尊重历史的文艺而不是史学；如果文艺作品宣传歪曲了的或虚实夹杂的历史事件，那么它与史学的准则背道而驰，更不应容许其鱼目混珠。鉴于“通俗”的旗号往往被用作走向庸俗甚至低俗的遮羞布，故笔者以“普及性史学”标示明代相关的史学意识和史学著述。就普及性史学著述而言，其体例遵从史学规范，而不是迁就娱乐方式；其历史内容追求写实，而不是形象塑造；其见解为据事抒发的理性分析，而不是通过故事情节典型化、夸张化的加工描绘。在宋元普及性史书的基础上，明人对普及性史书的撰写、刊印、传播、阅读达到了空前繁盛的局面。

三　明代的普及性史学

古代传统史学至于宋代，发展到一个高峰，而社会基层则萌发了普及性的史书。元朝承袭南宋的史学水平，在普及性史书上有所进展，但成就不甚卓著。明朝的建立，则给普及性史书提供了新的发展契机。

（一）明代普及性史书的发展进程

明太祖建国伊始，即将“兴学校”与“劝农桑”置于同等重要地位。洪武二年（1369），明太祖颁发《命郡县立学校诏》曰：“自胡元入主中国，夷狄腥膻污染华夏，学校废弛，人纪荡然；加以兵乱以来，人习斗争，鲜知礼义。今朕一统天下，复我中国先王之治，宜大振华风，以兴治教。今虽内设国子监，恐不足以尽延天下之秀，宜令天下郡县并建学校，以作养士类。”[①]从此明朝官方大力兴办学校，陆续扩大生员额数。明朝奖劝读书，取得最初级功名的生员，即给予优厚待遇：“生员之家，依洪武年间例，除本身外，户内优免二丁差役。”[②]这不仅促进官学兴旺，也刺激私塾教育的发展，特别明英宗时“通行天下学校，今后增广生员不拘额数，但系本土人民子弟自愿入学读书，听府州县正

---

① 《明太祖实录》卷四六，洪武二年十月辛卯，台北“中研院”历史语言研究所，1962年校印本，第925页。

② 《大明会典》卷七八，礼部“风宪官提督”，《续修四库全书》第790册，上海古籍出版社，2002年，第416页。

官与学官公同考选，俊秀者即收作增广生员”[①]，更令人读书向学，趋之若鹜，使明朝中后期学人激增，出现“冠履遍天下”[②]的景象。这么多的学人却只有少数人可以进入仕途，大部分则沉积于社会，形成较大规模的读书人和撰书人队伍，撰写与阅读普及性史书者为其中大宗。刻书业随之兴旺，相互推动，是为明朝普及性史学繁盛的社会条件。

明初官方的史学举措，一定程度上也促进了史学普及意识的形成与发展。洪武六年三月，采摭汉、唐以来藩王善恶可为劝戒者，纂成《昭鉴录》一书，颁赐诸王。此后，这种惩戒性史书陆续编纂，若《臣戒录》《相鉴》《志戒录》《武士训诫录》《醒贪录》《逆臣录》《永鉴录》等，皆为明太祖朝编纂，或有针对性地颁赐，或广泛地予以颁发。例如纂辑历代悖逆不道王侯、宗戚、宦官事类的《臣戒录》“颁布中外之臣，俾知所警”[③]，《志戒录》“采辑秦、汉、唐、宋为臣悖逆者，凡百有余事，赐群臣及教官、诸生讲诵，使知所鉴戒”。[④]这固然有着强化君主专制的宗旨，而编辑此种简明的历史事类之书，也是历史知识的普及行为。明宗室宁献王朱权，太祖朝奉敕撰《通鉴博论》二卷、《汉唐秘史》二卷，永乐四年又撰成《天运绍统》一卷（记历代帝王传授、谱系、年号），皆为普及性史书。洪武十一年，明廷还编撰分国记述春秋时期史事的《春秋本末》一书，体现“尊王攘夷”精神，“敕内官刊梓禁中，以传示四方”[⑤]，这不能不认为其中带有普及历史知识的意识。明成祖时编纂并颁发《古今列女传》（解缙撰）、《孝顺事实》，明宣宗时撰集《外戚事鉴》《历代臣鉴》等书，均祖述了太祖朝的做法。明朝官方的史学活动对普及性史学的发展具有鼓励、启发的作用，影响力不可低估。后来私家纂辑的史书如魏显国《历代守令传》、黄汝亨《廉吏传》、毛调元《镜古录》、李腾芳《宦寺考》[⑥]等等，数量甚多，与上述官修史符节若合，在明代普及性史书中占有一定的份额。

---

① 《明英宗实录》卷一五一，正统十二年三月癸酉，第2960页。

② （明）朱谋炜：《邃古记》卷首，董应芳《序》，明万历刻本。

③ 《明太祖实录》卷一三二，洪武十三年六月末，第2099页。

④ 《明太祖实录》卷一九四，洪武二十一年冬十月乙丑，第2912页。

⑤ （明）宋濂：《春秋本末序》，《宋学士集》卷五，明嘉靖间刻本。

⑥ 以上各书撰写者皆明朝人，见于《中国古籍善本书目》史部传记类著录。

明初的私家学人，很早即已十分关注普及性史书，特别是元初宋遗民曾先之的《十八史略》这一撰史形式，得到格外重视。洪武五年七月，江西临川人陈殷为《十八史略》作音释（注音和注释），将之厘为七卷，其序言称《十八史略》“开卷一览，古今之迹粲然，上自一人，下及黎庶，凡所以立身行己之间，皆足以为鉴戒云，其所以垂裕后来之心，可谓仁且远矣”。他看到了《十八史略》适于历史知识的普及，并且通过音释促进传布，呼吁“士君子与我同志修而饰之，庶斯文之出色也”①，其史学普及意识是相当强烈的。洪武十七年，张九韶撰成《元史节要》，两年后梁寅撰《元史略》，都是仿《十八史略》的接续之作。张九韶为休致的翰林官，梁寅为隐居的儒学名人，而二人均接续《十八史略》撰史，表明了该书当时影响之大与流传之广，至今中国各地图书馆尚存有《古今历代十八史略》明初刻本。②从明宣宗宣德年间起，《十八史略》经民间学者的校订、注解和改编，衍生出多种版本刊行，广泛传播。

采取宋元的普及性史籍重新刻行，是明初普及性史学起步的重要方式之一。元人王幼学的《资治通鉴纲目集览》五十九卷，于洪武二十一年刊行。随即有明人瞿佑、陈济为其书考订正误，今尚存永乐八年刻行的《资治通鉴纲目集览镌误》（瞿佑撰）和宣德四年刻行的《资治通鉴纲目正误》（陈济撰）。经陈济正误的五十九卷本曾由明内府刊行，可以想见当时的流行与影响。③

宋江贽的《通鉴节要》（书名多有加“少微”字样，即作者称号）一书，在明初亦为流行史籍，今日本内阁文库存有明宣德三年刊本，此本经明民间学者王逢“辑义”、刘剡“增校”，可知非明代最早的流行之本。刘剡还撰写《资治通鉴节要续编》三十卷述宋、元史事，今可见最早刊本为朱氏尊德书堂于宣德九年刻行的《增修附注资治通鉴节要续编》，其中有“增修附注”字样，说明并不是最初流行之本。此后，《少微通鉴节要》及刘剡的《续编》皆有多种版本畅行，且皆有司礼监刊本，成为明代一种重要的普及性史书。此外，宋黄震《古今纪要》今

---

① 《立斋先生标题解注音释十八史略》卷首《史略叙》，日本摹刻明正统六年刊本。

② 见《中国古籍善本书目》史部史抄类著录。

③ 以上各书见《中国古籍善本书目》史部编年类著录。

仍有明初刻本[①]，日本内阁文库今存元胡一桂《十七史纂古今通要》的明永乐二十二年刊本，表明这些适于普及的史书都曾于明初流行。

从上述官方史学活动以及明宣德、正统年间《十八史略》《资治通鉴纲目集览》《少微通鉴节要》《通鉴节要续编》及其他类似史书的流行状况来看，明初普及性史书已呈现强劲的发展势头，此后普及性史书的刊行与撰写即持续增长。一方面，搜罗宋元史籍而刻印的活动仍在继续，如明景帝景泰六年，翰林院编修黄谏将元人察罕的《帝王纪年纂要》稍加修订付刻，其序言称该书"摭群籍之要，撮万事之统，损繁就简，约编年而为之"，适于历史知识的普及。[②]元人郑镇孙《历代史谱》《直说通略》等也在明成化年间刻行。[③]另一方面，明人新撰之书亦稳步增加，仅从现今尚存之书来看，景泰年间有晏璧的《史钺》刻行，后反复重刊，成化年间有蒋谊《续宋论》刊行，弘治年间且有《历代世谱》、《历代纪年甲子图》(李旻撰)刻行，正德年间有王承裕《厚乡录》刊行、邵宝《学史》反复刊刻等等。另外，从景泰至正德年间，经过增补、附注的《通鉴节要》《通鉴节要续编》《资治通鉴纲目集览》等书仍以各种版本刊行。[④]普及性史书的流行状况，从《新集分类通鉴》一书的刊行可见一斑：弘治年间曾任河间知府的顾佐，发现一部无作者姓名的《分类通鉴》，将其抄录带回，准备刻印。因离任将之留于官邸，继任者谢道显"乃僦工刻之"。似这种分事类抄撮《资治通鉴》的毫无创树之书，却被称赞为"最便学者之观览"[⑤]，得到官员器重而刊刻，并非孤例。正德年间"不知何人所集"的《唐策》也被"命工重锓梓以传"[⑥]，说明当时普及性史书的流行已成社会风气，社会需求量甚大。一些地位很高的学者、官员也投入普及性史书的编纂，例如翰林学士、礼部侍郎丘濬于成化十七年撰《世史正纲》三十二卷，对明代普

① 见《中国古籍善本书目》史部史抄类著录。

② 明刻本《帝王纪年纂要》卷首黄谏《序》，《四库全书存目丛书》史部第6册，齐鲁书社，1997年。

③ 见《中国古籍善本书目》史部编年类和史抄类著录。

④ 以上参见《中国古籍善本书目》史部史评类、编年类、传记类著录。

⑤ (明)顾佐：《分类通鉴引》，载《新集分类通鉴》卷首，《四库全书存目丛书》史部第131册。

⑥ 《唐策》卷首，汪灿《原序》。按，此书今存日本东京大学东洋文化研究所，内容为唐朝政治议论的纂抄。

及性史学的发展推波助澜，影响颇大。至明嘉靖朝以降，普及性史书的编纂和刊行已成千帆竞发之势，万历朝极度繁盛，直至明末。这些史书，我们在后文予以分析，此处从略。要之普及性史学从明初至明末，基本上呈现持续增长、形成潮流的发展进程。

(二)明人的史学普及意识

明朝普及性史学发展的显著特点，是明人的史学普及意识远远超越宋元时期。明初官修《元史》告成之后，张九韶编纂《元史节要》，自称："惟是正史浩瀚冗繁，篇帙重大，未易可得，则夫元之一史，吾惧不能家传而人诵之也……于是取《元史》正文，仿曾先之所编《史略》例，节其要者为一书，以便观览。"①则他的著书宗旨是为了"家传而人诵"，即最大限度地普及。梁寅撰《元史略》也提到官修《元史》"篇帙浩繁，闾阎庶士，未能快睹"，同样从"闾阎庶士"的需要着眼。梁寅还撰有《历代叙略》一书，建文年间刻行时，瞿佑极力称赞这种"锓梓以广其传"，"出而广于世，俾人人皆得而见之"②的做法，可见明初就有不少学者具备了明确的史学普及观念。

成化年间，丘濬撰成《世史正纲》，他在《自序》中称：

> 人之生也，禀赋不齐，贤者知者恒少，而愚者不肖者恒多。圣贤之书用意深而立例严，非贤人君子不能知也，是以知之者恒鲜。愚为此书，直述其事，显明其义，使凡有目者所共睹，有耳者所共闻，粗知文义者不待讲明思索，皆可与知也。苟或因是而驯致夫贤人君子之地，则夫圣贤婉而正之书，亦可由此而得之矣。

丘濬的这段论述文简意赅，鲜明地提出普及性史学的理论性见解，即撰述史书要做到浅显易明，将阅读对象定位于"凡有目者""凡有耳者""粗知文义者"，同时也不排斥较高层次的读者。撰写普及性史书的目的和作用在于向高层次史学作出引导，从而"圣贤婉而正之书，亦可由此而得之矣"。嘉靖年间顾应祥著《人代纪要》三十卷，亦为简明通史，《自序》道其撰述宗旨："使善者知其为善，恶者知其为恶，篡弑者知其为篡弑，中国知其为中国，夷狄知其为夷狄，穷乡下邑

① 《元史节要》卷首《元史节要序》，《四库全书存目丛书》史部第131册。

② 《历代叙略》卷首《历代叙略题辞》，日本内阁文库存明代刻本。

之士，无书可考者，一览而得其概矣。”[①]崇祯时王光鲁撰《阅史约书》，言本书“以‘阅史约书’名之，‘约’者，不尽之词也，用以快贫而多务、数迁徙、善遗忘如予者也”。[②]这种史学普及意识，已经将眼光投向社会的底层，考虑如何最广泛地普及历史知识。

明人的史学普及意识，与史学的劝戒、教化等等观念并不矛盾，而是相得益彰的。例如，《古今人鉴》一书刊行，据称“重其书而广其传”的目的是“悬不磨之鉴以照愚蒙”，“使人知所法，复知所惧”[③]；《忠孝别传》的撰述目的是“但使得人人唤醒，光明洞达，不肯牵补度日而为半死半活之虫，则予辑《别传》意也”。[④]这里，史学的教化与史学的普及意识是融为一体的。明代不违反名教思想与政治原则的史学普及意识得到了朝廷的认可。明初颁发《春秋本末》《古今列女传》《孝顺事实》等书，本具备一定的史学普及意识。明官修《续资治通鉴纲目》告成，明宪宗御制序文曰：“仍命梓行，嘉惠天下。于戏！……所谓以人文化成天下者，有不在兹乎！”[⑤]这种“嘉惠天下”的意图，与民间的史学普及意识相仿。明武宗曾为《少微通鉴节要》作序，称其书“详不至泛，略不至疏，一开卷间，首尾俱见，盖读史者之捷径也”[⑥]，对其普及历史知识的作用大加赞扬，令司礼监予以刊刻。正德年间完成的官修《历代通鉴纂要》一书，其体式与流行的《少微通鉴节要》等书别无二致，是官修本的编年通史类普及性史书。可见明朝官方不仅认同史学的普及意识，而且刊行、编纂，加入普及性史学的潮流中。

明私修当代史同样具有史学普及的意识。例如：顾充《皇明一统纪要》万历刻本序认为《大明一统志》“其书浩富，非人人所易窥”，本书“分为数卷，使一统之盛、舆图之广，不出户庭，天下事悉在目睫间矣，观者得无称为简便也欤”；《皇明纪略鼎脔》节略陈建《皇明通纪》，编纂方法是删刈繁芜、“从俗简明”，其凡例声称要使本朝业绩、典章

---

① （明）顾应祥：《人代纪要·自序》，见《四库全书存目丛书》史部第6册。

② （明）王光鲁：《阅史约书·自序》，见《四库全书存目丛书》史部第32册。

③ 《古今人鉴》卷首，杜鹤年《古今人鉴序》，日本内阁文库存明刻本。

④ 《忠孝别传》卷首，吴震元《忠孝别传小引》，日本内阁文库存明刻本。

⑤ 《明宪宗实录》卷一五九，成化十二年十一月乙卯，第2910—2911页。

⑥ 见王重民：《中国善本书提要》史部编年类，上海古籍出版社，1983年，第100页。

"在上耳提面命，在下家喻户晓"[①]；薛应旂言其撰《宪章录》目的是"与经世者共之"。这些史籍实际上将读者定位于"在下"的普通人，力求"人人所易窥"。因此，明代绝大多数私家著史，无论何种内容，都淡化乃至摈弃了进献朝廷的意图，而普遍以"授之剞劂，传之博雅君子"[②]，"梓以惠天下"[③]为目的。丘濬的《世史正纲》大旨是要严华夷之分、明君臣之义，立正统观念，按其立意以及他的官位，可以进献皇帝，博得嘉奖，然而他却宁可以普及历史知识为宗旨。《威暨录》一书是明朝将领林兆鼎记述其显赫战功之书，按说该进献于朝廷，谋求宣付史馆，但林氏却将之刻印，声言："爰摭其在蜀在黔两地约略者付之剞劂，敢曰粉饰见闻，为喜事边疆者嚆矢也，诸先生其有以进而教之。"[④]当然明代还存在个别的撰史以进献朝廷的现象，但上述事例足以表明：撰史为了广泛传播、撰史欲使更多的人得以观览的史学普及意识，已强劲地风行于社会，形成一种文化氛围。这致使一些史家虽不欲刊行其书而不得，如王世贞《弇山堂别集》的刻印，就是"好事者见而异之，固请付剞劂"[⑤]，李贽《藏书》也因"无奈一二好事朋友，索览不已"[⑥]而刊印。明崇祯时舒弘谔撰《通鉴纪略》（又名《古今全史集要》）备教学之用，其师曹勋见之，强令刊行，遂成广泛传播之书。此等世人与史家皆看重史书刊行、皆促进史书广泛传播于社会的价值取向，是明代与前代迥然有别的主导性观念，致使史学风气发生了重要的变化，体现出史学在明代新的发展趋势，即形成一个史学的普及性潮流，在中国史学史上卓具特色，值得认真研究。

（三）明代普及性史书的几个主要支派

明代的普及性史书种类繁多，体式冗杂，但为了便于分析，可以按其体裁及内容范围而择要划归几个支派：

第一，以《资治通鉴》《通鉴纲目》衍生出的撰述为代表的编年体

---

① 以上二书分别存日本早稻田大学图书馆、内阁文库，明万历刻本。

② 《咸宾录》卷首，刘一焜《序》，中华书局，1983 年，第 11 页。

③ （明）茅一桂：《史汉合编题评》卷首，董份《序》，明万历十六年刻本。

④ 《威暨录》卷首，《自序》，日本国会图书馆藏明刻本。

⑤ （明）王世贞：《弇山堂别集》卷首《弇山堂别集小引》，明万历刻本。

⑥ （明）李贽：《藏书》卷首《藏书列传总目论》，《续修四库全书》史部别史类，第 301 册，上海古籍出版社，2002 年，第 324 页。

通史，在明代普及性史书中占据最主要的地位。如上文所述，这种史书宋元两代即已产生，明代最初是以刊印、修订、增补宋元时期旧史起步，随后则花样翻新、层出不穷。其中《少微通鉴节要》在明初至正德期间刊印的基础上，演变出许多读本，今存而著录于《中国古籍善本书目》者，嘉靖、隆庆间刻印的约有六七种，如《新刊古本少微先生资治通鉴节要》《新刊宪台考正少微通鉴全编》等等。此类刊本，有的是与明刘剡《续通鉴节要》合刻为一书，而各种名目的《续通鉴节要》单行本亦刊刻多种。嘉靖年间还出现了题名唐顺之删定的《新刊翰林考正纲目点音资治通鉴节要会成》。有名文人被题名于坊刻本普及性历史读物，唐顺之是最早的典型。万历之后，内容相同但变幻名目的刻本反复出现，今存约有十种，如《新刊高明大字少微先生资治通鉴节要》，以及由题名唐顺之删定之书变化而来的《新刊翰林考正纲目批点音释少微节要大全》《重刻翰林校正少微通鉴大全》等等。这些史书绝大多数是坊间刊本，刻卖者有"就正斋""书林克勤斋""刘弘毅慎独斋""兴正书堂""新贤堂""书林宗文堂"等等。

明人自撰编年通史以及自行改编《资治通鉴》之书，除上文所述《世史正纲》等著述外，嘉靖年间刊行有金燫的《诸史会编大全》、薛应旂《甲子会纪》、顾应祥《人代纪要》、诸燮的《新编通鉴集要》等等。诸燮之书初刻二十八卷，后来被改刻为十卷，书名也变为《新镌通鉴集要》《新镌通鉴会纂》等，仍题诸燮之名。万历朝开始，作品行世者明显增多，如姜宝《稽古编大政记纲目》、沈尧中《治统会要》、顾充《通鉴纂要抄狐白》、宗臣《通鉴要删》、题归有光撰的《通鉴标题摘要》、苏文韩《新镌通鉴节要》、吴守谟《新刻通鉴集要》、钟惺《通鉴纂》、舒弘谔《通鉴纪略》、杨仲鲁《新裁编年通考》、姚允明《史书》、陈士元《世历》、夏洪基《历代帝王统系》[1]等等。

在上述各书流行的同时，朱熹《资治通鉴纲目》也大量印行，此书仅五十九卷，颇便于传播。然而明人逐渐踵事增华，陆续在原文之下散入有关解释、阐发、考订的内容，如宋尹起莘"发明"、元刘友益"书法"、汪克宽"考异"、明冯智舒"质实"等等，坊刻书名也有诸如《文公先生资治通鉴纲目》《新刊资治通鉴纲目大全》《新刊紫阳朱子纲目大

① 以上见《中国古籍善本书目》史部编年类著录。

全》等等，加入当时流行史书之列。

仿照这种在编年叙事中插入多项相关内容的编书方法，明代出现了“纲鉴”一类普及性史籍，隆庆年间，题名“唐顺之辑”的《新刊古本大字合并纲鉴大成》由书林归仁斋刊行，可能是现今所能见到最早的“纲鉴”之书。万历朝及其后，以“纲鉴”为书名的坊刻普及性史书大量涌现，其势如潮，形成明后期一道特别的文化风景线。例如题名王世贞的《凤洲纲鉴》《王凤洲先生纲鉴正史全编》等，今存即有八九种，应属冒名伪托。其他诸如《鼎锲叶太史汇纂玉堂纲鉴》（题叶向高撰）、《新锲国朝三元品节标题纲鉴大观纂要》（题焦竑辑）、《新刻九我李太史编纂古本历史大方纲鉴》（题李廷机辑）、《鼎锲赵田了凡袁先生编纂古本历史大方纲鉴补》（题袁黄撰）、顾锡畴《纲鉴正史约》等，前两种或许亦为冒名伪托。“纲鉴”之书的变种之作名目极多，仅《中国古籍善本书目》编年类著录今存者即三十多种，尚未包括同书反复刊刻的不同版本。“纲鉴”类史书部帙不大，一般二十余卷至四十余卷，除《新镌献荩乔先生纲鉴汇编》（乔承诏撰写并自刻）九十一卷为特例外，最多不过七十卷，也有仅十几卷者。不同名目的“纲鉴”之书，叙事大同小异，结构上大书事项为纲，纲下细书史事原委，类若《通鉴纲目》，而史事之后罗列前代与当代多人的解说、评论是其特色，各书及各种版本对解说和评论则有十分不同的取舍和组合。

普及性编年体通史为明代普及史学的主力，最为普遍地使用了广告性的书名，为了推销售卖，公然伪托名人所作。在社会上的流行，则主要依靠商业性运作。如此变换花样、反复刊印，应有利可图，说明其需求量巨大，普及面宽阔，传播广泛。这种史书赖常变常新招徕关注，保存价值不大，加之后代历史原因，因而佚失惨重，笔者在日本东京即发现国内未见的“纲鉴”之书六种，其他类别则不遑估算。因此，上文对现存普及性史书的统计都定然大大低于实际数量。

第二，史抄、史评及各种杂史著述，在明代相当庞杂。《十八史略》的各种翻新演变版本，曾在明代有所流行，是史抄中很有影响的普及性读物。明宣德年间，江西民间学者王逢重视《十八史略》，在其书页天头加写内容提示性的标题，以便于教学使用。弟子刘剡取明初陈殷的音释与王逢的点校、标题合编一起，今可知有正统六年刻本，即《立斋先生标题解注音释十八史略》七卷。刘剡还删略梁寅《元史略》而合编之，成“十九史略”，从而又演变出各种版本，如《标题事义明解十九史略大全》《古今历代标题注释十九史略通考》等，今存有成化到嘉靖年间的刻本。万历年间，保定知府张卤编辑、刻印了《浒东山房批校庐陵曾氏十八史略》。这一类史书东传日本，风靡于世，影响极大，是中国普及性史学的一份辉煌业绩。①

史抄类史书亦容易佚失，而据《中国古籍善本书目》，今存者仍数量可观。明初至正德年间刊行 10 种左右，嘉靖、隆庆时期 14 种左右，万历到明末 78 种左右，另有约 40 种未注明刊印年期，大体上呈现与时俱增的状态。明人史抄篇帙大小悬殊，小者如朱权《天运绍统》、饶汝梧《历代史正》仅二卷，大者唐顺之《历代史纂左编》一四二卷、马维铭《史书纂略》二二二卷，但十几卷到三十多卷者为绝大多数。其编纂者一则留取备忘，二则便于他人阅览，旨趣合于历史知识的普及，有些书名即题为《读史备忘》（范理）、《雪庐读史快编》（赵维寰）、《阅史约书》（王光鲁），也有一些采用促进推销的广告性书名，如《新镌鳌头历朝实录音释引蒙鉴抄》（张崇仁）、《精摘古史粹语举业前茅》（杨九经）、《槜李曹太史评镌古今全史一览》（舒弘谔）等等。

明人重视历史评论与史书评论，唐刘知幾《史通》在明代得到校订、注解和评释，刻本甚多，流传广泛。宋元两朝史论之书如《唐鉴》《读史管见》《小学史断》《史义拾遗》等等皆多次翻刻，大为畅行。明人自行撰著的史评、史论之书，《中国古籍善本书目》著录一百多种，在明代起到普及历史见解和史学观点的作用。明人自撰之书，最值得注意的是顾充（字回澜）撰写的《历朝捷录大成》二卷，该书以史论夹载史事的方式，融叙事于论说之中，基本按时间顺序依次评论自西周至南宋的历代政治得失，明代学者称其“约而不削，该而不迂，直可凌驾以前诸史”。②万历年间一经刊行，立即广为传布，更由此衍生出许多注释、评议、补编、续作之书。例如《重刻顾回澜增改历朝捷录大成》《新刻开基翰林评选历朝捷录总要》《校刻历朝捷录百家评林》《新镌全补标题音注历朝捷录》《元朝捷录》《皇明捷录》《重锓合并评注我

① 详见拙文《〈十八史略〉及其在日本的影响》，《南开学报》2001 年第 1 期。

② 钟惺补编本《历朝捷录大全》卷首《原序》，日本东洋文库藏明陈氏刻本。

朝元朝捷录》等等，摈去同名重复翻刻之数，今存仍有 36 种[①]，简直自成一个普及性史书系列。

杂史的归类标准难以掌握，各书著录差距很大。这里聊将内容纷杂、体式不齐的史书一并揽入。明人撰写的杂史，多为记载亲身所历或得之传闻的当代史事。记述前代史事较成功者如杨慎《滇载记》、倪辂《南诏野史》、钱吉训《百夷传》、廖道南《楚记》等，多涉及边远地区、少数民族、以往地方政权，简明扼要介绍了一些人们平时不经意的历史知识，在普及性史书中别具一格。

第三，明代私家撰写的前代和通代历史人物传记，《中国古籍善本书目》著录今存者 110 多种。大部分为编写同类人物而汇合为一书，如《女范编》《硕辅宝鉴要览》《历代守令传》《廉吏传》《儒学嫡派》《元儒考略》等，主旨是贯彻道德教化，但多数是树立正面人物榜样，不像明初官修之书那样以惩戒为主。传记类史书讲述历史人物的典型事迹，故事性较强，富于感召力或警示性，而且将历代人物分类编纂汇合，方便于随时阅览，在普及历史知识上的作用不可忽视。

另外，明朝当代史著述，大部分也具备普及性史书的特点。在众多读者需要了解古今史实的社会状况下，卓有特色的当代史著述往往会融入普及性史学潮流。陈建《皇明资治通纪》问世后，广泛流行，隆庆年间虽然遭到明廷下令禁毁，却“海内传诵如故”。[②]而且各种增补、删节、接续、批点、仿撰之书出若春笋，例如《新锓钞评校正标题皇明资治通纪》十二卷、《重刻校正增补皇明资治通纪》十卷、《皇明通纪集要》六十卷、《皇明续纪》三卷(卜大有撰)、《皇明通纪法传全录》二十八卷、《新锲李卓吾先生增补批点皇明正续合并通纪统宗》十二卷附录一卷等等，不胜枚举，形成一股普及当代历史的风潮。

(四)明代普及性史书体现的史学特点

明代的普及性史书虽支派不同，体式各异，但具有一些共同的史学特点。

首先，明代普及性史书遵循史学规范，采取史书体式撰写编纂。总体上做到不凭空虚构史事，不故意采用已知是虚幻失实的内容。

---

① 见《中国古籍善本书目·史部史评类》著录。
② (明)沈德符:《万历野获编》卷二十五“焚通纪”，中华书局，1997 年，第 638 页。

即使靠商业运作谋利的坊间刻本，亦不以夸张情节、塑造形象的文艺手段取悦读者。这种记述上不违史实的出发点，是史学规范的底线。明人的史识参差不齐，不可能对记载的内容一一严密考订，但除去个别党同伐异的当代史撰述之外，绝大多数作者主观上是要如实记述的。这些史书，特别是编年通史著述，极少神异情节，就此而言，已超过许多正史，体现了明代史识所达到的水平。而《三国演义》等小说作者，对诸如"空城计"之类的虚幻传闻，则明知已经被陈寿所舍弃、被裴松之所辩驳，但因喜其新奇而添枝加叶、大肆渲染，甚至不惜编造神异怪诞情节吸引读者。二者对比，泾渭分明，根本原则完全不同。

其次，明代的普及性史书十分注重传布历史见解，史论地位突出。特别是编年通史"纲鉴"一类撰述，纪事之后罗列多人的有关史论，也常常加入作者自己的见解，令读者阅读比较。一书卷首，往往以序言论史，或采取前人已有的史论。在明代普及性史书中，被采用最多的是元初宋遗民潘荣的《通鉴总论》。潘荣未载于正史，今已鲜有人知，而在明朝中后期却是名声显赫、红极一世的史家。潘荣，桃溪人，字伯诚，自号节斋。一生隐居，博通经史。南宋灭亡，秉节不履元地，楼居二十载。除《通鉴总论》外，还撰文百篇。[①]他的《通鉴总论》被冠于多数编年体及其他普及性史书卷首，其文总结历代治乱兴亡，笔势雄健，语言通畅，成为传布历史评论的力作。

再次，明代的普及性史书在注重历史见解的基础上，必然要求历史观点在整体上的一致性。早在宣德年间，民间学者刘剡即立意纠正陈寿、司马光的影响，将《少微通鉴节要》《十八史略》进行修订，在三国时期改以刘备蜀汉政权为正统[②]，这为后来所有普及性史书所采纳。强调正统论、大讲华夷之辨是明代中后期占统治地位的历史思想，普及性史书亦把元朝称作"胡元"，往往用"夷狄""虏"等字样称谓历代的少数民族政权，说明民间的普及性史学并不具备独特的历

---

① 据乾隆二十年改正定本《婺源县志》卷十五《人物·儒林》，成文出版有限公司影印《中国方志丛书》，安徽省第110册。

② 《立斋先生标题解注音释十八史略》卷三载刘剡按语："曾氏仍陈寿之旧，以魏称帝而附汉、吴。剡即尊朱子《纲目》义例而改正《少微通鉴》矣，今复正此书，以汉接统云。"据此，则两书皆经刘剡改订。

史观念，它不过是传统史学以浅易形式走到社会基层而已。

有明一代，特别是明代中后期，普及性史书在民间广为流行。早在明英宗正统十二年，范理《读史备忘·自序》即言："史学之繁，浩乎不可胜记，少微先生《节要》所以述也……《节要》固已家传而人诵之矣。"这"家传而人诵"一语，也透露出各种普及性史书总的畅行状况。弘治年间学者祝允明以批评口吻叙述当时学界状况说，"今人自幼则以近人所类故事等，追为学业"，读史取便捷者"若所谓《少微通鉴》《史略》之类"。[①]由此可见，这些普及性史书已成为各阶层人员学习历史的阶梯。万历时周希孔《史学千一弁语》[②]认为："人即不能博览载籍，至如邓待诏《函史》下编及坊间所刻《纲鉴会编》者，必不可不阅。"按，邓元锡《函史》下编仅二十一卷，贯通古今历代典章制度，等同于普及性史书，这里提到《函史》而仅言下编，可见史书的普及性能在时人心目中的地位。至清初，左昊《读史纲·凡例》仍认为："至于'大方'、'少微'、'玉堂类编'、'正史约'、'纲鉴补'、纪事本末、《函史》、'快编'诸集，前辈俱有成书，学者所当奉为科律。"这里"大方""玉堂""纲鉴补"，应是上文所述题名李廷机、叶向高、袁黄的"纲鉴"之书，"少微"即《少微通鉴节要》，"正史约"乃顾锡畴《纲鉴正史约》，"快编"即赵维寰《雪庐读史快编》，均为明代普及性史书中颇享盛誉者。将这些书籍"奉为科律"，充分反映出明代史学的普及性潮流所具有的强劲声势和深刻影响。

明代的普及性史学潮流未能发展完善，普及性史书整体上存在许多严重缺陷：其一是内容互相抄撮，面目雷同，极少力作；其二是在商业牟利因素制约下，图新鲜、抢速度，编纂草率，多浮躁之气，这对史学传统的严谨学风亦有所冲击；其三是大多纸张粗劣、装订简陋，容易随手损坏。但尽管如此，其普及历史知识的作用仍不可抹杀。普及性史学潮流是中国史学发展史的一个阶段，由于它的缺陷，使明代的传统史学貌似出现衰退，实际上却正是这一史学潮流，给史学的进一步发展夯实了基础。因此，对明代史学作整体评价时，不能无视那大量的普及性史书的存在。

---

① (明)祝允明：《怀星堂集》卷十二《答张天赋秀才书》，景印文渊阁《四库全书》本。

② 日本静嘉堂文库所藏抄本《史学千一》卷首，明胡继先刻本。

四　普及性史学在清朝的历史命运

明朝灭亡之后，普及性史书仍在流行，而且又产生许多新的作品。例如"纲鉴"之书有叶沄《纲鉴会编》、潘永圜《续书堂纲鉴定本》、朱璘《历朝纲鉴辑略》、吴乘权《纲鉴易知录》等。其他如李清《正史新奇》、魏裔介《鉴语经世编》、李渔《古今史略》、左昊《读史纲》等等，数量颇多。至乾隆初年，旷敏本还撰有通史性《鉴撮》四卷流行于世。乾隆二年刊行的王大烨《历代帝王纪要》二卷①，卷首昌天锦作序称："世之观史者，莫不病耳目之有限；耳目广矣，又莫不虑心思之遗忘。今王君是篇一出，贤而淹洽者固可得其一而会其全，陋而浅狭者亦可举其略而识其要，其有补于涑水、紫阳也实多，是不可不公之世也。"这里，史学普及的意识仍然是十分浓重的。

然而，明朝灭亡的教训促使学者反思和批判明代的空疏、浮躁学风，民间流行的浅显史书渐为学术界所鄙视，学风已不利于普及性史书的发展。逐渐形成的考据学呈现为具体、深入、严密、扎实的治学风格，当考据学于乾隆间形成主流，普及性史书已经退居不受人关注的次要地位。最后又给久已流传的普及性史书以猛烈一击者，是乾隆中《四库全书》之编纂。

《四库全书》的编纂过程，也是清朝官方清查、禁毁"违碍"书籍的过程，从乾隆四十年始，查禁违碍图书活动在全国展开，明代盛行的普及性史书因皆具有贬斥"夷狄"倾向，多被列入禁毁图书之列。据雷梦辰《清代各省禁书汇考》所载，上文提到的王世贞、李廷机、袁黄以及各个种类的"纲鉴"之书皆在查禁之列，特别是其中载有潘荣《通鉴总论》者，一经发现，即列入禁书。例如乾隆四十五年陕甘总督奏缴的查禁书目中，列"纲鉴"类十种，注明"内有潘氏总论，并明纪，应铲除"，乾隆四十七年湖广总督奏毁之书中有《纲鉴金丹》，注明"内载潘氏总论，语有违碍，应请销毁"。他种史书若收载《纲鉴总论》，亦在禁毁或抽毁之列，如湖南奏缴的《通鉴汇编》《通鉴约义》，其下注明"内有潘荣总论，应销毁"。②

---

① 此书今藏日本东洋文库，清乾隆二年刻本。

② 见雷梦辰：《清代各省禁书汇考》，书目文献出版社，1989 年，第 13、29、38 页。

在清朝查禁之书中，顾充《历朝捷录大成》及其演变之书类值得注意。山东、陕西、甘肃、湖北、湖南、江西、江苏、福建、浙江等省均有收缴其书的上奏，山东奏缴书目中对此特别注明“内语多狂悖”“语多悖诞”。其书被查缴的数量颇大，如江西一次即查缴 23 部，江苏一次查缴《历朝捷录大成》48 部、《历朝捷录》58 部、《历朝捷录法原》14 部，又一次查缴《历朝捷录大成》32 部、《历朝捷录直解》10 部、《历朝捷录》8 部、《历朝捷录法原》14 部、《捷录真本》2 部、《捷录原本》13 部，浙江则一次收缴 84 部。这一方面说明直至清初，普及性史书的流行仍然十分兴盛，另一方面也显示出清朝的查禁违碍图书给普及性史学造成严重的打击。

乾隆年间列为禁书的明代潘光祖《纲鉴金丹》、无名氏《龙门纲鉴》、张鼐《必读纲鉴》等等，今已完全佚失，苏浚《纲鉴纪要》则国内已佚，今仅存于日本内阁文库。其他普及性史书被查禁者如《少微通鉴节要》、《续通鉴节要》、赵维寰《读史快编》、舒弘谔《古今全史集要》等，是我们上文涉及到的，还有大量诸如题名王凤洲《鉴纪古今合录》、陈仁锡《通鉴辑要》、陈瞿石《廿一史约编》、徐奋鹏《历史一览》、许重熙《历代通略》等等。被列为禁书者不可胜计，无法一一枚举，其中多有已不能得见的佚书，普及性史书因清朝查禁受到的损失是无可挽回的。不过，普及性史学既然在明代形成热潮，说明了它存在的必要，在清代虽然衰退，而其社会的需要性并未完全丧失。即使在考据学兴盛达到学术统治地位之际，普及性史书仍未消失，康熙晚期出现的吴乘权《纲鉴易知录》虽然也曾在查禁之列，却以其超越明代同类普及性史书的水平而依然行世。《纲鉴易知录》这部著述，是明朝以来“纲鉴”类史籍长足发展的硕果，是清代普及性史书也走向精湛化的代表作。真正精湛的图书，官方的查禁是不容易使之绝迹的。清官方也不得不编辑如《历代帝王年表》之类的图书，以便对历代史事执简驭繁。今《中国古籍善本书目》史部编年类著录有乾隆时的官员于敏中抄写的《历代帝王统系纪年》、刘墉抄本《天位德元》，其他如乾隆末年许鸿磐抄本《读史前抄甲本》、嘉庆年间官员潘世恩撰《读史镜古编》，今皆存世。[①]因此，清官方和官僚也并非完全不需要浅易简

① 见《中国古籍善本书目》史部史抄类著录。

明的史籍。但是，普及性史书的地位在清代经此摧折，则回复到类似宋代的状况，人们可以像司马光由阅读《高氏小史》入门史学那样来利用普及性史书，却不予以重视，仅看作治史之敲门砖而已。

总之，明代出现的普及性史学潮流因清初学术学风的转变而开始回落，至乾嘉年间达于低谷。这既有清朝官方查禁的历史因素，更由于大多数此类史籍质量低下。今天，为实施历史教学和提倡普及历史知识，编写一些历史教科书及历史读物，当然十分必要。但应当总结与汲取明代普及性史学发展中的教训，避免因追求数量、速度而低水平反复抄撮，以至于有那种一时间汗牛充栋、再回首荡然散失的结果。

（原载《中国社会历史评论》第四卷，商务印书馆，2002 年）

《旧满洲档》与“内国史院档”关系考析

一 《旧满洲档》与内国史院满文档册

清入关之前，在创建和巩固其政权的军政活动中，还使用本民族的文字——满文书写公文、记录史事，形成了数量可观的满文档册，其中按时间顺序记录史事的记事性档册不仅部帙庞大，而且内容丰富、年代连续，史料价值最为珍贵。这些入关前的记事性满文档册，在其编写、保存和流传的过程中，历史地形成了两种典籍，即《旧满洲档》和内国史院满文档册（后简称“内国史院档”）。

（一）《旧满洲档》

清入关前的满文档册，在清廷入主中原之际，随同其他许多文件一起运到北京，一直存放于内阁库中。乾隆六年七月，鉴于当时所见及的三十七册入关前满文档册多由无圈点老满文写成，清高宗谕令编辑一部老满文字书，以作为阅读满文旧档的工具。十一月间，这部字书基本完成，大学士鄂尔泰等在进呈该书时奏称：“再查此档因年久残阙，既期垂之永久，似应逐页托裱装订，为此谨奏请旨。”[①]这个提议得到批准，于是，三十七册入关前满文档册得到装裱，并按照《千字文》给各册编定字号。但这次编定字号漫无顺序，带有随意性，如

① 转引自张玉全：《述满文老档》，载《文献论丛》，故宫文献馆，1936年。

记事最早的清太祖时的第一册为“荒”字号，清太宗天聪年间的一册则被编为《千字文》第一字“天”字号。

乾隆中期，考虑到入关前原档毕竟年久糟旧，因而对之重新整理抄录，分别以无圈点老满文和当时新满文字体分别写成六份，分藏于北京及盛京（沈阳）。乾隆朝重抄的档册，清朝灭亡后流传于海内外学界，称为《满文老档》。而入关前的三十七册原档，自乾隆朝之后深藏库府，至清朝后期已是鲜为人知的秘籍。直到1931年，故宫博物院文献馆在清理清朝遗存文献时，才陆续发现了这批档册，不仅经过乾隆朝装裱的三十七册无一短缺，而且在1935年又发现了乾隆朝未曾裱装的另外三册，经鉴定属于同一记载系列。此四十册入关前满文档册恰好是清太祖朝和太宗朝各二十册，历经辗转迁移，今存于台北故宫博物院。1969年，台北故宫博物院将之如数影印，题名曰《旧满洲档》。

《旧满洲档》起自清太祖天命元年之前九年（1607），止于清太宗崇德元年（1636），中间年月有所缺失。各档册大多以时间顺序记述史事，但也有公文、敕书及无年月其他文件合订的档册，记事性档册之间亦有内容重复的现象。这些文件合订和内容重复的档册皆属于清太祖朝，当为清太宗天聪年间纂修太祖实录之际，曾对太祖朝档案整理、重抄，并且将非记事性档案文件一并利用，后来便混于一处所造成。在《旧满洲档》太祖朝档案原件上，往往可见天聪年间添写上的字句，即为清太宗朝曾整理利用的明证。

（二）“内国史院档”

清入关前，从清太祖时期即设有“书房”，又称“文馆”。清太宗天聪年间，文馆在国家行政事务中起到越来越重要的作用。天聪十年（1636）三月，改文馆为内三院，即内国史院、内秘书院、内弘文院，内三院比文馆职能扩展、机构庞大，成为正式的地位较高的文官衙门。其中内国史院的职掌除了其他政务外，还明文规定了与纂修史书活动有关的两项基本任务，一是纂修实录，第二是保存、整理和编录史料，后者是前者的准备工作。内国史院在保存、整理和编选史料的工作中，仍以记载和编辑记事性满文档册为主。今中国第一历史档案馆藏有内国史院编录的清太宗朝满文档案四十七册，其中天聪年间十八册，崇德年间二十九册，仅佚失天聪六年及崇德六年两年之档，其余年份有部分残缺损坏。内国史院满文档册采取按年、月、日顺序以记述史事的编年体，与《旧满洲档》基本相同，这种编录方式在清入关后的顺治朝仍得以延续和承袭。中国第一历史档案馆曾将内国史院满文档册选择一部分译成汉文，由光明日报出版社于 1989 年出版。这是内国史院记事性满文档册内容的首次公诸于世。

由上文的介绍中可以看出两个值得探讨的疑问，其一是为什么《旧满洲档》的记载止于崇德元年(1636)？其二是既然天聪十年三月才设立内国史院，那么为什么其记事性档册“内国史院档”却起自天聪元年？要解决这两个疑问，就必须考察《旧满洲档》与内国史院档之间的关系。

二　内国史院档是《旧满洲档》的承续

在内三院成立之前，记事性满文档册由文馆官员负责编录；改文馆为内三院后，原文馆官员已归于内三院，文馆的职能亦由内三院分担，内三院之一的内国史院自然承担编录记事性满文档册的工作。内国史院之所以有这样的名称，其本意就是要承办所有与记录历史、编纂史书相关的官方事务。内国史院的职掌中规定：“记注皇上起居诏令，收藏御制文字，凡皇上用兵行政事宜编纂史书。”“纂修历代祖宗实录，撰拟圹志文，编纂一切机密文移及各官章奏……凡六部所办事宜可入史册者选择记载，一应邻国远方往来书札俱编为史册。”①

这里除纂修实录之外，其他如记录君主的“起居诏令”“凡皇上用兵行政事宜编纂史书”等，原就是《旧满洲档》的中心内容。因此，记事性满文档册倘若继续编录，承办者则非内国史院莫属，现存的内国史院档实际就是《旧满洲档》的接续。

内国史院编录的满文档册，仍采取按日记事的编年体。但是，当时后金政权已经并且仍在进行着体制上的重大改革，中央行政部门设置增多、分工日趋细致。要编辑综合性的记载一切政务大事的档册，必须扩大公文、案牍的征集面，并使之进一步制度化。内国史院职掌中规定要编选六部所办事宜等等，即反映了这一客观需要。现

① 《清太宗实录》卷二八，天聪十年三月辛亥，中华书局，1985 年影印本。

存《盛京刑部原档》[①]载有崇德三年(1638)及其后的一些案例,不少案例便被注明“已写入档子”“已写”之类的字样,应即内国史院选录时所添注。查内国史院满文档册,上述注明“已写”“已写入档子”者均可在相应日期的记事中寻见,说明内国史院为编辑满文档册,可以调集各衙门的文件,使档册在材料来源上增强了对公文、案牍的汇总摘编内容,这是比先前作出的一项改进。

内国史院的职掌中还有更重要的纂修实录的任务,编录记事性满文档册是为了将来纂修太宗朝实录。具有这个鲜明的修史目的,是内国史院编录的满文档册区别于原先档子的重要特点。《旧满洲档》在选录史事上没有明确的凡例,多少带有执笔记录者个人的随意性,收录了大量的无关紧要的琐屑内容,如天命八年(1623)三月记有“二十日,下雪了”,同年四月十七日载“巴林逃来了二人”[②],均仅此一句,甚无意义。天聪九年(1635)的档册于四月十八日只记“十八日,休息”几字,实属多余之笔;于六月初五日记载前方出征处“获一名汉人送来”[③],也并无必要。其他如汗与贝勒之间的日常请客吃饭,赠送、赏赐些许物品等小事,更充斥于档册。与此相反,像《史料丛刊初编》[④]中所载许多重要奏议,在《旧满洲档》内却无记录。因此,为了将来纂修实录这一目的,内国史院必然在史料取舍标准方面对满文档册作较大的改进,其职掌的规定中即包含着史料的取舍范围。总之,内国史院档与《旧满洲档》的区别在于:(1)有着为将来纂修实录作准备的史学目的;(2)文献资料的征集面扩大并且制度化;(3)在史事择取标准上有很大改进。所有这些因素,致使清廷对内国史院档另眼看待,在保存的具体机构和应用上都与《旧满洲档》不同[⑤],而自成官方另一类别的档案文献。

---

① 《盛京刑部原档》汉字译本,群众出版社,1985年。

② 《旧满洲档》“列”字档,《满文老档》太祖朝第四十七、四十九册。

③ 《旧满洲档》天聪九年档,参见《汉译满文旧档》(辽宁大学历史系,1979年印本)第49、76页。

④ 罗振玉编:《史料丛刊初编》,东方学会,1924年。

⑤ 乾隆时整理旧档,并未发现内国史院满文档册,说明与《旧满洲档》不在一处存放。内国史院档册太宗朝记事比《旧满洲档》完整,于清初当用之纂修《太宗实录》,但后来沉埋府库,反不及《旧满洲档》先被发现和利用。

然而，扩展和改进记事性档册的资料来源，增强其汇总和摘编公文案牍的内容，乃是一个渐进的过程，不可能于天聪十年三月内三院建立后一蹴而就。况且当时万事待举，四月间清太宗即正式称帝，举行盛大的登基典礼，改国号为“清”，改年号为“崇德”。[①] 政权的组织结构、礼仪制度等等都需要更定和调整，其他祭祀、册封、诏诰之类的杂务多得不胜枚举，而内三院文官在这场改革活动中尤为繁忙，难以首先顾及改进记事性档册的问题。至于根据纂修实录的需要来考虑档册中具体的实录取舍标准，更要在崇德元年十一月《太祖武皇帝实录》修成之后，才能切实地解决。所以，崇德元年一年的记事档册，乃处于交替和过渡时期，从崇德二年起，内国史院满文档册才达到改进后的新阶段，而官方已将其另眼看待、别加保存。这就是《旧满洲档》记事下限于崇德元年的原因。换言之，即内国史院编录的记事性满文档册，经过崇德元年的过渡，以新的姿态接续了《旧满洲档》的编录工作。

三　内国史院档天聪年间记事的由来

内国史院满文档册既然被作为将来纂修实录的史料长编，又在史料取舍标准上有别于《旧满洲档》，那么天聪年间十年的记事自当补足，以组成内国史院一套清太宗朝完整、系统的记事档册。因此，内国史院虽迟至天聪十年才设立，但却按照纂修实录所需要的史料取裁标准，追补编辑了天聪元年以来的记事档案。

内国史院追补天聪年间的满文档册，其资料来源于何处？从逻辑上看，《旧满洲档》应当是最重要的现成依据。事实也确实如此，内国史院满文档册中天聪年间记事，就是删润《旧满洲档》的相关部分而编成的，这里谨将两种历史文献天聪九年（1635）的内容予以对照分析，来论证二者之间的关系。

第一，今存《旧满洲档》天聪九年档各条记事之旁往往添注有“不写”或“要写”等字样。凡注明“不写”者，均不见于内国史院档天聪九年档册的记载；凡注明“要写”者，都可在内国史院档册相应日期的记

---

① 《清太宗实录》卷二八，天聪十年四月乙酉。

载中寻见。[①]很明显，这些“不写”“要写”等字迹，是内国史院从《旧满洲档》中选录史事时添写的，内国史院在补编天聪年间记事性本院满文档册时，首先详阅《旧满洲档》的记述，确定各条史事选与不选并加以注明，然后予以抄录。例如《旧满洲档》记载天聪九年三月朝鲜使臣李俊到来，二十日那天杀牛宰羊宴请朝鲜使臣，二十二日记录了后金写给朝鲜国王的外交公文与信件，随后又载赏赐朝鲜使臣马匹、貂皮、人参、银两等等。在二十日的记事旁注有“不写”，二十二日的两件史事之旁皆注明“要写”。查内国史院满文档册该年月记载，果然只有后金政权给朝鲜国王的公文和信件以及二十二日赏赐物品之事，不载二十日的宴请。[②]这样的例子俯拾皆是，无须多赘。

第二，内国史院满文档册所记史事，其内容、行文顺序等多与《旧满洲档》对该事件的记载相同，显示出从《旧满洲档》抄录而来的迹象。例如《旧满洲档》天聪九年三月的一段记载，把清太宗于十四日起围猎三天，十七日回盛京，十八日向众官宣谕不可滥用民力、致误农时等事综合于同一处叙述，而在内国史院满文档册上，也将十四日至十八日这几件事综合记载于一起，语句也基本对应相同。[③]这样的例证同样也不胜枚举。

第三，《旧满洲档》中多有涂抹之处，有的虽经涂抹，字迹仍可辨认。如《旧满洲档》天聪九年九月初六日记载被征服的察哈尔人进献物品的清单，最后列有“五瓶烧酒，杀二匹马、十八头牛、八十只羊”，均被涂抹。而在内国史院档册记载此事时，其他物品皆同，唯没有上述抹去的各项。[④]《旧满洲档》天聪九年八月初十日关于赏给阿齐图太锡马和皮袍的记载，本来已注明“要写”，但又将整条记事连同注文加以涂抹。查内国史院档册，便没有收载此事，似为最初本拟记入内国史院档册，后又决定舍弃。本月十五日又有一条阿齐图太锡接受众贝勒赠物的记载，《旧满洲档》上曾注明“要写”，但被涂抹，旁又添

---

① 《旧满洲档》天聪九年档的一些记事未注明“写”与“不写”者，其中也有很多收录于内国史院满文档。

② 《清初内国史院满文档案译编》上，光明日报出版社，1989 年，第 157 页。

③ 《旧满洲档》天聪九年档，参见《汉译满文旧档》，第 40 页；《清初内国史院满文档案译编》上，第 156 页。

④ 《清初内国史院满文档案译编》上，第 190 页。

写了“不写”字样，在内国史院档册也同样没有收载。这些都表明内国史院在从《旧满洲档》中选录史料时，有一个反复斟酌而后确定的过程。

第四，《旧满洲档》在按年、月、日顺序记载史事时，一般是每一月的开头写明年月，每月中间仅写明日期。但由于记载方法尚不十分规整，有时也出现变例，例如天聪九年三月的档案在记述了初二至初十的多条史事之后，忽又写出“淑勒汗九年乙亥年，三月十二”的字样，年月日俱全，与其他各日的记事皆不相同。而查阅内国史院档册，这一天的记事居然也写明“天聪九年乙亥，三月十二日”。[①]《旧满洲档》记录史事的日期，一般不带有干支，但天聪九年三月二十四日的记事却很特殊地写为“二十四丙戌日”字样。查内国史院档册，同一天的记事也写成“二十四丙戌”。[②]这类事例无可争辩地证明，内国史院满文档册的天聪年间部分就是从《旧满洲档》中选录而来的，否则就不会在书写日期的变例上也对应相同。

第五，在《旧满洲档》中，也有不少添加在原文之旁的字句，而这些添加之文多被抄载于内国史院档。例如天聪九年档于八月初六日记鲍承先上奏的内容，在原文“甲喇章京鲍承先上书”之前添写了“秘书院衙门”字样，而内国史院档同日同一条记载即写作“秘书院甲喇章京鲍承先奏言”[③]，抄录了添加的文字。但是，此事发生于天聪九年，内三院尚未设立，哪里会有“秘书院衙门”之称？《旧满洲档》内添写的“秘书院衙门”字样必是天聪十年三月之后所为，或许内国史院官员在选取此件史事时，觉得应给鲍承先其人注明官署，却忽略了内三院成立的时间问题。这倒正好证明内三院成立后，确曾因选编内国史院档册而对《旧满洲档》进行过审阅。

内国史院满文档册天聪九年档所载的史事，基本不出《旧满洲档》该年记事的范围，说明编辑时主要利用《旧满洲档》的记载。相反，与《旧满洲档》对比，对史事却作了大量的删略。以天聪九年四月的档案为例，《旧满洲档》本月载事近九十件，但大多记事旁都被注明

---

① 《清初内国史院满文档案译编》上，第155页。
② 《清初内国史院满文档案译编》上，第158页。
③ 《清初内国史院满文档案译编》上，第183页。

“不写”，内国史院本月的档册，只从《旧满洲档》中选录了十六件史事。由此可知，内国史院编录满文档册对史料的取裁远比《旧满洲档》严格，正如上文所述，在史事的取舍标准上确实作出很大改进。也有《旧满洲档》未载者，如十二月初五日关于莽古尔泰试图作乱的长篇记述[①]，但其文为详述本末，非此一日之事，而且涉及重大政治斗争，当时隐秘，后来补写于内国史院满文档册，实为极个别特例。

以上我们通过天聪九年的《旧满洲档》与内国史院档的对比研究，指出两种文献的承续关系，其前提当然必须认定《旧满洲档》天聪九年档是当年记载的原档。但是，日本著名满学家、清史专家松村润教授认为藏于台北故宫博物院的这册《旧满洲档》天聪九年档，“是顺治年间为了编纂《太宗实录》而撰成的。因为同档五月二十七日、六月二十三日、六月二十五日等条，抹去了当初所写的 taidzung han（太宗汗）中的 taidzung（太宗）这个词，改写成了 sure han（淑勒汗）”。[②]这里提出的是一个不能不重视的问题。

查《旧满洲档》天聪九年档，共出现六个被抹去的“太宗”字样，分布于四个日期：

（1）是年五月二十九日（松村润文误为二十七日）的一段长篇幅、综合性记事中连续出现两个“太宗”，抹去后在一旁改为“淑勒汗”。[③]

（2）六月二十三日，记载汗的长篇谈话时，开头的“太宗”字样虽被抹去，但紧接着即写“淑勒”，而不是在一旁改写的。

（3）六月二十五日与二十三日的情形相同，而且日期有写错为“二十四”日随即抹去“四”而接着写“五”的迹象。

（4）六月二十九日连续两次记载汗的活动与谈话，第一段原文只有“han（汗）”，但一旁加了“太宗”字样，又将“太宗”抹去接写了“淑勒”；第二段是“太宗”抹去后接写“淑勒”。

笔者认为凭以上几个被抹的“太宗”字样，不能将《旧满洲档》天聪九年档整体地说成顺治年间所撰，而只能证明其中有顺治朝之后修补的篇页。根据亲见档册原件的台湾学者广禄、李学智的文章，可

---

① 《清初内国史院满文档案译编》上，第 212 页。

② ［日］松村润：《清太祖武皇帝实录考》，《庆祝王钟翰先生八十寿辰学术论文集》，辽宁大学出版社，1993 年，第 49 页。

③ 这里为叙述方便，仅以带引号的汉字代表原满文之语义，下文亦同。

以得知《旧满洲档》天聪九年档具有与众不同的特点：

> 高丽笺纸书写，新满文(尚未完全带有圈点)，全册书页宽窄不一，最长者 44.9 公分，横最宽者 40.2 公分。①

这说明此档册整体上是入关前原档，否则不会是“尚未完全带有圈点”的满文。而“全册书页宽窄不一”，尤其值得重视，表明其中有后来修补重录的篇页。因此，松村润教授的判断恐怕是以偏盖全了。笔者推测，《旧满洲档》天聪九年档册是当时记录的原档，但入关后(顺治或康熙年间)重修实录之际，发现个别篇页破损，于是抄录替补该篇页。而书手在五月二十九日长篇记事中不经意地将“淑勒汗”抄写为“太宗汗”，被发现因而抹去改正。此后在六月份的抄录修补时仍习惯性不经意地出现此误，却是写后立即意识到错误，随即抹之而接写了“淑勒汗”，正如上述六月二十五日条，那是意识到日期写错立即抹去“四”而接写了“五”一样。而“太宗”字样之所以抹去，正表明这是出于后来的个别抄补，需要符合天聪九年的原档称谓，如果整个档册都是顺治时期编写的，还有什么必要抹去“太宗”的称谓呢？

综上所述，内国史院编录的记事档册，乃是《旧满洲档》的承续。一方面是有所改进、有所发展，并且按新标准补充了清太宗天聪年间的记事，成为相对独立的另一套历史文献；另一方面承袭了《旧满洲档》的记史传统与记史方式，所补充的天聪年间记事亦选录自《旧满洲档》。

记事性满文档册，是从记录最高统治者和最高权力机构的言行、政务这一单一线径上产生和发展起来的，其他诸如八旗档子、地方官署的档子等均未能形成编年记事的体式。因此，清入关前记事性满文档册具有官方的统一性、集中性。今存《旧满洲档》与内国史院档，虽然历史地形成了两种载籍、两类文献，但实质上却是前因后续，属于同一历史记载体系的不同发展阶段。

(原载《历史档案》1994 年第 1 期)

① 广禄、李学智：《清太祖朝“老满原档”与“满文老档”之比较研究》，《中国东亚学术计划委员会年报》(台湾)1965 年第 4 期，第 17 页。

后金满文档册的产生及其史学意义

一　现存的《旧满洲档》

据史籍记载，努尔哈赤于公元1616年正式建立后金政权，而在此十七年之前，即明万历二十七年(1599)，即令额尔德尼等人根据蒙古文字形创制满文，这就是无圈点老满文。满文的产生，为撰写官方文书和记录史事提供了基本条件。用满文撰写的官方文献保存下来，形成了各种类别的满文档册，但就其内容性质而言，主要可分为两种，一种是原始公文案牍的汇存，另一种是满文记事性档册，即官方的历史记录。现存的《旧满洲档》就是清入关前以记事性内容为主体的满文档册。

清入关前的满文档册，在清廷入主中原之际，随同其他许多文件一起运到北京，存放于内阁大库之中。乾隆六年七月，清高宗谕令编辑一部无圈点老满文字典，以便于辨认入关前满文旧档中的文字。这项工作于当年十一月基本完成，而内阁大学士鄂尔泰等在进呈这部字典的奏疏中提出："再查此档因年久残阙，既期垂之永久，似应逐页托裱装订，为此谨奏请旨。"[①]这个提议立即得到清高宗批准，于是，当时所见及的三十七册入关前满文档册，得到细致地整理和装

---

① 转引自张玉全：《述满文老档》，载《文献论丛》，故宫文献馆，1936年。

裱，并按《千字文》之字样给各册编定字号。但是，这次编定字号带有随意性，清太宗天聪年间的一册被编为《千字文》第一字“天”字号，而记事最早的清太祖时的第一册则为“荒”字号，可以说是漫无顺序，仅作为一个代号而已。乾隆三十九年十一月开始，清廷又对这三十七册满文档册重加抄录，继而以当时通行的新满文再作缮写，共成两种字体的“正本”和“副本”四部，加之最早试抄、修订的“草本”，计两种字体、三种规格共六部，分别藏于北京与盛京宫中。这批乾隆时重抄的满文档册，在清朝灭亡后比原档更早地被发现利用，以《满文老档》的名称流行于世。《满文老档》比原档删去了一些重复内容，略去一些字迹不清的部分，但在抄录中是忠于原文的，因此仍不失其史料价值。

乾隆朝装裱过的三十七册档案仍长期存于清内阁大库，到清朝后期已鲜为人知，直至 1931 年，故宫博物院文献馆在清理档案文献的工作中才陆续发现了这批档册，1935 年又发现了乾隆朝也未发现的另外三册，经鉴定亦与此前发现的三十七册属于同一系列。这四十本满文档册历经辗转迁移，今藏于台北故宫博物院。1969 年，台湾将之如数影印出版，题名为《旧满洲档》，以与学界早已稔知的《满文老档》相区别。

《旧满洲档》原件的用纸，为明朝旧公文纸和高丽笺纸两种。明旧公文纸原有汉字公文，记事满文乃利用其背面及行间，高丽笺纸则是一种较好的纸张，来自当时的朝鲜。清太祖时的档案有的为明代旧公文纸，有的为高丽笺纸，太宗朝档册皆为高丽笺纸。据台湾学者广禄、李学智的研究，清太祖朝早期记事的高丽笺纸档册，以及一些记事重复的高丽笺纸档册，应是清太宗朝重新抄录而成。①天聪六年十一月，杨方兴向清太宗建议纂修太祖实录。② 天聪七年十月，史载清太宗谕文馆诸臣曰：“尔记载诸臣，将所载之书宜详加订正，若有舛误之处即酌改之。朕嗣大位，凡皇考太祖行政用兵之道，若不一一备

① 广禄、李学智：《清太祖朝“老满原档”与“满文老档”之比较研究》，《中国东亚学术计划委员会年报》（台湾）1965 年第 4 期，第 41 页。

② 杨方兴：《条陈时政疏》，载罗振玉编《史料丛刊初编 · 天聪朝臣工奏议上》，东方学会，1924 年。

载、垂之史册，则后世子孙无由而知，岂朕所以尽孝乎？”[①]可见当时正在纂修清太祖实录，而在纂修过程中，对残旧档案予以整理重抄是理所当然的。

《旧满洲档》所记史事起自清太祖建元天命之前九年即公元1607年，止于清太宗崇德元年（1636），中间年份有所缺失。清太宗于崇德元年四月改国号为“清”，改年号为“崇德”，因此《旧满洲档》主要是清朝之前身后金政权时形成的文献。在《旧满洲档》内，绝大多数是按时间顺序记述史事的记事性档册，记事性档册是由“汗的档子”创始而进一步发展完善的。所谓“汗的档子”，是以后金政权首脑——后金汗的言行为中心，按年、月、日顺序记载政治、军事、经济及外交等方面的事务，形成一种编年体的历史资料长编。

除了汗的档子而外，后金政权的地方衙署和八旗各旗也有档子。天命八年五月，努尔哈赤指示八贝勒都要设立档子，以记录汗对各旗官员的赏罚，而且是八部档子一起记录。[②] 可见直至天命八年，八旗的档子才形成较为完整的记录体制。今《旧满洲档》[③]“往”字档存有关于八旗官员的敕书、誓文，其首页写明“jakun gusai dangse”[④]，意即“八旗的档子”，这说明八旗的档子实际上是公文、案牍的直接汇存，与汗的档子性质不同。地方官署的档子，首见记录是在天命八年六月，当时有人揭发后金石城的某守将与明朝暗通，把明朝来的一些信件藏在一个专存档案的竖柜之中，与“登记男丁数目的档子”放在一起。[⑤]据此可以推测，后金政权地方官署的档子是以登录簿册为主，至今已鲜有遗存。

以记述汗的言行、政务为主线的记事性档册，同时也选录公文、案牍的内容和抄载其他档册的资料，具有内容的综合性和记载的全面性。后金政权将编录记事性满文档册作为其档案制度与记史活动

---

① 《清太宗实录》卷一六，天聪七年十月己巳，中华书局，1985年影印本。

② 《满文老档》太祖朝第五十一册，天命八年五月初五日，中华书局，1990年汉译本，第480页。除另有注明者外，版本后同。

③ 台北故宫博物院，1969年影印本，后同。

④ 见广禄、李学智：《清太祖朝“老满原档”与“满文老档”之比较研究》，《中国东亚学术计划委员会年报》（台湾）1965年第4期，第43页。

⑤ 见《满文老档》太祖朝第五十六册，天命八年六月二十九日，第529页。

的核心工作，极为重视，是清入关前数量最多、最为系统的满文文献。至于在《旧满洲档》中有少量非记事性档册，这应为纂修太祖实录时将一些散存文件集中整理，予以选用，后来与记事性档册放置一起所造成。《旧满洲档》虽然经过后世的整理，但仍然保持资料的原始性，绝大部分就是当时形成的原件，所以考察记事性满文档册的产生渊源，必当以《旧满洲档》为依据。

二　满文档册开始记录的时间

关于记事性满文档册的起笔编录之年，是对《旧满洲档》予以研究的一个难点，但又是十分重要的问题。因为只有考订其开始记录的时间，才能对后金的政权建设、清太祖努尔哈赤的政治历史观以及满文档册的发展演变、历史价值作出全面的评断。对于记事性满文档册的起笔时间，目前学术界主要有两种说法，一种观点认为起笔时间“是在天聪三年设立文馆以后，而不是在它之前，更不是天命年间”，现存满文档册对清太祖天命年间史事的记述，都是清太宗天聪三年（1629）之后编写的[①]；另一种说法认为《旧满洲档》“起笔时间不会晚于天命六年（1621），当然也不会早于此时”。[②]这两种说法都过于保守，有明显的失误之处。

第一种观点主要根据乾隆年间抄录的《满文老档》中，清太祖时期的记事内插入了清太宗时添加的文句，却未能将《旧满洲档》作为依据予以全面考察。在《旧满洲档》中，到处可见后来添加的注释、补充，清太宗时的档册也有后来添加的文句，不能据此否定原文件形成的时间。现存的《旧满洲档》“张”字档，以明朝旧公文纸书写，在记述清太祖天命六年史事时，往往签有执笔人的名称与官衔，有的还注明着笔记录的日期。例如记述天命六年九月二十九日事件之后，有文字注明“juwan biyade，dahai duse ejeme gaiha dangse”[③]，意思是：达海

① 关孝廉：《论满文老档》，《明清档案与历史研究》（上），中华书局，1988 年，第 160 页。

② 刘厚生：《旧满洲档形成年代刍议》，《史学月刊》1990 年第 5 期。

③ 广禄、李学智：《清太祖朝“老满原档”与“满文老档”之比较研究》，《中国东亚学术计划委员会年报》（台湾）1965 年第 4 期，第 42 页。以下罗马字拼写满语，皆取自此文第 23、46 页。

都司在十月记录的档子。很明显,事情发生之后不过几日,就及时地记入了档册,可见记载天命六年史事的“张”字档就是当时记录而成的原件。这样,天聪三年才起笔记录满文档册的说法就不攻自破了。

第二种观点认为满文档册起笔于天命六年,其主要根据是现存最早的当时记录的原件为天命六年的档册,而天命五年之前的档册均用高丽笺纸,似为清太宗天聪年间写成,于是遽为定论。这种观点仅以现存文献的状态出发,却未考虑到天命五年之前的记事也可能来自原有档册。事实上,清太祖时的满文档册原件,有的至今还与太宗天聪年间重抄本并存于世,如《旧满洲档》的“列”字档(明朝旧公文纸,太祖时原件)与“冬”字档(高丽笺纸,天聪年间重抄本)内容重复,即属此类。因此,清太宗天聪年间用高丽笺纸书写的记述太祖时史事的档册,可能是根据太祖朝原有档册加以抄录,后来原件佚失,这并不能证明是天聪年间创始发凡、从头编纂。笔者认为,记事性满文档册开始记载的时间应比天命六年更早,其证据就在满文档册的记载之中。

天命四年七月初八日,努尔哈赤命令其所有大小官员各自发誓效忠于汗,将誓言写成书面文字,然后将之呈交上来,“汗阅后记在档子上,以后你们变心犯罪,即根据誓言审断”。[①]紧接着,满文档册上也果然记录着各级官员誓言的主要内容,这足以表明,至迟在天命四年(1619)便已有了汗的档子,而且已被努尔哈赤用为行政管理与驾驭部众的有力工具,即在记载制度上已相当成熟。因此,对于满文档册起笔记录的时间,应从天命四年之前来考察。

《旧满洲档》“荒”字档乙卯年(1615)的记事中插入这样一段话:“sure amba genggiyen han i ilibuha eiten hacin i sain doro be erdeni baksi ejeme bitheleme gaiha an i bithe ere inu.”意思是:“额尔德尼巴克什把聪睿大英明汗所建立的一切善政取来予以记录,这是经常的书。”这段文字对于判断满文“汗的档子”开始记载的时间极有意义,试逐次剖析如下:

(1)这段文字出现了对努尔哈赤“大英明汗”的称呼,同年记事中另有一处也出现“英明汗”的称谓,这值得注意。我们知道,至明万历

---

① 《旧满洲档》“昃”字档,《满文老档》太祖朝第十一册,天命四年七月初八日。

四十四年（丙辰年，公元1616年）正月，努尔哈赤始定其尊号为“abka geren gurun be ujikini seme sindaha genggiyen han”，意为“天任恩养众国英明汗”，这一年即是后金政权的天命元年[①]，被视为后金政权的正式建立之年。而在此之前，努尔哈赤被称为“sure kundulen han”，音译为淑勒昆都仑汗，意为“聪睿恭敬汗”。既然乙卯年（1615）的记事文字出现“英明汗”的字样，那么只能是在天命元年（1616）正月之后写成。

（2）天命元年之前，努尔哈赤称“聪睿恭敬汗”，天命元年正月尊称为“天任恩养众国英明汗”，但上文所引关于额尔德尼记录档子的一段话却将努尔哈赤称作“聪睿大英明汗”，乃是新旧两个称号的结合。查天命元年之后的满文档册内，唯将努尔哈赤称为“大英明汗”或“英明汗”，再无“聪睿”字样，因此，“聪睿大英明汗”应是天命元年之初的不标准称谓，是额尔德尼这个最早记录档册之人一时疏忽顺手写成，反映着旧的称谓习惯尚未尽去，新称号尚为口生之际的状态。以上的分析如若不错的话，那么《旧满洲档》乙卯年的史事是天命元年年初追记的。

既然天命元年追记了档册中乙卯年的史事，那么乙卯年之前是否存在记载档册的制度呢？截止到以上的论述，仍有两种假设：此前没有记事性的档子，所有乙卯年之前史事均是天命元年始追记于册；天命元年之前即有记事性档册。此二者必居其一。

然而，根据现有满文档册记事的具体情况，第二种假设实难成立。首先，满文档册中乙卯年之前的记事皆呈现为追述口气，有些史事原委本末皆综合记述于一处，有如纪事本末体，而且前后时间跨度颇大。例如《旧满洲档》“荒”字档于癸丑年（1613）记述努尔哈赤让褚英执掌政务的想法与决定，没有具体年代，应为很早以前之事；接着叙述褚英心胸狭隘，与众贝勒、大臣发生矛盾及失宠经过，仍无具体时间，乃是对多年事态发展的综合总结；随后述及壬子年（1612）九月努尔哈赤征乌拉时，褚英对其父暗地焚表诅咒，于是至癸丑年三月，

---

① 关于努尔哈赤建国称“英明汗”之时是否已建“天命”年号，乃至皇太极初继汗位是否即有“天聪”年号，史学界尚有不同见解。但此种天命、天聪年号的纪年方式，自清代以来久已应用，且学界熟悉，本文亦谨采用。

褚英被监禁，至乙卯年八月，努尔哈赤处死了褚英。整条记事虽系于癸丑年，却不仅追述前事，而且记述到两年之后的乙卯年八月，表明这与乙卯年的其他史事一样，也是天命元年初才追记于档册的。其次，乙卯年之前的记事中对努尔哈赤多称为“聪睿恭敬汗”，这是执笔者注意到在档册中应使用努尔哈赤天命元年之前的称谓，但甲寅年(1614)四月、六月的记事中仍出现了“大英明汗”这个天命元年之后才出现的称号①，透露出天命元年正月之后追记的迹象。再次，最能说明问题的是乙卯年的满文档册，此年记有正月至十二月的九条史事，而随后又记述了努尔哈赤在战争、行政、制度、选任官员等各方面的言论和措施，共分十二条，这就是上引《旧满洲档》“荒”字档中所谓的额尔德尼巴克什记录的“聪睿大英明汗建立的一切善政”。这些“善政”基本上并无具体日期，有的可以考知是很早以前实行的措施，例如将三百男丁编为一牛录，早在公元1584年即已实行②，是距乙卯年三十一年之前的史事。有的则是多年反复申述的主张或多年形成的习惯，例如主张任用忠直贤良的人，认为人生以心术正大为贵重，每日仰卧二三次思考部下的生活问题等等。这是因为天命元年开始记载“汗的档子”，并且同时追记此前之事，才会将许多此类“善政”集中地、总结性地记载于天命元年之前一年即乙卯年。假若乙卯年之前曾有记录档子的制度，这些多年之前的史事和反复申明的言论以及久已养成的习惯，就不会集中地记载于乙卯年的档子里。由此可知，乙卯年之前与乙卯年本年的记事档册，都是天命元年追记的。

天命元年正月，努尔哈赤称“天任恩养众国英明汗”，这是一件大事，为此举行了隆重的仪式，标志着后金独立政权的建立，这时最有可能确立记录记事性档册的制度。过去，“聪睿恭敬汗”的称谓是1606年蒙古诸部贝勒对他的尊称，多少有些非正式性，与天命元年正式确立其汗位有所区别，尚没有记载记事性档册的思想基础和政治上的需要。而《旧满洲档》“荒”字档乙卯年记载有努尔哈赤训诫诸子要习知汉人、朝鲜、倭国帝王因修德获福、因邪心而失败的历史事

---

① 见《旧满洲档》“荒”字档。又《满文老档》太祖朝第三册，第27页。

② 《清太祖实录》卷一，甲申年九月，中华书局，1985年影印本。

例，说明努尔哈赤后来注意到记录帝王史事的重要性，在天命元年正位为后金国汗以后，便会顺理成章地建立起汗的档子。汗的档子既然要追记天命元年以前的史事，那么截止于乙卯年的历史就被视为一整个阶段，于是，努尔哈赤许多言论、行动才被总结性地写入乙卯年。为什么天命元年确立记录汗的档子之际，首先要追记以前史事呢？对此史无明文，现只能作出如下推测：从 1606 年起，努尔哈赤毕竟有了"汗"的称号，记事性汗的档子便自然地要追记自 1606 年以来的历史。现存满文档册记事是从 1607 年开始，但首页有残缺迹象，很可能仅佚失一年多的史事记录。

总之，满文记事性汗的档子开始记录的时间应在天命元年(1616)之初，并首先追记此前的史事。

三　记事性满文档册的史学意义

记事性满文档册是不可多得的珍贵历史文献，在整个中国古代所有少数民族文字的典籍中，以其历史纪实性、内容的丰富性和文献上的原始性而卓然特立，不仅有着珍贵的史料价值，而且具有巨大的史学意义。

第一，满文档册作为后金政权最早的历史载籍，是在其自身的军政活动中产生的。它使用的是本民族的文字，在体例上虽最终成为按日记事的编年体，但却是由隔一段时日追记而逐步转化为即时记述，渐渐摸索和发展而来的。从《旧满洲档》来看，天命元年之后仍往往事隔一月或更长时间才综合记述，但这种相隔时间是逐步缩短的。天命三年四月发兵进攻抚顺，时间准确、记事详细，可以判定是战事结束后立即记述。至天命六年已基本形成按日记事的形式，但仍可见偶尔有事隔几天甚至一月再行追记的现象，这种情况在清太宗天聪年间档册中仍然存在。所以，满文档册的记载方式，并非直接移取汉族高度发展了的史籍形式，而是自身的一种创树，标志着一种具有自己民族特色的史学的萌芽。它不是在直接承袭中国二千多年传统史学成就的基础上产生，而是中华民族史学文化又一旁支的兴起。尽管这一史学旁支未能长足发展，而是随其政治势力向汉族地区扩展而汇入中华民族史学文化的主流，但其最初的出现亦不能于文化史上予以抹杀。

在强调满文档册这一历史载籍是满族自身的创造性贡献的同时，也不能排斥努尔哈赤等后金统治者受到汉族及其他民族历史文化的影响。《旧满洲档》于乙卯年即记有努尔哈赤对其诸子的讲话："凡汉人、朝鲜、倭国、蒙古等诸大国帝王，有持善修德而得福的事例，也有居心邪恶、重财贱德而遭失败的事例，这一切道统我皆有所闻知。虽然闻知，仍不满足，还要闻知更好的事例与良言。你们这些儿子们比为父我所闻所知多吗？即使有所闻知，仍应勤加闻之、问之。"[①]此后，他还多次讲述秦、汉、辽、金、宋、元等朝代兴衰胜败的史事[②]，显现出重视历史经验和历史记载的史学意识，这是后金政权能够创立并坚持编录记事性档册的思想基础，其中包含着汉族历史文化的影响。满文是仿照蒙古文创制的，满文档册的词语有许多就是从蒙古语转化而来，这其中当然存在着蒙古族文化的影响。所以记事性满文档册，从文化素质的根源上有着中华民族互通互融的共同因素。就其民族特色和自身独创的性质上看，满文档册为中华民族文化宝库增添了新的财富；就其文化素质的共同性而言，则为后来以旁支汇入中华民族史学文化主流提供了方便条件。

第二，记事性的满文档册虽是后金政权最早的载籍，但在记史方法上却具备较高的起点，这表现在记事详细、内容广泛，十分重视史事的时间因素以及将记事（记述历史事件的原委本末）和记言（载录敕书、公文、信件及人物言论等）融为一体。在记事性满文档册中，内容十分丰富，举凡战争场面、对外交涉、行政规章、八旗事务、经济生活、社会习俗、案件纠纷等等无所不包，而且对重要史事必详载其全过程。对大多数史事的记载，时间上均年、月、日俱全，甚至精确到一天内的各个时辰，极大地提高了这些记载的史料价值。在中国古代史学史上，早期的史籍《尚书》和《春秋》代表了上古华夏族记录历史的主要方式。《尚书》以记言为主，忽略于历史事件且时间观念较弱；《春秋》专为记事，时间顺序严整但过于简略，二者都不能各自完整地反映一个时期的历史面貌。直到战国时期产生的《左传》，才将二者结合在一

---

① 《旧满洲档》"荒"字档乙卯年记事；《满文老档》太祖朝第四册，第 40 页。

② 《满文老档》天命三年四月十三日、天命四年三月、天命五年四月十七日等等，皆有记载，此处不备述。

起，形成内容完整的历史著述，这经历了几百年的发展进步。而记事性满文档册自产生后，短短几年即发展为时间准确、内容丰富、兼具记事和记言的综合性编年体史籍，表现出高水平的史学编纂方法。

第三，清入关之前，满文档册类别很多，汗的档子之外有八旗档子、地方官署档子，清太宗时期更有六部档案册籍等等，但唯有汗的档子成为编年体的记事性档册，并且选录和综合各种档案的资料，于是汗的档子便处于驾临其他档案之上的地位，这在社会意识上潜移默化地起到突出汗的地位的作用，形成推动后金政权向君主一人专制转变的政治文化。与此同时，后金汗也往往利用记事性档册作为控驭部下的工具，反过来进一步培育了统治者重视历史、重视史学的意识，对清朝官方史学活动的发展有着深远的影响。

第四，公元1644年清廷入关后，顺治朝仍然编录内国史院满文档册，康熙年间仿从汉族政权的传统做法记录起居注，才取代了内国史院的满文档册。但是整个清朝的国家机关，不仅保存公文、案牍的原件，更侧重于将其中资料录写副本，汇编成册。这些重新汇抄的档册，或按文书种类，或按专项事务编定，如上谕簿专门汇抄皇帝的明发谕旨，满文月折档专门汇抄满文的奏折，六科史书摘录各科处理过的题本、奏本，名目虽然繁多，但都是按年、月、日顺序编排内容，是十分规范的编年体资料档册。汇抄的各类编年体档册，给官方修史活动提供了极大的方便，从其汇编方法中可以窥见原满文档册编录方法的遗迹。因此，抄编编年体各种档册的做法，蕴含着清入关前满文档册编录方法的潜在影响，已成为清朝官方整个修史活动体制上的组成因素。

总而言之，清入关前，记事性满文档册作为中华民族史学文化又一旁支的萌芽，在中国史学史及清代官方史学的发展上具有很大的意义和影响。其史学观念和方法融入清官方修史活动的整个体制之中，汇入中国传统史学发展的主流，给传统史学注入了新的因素，成为清朝官方史学得以兴旺发达的重要原因之一。因此，考察清入关前满文档册的产生和发展，对深入研究清代文化是十分必要的。

（原载《社会科学战线》1994 年第 3 期）

康熙帝与孝庄太皇太后政治关系的解构

顺治十八年(1661)正月,顺治帝病逝,其子爱新觉罗·玄烨以八岁冲龄继皇帝位,尚不能亲自处理政务,于是由孝庄太皇太后(下文简称"孝庄后")安排了四位满洲大臣辅政。此时,清廷统治集团内部改制与守旧之间的政治斗争公开地展现出来,满洲贵族的守旧势力占据了主导地位,孝庄后与鳌拜等辅政大臣即为满洲守旧势力的代表人物,他们的一系列举措使康熙初年的政治、文化发生明显的倒退。到康熙帝亲政之后,则呈现为年轻皇帝与守旧势力政治博弈的局面。其结局众所周知,是康熙帝取得完全的政治主动,政治体制进一步"汉化"和"儒化"。因此,为了梳理和揭示康熙帝与孝庄后之政治关系的实质,必须从顺治朝的相关问题说起。

一　顺治时期满洲统治者的政治斗争

崇德八年(1643),清太宗皇太极突然去世,工于心计的太宗皇妃博尔济吉特氏利用满洲上层复杂的势力格局和利益关系,使其亲生子、六岁的福临得以继承皇位,即顺治帝。由睿亲王多尔衮与郑亲王济尔哈朗辅政。而处于幕后的太后博尔济吉特氏仍具有重要的政治地位,她就是著名的孝庄后。[1] 孝庄后尽力笼络专权的多尔衮,以保

[1] 博尔济吉特氏于康熙二十六年(1687)逝世,谥号曰"孝庄",故以"孝庄后"称之。

证顺治帝的皇位安全。多尔衮死去仅仅两个月，即在顺治八年(1651)二月，就发生了追究多尔衮、清算其罪状的案件，结果定为“谋逆”大罪。议罪奏疏虽由郑亲王济尔哈朗提出，但处理此事的整个进程不能说没有孝庄后从中操控，因为当时顺治帝尚不满十四岁，决策大权实际掌握在其母孝庄后之手。这次政治斗争主要是权力之争，但多尔衮为了统治汉族地区实行的依从明朝制度、任用汉官的策略，也必然受到守旧满洲贵族的反对。而顺治帝亲政后，在政治上仍然沿袭多尔衮采取的逐步“汉化”的方针，并且更加激进。他大量启用汉人，任用汉官，萧一山认为“顺治之任用汉官，乐就文学之士，书思对命，绰有士大夫之风”。[①] 顺治帝并谕旨对明朝亲王、郡王进行恩养[②]，这些都是多尔衮时期所施行的大政方针的延续。顺治帝仿从汉人传统的政治体制和文化制度，导致了满洲守旧派的不满。当时很有地位的郑亲王济尔哈朗曾上疏要求顺治帝“效法太祖、太宗，时与大臣详究政事得失，必商榷尽善”，并特别提醒清太宗“常恐后世子孙弃淳厚之风，沿习汉俗，即于慆淫”。[③] 顺治十二年济尔哈朗逝世，顺治帝加大了“汉化”的力度，重用汉官是最基本的方针，并开设经筵日讲，研习经史著述。顺治十五年七月，废除内三院而设内阁和翰林院。十六年三月，命金之俊撰写崇祯帝碑文。[④] 十七年六月，于历代帝王庙罢除辽太祖、金太祖、元太祖的祭祀[⑤]，理由是他们未能统一天下，行事亦不尽善，贬抑了少数民族政权的创始者，与十六年撰写的崇祯帝碑文前后呼应，表明清朝承接的是华夏政权统绪。这不能不引起满洲守旧势力的反感，顺治帝与其母的矛盾也日趋尖锐。据朝鲜使臣李渲于顺治十三年十月来北京时探听到的消息，“帝与太后慈孝虽重，但少有不平意，则久废定省之礼”，事载于李渲《燕途纪行》。[⑥] 这就是说，顺治帝长期不去看望其母孝庄后，可见关系之冷淡已到严重程度。以往学界论及顺治帝与其母的关系紧张，往往仅

① 萧一山：《清代通史》上卷，中华书局，1986年影印本，第386页。
② 《清世祖实录》卷五四，顺治八年闰二月丁丑，中华书局，1985年影印本。
③ 《清史稿》卷二一五《济尔哈朗传》，中华书局，1976年，第8949页。
④ 《清世祖实录》卷一二四，顺治十六年三月丙午。
⑤ 《清世祖实录》卷一三六，顺治十七年六月己丑。
⑥ 载《燕行录全编》(第一辑)，广西师范大学出版社，2010年，第12册。

从顺治婚姻杂事中探寻原因，多偏袒孝庄后而贬抑顺治帝，这忽视了政治见解的分歧和冲突，实际顺治帝在废皇后问题上的举动，也是政治冲突背景下的表现。顺治帝逝世，政治冲突的真相才呈现清晰。由守旧大臣拟定的所谓顺治帝的遗诏[①]，从其内容来看，通篇都是已死的清世祖自罪自责的话语，称其犯有十四项大的过错，其中如：

> 自亲政以来，纪纲法度，用人行政，不能仰法太祖、太宗谟烈。因循悠忽，苟且目前，且渐染汉俗，于淳朴旧制，日有更张，以致国治未臻，民生未遂。是朕之罪一也。
>
> 宗室诸王、贝勒等，皆系太祖、太宗子孙，为国藩翰，理宜优遇，以示展亲。朕于诸王、贝勒等，晋接既疏，恩惠复鲜，以致情谊睽隔，友爱之道未周。是朕之罪一也。
>
> 满洲诸臣，或历世竭忠，或累年效力，宜加依托，尽厥猷为，朕不能信任，有才莫展。且明季失国，多偏用文臣，朕不以为戒，而委任汉官，即部院印信，间亦令汉官掌管，以致满臣无心任事，精力懈弛。是朕之罪一也。

作为皇帝的遗诏，内容竟然如此，可谓空前绝后，这里明确表达了满洲贵族中守旧势力狭隘的民族情绪，反对“于淳朴旧制，日有更张”的立场十分鲜明。当时最有权势者无疑就是孝庄后，没有她的授意，是不可能公布这样一个遗诏的。可见政治路线的分歧，才是顺治帝与其母之间的根本矛盾。

二 康熙朝初期清廷内部的政治态势

顺治帝当初继位皇帝，也是幼冲年龄，由多尔衮、济尔哈朗两位亲王辅政，是满洲政权内各种势力取得均衡的需要，孝庄后只能以其谋略在幕后协调、周旋，以维护顺治帝的地位。当时清政权尚在关外，可以视为创立了一项满洲“淳朴旧制”。而康熙帝继位时年少，此时孝庄后已经成为势力最强的政治人物，当时曾有一个名叫周南的秀才，上书请求孝庄后临朝执政[②]，但她是否可以走到前台来“垂帘

① 《清世祖实录》卷一四四，顺治十八年正月丁巳。

② 《清圣祖实录》卷二，顺治十八年三月甲子，中华书局，1985年影印本。

听政"呢？我们认为，孝庄后没有垂帘听政的可能性。第一，满洲政权的创建者努尔哈赤逝世之时，遗命大妃叶赫那拉氏殉死，是为了防止强悍的皇妃干政，孝庄后的丈夫清太宗皇太极正是逼死努尔哈赤大妃的诸王之一。[①] 清初满洲的诸王、贝勒对此记忆如昨，孝庄后倘若垂帘听政，立即处于众叛亲离的危险境地。第二，如上文所述，清入关前已经有过设辅政大臣扶助幼主执政的旧制，孝庄后的政治理念是复旧，就不能不遵从旧例，于是选择守旧派索尼、苏克萨哈、遏必隆、鳌拜四人为辅政大臣，孝庄后只能身在幕后，此乃历史条件和政治局势的制约。在四大臣辅政的临时体制下，形成"以太后为中心，遗诏为根据，惩于前次摄政之太专，以异姓旧臣当大任，而亲王贝勒监之"[②]的权力结构，孝庄后对朝政并不事事过问，但仍为大政的决策人和意见分歧时的裁决者。

学界往往将孝庄后与清季慈禧太后的垂帘听政作比较，颇有褒孝庄后、贬慈禧的倾向，这是一种皮相之谈。孝庄后的政治取向是复旧，其政治基础是当时的满洲守旧势力，根本不能创建女后直接执政的新体制。而慈禧太后在最初的政治斗争中，依靠的是满洲贵族中以恭亲王奕䜣为代表的新派、洋务派，凶狠打击以辅政诸王为首的守旧势力，创建"垂帘听政"的新体制是水到渠成的趋势。随后，清廷纠正咸丰帝错误、荒唐的对待外国政策，改善了国际关系，调整了满汉关系，摧毁太平天国等反清武装，开展洋务运动，造成一个"同治中兴"的局面。这从清政权的角度来看，是政治革新取得的成就。至于慈禧太后后来政治理念与政治行为的变化，则另当别论。

那么，康熙初年在孝庄后和辅政大臣的主导下，清廷干了些什么大事呢？辅政大臣们迫不及待地打起"率循祖制，咸复旧章"[③]旗号，首先在行政机构上恢复内三院，取消内阁与翰林院，借改变政府机构而将政权控制于手，削弱汉人儒官的权力与地位。与此同时，还兴起"哭庙案""江南奏销案"等，打击汉人官绅。"哭庙案"发生在顺治十八年六月为清世祖治丧期间，江南文人与诸生借机聚众在文庙痛哭

① 见《清太祖武皇帝实录》(故宫文献馆，1932 年排印)卷四，天命十一年八月记载。

② 孟森：《明清史讲义》下册，中华书局，1981 年，第 410 页。

③ 《清圣祖实录》卷三，顺治十八年六月丁酉。

请愿，要求罢逐横征暴敛、滥用非刑的吴县知县。清廷以“哭庙”惊动大行皇帝为借口，处斩为首的文人金圣叹等十八人，其余各做惩处。“奏销案”亦发生于当年六月，时江宁巡抚把赋税最重的苏、松、常、镇四府及溧阳县拖欠钱粮的缙绅之家造册申报，这本为例行公事，但清廷竟下令严惩，分别予以撤销官职、革去功名。大批汉人儒官皆被打击，其中在清朝任职的一甲第三名进士（俗称“探花”）叶方蔼，因家中偶欠一文钱，也被免职并革除功名，故有“探花不值一文钱”的流言。[①] 此外，还发生惨烈的“庄氏史狱”，事因江南富户庄廷鑨家雇人编纂明史，中间采用南明年号，记述中多处出现清朝忌讳的史事、词语和诗文。经人告发，清廷严追猛打，网罗株连，包括最初对此案办理不力的地方官员亦未能幸免。据陈康祺《郎潜纪闻》卷十一记载，文人、学者、名士 221 人被杀[②]，其中多有并未参与其事，乃庄氏私下列于参校名单的无辜者。这些案件的基本政治取向是，既打击在清廷为官、很有地位的汉人儒臣，打击顺从清朝统治的读书士子，也打击不与清廷合作或带有对立情绪的学者、文人。各个案件各有具体的起因，但清廷处置之严酷，则从整体上表现为清朝政治的剧烈复旧和倒退，是满洲贵族守旧势力改变顺治朝政的暴厉宣示。这当然不能由年少的康熙帝负责，但孝庄后岂能脱得干系？

因此，待到康熙帝亲政之后，清廷政治上的最大问题，仍然是如何实行适应于内地汉人地区的统治。是做出仿从汉制的改革还是墨守入关前的旧制？这关系到清朝发展的方向，对于亲政后皇帝和汉族官绅而言，形势是十分严峻的。谨将态势简析如下：

孝庄后思想守旧，对政治体制的汉化很为反感，这从顺治遗诏的炮制即可确认。但她要坚定地维系其直系子孙的皇帝位置，这是底线，不可触动，也符合她的最根本利益。另外，如前所述，她不能公然以“垂帘听政”等方式干政，只能隐于幕后，这限制了控制政治决策的程度，也使她操纵朝政要务的行为未能留下显著的文字资料，导致清

---

① 清朝官方日后对“哭庙案”“奏销案”颇有避讳，官书缺少记述，事件零散见于清无名氏《研堂见闻杂记》、《哭庙纪略》、叶梦珠《阅世编》、韩世琦《抚吴疏草》等古籍，以及今人论著。

② 庄氏史狱中处死人数说法不一，《郎潜纪闻》记载名士 221 人被杀，而张穆《顾亭林年谱》、节庵氏《庄氏史案本末》载死者 70 余人。今姑取前说。

史研究者的历史评论往往出现偏差。

四位辅政大臣中，索尼年老，康熙六年(1667)七月即已病逝。遏必隆比较软弱，苏克萨哈相对资历浅而势力弱，而且与鳌拜存在很深的矛盾。鳌拜最为跋扈，他倚仗以往的战功和孝庄后信重，专擅朝政，培植私党，排陷异己，在康熙帝亲政之后依然气焰不减。守旧势力在行政前台活动的主要成员，主要是鳌拜及其亲信官员。

康熙帝亲政后虽仍年轻，但皇帝的至尊名位是一大优势。他接受的教育是标准的儒学观念、理学思想，守旧势力不具备与儒学相抗衡的思想武器，康熙帝注定要在儒学的教育下成长。加之统治全国的政治需要，他必然倾向于仿从汉人政权的体制变革，必然倾向实行“儒化”的政治方针和文化建设。

无论孝庄后与鳌拜在权势上具有多大的优势，守旧派在政治文化方面却无可奈何地处于劣势。朝廷的汉官正是在文化上不断向守旧势力发起挑战，如康熙四年三月，太常寺少卿钱綎上疏：“君德关于治道，圣学尤为急务，请敕谕院部，将满汉诸臣中老成耆旧、德性温良、博通经史者，各慎选数员，令其出入侍从，以备朝夕顾问。先将经史中古帝王敬天勤民、用贤纳谏等善政，采集成书，分班直讲，每日陈说数条，行之无间，必能仰禅圣德。”①康熙六年六月，内弘文院侍读熊赐履遵旨条奏，指责在辅政大臣把持下，“我国家章程法度，其间有积重难返者，不闻略加整顿”，正当皇上春秋方富，“伏乞慎选耆儒硕德，置之左右”，“妙选天下英俊，陪侍法从，以备顾问”。② 诸如此类奏疏络绎不绝，至康熙七年，熊赐履更上疏言“朝政积习未除，国计隐忧可虑”，请皇帝“时御便殿，接见儒臣，讲论政治”。③这是直接要求儒学官员作为皇帝顾问，改革政治方针。疏入，鳌拜恼怒纠问，欲严加惩办，赖皇帝护持得免。

三 康熙帝对守旧势力的斗争

康熙六年(1668)七月，皇帝亲政，但权势仍在守旧派一方。康熙

---

① 《清圣祖实录》卷一四，康熙四年三月丙午。

② 《清圣祖实录》卷二二，康熙六年六月甲戌。

③ 《清史列传》卷七《熊赐履传》，中华书局，1987 年，第 503 页。

帝一反其父的做法，对孝庄后这位祖母摆出异常亲近的姿态，每隔几天就要向太皇太后“问安”，似乎成为皇帝的一门必修课。笔者粗加统计，康熙六年玄烨亲政前后到康熙八年鳌拜集团覆灭，康熙帝共向孝庄太皇太后问安达136次之多，同是一个时间段，却仅向皇太后问安79次，且没有一次是单独向皇太后问安，即问安太后不过是问安太皇太后过程中的附带行为。这在孝庄后的眼中，与顺治帝当年“久废定省之礼”形成极大反差，不能不对康熙帝予以更多的宽容。总之，康熙帝实际是以“亲情”缓冲政见分歧，解释自己的主张以争取孝庄后的认可，尽可能防止鳌拜在其间乘隙挑拨关系，减少推行自己政见的阻力。问安，已经成为政治博弈的手段。

对于鳌拜等守旧大臣，康熙帝在亲政前后似乎都有过忍让。如康熙五年，鳌拜力主他所在的镶黄旗应当调换正白旗的圈占土地，而现有的地亩不足，要继续圈占民间土地加以补充。户部尚书苏纳海、直隶等处总督朱昌祚、巡抚王登联上疏认为不合时宜，鳌拜竟因此兴起大狱。《清圣祖实录》记载，鳌拜、索尼、遏必隆等三位辅政大臣都坚持苏纳海等“应置重典”，而康熙帝坚决反对，“终未允所奏。鳌拜等出，称旨：……情罪俱属重大。苏纳海、朱昌祚、王登联俱着即处绞，其家产免籍没”[①]，结果是三名高官皆被处死。据实录记述，此次事件经吏部、刑部和御前多次议论，孝庄后自应早已得知，而且了解康熙帝与鳌拜的意见分歧，已有她的口头“懿旨”，否则鳌拜等人怎敢在康熙帝反对的情况下，竟然出门“称旨”而做出处决？所称之“旨”，当是孝庄太皇太后之“旨”，故康熙帝也不能加以阻拦。

康熙帝刚刚亲政，鳌拜又要起威风，借机向另一辅政大臣苏克萨哈发难构陷，议为死罪。康熙帝“坚执不允所请，鳌拜攘臂上前，强奏累日”[②]，强制皇帝默许。这种退缩，实因深知孝庄后与守旧派的政治思想一致，未经充分准备，不能过早引发全面的政治冲突。另一方面，也促使鳌拜养成一副狂妄的形象，为日后的处罚增添理据。

康熙帝对守旧势力的反击，仍是先从广义的文化方面开始。亲政的当月，即有礼部尚书黄机等上疏奏请纂修《清世祖实录》。康熙

① 《清圣祖实录》卷二〇，康熙五年十二月丙寅。

② 《清圣祖实录》卷二三，康熙六年七月己未。

帝随即颁布谕旨曰："皇考世祖章皇帝励精图治，敬天法祖，无事不以国计民生为念。鸿功伟业，载在史册，理宜纂修实录，垂示永久，以昭大典。"[1]这里康熙帝对清顺治帝的业绩给予了重新评价，也是对上述所谓的遗诏进行否定，另外康熙帝还在谕旨中指出："卿等督率各官，敬慎纂修，速竣大典，表彰谟烈，以副朕继述显扬先德之意。"[2]即编纂实录是以"表彰谟烈"为基调，从而达到"显扬先德"之目的。但在当时的情况下，表彰顺治帝的"谟烈"，也就意味着否定康熙初年守旧派"咸复旧章"的政策。

康熙七年，又为顺治帝立"孝陵神功圣德碑"[3]，此碑文为康熙帝亲自署名、镌刻并发布，碑文中盛赞清顺治帝的各项政治举措。将此碑文与当初守旧大臣炮制的顺治帝的遗诏加以对比，可以看出碑文是对遗诏的逐条反驳。兹两相对比，可透视碑文之深意：

(1)遗诏中列举的第一条过失是"自亲政以来，纪纲法度，用人行政，不能仰法太祖、太宗谟烈"，这是一项最严厉的"自责"，即是守旧势力对顺治帝的谴责。

"孝陵神功圣德碑"的碑文(以下简称碑文)则称顺治帝时"祇奉太祖、太宗成法，治具毕张"，与遗诏所言针锋相对。

(2)遗诏第四条谴责清世祖"于诸王、贝勒等，晋接既疏，恩惠复鲜"，第五条又说"满洲诸臣，或历世竭忠，或累年效力，宜加倚托，尽厥猷为，朕不能信任，有才莫展，且明季失国，多由偏用文臣，朕不以为戒，而委任汉官……以致满臣无心任事，精力懈弛"，充分表现了遗诏制作者狭隘的民族心理，也表现了对顺治帝施行汉制的不满。

碑文称清世祖"虽太平，不弛武备"，"视满汉如一体，遇文武无轻重，破故明人臣朋党之习"。这里否定了遗诏中"偏用文臣"的指责，但没有说明清世祖也对宗室、满官有所倚重来与遗诏对峙，而是高屋建瓴的"满汉如一体，文武无轻重"的理念，暗指排斥汉人及因为"委任汉官"就使"满臣无心任事"的说法是"故明人臣朋党之习"，预示了

---

① 《清圣祖实录》卷二三，康熙六年七月己未。

② 《清圣祖实录》卷二四，康熙六年九月丙午。

③ 见《清圣祖实录》卷二五，康熙七年正月庚戌。

清圣祖要建立一个满汉联合政体的方向。

（3）遗诏第六、七条认为清世祖“夙性好高，不能虚己延纳……未能随才器使，以至每叹乏人”，有“可谓见贤而不能举，见不肖而不能退”。

碑文则盛赞清世祖“立贤无方，丁亥、己亥再兴会试，间广额数，以罗人才”，“尚廉正，黜贪邪，时时甄别廷臣，以示激劝”，而且“贤奸立辨，黜陟咸宜”。不仅反驳了遗诏的说法，而且肯定了顺治时期建立的以科举考试来选拔人才的制度。

（4）遗诏第八、九、十条责备清世祖的花费奢侈，言语可谓尖酸，其中有言曰：“金花钱粮，尽给宫中之费，未尝节省发施”，“经营殿宇，造作器具，务极精工，求为前代、后人之所不及”，“丧祭典礼，过从优厚，不能以礼止情，诸事逾滥不经”。

碑文则认为清世祖“素衣菲食，不兴土木之工”，“崇俭去奢，克勤无逸”，这种说法和遗诏的说法大相径庭，也是对其的完全否定。

（5）遗诏第十一条批判清世祖明知宦官之隐患，却“设立内十三衙门，委用任使，与明无异，致营私作弊，更逾往时”。

碑文则明确辩解说清世祖的做法是“阉寺不使外交，立铁牌示禁”。

对于康熙初年四大臣辅政时期撤销宦官“内十三衙门”，清史学界多予以肯定，这也造成清世祖在宦官问题上确实存在很大弊政的印象。其实不然，顺治时期，福临以宫中使用之需，偶用此辈，于是设立“内十三衙门”，阉寺级别不过四品，并没有类似明朝时期宦官专权、祸害严重的现象，然遗诏所言任用宦官“与明无异，以致营私作弊，更逾往时”之说辞，显然是在污蔑清世祖。且清世祖命工部立铁牌镌刻敕谕于上，严禁宦官干预政事，虽然不能尽善尽美，但这对整个清代防止宦官干政起到积极的作用。因此碑文的辩解是近实、合理的。清圣祖也没有恢复那种“内十三衙门”的机构，也是理性明智的。

（6）遗诏对清世祖的第十二条指责云：“性耽闲静，常图安逸，燕处深宫，御朝绝少，以致与廷臣接见稀疏，上下情谊否塞。”

碑文则轻轻一语予以掩去，曰：“皇考惟是兢业祇慎，无一日遐逸也。”盖皇帝多数具有遇事勤政又有时贪享逸乐的两面表现，遗诏的指责无可深辩。

(7)遗诏最后指责清世祖“每自恃聪明,不能听言纳谏……臣工缄默,不肯尽言”,“既知有过,每自刻责生悔。乃徒尚虚文,未能省改,以致过端日积,愆戾愈多”。这是一系列指责中的最后两点,认为清世祖至临终未能改正其过错,为辅政期间将大举复旧而制造理据。碑文本不认为清世祖有什么大的过错,故对此仅以“下诏求言,虚怀纳谏”驳之。

清世祖在位时期,曾几次下诏求言纳谏,同时也有因上书而遭惩处者。然问题不在于清世祖是否真正的求言纳谏,关键是遗诏和碑文两文献具有根本对立的出发点。碑文的发布,是要为正在纂修的《世祖章皇帝实录》定下基调,而纂修实录与这篇碑文在当时都是向守旧派全面反攻的序曲。即回击守旧势力不能不重新肯定顺治时期的许多政策,纂修实录可以作为最好的契机。而纂修实录就不能不否定遗诏的说法。

康熙帝的碑文刻于巨大石碑,并且正式发布,无疑起到很大的宣传效果,一定程度上抵消当初顺治帝遗诏的影响,同时也给《清世祖实录》的纂修定下基调。而这篇碑文颁布的当天,康熙帝即“问安”孝庄太皇太后,应解释了碑文内容仅仅表达对皇考的孝思,轻松地得到认可。而实际上则给鳌拜及其党羽、实录馆总裁班布尔善以极大压力,使守旧派在思想舆论上陷于被动。班布尔善的对策先是消极拖延,随后则声言“太宗实录未修,不可以子先父,遂请停《世祖实录》,重修《太宗实录》”①,于康熙八年正月开设了《清太宗实录》馆,激烈的政治对峙由此可见一斑。

鳌拜对康熙帝皇权的干预和威胁达到不相容的程度,他网罗党羽,迫害异己,“相好者荐拔之,不相好者陷害之”②,并与其弟穆里玛及班布尔善、玛尔塞等人党比营私,竟“凡事即家定议,然后施行”③,

---

① (清)申涵盼:《忠裕堂集·纂修两朝实录记》,见(清)王灏辑《畿辅丛书》王氏谦德堂校刊本。

② 《清圣祖实录》卷二九,康熙八年五月戊申。

③ 《清史稿》卷二四九《鳌拜传》,第9683页。

甚至于否定康熙帝的批示，“时有红本已发科钞，辅政大臣鳌拜取回改批”。[1] 形势迫使康熙帝做出不寻常的决策。经过有条不紊的准备、策划，康熙八年（1669）五月，康熙帝以召鳌拜入宫议事为由，发动突然袭击，一举擒拿鳌拜，随之捉拿其党羽班布尔善等人。擒拿鳌拜之事，《清圣祖实录》仅言“命议政王等拿问辅臣公鳌拜等”[2]，具体描述见于清人历史笔记如昭梿《啸亭杂录》、姚元之《竹叶亭杂记》等书，虽细微情节不尽一致，但此次举动是秘密策划，出其不意，不合朝廷正常议罪、撤职、拿问程序，类若宫廷政变的性质，则毫无疑义。这里不得不提出一个问题：孝庄后事先知道康熙帝要对鳌拜出拳重击吗？答案是否定的，一些文艺作品渲染孝庄后支持或指挥了这项举动，纯属肆意美化孝庄后的想象，康熙帝早从几年前圈地争议而处死苏纳海、朱昌祚等事件中，认识到如果与鳌拜发生政见冲突来请孝庄后裁夺，十之八九会遭受失败。因此，康熙帝只能将孝庄后也蒙在鼓里，最后以既成事实向孝庄后摊牌。这是一个政治的豪赌，然而赌赢的把握是很大的，因为康熙帝非常了解孝庄后最后的底线在于自己的直系儿孙保持帝位。《清圣祖实录》将擒拿鳌拜记载于康熙八年五月戊申即十六日，实际那只是朝廷正式宣布拿问鳌拜的日期，据清史专家白新良的考证，突然擒拿鳌拜一定在五月十日（壬寅），主要理由是：第一，新整理公布的满文档案《钦定鳌拜等十二条罪状谕》写于五月十二日（甲辰），所以擒拿鳌拜是在十二日之前。第二，五月十日即壬寅日，“以原任户部尚书王弘祚，为兵部尚书”，这个任命表明鳌拜一举就擒，因为王弘祚是被鳌拜集团打击撤职的官员，此时任命关键职务，如果不是鳌拜垮台，首先是难以通过正常程序，其次会暴露康熙帝的秘密策划。[3] 这个考证是十分中肯的，现在我们对照康熙帝问安孝庄后的记载进一步解析。

《清圣祖实录》记述：康熙八年五月丁酉即初五日，“上诣太皇太后、皇太后宫，问安。”在擒拿鳌拜五天前问安孝庄后，是汇报将要打

---

① （清）李桓：《国朝耆献类徵初编》卷三《宰辅三·冯溥传》，明文书局《清代传记丛刊》，1985年，第136册，第733页。

② 《清圣祖实录》卷二九，康熙八年五月戊申。

③ 见白新良：《康熙擒鳌拜时间考》，《满族研究》2005年第3期。

击鳌拜吗？当然不是。因为倘若汇报，得到批准就会立即行动，不会延迟五天之久。当然也不是单纯的问安，而是在全部策划基本就绪后，到孝庄后和太后那里窥探风声，因为假如秘密泄露，会在“问安”过程中显现出来。

“甲辰，上诣太皇太后宫，问安”，这正是撰写《钦定鳌拜等十二条罪状谕》的本月十二日，擒拿鳌拜已经两日，局面已经有效控制，康熙帝再次“问安”，实际是向孝庄后摊牌。孝庄后即使不快，却也无计可施，而康熙帝举出鳌拜欺君、专权的罪状，对孝庄后也具有一定的影响力，这只有看看众多朝臣对事件的反应了。于是经过部署，清廷于十六日公布鳌拜罪过，得到朝臣拥护。而次日，“辛亥，上诣太皇太后宫，问安”，孝庄后只好接受现实。十天之后，“庚申，上诣太皇太后宫，问安”，这是商议对人犯的惩治问题。次日即出台议罪书和定刑决定，鳌拜作为主犯，免死监禁，而附从罪犯班布尔善等多人却被处死，结案是不大正常的。有人认为这是因为鳌拜从前的诸多功绩而予以宽免，这不过是清廷的饰词，在触犯皇权专制、帝位安危的罪名下，以往的功勋并无决定性意义，鳌拜脱逃死罪，毋宁看作是孝庄后与康熙帝达成的妥协而已。

摧毁鳌拜势力，是康熙帝在打击守旧派的斗争中取得的决定性胜利。为了巩固君主一人处理政务的绝对权力，康熙帝励精勤政，此后凡臣工奏疏，必亲自批阅，正如他晚年所自称：“各处奏折所批朱笔谕旨，皆出朕手，无代书之人。此番出巡，朕以右手病，不能写字，用左手执笔批旨，断不假手于人。”[①]政治方针的改变也随之进行，康熙九年“改内三院为内阁，其大学士、学士官衔及设立翰林院衙门等官，俱着察顺治十五年例议奏”[②]，就是一个明显的标志。此外，对于后宫干预政治也设法扼制，康熙八年八月，针对“近见有不安厥分，交通在内近侍使令人员，妄行干求，或潜为援引，或畏威趋奉”现象，谕令要“通行内外及包衣佐领，严加申饬”。[③] 研究者认为“这里当然包括禁止交通太皇太后身边近侍，妄图通过太后以干求政务者”。[④]但实

① 《清圣祖实录》卷二六五，康熙五十四年九月丙寅。
② 《清圣祖实录》卷三三，康熙九年八月乙未。
③ 《清圣祖实录》卷三一，康熙八年八月壬申。
④ 孟昭信：《康熙大帝全传》，吉林文史出版社，1991 年，第 31 页。

际上，康熙帝还不能完全排斥祖母孝庄后过问朝政，真正做到皇帝的乾纲独断，仍需要新的契机。

四　平定“三藩之乱”与康熙帝的独揽大权

清初的“三藩”，是指占据云南、福建、广东三地封王驻守的平西王吴三桂、靖南王耿精忠、平南王尚可喜，权力之大有如藩镇。三藩各自掌控着当地的军队和赋税，渐成割据势力，其中以吴三桂势力最强，独霸一方，作威作福，威胁着清朝的政治一统，与朝廷和皇权构成日益尖锐的矛盾。藩王也自知处于朝廷防范的境地，吴三桂等在加强实力的同时，常常做出试探性姿态。康熙十二年，吴三桂、耿精忠得知朝廷有撤除广东尚可喜藩镇之意，遂上疏请求撤藩，实乃做出试探。这引起清廷君臣的斟酌和讨论，多数大臣认为仓促撤藩会激起叛乱，不宜实行。但康熙帝毅然决然地坚持撤藩，认为三藩迟早会走向拥兵反叛，不如及早撤除。这种决策，果然激起吴三桂等的叛乱，叛军很快攻占南方数省，全国处于大规模内战的状态，形势严峻，清廷将一切国务都置于以从事战争为中心的轨道之上。经过八年的艰苦奋战，清军才获取全胜，平定“三藩之乱”，达到更高阶段的国家统一，而付出的代价也十分巨大。

对于这段历史，学术界早有充分的史实梳理和分析评论，恕不多述。这里需要提出的是：平定“三藩之乱”的战争，对于康熙帝君权的强化、对于皇帝任用官员的乾纲独断、对于树立权威以利于推行儒学化的朝廷政治路线，都起到扫清障碍的作用，意义重大。在战争期间，康熙帝彻底改变了“太后不预政，朝廷有黜陟，上多告而后行”[①]的旧例，这可以视为军情紧急而必须的措置，孝庄后不得不予以认可。战争期间，清廷重用汉官、汉将，已经毫无阻力。在刚刚取得战略优势的康熙十七年，康熙帝就决定大开博学鸿儒特科，笼络汉人名流学者，随即于次年开馆纂修《明史》，当时皆传为盛事，这是亮出推行“汉化”的儒学政治文化旗帜，其进程颇为顺利。因此，康熙帝冒极大风险毅然撤藩，不惜陷全国于内战，很难说其中没有全盘政治设想的考虑。在一定程度上可以认为，正是平定“三藩之乱”的战争，创造

---

① 《清史稿》卷二一四《后妃传》，第 8902 页。

了清朝君主绝对专权的条件，使政治稳固地走上改造后的儒学化路线。

至此，我们可以对孝庄后与康熙帝之间的关系作一概括：

第一，通过康熙帝似乎恭顺的作为，祖孙之间保持表面融洽的姿态，其基础是孝庄后有着坚定维护直系子孙帝位的底线，使温情脉脉的纱幕始终没有扯破。这蒙蔽了时人以及当今的许多历史学者。

第二，孝庄后作为来自关外的统治者成员，政治上顽固守旧。由于孝庄后是在幕后干政，加之清廷在修史中的隐讳，似乎没有留下孝庄后政治上守旧立场的直接资料，但通过顺治帝的遗诏内容，因"圈地"处死户部尚书苏纳海、总督朱昌祚、巡抚王登联等史实，都可以判定孝庄后是实际的裁决者，证明其政治上认同于满洲贵族守旧派。康熙帝是儒学哺育下成长的政治家，具有改革体制以适应内地统治的强烈愿望，与孝庄后在政治上有着根本的分歧，康熙帝的频繁问安，是巧妙的政治博弈手段，是一种"哄"的策略。所谓"哄"者，兼具安慰、讨好与哄骗的内容。这稳住了孝庄后的阵脚，使双方都能理智地审时度势，互有退让。康熙帝与孝庄后虽有着趋新和守旧的矛盾，但毕竟是直系亲属，在帝王时代，维持嫡系家族的统治更为重要。顺治帝对其母的冷淡以及政治上的分歧，都没有导致孝庄后的反目，康熙帝以孝敬的温情稳住祖母，更非难事。在惩治鳌拜的定罪上，康熙帝照顾一下祖母的情绪也在情理之中，关键在于解决执掌朝政的权力问题。

第三，康熙帝在关键时会做出意料之外的决断，这同时也是魄力、能力的体现，例如擒拿鳌拜的举动。随后再以柔和姿态对孝庄后摊牌，可使孝庄后失落的同时也对孙子的能力感到欣慰。随着年纪渐老，孝庄后也只能认可。这场博弈，可以说康熙帝摸透了祖母的心思和性情，得心应手地占据了上风。

总之，至今史学界、文艺界对孝庄后的一味颂扬是错误的。不可否认，孝庄后具备政治智慧和见识，但历史评价应当主要看其政见是否符合历史发展的趋向，立场是守旧还是追求先进。另外，将孝庄后描述为康熙帝的指导者、培育者，更曲解了历史事实，实际上她是在政治博弈中败给康熙帝的人物。不过，康熙帝维护了这位祖母的完美形象，我们却没有理由随着清朝帝王的曲调来手舞足蹈。

（原载《齐鲁学刊》2013年第2期，孔永红署名第二作者）

清代国史馆考述

清代的国史馆在组织上规模很大，自常设后修史活动持续不断，是非常重要的修史机构。但迄今为止，无论是清朝官书还是今人著述，对清代国史馆的建置沿革、组织状况、管理机制、修史项目均语焉不详，因此有必要予以考述，以便举一反三，加深对清朝修史制度的认识。

一　清朝国史馆的建置沿革

国史馆是清廷为纂修纪传体国史而设置的修史机构，至康熙二十九年才首次开办，此前并不存在国史馆或与之相应的修史机构。清入关前曾设有内三院，其中内国史院具备纂修本朝史籍的职能，入关后顺治年间亦有内翰林国史院之制，其职掌与内国史院略同。但内国史院并非国史馆的前身，因为：第一，内国史院不单是修史机构，还具备撰拟某些官方文件的职责，并与内秘书院、内弘文院密切结合，是处理国务政事的中枢机关，与后来专以修史为务的国史馆不同；第二，内国史院的修史活动，在于保存和汇编档案史料、记注史事和编修实录等，并不包括纂修纪传体国史，与专为纂修纪传体国史而设的国史馆在修史职能上也完全不同；第三，内三院裁革后，代之以内阁和翰林院的设立，而多年之后始设的国史馆与之毫无因革替代关系。

清国史馆初非常设，至乾隆三十年才成为永久性修史机构，此前、此后两个阶段在组织管理、纂修任务等各个方面，都有很大的区别。康熙二十九年三月，山东道御史徐树谷疏请纂修太祖、太宗、世祖“三朝国史”，经礼部等衙门议准，于是清圣祖指示：“依议即行编纂……应行事宜，着内阁、翰林院会同详议具奏。”①四月，正式开设国史馆，大学士王熙为监修总裁官，大学士伊桑阿、阿兰泰、梁清标、徐元文为总裁，尚书、左都御史、侍郎、内阁学士、副都御史、詹事等职衔者十三人为副总裁官。②其他人员有满、汉纂修官各十二人，由内阁、翰林院、詹事府等衙门派充，设提调官二名，收掌官六名，誊录、翻译等二十四名，供事、伙房、门官共十八人，纸匠九人。③ 可见初设时规模就比较庞大。

康熙朝的国史馆前后开设了二十余年④，但三朝国史的纂修工作成效不大。康熙四十五年六月，清圣祖向国史馆发有谕旨：“开国功臣作传，当因其事迹先后，以定次第……俟作传毕，可录出，分给其子孙各一通，令藏于家。”⑤这说明康熙朝国史馆的主要工作，在于为开国功臣作传。昭梿《啸亭杂录》卷一“国史馆”条称：“康熙中，仁皇帝钦定功臣传一百六十余人，名曰《三朝功臣传》，藏于内府……其所取材，皆凭家乘，秉笔词臣又复视其好恶任意褒贬。”终康熙朝，也没有将功臣之传录出分发的记载，可见当时只纂成一些很不成熟的初稿而已，至于国史的纪、表、志等，更未有取得明显成就的记录。

雍正元年九月，清世宗向内阁发出谕旨，指示：“皇考圣祖仁皇帝特敕内阁、翰林院诸臣，纂修三朝国史，用扬列圣之鸿谟，并及诸臣之劳绩，迄今尚未编辑……着将国初以来文武诸臣内立功行间、敬诚任事卓越之才有应传述者，行文八旗，将诸王、贝勒、贝子、公以及文武大臣之册文、诰敕、碑记、功牌、家传等项详加查核，暨有显绩可纪者，亦着详察，逐一按次，汇成文册，悉付史馆。删去无稽浮夸之词，务采确切事实，编成列传。如此，可以垂之万世，庶为国家宣力有功之大

① 《清圣祖实录》卷一四五，康熙二十九年三月乙未，中华书局，1985年影印本。

② 《清圣祖实录》卷一四五，康熙二十九年四月乙丑。

③ 《清三朝国史馆题稿档》，载故宫文献馆编《文献丛编》，1937年第2辑。

④ 据《清三朝国史馆史馆题稿档》，康熙五十一年尚有国史馆总裁除授的记录。

⑤ 《清圣祖实录》卷二二五，康熙四十五年六月丁亥。

臣，不致泯没矣。”[①]当年十一月，内阁大学士等议奏：“国史纪载，传信万世，应将太祖、太宗、世祖、圣祖四朝有功任事之臣，博采见闻，查核一切档册，陆续作传。其满、汉监修副总裁等官，恭候钦定。”清世宗随即令纂修《清圣祖实录》的大臣兼摄，纂修官另派。[②]以上记载表明：第一，雍正朝开设国史馆，仍以纂修有功任事诸臣列传为主；第二，既重新任命总裁及派遣纂修官，说明康熙朝的国史馆在组织上已不存在，雍正朝此举乃是清代的第二次开设国史馆；第三，由实录馆大臣兼摄国史馆，说明清世宗对纂修国史并未十分重视，后来，他又将八旗志书馆同样交与实录馆大臣兼摄。《清圣祖实录》告成后，国史纂修与《八旗通志》的纂修在组织上仍纠缠在一起，是雍正朝国史馆建置上的不足之处。

雍正朝纂修国史的成绩依然甚小，连当时修史活动的具体情况也缺乏记载而难以得知，清廷通过纂修国史列传表彰“为国家宣力有功之臣”的目的也未实现。但是，清世宗发明建立昭忠祠、贤良祠以及由翰林院等纂辑《功臣传》《贤良祠小传》的方式，达到了表彰有功任事之臣的目的，一定程度上弥补了纂修国史列传在政治需要上的迫切性。乾隆元年三月，议准礼部左侍郎徐元梦的奏请，续修国史，下令收集雍正年间文武大臣谱牒、行述、家乘、碑志、奏疏、文集等资料，各衙门将之“查明申送史馆”，并提出“纂修官不敷，于翰林内选择充补”。[③]说明此时不是重开国史馆，而是雍正时的“四朝国史”馆未曾关闭，仅将纂修范围予以延伸而已。然而乾隆初的这次续修国史，虽首先议论了收集大臣列传资料的问题，但实际是将纂修“五朝本纪”置于首位。至乾隆元年十月，《清太祖本纪》已经纂成，由国史馆总裁鄂尔泰等进呈御览，并提出先将太祖至圣祖的四朝本纪编定之后，再排纂表、志、列传各项。对此，清高宗特作指示，现在不仅要编撰四朝本纪，“我皇考本纪亦应及时敬谨编辑”。并且要求国史馆“一面办理本纪，一面将表、志、列传等排纂”。[④]次年二月，清高宗又特别

---

① 《清世宗实录》卷一一，雍正元年九月丙午，中华书局，1985 年影印本。

② 《清世宗实录》卷一三，雍正元年十一月戊子。

③ 《清高宗实录》卷一五，乾隆元年三月癸丑，中华书局，1985 年影印本。

④ 《清高宗实录》卷二八，乾隆元年十月丙寅。

指出,《清世宗本纪》要将践祚之前的事迹编入,并须经他亲自加以笔削。[①]这表明清高宗对编纂本纪格外重视,而编纂五朝本纪乃是当时国史馆工作的重点。及至乾隆十四年十二月“壬辰,五朝国史告成”[②],国史馆的修史活动也于此中止。在这十几年的修史过程中,国史馆完成了“五朝本纪”的编纂[③],还初步纂成了天文、时宪、地理等十四志,编辑了顺治元年至乾隆九年的《皇清奏议》。

关于十四志的纂修,嘉庆十二年国史馆总裁庆桂等人的奏议中称:“天文、时宪、地理、舆服、仪卫、礼、乐、兵、刑法、职官、选举、食货、河渠、艺文等十四志均于乾隆十三年告竣,恭送皇史宬存贮。”[④]而在本年七月的另一奏议中还提到乾隆十三年修成的十四志,内容截止于雍正十三年[⑤],未载入乾隆年间史事。

关于《皇清奏议》的编辑,起于乾隆元年九月,清高宗谕令:“至本朝定鼎以来,从前臣工章疏有忠谠剀切、卓然可传者,着内阁、翰林院派员精选,进呈刊刻,以垂示将来,俾后进奉为模楷。”[⑥]此书在《国朝宫史续编》卷九十有所著录:“《钦定皇清奏议》一部,顺治元年起,至乾隆九年止,凡四十册。”庆桂等在嘉庆十二年十二月的奏折中也提到:“《皇清奏议》一书,从前国史馆曾钦遵高宗纯皇帝谕旨纂辑,自顺治元年起,至乾隆九年止,凡臣工章奏有裨时政者,均经采录成书。”[⑦]可见乾隆朝所纂《皇清奏议》内容范围是从顺治元年至乾隆九年。又据光绪朝《大清会典事例》载,乾隆十年,“敕编《皇清奏议》”。[⑧]这应当是该书的告成之时。综上记载,《皇清奏议》的编辑始于乾隆元年九月,乾隆十年告成,内容范围为顺治元年至乾隆九年,由国史馆进行编辑。

---

① 《清高宗实录》卷三六,乾隆二年二月乙丑。

② 《清高宗实录》卷三三五,乾隆十四年十二月壬辰。

③ 当时“五朝本纪”成,但尚未装潢成册,见《国朝宫史续编》卷八八所载清仁宗谕旨。

④ 《国史馆档案》编纂类,第522号卷。藏于中国第一历史档案馆,后同。

⑤ 《国史馆档案》编纂类,第522号卷。

⑥ 《清高宗实录》卷二七,乾隆元年九月壬子。

⑦ 《国史馆档案》编纂类,第522号卷。

⑧ 光绪《大清会典事例》卷一〇四九《翰林院·纂修书史一》,《续修四库全书》本,上海古籍出版社,2002年。

康熙朝和雍正朝的国史馆，以纂修有功任事大臣的列传为主要任务，职能既不完备，成绩亦甚微小。修撰本朝国史，列传一项所面临的问题最为复杂，牵涉着对清初以来若干政治事件的认识和对许多历史人物是非功过的评定。例如：开国功臣中有后来获罪者将如何对待？有些功臣为前明降附之人则怎样评定？所有这些，当时皆未形成成熟的、符合封建政治伦理和清统治者根本利益的思想标准，列传的修撰便很难措手。乾隆初至十四年在纂修国史上有了很大进展，把重点置于五朝本纪的编撰方面，并且基本完成定稿，同时取得了初纂十四志和编成《皇清奏议》的成绩。但是，清高宗提出的纂修本纪同时也要排纂列传的设想依然成效不著，究其原因，仍与康雍时期一样，在国史列传的纂修上缺乏明确而成熟的指导原则。乾隆十四年十二月，国史馆在取得一定纂修成绩后，纂修活动渐渐消退，进而势同关闭，这表明清廷在纂修国史问题上，尚未摆脱康熙朝以来的摸索尝试，仍处于国史馆发展中的不成熟阶段。

国史馆修史活动停滞了十几年后，乾隆三十年六月，清高宗发下长篇谕旨，指示重开国史馆，纂修国史列传。他否定了过去国史馆只为功业、政绩素著者大臣立传的做法，要求对以往所纂大臣列传通行检核、增删考证，做到据事直书、功过不隐。不论是有功之臣、获罪废弃之人或美恶参半之人，“大臣之贤否，均不可隐而弗彰”。[①]本年九月，清高宗再发谕旨，着重指出“列传体例，以人不以官”，所立列传，必须是有事功、学术足纪，及过迹罪状之确可指据者，儒林中如顾栋高等经学明粹之士，虽布衣平民在所不遗，列女中节烈可称者亦当核实立传。他指示诸史臣要“稽之诸史体例，折衷斟酌，定为凡例，按次编纂，以备一代信史”。[②]这两次谕旨对清代国史馆的发展有重大意义。第一，确立了纂修国史列传的准则，将之正式纳入封建朝廷编撰一代正史的轨道，提出了功过不隐、以备一代信史的撰著宗旨；第二，体现了清廷对编修国史的重视，已开始下定决心、集中力量攻克纂修列传这个国史中的难点。乾隆四十三年初，清高宗决心为多尔衮彻

① 《清高宗实录》卷七三九，乾隆三十年六月丁卯。

② 《清高宗实录》卷七四四，乾隆三十年九月戊子。

底平反，恢复其和硕睿亲王的爵号和名誉，指示为其立传，要如实记述其开国功业，从而具体地解决了撰述开国时期历史人物事迹的一大难题，树立国史“公是公非”的一大样板。乾隆四十一年十二月，清高宗明令国史应立《贰臣传》，将前明大臣降附本朝者归入，使这些“大节有亏”之人不与其他臣工混淆，以示大公至正。随后于乾隆四十三年、五十四年先后指示《贰臣传》要分甲、乙两编、要另立《逆臣传》等等，进一步将封建纲常伦理贯彻于修史活动。这在思想实质上虽相当陈腐，但在当时导致高潮迭起，推动了官方史学的发展。从此，国史馆在列传纂修上结束了以往长期裹足不前的状态，取得了长足发展。从乾隆三十年至乾隆末，国史馆主要集中力量纂修列传。至嘉庆朝，除了将列传的编纂定为国史馆常行功课外，又全面恢复了帝纪、十四志的纂修，并且发展《皇清奏议》和画一臣工列传的工作，还承担了《大清一统志》的编撰，国史馆的章程进一步健全，人员编制有较大扩充，职衔设置日益细密，是清代国史馆的成熟时期。

道光以后，国史馆基本是沿袭乾嘉时期形成的定制，按部就班地进行着各项纂修活动，这中间虽不乏制定各类史籍凡例、补充史馆章程的举措，但修史活动并无很大起色，未形成新的高潮。直至清朝灭亡，国史馆的修史活动从未停止，是国史馆长期维持和延续的阶段。清朝国史馆在乾隆三十年六月之后成为常设机构，是其成熟健全的标志，下文的考述均为国史馆常设后的状况。

二　国史馆的官员组成及内部机构

（一）国史馆的官员组成

关于国史馆内的设官分职，较集中的记载最早出于嘉庆朝《大清会典》。该《会典》专列“国史馆”一条，其中叙次国史馆官员有：总裁，特简，无定员。提调，满洲二人，以内阁侍读学士、侍读派充；汉二人，以翰林院侍读等官派充。提调掌章奏文移，治其吏役。总纂，满洲四人，汉六人。纂修，满洲十二人，汉二十二人。满洲总纂、纂修以内阁侍读学士、侍读、中书及部属科道等官派充，汉总纂、纂修以翰林院侍读学士以下等官派充，掌分司编纂之事。校对，满洲八人，汉八人，以内阁中书派充,掌文字校勘之事。[①]

这个记述十分疏略,职掌既不明晰,官员也有遗漏。光绪朝《大清会典》的“国史馆”条,一字不差地照抄了嘉庆《大清会典》原文,不仅没有补正原文舛漏,而且也不顾多年来史馆官员职掌的变化,更属敷衍草率。民国时期纂辑的《清史稿·职官志》,在“国史馆”条中补充了清文总校一人,蒙古提调、蒙古总纂各二人,蒙古校对八人,又言“纂修、协修无定员”,“光绪间增置笔削员十人”等等[②],这虽然在官员组成的记载上稍胜于《大清会典》,但仍不完整,尤其看不出国史馆在官员设置上的发展变化,还出现了新的差误。为了辨明清代国史馆的修史机制,有必要对其各种官员的设置及其职掌作一较完整的清理。

1. 总裁和副总裁

国史馆设总裁和副总裁,由皇帝特简。总裁一般由大学士、尚书兼任,副总裁一般为尚书、侍郎等官派充,皆有满员和汉员。直至道光朝,国史馆总裁、副总裁仍无定员,如嘉庆《大清会典》所述。但从咸丰朝始,便明显地向有定额员缺过渡。

咸丰三年六月初一日,国史馆在一份请旨简派总裁等的奏疏中称:“窃臣馆向来满汉总裁各一员,满、汉副总裁各一二员不等”[③],是此时业已形成国史馆总裁满、汉各一员的规制,唯副总裁尚未定员。光绪二十七年国史馆在同为请旨简派正副总裁的奏疏中则称:“案照臣馆额设满、汉总裁各一员,满、汉副总裁各一员。凡出缺时特旨派充,如逾三个月后,由臣馆奏请简派,历经遵办在案。”[④]说明国史馆最终形成了总裁、副总裁各二名,满汉员缺对等的定制。这个定制是逐步形成的,实际上总裁满汉各一员、副总裁满汉各一员的设置由来已久,在咸丰、同治年间国史馆的进书奏折的署名上已皆如此,甚至道光年间已有此先例。如道光十六年前后,国史馆总裁为文孚和潘

① 见嘉庆《大清会典》卷五五“国史馆”条,载《近代中国史料丛刊三辑》,台北文海出版社,1992年。

② 《清史稿》卷一一五《职官二》,中华书局,1976年,第3312页。

③ 《国史馆档案》人事类,第736号卷。

④ 《国史馆档案》人事类,第736号卷;庶务类,第1118号卷,光绪二十七年行移档。

世恩，副总裁是汤金钊和赛尚阿。[①] 可见正副总裁各设二人的编制早已实行，只是被承认为朝廷定制尚须待之以时而已。国史馆总裁、副总裁从大学士、尚书等重要官员中特简，不仅官衔、品级很高，而且往往又是皇帝最信任、最得力的满汉大臣，这表明了国史馆是具有重要地位的修史机构，也反映出清廷对纂修国史工作的极其重视。

总裁、副总裁对国史馆的工作负有全面性责任，所修各种史籍均须由正副总裁作认真的审定，其中满人总裁要负责满文本的细致校定。正副总裁皆是朝廷重臣。他们代表国史馆向皇帝请旨修书、上表进书、题请议叙修史人员、请派纂修官员等等，又向史馆传达修史任务、期限，批审史馆规章或将之转奏朝廷审定，起到国史馆与朝廷之间的沟通作用。至于国史馆内部具体的行政事务，则越到后来越不甚过问，多交与提调官处理。

2. 提调

国史馆额设满、汉各二人，至宣统年间又增蒙古提调二人。[②]提调为国史馆内具体事务的负责官员，馆内人员的调拨、纂修功课的督催、与其他政府机关的文书往来，以及所有人事、经费、业务上的杂事，均由提调主持处理。提调由内阁侍读学士、侍读及翰林院侍读等兼任，亦属文词之臣，又往往从纂修官中升任，在修史上亦为行家。这不仅使其管理国史馆日常事务十分方便，而且提调本人也常常亲自参与修撰国史，成为国史馆中极重要的官员，故光绪三十三年国史馆在《酌拟国史馆改良办法》一折中有“提调总一馆之成”的说法。[③]至迟在道光年间，国史馆中即有了“提宪”的称谓[④]，所谓“提宪”，当为提调中一二名最主要的、懂修史业务的官员。在清朝后期，提宪代替了总裁所负责的部分审定史稿的工作。光绪三十四年和宣统年间《十四志公阅本档》[⑤]中都记录着史志成稿先由提宪审阅、再交总裁过目，国史馆拟定的“办传事宜”中也提到，近年以来，“志传各书大都

---

① 《国史馆档案》编纂类，第 442 号卷，进呈《礼志》折。

② 宣统元年国史馆的《官名档》首次出现“蒙古提调二人”的记录。见《国史馆档案》人事类，第 977 号卷。

③ 载《国史馆档案》编纂类，第 1 号卷。

④ 《国史馆档案》编纂类，第 17 号卷存有道光五年及其后的提宪谕示文书。

⑤ 载《国史馆档案》编纂类，第 470 号卷。

提宪躬亲审定，每届预备功课无不忙迫”。[①]说明提宪在审定史馆进呈功课的定稿中负有主要的职责。总之，清代国史馆的提调官，在事权和地位上是处于不断上升的状态。

3. 总纂和纂修

乾隆朝的国史馆，并无总纂一职。嘉庆年间修《清高宗实录》，首先在实录馆设置总纂官，国史馆亦仿而添设。最初满、汉总纂各设二人，嘉庆十二年底各增设二人[②]，嘉庆十六年国史馆承办《大清一统志》，又增汉总纂二人，于是形成了满总纂四人、汉总纂六人的定制。[③]宣统初增有蒙古总纂二人。

国史馆纂修官最初为满汉各八名，嘉庆十二年底增设满纂修四名、汉纂修六名[④]，嘉庆十六年因纂办《大清一统志》又增汉纂修八名，遂形成满纂修十二员、汉纂修二十二员的定制。[⑤]《清史稿·职官志》所谓国史馆纂修官“无定员”的说法是错误的。

总纂和纂修是实际执笔撰写国史馆承办的各种史籍的官员，由纂修撰成史稿，交与总纂删定改正，因此，总纂一职在国史馆中发挥着重要的作用。

4. 协修

自乾隆朝国史馆成为常设机构，即设有协修官。乾隆中国史馆纂办《皇清开国方略》，有关档案文书中即有“奉舒中堂谕，本馆满协修官芳泰令专办《皇清开国方略》清文”的记载。[⑥]协修官本为馆中额定纂修官不敷任用而增置，令一些官职较低但具备修史才干的人充任。而国史馆纂修官不够乃为常事，故协修官亦同于常设，惟其无固定名额，视需要而增减，往往数额极多。协修的来源，可由国史馆向内阁、翰林院等衙门行文咨取，有时也采用招考的方式录取。如咸丰七年、八年、九年国史馆连续进行了较大规模招考协修之举，咸丰九

---

① 载《国史馆档案》编纂类，第1号卷。
② 《国史馆档案》编纂类，第522号卷，庆桂等《酌拟添办志传章程》奏折。
③ 《国史馆档案》庶务类，第1068号卷，嘉庆十九年事宜单修改草底。
④ 《国史馆档案》编纂类，第522号卷，庆桂等《酌拟添办志传章程》奏折。
⑤ 《国史馆档案》庶务类，第1068号卷，嘉庆十九年事宜单修改草底。
⑥ 《国史馆档案》编纂类，第47号卷。

年正月国史馆考试协修履历单上列有该届报考者五十多人。[①]这对于通过科举之途入仕无望的读书人来说,不失为另一进身之阶。报考国史馆协修,要由原所属单位出具保举证明,写明该人姓名、身份、年龄、长相以及父、祖、曾祖三代的姓名、身份、存殁,并注明报考者有无刑罚、丧葬之类的违碍情况。[②]

5. 清文总校

国史馆清文总校一职[③],初设于嘉庆朝,据国史馆于咸丰三年的一件请派总裁与清文总校的奏折记述:"嘉庆十六年七月十五日,仁宗睿皇帝特降谕旨:哈宁阿、成宁、成格着充国史馆总校官,恭阅清字正本。钦此。"[④]这是此职的最初设任,道光四年七月,耆英亦曾担任此职[⑤],而其职衔乃为国史馆"总校"。最初是同时任用三人,至晚清时才专设一人。道光三十年,国史馆拟定的《现办画一列传凡例》规定:"国史馆总校应添书'清文总校'。"[⑥]盖其只负责史稿满文本的校定,故有此更正其职名的规定。国史馆纂修的国史本纪、列传等,均须缮写满文正本,在清朝后期精通满文的人才日益缺乏的背景下,为保证满文本少出错误,清文总校便成为国史馆不可或缺之职。国史满文本经清文总校详慎校对签正之后,再送满总裁一阅,方为定稿。

6. 收掌

收掌官是负责馆中所用书籍、资料的保管和收发的官员,为国史馆最早所设官职之一,常定员额一般为四名,间用满汉人员。其中三名向内阁咨取,一名由翰林院派充。有时也采用招考方式,报考手续与协修官同。[⑦]收掌原为国史馆中较重要职官,故宫文献馆 1935 年编印的《清内阁库贮旧档辑刊》第五编《国史馆调取史书档》载有道光年间国史馆调取六科史书档册的文书,皆由收掌官签名画押。而同治、光绪年间,国史馆的《谨拟开办儒林、文苑章程》中却称:"馆中收录发

① 《国史馆档案》人事类,第 948 号卷。
② 《国史馆档案》人事类,第 981 号卷。
③ 清朝时将满文称"清文"。
④ 《国史馆档案》编纂类,第 736 号卷。
⑤ 《清史列传》卷四〇《宗室耆英传》,中华书局,1987 年,第 3171 页。
⑥ 《国史馆档案》编纂类,第 1 号卷。
⑦ 《国史馆档案》人事类,第 981 号卷。

送各书,应由提调专派供事经理”[1],表明原属收掌的职责已有一部分被供事取代。但是,尽管收掌的重要地位有所下降,而此职一直设至光绪朝之末,光绪三十四年国史馆奏请议叙的奏疏仍开列有收掌的职名。[2]至宣统年间所立的国史馆《官名册》,始不见载有收掌一职,很有可能是在宣统初年被裁革。

7. 校对、翻译、誊录

嘉庆年间曾规定国史馆校对满、汉各八名,翻译八名。誊录满、汉各十名,但实际上还使用大量的额外人员。[3]校对负责国史纂修稿中文字的校勘,翻译负责文献与史稿满、汉文之间的转译,誊录则要以工整字体抄录所修史稿,以及从档案、实录等典籍中抄录史料以供修史之用。校对、翻译、誊录人员都须向内阁和吏部咨取。由于他们在馆中职位很低,所需员额又多,尤其是誊录,清朝修书各馆皆需大量任用,所以从落第举人、贡生、监生等中简选成为主要方式。[4]乾隆八年就曾规定允许举人以下至生员自愿报考翻译和誊录,以充修书各馆应用,不过须由吏部统一考取,分派各馆。[5]至于校对,国史馆则可以自行招考,这在档案中历有记载。[6]

8. 供事

国史馆供事本为馆内经办各种具体杂务的值勤人员,有时也参加抄录史料等誊录性工作。嘉庆时曾规定正式供事员额为二十人,但实际上额外人员很多。供事由提调分派馆内各个机构上值勤。举凡登记考勤、记录功课、登载本馆各种档册以及一些文件、史料、史稿的收发等等,均由供事经手办理。事务繁杂而各有专责,导致供事的职权加重,分化出等级差别。例如“总办供事”地位较高,同治十三年五月国史馆的一件告示中有“总办供事为阖馆领袖,事务较繁”的说法[7],可见其职任之重要。即使国史馆内部某一机构的专职供事,也

① 《国史馆档案》编纂类,第1号卷。
② 《国史馆档案》庶务类,第1118号卷,行移档。
③ 见《国史馆档案》庶务类,第1068号卷,事宜单。
④ (清)刘凤诰:《存悔斋集》卷六《实录馆复奏折》,清道光十七年刻本。
⑤ 见《清高宗实录》卷一九五,乾隆八年六月戊寅;卷一九八,乾隆八年八月壬子。
⑥ 见《国史馆档案》人事类,第948、981号卷。
⑦ 见《国史馆档案》编纂类,第525号卷。

分出“承值”“帮承值”“散班学习”等不同级别。[1]光绪三十三年国史馆的《酌拟国史馆改良办法》，就是两名供事（王端观和郑懋祺）所撰，交提宪阅改后上奏朝廷[2]，这充分说明了供事在晚清国史馆中事权的膨胀。

9. 笔削员

光绪三十四年初始设立，当时鉴于纂修官多不到馆办公，不得已由总裁另派十人专司笔削，派定功课，按月纂办，每月功课完成则月支津贴银五十两。

从国史馆的编制来看，各级别的官职人员似皆有定数，但实际上变通和流动很大。由于国史馆纂修任务繁重，额定人员远远不足。纂修官之不足以无定额的协修作为补充，而校对、收掌、翻译、誊录、供事人等均有额外人员，额外人员没有限数，可依需要来补充。如光绪二十七年国史馆开列的值班收掌官有十一人[3]，《国史馆档案》第781号卷所存一名单中，仅额外收掌官就有十二人。誊录、供事人员数量更多，光绪三十三年《酌拟国史馆改良办法》的奏折提到：“总纂、纂修、协修任纂辑之事，计有一百余员之众，而供事之录副、查书以供奔走者，其数尤多。”[4]由此可见，清代国史馆的规模是相当庞大的。

在国史馆中，总裁、提调、总纂、纂修、协修等各级官员调任他职者随时皆有，校对、收掌、翻译、誊录、供事人员的流动性更大，每值书稿修成或在馆内服役一定年限，按例皆可题请议叙，一部分人员便辟为他职。每临科举考试，亦有一些人应试，国史馆不加限制。虽馆内总要留用一些熟手从优任用，但总的看来人员流动十分频繁。如光绪二十五年七月国史馆开列的报请议叙名单中，评为超等的有50人，一等的有605人，二等的23人，单上皆写有姓名[5]，还未包括总裁、提调以及其他许多不被议叙的官员在内。这一方面反映了国史馆人员编制规模很大，也表明人员调入调出的流动性强，才会出现这么多有待议叙之人。

---

① 见《国史馆档案》人事类，第971号卷，光绪三十四年加班考勤簿。

② 见《国史馆档案》编纂类，第1号卷。

③ 见《国史馆档案》庶务类，第1118号卷，行移档。

④ 《国史馆档案》编纂类，第1号卷。

⑤ 《国史馆档案》庶务类，第1118号卷，行移档。

(二)国史馆内部机构及管理制度

国史馆内部机构的组成无明文记载,《大清会典》也未阐述。在现存《国史馆档案》中散见有翻译股、总纂处、满总纂处、校对处、誊录处、承发处、前堂、后堂、书库、满堂、蒙古堂、长编处、大臣传处、画一传处、十四志处、奏议处等等名目,编制较为杂乱,有的名称亦不统一。但是,从这些名称中可以看出国史馆内部机构大部依照两条系统建置,二者经纬相辅:一条是管理系统,针对馆中同一类别的人员而设,管理着同一性质的业务或事务工作,如翻译股、总纂处、承发处、校对处等等即属此类;另一条是修史专项系统,依国史馆承担的专门纂修任务而设,如长编处、画一传处、十四志处、奏议处等等即是。国史馆供事大多分派到国史馆内部的各个机构,以期事有专责,如承发处供事称"承发供事",大臣传处供事称"传头供事"等等。而这些机构称"处"、称"股",并无严格界定,长编处有时也写作"长编股",大臣传处也写作"臣工列传股"等等。

国史馆曾规定馆中公阅书籍及稿本不得携出馆外,这样,纂修人员查阅资料就必须到馆,因而议定了纂修官员每月到馆十四五天的制度,由供事人员登记于簿,以便统计出勤。后来,这个规定放松为半年一统计到馆天数,若不满七十日,须在下半年补足,全年到馆不足一百四十日则计日扣削其桌饭钱。[①]大约于嘉、道之际,便改行了"堂期考勤"的制度。

所谓"堂期考勤",即规定每月逢三、六、九日为堂期(每月初三、十三、二十三,初六、十六、二十六,初九、十九、二十九日),届时到馆并由考勤人员登记于册。堂期考勤有时被分割为"单日考勤"和"双日考勤"而分别登录。单日考勤是指每逢堂期中的单日(逢三、逢九日),双日考勤指堂期中的双日(逢六日)。每届堂期,纂修官直至供事的各级职官、人员均须到馆,其中重要事务之一是查阅档案和其他书籍,录出纂修国史所急需的史料。由于堂期每月仅有九天,而且早晨到馆、中午即散值回家,查阅资料效果较差。光绪年间曾有加班制度,立"加班考勤簿"[②],以解决堂期查阅资料时间不足的问题。但以

① 《国史馆档案》庶务类,第 1068 号卷,国史馆事宜单。

② 《国史馆档案》编纂类,第 1 号卷,《禀呈提宪办传事宜书》。

前是否有加班制度，因史料缺乏难以知晓。除堂期考勤外，国史馆还在每月朔、望日点卯，供事等人例应到馆，并立有“卯簿”予以登记。①

总的看来，国史馆的考勤制度相当松弛，而且有每况愈下的趋势，纂修人员日益不愿到馆办公，甚至供事人员也往往缺勤。同治十年九月初一日的国史馆告示称：“大臣传、画一传、十四志、长编处各股供事等知悉：现在每逢堂期，纂修、协修大人到馆，该供事往往尚有未到者，殊属不成事体。嗣后着该供事等务于堂期日准巳刻到馆。”②今《国史馆档案》中还存有道光朝之后的“卯簿”，为每月初一、十五日登录校对、誊录、供事人等所任职事，是上述人员半月间工作的汇总，兼备考勤性质。从“卯簿”中可以看出，不到馆的缺勤人数越来越多。至光绪二年六月国史馆提宪发下特谕：“国史馆为传知事。六月初一日奉提宪谕，供事等知悉：每月朔、望日点卯，例应全到。近来到者甚少，且有永不到者，殊属玩误。嗣后每届点卯，务须全到，如有无故三次不到者，卯簿除名。”③之所以发生这种情况，恐与国史馆向无办公经费有关。国史馆人员编制虽十分庞大，却没有自行支配的经费，“惟度支部发给纸张折价及饭银，通计一年所领不过千余金”。④其他如修造房舍、凉棚，向工部咨取工料；夏季降温冰块，向内务府咨取；笔、墨、裱装绫绢等物料，都实行供给制。馆内纂修官员皆以其原职兼充，其薪俸仍从原衙署领取。部分誊录、供事人员，乃自备资斧在馆中服务，几乎等于无偿劳役。光绪年间的国史馆行移档案就记有三名誊录因个人“资斧不继，告假出京措办”之事。⑤国史馆的各级官员只能从馆内支领少量桌饭银两，官职越小，桌饭钱也越少。那些下级官员和誊录、供事人员，向往的是通过参与修史，获得议叙辟用，聊为进身之阶，随着官僚队伍的臃肿，议叙辟用也越来越难以兑现，任事的积极性自然日趋减退。鉴于这种状况，清廷于光绪三十四年初修改国史馆章程，决定每年拨经费三万两银，向馆中各级

---

① 《国史馆档案》人事类，第 945、972 号卷。

② 《国史馆档案》编纂类，第 525 号卷。

③ 《国史馆档案》庶务类，第 1068 号卷。

④ 《国史馆档案》编纂类，第 1 号卷，《酌拟国史馆改良办法》。

⑤ 《国史馆档案》庶务类，第 1117 号卷，光绪十四年行移档。

官职、人员发放津贴，同时整顿考勤、检核功课及其他管理制度。[①]但此时已至清末，清政权的统治风雨飘摇，国史馆势难再度振起，仅维持其职事而已。

三　清朝国史馆承办的纂修任务

清代国史馆的主要职责是承修国史，国史的主要史料来源是实录、六科史书及各种档案。清朝的国史包括本纪、表、志、列传四项内容，其体例依仿《汉书》以来的正史。乾隆十四年之前，国史馆纂修的传记、十四志及《皇清奏议》等情况已如上述，不再多赘。乾隆三十年国史馆成为常设机构之后，纂修纪传体的国史而外，还有一些由纂修国史而派生出来的编纂项目，以及朝廷特交的修撰任务。以下分别予以简述。

（一）国史的本纪、志、表、列传

在清代的国史馆中，本纪、志、表、列传的纂修，因其内容特点的不同而各有不同的具体情况。

本纪：本纪以一朝皇帝的活动为中心，按年、月、日顺序记载皇帝及朝廷的重要政事活动。乾隆初至乾隆十四年，当时的国史馆修成太祖至世宗的五朝本纪，一举而成定本。嘉庆八年十二月，当时《清高宗实录》正在纂修，即令国史馆着手编撰《清高宗本纪》，以已进呈御览的部分实录稿本为依据。这种紧步纂修实录工作的后尘编撰本纪的方法，从此相沿成例。列朝本纪因根据实录修成，定稿后一般皆不再改动，是国史中最能及时成书且最稳定不变的部分。每种本纪定本都要缮写成满、汉文本各二套，现今大部分皆完好地存于台北故宫博物院。[②]

志：清国史的志有十四项，即天文、时宪、地理、河渠、食货、礼、乐、兵、刑法、舆服、仪卫、职官、选举、艺文，合称“十四志”。乾隆初至乾隆十四年，已修成初步稿本，内容止于雍正十三年。志的体裁与本纪不同，每一种志都要不断补充后来的新内容，但乾隆三十年再开国史馆，乃集中力量纂修列传，未遑续修十四志。至嘉庆十二年七月，

---

① 见《国史馆档案》编纂类，第1号卷。

② 庄吉发：《故宫档案述要》第六章第二节，台北故宫博物院，1983年，第381、387页。

国史馆才提出接续纂办十四志。[①]道光四年二月，国史馆奏准以十四志作为馆内常行功课，即与列传一样每季进呈一次，每次四卷。[②]但是，各志的进度则极不平衡，如同治年间国史馆开列的一纸清单表明，当时天文、时宪志刚刚纂至乾隆年间，而河渠志已纂至咸丰朝。[③]清国史馆纂修的十四志稿本、进呈本等等尚多有留存，凡名称冠以“大清国史”字样者（如《大清国史地理志》），均为乾隆十四年以前纂成的旧本；凡冠以“皇朝”字样者（如《皇朝地理志》），则为嘉庆朝以后至晚清续办而成。今大多亦藏于台北故宫博物院[④]，是研究清朝典章制度的重要史料。

表：清国史馆纂修的表，包括《文职大臣年表》《武职大臣年表》《满忠义表》《汉忠义表》以及有关皇族、宗室人员的史表等多种，名目极繁，其中最重要的是文、武大臣年表。清廷规定，可列入国史大臣年表的官阶为朝官副都御史以上，外官总督、巡抚以上，武职副都统、提督以上官员。《文职大臣年表》着手纂修较早，其中又分“内阁大臣”“各部院大臣”“直省总督”“直省巡抚”等等类目。《武职大臣年表》至嘉庆二十五年才着手纂辑，至道光十五年修成了清初至嘉庆十五年的《武职大臣年表》[⑤]，后历有续纂。大臣年表的纂修，自嘉庆朝始形成每隔十年或五年奏请续纂一次的定例。[⑥]

列传：纂修列传是清国史馆最繁重的工作，自乾隆三十年再开国史馆，列传的纂修即常行不辍。除一般的臣工列传外，清高宗还提出设立《贰臣传》《逆臣传》两个门类，但他却反对国史中再多设类传名目，乾隆四十八年的一次上谕说：“国史体例与历代史不同，馆臣纂辑，惟应据事直书，毋庸分别各门。至若忠烈廉孝，以及奸臣宦官，历代皆附入列传。我朝百代升平，并无此等事也。惟《贰臣传》一门前经降旨另编甲乙，至叛逆之臣如吴三桂等，亦应明正罪状，另立一门，

---

① 《国史馆档案》编纂类，第 522 号卷，国史馆总裁庆桂等奏折。

② 《国史馆档案》编纂类，第 442 号卷，进呈《礼志》折。

③ 存《国史馆档案》编纂类，第 1 号卷。

④ 庄吉发：《故宫档案述要》第六章第三节，第 393 页。

⑤ 《国史馆档案》编纂类，第 376 号卷，贾桢等呈进《大臣年表》奏稿。

⑥ 见《国史馆档案》庶务类，第 1068 号卷，嘉庆十九年事宜单；编纂类，第 1 号卷，宣统元年三月国史馆奏稿。

用昭斧钺之严。”[1]但是，到乾隆五十九年，为表彰所谓尽忠尽义死难之士，便于国史中立《忠义传》[2]，而其他如儒林、文苑、循吏、孝友、列女、土司、四裔等类传，皆于嘉庆年间先后纂修，清朝国史毕竟还是仿从历代正史设立了各种类传。

纂修国史列传的材料来源，主要有吏部造送的大臣履历单，摘自各种档案的事迹册，各地方衙门报送的事实清单、出身清单、政绩与功绩折以及其他文献，这些资料大部分由国史馆直接向各衙门行文咨取。清历朝实录、《皇清奏议》等官书也是核实史料的重要依据。但各种类传特点不一，如循吏、列女、孝友等传要靠地方官报送资料和查阅《大清一统志》等，儒林、文苑等传的编纂更须辅以图书的征集。

乾隆年间对国史馆纂修列传的进度督察甚严，乾隆三十二年，稽查钦奉上谕事件处奏准每三个月核查一次国史馆呈进列传的数量[3]，后来就演变成规定每季度进呈列传十六篇[4]，作为国史馆的常行功课。除了万寿节期间、国丧缟素期间等等依礼制例不进书、须以后补进之外，极少打破每季定期进呈列史稿的规则，这个定例一直延续下来，直至清朝灭亡。

(二)画一列传

列传修成进呈后，还不能作为最后定稿，这是因为，第一，各篇列传出于众手，体例难免不一；第二，以后朝廷对该大臣的加封、追谥、荫恤或削夺等等还须补入；第三，传稿各自成篇，各为一册，篇幅不齐，还须分类归卷，统一编排。随着列传的不断纂修，问题便越积累越多，至嘉庆十六年七月，因福建道监察御史潘恭辰奏请，国史馆奉旨对积存的国史列传进行大规模的查改画一工作。这次的查改画一是将开国直至乾隆六十年的国史列传统一书法和体例，补入朝廷对大臣后来追加的或奖陟、或贬黜的决定，并进行分类归卷，这就包括

---

① 光绪《大清会典事例》卷一〇五一《翰林院·纂修书史三》，《续修四库全书》本，上海古籍出版社，2002年。

② 《国史馆档案》编纂类，第522号卷，嘉庆十二年七月庆桂等奏折。

③ 乾隆四十九年闰三月初十日阿桂奏折提到此事，存军机处月折包档，现藏台北故宫博物院，转自庄吉发《故宫档案述要》第六章第五节，第422—424页。

④ 见《国史馆档案》编纂类，第151号卷，托津等奏折所追述。

了对原稿一定程度的修改、增删。[①]这次画一列传的工作至道光三年才告完成，并拟定每十年进行一次。[②]经过查改画一的列传称“画一传”，是国史列传的最后定稿。画一列传是十分繁难的工作，事实上不可能保证每十年进行一次，终有清一代，从嘉庆朝算起共进行了五次。第一次已如上述，完成了乾隆六十年以前所修列传的查改画一；第二次始于道光二十六年，于咸丰九年结束，完成嘉庆元年至道光十五年所纂列传的查改画一；第三次始于光绪四年[③]，完成日期未详，画一了道光十六年至咸丰末所修的列传；第四次始于光绪十六年十一月，到光绪三十三年完成[④]，查改画一同治元年至光绪二十年所纂的列传[⑤]；第五次于宣统元年开始，进行光绪二十年之后列传的画一，但不几年清朝即告灭亡，故未能有什么结果。

（三）宗室王公功绩表传和蒙古回部王公表传

《宗室王公功绩表传》于乾隆二十九年九月奉敕撰，当时尚无国史馆，乃由宗人府会同内阁纂修。其目的是通过表彰开国以来的宗室王公功绩，使其子孙观感奋发，竞知鼓励。《宗室王公功绩表传》为前表后传，表即“封爵世系表”，后又增入“恩封表”，传即该王公的列传。修成之后，清高宗阅后颇为不满，指责其载事不备且语有不经，甚至荒诞乖谬，于乾隆四十六年十一月下令，将之交与国史馆另行改纂。从此，《宗室王公功绩表传》即由国史馆承担。乾隆四十四年八、九月间，清高宗谕令国史馆会同理藩院纂辑《蒙古回部王公表传》[⑥]，后亦成为国史馆阅时纂辑的修史任务之一。《宗室王公功绩表传》与《蒙古回部王公表传》历有续修，皆独立成书，但其内容又同时是国史的表与传的一部分。

---

① 《续办乾隆年间画一各传拟添凡例》，载《国史馆档案》编纂类，第1号卷。

② 见《国史馆档案》编纂类，第342号卷，咸丰九年书成奏底；第522号卷，嘉庆十六年八月庆桂等奏稿。

③ 《国史馆档案》编纂类，第342号卷，国史馆奏折。

④ 《国史馆档案》庶务类，第1118号卷，光绪三十四年行移档。

⑤ 《国史馆档案》庶务类，第1068号卷，国史馆奏稿。

⑥ 据《清高宗实录》载，乾隆四十四年八月命辑《蒙古王公表传》，九月命辑《回部王公表传》，二者后虽合为一书，但敕令编辑非起自同时。

(四)长编总档

长编总档为国史馆辑录的资料汇编,目的是为编撰国史列传进行资料上的准备,但已发展为国史馆中一项定期开办的纂辑任务。国史馆历次奏请编辑长编的奏折均称:“臣馆编纂臣工列传,向援宋臣司马光、李焘修史之例,先办长编,将各项档案详叙事由,汇为总档。纂传时按年查取,以免遗漏。”①其实,长篇总档并不能与司马光、李焘所纂长编相比,不过是按年、月、日抄写或节录各项档案文书,摘叙其事由,形成一种较为简略的史料汇载,而不具备原委清晰、资料完备的史籍性质。长篇总档之外,还配合以“长篇目录”,又称“长篇总册”。这是更为简略的登录册,只按年、月、日排列一些大臣姓名,个别的略注某一事由,若流水账而已。②从长编目录中可查知某人于某年月日可能有事件需载入史传,再按此日期从长编总档中约略查知其事,但若欲知详情还需依靠其他文献③,因此,长篇总档不能独自充当国史列传的史料来源,只起到查补遗漏、核对日期的作用。国史馆纂辑长编总档是从乾隆年间开始的,乾隆四十八年即奏准十年编纂一次,嘉庆十九年虽改为五年编辑一次④,但后来又恢复了十年一纂的旧例。由于编撰臣工列传是国史馆从不废辍的工作,与之相关联的长编总档也按例进行,极少耽搁拖延。

(五)皇清奏议

乾隆十年,国史馆奉敕编成《皇清奏议》,上文已述。乾隆三十年再开国史馆后,惟着力于列传修撰,未提及此事。直至嘉庆十二年十二月,才由国史馆奏请续纂⑤,后形成每十年续编一次的定例,为国史馆照例进行编辑的史籍之一。

(六)缮写实录

国史馆编纂各项史书,皆必须查阅清历朝实录,并以实录的记述为依据核准史事。嘉庆八年十二月,谕令国史馆纂修《清高宗本纪》,

---

① 《国史馆档案》编纂类,第61、522号卷所存历次奏请编纂长编的奏折。

② 见《国史馆档案》编纂类,第47号卷所存《长编总档》与《长编总册》。

③ 如“事实清单”“履历单”等,上文已述。

④ 《国史馆档案》编纂类,第61号卷,道光十六年四月文孚等奏折。

⑤ 《国史馆档案》编纂类,第522号卷,嘉庆十二年十二月庆桂等奏上《办书章程》。

指示提调等督率誊录赴实录馆抄写《清高宗实录》已进呈部分，作为编撰本纪的依据。所抄录的实录副本即存于国史馆中备用。[①]嘉庆十九年六月，国史馆索性奏请将清太祖至清世宗五朝实录均抄存于馆，得到旨准。[②]此后，每一朝实录修成，国史馆皆得以缮写副本存于本馆，这使国史馆得以备存全套的清历朝实录副本。这套实录副本使用率很高，不仅本馆时时查阅，其他修书各馆也往往借用，因此篇页难免受损。道光四年，国史馆曾奏准借用内阁大库所存实录以补缮本馆实录副本的受损部分。[③]

（七）大清一统志

康雍时期纂修《大清一统志》，是特开馆局进行；乾隆二十九年纂修《大清一统志》，由方略馆承办。而嘉庆朝《大清一统志》，乃为国史馆所纂修。国史馆在一份《现在纂办各种书籍》的报告中称："《一统志》全书于嘉庆十六年正月由方略馆奏交本馆纂办，当经本馆议奏，所有通体沿革、裁改各事宜，其在京各衙门令于三个月内交全，在外各直省令于半年内交全。俟各衙门、各直省交全后，立限二年将全书纂校进呈，俟钦定后咨送武英殿刊刻。"[④]这个设想极不现实，各衙门、各直省至嘉庆二十二年也未能交全文册，而且国史馆也不可能在两年内修成此书。道光二十二年，这部《大清一统志》才告完成，编纂工作不间断地经历了三十一个春秋，成为国史馆中一大修书重任，此书质量甚佳，堪称国史馆修书工作的一项杰出成就。道光二十三年八月，清宣宗又提出将这部《大清一统志》再缮一部，于是国史馆行文吏部，要求拨送汉文誊录四十人来馆听用。[⑤]这项工作的最后完成，大约要到道光二十五、六年之间。

除了上述若干纂修项目之外，国史馆还有其他特旨交与的任务。据《国史馆档案》的现存文件可知，乾隆年间曾由国史馆整理《满文老档》和纂修《皇清开国方略》。《满文老档》是从乾隆三十九年间开始

---

① 《清仁宗实录》卷一二四，嘉庆八年十二月癸亥。

② 《国史馆档案》编纂类，第 61 号卷，托津等奏折。

③ 《国史馆档案》编纂类，第 482 号卷，内阁满本堂来片。

④ 《国史馆档案》编纂类，第 1 号卷。

⑤ 《国史馆档案》编纂类，第 17 号卷，国史馆堂稿。

整理，从始至终均由国史馆完成。[①]但这项工作不是编修史籍，只是译写、抄录、校对等对史料的复制整理和保存。《皇清开国方略》为乾隆三十八年奉敕修撰，乾隆五十一年成书时附列以阿桂、梁国治为首的纂修人员，似有专门史局，但从档案材料来看，最初乃由国史馆承担。乾隆四十年五月，国史馆总裁舒赫德等称："臣等遵旨校修开国方略，先经派员恭录旧藏太祖高皇帝图本原文，随于国史馆纂修内选派赞善彭绍观恭录内阁库存实录原文，校对编纂……谨拟共编三十二卷，谨按实录年月并参酌图本标题敬谨编叙，其癸未年以前不纪年月之事，今遵实录合为发祥世纪一篇，冠列卷首……谨先缮录四卷恭呈御览，伏侯皇上训示，以便遵照续办。"[②]可见至乾隆四十年五月，已由国史馆修成三十二卷初稿，与最后成书时卷数相同，而为什么又经十余年才告完成，其原因尚待查考。

国史馆承担的纂修任务是多种多样的，其中有的是常行不辍、始终进行的功课，如国史列传和十四志；有的是按例开办的项目，如长编总档和《皇清奏议》每十年续修一次；有的依积累情况阅时续办，如画一列传和《宗室王公功绩表传》等；有的则是朝廷特交的另外任务，如嘉庆《大清一统志》。这多种类的纂修任务与依照这些修史任务分设的内部机构，恰似整个清朝修史制度的缩影，常设、例开、阅时而开和特开项目皆有，堪称清代修史之馆的典型。

国史馆承修的各类史籍，在纂修中皆立有凡例，以克服书成众手可能造成的义例不一。其中国史列传和画一列传的规章与凡例最为细致，并且历次有补充。早在乾隆三十二年，国史馆便拟定了凡例十一条[③]，嘉庆、道光、光绪年间办理画一列传，历次都将凡例、规则补充修订，使之愈加臻备。宣统初年，曾将这些历朝增订的凡例、规则汇为一册[④]，用于国史馆内修史工作的参考。此外，纂修本纪、十四

---

① 《国史馆档案》编纂类，第47号卷，《老档书篇事宜》。

② 《国史馆档案》编纂类，第495号卷。

③ 载《国史馆档案》庶务类，第1068号卷。

④ 载《国史馆档案》编纂类，第1号卷。

志及其他种类史书，也各有一定的修辑凡例。[①]

除了对各类修史项目规定统一凡例，国史馆还从修纂制度上规定纂修活动的程序以及管理章程，以保证史稿的质量和修史工作的条理化。纂修国史，无论纪、志、表、传，一般皆经初纂、复纂、审定、进呈等几个步骤，协修、纂修、总纂、总裁等不同级别的官员分任不同步骤的工作，职责界限比较分明，此中间尚穿插誊录的缮写、校对的校勘和复校，整个过程既庄重又审慎，发挥了众人分工合作的优势，每一篇都不会是某个人所独自完成。所有馆内人员，领取及交送撰写、誊录或校对的任务，以及总纂修改、总裁审定等情况，连同馆内外往来文书、借取送还史料、人员调动等，均分别登录档册，如《功课档》《校阅档》等等。这便使纂修事务有案可查、有条不紊，并作为日后为参修人员提请议叙的依据。国史馆还往往开列"事宜单"或类似文件，其作用是一方面汇报和总结工作，另一方面也交待纂修任务的底数，其中有些条文具有某种规章制度的作用，如规定纂修官"每编成初稿，分晰句读，有原传者标明增改缘由于原传顶，无原传者注明根据于本文下"，"馆中公阅书籍及公费稿本不得携出馆外"[②]等等。光绪三十四年初，国史馆进行了整体上的规则改良，制定了《改定史馆章程条例》及附加文件[③]，宣统三年又有所谓"厘定史馆章程"的规定[④]，其中有经费分配、人员使用、纂修任务的督察、查阅资料方法等细则，表明清代国史馆始终比较注重从规章制度上加强纂修活动方面的管理机制。国史馆所订立的凡例、规章以及登录《功课档》等方法，都起到促进纂修的作用。然而国史的编纂与其他史籍不同，需要不断地追踪本朝代的社会进程，因此不能达至最后的完成，只能作持续、递进与阶段性的编纂。清国史馆无疑做到了这一点，留下了丰富浩瀚的史稿及有关资料，其成绩是值得肯定的。

---

① 国史馆的各类章程、凡例，多存于《国史馆档案》第 1 号卷。另外，关于本纪和十四志的修辑凡例，连同原史稿，多存于台北故宫博物院，参见庄吉发《故宫档案述要》第六章。

② 《国史馆档案》庶务类，第 1068 号卷。

③ 载《国史馆档案》编纂类，第 1 号卷。

④ 载《国史馆档案》编纂类，第 470 号卷，《初、复辑十四志功课档》。

四 清代国史馆的地位和作用

清朝的国史馆长期没有独立支配的额定经费[①]，而由朝廷对其实行按需供给的制度；国史馆不负责向本馆职官支付俸禄，而仍由其任职的原属衙门支付；国史馆也长期没有自己的印信，而借用内阁典籍厅关防。这说明国史馆像其他修书各馆一样，尚不是一个完备的国家机关。但是，国史馆却是有着重要地位的修史机构，这表现于：第一，国史馆负责纂修的国史，是十分重要的修史任务，与清朝的政治密切联系，得到皇帝的格外关注，纂修活动以钦奉上谕的名义进行。国史馆的总裁、副总裁地位尊崇，为朝廷重臣，这客观上反映了国史馆的重要性。第二，国史馆承办多种修史项目，仅国史中的纪、表、志、传即分类颇多，经常为几种纂修工作并时而行，致使内部不得不分设各种机构，人员也屡有扩充，发展为清代最大的常设性修史机构。与国史馆地位相仿的修史之馆，在清代还有实录馆、会典馆等，但都不是常设性史馆，其馆关闭后，一切档册文件及资料、成稿均交内阁收存，而国史馆则自行备存档案、自设书库，组织上更健全，纂修工作的独立性更强。国史馆在承办纂修任务时，经奏请皇帝旨准，可以直接行文各衙门、各直省，咨取所需要的档册、资料、书籍，催促各政府机关向国史馆报送。例如，嘉庆年间纂修《大清一统志》，经奏准后即行文各衙门、各直省，限期交来所需文册，后来除奏请皇帝专旨向各省催交外，“而行文径催者亦复次数不少”。[②]光绪朝纂修《儒林传》《文苑传》，奏准由国史馆将有关资料和官私著述向各省行文调取，以备参稽，如有事实参差尚需详查者，并随时咨明原籍服官各省督抚详确查复。[③]随后展开向各省征集有关人物事实资料、方志和私家著述的活动，由国史馆行文各省，声明“所采之书自顺治年起至同治末年止，并望示知各地方官一体筹资录送，以昭信史而阐幽光”。[④]由此可见，国史馆作为一个修史机构，其修史职能是在皇帝关注下独

---

① 光绪三十四年初改为每年有额定经费银三万两，上文已述。

② 见《国史馆档案》编纂类第1号卷，《现在纂办各种书籍》。

③ 《国史馆移札》，光绪七年闰七年十九日具奏，清光绪年间刊，中国国家图书馆藏，不分卷。

④ 《国史馆移札》，光绪八年十二月移文。

立履行的，并不接受其他政府机构的统率，在纂修活动中的所有对外交涉，不需要任何机关为之代办。

国史馆在经费、物料及职官配备上虽有赖于其他政府机关提供，但这些或早有成例，或由朝廷酌定，有需求时亦皆由国史馆直接行文咨取，不由其他政府机关居中代办，也毫无申请求援之意。甚至出现例外借取经费的情况，也自行移文户部，如光绪二十九年的一份国史馆移会称：

> 国史馆为移会事。本馆自八月初五日接收大内所有各种书籍档案，亟应饬令在馆人员逐日进馆，详细核对，认真经理。查本馆向恃桌饭银两藉资办公，并无别款可领，刻下当差人役枵腹从公，迄今月余，异常艰苦。拟请户部暂借领银三百两以济充公，他处不得援以为例，相应移会户部查照给发，定于何日领取，先期知照本馆，以便具备印领可也。①

这件移会并未通过其他机关转发，而且口气中大有必须领取、不打折扣之意，其中“他处不得援以为例”一语，透露出国史馆地位的特殊重要性，而这个文件反映出的国史馆接收了“大内所有各种书籍档案”，也显示出国史馆地位的日益升高。

上述情况表明，国史馆虽然不是一个具有行政权力的机关，但在与其他政府机关的相互往来中，凡涉及本馆公务所需，均可理直气壮地提出，并得以实现，其原因就在于所执行的纂修任务皆出于钦定，皇帝的无上权威可以转为办理钦定事件之机构的权力，从而凌驾一般政府机关之上。这种修史制度，只有在高度皇权专制的条件下才可能出现。

除了修史之外，国史馆在与其他机构的联系中，还有着其他作用。修书各馆和其他国家机关亦有时向国史馆咨取文献、档册、书籍或委托办理一些事务。例如实录馆移文查问“开国方略”四字的满文写法，会典馆借取国史馆备存的实录副本，文颖馆因编辑《全唐文》借用国史馆所存各省、府、州县方志等等。②这些尚属纂修书史范围之

---

① 《国史馆档案》庶务类，第1118号卷。

② 均见《国史馆档案》庶务类，第1085号卷。

内,而另外一些往来文书更值得注意,例如:

> 礼部为移查事。准军机处片交即查:康熙十五年、三十三年、五十九年、雍正五年俄罗斯遣使入贡、呈进表文,俱系御何殿接受之处,作速详晰查明。并将奏准仪注一并查出,务于明日五鼓送交隆宗门满军机处。此系特旨交查之件,万勿遗漏、迟延。等因前来。相应移会国史馆,即照军机处所开略节,于即日详查移复过部。此系特旨交查之事,幸勿刻迟可也。须至移会者。
>
> 右移会国史馆
>
> 嘉庆十年十一月十六日。[①]

这件由礼部移交国史馆的查复之事,必然是一项有关外交礼仪的政务活动,与修史并无关系。似这类行文国史馆要求办理的杂项事例很多,如嘉庆二十年九月,兵部移文查核清初吴进义其人是否阵亡,要求国史馆提供有关传记材料[②];咸丰元年七月,兵部移文向国史馆查问乾隆年间宁古塔将军衙门的主事一职有无裁汰之事等等。[③]而数量最多的是礼部行文,查问阵亡人事以便入祀昭忠祠。更为特殊的是咸丰年间礼部有多件来文,要求国史馆详查历代僧道、庙宇、神灵之事,以便确定哪些应准许民间崇祀,哪些应行禁止。[④]有的来文甚至点明应从《一统志》中查阅。既然已知应查之书,却不自行办理,仍移交国史馆承担,这表明当时在各政府机关的观念中,此类涉及历史的问题理应由国史馆负责解决,国史馆已经不期而然地实际担负起政府的历史咨询事务,而其内容范围不仅包括当代国史,也包括以往历朝历代的史事,不仅涉及人,亦涉及神。这种历史咨询事务,当然不在国史馆明文规定的职掌之内,但之所以必须承办,也因为大多关联着钦定事件,有的更是特旨交付之事。正像国史馆可以行文其他机关交办事务一样,它也要为其他机关办理一些事务,这些都是由皇权专制的一元化统治来协调的。

总而言之,国史馆自乾隆中再次开设,组织上日益健全,建置规

---

① 《国史馆档案》庶务类,第 1085 号卷。

② 见《国史馆档案》庶务类,第 1085 号卷。

③ 见《国史馆档案》庶务类,第 1088 号卷。

④ 见《国史馆档案》庶务类,第 1088 号卷。

模也比较大，在直至清末的一百四十余年间，编纂活动持续进行，基本上未曾中断，至宣统三年十一月、十二月，还曾修成《忠义传》《大臣传》《地理志》等等进呈，并于次年三月交库存贮。[①]其纂修国史的连续性及历时之久，为以往各个朝代所不及。国史馆除修国史之外，还实际担负国家机关的历史咨询事务，在清朝政务和国事上发挥了一定的作用。有清一代，修书各馆的组织方式有着大致相仿的模式，国史馆的组织机构和管理方法堪称修书各馆的典范，其得失成败值得很好地考察和评析，以加深对清朝官方所从事文化活动的认识。

（原载《文史》总第 39 辑，中华书局，1994 年 3 月）

① 见《国史馆档案》编纂类，第 517 号卷，《交库档》。

中国古代官方史学的兴盛与当代史学新机制的完善

中国的传统史学，存在着官方史学与私家史学两条相互联系的轨道，这种特点是中国古代史学得以连绵不断发展的重要原因。在一定的意义上，没有赓续不衰的官方史学，就没有中国古代史学的繁荣兴盛局面。但迄今学界对中国史学史的研究，大多重私家而略官方，尤其是尚未将古代官方史学作为独立专题予以深入分析，因而也就未能深入考察官方史学存在的深远影响。因此本文试以概括性的论述抛砖引玉，希望得到史学界同仁的关注。

一 中国古代的官方史学与私家史学

有意识地以文字形式记载历史，在中国是从官方开始。中国古代，官方始终从事着史学活动和史学建设，甚至将治史、修史作为必备的国务机制，这是中国史学发展史上独具的特点。[①]在整个中国古代史学史上，史学活动的主体不仅仅有各自独立的史家和史家私下的组合，而且有着政府专门的实体机构。中国政府记史、修史和修史机构的组建，呈现为制度化、规范化，许多记史、修史机构更是常设性的。因此，我们在中国古代史学史的研究中，不能不注意到官方、私

---

① 日本、朝鲜半岛历史上也曾将史学活动纳入政府机制，但这是对中国古代体制和文化的模仿。

家这两类性质不同的史学活动主体，不能忽视中国史学史上切实存在的官方史学与私家史学的区别问题。

在中国史学史上，官方史学主要表现为以下几项内容：(1)制度化、规范化的记史和修史机构；(2)官方切实控制和管理下的史籍编纂；(3)官方的史料和官修史书；(4)官方历史观与史学思想；(5)官方史学的政治作用和学术地位。前三项是构成完整官方史学的基本要素，只有前三项内容大体具备，后两项内容才有必要涵括于官方史学的范围之内。

记史、修史机构是官方史学活动的主体，中国各个王朝设置的记史、修史机构不尽相同，总的趋势是在封建朝廷的统一调控下，逐步实现组织严密化、条例明细化，并且形成多种记史、修史机构分工并立的局面，这一过程的发展成熟经历了漫长的历史时期。在官方修史机构中，记史、修史任务自然也是由各个史官分别承当，但记史、修史任务的提出、修史义例的订立、褒贬尺度的规定、撰写进度的安排、辅助人员的委派等等，皆由官方决定。尤其是确定修史范围、内容、体式、历史观点与概念使用的所谓“义例”，更是由官方审慎地制定。例如西晋武帝时期，朝廷议论纂修晋书的断限，意见分歧而未决，惠帝时再议，“事下三府”讨论，最后才确定以泰始元年(265)为晋史起始。[1]清康熙朝官修《明史》对义例的讨论，更发动朝野学者共同参与，结果连总裁徐元文、徐乾学力主设立“道学传”的主张也被否定。一般而言，史馆中每一史官都不是以他个人的独立意愿、独立方式完成工作。史馆制度越成熟，修史越会贯彻官方整体的意旨而不是个别史家的意志。记史、修史主体的不同，是官方史学与私家史学最基本和最明显的区别。经过漫长的历史发展，及至清代，官方的修史机构在组织、分工、运行机能上达到了历代的顶峰。

作为官方史学活动主体的修史机构，向上依托于朝廷，向下依靠史官各任其责，撰辑成书，而史官中不能不任用一些很有声望的史家和学者。在史馆制度不太成熟或某种特殊情况下，朝廷也会将官方修史项目委托于有名望的史家主持。这样，在官、私不同主体之间，就产生了界限不太分明的问题。对此，判断的标准应是看官方对史

① 见《晋书》卷四〇《贾充附贾谧传》，中华书局，1974年，第1174页。

籍的修纂是否有着切实的控制和管理。公元 200 年，荀悦撰成《汉纪》三十卷，此书编纂缘起是汉献帝命荀悦“抄撰《汉书》，略举其要。假以不直，尚书给纸笔，虎贲给书吏”[①]，乃在官方委托支持下编纂。但当时汉献帝已无实权，史料中不能显示官方对荀悦修史工作有切实的控制和管理，《汉纪》仍可视为荀悦个人的著述。这种官方提出修史项目并且支持史家个人承当的现象，东晋时期亦有表见。干宝、王隐都曾受命纂修晋史，但一则东晋创建之初、顾及不暇，二则朝廷软弱、国力单薄，因而官方未能实施有效的管理，后期任由个人纂修，所成之书皆成私撰。委任史家专责编纂而不失为官修史书者，《魏书》可为一例。北齐朝廷诏魏收编撰《魏书》，继而又令魏收专力纂修，不参政务。但魏收修《魏书》乃承袭北魏多年纂修国史的成果，又有刁柔等多名史官共同纂修，非其一人独撰。书成后，原北魏的官僚世家子弟多不惬意，毁誉纷起，众口沸腾，北齐文宣帝令魏收于尚书省与诸家子弟当面辩论，随之既惩治了一些诋毁者，也对魏收有所指责。又“敕魏史且勿施行”[②]，此后终北齐一代，朝廷令魏收凡三次修改《魏书》，魏收卒后，又命史官再加修订。[③]是《魏书》的纂修，始终在北齐官方的控制和管理之下。今史学研究者多模糊地将《魏书》视如私家之史，是不确切的。唐代曾有过令致仕官员张说“在家修史”之事，清康熙时曾令徐乾学书局自随，在家乡邀请学者编修《大清一统志》稿。但张说在家修史时间甚短，年内即被召回史馆，徐乾学所修志稿须奏送朝廷，备官方开馆修订之用，皆为官方修史活动整个进程的一个特殊环节而已，并非脱离了官方的控制。因此，尽管存在修史中官方与官员之间互为依托，而官方史学与私家史学的分野仍然是清晰的，标准在于官方是否切实地施行着控制与管理。官方对纂修史籍的控制和管理，是通过行政机构和修史机构的综合作用来施行，最高统治者往往直接参与其事。中国古代政权收集文献，整理史料，记录史事，编纂史书，逐步形成越来越缜密的则例，表现为一项政府职能，并积淀为一种政治文化的传统。至于清朝，官方对史馆修史的

---

① (汉)荀悦：《汉纪序》，载(明)梅鼎祚：《东汉文纪》卷二五，景印文渊阁《四库全书》本。

② 《北史》卷五六《魏收传》，中华书局，1974 年，第 2031—2032 页

③ 参见周一良：《魏收之史学》，《燕京学报》第 18 期，1935 年 12 月。

控制和管理，在各个方面都发展到最为严密的程度。

官方的史料和官修史书是中国古代史学遗产的重要组成部分，在数量、质量、作用及影响上，都处于可以与私家对等的地位。官方的史料包括由朝廷及各级政府公文、案牍形成的档案，经过初步整理的档案册籍，起居注、日历等等原始的与整理过的历史记录。官修史书是指官方组织纂修并以传之后世或公之于众为目的的历史著述，在这些历史著述中，材料经过一定程度的鉴定和剪裁，采取一定的义例及文字表达方式。官方史料与官修史书之间没有绝对的界限，前代纂修的国史，总是被新朝视为编纂断代史的史料。在二十四史中，官修史占据大半，官修的编年体、纪事本末体以及典制、地理、诏令、奏议等类别的史书，保存至今的数量亦十分可观，但官方史料尤其是档案文献，除明清两代，基本湮灭。历代官修史书也损失严重，且亡佚者多是被后代视为史料的书籍，一旦改朝换代，胜朝所修史籍多被新朝作为纂修正史之史料，如东汉的《东观汉记》、唐宋的实录等等。官方史料与官修史书，无论是否流传下来，都在中国史学发展史上发挥过重大的作用，有成就的私修史书也无不利用了官方的史料和官修史书，这都是史学史研究所应关注的问题。

一种历史观与史学思想被官方认可和采用，并且贯彻到官方的政治机制和文化活动，就成为官方的历史观与史学思想。历代官修史书中的史论，表达了官方的历史见解；官修史书的义例，表达了官方的史学思想。私家学者的思想得到官方的崇重，可以转化为官方长久推行的思想原则，董仲舒“大一统”的政治历史观，朱熹系统化的历史正统论观念，都成为后世官方的历史哲学。史学发展积累成的一些传统性观念，如惩恶劝善、经世致用、垂训鉴戒等史学宗旨，直书实录、信今传后的撰史态度等等，也成为官方和私家皆认同的史学思想。专制皇帝中不乏十分重视史学并且发表史学见解之人，他们的见解施行于官方史学活动，即成为官方的历史观和史学思想。如唐太宗《修晋书诏》曰：“大矣哉！盖史籍之为用也……彰善瘅恶，激一代之清芬；褒吉惩凶，备百王之令典。”[1]这种对史书功用和史学地位的推重，成为唐代积极推进史学发展的官方史学思想。明朝官修《续

① 《唐大诏令集》卷八一《修晋书诏》，学林出版社，1992年，第422页。

资治通鉴纲目》成，明宪宗御制序曰："凡诛乱讨逆，内夏外夷，扶天理而遏人欲，正名分以植纲常，亦庶几得朱子之意，而可羽翼乎圣经。仍命梓行，嘉惠天下。"结合商辂《进续资治通鉴表》中将"胡元之主中华" 评断为"冠履倒置，天地晦冥，三纲既沦，九法亦斁"，可知官方编纂此书，是使"内夏外夷"的历史思想得到空前强化，这成为明代史学思想的一个转折点。而清朝乾隆皇帝发表的历史见解和史学评论之多，又是历代皇帝所不能比拟的。

强调史学的垂训、鉴戒、惩劝、教化、资治、明道等经世致用作用，是中国传统史学的明显特征，官方史学体现这一宗旨更为直接，许多史学活动是为其政治目的服务的。早在西周初年，统治者就具备了比较系统的"殷鉴"观念，大抵至春秋时期，官方已形成"史不失书，矇不失诵，以训谕之"[①]的机制，即史官、史册与记史制度向统治集团提供鉴戒、制约和思想诱导。后世封建王朝将这种观念不断强化，撰前代之史是为了从中汲取鉴戒，如唐太宗所言"将欲览前王之得失，为在身之龟鉴"[②]；记当代之史是为了垂训将来，如后唐长兴二年(931)史馆上疏所言："当馆职备编修，理无旷失，将美恶而具载，庶古今以同风，垂训将来，传范不朽，实有国之重事，乃设教之本根。"[③]总之官方史学与朝廷政治结合在一起，不可分割，历代史官无论横遭史祸抑或书成受奖，都是出于政治因素。唐沈既济曰："史氏之作，本乎惩劝，以正君臣，以维邦家。前端千古，后法万代，使其生不敢差，死不忘惧，纬人伦而经世道，为百王准的。"[④]宋曾巩曰："盖史者所以明夫治天下之道也。"[⑤]以上都是就史学对政治的积极意义而言，而宋、明时期曾经几次修改实录，不惜削足适履以符合当权者的立场，明代甚至用编纂史书来党同伐异，清代史学上的文字狱现象等等，反映着史学与政治交互作用的负面影响。官方从某种政治立场出发干预史学、利用史学，其措施和影响也是研究官方史学所应关注的内容。

---

① 《国语》卷一七《楚语上》，上海古籍出版社，1988 年，第 551 页。

② 载《册府元龟》卷五五四《国史部・恩奖》，景印文渊阁《四库全书》本。

③ 《册府元龟》卷五五七《国史部・采撰三》，景印文渊阁《四库全书》本。

④ 《册府元龟》卷五五九《国史部・论议二》，景印文渊阁《四库全书》本。

⑤ (宋)曾巩：《南齐书目录序》，载《南齐书》(中华书局标点本)卷首。

私家史学一般认为始自孔子修订《春秋》,但孔子是否真的修订过《春秋》,学术界还存在完全不同的见解。然而至战国时期,私家学术已经成为社会的亮点,私家史学也在这个社会文化背景下充分展开。官僚身份的私家撰史,有时也是应和朝廷的某种需要,但只要不是在官方修史组织内进行,并且未受到官方切实的管理和控制,史书的内容、形式、材料取舍、思想倾向都出自私家胸臆,即属于私家史学。以此标准,《左传》《国语》似皆属于私家史著。赵国虞卿"不得意,乃著书,上采春秋,下观近事",成《虞氏春秋》一书,自属私家史著。孟子适当其时地标举起孔子与《春秋》相联系的史学旗帜,使儒家揽史入其学,壮大了儒学的学术阵容。随着孔子在汉朝以后日益圣化,孔子修《春秋》成为史学的典范,孔子这位至圣先师的私家修史行为令历代专制政权找不到禁止私家史学的法理。史家以孔子修《春秋》为楷模,不仅撰史,而且论史,不仅论史,而且联系时事,在绝大多数朝代,官方也只能承认或默认史家撰史、论史的权力,使私家史学的发展在整个古代获得了政治环境的较好保障。

在史学史的研究中,人们多注重于史学活动的成果即史书的形式、内容、史料价值、学术水平的探讨,这种探讨是非常必要的。但史学活动的主体同样是史学史研究的重要内容,尤其在中国古代,官方与私家这两个不同类别的主体在史学发展中相互关联,官方史学的地位与作用,只有在与私家史学的对比和联系中才能考察,反之亦然。因此,在中国史学史的研究中,分析不同的史学主体,探讨不同主体在史学史上的相互关系和作用,是十分必要的,这有利于探讨中国史学发展的特殊规律。

二　官方史学在传统史学发展中的作用

中国古代的私家史学,最早是依据官方的历史记录资料而产生,并且将主要注意点集中于官方的政治、国家的治乱。这就是说,中国古代的私家史学,在很大程度上是次生于官方的记史制度及官方的历史资料,并且在历史意识上依附于官方的政治价值观。至战国时期,产生了《左传》《国语》等几部私家纂修的著名史书,官方修史已经落后于私家,但这是在政权分立、战争频发的特殊局势下,私家沿着官方开辟的史学道路,代替官方完成史学活动与史学意识的发展。

中国自古官方史学与私家修史之间，主要的不是相互扼制、相互斗争，而是形成互相补益的协调关系。

西汉之初，有陆贾《楚汉春秋》等史书产生，《后汉书·班彪传》记述说："汉兴，定天下，太中大夫陆贾记录时功，作《楚汉春秋》"，可知这是官员私撰的符合官方需要的"记录时功"性质的史书，大致恢复到战国时期私家修史的发展水平。而司马迁《史记》的撰著，完成了私家史学发展的一大飞跃，"究天人之际，通古今之变，成一家之言"的宗旨是极具个性的思想。《史记》对史事的记载和评论，固然不能超越时代的局限，但也并不着意契合于官方的历史观念和政治价值观。故后来史家班彪、班固父子批评司马迁"大敝伤道""其是非颇缪于圣人"[①]，汉明帝指责司马迁"微文刺讥，贬损当世，非谊士也"[②]，东汉朝廷更诏令杨终将《史记》删成十余万字之书。[③] 东汉官方不仅支持班固纂修歌颂"汉绍尧运以建帝业"和"唯圣人之道然后尽心"[④]的《汉书》，而且积极组织官修当代史即《东观汉记》，使官方史学重新居于主导地位。官方集众修史，自东汉纂修《东观汉记》发轫，官方、私家两条并行不悖的修史轨道开始形成。官方集众修史体制的建立，官、私两种史学主体并行，是中国传统史学持续发展的关键因素。

三国两晋南北朝是私家史学的大发展时期，私家史学不但人多、书多，而且内容、形式多样，呈现为多方向探索的特点。而也正是这个历史阶段，官方的史学建设在探索中稳步走向规范化，史官设置、史馆制度都日益完善，官修史书、官方委托私家纂修史书表现出积极、自觉的史学意识，官方对断代史的断限问题、史书义例问题、起居注的体制和地位问题等等，都进行了探索与讨论，不仅对官方史学的发展影响很大，而且也对私家史学起到一定的导向作用。总之，虽然由于政权分立，各国体制不一，但在史官制度、修史义例上渐渐趋于规范化是相当明显的。这一时期玄学兴起并日见昌盛，思想界高唱

① 见《后汉书》卷四〇上《班彪传》，中华书局，1965年，第1325页；《汉书》卷六二《司马迁传·赞》，中华书局，1962年，第2737—2738页。

② （汉）班固：《典引·序》，载（清）严可均辑《全上古三代秦汉三国六朝文·全后汉文》卷二六，中华书局，1985年影印本，第614页。

③ 《后汉书》卷四八《杨终传》，第1599页。

④ 《汉书》卷一〇〇《叙传》，第4207页。

“名教出于自然”“名教即自然”“越名教而任自然”，一波又一波地冲击两汉以来的官方儒学，带来一股活跃思想的新鲜空气。同时，佛教、道教的传播都有所扩大。这样，哲学、文学乃至社会生活的各个方面都呈现出玄学和佛、道的显著影响。然而史学无论官方、私家，都基本坚持了两汉以来的历史观念，虽然不能绝对排除玄学等思想对史学的影响，但史学仍是当时贯彻儒学名教意识、封建礼制观念和君主专制一统思想的文化壁垒。从干宝、孙盛、习凿齿等人的史论以及多种编年体、纪传体史书的思想趋向中，皆可以看出这个主流性质的特点。因此，在两晋南北朝时期纷纭复杂的史学表象之后，是官方史学建设的稳步探索、逐步健全，是史学仍大体按照两汉以来既定的轨道发展。

隋唐五代、两宋时期是官方史学发达与成熟的阶段。唐朝承袭隋朝的一些准备性工作，在史官制度、史料征集、记史、修史上皆逐步臻于成熟，前代史的纂修取得显著成就，所谓正史的二十四史中，以唐朝官修者数量最多；本朝史的记载和撰述已经构成起居注、实录、纪传体国史的稳定格局，在时政记、日历、圣政记、《唐六典》等的纂辑上，也都作出创始性的尝试。国家政权为修史提供人力、物力的保证，专设修史机构和史官，对修史进程、修史内容施行有效的控制和管理，这种官方史学的基本架构在唐代得到了巩固与发展。宋代不仅承接了唐朝官方史学的所有发展，而且有所巩固与扩充，时政记、日历、本朝典制史等都发展成为经常性的纂修项目，其中日历更以当局重视、部帙巨大为突出特点。宋代官方记史、修史途径多，数量大，但也有重复叠出之弊。修史机构同样繁复重叠，而多所更改，皇帝和朝廷对记史、修史的控制加强，甚至起居注也“每月先进御，后降付史馆”，即首先由皇帝予以审阅①，这样，传统的史学规范在宋代受到很大的扭曲。因此，宋代官方史学的繁荣主要是在声势方面，其实际史学成果与唐朝大体相当，但官方史学的铺张声势对于私家史学具有激发作用，官方对史料的多方记载和重复编辑，也为私家修史提供了很好的条件，促使私家史学蓬勃发展。

---

① 《续资治通鉴长编》卷三五，太宗淳化五年四月丁酉；《宋史》卷四三九《梁周翰传》，中华书局，1977年，第13004页。

元朝以游牧民族入主中原,不可能像宋代那样纂修多种史书和建立繁复的修史机构,但元朝仍然坚持了实录的纂修并且有所创新,在《一统志》和典制史的纂修上有积极的开拓。明朝初年,官方本欲仿照宋代进行史学建设,进行过起居注、圣政记、日历等史籍的记载与编纂,但却未能持续纂修,很多方面倒是承袭了元朝的修史项目。这说明宋代将官方修史与修史机构搞得叠床架屋,过于繁复,必定在后来受到裁撤与调整。元、明两朝在新的修史项目的探索上有得有失,给后来清朝官方史学的发展提供了有利的基础,也遗留下许多的问题。由于雕版印刷术的推广与应用,宋代民间萌发了普及性的史学撰述,简略的编年记史之书比较流行。元朝建立一统政权后,不能不接受包括传统史学在内的上千年以来的传统文化,新政权的贵族和各级官员的文化层次又普遍不高,使普及性的史书因社会需要而进一步发展。明朝官方以抄纂同类历史人物事迹的方式,大量编辑惩劝性史籍,其宗旨是维护极端的君主专制,而其形式、风格则类于普及性史书。这对于民间普及性史籍的编写,具有一定的促进作用。在其他社会条件的推动下,到明朝中期以后,形成了明代史学发展中卓有特色的普及性潮流。

元、明两朝客观上实行了官方史学发展中必要的调整,即压缩宋代繁复的修史布局,探寻新的修史项目。但压缩中未免矫枉过正,官方修史显得薄弱,造成修史格局的调整没有达到很好的效果,新的探寻也有得有失而未及总结,清朝对之有因有革,或弃或取,使官方史学发展至繁荣阶段。

清朝起源于关外满族建立的后金政权,后金自建国之初即逐步形成编年记事形式的满文档册,这是其官方具有自己民族特色的史学萌芽。入关之后,为了适应对关内广大汉族地区的统治,不能不进一步接受几千年来长足发展的封建传统文化,在史学方面也不例外。至雍正朝,稳定地形成与确立了官方修史的基本格局。这主要表现于本朝当代史的纂修,由起居注、实录、圣训、国史、方略、会典、《功臣传》等几大系列史籍,组成了官修当代史的整体布局,囊括了编年、纪传、纪事本末、典制史、人物传记等各种体例,门类齐全,并且皆可以做持续性或接续性纂辑,成为整个官方史学活动中始终保持的纂修内容,奠定清代官修史的稳固基础。加之特开史馆纂修专门史籍如

《明史》《御批资治通鉴辑览》等等，使清朝官修史书进可达于丰富鼎盛，退能稳守基本格局而不至于没落。乾隆朝即是中国古代官方史学达于鼎盛的时期，所修正式史书种类之多、总卷帙之大空前绝后，其“续三通”、《日下旧闻考》等等，乃接续和攫取私家修史项目，化私撰为官纂。嘉庆朝之后，虽官修史数量、水平均明显减退，但基本修史格局则维持至清末。清朝官方的修史活动，造就大批私家史学才俊，推动了治史学风，也为清后期和近现代的私家治史提供了史料和素材。

总之，从先秦到清代，官方史学在传统史学中的地位和作用可以简要概括如下：

第一，官方史学是古代史学与社会政治之间互动关系的关键环节，封建政权首先和主要地是从官方记史、修史中感悟到史学的作用。史学在政治上取得的社会效用，是在专制主义制度下得到推重的基本条件。东汉以降，官方史学在中国古代政治机制、社会文化以及整个传统史学中的重要地位和作用，决定了不管朝廷政权如何变更，官方记史、修史活动都不会完全废止。

第二，官方远比私家拥有更好的记史、修史条件，由于可以调集很大的人力、物力，保证了史料的及时整理和保存，也能够较快地完成一代全史的编纂，这对于史学的发展均有积极的意义。中国古代官方史学的成就足以与私家媲美，这与西方史学对比，就更显示出独特地位和作用。

第三，官方记史、修史是维系史学连续、不断发展的主要力量，官方记录、整编的史料是日后纂修史书的主要依据，官修史书也被日后私家修史所参考。官方修史制度的确立，保证了历史记载的连续不断，这是私家史学不具备的优点。

第四，对私家史学的发展具有一定的导向作用，使私家史学的宗旨、价值观大多与官方一致。这促成中国传统史学形成两条主体轨道相互协调、相互补充的发展模式，是史学著述数量繁盛的重要原因之一。

中国古代自两汉以后，无论私家抑或官方，都倾向于重视史书的编撰，而轻视档案和史料的保存，修史者追求历史著述的终极成果，企图撰成不可替代的传世之作，这是皇权专制与一统观念在史学上的折射，对官方而言，这种史学意识更为浓烈。统治集团有太多的忌讳，而且还拥有为君父讳、为尊者讳、为贤者讳的理论依据，因而在修成一代之史后，便不再着意保存相关的档案和史料，甚至匆匆焚毁之。这是中国古代史学意识上的一个缺陷，并且主要是官方史学意识出现的偏差。这种状况到清朝才有所改变，康熙三十一年，清圣祖指示："明代实录及纪载事绩诸书，皆当搜罗藏弆，异日《明史》告成之后，新史与诸书俾得并观，以俟天下后世之公论焉。"[①]这一语打破千年以来正史修成即废弃史料的旧习，令《明实录》等典籍得以留存。

古代官方史学还具有其他的负面影响。第一，官方设馆集众修史，更需要预定内容和形式上的规范，这曾经促进了对史书义例的探讨，但唐朝之后的各代，规范的日益细密乃至于僵化，成为史学发展的不利因素。第二，朝廷积极修史且重视史学，必强化干预手段，这导致记述失实、语多隐讳自不待言，还人为造成史书非学术性的等级化。例如"正史"概念自形成之始，地位即显然高于其他史书，但官方、私家对"正史"范围的认识，都各有差别又时有变化，至清乾隆朝，终于确立经"宸断"的二十四部纪传史为正史，明言"凡未经宸断者，则悉不滥登，盖正史体尊，义与经配，非悬诸令典，莫敢私增"。[②] 其他"别史""杂史"的分类，也包含等次的高低，均渗透着官方非学术性的史书价值观念。私家撰史，也往往以进献朝廷而得到认可为荣。第三，古代官方史学的发达及其对整个史学的导向作用，令史学与政治结成牢固的联系，虽有利于记史、修史活动的赓续不衰，但史学欲从政治附庸的地位解脱出来则倍加困难，这限制了史学思想、历史观念的变革与创新。第四，众多参与修史人员的史识、史才、史德、责任心等良莠不齐，因而影响史书的质量。其中的讹误会给此后的史学研究增加混乱，造成鉴别困难。

三　清朝灭亡后官方史学因素的遗存

清朝后期，国门打开，西方经济、军事力量介入中国社会，西方思想文化与政治理念也渐渐输入中国。随着封建统治危机的加深，清

---

① 《清圣祖实录》卷一五四，康熙三十一年正月丁丑，中华书局，1985 年影印本。

② 《四库全书总目》卷四五史部正史类小序，中华书局，1981 年影印本，第 397 页。

廷几次程度不同地进行了政治体制的改良，但官方修史机构没有受到触动，直至清廷“逊位”，起居注馆的记史活动和国史馆的修史活动皆未停辍。清朝灭亡之后，中华民国的政权组织方式仿照西方建立，历代专设的修史机构戛然消失，传统官方史学的国家实体构架坍塌下来。然而，传统的官方史学意识并没有同时消失，柯绍忞从清末到民国致力纂修《新元史》，1920 年成书后，由徐世昌任总统的政府明令列入“正史”，即为传统官方史学意识的表现。更典型的事例是 1914 年，当时的国务院呈请纂修《清史》，其文略曰：“春秋而降，凡新陈之递嬗，每纪录而成编。是以武德开基，颜师古与修《隋史》；元祐继统，欧阳修乃撰《唐书》。盖时有盛衰，制多兴革，不有鸿篇巨制，将奚以窥前代之盛，备后世考镜之资……我中华民国，追维让德，于大清皇室，特颁优待条文，崇德报功，无微不至。惟是先朝纪载，尚付阙如，后世追思，无从观感。及兹典籍具在，文献未湮，尤宜广召耆儒，宏开史馆，萃一代人文之美，为千秋信史之征。兹经国务院会议议决，应请特设清史馆，由大总统延聘专员，分任编纂。总期元丰史院，肇启宏规；贞观遗风，备登实录。以与往代二十四史，同昭垂鉴于无穷。”[①]这在精神实质上等同于古代新朝官修前代史的传统，惟对清朝的一味赞颂，远过于往代。1927 年编成的《清史稿》以清遗民立场反对革命，且体例失当、史实讹漏处颇多，重要原因之一是传统官方史学意识虽在，而国家政权组织体系中却缺乏相应的史学机构。因此虽以传统官方修史方式修史，但国家政权的组织体系已经不具备古代原有的管理机制，且当时还不能建立起新的模式，于是政府除提供部分资金及其他条件外，对修史的价值取向基本失控。正是因为缺少古代那种史官机构，所以在整个民国时期，历史积淀下的官方史学意识，真正表现为切实的修史活动则比较少见。国民党政府建立的中央研究院历史语言研究所，早期在受西方民主思想影响的学者的带动下，也保持了较大的学术自主性。

中华人民共和国成立后，由于国家采取将所有知识分子及学校、文化机构都“包下来”的政策，这种组织模式给官方性质的学术活动

① 转自朱师辙：《清史述闻》卷一《讨论体例第一》，上海书店出版社，2009 年，第 2 页。

提供了有利条件，所有学术机构要向政府部门负责，都可能以官方姿态面对具体的学者。官方学术行为的特点之一是政府投入方向有预先的计划、部署，有预定的扶植对象，扶植对象的选择由多种因素决定。这种模式下的学术活动有很大的优越性，尤其在科学技术的重点突破方面效果显著。在社会科学研究上也至少有容易形成热点、容易造成数量繁荣的优点。改革开放以后，统得过死的“计划经济”模式大为松动，“市场经济”理念得以推行。社会科学研究当然不能完全市场化，于是官方计划性的学术机制比起20世纪50年代和60年代初期，不仅没有减退，反而大为强化，使一些不能直接进入市场机制的基础学科继续获得蓬勃发展的机遇，历史学科为受益者之一。随着国家对历史学研究资源投入的增长，毫无疑问地将使历史论著数量不断地从繁荣走向更大的繁荣。这在一定意义上可以看作是两千多年积淀的官方史学的因素，又以新的方式重新表现出很大的活力。与此同时，传统官方史学架构下容易产生的弊端，例如保守性较强而创新性较差，对历史著述的非学术性等级标准，人力、物力投入与学术需求、学术成果的难以协调，修史人员敷衍塞责造成史书的水平低下等等，也可能以新的形式表现出来。笔者认为，为保证新世纪的史学发展沿着求真、求是、创新的正确道路前进，当前应在以下几个方面引起重视、研究和探讨相应的对策。

第一，如何协调官方史学项目与私家个性化研究的关系，是史学发展中的重要问题。在中国古代，私家史学始终是发展创新的主要开拓者，《左传》的编年体，《史记》《汉书》的纪传体，《通鉴纪事本末》的纪事本末体等等，都是由私家首创的撰史方式，亦为官方所仿效与应用；古代史学思想和史学理论的精辟观点、精湛表述，如“通古今之变”、史学“惩恶劝善”说、史学经世论、史学“明道”观念、史家“三长”论等等，多经史家提出而成为官方、私家史学的共识。官方不大歧视、排斥、压制私家史学，是古代中国史学得以繁荣发展的原因之一。因此，当前对于历史学这样的学术，各级有关的机构不应过多、过细地订计划、拟规划，而应当考虑扩大对个性化史学研究的支持，增加“自选项目”的立项。一些地方的社会科学领导部门，存在片面强调研究项目直接联系现实和本地区化的观念，尤其亟须改变。

第二，对于当代的史学著述，在官方有组织的学术评价体系上，应当尽力强化学术性机制，避免完全以行政方式评定学术水平。学术评定专业化极强，而且需要严肃、认真、负责的工作态度和体现学术机制的工作程序。以行政方式评价学术，其显著特点是极端弱化对内容的具体评析，而设立多重、严密的形式化标准，并且将之视为硬指标，例如是哪一政府级别的研究项目、出版于哪类出版社、刊载于哪一等次的刊物等等。这些形式化标准具有易于操作的优点，不可尽废，但只能认为是初等、低层次的标准，不应取代针对具体内容的学术评析，否则将助长对历史学成果的非学术性等级化观念，成为影响史学健康发展的不良因素。为建立公正、认真的学术评价机制，学术管理部门已经做出不少努力，评议组织由专家队伍构成，加强同专业学者的通讯评议与咨询。而欲使专家构成的评议组织不向行政化方向偏移，欲使专业学者公正地直抒己见，不仅其机制仍须继续探讨，更需要整体学术风气的改善。在学术评价机制的改革上，可以参考美国历史协会的做法而力求更加完善。美国历史协会是非官方的学术组织，其主席任期一年，不许连任，其他负责人员也有严格的轮换制度。协会的重要工作之一是主办《美国历史评论》《美国史学评论》等刊物，对历史著述予以及时、公允和以批评为主的评论，书评由刊物约请相应专业的学者撰写，著作者不可过问书评之事。这样，书评大多中肯，若评论失当，亦许作者发表辩解文章。①

第三，在实事求是原则下提倡尖锐、泼辣的史学批评，从而以学术争鸣的方式，形成对史学成果有效评价的社会机制，这是营造健康学术风气的重要方式。历史学等社会人文学科的学术标准就是贯彻发现、发明、推进、创新的根本精神，学术性的史学批评就是要看史学作品在史实上有哪些新的发掘、清理和考订，在论断上对理论性、系统性的历史认识有哪些新的推进，简言之就是在“求真”“求是”“求新”上做出了什么成绩。对史实上的疏误、讹漏、混乱，对见解上的陈旧、抄袭，对理论认识的僵化或者荒诞的倾向，都应予以指摘、否定。学术批评无禁区，任何官方、私家的史著或其他著述皆无法豁免，这古来即已如此。北宋官修《新唐书》虽有大文学家、史学家欧阳修主笔，但当时即出现吴缜撰写的《新唐书纠谬》指摘之；清朝官修的《明

---

① 详见孙卫国：《略述美国史学评论与总结机制》，《南开学报》2004年第2期。

史》虽在几代皇帝关注下成书，但刊印方就，即有史官杨椿在《上明史纲目馆总裁书》《再上明史纲目馆总裁书》《与明史馆纂修吴子瑞书》等书信中连续批评、指摘，认为《明史》“表、志、纪、传互相矛盾，事之讹舛，字之差脱，不可枚举”。[①]至于在后代历受讥评的官修史书如《宋史》《元史》等，更是人所共知，可见即使在君主专制的时代，官方史学也不能因其特殊行政地位而摆脱学术性的检验。当前，提倡在报刊上以同样的学术标准，公正公开地评价、讨论各种基金支持的史学项目成果，无疑有利于促进史学发展、改善学术风气与弘扬学术事业的认真精神。

第四，自唐代以后，古代中国的史官“馆宇华丽，酒馔丰厚，得厕其流者，实一时之美事”[②]，修史成书受赏，而因循敷衍无罚，“人同方外，可以养拙，可以藏愚”。[③]但到清朝，修史官员责任大、待遇低，且从乾隆朝纂修《四库全书》即有严格的奖惩制度，乾隆帝因对续修的《八旗通志》不满，谕旨申饬，并将总裁及纂修官等交部议处。嘉庆五年，规定：“各馆修书，纂修官文理错误者，罚俸三月，总裁罚俸一月。校对官不能对出错字，校刊官版片笔画错误不能查出者，亦罚俸一月。”但实际上对修史错误的处罚要严厉得多，例如嘉庆十九年，嘉庆帝斥责史馆进呈的《和珅列传》载事不明，下令将总纂官席煜革职回籍。[④]清廷对所谓修书错误的处分，往往依皇帝的意志上下其手，是文化专制主义的一种表现方式，但对于修史质量和修史速度的督察效果也十分显著。摈弃清代文化专制主义的因素，一般而言，官方投入大量人力、物力从事的修史事业，设立督察、赏罚制度以保证其高质量地完成，是完全必要的。今国家投资的重大史学项目，不仅在项目设立、招标的程序上应符合学术规范，在研究与撰著进程中也应具备切实的监督、问责制度，使研究成果经得起史学界的评头品足，达到预期的学术水平。如果官方确立的史学项目在程序上公正、公开、

---

① 载(清)杨椿:《孟邻堂文钞》卷二，清嘉庆二十三年(1818)刻本。

② (唐)刘知幾著，(清)浦起龙通释:《史通通释》卷一一《史官建置》，上海古籍出版社，1978年，第318页。

③ (唐)刘知幾著，(清)浦起龙通释:《史通通释》卷一〇《辨职》，第283页。

④ (光绪)《大清会典事例》卷一一二，吏部处分例，《续修四库全书》本，上海古籍出版社，2002年。

符合规范，政府部门资助而产生的史学作品在学术上过硬，成为史学成就的时代前锋，那么史学界清正学风的形成与新世纪中国历史学的健康发展，就能够获得充分的保证。因此，史学事业上的官方行为，至今仍然具有主导作用，所关甚巨，不可轻忽。

总之，中国官方史学有着悠久的历史传承、深厚的文化积淀，曾经是造就中国史学兴盛发达的重要原因。经过近代以来的社会变动，官方史学的因素并未消逝，而是以新的形式继续发挥着作用，这对历史学的发展是一个有利的因素。但新的时代也提出了新的问题，即在没有君主专制条件下的干预、督察和管理，不能组织古代那样由官员构成的史馆，官方确立、政府资助的史学事业应如何运行，如何获得无愧于时代、经得起考验的学术成就，需要学术界所有关注者予以认真思考和讨论。

（原载《河北学刊》2005 年第 2 期）

王国维“二重证据法”蕴义与影响的再审视

王国维是20世纪初期杰出的史学家，早在1917年，他就通过辨识甲骨文字、破解其中历史信息而撰成《殷卜辞中所见先公先王考》《殷卜辞中所见先公先王续考》等重要论著，取得了确证殷商君王世次的重要学术成就。1925年，他又高调提出所谓“二重证据法”的命题，成为学术史上被多数人评价极高的史学方法。然而细检众论，随声者多、考实者寡，对于“二重证据法”这个影响重大的问题，理应置于大的学术背景及史学史的进程中重新审视。

一　“二重证据法”风靡于世的时代因缘

历史学在其持续发展之中，史料范围的扩充乃是一个必然的推进过程。早在西汉，据说就在孔宅旧居墙壁内拆出先秦古字录写的《尚书》，西晋时期，河南汲郡魏襄王墓出土《汲冢纪年》等古字史籍，都曾经用于研究和考订历史。在考据学兴盛的清乾嘉时期，广泛利用各种资料考史已经蔚成风气，钱大昕、孙星衍、王鸣盛等学者以及乾隆朝官修《西域图志》，均有利用金石文字等史料治史的实例。王鸣盛说：“恒独处一室，覃思史事……又搜罗偏霸杂史、稗官野乘、山经地志、谱牒簿录，以暨诸子百家、小说笔记、诗文别集、释老异教，旁及于钟鼎尊彝之款识，山林冢墓祠庙伽蓝碑碣断阙之文，尽取以供佐证。”[①]这已经从史学理念上认识到治史应当运用多方面的资料共同验证。在王国维之前，已有孙诒让据甲骨文论断“作册”乃为官名，纠正近两千年间说经解史的一项讹误，而众所周知，罗振玉更在利用甲骨卜辞考订史事上取得丰富成果。王国维的古史考订，正是承袭乾嘉至清季历史考据学家治学的方法，又得益于罗振玉的引导、资助而取得突出成就。

1913 年，王国维在《明堂庙寝通考》初稿中首次提出了“二重证明法”的概念，他说：

> 宋代以后，古器日出。近百年之间，燕秦赵魏齐鲁之墟，鼎彝之出，盖以千计，而殷虚甲骨乃至数万。其辞可读焉，其象可观焉。由其辞之义与文之形，参诸情事，以言古人之制，未知视晚周、秦汉人之说何如？其征信之度，固已过之矣……然则晚周、秦汉人之书遂不可信欤？曰不然。晚周、秦汉之际，去古未远，古之制度、风俗存于实事者，较存于方策者为多，故制度之书或多附会，而其中所见之名与物，不能创造也。纪事之文或加缘饰，而其附见之礼与俗，不能尽伪也。故今日所得最古之史料，往往于周秦、两汉之书得其证明，而此种书亦得援之以自证焉。吾辈生于今日，始得用此二重证明法，不可谓非人生之幸也。[②]

但是，这里“二重证明法”的命题没有引起什么反响，甚至王国维自己后来也从《明堂庙寝通考》文中删去了这段议论[③]，并未重视。此后从 1914 年年底，王国维开始涉足甲骨学，学术大进，《生霸死霸考》《殷卜辞中所见先公先王考》《太史公行年考》《殷卜辞中所见先公先王续考》《殷周制度论》等力作频出，学术声望直线上升。1925 年，王国维就任清华国学研究院导师，开《古史新证》之演讲课，在《总论》中重新提出“二重证据法”理念，此次表述与 1913 年之说意旨一致，但语句颇有不同，且录其文于下：

---

① （清）王鸣盛：《十七史商榷》卷首《序》，上海书店，2005 年，第 2 页。

② 载罗振玉校补《雪堂丛刻》（三），北京图书馆出版社，2000 年，第 298—299 页。

③ 1921 年王国维编辑的《观堂集林》卷三收载《明堂庙寝通考》，已经删去该段文字。

> 吾辈生于今日，幸于纸上之材料外，更得地下之新材料；由此种材料，我辈固得据以补正纸上之材料，亦得证明古书之某部分全为实录，即百家不雅驯之言，亦不无表示一面之事实。此二重证据法，惟在今日始得为之。虽古书之未得证明者，不能加以否定；而其已得证明者，不能不加以肯定，可断言也。①

这就是几十年蜚声于中国史学界、考古学界的所谓“二重证据法”，历来论者对之赞不绝口，极少质疑的意见也被淹没于鼓吹的声浪之中。为什么1925年提出的“二重证据法”，与1913年的“二重证明法”命运截然不同，能够风靡于世而享誉至今呢？择要而言，有三大因缘。

第一，王国维此时已经具有很高的学术名气，其《殷卜辞中所见先公先王考》《殷卜辞中所见先公先王续考》等著述利用甲骨文资料，将商代君王世系考证得确然明晰，且与《史记》等古籍记述一一对照，很是吻合，有这项突出的成就作后盾，对王氏关于史学方法的论述起到有力的烘托作用。这一点相当重要，但还不是最主要的原因。

第二，1925年王国维重提“二重证据法”，实际有着明确的针对性，即出于反对1923年兴起的“古史辨”派疑古学风，不点名地将批评的矛头指向顾颉刚以及倡导“尧舜禹抹杀论”的日本学者白鸟库吉、内藤湖南等人。而顾颉刚倡导的“古史辨”派之学，是冲击旧史学上古史体系的学术运动，具有伟大的思想解放意义。同时因“疑古过勇”而未免个别问题上矫枉过正，于是不仅遭到守旧学者的激烈反对，某些具有新思想的学者由于种种复杂原因一时也难以接受。但是在新思想有所传播、“圣王”油彩已经褪落、“孔孟之道”灵光不再的历史条件下，守旧派对“古史辨”派的抵御是十分乏力的。这时节，只有王国维的考订成果证明了《史记》记述殷商史事的可信度，成为维护旧古史系统的一捆救命稻草，王国维也正好站出来标榜“二重证据法”以反对“古史辨”派，其名声大噪，盖缘于此。

第三，1925年表述的“二重证据法”与1913年的说法相比，已经策略性地披上了“新”学的外衣。例如1913年提出“故今日所得最古

---

① 王国维：《古史新证——王国维最后的讲义》第一章《总论》，清华大学出版社，1994年，第2—3页。

之史料，往往于周秦、两汉之书得其证明，而此种书亦得援之以自证焉”，立足点是“所得最古之史料”；1925 年则曰“幸于纸上之材料外，更得地下之新材料”，而“地下之新材料”被许多人理解为现代性的考古学成果。当时中国的考古学已经兴起，为学术界新生事物，得到广泛关注与推重，特别是王国维讲课时所面对的年轻一代学者，思想上更趋于求新。这个表述上的细微变化，获得了接受新学术思想影响群体的青睐。但在实质上，“虽古书之未得证明者，不能加以否定”的断言，比起 1913 年坦言古籍“或多附会”“或加缘饰”更为保守，与极力反对“古史辨”派的人们灵犀相通，故能左右逢源，广得赞誉。

这样分析，并非深文周纳。1922 年《东方杂志》刊载署名抗父的《最近二十年间中国旧学之进步》[①]一文，据学界考订，该文章乃王国维代笔撰成，叙述罗振玉、王国维等利用出土铜器、汉晋竹简、金文、甲骨文考证古史的成就，并大力赞扬，但从标题上概括为“中国旧学之进步”，是王国维当时仍以“旧学”自居。至 1925 年暑期，即开讲《古史新证》的同一年，王国维在清华国学研究院作《最近二三十年中中国新发见之学问》[②]讲演，其宗旨、内容与抗父之文基本相同，只是为了突出一个“新”字，删去先前谈到的王先谦等人以传统治史方法所取得的成绩，而将自己的学术定为“新发现之学问”。可见这种隐“旧”标“新”的变动，是有意做出的调整。

以上第二、第三两项原因，使“二重证据法”乘着新兴考古学之风而扩大影响，也得到守旧学者的首肯。而第一条原因，使顾颉刚等“古史辨”派学者，也不能不对其取得的学术成就由衷称许。但是，不能因为王国维获得具体的历史考证成就，就不加分析地追捧他的史学方法论理念，因为史学方法论属于理论的层次，在学术史、科学史上做出显著具体成就却得出荒谬理论的学者，早已不乏其例。因此，必须对“二重证据法”予以严格的剖析。

二　王国维“二重证据法”之解析评判

依据王国维对“二重证据法”的表述，并且结合其实际的研究业

---

① 载《东方杂志》第 19 卷 3 号，1922 年 2 月。

② 载《学衡》第 45 期，1925 年 9 月。

绩予以解析，可得出以下三点判断。

第一，1925 年王国维提出“二重证据法”，主要依托于他利用甲骨文字对商代诸王世系的考订，但在方法论上这根本算不得“二重证据法”，因为他实际运用的乃是甲骨片上的文字记录。王国维明确解释说：“地下之材料，仅有二种：（一）甲骨文字。殷时物，自盘庚迁殷后迄帝乙时。（二）金文。殷周二代。”[①]既是文字记载，就与古籍记载实际属于同一性质，不过更加可信而已。如果从图书馆、档案馆的角落发现可靠的文件，在史料性质上与地下出土的甲骨的文字记载一样，这是很明白的道理。考订清朝历史，若利用清内阁档案算不算“二重证据法”？如果再加以满文资料，算不算“三重证据法”？再加上蒙古文资料是“四重证据”吗？加上英文资料、日文资料、法文资料、德文资料……呢？因此，可以赞誉王国维对殷商历史的考据成就，但标榜为“二重证据”，并且将这种标榜提升到普适性的方法论层次，多少有炒作、唬人之嫌。甲骨文、金文资料，具有明显的记事内容，用于考订上古历史是个很自然的学术趋势，必当会随着材料的大量发现、文字辨识的进展而广泛展开，无须打起“二重证据法”的旗号来鼓动。

王国维的“二重证据法”，其实是个很模糊的概念，怎样的史料才算是“二重”？“二重”的材料怎样结合成证据？这种结合有什么规范？如此等等，皆属朦胧状态，极易被人任意发挥，引入歧途，变为荒唐的穿凿附会。在一个强调经世致用的文化环境，名家提出适度模糊的命题、略具朦胧的理念，更有可能走红，因为留下了他人各以己意理解和发挥的空间。王国维之“二重证据”，如果参照他的史学实践予以准确地解读，应当是“纸上之文字材料”与“地下之新文字材料”，即都是文字史料。但后来对“二重证据法”的推崇和发挥，普遍地将之引入考古学领域，将器物、遗迹等与古籍文献的记载对接，从而导致研究方法和结论上复杂而严重的混乱。

第二，王国维《古史新证·总论》说：“虽古书之未得证明者，不能加以否定；而其已得证明者，不能不加以肯定，可断言也。”这里将“古书”分为“未得证明”与“已得证明”两类而予以“断言”，表现出王国维

① 王国维：《古史新证——王国维最后的讲义》第一章《总论》，第 4 页。

思想的守旧、逻辑上的武断、结论上的错误。

"未得证明"之古书是不是可以否定,需要经过考核、研究,发现其疑点即可以质疑,有疑点而无法辩解、开释的部分,则可以否定,但还不是否定全书。若疑点太多,覆盖了全书的主要组成部分,则可以基本否定。因此"古书之未得证明者",应当是可以怀疑、可以部分否定、也可能全面否定的对象。

对于古书"其已得证明者",除了要追问"证明"的方法和结论能否成立之外,还应当审视其到底证明了其中什么内容,决不允许证明该书其中一点,就肯定全书。王国维恰恰犯了这种大的谬误,他的《古史新证》认为:"《史记》所述商一代世系,以卜辞证之,虽不免小有舛驳而大致不误,可知《史记》所据之《世本》全是实录。而由殷周世系之确实,因之推想夏后氏世系之确实,此又当然之事也。"他更推论:"然则经典所记上古之事,今日虽有未得二重证明者,固未可以完全抹杀也。"①

这在逻辑上是非常荒谬的,但至今仍然有人因袭且发扬其谬误,可谓贻害无穷,不得不详为剖析。

(1)《史记》所述殷商世系,不是根据《世本》,因为《世本》乃西汉刘向将先秦零散资料汇集分篇而编辑成书,司马迁不可能见到《世本》其书。据《史记·三代世表·序》,司马迁称其根据的文献是"五帝系谍""尚书集世"等等,因此《史记》所记述的夏代世系,未必与记述商代世系同一资料来源,这样,从商代的世系去推想夏代世系的可信度,就连基本的前提也不成立。王国维识不及此,姑且不论。然而,假若《史记》的夏、商世系记载出于同一文献来源,就可以判断为同样确实吗?答曰:不可!特申论如下。

(2)从甲骨文资料已可确知:商朝极其重视祭祀先王、先祖,且已形成反复进行、颇具规范的定制。这正是殷商甲骨文能够稽考商代诸王世系的根基。"惟殷先人,有册有典"②,即殷商还具有文字书写的官方册典,而商朝既然重视祭祀先王,则必当写有先王世次的谱牒

① 王国维:《古史新证——王国维最后的讲义》第四章《商诸臣》,第52—53页。

② 《尚书·多士》。见王世舜:《尚书译注》,四川人民出版社,1982年,第209页。按,此篇应出于西周之初周公旦。

册籍，这应是《史记》等史籍记载商王世系的最早的文献来源。假如夏人也有较成熟的文字、也有极其重视祭祀先人的定制，也同样“有册有典”，当然也可能留下可靠的记载先王世系的文献，但如果三个条件缺其一项，就不能与商朝相比拟。于今，考古发掘工作已经尽了极大努力，仍未发现有夏的文字，更无论另两个条件。王国维之“由殷周世系之确实，因之推想夏后氏世系之确实”，已属于错误的逻辑，今人若还遵从这种推想，则是不可理喻的荒诞无稽。

(3)西周攻灭商纣王，还面临殷商“顽民”的反抗以及诸多忧患，周公旦等统治者提出了理性的“殷鉴”理念，推动了政治改革、历史文献的整编和历史往事的清理。商朝既然“有册有典”，加之殷商遗民仍在，西周对商代历史的叙述自然有所依据，至少商王世系不会大误。但有夏之史则大不相同，一是距西周为时已久，二是文献无凭，其根据何在？综合一些疑古学者如杨宽、陈梦家、顾颉刚等人的说法，西周统治者将曾经被商朝兼并的有夏，夸大为一个统摄万邦的朝代，借以对“顽民”宣传灭商之合理，同时又作为一项“殷鉴”来教导官民，乃是十分可能的。当然，有夏到底是部族、酋邦，还是一个王朝，仍为需要研讨的复杂问题，但《史记》等古籍排列的夏代君王世系并无可靠依据，则可以断定。

西周认定有夏是与商朝一样的朝代，此后就会出现参照商王世系编写的夏王世系，依此上溯，一系列的“先王”时代也都有了世系，甚至都有了在位年数。司马迁说：“余读谍记，黄帝以来皆有年数，稽其历谱谍，终始五德之传，古文咸不同，乖异。夫子之弗论次其年月，岂虚哉！”[①]可见在战国时期，这类谱牒文籍种类繁多，而且内容复杂。司马迁撰写《史记》，虽然对“黄帝以来皆有年数”深为怀疑，却因《史记》记史乃从黄帝开始，遂删去黄帝以下各个先王在位年数，却不得不姑且采用那些世系，致使司马迁自己也未必确信的夏代世系以及更早的先王世系进入了史册。

第三，王国维并非盲目相信所有的古书，但他却有其笃信的古书范围，他的考证古史，就是欲图尽力证明一些古籍记载的确实可信。如果没有办法考证，他还是要相信经典、正史的记载，例如对于尧、

---

① 《史记》卷一三《三代世表·序》，中华书局，1959 年，第 488 页。

舜、禹，王国维虽然拿不出有力的“二重证据”，仍然抨击“疑古之过，乃并尧、舜、禹之人物而亦疑之”，明显表现了学术立场的守旧性。

对于王国维的“二重证据法”，有人推崇并解释说：“‘二重证据法’就是‘纸上之材料’与‘地下之新材料’的互相结合，彼此印证。”这里“结合”与“印证”两语，就是这种史学方法论的要害，就是仅从结合、印证上用心着力，排斥怀疑精神。

正确的学术态度，应当是以客观的求真、求是态度对待新发现的史料，能够印证原有史料和结论者，固当印证之，而若可以否定原有材料和结论，亦当予以否定之。王国维以甲骨文考订商王世系，恰好能与《史记》相结合、相印证，其原因正如上文所述：商朝具有反复祭祀先人的规范性典制，并且“有册有典”。周代金文也有大量可以印证古籍文献的例证，是因为中国最迟自西周季年就具有了如实记史的观念，提高了历史记载的真实性。这乃是有条件的特例而已。但若从商朝再向上追溯到无文字、无文献的时代，便不具有商周时期那种体制上和观念上的依据。因此商朝之前“地下之新材料”，应当是以否定“纸上之材料”的内容为多，可“印证”者居少。

总括上述解析与评判，可以浓缩为简短的结论：王国维之“二重证据法”，实际不过是以新的文字材料印证原有的文字材料。这种方法仅强调“印证”而排斥否定，具有片面性和学术思想的守旧性。因其守旧观念作出的推想，在逻辑上是错误的。因此，将“二重证据法”夸大和发挥，将会使历史研究更多地进入误区。

三 “二重证据法”在中国史学史上的作用

评析“二重证据法”在中国近现代史学史上的影响，应当与“古史辨”派置于对立统一的两个方面进行考察，认识才能深入。王国维虽然没有激烈地批评顾颉刚，甚至批评中未曾点名，出语也似乎宽和，但他的“二重证据法”依托于殷商史考证的杰出成就，对于疑古思辨史学的发展势头，牵掣最为有力，抵御作用也最为长远。

1923年，顾颉刚提出“层累地造成的中国古史”的命题，指出中国旧的上古史体系的不可信从，揭示出许多大的疑点，立即引起很大的反响。随后，关于中国商代以前古史的辩论在学界展开。1926年，顾颉刚主编的《古史辨》第一册出版，使辩论更为升级，且随着《古史辨》第二至七册的陆续印行，一波继一波地愈演愈烈。以顾颉刚为代表的“疑古”学者，提出许多具体的辨伪事例，许多争论往往在具体事例上纠缠，但是顾颉刚申明了他的学术宗旨：打破中国民族出于一元的观念；打破地域向来一统的观念；打破古史人化的观念，即将神话中古神“人化”，多了一层伪史；打破古代为黄金世界的观念。这些史学理念，现在看来仍然是正确的。从此四条可以看出这场“疑古”波潮，实为20世纪中国史学的革命运动。早在1926年《古史辨》第一册出版之后，胡适就评论说：

> 这是中国史学界的一部革命的书，又是一部讨论史学方法的书。此书可以解放人的思想，可以指示做学问的途径，可以提倡那“深澈猛烈的真实”的精神。①

蒋俊《中国史学近代化进程》认为：“对于‘古史辨派’的评论，只能有一个标准，即史学革命。中国近代的史学革命，是经过几代进步史学家的努力才初步完成的，其中也包含着‘古史辨派’的努力。”②二者同样称“古史辨”为史学的“革命”，但含义并不一致，胡适所言近之，但尚未充分。

中国的传统史学自从产生，是在记史求真与社会功用的矛盾中摇摆前进，留下了丰富的史籍，历史的叙述真中有伪，在古代不可能得到全面的清理。1902年，梁启超标举“新史学”的旗帜，唱出“史界革命”的时代强音，为中国史学发展之一大转机。然而梁启超对旧史学的批判是“知有朝廷而不知有国家”，“知有个人而不知有群体”，“知有陈迹而不知有今务”，“知有事实而不知有理想”，指责《二十四史》为“二十四姓之家谱而已”。③ 这些论断激烈而欠准确，其新史学的观念只涉及史书中应当记述哪些事实、采用什么形式、贯穿什么思想以及撰史人的立场等问题，乃是社会改革观念的折射，并非史学革命的根本方向。但这种“新史学”的宣传，推进了历史教育的革新，特别是新式教科书的编写。清朝灭亡之后，新式大学以及研究机构的

① 胡适：《介绍几部新出的史学书》，《古史辨》第二册，上海古籍出版社，1982年，第333页。

② 蒋俊：《中国史学近代化进程》，齐鲁书社，1995年，第106页。

③ 梁启超：《新史学》，载《饮冰室合集》文集之九，中华书局，1989年，第3页。

设置和发展，给史学一定的学科地位，有利于史学的核心即学术层面的凸显，“古史辨”派的疑古辨伪，就是这种史学之学术革命的时代标志。以顾颉刚为代表的疑古辨伪活动，其实质是贯彻史学求真的理念，表现出不惧任何阻力和非难的彻底性。顾颉刚不仅要坚定地打破疑点重重的旧古史体系，同时也乐于修订、改正自己具体见解出现的偏差，《古史辨》不仅收载疑古辨伪之文，也载入反对者的文章，体现了纯正的学术情操。

对“古史辨”派批评和反对者的议论，重要者大致有以下三类。

(1)仍以旧有的经、史著述为根据，甚至认为疑古有害于世道人心。这是信古守旧派的理念，是根本出发点的错误，不足深论。

(2)指摘具体的疑古见解证据不足，或证据难以成立。其中有人将顾颉刚作为疑点引证的资料，以重新曲解的方法予以弥缝，也有人质问：战国之人有何必要伪造尧、舜史事，他们为何具备这样高的伪造能力？诸如此类，文繁不录。最值得注意的是张荫麟指摘顾颉刚过度使用“默证”方法，例如《诗经》《尚书》《论语》都没有关于禹与夏朝关系的记述，顾颉刚据此质疑后人伪造了禹为夏朝的开国之祖。张荫麟则认为这种“默证”法不对，认为《诗经》《尚书》《论语》都没有一定要记述此类内容的必须性。[①]这项辩论实际上表明了研讨上古史无论“信古”“疑古”，都面临证据不足的问题，但却颠倒了举证的责任方。“疑古”者只要根据现存资料发现疑点，即有理由质疑，“信古”者则应当举证解疑，而不应仅仅挑剔疑古者的证据不足。这类批评对辩论的深入有所推动，但并不触动疑古辨伪的根本宗旨。

(3)挑剔顾颉刚等只是破坏古史体系，而缺乏建设性成绩。认为顾颉刚的学术不充实，特别是没有考古学造诣，难以研讨上古史。此类议论，是欲从整体上否定疑古辨伪活动，王国维即在其中。在1924年12月，李玄伯发表文章，认为“要想解决古史，唯一的方法就是考古学”。[②]这个见解很正确，但李氏却据此主张没有必要根据文献资料作古史的辨伪讨论。

顾颉刚回应李玄伯等这类以考古学为旗号的文章，是同意上

---

① 见张荫麟：《评近人对于中国古史之讨论》，载《古史辨》第二册，第271页。

② 李玄伯：《古史问题的唯一解决方法》，载《古史辨》第一册，第270页。

古史的问题应由考古学最后解决，但指出文献记载的辨伪十分重要，不能放弃文献的辨伪考订。他认为学术应有分工，"古史的破坏和建设，事情何等多，哪里可由我一手包办？"他还指出："有许多古史是考古学无法证明的，例如三皇五帝，我敢预言到将来考古学十分发达的时候也寻不出这种人的痕迹来……难道可以永远'存而不论'吗？但是在书本上我们若加意一考，则其来踪去迹甚为明白，固不烦考古学的反证而已足推翻了。"顾颉刚谈到自己辨伪工作宗旨时说：希望替考古学家做扫除的工作，使得他们的新系统不致受旧系统的纠缠。①

1924年，傅斯年在给顾颉刚的支持信件中也说："你这古史论无待于后来的掘地，而后来的掘地却有待于你这古史论。现存的文书如不清白，后来的工作如何把他取用？"②顾、傅二人说出的道理是成立的，然而他们对史学、考古学后来的发展却始料未及。

最早具有考古学家才干而又反对疑古的学者，似为徐旭生，他在1943年就曾出版《中国古史的传说时代》，其中批评顾颉刚等"把传说得东西一笔抹杀，把文化的黎明时期完全不谈，我国的历史因此就被砍去一截！"他认为："古书因为受造谣的嫌疑而被抛弃，对于地下的工作，将来由何物启示或解释？王国维能开始解释甲骨文上的文字，因为他相信殷代现存的文献。如果殷代文献被猜疑而蔑视、而散逸，那虽有王氏湛深治学的精神，亦无从寻得下手处矣。"于是他主张"抛却过正的一切抹杀办法，用信古的正确方向，小心谨慎地、辛勤地寻求古代略近的真实，则今日学者之任也"。③

徐氏的言论十分强悍无理，攻击顾颉刚把历史"砍去一截"，已近于诬蔑，把文献佚失的原因归结为疑古，类似于栽赃。这些姑且不论，单就其治学理念，则将考古（所谓"地下的工作"）依赖于古书，认为没有古书就得不到"启示或解释"，是极端错误的，因为世界多数地区（如埃及、印度）的考古学，不用古书的"启示或解释"而成就十分辉煌。徐氏特别举出王国维的事例，公开主张信古，可见他就是以王国

① 以上引文均见顾颉刚：《古史辨》第二册卷首《自序》，第4、5、7页。

② 傅斯年：《谈两件〈努力周报〉上的物事》，载《古史辨》第二册，第297页。

③ 以上见徐旭生：《中国古史的传说时代》，中国文化服务社，1943年，第12—13、23页。

维为榜样，力图将“二重证据法”扩大到考古学领域的早期学者。至1950年代，徐氏首先发现和认定二里头先商遗址为夏文化，开拓了考古遗存与文献结合的“二重证据法”实例。[①]倘若作为一家之言，这种尝试亦未尝不可，但在信古、守旧的前提下，将“二重证据法”扩充、发挥而定为一尊，使古书与考古捆绑一起，则是埋伏了很大的弊端和无穷的乱象。

中国古代史学具有深厚的文化积淀和优良的传统，从春秋时期具备“君举必书”“书法不隐”等记史求真的理念以来，正规的史籍记载，其可信度很大。但是从西周初年形成“殷鉴”的历史观念，到西周季年和春秋时期官方形成记史体制，经历了很长的发展时期，追述西周之前的历史不可能不掺入较多的传说、想象的成分。西周之后的历史记载也在记史求真与政治功用的矛盾中摆动、偏移。因此，中国旧史学就其优良传统而言，完全具备与新时代新史学相衔接的基础。而从史学产生、发展的历程来看，越是上古较早史事的记述，就越多神话、传说、模糊、想象、失实和伪造的成分。顾颉刚等选择商周之前古史作为辨伪的重点，进行打破旧古史体系的扫除活动，是一场适当的、新史学发展时代所需要的史学革命。

“古史辨”运动取得了不可磨灭的成就，其纯正求真、勇敢辨伪的精神，将永远成为新史学健康成长的源泉，但从史学革命的层次观察，整体上已经失败。失败的原因除了政治与社会各种因素的影响之外，学术的原因是上述中国旧传统史学所具备的优点，而这个优势正好由王国维考证殷商史的特例和“二重证据法”的提出而闪亮登场。于是不仅信古者的信心大增，而且具有新观念的不少史家，也燃起了以“地下之新材料”来证实古书的无穷期待与遐想。徐旭生的学术理念和考古学实践，标志着中国考古学与上古史文献的结合，开始远离顾颉刚、傅斯年等人原来的预想，走上膨胀、扩大的“二重证据法”之路，保留与发扬了王国维“二重证据法”原有的信古、守旧因素与近乎武断的“推想”。从史学史角度考察，王国维“二重证据法”对史学发展的作用，是将旧的上古史体系与新史学的建设过早地衔接起来，在旧史学的糟粕未能充分清扫的条件下，这种传统史学过早而

① 参见徐旭生：《1959年夏豫西调查“夏墟”的初步报告》，《考古》1959年第11期。

且以不适当方式衔接于新史学，携带了大量庞杂成分、落后理念、虚假记述，影响了新史学发展的健康环境。这虽然不应由王国维承担责任，但追溯渊源，“二重证据法”及其滥用则起到了杠杆作用。这个杠杆一方面拨动起上古史研究的嘈杂与兴旺，一方面搅得沉渣泛起，其影响值得深入反思。

四 “二重证据法”滥用的不良影响

当“二重证据法”大力推行于考古发掘与古籍记述的结合，其研究方法大部分立足于直接的比附和穿凿。通行的思路是：根据考古发现遗址的地区与所测定的年代，从各种古籍描述的上古“先王”和朝代中选一相似者予以指认，随之对出土之物与古籍的描述做最大限度的比附解说，将考古发现与某些古籍的叙述交叉编织，完成一个具有所谓“二重证据”的故事。编织的故事也会参照考古文物，对古籍的记述做出一些补订，但在历史的整体线索上则总不离上古史旧说的框架。

然而，各种古籍对上古“先王”的描述早就五花八门，往往自相矛盾，距今的年代、活动的区域都不能准确认定。考古发现的遗址的年代学测定，也只能是一个跨度相当大的时间范围，出土文物更复杂多样，本身就可能得出不同的解释。考古学的特点，是其在排除干扰、按本学科规范独立研究状态下，也不免出现较大的学术分歧，再加入古籍中庞杂的记述，其乱象丛生乃势所必然。在扩大的“二重证据法”的指导下，一些对考古学的新发现有资格发言的解说者，不仅没有接受顾颉刚等对上古史的扫除工作，就连顾颉刚预言地下之材料“寻不出”的三皇五帝，也披上考古学的外衣，从他们的口中卷土重来。

现在从伏羲氏以下的“先王”“先圣”，大多都拥有了气势恢宏的陵墓，以及“故里”“出生地”，有些本为古代王朝所钦定，我们仅仅“奉旨”修筑而已，姑且不论真伪。单说“炎帝”一个传说人物，今人则有了许多新的考订，由官员和学者构成的“二重主体”队伍，运用“二重证据法”，产生了不同学说。依照古籍记述，炎帝故里本来早有河南、山西、陕西、湖北、湖南等多种说法，近年陕西宝鸡拿出了“二重证据”，即除古籍资料外，还有考古发现的新石器时代遗址中农业生产、生活的痕迹，由于古籍有炎帝即神农氏或神农后代的说法，于是宝鸡被热捧为炎帝故里，祭拜声势大振。而热闹尚未稍减，湖南会同县同样摆出“二重证据”，于是学术研讨会在该地召开，许多名流学者表态支持，据传当地曾准备斥巨资兴建纪念与祭拜工程。炎帝与神农氏是否为一人？炎帝与黄帝是什么关系？古籍记述本已纷乱，直接影响信古者对炎帝距今多少年的估算。传说中的“先王”“先祖”只有炎帝或神农氏实行农业生产吗？也缺少论证。那么以考古遗址中的农业痕迹指认炎帝故里，并且发生不同地点的争论，这与西方中世纪基督徒争论“一个针眼里究竟能住几个天使”有什么区别？毛泽东《贺新郎·读史》曰：“五帝三皇神圣事，骗了无涯过客。”现在则是行骗与被骗一起狂欢，有人为之辩解，说是增强民族凝聚力。可是具有讽刺意味的是：炎帝一身，就至少建筑了分布陕西、湖南、山西的三座“国家级”“省市级”的豪华陵墓，墓主连自己尸体都不能“凝聚”，怎么能够对现代人们产生凝聚力？现代中国真的有赖于上古圣王来凝聚吗？

对禹以及大禹治水传说的质疑，是顾颉刚早期疑古考辨的一个突破口，引起轰动和争议最大、最多。然而细检所有反对顾颉刚意见者，并未拿出证明实有“禹”存在的证据（按，这个问题也是应当由信古者举证）。且不言是否有“禹”其人，但大禹治水乃是神话，则越来越被证实。顾颉刚早曾指出：“《商颂·长发》说：‘洪水芒芒，禹敷下土方’……看这诗的意义，似乎在洪水茫茫之中，上帝叫禹下来布土。”① 2002 年出现的西周中期铜器“遂公盨”，其铭文开篇即云“天命禹敷土，随山浚川”②，可见很早的传说就是上天命令禹布土治水，有力地支持了顾颉刚的解释。

但某些学者完全不顾这些证据，居然细致地研究起作为真人的大禹是用什么办法去治水。如徐旭生认为禹“利用他们家世的失败的经验，觉悟到从前所用枝枝节节的办法不能解决问题，必须大规模疏导，使水畅流，才有办法”。③ 当今另一学者则大作“新探”，说禹和

---

① 顾颉刚：《与钱玄同先生论古史书》，载《古史辨》第一册，第 62 页。

② 参见李学勤：《遂公盨与大禹治水传说》，《中国社会科学院院报》2003 年 1 月 23 日。

③ 徐旭生：《中国古史的传说时代》，文物出版社，1985 年，第 169 页。

其父鲧，治水不在水灾的一个阶段，所以方法不同，禹之治水是在大洪水过后，“只需要疏通各条河水，使人们安居乐业即可”。洋洋万言，煞有介事，然而证据何在？除了顾颉刚等早就质疑和剖析过的文献资料外，附加的还是属于战国时期的文字，可以充当“二重证据”者，只是考古发现龙山文化时期的中原和南方，都曾有大洪水留下的遗迹。①这算得什么证据？江河洪水，历代有之，发现洪水遗迹的同时，发现治水的工具了吗？如果大禹真有其人，那只能是在石器时代，请问他们用什么工具开挖河流、疏导洪水？在上古的社会生产力水平之下，大洪水发生，只能逃走、只能等待洪水自然退去。马克思指出：“任何神话都是用想象和借助想象以征服自然力，支配自然力，把自然力加以形象化。”②“大禹治水”的故事，完全是因为人们无力治理大洪水又渴望治水而想象出的神话，天帝、大禹不过是一种征服自然力欲望的形象化。

上古传说乃至于神话，都包含了历史的信息，都可以用社会发展史的知识、民俗学的知识等等予以历史的解读。但是传说、神话只能作为被重新解读的材料，而不能当成被证实的对象，例如古书记述有姜嫄“出野，见巨人迹，心忻然说，欲践之，践之而身动如孕者，居期而生子”③，即为周朝先人后稷。这可能反映了人类经历过“知其母不知其父”的母系氏族时期，绝对不能认为姜嫄踩了大脚印而怀孕是真人真事。对待三皇五帝的传说，均应从传说中解读其中反映的古代社会状况，而不是企图坐实其人的存在。但一些有学问的学者如王晖教授却声称：“战国时期流传的五帝时代这些著名领袖人物及其重要事迹还是应该可信的，也是我们应该根据出土古文字资料和古文献相互印证并重新整理的。”④而审视其引用的“出土古文字资料”，不过是战国时期的郭店楚简等，虽为新出土资料，但对于东周以前历史的研究，并不比传世的《国语》更有价值。

让人奇怪的是，此前考古发现的山西襄汾陶寺文化遗址，早就被许多人风风火火地鼓吹为尧、舜故地，王晖教授怎么不收揽为“二重

---

① 王晖：《大禹治水方法新探》，《陕西师范大学学报》2008年第2期。

② 《马克思恩格斯选集》第二卷，人民出版社，1972年，第113页。

③ 《史记》卷四《周本纪》，中华书局，1959年，第111页。

④ 王晖：《出土文字资料与五帝新证》，《考古学报》2007年第1期。

证据”呢？大概因为陶寺文化遗址显示出那里发生过惨烈的大屠杀、大毁灭，而王晖先生是力主尧、舜、禹禅让的吧。将陶寺文化遗址指认为尧、舜故地的学者，只好承认《竹书纪年》所云“舜囚尧于平阳”[①]的篡夺也可能真实，这其实还是不能解释宫廷政变式的篡夺，何以会有陶寺遗址中毁城、掘墓、杀人分尸的惨烈战争。迷信古籍之中上古史记述的学者，为什么不将陶寺遗址指认为黄帝与蚩尤的战场，或者是颛顼与共工的战场啊？那既不伤害儒学经典和正史的可信性，又能编织新的故事，认证更多古籍以及神话传说的可信。由此可见，用“二重证据法”令考古来印证古籍，不仅穿凿附会，而且挑挑拣拣、各取所需，还常常会想不周到，顾此失彼。这样搞出的古史新证，鲜不错谬。

即使把考古发掘新发现的文字资料与已有的历史记载相互印证，也不合乎考古规范。例如 1972 年银雀山兵法书简发现后，被认定为《孙子兵法》与《孙膑兵法》二书同时出土，有学者声称解决了关于《孙子兵法》作者的一大疑案。何以会认定这是属于两种书？因为有“纸上之材料”记载过两种书名，按照王国维“二重证据法”，“地下之新材料”的出现，正好用来“印证”古籍的记载。但是那批竹简上并未标明两种书名，竹简形制也无区别，按照规范，就应当谨慎地按原始状况归于一起，标以“银雀山出土兵法书简”之名，余下的问题听凭学术界研究讨论，各抒己见，这才是科学的方法。在这个兵法书简问题上，分为二书与归为一书，史学意义是正好相反的，尤应高度审慎地处理，保持原貌。这个实例足以说明“二重证据法”即使在文字资料的范围内，也不完全符合科学精神。

时至今日，中国各地考古发现的文化遗址已经相当密集，远非王国维时期所可比拟，剥离古籍中的圣王传说，利用考古学独立地考察上古文明的产生和发展，已能展现出轮廓。现在实行顾颉刚所主张的“新系统不致受旧系统的纠缠”，是完全必要的。古人将以往的历史记忆寄托于若干逐步塑造的圣王、英雄，是一种普遍现象，在古籍中，甚至将所有工具、器物也都归为黄帝等圣王或个别人物发明，这

---

① 《广弘明集》卷一一，释法琳《对傅奕废佛僧表》引《汲冢竹书》语，景印文渊阁《四库全书》本。

是未充分开化阶段的人类，以形象思维弥补理性思维的表现。现代史学可以从远古传说中解读和提取关于社会生活状况的信息，而不能轻易相信其中英雄人物及其具体事迹，更不能够把考古的发现装入陈旧的上古史体系的框架。“二重证据法”的滥用，正是一种将考古学装入古籍记载框架的错误方法，应当及早摒弃。以考古发掘的实物、实迹，经科学的分析，摆脱种种纠缠，独立地重建中国远古文明发展的历史，是当今历史学科之要务。

（原载《南开学报》2010 年第 4 期）

张荫麟诘难顾颉刚"默证"问题之研判

1923年5月，顾颉刚发表《与钱玄同先生论古史书》①，提出"层累地造成的中国古史"理念，认为中国古籍中关于尧、舜、禹"圣王"事迹的记述都不可信，乃出于后世的层层叠加。对这些圣王其人的有无，也做出质疑和否定，这立即激发了学术界的辩论。在多篇反驳顾颉刚的文章中，青年学者张荫麟（1905—1942）的文章主要不是讨论上古史的具体问题，而是直接否定顾颉刚的研究方法，提出了历史考订是否可以运用所谓"默证"方法的问题，这已经涉及到史学方法论的理论层面。由于顾颉刚及"古史辨"派学者没有答辩，这项公案之是非曲直，尚未明正，故本文加以研判，以澄清八十年来相关领域的混沌认识。

一　张荫麟关于"默证法"的发难及其影响

顾颉刚发起疑古考辨的主要思想方法，是尽量全面地清理中国古籍关于上古历史的记载，排列这些记载文献产生的时间顺序，发现越是后出的古籍，记述的上古历史越是久远，记载的情节也越是丰盛，因此，这样形成的古史乃是累加而成，其真实性大可怀疑，遂提出

---

① 顾颉刚编:《古史辨》第一册，上海古籍出版社，1982年，第59页。按，此文初载于《读书杂志》(《努力》增刊)第9期，1923年5月。

“层累地造成的中国古史”这个理念。顾颉刚具体地考察尧、舜、禹问题而指出：从《诗经》等书籍来看，中国上古最早的圣王是禹，西周时还没有黄帝、尧、舜的观念。而“商族认禹为下凡的天神，周族认禹为最古的人王”。到春秋时期的《论语》中，出现了尧舜，并且居于禹之前，“但尧与舜、舜与禹之间的关系还没有提起”，更没有把禹与夏代联系起来的记载。《论语》之后，才出现尧与舜的翁婿关系，尧、舜、禹之间第次的君臣关系。①自战国以降，在尧舜之前又加上了许多古帝王，同时大禹也被安排成了夏代的创始国王。②这是顾颉刚最初做出古史考辨的部分结论，已经体现出严密的系统性，每一论点都不仅列举大量的史料，而且更要指明某一时期的古籍并无哪种记述，其全面考察和梳理历史的特征十分明显。由于观点惊世骇俗，立即引起了学术争辩，而论敌如刘掞藜等人，主要反驳顾颉刚对一些具体史料做出的解析，其中某些见解甚至得到顾颉刚认可③，但并不能动摇“古史是层累地造成”这个整体性认识。此后将届两年，张荫麟发表《评近人对于中国古史之讨论》④一文（以下简称“张文”），其中也反驳顾颉刚对具体史料的解释，却不是分散地纠摘罅隙，而体现于一个总的宗旨，即试图从根本上否定顾颉刚的研究方法。

张荫麟认为：“吾观顾氏之论证法几尽用默证，而什九皆违反其适用之限度。”为此他搬出西方的论著《史学原论》作为理论依据，文章提出：“因某书或今存某时代之书无某史事之称述，遂断定某时代无此观念，此种方法谓之‘默证’。默证之应用及其适用之限度，西方史家早有定论。”接着他对《史学原论》原文予以引录⑤，其要点可以归结为以下二项。

---

① 顾颉刚：《与钱玄同先生论古史书》，《古史辨》第一册，第60—63页。

② 顾颉刚：《讨论古史答刘胡二先生》，《古史辨》第一册，第117页。按，本文初载《读书杂志》第12—16期，1923年8—12月。

③ 顾颉刚在前揭《讨论古史答刘胡二先生》一文中，表示依照刘掞藜说法，再经研究，放弃原先对于“下土”的解释。

④ 载《学衡》第40期，1925年4月。又载《古史辨》第二册，第271—288页。以下凡征引此文不另注释。

⑤ 张荫麟此文特别注明：李思纯已然翻译朗格诺瓦与瑟诺博斯二人合著的《史学原论》。然而张荫麟并未采用李思纯译文。李思纯的译文内没有“默证”这个词语，而将之表述为消极的“理想推度”。今不纠此事，姑且全依张荫麟之行文研判。

(1)运用“默证”方法的思想根基和出发点，是“其中实暗藏一普遍之论据曰：倘若一假定之事实果真有之，则必当有纪之之文籍存在”。即凡使用默证法，都是设想凡事皆会记载，并且凡记载都会留存。这个前提当然不可能成立，由于“古事太半失载，载矣而多湮灭”。默证法似乎毫无现实基础而且不合逻辑，已经从根本上被否定。

(2)否定了“默证”的合理性之后，又自相矛盾地规定了两个适用条件，其一是没有记述某事的载籍，其作者“立意将此类之事实为有系统之记述，而于所有此类事皆习知之”。其二是“某事迹足以影响作者之想象甚力，而必当入于作者之观念中”。就是第一要证明作者立意记述这类事件，并且完全了解此类事件；第二是该事件是一桩影响力很大的事件。

张荫麟随即对照上述理念，评议顾颉刚的观点而加以指摘。顾颉刚因《诗经》以及同时期成文的《尚书》篇目均仅记述禹，并未提到尧、舜，从而断言“禹先起，尧、舜后起，是无疑义的”。张文先以《诗经》等书没有责任记述尧舜之事，从总体上反驳顾颉刚，随后又以“夏禹史迹辨正”“尧舜史迹辨正”两个专题，继续反驳顾颉刚对史料的解释和指责他滥用默证法。其中关于史料解释的驳议，学术理性远不及同样反驳顾颉刚的刘掞藜等人，其杀手锏还是默证法的适用度问题。而法国人 19 世纪末发表的主张[①]是否完全正确？张文是什么学术水平？非三言两语所能剖析，这里先略述张文在学界的影响。

张文发表之后，顾颉刚等人未作反驳，这与对待刘掞藜之文区别明显，顾颉刚对刘文是既有反驳，又有肯定，如前引《讨论古史答刘胡二先生》一文。为什么对张文不当即予以回应呢？事过八十多年，我们只能根据该时情景做出几方面的估测：(1)顾颉刚坚信自己研究方法总体上正确，对《史学原论》的观点很不信服，但所谓“默证”乃史学方法论的理论问题，顾颉刚尚未做好这种理论论辩的准备。(2)工作极其忙碌，正在研究重大问题，因而虽在《古史辨》第一册附录中预告将于第二册发布《答张荫麟先生》，但终归未能成文。(3)知张荫麟为

---

① 按，朗格诺瓦、瑟诺博斯合著《史学原论》，1897 年出版于巴黎。见李思纯译：《史学原论 · 译者弁言》。

年轻学子，认为不必痛加回击，可静待其觉悟。按顾颉刚一向爱惜和提携青年才俊的作为，完全可能产生这种心态。后来，张荫麟不仅与顾颉刚关系较好，甚至历史观点也日益靠近。此在后文还将叙述。(4)实际欲准备回答张荫麟时，发现张文对具体问题的论议十分浅陋，不值一驳，故收录其文于《古史辨》第二册，认为读者会很容易辨别是非，不屑于再写反驳之文。

综合揆度，上述第 2 条应为次要因素，第 3 条是以后不再追究批驳的原因，而不是当时不予以回应的打算，因为顾颉刚曾经准备答辩。第 1、4 条的结合，才构成顾颉刚未作回应的主要原因。关于第 4 条，这里有必要先举出一例辨析之。

顾颉刚根据《诗经》以及与《诗经》同时代成文的《尚书》篇章，有多处写到禹，但都没有将之与夏联结在一起，遂认为当时人们还未产生禹是夏国君主的观念。特别指出了“信彼南山，维禹甸之”“丰水东注，维禹之绩”“奕奕梁山，维禹甸之”①等诗句，“禹”之前加一虚字“维”以衬字数，却未出现“夏禹”等称谓②，这是一项有力的证据。而张荫麟反驳说：

> “夏”“禹”二字既无不可分离之关系，而“维”与“夏”声调不同(一为平声，一为仄声)，维字置于句首，又可顿重语气(此顾氏言之)，是故此处“维”字与“夏”字实不能相代……吾侪读《乐府诗选》《玉台新咏》《明诗综》《清诗别裁》，其中亦未尝有照后稷、公刘、王季之例称刘邦为“帝刘邦”、称朱元璋为“帝朱元璋”，亦未尝有尊夏后、夏桀之例称刘邦为“汉刘邦”、称“朱元璋”为“明朱元璋”，然则刘邦、朱元璋非汉帝、明帝矣。嘻！

这里张文提出“禹”字之前加“维”字凑足四言诗句，是因为“维”字平声，达到平仄协调，而“夏”是仄声，所以不能用以取代“维”字，这是一个十分低级的谬误。在一句诗文中讲究平仄用字，是在南朝宋、齐、梁、陈时期逐步兴起，《诗经》何尝涉及如此规格！《诗经·周颂·有客》中“有客宿宿，有客信信”两句，八字全是仄声，《诗经·大雅·

---

① 依次见《诗经·小雅·信南山》《诗经·大雅·文王有声》《诗经·大雅·韩奕》。见(宋)朱熹：《诗集传》，上海古籍出版社，1980 年，第 154、188、215 页。

② 顾颉刚：《讨论古史答刘胡二先生》，《古史辨》第一册，第 115—116 页。

生民》中"后稷肇祀，庶无罪悔"，《诗经·大雅·云汉》中"后稷不克，上帝不临"，都是两句内仅一个平声字，而且"后稷肇祀""后稷不克"与"维禹甸之"在语式上相同，为何没把"后"字换成"维"字？《诗经·周颂·闵予小子》有诗句曰"闵予小子，遭家不造……维予小子，夙夜敬止"，如果后一个"维予小子"是做了协调平仄的处理，那么前面"闵予小子"如何解释？况且一个"维"字之后有七个仄音字，也起不到平仄调剂作用。事实很明显，《诗经》各诗，除韵脚之外根本没有平仄音律的规范。

无论顾颉刚还是别的学者，在征引和解说古文献资料时，都难免有遗漏个别史料或解释不甚妥当的疏失，经人指出，加以补充和更正即可，不必攻其一点而不及其余。但张荫麟的谬误不同，《诗经》中几乎每一篇都存在与其说法相冲突的例句，竟视而不见，公然以无中生有的杜撰用来论辩，已经不属于个别疏误的性质。尤可议者，张文在"又可顿重语气"之后用括号添注"此顾氏言之"字样，完全歪曲了顾颉刚文章的原意。查顾颉刚原文为：

> 何以《诗》《书》上九处说禹，却只有一个禹字或衬上一个维字？……就说"维"字不为衬字，而为顿重语气之用，赞美禹功必用维字以致其情，用了维字则四字已全，禹只能为单字，这无论只适用于《诗经》上的三条，尚有六条说不过去。即就这三条而论，顿重语气原不必定为四字之句，如"维仲山甫补之"……①

意思很明显：第一，顾颉刚是将"维"看成衬字；第二，设想论敌可能把"维"字说成有顿重语气作用，随之予以辩驳；第三，如果说"维"字可顿重语气，在六条史料上说不通，在其他三条史料上也有问题。但是，张荫麟却瞒天过海地把"维"字可"顿重语气"的说法强加于顾颉刚，迷惑读者，使之不去思考"维"字是否真的不可替代，这种作伪、障眼的方法，属于什么学术品行？

张文举出《乐府诗选》等四本书，质问假如其中没有"帝刘邦""帝朱元璋"之类的称呼，是否可以得出"刘邦、朱元璋非汉帝、明帝"的判断，这纯属胡搅蛮缠！第一，顾颉刚是将《诗经》及其同时代的所有文

---

① 顾颉刚：《讨论古史答刘胡二先生》，《古史辨》第一册，第116页。

献通同检阅，找出九条禹与夏不相联署的史料而并无例外，而《乐府诗选》等四本书同时代的书籍、文献，则会有无数关于汉高祖、明太祖的记述，二者焉能妄加比拟？第二，汉代以后，“帝刘邦”与直呼“刘邦”同样是不敬，语言和礼节大不同于先秦。况且刘邦、朱元璋皆有被后人訾议之处，即使偶有诗人直称其名，也不能与被尊为治水神圣的大禹相类比。第三，张荫麟能够从他所列出的四本书内找出九条直呼“刘邦”“朱元璋”的字样吗？如果书中反而有汉高祖、明太祖的称谓，张文岂不是自打耳光？①

张文这一段篇幅不大的议论，就出现了诸多知识浅陋、刁蛮无理甚至疑似学术不端的问题。顾颉刚当时有很多学术事务缠身，研读其文之后，很容易由于鄙视而决定不予理睬，仅将之采录于《古史辨》，相信学界能够判断是非。然而顾颉刚错了，传统旧史学千年积淀的守旧情绪束缚多数史家的头脑，虽然脑后留辫子者只有王国维先生等数人，但辫子跑到脑壳之内者则不知凡几，即使出国留学也难以去除。于是张荫麟的文章反而获得许多喝彩，顾颉刚的不回应则被看成理屈。直至近年，这种状况积重难返，例如谢贵安《中国史学史》说，张荫麟议论一出，“古史辨派学者竟无人回应”②，可见并未认真审读张文，仅因顾颉刚等人未加反驳就得出了判断。

近年有质疑张荫麟此文的学者，如彭国良博士 2007 年发表《一个流行了八十余年的伪命题——对张荫麟“默证”说的重新审视》一文③，提出许多精到见解，其一是剖析和反对《史学原论》为“默证”适用限度所设立的苛刻条件，甚至认为那是“伪命题”。其

---

① 笔者按，张荫麟所举出的诗集，绝无直呼“朱元璋”之名的文字，而《清诗别裁集》中称“明祖”之处很多。《乐府诗选》《玉台新咏》《明诗综》中也无直呼“刘邦”字样，却有“汉高祖”之称，例如《明诗综》(《四库全书》本)卷六四有《过汉高祖庙》诗。《清诗别裁集》仅偶有“刘邦”字样一处，即邵岷《长歌留别江汉诸同学》：“吾为若楚歌，若为吾楚舞。刘邦项籍天下雄，一听楚声泪如雨。”这是同情项羽，而诗句又将刘、项联署，情况极其特殊。但此书中称汉祖、汉高祖者却有多处，更有多首诗歌咏怀楚汉相争的历史，叙述沛公最后成为“汉天子”，例如卷四王士祯《符离吊颍川侯傅公》、卷七陶澄《蛮触行》、卷三〇翁照《咏史》等等诗篇。阅读《清诗别裁集》绝对会得到刘邦是汉朝开国皇帝的知识。张荫麟漫言这几种书用来诘难顾颉刚，不仅自掴，而且是自欺欺人。

② 谢贵安：《中国史学史》，武汉大学出版社，2012 年，第 554 页。

③ 载《文史哲》2007 年第 1 期。

二是指出对于默证法的贬斥，乃起源于欧洲基督教势力打击理性主义思潮的舆论需要，这是全文最重要的学术贡献。其三是向张荫麟之文提出反诘，指出张荫麟对顾颉刚的批评不能成立。但彭文也有严重的局限和错误，局限性之一是对于张荫麟的批驳过于软弱，似有将两种对立的理念调和、折中、都不加否定的倾向，仍给张荫麟的思想加上“实证主义”历史认识论的桂冠。彭文的最大错误，是得出历史不可知论的见解，甚至说“当以认识历史本体为历史学的目的，认为通过对史料的精密考证可以认识历史本体时，默证是个逻辑错误，无从使用”。这实际上比《史学原论》更加贬损了默证法，是大错特错的糊涂观念。

彭文对张荫麟批评的软弱，招来的却是毫不客气的抨击，有一篇《“层累”说之“默证”问题再讨论》的文章[①]，抓住彭文的弱点极力斥责，并且强词夺理地为张荫麟的议论辩护，甚至将顾颉刚没有的说法也强加给顾颉刚然后予以批评，以证明张文的正确。这说明在涉及重要学术原则的问题上，必须旗帜鲜明地辨清是非，不可一味迂回、调和，而全面审查张文理论依据和具体议论，乃为当今不能再拖延的学术要务之一。

二 “默证”适用限度问题解析

法国19世纪成书的《史学原论》对“默证”使用限度的规定，到底是什么货色，不可不辨。其书论述默证方法的前提，即凡事必有记载和记载必当留存，这根本不可能实现，实际上已经彻底否定默证的合理性，我们上文已经述及。但《史学原论》同时提出使用默证的两个条件，而且还举出实际可行的例证[②]，说明《史学原论》的作者并不认为默证绝对不可运用，这就陷入自相矛盾的泥淖。《史学原论》规定的默证适用限度，并不是“伪命题”，而是一个逻辑上自相矛盾的命题。仅此一点，即可判为不足为训。

专门研讨史学方法理论的著述何以会自相矛盾？这有着思想

---

① 宁镇疆：《“层累”说之“默证”问题再讨论》，《学术月刊》2010年第7期。

② 关于默证的两个条件见上文，《史学原论》举出默证可用的实例，见商务印书馆1933年《万有文库》本下册第51页，张荫麟文亦有引录。

和立场的根源。正如彭国良文章所提到，默证方法的争论，始于欧洲宗教迷信与理性主义思潮的斗争。欧洲基督教会的主要文献中有四大福音书，叙述耶稣降生、复活等重大事件，但情节神奇，而且相互矛盾，教徒内部也对之颇有争议。而18世纪理性主义思潮兴起，许多学者看到1世纪、2世纪时古希腊、罗马的大量史籍和其他文籍，对耶稣降生诸事全无记载，遂怀疑福音书作伪，甚至怀疑耶稣其人的实际存在。杰出的英国史学家爱德华·吉本在他的名著《罗马帝国衰亡史》中，对基督教的宣传予以讽刺说：“自然规律则往往为教会的利益暂时停止作用。希腊、罗马的圣哲却不理睬这些惊人的奇迹，如同往常忙于生活和学习，对于精神和物质世界的任何改变，似乎完全无所觉察。提比略统治时期，整个世界或至少在罗马帝国的一个著名的行省，出现过三小时违反自然的景象，天地一片漆黑。如此神奇的现象，理应引起人类惊愕、好奇和虔诚。然而在一个注重科学和历史的时代，竟然无人注意，就那么放过不提。”①这里指出教会鼓吹的耶稣降生与受难所引起各种神异变化，在古希腊、罗马的著述中竟然没有记述，因而完全不可凭信，这无疑是使用了默证的方法。吴于廑先生评论说：“史料的沉默是怀疑的起点。不言而喻，重复见于后出的福音书中关于这一奇迹的记载，不但不足征信，而且完全可能会招致作伪的嫌疑。吉本这段文字中含蓄摇曳之词，其所暗示的，也正是这一点……凡理性所不能验证的，必然是虚妄的。”②

然而基督教在文化上也具有强大实力，神学家、宗教史家依靠形式逻辑的思维方式，得出默证不合逻辑的理念，并且凭借教会势力将之推广宣扬，博取广泛的赞同，以抵御理性主义学者的质疑。众所周知，《史学原论》的作者属于客观主义的兰克学派，德国史学家兰克及其学派注重史料和文献的鉴定，标榜记述历史务求真实的宗旨，但兰克本人及其追随者却多为虔诚的宗教信徒，这使《史学原论》的作者在默证问题上充满了纠结。因此，该书作者既从逻辑上否定默证以

① ［英］爱德华·吉本著，席代岳译：《罗马帝国衰亡史》第十五章第六节，吉林出版集团，2004年，第408页。

② 吴于廑：《吉本的历史批判与理性主义思潮——重读〈罗马帝国衰亡史〉第十五、十六章书后》，《社会科学战线》1982年第1期。

附合宗教信仰，又给默证的应用留下小小活口，以慰藉客观求实的理性观念，这就不能不出现史学学理上的矛盾，不能不为默证设立苛刻而片面的限定条件。至此，我们需要再从逻辑和适用限度两个方面分析默证方法在辨伪考据中的运用。

默证法根据现存文献是否有所记载而做出判断，而难以估量已经佚失的文献，也难以预计还可能发现的文献，这似乎不合逻辑，但它不太符合的逻辑只是形式逻辑，却切合于更高级的辩证逻辑。形式逻辑固然是分析问题的有力工具，但有着较大的局限性，那就是与形而上学思想方法关联，往往用孤立、静止、绝对化和割裂整体的眼光观察问题。辩证逻辑包括形式逻辑所有的优点，同时能够从事物的整体系统上考察，又予以分层次地对比分析，以发展的眼光进行判断，比形式逻辑有更大的维度，越是面对复杂和大范围的问题，越能显示出优长之处。《史学原论》认为默证法的使用前提是所有史事都有记载而且都不佚失，是一个绝对化的思想模式。史事不可能全部记载，文献不可能毫无散佚，这确实影响史实考订的准确性，但不止于默证法，任何历史研究方法都受到这种状况的制约。即使叙述一个资料丰富的历史往事，也不能保证不会有佚失的或有待发现的史料与之冲突，难道所有历史研究都应当因此停止吗？因此，单单如此苛责默证法，是极不公正的。《史学原论》规定默证适用限度为作者立意记述这类事件，并且应当了解所有的此类事件；而该事件又必须是一桩影响力很大、足以进入作者观念中的事件，这更不合理。第一，作者的动机、意愿、能力、观念，以及是否了解所有相关史实，全都难以证实，争论起来可能会无止无休。第二，默证应当从一个时段所有资料的全面清理出发，这正是其特点和难点。而《史学原论》却将之割裂为单独个体的作者和著述，而且仅仅限于系统性的史书，没有照应其他书籍，也没有顾及群体作者或不明作者的各种文献，是片面、孤立、割裂整体和见木不见林的眼光。

张荫麟引用《史学原论》时，将其原有的缺陷加以扩大。顾颉刚依据《诗经》等文献不载尧舜，指出西周中期至春秋中期人们尚没有尧舜的观念。张文辩驳说：

> 此种推论，完全违反默证之限度。试问《诗》、《书》（除《尧典》《皋陶谟》）是否当时观念之总记录，是否当时记载唐虞事迹

之有统系的历史？又试问其中有无涉及尧舜事迹之需要？此稍有常识之人不难决也。

张文的前两问，一是要求《诗经》等必须为"当时观念之总记录"，二是要求有"记载唐虞事迹之有统系的历史"，否则就违反"默证之限度"，这是蛮横的说法，把"默证之限度"真正变成了"伪命题"。任何时代的社会观念都是极其庞杂多样的，无法出现一个"总记录"。但观念有大有小、有重有轻、有广有狭，重大的、影响广泛的观念具有特别优先的被记录的机会，这不能与庞杂、暂时的观念混为一谈。《史学原论》规定默证的运用条件，本来有"某事迹足以影响作者之想象力"一条，对事件的大小予以区分，张荫麟则把这一点点合理因素也阉割掉了。尧舜的事件和观念可谓重大，足以影响作者的想象力，不需要什么"总记录"之书也应当得到记录。至于质问《诗经》等是否为"记载唐虞事迹之有统系的历史"，乃是令人惊诧的狡辩，顾颉刚本因《诗经》等没有提到唐尧、虞舜，才用默证法发出议论，如果《诗经》竟然是"记载唐虞事迹之有统系的历史"，岂不应当充满了尧舜的记载，这还会有默证的余地吗？假若忠于《史学原论》中"作者立意将此类之事实为有统系之记录"原文以及原书举出的例证，张荫麟最多只能发出《诗经》是否为"记载古帝王事迹之有统系的历史"的质问，方符合《史学原论》"此类之事实"的原意，这当然也是不合理的苛刻规定，但还不算"伪命题"。而张荫麟把"此类之事实"变成具体的"唐虞事迹"，则成为荒谬绝伦、伪得不能更伪的伪命题。

张荫麟第三问是《诗经》等书"其中有无涉及尧舜事迹之需要"，看上去似乎有些道理，因为诗歌不同于系统的通史，并不一定必须涉及某个圣王。但是我们以辩证逻辑分析《诗经》的整体内容，打破孤立观察尧舜事迹的局限，同样可以提出《诗经》"有无涉及禹和后稷事迹之需要"的质问。如果诗歌吟咏山川、田野之类的内容时，需要涉及传说中治水的禹，那么吟咏清明政治之时也需要涉及尧舜；如果吟咏农业生活之时需要涉及后稷，那么同样也需要涉及神农。在是否有"涉及之需要"的问题上，神农、尧舜与大禹、后稷是等值的，而《诗经》偏偏只提到禹和后稷，只字不提神农、尧舜，于是默证方法在此处就能够成立。

《诗经》是一部诗歌总集①，其作者群体或知名、或佚名，囊括了当时社会的各个阶层，其地域则上至周朝的庙堂之内，远及各大小封国的乡村山野，在反映当时社会文化观念方面，具有广大而且深切的涵盖性。就一首诗篇而言，提到禹而未提尧舜本不值得质疑，但所有诗篇显示出这一特点，性质就完全不同。顾颉刚根据《诗经》及其他同时期的文献判断西周中期至春秋中期（孔子之前）没有尧舜的观念，实无可指责。也许有人会说：《诗经》仅仅 305 篇，是经过删略的总集，还有许多当时的诗歌未被录入。但尧舜事迹和观念的重要性无可争议，涉及尧舜的诗篇倘若曾经存在，就没有理由会被全部淘汰。

如上文所述，关于默证适用限度的争论，起自欧洲宗教迷信与理性主义的斗争，但默证的运用则古来即有，是辨伪考证的普适方法。宋欧阳修因孔子没有说到尧舜之前的史事，因而批评司马迁《史记》"乃上述黄帝以来，又详悉其世次"②是错误行为。明胡应麟论古书辨伪方法八条，前四条讲的是从各种艺文志、图书目录撰述中查其有无著录，从同时期与随后书籍中查找是否被引用和记述，若皆缺如，则可疑为伪书③，很明显这乃是默证的方法。梁启超承袭胡应麟的观点并且发扬光大，仍将默证性质的辨伪方法定为重要手段。④ 这样的事例很多，不必一一列举。而一些批评顾颉刚观点的文章，其实也是使用了默证方法，例如指责顾颉刚等没有举出尧舜禹并非真人的直接证据，认为顾颉刚没有回应张文就等于张文正确，这与因《诗经》未提到禹与夏国的联系而认为禹并非夏之君主，在思路上具有基本一致的特征，惟其区别在于默证的运用是否合理而已。

以上论述了《史学原论》在默证限度上的自相矛盾以及张文的谬误，但并非主张默证方法可以随意使用，其运用确实需要有条件、有

---

① 这里仅分析《诗经》，与之同时形成的文献还有《尚书》的某些篇目，但《尚书》乃单篇档案文献的汇编，并无严密体系，且各篇成文时间问题相当复杂，本文姑且从略，以免篇幅过繁。

② （宋）欧阳修：《帝王世次图序》，载《文忠集 · 居士集》卷四三，景印文渊阁《四库全书》本。

③ （明）胡应麟：《少室山房笔丛》卷三二《四部正讹下》，中华书局，1958 年，第423 页。

④ 梁启超：《古书真伪及其年代》第四章《辨别伪书及考证年代的方法》，载《饮冰室专集》一〇四，中华书局，1936 年，第 40—42 页。

限制地掌握。对于默证运用的条件和规范，可以初步归纳为以下几条：

（1）默证的应用需要面对一定时段、一定范围内的所有文献和资料，应具备视域的整体性。对视域内的各种文献、资料，又必须作出准确的疏理和鉴定，因而难度很大。对视域的整体范围和具体文献的把握，都须力求不出遗漏和偏差。

（2）默证方法不能代替直接相应文献史料的详确解析，当相应文献的解析能够得出结论之时，默证最多仅仅起到辅助作用，但也可能失效。例如笔者考辨章学诚之史德观念，认为其中不含有如实记述历史的思想，主要基于对章氏《史德》一文的解析，特别是指出"尽其天而不益以人"一语，乃理学家朱熹"有以尽夫天理之极而无一毫人欲之私"①的翻版。随即指出《史德》以及章学诚的所有撰著，都没有明确主张直书实录的论述②，而这个默证仅起辅助作用。但将顾颉刚等人没有回应张荫麟的现象作为口实，而不去审核张文是否正确，则是违规的默证方法。

（3）以默证提出对相应问题的质疑，是完全可行的方法，但得出确定结论，则须审慎，需要进一步深入研究。甚至稍不规范的默证，也具有提出质疑的合理性，例如对于顾颉刚没有回应张荫麟之文，可以提出顾颉刚是否理屈词穷的质疑，但不能得出定论，因为还有另外的可能性。顾颉刚将张文收录于《古史辨》，则凸显了另外可能性的判断取向。

（4）默证方法是由提出质疑起始，随着史料开发与研讨深化，逐步得出结论或者放弃怀疑，这是动态的进程，体现辩证逻辑的特征。用其他方法研究复杂的历史难题，也常如此，但不若默证方法典型和明显。在提出质疑而结论未定的阶段，应由论辩的对方负责举证释疑，随着研讨的开展，如果没有确切证据可以释疑，却有符合质疑指向的新证据、新疑点，则相应结论的得出就逐步明朗。

总之，默证是一种推动历史研究深入发展、提倡理性思考的方

① （宋）朱熹：《四书章句集注·大学章句》，上海古籍出版社，2001年，第4页。

② 乔治忠：《章学诚"史德"论思想评析》，《中国官方史学与私家史学》，北京图书馆出版社，2008年，第542—553页。

法，完全否定默证法的使用，乃是一种提倡盲从、维护迷信的观念。

三　张荫麟等人信古议论的要害

张荫麟称顾颉刚疑古考辨的默证是“根本方法之谬误”[①]，即使搁置我们以上的论述，仅就顾颉刚的研究方法而言，默证也不是他根本的研究方法。顾颉刚的史学方法，主要是对史事和文献做循流溯源的考察，即胡适所言的“历史演进方法”，默证乃处于附属的地位。但反观张荫麟等人反驳疑古考辨做出的议论，才真有“根本方法之谬误”性质的要害。

张文的要害，是无视历史和历史文化的发展演进，以后代的社会体制、文化观念想象上古的历史状况，甚至随意挑选后代的个别事例，虚妄假设，强行比拟。上文我们剖析了张文反驳顾颉刚关于《诗经》等不载尧舜问题的三个质问，而张文接下来还有一段文字：

> 呜呼，假设不幸而唐以前之载籍荡然无存，吾侪依顾氏之方法，从《唐诗三百首》《大唐创业起居注》《唐文汇选》等书中求唐以前之史实，则文、景、光武之事迹，其非后人“层累地造成”者几希矣！

这种对默证方法的攻讦，完全是建立在虚妄假设的基础之上，而且不顾历史文化的实际发展状况。两晋南北朝时期，虽然社会常常动荡，但传统史学则迅速发展，官方、私家皆重视史学，历史著述层出不穷。该时《汉书》的研治成为显学，东汉史的撰述也十分兴盛，南朝范晔所著《后汉书》，并不因其人罪涉谋反而被查禁，所谓假设唐之前载籍“荡然无存”，是决不可能之事。此其一。倘若真有惊天灾难使载籍“荡然无存”，那必定是中国文化的大断裂，《唐诗三百首》《大唐创业起居注》《唐文汇选》等等恐怕不会出现，甚至也就不会在 20 世纪 20 年代出现“古史辨派”和张荫麟这样的史家，一切无从谈起。此其二。如果唐以前文献“荡然无存”，后世再产生文、景、光武之传说，一定与真实的历史大相径庭，还真的就成为“层累地造成”的伪史！此其三。由此可见，张文的议论是何等荒唐和无效。

---

① 见前揭张荫麟文章第一段小标题。

张文多次采取将后世之事比拟上古的方法，哗众取宠，以售其欺，如上文我们批评过的拿南朝齐梁时期诗句讲究平仄音律强加于《诗经》，亦属此类，这还是比较容易辨识者。而有些比拟手段，其错谬则比较隐蔽。例如顾颉刚发现"《左传》上所说的陶唐和有虞，乃是夏代时的二国……在《左传》上，舜没有姚姓，虞亦不言舜胤，尧没有唐号，唐亦不言尧后，或犹保存得一点唐、虞二国的本相"[①]，因而怀疑"唐尧""虞舜"的说法也是后起的，不可据信。张文反驳说：

> 夏代之有陶唐、有虞二国，毫不害尧之为唐帝、舜之为虞帝。夫刘邦之有天下也名汉，而刘龑之据粤也名南汉；李渊之有天下也名唐，而徐知诰之篡吴也名南唐。吾侪其可因南汉、南唐为后周之二国，遂谓汉唐非刘邦、李渊之朝名乎？……顾氏此处之误，亦因误用默证。

这段议论的思路，仍然是无视历史的演进，用后代的王朝之国混淆了商周之前所谓的"国"。我们知道，无论南汉、南唐，其命名都是借助已有的兴盛朝代来自我张扬，相类似的情况甚多，周代尤其是汉代之后几为普遍现象。而商周以前的上古时期有没有这种通例？这是张荫麟不应不解答的问题。上古之所谓"陶唐氏""有虞氏""有扈氏""有林氏"等等，今日视之不过是众多部族而已。不同的部族不大可能有相同的名称，即使从一个部族分开的各个支派，历史上也大多会改变名称。因此，张荫麟的议论是缺乏理据的。

顾颉刚治学的特点是特别注重历史的演进，"层累造成"的理念就是要揭发以后世之事想象上古而造成的讹误，如果与之辩论的论敌仍然充满漠视历史演进的议论，只能令其鄙视。笔者认为：撰写论文并非完全排斥比拟的手法，但比拟乃是一种修辞方式，在有确切论据得出结论的前提下，用某种比拟把问题讲得更加清晰，是可以的，但决不应当用比拟的修辞方式充当论据。细读张文，用跨时代的比拟充当论据的现象比比皆是，此乃真正的"根本方法之谬误"。

张文以及众多的反驳"古史辨派"论著，基本上不能为自己的信

---

① 顾颉刚：《讨论古史答刘胡二先生》，《古史辨》第一册，第118页。

古主张找出确切的证据，而是不断地在顾颉刚等人的文章中寻求瑕疵，这是问题的又一要害。在疑古和反对疑古的论辩中，到底哪一派负有正面举证的责任？道理也是相当浅显，例如在尧、舜、禹事迹是否真实的问题上，顾颉刚等已经指出诸多疑点，信古者应当列举证据证明其人其事的存在。但吊诡的是，聪明的信古者总是想方设法逃避举证责任，仅仅指摘疑古者方法不当或证据不足，如同张文的思路。这如同两人辩论是否有鬼魂存在，相信鬼魂的人指责不信鬼的人还有许多地方没去考查，不能说就没有鬼，而他自己却不肯担当展出一鬼或拿出真凭实据的责任。当然，也有无知因而无畏的信古者试图证明尧、舜、禹等事迹的存在，而其议论都是逻辑混乱加上牵强附会，并无例外。

由于研讨内容的复杂和广泛，由于上古史料的缺乏，由于上古文献史料的含义往往模糊，任何学者的解说都可能出现偏差，任何学者搜集史料都可能有所疏漏，因而顾颉刚等人的议论和判断并非无瑕可击。于是，那场论辩给人的印象是“古史辨派”确有讹误、其证据也不充分，大是大非的问题就此被搅成一池浑水。将之澄清，需要进行认真剖析。

纠缠顾颉刚等人一些具体、个别的讹误，或牵强地指责古史辨派某些议论失误，能否驳倒其整体的古史质疑和立论思路？回答是否定的。顾颉刚本人对此有过申辩，他承认某些史料解说的个别讹误，但坚持总体的看法，更提出了“打破中国民族出于一元的观念”，“打破地域向来一统的观念”，“打破古史人化的观念”，“打破古代为黄金世界的观念”[①]等四大宗旨。纠缠个别细节问题虽有学术意义，但远远不能扳倒疑古考辨的总体思路。这里提请读者阅读张京华教授的一篇短文，题目为《顾颉刚难题》。[②] 顺便提示：张京华研讨“古史辨”问题多年，有著作对相关论辩做出了系统性清理，故能够窥得关键之处，但他在评论上或多或少是偏袒信古派的。《顾颉刚难题》一文指出：

> 考古学无法添补古文字和古文献上的这片空间，因使疑古

① 顾颉刚：《答刘胡二先生书》，《古史辨》第一册，第99—101页。按，此文初载《读书杂志》第11期，1923年7月。

② 载《中国图书评论》2008年第2期。

> 学者得以从容周旋,用最新的考古成果维护古史辨派对古代学术传统的批判。即便找到了《陈侯因齐敦》[①]有关"黄帝"的原始记录,那也只是战国时期的材料;找到了《秦公敦》和《齐侯镈钟》有关"禹"的原始记录,那也只是春秋时期的材料;找到了甲骨文中"四方和四方风"名的原始记录,那也只是商代后期的材料。三者都不是"黄帝"或"禹"或"尧"当时的一级材料,如何能证明那时的情况? ……上古实物特别是文字与文献的遗失,使得"以全部之真证全部皆真"为不可能,使得古史重建"拿证据来"为不可能,使得疑古"永远有理",此可称之为"顾颉刚难题"。

其实,还有一个明显的道理没有摆明:如果一个时代的文献都没有记载某人某事,我们是应当用默证法作出质疑,还是硬说越没有记载就越存在? 如果上古文献记载上古的某人某事却充满了歧异、冲突或荒唐怪异,我们是应当怀疑其存在,还是要坚持相信并且曲为辩解? 疑古与信古的根本区别即在于此。

四　中国上古史研究需要默证法的回归

张荫麟否定默证方法的文章,产生很大的负面影响,几乎令默证成为历史研究法的禁区。然而张荫麟自己后来却改变了信古的初衷,思想认识向顾颉刚靠拢,这主要表现于他所著《中国史纲》一书。此书从先秦起始写到东汉以前,1941 年出版,展现了张荫麟杰出的写作才干,简明生动,识见明晰,字里行间充满对读者的启发功效。而若以他先前攻讦顾颉刚时表现的立场,似当大谈黄帝以来的上古史,然而并非如此,《中国史纲》叙事从殷商开始,只是在殷商史事叙述将尽,才引出此前的历史传说,而且是倒退着向前追溯,即从传说的夏代至黄帝,总共仅千余字而已。就在这简略的内容之内,穿插不少张荫麟的议论,例如他说:"从夏朝再往上溯,则见历史的线索迷失于离奇的神话和理想化的传说中不可析辨了。凡此种种,本书自宜从略。"[②]又说:"还有一位值得提到的传说中的重要人物,那是黄帝。

---

① 这件铜器因学界文字解读有别,有不同名称,如"陈侯因齐敦""陈侯因资簋"等等,为排印方便,姑且作此措置。

② 张荫麟:《中国史纲》,上海古籍出版社,1999 年,第 12 页。

他所占故事中的时代虽在尧舜之先,他的创造却似在尧舜之后。照传说的一种系谱(《史记·五帝本纪》),他是尧的高祖,舜的八世祖(舜反比禹低三辈,这很奇怪),也是商周两朝王室的远祖……"[①]请看,这里倒着叙述殷商之前的历史传说,指出夏之前的史事迷失于"离奇的神话",尧舜的故事创造在前,黄帝的故事创造于其后,又轻蔑地称《史记·五帝本纪》为"传说的一种系谱",其中舜居然比禹低了三辈,"这很奇怪"。整个思路不就是顾颉刚的主张,不就是阐明旧的上古史体系乃"层累地造成"吗?很明显,张荫麟最终已经醒悟,暗地附从了顾颉刚的理念,但未能作出公开的检讨,此乃是个缺憾,但孰是孰非,已见分晓。顾颉刚在《当代中国史学》一书热情赞扬张荫麟《中国史纲》[②],而处于文化保守主义立场的"学衡派"创始人吴宓,是最早提携张荫麟的导师,一直赏识张荫麟的史才,张荫麟诘难顾颉刚,也具有报效吴宓等人情谊,以及与柳诒徵等人相呼应的动机。但吴宓却对《中国史纲》极为不满,批评说:"宓素以荫麟为第二梁任公,爱其博雅能文,而惜其晚岁《中国通史》之作,创为新体,未免误入歧路。"[③]顾、吴二人对《中国史纲》褒贬之大不相同,而且颇具"阵营"颠倒的表征,其深层的因由发人深省。倘若至今仍然鼓吹张荫麟反对默证如何的正确,对于已经最终纠正谬误的张荫麟也不啻是一种亵渎。

几十年间随着新的历史文献的发现和考古学发现的日益增多,上古史的研究有了运用默证方法的更大视野和更准确的适用程度,因为史料越是丰富,全部史料中皆无记述的上古传说越是可以判断为伪说。新文献和考古学的发现,如果不作曲解和不掺假货的话,实际效果是以否定中国上古史旧系统为主要趋向。

中国境内考古发现的至今五六千年到三四千年前的遗址数量甚多,已经被形容为满天星斗。这些分布广泛的考古发现根本没有传说中从黄帝到尧舜禹的事迹所能对应的迹象,因此运用默证方法完全可以做出否定那些传说的判断,因为茫茫大地,已经不存在安插黄

---

① 张荫麟:《中国史纲》,第 13 页。

② 顾颉刚:《当代中国史学》,上海古籍出版社,2002 年,第 82 页。

③ 《吴宓日记》1942 年 10 月 26 日,生活·读书·新知三联书店,1998 年,第 8 册,第 404 页。

帝至尧舜禹等圣王事迹的空间。“万国林立”、互不统摄的局面，谨慎地推论也要延续到商之前期。山西襄汾发现的陶寺遗址，距今有四千多年，据说相当于传说中尧舜时代，地点也正好相仿，而正是陶寺遗址的出现，完全排除了尧舜政权存在的可能性。遗址反映的是一幅惨烈的种族灭绝之战，哪里有传说中尧舜时期清明样态的半点踪影？有人竟然以陶寺遗址坐实为尧舜之都城，说什么顾颉刚的主张“不攻自破”[①]，甚至自诩要解答“顾颉刚难题”，对于这种大胆得不知深浅的人们，可发给一张“愚不可及”的奖状。

多年来在河南二里头、偃师一带发掘出许多遗址，被人描述为夏代与商代历史交接的考古依据，其中据说是发现了“夏都”，颇有学者以此坐实夏朝的存在。然而，如果真的是发现了“夏都”之城，那么在“夏都”没有发现文字，用默证方法可以推断：寻找夏文字的努力已经彻底绝望，其他地方即使发现文字，也不能说是夏的文字。于是，历史记载的“有夏”就仅仅是撮尔一邑，因为无法证明各地的部族受其统摄。历史上可能有夏国而绝没有夏朝、夏代，夏可能是被不经意地灭掉的，因甲骨文都没有提到其事。夏没有文字的默证，至少还会导出两个推论：(1)没有文字，就不是当时最先进的部族，辽西牛河梁考古遗址、浙江良渚文化等等，都比所谓“夏都”时代更早而且更先进，夏有什么资格代表中国上古的一个时代？(2)夏无文字，凭什么记得住那几百年的传承世系？可见所谓“夏朝”及其世系，是西周以来为了政治需要杜撰的，《史记》不辨真伪地将之记载，淆乱了真实的历史。总之，以往许多疑古的观点，都因新的考古发现而增加了力度。

这样的事例还有很多，限于篇幅，不一一列述。当今的中国上古史研究，应当利用史料开发、视野扩大的条件，充分发挥默证方法整体考察历史的辩证逻辑，荡涤陈旧历史观遗留的错误认识，清理基础，真正做好“古史重建”的学术事业。

（原载《史学月刊》2013 年第 8 期）

---

① 刘光胜：《史学：在主观与客观之间——从顾颉刚难题到层累说的变型》，《学术探索》2009 年第 6 期。

20世纪30年代中国社会史论战问题探实

20世纪30年代的中国社会史大论战，既是一场关涉现实政治的理论争斗，也是一场对中国历史的研讨和论辩，具有社会政治和史学学术的双重意义，值得深入细致地反思。作为历史学研究的对象，弄清基本史实是予以评析的前提，而深入的评析也有助于史实的清理，两相结合，乃为研究复杂问题的要略。本文拟在学界已有研究成果基础上，结合这场论战背景的分析，探索一些尚未明晰的史实。

一　对社会史论战史实描述的遗留问题

20世界30年代的中国社会史论战，在国内外早已成为重要的研究课题，历年发表的论文和出版的著述不可胜计。在诸多的论著中，虽然对论战过程都作了大体上的梳理，但有些史实细节尚未清晰，制约了相关研究的深入和历史评析的真确。

第一，关于论战的起因问题，许多论著有所涉及。早在1937年，何干之就撰成《中国社会性质问题论战》《中国社会史问题论战》等小册子，较为详细地叙述了苏联学界对中国历史问题的不同见解，并指出苏联的争论传播到了中国。但他强调的仍是大革命的失败导致了人们对中国社会性质的探讨。[①] 美国学者德里克《革命与历史：中国

① 何干之：《中国社会性质问题论战》，上海书店，1989年，第39页。

马克思主义历史学的起源(1919—1937)》[1]一书,更注重中国国内当时的社会文化条件和革命思想的积淀。而李勇的文章则强调苏联托洛茨基与斯大林对于中国问题多年来的意见分歧和争论发展为政治斗争,引发了中国的社会史论战,“本来是共产国际内部的争论,后来变成中国政界的纷争”,“中国学者的分歧,完全是对共产国际内部争论的响应”。不过,他又补充道:“这场在学术上没有根由的论战,却有着丰厚的现实土壤,或者说是社会变革需要有一场理论层面上的交锋。”[2]迄今为止,学术界对于论战起因的论述几乎涉及历史背景的各种因素,但问题在于:哪一种因素是最根本的?不同派别之参加论战是否有共同的起因?

第二,关于大论战的发展阶段和主要内容,学术界的研究与描述大致相同,即论战的全过程,经历了关于当下中国社会性质的论战、中国社会史的论战和中国农村社会性质的论战这样三个阶段。这三个阶段各有内容上的特点,又互相关联。一般讲“社会史大论战”,乃单指第二阶段专门对中国历史内容的论辩,但三个阶段都贯穿着政治性的宗旨。从历史学的角度,人们则主要关注中国社会史论战,其主要内容学术界已经做出归纳,主要包括三个焦点问题:第一,“亚细亚生产方式”以及历史发展是否有一定顺序的问题;第二,中国是否经历过奴隶制社会;第三,中国封建社会的起讫时间、特点,以及接续其后的社会性质,即是否有“商业资本主义社会”这一历史阶段。中国社会性质、中国社会史和中国农村社会性质这三组论战,当然有着密切的联系,而各阶段的论战各有怎样的政治效应和文化影响,还需要进一步清理资料,阐微探实。

第三,关于参与社会史论战的群体,许多论著对其中三个派别作出了描述,但称谓并不一致:有称之为“新思潮派”“动力派”“新生命派”者,这是根据论战最初的三个刊物而划分的;有的称之为“中共干部派”“托洛茨基派”“国民党改组派”,这是根据参与者的政治身份而划分的;还有一些变称,如将“中共干部派”称为“共产国际派”“斯大

---

① [美]阿里夫·德里克著,翁贺凯译:《革命与历史:中国马克思主义历史学的起源(1919—1937)》,江苏人民出版社,2005 年。

② 李勇:《“中国社会史论战”对于唯物史观的传播》,《史学月刊》2004 年第 12 期。

林派”等等。按照当时的历史状况，何种称谓最为贴切？三派之外还有没有其他参与者？这些都是应当厘清的历史问题。

第四，关于社会史大论战的结局及其对于中国历史学的影响，研究者多有论述。这个问题带有评价的成分，但论战的结局和影响究竟如何，说到底仍然是个史实的问题。较早通行的看法是：马克思主义史学取得了论战的胜利，又促进了中国革命事业的发展。近若干年来，有些学者力图从“学术”上定位这场论战，认为“社会史论战确为民国史学的一大转折”①，结局和影响是将“考据派独霸史坛”的局面扭转过来。而德里克则认为随着“论战的消退”，中国的马克思主义史学走向了“学院化”②，说不上影响了整个民国史学的发展。总结社会史论战的结局和史学影响，不能凭想象和议论，而需要对客观历史状况的认真探实。

总之，虽然研讨中国社会史论战的著述层出不穷，评论的角度多种多样，但历史真相并未完全显露，求真探实的工作仍须进行，这是做出准确历史评论的根基。

二　论战的起因与参与者群体

整个大论战首先从中国当前社会性质问题开始，其起因应该是相当明晰的。分析社会性质以确立革命的目标和策略，这是马克思主义学说指导革命运动的重要特点。1927年，第一次国共合作全面破裂，确实可能促使受过马克思主义学说影响的学者及政界人物，重新思考中国社会的性质以及革命的出路。但是如果没有其他原因，这种思考大多会是零散的或隐性的，不大可能很快形成颇具声势的论战。因此，苏联上层领导人斯大林与托洛茨基之间公开的争论与斗争，确是引发中国发生论战的最重要因素。

在苏联，对中国社会性质和中国革命方针的争议由来已久。斯大林和布哈林主张当时的中国仍是封建势力占据优势的社会，因而应当进行民主革命；而托洛茨基与拉狄克认为，中国已经成为世界资

① 陈峰：《民国史学的转折——中国社会史论战研究》，山东大学出版社，2010年，第186页。

② ［美］阿里夫·德里克著，翁贺凯译：《革命与历史：中国马克思主义历史学的起源（1919—1937）》，第221页。

本主义的组成部分，封建势力仅剩残余，无关宏旨，革命目标应该是推翻资本主义，实现社会主义。两派的理论争辩针锋相对，但斯大林的主张依靠政权的力量，成为共产国际的指导方针。1927 年 4 月，蒋介石在上海以大屠杀的方式"清共"、反共，导致托洛茨基在会议上当众激烈地指责斯大林的方针葬送了中国革命。斯大林则认为在武汉以汪精卫为首的国民政府乃是国民党左派，国共合作尚可维持，而托洛茨基则预言汪精卫也很快会与共产党决裂，结果被托洛茨基言中。这一事实致使一些中国共产党人和留学人士同情和信服托洛茨基，称为政治主张上的"托派"。斯大林和第三国际将托洛茨基分子作为最不能容忍的仇敌，实施十分残酷的打击。在苏联的中国"托派"人员回国后，中共也已将之清除出党，予以排斥，其中包括思想文化上的斗争。1930 年间在中共推动下，在上海组建"中国社会科学家联盟"，创办《新思潮》杂志，首要目的就是批判"托派"。而"托派"创办《动力》杂志，也具有申其政治主张的目的。因此"中共干部派"与"托派"的论战，无疑是苏联政治斗争的延伸。

以陶希圣为代表的"国民党改组派"人士，在汪精卫"分共"后与蒋介石势力合流，但仍然受到排挤和打压，因而颇多失落情绪。他们发起和参加中国社会性质的论战，同样受到苏联政治争论的激发。在斯大林与托洛茨基的争论中，如何看待"改组派"的领袖汪精卫，成为双方的论据和赌注，陶希圣等人对此不能不有所注意。1928 年，陶希圣在上海劳动大学劳工学院讲演，提出：

> 布哈林说，中国是封建制度的社会，所以中国革命，必须打破封建制度。而托洛斯基则说，中国是资本主义发达中的社会，急待解决的是关税自主问题。我们要解决中国革命问题，本不要人家替我们做。我们必须自己打开中国历史来看，究竟中国有没有封建制度？是不是封建社会？①

很明显，陶希圣熟知苏联发生的争论，而且正是因苏联的争论才引发自己要公开地探索这一问题。

---

① 陶希圣：《中国社会之史的分析》附录二《中国社会史的一个考察》，新生命书局，1930 年，第 254 页。

论辩中国社会性质因而追溯中国社会发展史，是深化认识中国社会之所必需的、合乎逻辑的结果，陶希圣对此早有领会，他在 1929 年就出版了《中国社会之史的分析》《中国封建社会史》两部著述，将研讨伸入到中国社会史领域。[①] “中共干部派”对社会史的问题也很注重，清晰地认识到理清中国社会发展的来龙去脉，有助于论定中国当下的社会性质，从而构成中国历史发展整体链条的描述，以强化中国革命的理论基础。1930 年郭沫若《中国古代社会研究》一书，就是因应时需而出版。陶希圣与郭沫若的这些著述推动了社会史论战的兴起，而 1931 年王礼锡的推波助澜和创办《读书杂志》这一平台，将论战推向高潮，在声势上超越了中国社会性质问题的论战。

如前所述，对于参加论战的群体和派别，向来有不同的分类和称谓，究竟哪种说法比较允当？笔者认为，应当以参加者所属组织状况作为分派的标准，论战中的论点、主张仅仅具有参考性，因为论战一开始，主要参与者均有政治的和组织的背景。以杂志、刊物命名论战派别，尤其表层、肤浅，《新生命》《新思潮》《动力》等杂志无一不具备政治组织性。《新思潮》1930 年内即已停刊，《动力》杂志仅出两期即停。《新生命》杂志所发表的文章观点不一，周谷城、朱其华都曾在此杂志发表论文，无论政治观点还是历史观点，都与主办刊物的“国民党改组派”不同。所以用这些刊物的名称来代指一个派别，是不确切的。何干之等人的早期论著使用这种划分派别的方法，乃是在有所隐讳而难于表述状态下的权宜之计。按照组织性的特征划分论战的派别，特别符合论战的缘起，反映其政治性背景，有利于准确地研究和评议。在三个阶段的整体论战中，有四个参与者群体，其中三个可依次称为“中共干部派”“托派”“改组派”。此外，还有大量不具备组织系统的个人参与者，这是不能忽视的。

在论战中，“中共干部派”有很严格的组织性，在论点上必须符合中央与共产国际的政治方针，遵从人类必须历经五个社会形态的历史规律学说，组织内的个人一般不能自由参加论战。“托派”的参与论战者，有其政治组织的身份背景，但发表议论的自由度较大。后期

---

① 陶希圣:《中国社会之史的分析》，新生命书局，1929 年;《中国封建社会史》，南强书局，1929 年。

组织溃败，人员星散，但在中国社会性质问题上仍恪守托洛茨基的理论，即主张中国已是资本主义占主导地位的社会，由此也影响他们对中国社会史的见解。除这一共同点之外，其他历史见解各有不同，甚至互相攻击。“改组派”是国民党内的一个失意的派系，思想上受到马克思主义不同程度的影响，见解驳杂，而在政治上是一个十分松散的组织。在社会史论战中，此派内部一开始就存在意见分歧，其共同点在于对社会史研讨中排斥阶级斗争学说，对中国社会性质与社会史的见解绝不同于“中共干部派”，却有不少人近乎“托派”的观点。

论战的独立参与者来源复杂，有从未加入任何政党的学者，如王亚南；有从政治组织脱离出来的人员，如朱其华①，也有很早就重视中国社会史问题的熊得山。② 此外，还有虽然身为某个政党党员，却仍采取独立参与论战的立场，《读书杂志》主编王礼锡就是典型。他虽为国民党员，但不是“改组派”成员，所以被学者称为“左倾自由主义”者③，这符合他在社会史论战中的独立身份。诸多独立参与社会史论战者的积极作为，搅乱了论战初起时的格局，冲淡了论战背后的政治意图，给人以历史学学术论辩的印象。一部分原来的“托派”“改组派”人士，随着其组织性的消沉，或向着独立参与的身份滑移，或退出论战，这是社会史论战群体动态变化的基本趋势。

三 “中共干部派”与中国社会史的大论战

在涉入 20 世纪 30 年代论战的各个派别中，“中共干部派”得到

① 朱其华（1907—1945），本名朱雅林，字其华，浙江海宁人。早期中国共产党人，在黄埔军校郭沫若属下任政治教官，1927 年参加南昌起义。1928 年即已避居上海，离开革命运动。1929 年违抗中共中央任其为红十四军首长的指令，仍在上海，则脱离了共产党。后来使用朱新繁、朱佩我等多个笔名撰写论著，请求陶希圣帮助出版，具有撰著成名和以文谋生的双重目的，不少论点接近“中共干部派”，但时有反复，甚至否认自己发表过的文章，实际上是社会史论战的独立参与者。朱其华的生平履历尚有许多不清晰之处。

② 熊得山（1891—1939），字子奇，湖北江陵人。早年留学日本，后曾加入中国共产党。但在第一次国共合作之初，因政见分歧脱党。1927 年著有《社会问题》一书，1929 年出版《中国社会史研究》《社会思想》，随后加入了中国共产党领导的左派组织“中国社会科学家联盟”，但文化行动和历史见解上不受组织性约束，1931 年短期参与社会史论战。1932 年任广西大学教授，1939 年 2 月病逝。

③ 参见李红岩：《从读书杂志看中国社会史论战》，载中国社会科学院近代史研究所编《青年学术论坛》（1999 年卷），社会科学文献出版社，2000 年。

共产国际的指导与支持，无疑是最有组织性和最自信为正宗马克思主义的团体。1927年第一次国共合作完全破裂之后，中共不仅组织各地的起义、暴动和重建武装，同时也展开思想文化方面的攻势。1928年，一些归国的“创造社”的青年成员，在上海举办《文化批判》《流沙》《思想》等杂志，按照郭沫若的建议而接受了中共的领导，弘扬马列主义革命理论，攻击各种非马克思主义的文化，思想观点十分激进。这些刊物的主要撰稿人和编辑者李一氓[①]、朱镜我、彭康、李初梨、冯乃超等，随后多在中共中央宣传部文化工作委员会任职。此时，《新生命》杂志正在讨论中国社会性质的问题，陶希圣的论著已经颇有影响力，其《中国社会之史的分析》《中国封建社会史》二书相继出版。“托派”不满共产国际与斯大林对中国问题的强行裁定，也在发表抗争言论。显然，1929年底筹办的《新思潮》杂志，1929年策划而1930年出版的郭沫若的《中国古代社会研究》，1930年5月组建的“中国社会科学家联盟”等等，都是中共中央在思想理论方面应对时局的重要举措。《新思潮》杂志是中共中央专为批判“托派”和“改组派”思想而创办的理论刊物，“中国社会科学家联盟”在中共中央控制下，其组织纲领就是要“严厉的驳斥一切非马克思主义的思想——如民族改良主义，自由主义，——及假马克思主义的理论——如社会民主主义，托洛茨基主义及机会主义”。[②] 可见无论“改组派”的论述，还是“托派”的文章，当时都被“中共干部派”列为应该痛斥的敌对思想。

至于1930年郭沫若《中国古代社会研究》一书的出版，迄今学者皆将其视为个人的著述行为，有的文章甚至认为郭沫若此书的出版与国内的政治斗争、理论争辩无关，“据现存各种记载，这时的郭沫若与党并没有任何组织上的联系……如果说郭沫若介入了社会史论战和批判‘托派’言论，那是以后的事”。[③] 这种看法有失偏颇。郭沫若在《中国古代社会研究》卷首的《解题》第七条（末条）说：

---

① 李一氓是中共中央派入创造社的共产党领导人，与彭康、李初梨等后来入党者不同。

② 《中国社会科学家联盟纲领》，《新地月刊》（即《萌芽》）1卷6期，1930年6月。

③ 谢保成：《重评〈中国古代社会研究〉》，《中国社会科学院研究生院学报》1992年第6期。

本书之出版，全靠李一氓兄之督促斡旋，各种参考书籍的搜集也多靠他，我特别向他感谢。一九二九年九月二十一日。

很明显，身为中共中央宣传部文化工作委员会委员的李一氓介入了此书写作和出版的过程，难道李一氓帮助和督促居于日本的郭沫若写作和出版此书，也是一项闲来无事的个人行为吗？合理的推断应当是一项组织决定了的举措。李一氓是郭沫若入党介绍人之一，最适宜出面做策动郭沫若的工作。

不仅如此，《新思潮》第二、三期合刊发表了署名“杜荃”的文章[①]，批判陶希圣《中国封建社会史》，此“杜荃”其实就是郭沫若的笔名。同时期另有一篇“杜荃”的文章，攻击、谩骂了鲁迅，成为污点，故而后来郭沫若推托说忘记了是否用过“杜荃”笔名。但深知底里的李一氓则明确认为“杜荃”就是郭沫若，指出：“关于‘杜荃’的问题，我想应该是郭老，他生前未承认……说杜荃不是郭老反而不好。说杜即郭，是实事求是。”[②]《新思潮》是由中共中央宣传部文化工作委员会主持组稿的期刊，按杜荃批判陶希圣之文发表的时间推断，征求和推荐此稿者也应当是李一氓，因为这正是在他督促郭沫若撰辑和出版《中国古代社会研究》的时段之内，李一氓对于“杜荃”的真身，应当说是了然在心，记忆深刻。

由于郭沫若居于日本，并且有着特殊的名望，研究和写作确有很大的自主性，但他也积极配合国内中共的文化思想工作。在日本期间，郭沫若还曾会见中共的其他来访者，接受征文写作题目，“表示愿意来做党的喇叭”[③]，可知即使避居日本，郭沫若也与中国共产党保持着联系。中共中央宣传部文化工作委员会选取郭沫若已经写成的文章，并且督促他补充其他内容，合成一部《中国古代社会研究》在上海出版，以应对陶希圣等人的著述，夺取研讨中国社会史的制高点，这在当时既属必要，也是急需。因为要压制陶希圣的势头，郭沫若名声足备，又有学术根基，简直是不二人选，而这样仓促出书，则未必合

① 杜荃：《读〈中国封建社会史〉》，《新思潮》第 2、3 期合刊，1929 年 12 月。

② 《李一氓致周扬的信》，1980 年 8 月 4 日，载徐庆全《“杜荃（郭沫若）”：惊动高层的〈鲁迅全集〉一条注释》，《纵横》2004 年第 4 期。

③ 林林：《做党的喇叭——忆郭老在日本二三事》，《人民文学》1978 年第 7 期。

于郭沫若本意。

1931年之后，王礼锡《读书杂志》将中国社会史的论战推向高潮，“中共干部派”对这场混战采取静观态度，直至《读书杂志》1933年9月被迫停刊，实际并未参加论战。即使郭沫若之书受到李季、陈邦国、李麦麦等多人的抨击，“中共干部派”学者仍无一人回应，郭沫若本人也未作争辩，这大不合于常态，应当是有组织性地避开论战。其间有刘梦云（张闻天）、刘苏华等人文章发表于《读书杂志》，批驳“托派”严灵峰、任曙关于中国当前社会性质问题的观点，表明“中共干部派”此时最关心的还是中国社会性质的论战，因为这是直接打击托洛茨基派的斗争，也符合共产国际和斯大林的意旨。而对于中国社会史的几大具体问题，“中共干部派”一时未从史料和理论上做好深入研究的准备，郭沫若《中国古代社会研究》存在很多讹误，不能再仓促地发表不大成熟的论断。同时，苏联的史学界对几大论题还未得出官方认可的观点，“中共干部派”需要等待，以免见解严重出入而造成被动。到1934年之后，状况才开始有所改变，苏联学界对于中国社会史的主流观点渐次形成①，中共领导下的学者也提出与之大致相近的研究成果。但这时已经不具备各派论战的气氛，在“中共干部派”内部，在鸦片战争之前、之后的中国社会性质问题上绝无分歧，不同见解仅在于奴隶社会、封建社会的起始时间，这在当时无关大局，纯属学术上的难题而已。

四　如何看待社会史论战的结局与史学影响

对于这次社会史大论战的结局与影响，历来论者颇多，国内史学界相当长的时期内是从“革命意义”的角度做出评述，认为“这场持续多年的大论战，绝不是一般的历史问题和理论问题的学术争论”。论战的结果是真正的马克思主义史学取得了决定性胜利，“通过这场大论战，进步知识分子捍卫了中国共产党关于中国社会性质和革命性

---

① 1934年初，苏联历史学家科瓦列夫发表演说和文章，明确论定中国等东方地区也经历过奴隶制社会，但东方与西方的奴隶制有着表现形态上的区别。这种见解逐渐系统化为苏联的主流观点，迅速影响了日本与中国的唯物史观学者。1934年下半年，苏联历史学者对中国封建社会的研究也有所深化。参见何干之：《中国社会史问题论战》，第111—115、182—184页。

质的科学理论，向全国人民揭示了真实的中国国情，从而直接地促进了马克思主义的基本原理与中国革命实践的进一步结合，推动了中国革命的发展，并为中国共产党的新民主主义理论的发展，提供了历史的现实的基础”[①]，即对于中国革命的胜利具有深远的意义。

近年来，史学界出现淡化社会史论战之政治性的论点，主张对此作“学术视野中的重新审视”。经过一番研讨，部分学者得出了几个值得注意的结论：(1)认为参与论战者都以马克思主义唯物辩证法为指导，使用马克思主义的概念、术语，是马克思主义史学内部的辩论。(2)认为论战的结果，是马克思主义史学空前壮大。为了证明这一观点，论者将陶希圣《食货》派的经济史资料清理工作以及后来的史学“跨学科”研究，都归结于社会史论战的推动。(3)认为社会史论战造成民国时期史学的“一大转折”，“这批论战者在学术领域的一番冲杀，为中国史学开启了‘新汉学’之外的一条新路，将中国史学的发展带入一个新的领域……考据派独霸史坛的局面一去不复返了”。[②]笔者以为，以上观点造成了对史实的曲解。

第一，论战者使用马克思主义的概念和某些方法，是否一定是马克思主义史学内部的论辩，不能从表层现象来轻易判定。任何学者甚至反马克思主义的政客都可能片断地使用马克思主义的词语、概念和某些方法，这在马克思生前和逝世不久就已出现，故恩格斯曾用谚语“我播下的是龙种，而收获的却是跳蚤”对此类人等予以讽刺。[③]马克思主义者的标志是全面、系统接受其思想体系，不能杂糅多种其他理论，不能依己意随便曲解。而陶希圣和其他“改组派”人士将国家主义及形形色色的观念与马克思主义的一些观点杂糅在一起，往往得出十分怪异的历史见解；“托派”和独立参与论战者也多数将个人的臆见掺杂其中。因此，不应把参加论战的人们都无区别地视为马克思主义者。马克思主义向来将意识形态、政治方向与学理认识联结在一起，反对割裂。论战中各派相互攻击，背后多有不同的政治主张，并非纯学术辩论，无视政治背景而单单谈论社会史论战的学术

① 吴泽：《大革命失败后中国社会性质革命性质及社会史问题论战研究(续)》，《社会科学辑刊》1990 年第 2 期。

② 参见陈峰：《民国史学的转折——中国社会史论战研究》第三、五、六章和《结论》。

③ 《马克思恩格斯选集》第四卷，人民出版社，1995 年，第 695 页。

性，远离了实事求是的原则。

研究社会史论战，当然需要将其置于"学术视野"中考察，所谓"学术视野"，就是要以学术研究的眼光客观地审视研究对象。如果研究对象属于或带有政治性质，就需要仔细探讨其中的政治背景、政治主张、政治后果以及政治因素所占据的权重，绝不能借口"学术视野"而抹杀和摒弃史事内本来具有的政治性。否则，从出发点就违背了实事求是原则，哪里还有什么学术视野？

社会史论战起源于政治立场的分野和政治的斗争，论战中具体见解虽然多种多样，但在关键问题上均由政治见解主导着历史观点。例如"托派"人士之间，虽然相互攻击甚至谩骂，但对于鸦片战争后的中国社会历史，都主张鸦片战争之后中国已经进入资本主义社会，即皆遵从托洛茨基的观点；"改组派"的历史见解花样多变，但共同的特点是否定中国需要进行阶级斗争。独立参与论战者成员复杂，动机不一，从共产党内脱党出来的熊得山，比较恪守马克思主义的历史观，但不乏独立思考，如他曾否认中国有过奴隶制社会。朱其华则面目多变，多抄袭中共党内文件且加以拼凑，动机乃是专为谋取稿酬和哗众取宠，当时就被论战者揭发和鄙视。[①] 王礼锡、胡秋原等亲近国民党的独立参战者，则在关键的历史观点上反对"中共干部派"。胡秋原后来追忆当初参与社会史论战的动机时称，"使用马克思主义语言"，其实是"与第三国际和中共对立"，是"非共反共"。[②] 总之，社会史论战的政治性十分明显，在探讨中国历史时，也具有学术研究的成分，但学术观点始终从属于政治见解，这是无法否认的历史真相。从学术角度审视这场社会史论战，其中各种主张，包括"托派""改组派"人士对中国社会史的一些推断，即使没有史实依据，毕竟也以理论思

---

① 在王礼锡主编《读书杂志·中国社会史论战专号》第三辑中，有署名"胡子"《战场上的汉奸》和李季《对于中国社会史论战的贡献与批评(一续)》等文章，揭出朱其华著述的大肆抄袭，将别人文章、年鉴和报纸以及共产党的决议都拼命地抄，光对《满铁公报》的材料就连抄 57 页，"都是换面包吃的作品"。

② 胡秋原:《古代中国文化与中国知识分子》第四版《序言》，台湾学术出版社，1978年，转引自林甘泉《二十世纪的中国历史学(续)》(《历史研究》1996 年第 2 期)与吴泽《大革命失败后中国社会性质革命性质及社会史问题论战研究(续)》(《社会科学辑刊》1990 年第 2 期)。按，胡秋原此书 2010 年于北京中华书局印行时，第四版《序言》已被删节，失去原貌。

维方式作了各个角度的探讨，有思路多样的特征，其中荒谬的思路正可引以为戒。而这种引以为戒，是通过批判达到的学术效果，并非其原有的价值。因此，不能笼统地把当时的论战各方都算作马克思主义史学，也不能认为各种观念都具有学术作用。

第二，社会史的论战确实推动了马克思主义史学的发展，但这是在论战基本消退后，何干之、吕振羽、翦伯赞等等在总结、评议和重新研究过程中实现的。这不该算作论战本身的效果。至于对《读书杂志》高潮期的大论战，经历者与随后的总结者似乎都评价不高。翦伯赞说："争辩的双方，都只以引经据典为能事，不以事实去说明历史，而以公式去推论历史，从而，这一为了解决现实的革命问题而引发的历史研讨，反而离开现实，变成经院派的空谈。"①何干之则认为这场论战的参加者"对于历史方法论的了解，大多数是在水平线之下……问题提了出来，又不能好好的讨论下去，常常陷入混乱的状态中"。② 陶希圣对此也不太积极，他反感论战中"证据不足之处，以谩骂补足"③的倾向，因此筹划《食货》半月刊，准备大力整理中国经济史资料。何兹全指出："中国社会史论战陷入理论之争，参加争论的人中国书读得不多，争论半天也争不出个结果……《食货》半月刊的出现，是在社会史论战大潮之后，对大潮的反思。"④这反映出陶希圣是对社会史论战不满，才做出了学术的转向。胡秋原则认为，论战中的许多文章"可说很少发表价值"。⑤ 特别积极参加论战的"托派"人士李季，对社会史大论战也予以贬低。他说："参战的人平日对于社会科学和中国问题没有多大研究，所以在论文中处处露出捉襟见肘的样子"，"就论战中针锋相对的一点看，不独赶不上古史辨的论战，并且赶不上科学与人生观的论战，这是一种羞辱"。⑥ 可知当时各派的经历者、总结者，都不看好社会史论战。

陶希圣从论战的开始就没有遵从唯物史观，他的《中国社会之史

① 翦伯赞：《历史哲学教程》，河北教育出版社，2000 年，第 193 页。

② 《何干之文集》第一卷，北京出版社，1993 年，第 293 页。

③ 陶希圣：《汉儒的僵尸出祟》，《读书杂志》1932 年第 7、8 期合刊。

④ 《何兹全文集》第一卷，中华书局，2006 年，第 592 页。

⑤ 转引自李季：《中国社会史论战批判》序言，神州国光社，1936 年，第 73 页。

⑥ 李季：《中国社会史论战批判》序言，第 74—76 页。

的分析》罗列了“士大夫阶级”“官僚制度”“知识阶级”“宗法势力”“男系制度”等概念，把中国社会描述成一幅官僚士大夫与外国资本相结合、大封建系统崩坏而小军事封建系统林立、宗法制度崩溃而宗法势力仍然存在的杂乱景象。这与马克思主义关于生产力与生产关系、经济基础与上层建筑矛盾运动推动社会发展的学说，很难联系在一起。而且其立场是随从孙中山的主张的，“决不是共产党的理论”，声明“我们决不取‘无产阶级的领导地位’的一阶级论”。[①] 这样的思想和立场，使用再多的唯物史观话语也不能说是马克思主义。论战后期，陶希圣在经营《食货》杂志期间更加疏离了历史唯物论，故将《食货》派的经济史研究纳入马克思主义史学的范围和归入社会史论战的成果，极不妥当。至于历史的跨学科研究，主要是受西方鲁滨逊“新史学”以及年鉴学派的影响，将之记在社会史论战的功劳簿上，实在过于勉强。

第三，民国时期，西方各种历史理论纷纷传入中国，从来没有“考据派独霸史坛的局面”。其中，进化论历史观长盛不衰，传统史学理念根深蒂固，各类史学流派难以尽数。即使以考据见长的史家如陈寅恪、钱穆、顾颉刚等，何曾缺少宏观史识与理论思维？更不用说萧一山、柳诒徵、何炳松、蒋廷黻等各色历史著作家各有思想宗旨，还有朱谦之、常乃悳等专事构建历史体系的学人，可谓五光十色、多种取向，此乃是民国时期学术文化的基本特点。虽则中国社会性质的论战定然会导出社会史论战，但《读书杂志》的出现和社会史论战达到高潮，则多少具有偶然性，其结果和影响固然存在，但评估不宜过高。

就民国史学而言，社会史论战根本未能触动整体的史学格局，董作宾考释甲骨文的工作依旧，顾颉刚编纂《古史辨》与考察历史地理依旧，梁思成调查研究古建筑史依旧，陈垣考订历史文献与宗教史依旧……哪里显示有考据史学衰退的迹象？陶希圣开展经济史资料的搜集、考订，乃是向历史考据风格靠近，就连郭沫若后来也把主要精力放到金文、甲骨文资料的整编和考释上。有一种学术观点，将民国时期的史学描述为“史观派”与“新考据派”（或称“史料派”）的对立，恐怕乃是主观虚构，根据不足。事实上，不同历史观之间的矛盾、对上古史之疑古与信古的矛盾，远远大于不同治史方法之间的区别。

---

① 陶希圣：《中国社会之史的分析》，第 81—82 页。

把马克思主义史学与庸俗进化论历史观、人种论历史观、文化形态史观、社会生物历史观等混同而称为“史观派”史学，认为其共同的对立面是“历史考据派”，此见解昏聩糊涂，难以成立。同样，将相互激烈论辩的信古派与疑古派史家，一股脑儿算作“新考据派”，认为他们都压制“史观派”，也是很武断的说法。这种观点，是把复杂、多元的近代史学简单化、公式化，严重违背史实，应当重新审视和思考。

在马克思主义史学内部，对社会史论战的清理、总结和重新研究，有助于新的马克思主义史学家的成长，吕振羽就是这样的典型。但同时由于论战的背后是政治斗争，也使一批原先信奉唯物史观的“托派”人员，离开和放弃了马克思主义。社会史论战对于史学的直接影响，是强化了马克思主义史学内部学术与政治的紧密联结，促进了“革命”史学体系的建立。至于整个论战的政治作用，前引吴泽先生的论述说：“直接地促进了马克思主义的基本原理与中国革命实践的进一步结合，推动了中国革命的发展，并为中国共产党的新民主主义理论的发展，提供了历史的现实的基础。”这里需要注意的是，吴泽先生是将中国社会性质、中国社会史、中国农村社会性质的论战合在一起论述的，所以这个结论大体不错，但取得这样的成果，主要应归功于中国农村社会性质的论战。

中国农村社会性质的论战，是从中国社会性质论战延伸而来的，与社会史的论战关系不大。何干之《中国社会性质问题论战》①一书就是将中国社会性质论战与中国农村社会性质论战合在一起、作为同一问题论述的。对于中国的社会性质，核心问题是如何估量现存封建势力的大小，评析封建生产关系占据什么地位。当时“托派”“改组派”人员，大都主张中国已经是资本主义社会，封建残余势力已很微弱，而城市的状况似乎支持其说法。“中共干部派”要维护共产国际和中国共产党第六次代表大会关于中国处于半殖民地半封建社会的结论，必须在农村社会问题上取得突破。德国留学归来的陈翰笙②，

① 何干之：《中国社会性质问题论战》，上海生活书店，1937 年。

② 陈翰笙（1897—2004），马克思主义经济学家，原名陈枢，江苏无锡人。早年留学美国、德国，1924 年获柏林大学博士学位。1926 年即秘密加入共产国际，1929 年被蔡元培聘为中央研究院社会科学研究所副所长，借机开展农村经济调查，为论断中国半封建社会性质准备了充分的依据。

1929年被蔡元培聘为中央研究院社会科学研究所副所长，借机组织起一个左派的研究队伍，其中有钱俊瑞、吴觉农、孙冶方、薛暮桥等后来的经济学才俊。他们利用中央研究院的便利条件，开展农村调查，特别关注农村生产关系问题，积累了丰富的资料。1933年，他们成立中国农村经济研究会，次年创办《中国农村》月刊，宣传马克思主义学说，论证中国农村的社会性质，被称为“中国农村派”。

1935年初，王宜昌撰文批驳“农村派”的观点，引发了一场论战。[①] 王宜昌的论文得到王毓铨、张志敏、王景波（尹宽）等人的支持，他们主要以中国经济研究会和《中国经济》杂志为阵地，被称为“中国经济派”。在这场论战中，“中国农村派”的参战主将有钱俊瑞（陶直夫、周彬）、薛暮桥（余霖）、孙冶方、赵槑僧等[②]，其理论、资料和阵容都远超论敌，长期调查积累的农村资料成为最有力的证据。钱俊瑞、薛暮桥等遵从马克思主义基本原理，结合中国农村的实际状况，论证了中国农村封建生产关系占主要地位，帝国主义政治和经济的侵入并没有改变农村的生产关系，土地问题是农村的核心问题。由此自然地得出中国是半殖民地半封建社会的结论，给中共土地革命的斗争方针提供了坚实的理论基础。无论从政治上还是学术上，其所取得的业绩都是社会史论战无法比拟的。史学界理应对中国农村社会性质的论战予以更细致的研讨，给以更高的评价。

五　结语

总而言之，对20世纪30年代中国社会史论战的研究，应当以求真探实为根基，任何评论都不能违背历史的真相，应避免主观性、片面性。社会史论战的真实状况包含着许多复杂的具体情节，需要进一步考察，但有几个要点绝不应当忽略：

第一，社会史的论战既然是中国社会性质论战的延续，就具有很强的政治性质，各派的不同历史见解都受其政治观念的主导和制约。

---

① 本文限于题目和篇幅，仅介绍中国农村社会性质论战的简况，可参见雷颐：《“中国农村派”对中国革命理论的贡献》，《近代史研究》1996年第2期；汪效驷：《中国农村经济研究会述论》，《安徽史学》2011年第2期等文。

② 人名后括号内附注的是笔名。又按，此时陈翰笙、吴觉农先后到国外工作和考察，故未直接参加论战。

因为探讨的是历史问题，而且多有无组织的独立参与者加入论战，其中包含不少学术探索的因素，但独立参与者也各有不同的政治观点，同样具备很强的政治特征。因此，不能剥离和脱开政治性来研讨论战的史学影响。

第二，参与社会史论战者可归纳为四个群体，即"中共干部派"、"改组派"、"托派"、独立参加者。"中共干部派"早期参加者以郭沫若为主，《中国古代社会研究》一书、《读〈中国封建社会史〉》一文都是有组织性的作品。在论战高潮过后，何干之、翦伯赞等对论战做了总结性研究，吕振羽等对中国社会史重新做出了较深入的研究。

第三，王礼锡创办《读书杂志》掀起论战的高潮，多少具有偶然性。"中共干部派"有组织性地没有参加论战，"改组派"代表人物陶希圣也未积极对待。《读书杂志》社会史论战的专辑，实际上主要成为"托派"和独立参与者的舞台。

第四，社会史论战的政治作用和史学影响都很有限，不宜夸大。在史学影响方面，基本限于马克思主义史学内部，而且是经过后期的总结和重新研究才得以凸显，不是社会史论战本身的作用。真正起到重要政治作用，为中共土地革命和新民主主义革命方针提供充实理论依据的，乃是中国农村社会性质的论战。

以上的观点并非属于对社会史论战的评论，而是立足于对当时历史状况的求真探实。

（原载《天津社会科学》2014年第5期）

第四章　中外史学比较

中国与西方古代史学的异同及其理论启示

从整个世界来看，古代史学最具活力的两大支派，一是以古希腊、罗马史学为渊源的西方古典史学，二是以中国传统史学为中心的东亚史学。近代以来，两大支派史学发生碰撞、交流与融合，使中国近现代的史学发展为多姿多态的繁盛局面。无论是史学理论研究还是史学史研究，都必须将中国古代传统史学与西方古典史学予以深入比较，才能认清中国传统史学的真谛以及西方古典史学的特色。把握两大体系史学发展的异同，乃是推进史学史研究的重要条件。

一　中西古代史学理念的相通之处

作为史学，无论东方抑或西方，在其最初产生之际，都以记载以往的人间事务为基本特征，史学在本质上是记述人类社会的演变历程，描述这一历程中的人物、事件及各种社会景象，并且予以认识、解说和反思。这决定了中西史学必然具有基本理念的相通之处。古代中国、古希腊都很早产生了史学，但因地理悬隔，当时并没有在史学上相互交流、相互影响的条件，中西史学乃是各自发展。比较两种史学在发展中出现的共同之处，有助于探讨历史学的根本性质。

(一)记史求真的史学价值观

中国古代史学很早就具备了“直笔”意识和求真观念，据记载，春秋时期曹刿向鲁国君主进谏时曾说："君举必书，书而不法，后嗣何观？"①表明记史制度遵循"君举必书"与讲究一定书法的规则，"君举必书"是指无论君主的行为是否合乎礼义，都要记载，这其中已包含了某种求真的意识。《左传》宣公二年记载晋史官董狐于史册书"赵盾弑其君"，据称后来得到孔子赞扬："董狐，古之良史也，书法不隐。"这里提出"书法不隐"作为判断"良史"的标准，明确地强化了历史记述的"直笔"观念和求真准则，在中国古代史学发展中起到极其深远的影响。

东汉初期，班固在《汉书·司马迁传》中评论司马迁"有良史之材"，认为《史记》"其文直，其事核，不虚美，不隐恶，故谓之实录"。②很显然，这段议论是由先秦"书法不隐"的良史观念延伸而来，表明撰史"文直""事核"而成为"实录"，已是一种公认的史学价值观。东晋史家袁山松认为史书有"五难"，其三就是"书不实录"。③这种史学的"实录"原则，也被少数民族政权接受，如鲜卑政权北魏太武帝特命崔浩总监史任，指示要"务从实录"，虽然后来崔浩犯讳被诛，但并未从理念上否定史学的直书原则，与崔浩案件有牵涉的史官高允当时即申明："夫史籍者，帝王之实录，将来之炯戒，今之所以观往，后之所以知今。是以言行举动，莫不备载，故人君慎焉。"④更耐人寻味的是南朝梁武帝时，吴均私撰《齐春秋》，"帝恶其实录，以其书不实……敕付省焚之，坐免职"。⑤梁武帝虽讨厌这部史书某些内容的"实录"，却仍然以"不实"的罪名实施禁毁，可见史学"实录"的准则，已经根深蒂固。至唐朝，干脆将官方记载皇帝和一朝政务的编年体史书命名为"实录"，独占了这个体现中国史学根本精神的词语。

此后，史学家刘知幾在其史学理论著述《史通》中，极力提倡直书、实录的撰史精神，批斥篡改史实的曲笔。宋代史家吴缜认为撰史的三大要素是事实、褒贬、文采，其中"事实"居于首要地位，"若乃事

---

① 《左传》庄公二十三年。杨伯峻：《春秋左传注》(上)，中华书局，1990年，第226页。

② 《汉书》卷六二《司马迁传·赞》，中华书局，1962年，第2738页。

③ (唐)刘知幾著，(清)浦起龙通释：《史通通释》卷八《模拟》，上海古籍出版社，1978年，第224页。

④ 《魏书》卷四八《高允传》，中华书局，1974年，第1086页。

⑤ 《南史》卷七二《吴均传》，中华书局，1975年，第1781页。

实未明，而徒以褒贬、文采为事，则是既不成书，而又失为史之意矣”。[①]这些均是在理论上表达了记史求真的观念。而蓬勃发展的中国历史考据学、历史文献辨伪学，更是治史去伪存真理念的实际贯彻，至清朝乾嘉时期，考据学派更提出“实事求是”的治史原则，其成就是中国传统史学遗产的精华。

西方史学可以从古希腊说起，“希腊人是史学创始人，正如他们也是科学和哲学的创始人那样。欧洲的史学无须向更古的时代追溯了”。[②]而希腊史学具有显著创始意义的著述是希罗多德(约前 484—前 425)的《历史》(又称《希波战争史》)。这部《历史》虽然采取有闻则录的编纂态度，但希罗多德对史事往往“亲自观察、判断和探索”，常常在叙述传说之后申明“我是不能相信这个说法的”。[③]因此，希罗多德具备了一定的记事求真意识。其后，修昔底德(约前 460—前 396)撰写《伯罗奔尼撒战争史》，声明“这些事实是经过我尽可能严格而仔细地考证核实了的。”美国史学家汤普森指出，修昔底德“相信历史家的首要责任就是消灭那些假的事实”[④]，他的著述中没有任何神话的成分。修昔底德真正建立起西方史学的著述规范，就是严格的求真态度。发扬修昔底德撰史传统的史学家波里比阿(约前 201—前 120)，更富于严格的批判性，而其史学批判的首要标准，乃是事实的是否真实可信，他认识到，“在历史作品中，真实应当是凌驾一切的”。[⑤]而在此前后，西方也出现多样性的史学主张，甚至有“历史是艺术”的说法行世，但撰写历史就是要真实的理念，除中世纪基督教史学之外始终十分强劲。公元 2 世纪罗马帝国时期著名诗人、学者卢奇安(约 125—192)在《论撰史》一文中，批判与挖苦了撰述历史中诸多不顾史实、夸夸其谈的偏向，指出“历史必须努力尽它的本

---

① (宋)吴缜：《新唐书纠谬序》，载《新唐书纠谬》卷首，景印文渊阁《四库全书》本。

② [美]J·W·汤普森著，谢德风译：《历史著作史》上卷第一分册，商务印书馆，1988 年，第 31 页。

③ [古希腊]希罗多德著，王以涛译：《历史》，商务印书馆，1985 年，第 151、306 页。

④ [美]J·W·汤普森著，谢德风译：《历史著作史》上卷第一分册，第 40 页。

⑤ 转引自郭小凌：《西方史学史》，北京师范大学出版社，1995 年，第 73 页。

分——那就是写出真实”,“历史家的首要任务是如实叙述”。[①] 他还认为历史著述与文学艺术根本不同,“历史家的最大危险是诗兴勃发陷入迷狂”,“不能区别诗与史,确实是史家之大患”。稍后的罗马史家戴奥,谴责了“几乎每件事情,总有一种与真相不符的说法盛行”的记述。[②]这种求真的传统思想,至近代的兰克(1795—1885)史学被发挥到极致,可见记史求真仍是西方史学主导的价值观念,这与中国传统史学是一致的。

(二)关于史学之社会功能的认识

中国先秦时期,史册可资借鉴、辅助政治、有益教化的观念即已建立,特别是对《春秋》宗旨的阐发,实际上强调了史学具有的强大社会功能,如孟子称“孔子成《春秋》而乱臣贼子惧”。[③]《左传》亦曰,《春秋》有“惩恶而劝善”的作用。[④]随着孔子的圣化与《春秋》被奉为经典,史学“惩恶劝善”的功能成为不可置疑的宗旨。至东汉季年,《汉纪》一书的作者荀悦在其《申鉴》中,对记史、修史的功能作了十分精辟的论说,他指出:“君举必记,臧否成败,无不存焉。下及士庶,等各有异,咸在载籍。或欲显而不得,或欲隐而名章,得失一朝而荣辱千载,善人劝焉,淫人惧焉。故先王重之,以嗣赏罚,以辅法教。”[⑤]此后,关于史学惩劝、垂训、鉴戒、资治、教化等功能的论述日益丰富,可总括为“经世致用”的宗旨。而在宋代理学兴起的背景下,史学“明道”的观念日益畅行,并且升华为凌驾于事功之上的理念性追求,试图达到一个思想体系的完美实现,从而指导社会机制的运行,如朱熹自称《资治通鉴纲目》功能是“岁周于上而天道明矣,统正于下而人道定矣,大纲概举而监戒昭矣,众目毕张而几微著矣”。[⑥] 这种“明道”

---

① 见章安祺编订:《缪灵珠美学译文集》第一卷,中国人民大学出版社,1998 年,第 191、203 页。按,卢奇安(Loucianos)及《论撰史》一文,不同著述译文用字不同,谢德风译《历史著作史》中作“琉细安”“应怎样写历史”。

② 转引自[美]J·W·汤普森著,谢德风译:《历史著作史》上卷第一分册,第 171 页。

③ 《孟子·滕文公下》。(宋)朱熹:《四书章句集注·孟子集注》,上海古籍出版社,2001 年,第 320 页。

④ 《左传》成公十四年。杨伯峻:《春秋左传注》,中华书局,1959 年,第 870 页。

⑤ (汉)荀悦:《申鉴》卷二《时事》,上海古籍出版社,1990 年影印明黄省曾注本,第 18—19 页。

⑥ (宋)朱熹:《资治通鉴纲目序》,载《资治通鉴》卷首,景印文渊阁《四库全书》本。

观念最终还是属于经世致用。因此,中国古代对史学社会功能的认识,乃是以经世致用的观念为主导。

西方古代史学自产生以来,同样重视史学的社会功能问题。希罗多德自称其著述目的是保存“那些值得赞叹的丰功伟绩,不致失去它们固有的光辉”,实际上是要凸显历史人物做出的创树,通过对比与评议,讴歌雅典的民主政体,提倡先进的制度和文明,正如汤普森的《历史著作史》所言:“在他的整个叙述中,他展示出历代统治者的智慧,使历史以实例进行教诲。”[①]《罗马史》作者李维(公元前59—公元17)认为,历史著述的作用是“可以从中看到各种教训,犹如显明地刻在纪念碑上,从这些教训中,你可以替自己和替你的国家选择需要模仿的东西,从这些教训中还可以注意避免那些可耻的思想和后果”。中世纪的基督教史学,贯彻着史学为教会服务的宗旨,这当然是史学社会功能的扭曲,但并不是对史学社会功能的否定。人文主义史学、理性主义史学、浪漫主义史学等等近代史学流派,也有许多史家倾向于关注现实社会,主张从历史研究中汲取经验和教训。当然,西方也存在着反对治史求用的观点,但表达得大都比较委婉,如被称为“客观主义”史学家的兰克(1795—1885),他没有公然反驳这样的观念,“历史已被赋与的任务就是判断过去,为我们将来的利益教育我们”,却声明自己的历史著述“目的仅仅在于写出事情是怎样发生的”[②],以谦虚的方式表明了史学的社会功能并非必要。

无论中国抑或西方,记史求真与求用之间存在着孰为首要的矛盾,这个矛盾往往形成对史家的压力,造成史学发展取向的焦虑。此点留待下文论述。

二 中西史学发生和发展中的根本区别

中西史学发展的异同问题,史学界早已多所关注,如马雪萍《中

① [美]J·W·汤普森著,谢德风译:《历史著作史》上卷第一分册,第34页。

② [德]兰克:《罗马和日尔曼民族史》序言,转引自[美]J·W·汤普森著,谢德风译:《历史著作史》下卷第三分册,第249页。笔者按,关于兰克的这部著作,[英]古奇《十九世纪历史学与历史学家》耿淡如译本译为“拉丁和条顿民族史”,所引此段语句的译文亦有歧异(商务印书馆,1997年,第177—178页)。笔者取《历史著作史》译本。

西古代史学发展途径的异同》[①]、胡逢祥《试论中西古代史学演变的不同途径与特点》[②]等论文，从不同角度作出了探讨。马文对中西史学相异处的分析，主要强调了西方古代从"神本主义"转为人本主义再转入"神本主义"，史学发展曲折，罗马史学到中世纪衰落，而中国古代同时期则一直发展，始终不掩人本主义光辉。胡文叙述了中国官方、私家史学双轨发展，以及西方古代从私史为主到教会垄断一切的史学状况，分析中国儒学与西方基督教对史学的不同影响等等，很有启发性。但是，已有论著都没有想到和回答中国与西方史学在其发生、发展上的根本区别是什么。笔者认为：中西史学从发生和发展上看，其根本区别就是中国具有纳入政权机制的官方史学，因而形成官方、私家史学的双轨发展，而西方始终以私家史学为主导。中西史学从古至今的不同特点，根源皆在于此。上述一些文章虽然讲到官、私史学的问题，但评析显然尚未到位。

中国上古理性的历史意识，产生于西周初年的"殷鉴"理念。中国上古直至殷商时代，仍然弥漫着极其浓重的迷信观念。甲骨卜辞反映出当时无论大事小事，皆须求问天帝以定然否，脑力劳动者基本上均担任或兼任占卜、祭祀一类的神职，文化知识主要呈现在直接经验和直接观测方面，整个社会意识缺乏自觉的理性思维，而充满着蒙昧。周灭殷商，在当时是一场巨大的社会动荡，面临殷商顽民反抗的周初统治者，思想也发生大的动荡，他们要思考周政权如何巩固、殷商为什么灭亡、怎样避免殷商的覆辙等等。《诗经·大雅·文王》[③]曰"宜鉴于殷，骏命不易"，《尚书·召诰》言"我不可不监于有夏，亦不可不监于有殷"，都是明确地要从历史中汲取鉴戒。"殷鉴"的思想，冲破神天迷信的意识罗网，是中国上古理性思维的第一线曙光。《尚书》中《康诰》《召诰》《酒诰》《无逸》《立政》等等，都从不同角度考察了夏、商到周文王、武王的历史，从中概括出一些经验与教训，"惟命不

---

① 载《史学理论研究》1993年第4期。

② 载《学术研究》1997年第9期。

③ 《文王》一诗，据《吕氏春秋》为周公旦所作，参阅朱熹《诗集传》，上海古籍出版社，1980年，第175页。

于常”[①]的天命转移观念，“敬德”“保民”的政治方针[②]，都是从历史思考中得出的。

因此，中国真正的历史意识、中国的理性思维，都是从官方的“殷鉴”开始。中国上古的理性思维，最早产生于以“殷鉴”为标志的历史认识，这对中国文化特征的形成具有不可忽视的影响，史学的兴旺发达，官方史学活动的绵延不废，史学与政治的密切结合等等，都可以追溯到这个源头上。周初由于具备了“殷鉴”的历史意识，不仅自觉地保存更多的官方文书，而且整编了殷商时期的历史文献。[③]从注意保存档案、文书到特意记载史事，是历史意识向史学意识的跨越。白寿彝先生根据《墨子·明鬼》的引证情况，判断“编年体国史的出现在周宣王或其前不久的时期”[④]，这是很有启发性的论述。而实际上，官方的按年月日顺序记事的体制，可以推断始于共和行政的公元前841年，是中国史学从官方产生的最初时间。

中国古代的历法，记日方法和记月方法产生很早，也比较完善，唯独纪年方法十分模糊，至西汉初年也没有多大改善。从现存殷商、西周的甲骨文和铜器铭文来看，长期沿用“唯王”若干年（祀）的纪年方式，而对于在位君王又缺乏明确的称谓[⑤]，以致于今存铜器铭文即使有其纪年，但所属哪一君王，仍然不易判断，这反映出纪年方法的严重缺陷。在这种纪年方法不完善的情况下，必须形成连续的记事文籍，才能形成确切的纪年体系，而连续的、有年数的记事也就是编年体史籍的诞生。根据《史记》，中国久已公认的确切纪年始于公元前841年的共和行政，所谓共和行政，是周厉王被国人暴动所驱逐，暂由共伯和执政。那么凭共伯和的政治眼光，不难明了共和行政只是一个过渡时期，则有必要记录时政，以备将来查验，免遭谴责与祸患。因此可以推断：共和行政开始了按时间先后连续性的记载史事，

---

① 《尚书·康诰》。王世舜：《尚书译注》，四川人民出版社，1982年，第161页。

② “敬德”观念见《尚书·召诰》等，“保民”见《尚书·康诰》等。

③ 据王国维《古史新证》、张西堂《尚书引论》，《汤誓》《盘庚》等篇为西周初年整编。

④ 白寿彝：《中国史学史》第一册，上海人民出版社，1986年，第210页。

⑤ 西周君王有谥号，如“成王”“康王”“昭王”等，应为死后所加。史学界有人认为早期这些王号可以“生称”。但从铭文中从未出现在位周王的称号来看，“生称”之说难以成立。

从而也有了确切的纪年。那么中国上古史学的产生与准确纪年的起始，是同时的、一致的事件。至春秋时期，东周及各个诸侯国都具有比较完备的记史制度，皆有编年体形式的载籍，且形成“君举必书”“书法不隐”的史学理念，记录历史已成为官方行政机制的组成部分。

古希腊由于打破了氏族公社的框架，解除了氏族血缘关系纽带对人们个性的束缚，手工业与农业的分工比较明显，商业比较发达，神权的统治比较松弛，政治上形成民主体制等等社会条件，产生一批人身与思想皆比较自由的脑力劳动者。理性思维的产生，学术的发展，都表现为私家文化的性质，而且首先在数学、科学和哲学的思考中肇始。公元前6世纪中期之后散文记事家的作品，初具历史叙事之意，但却是私家的撰述，它与其他类别的私家著述一样，进入社会文化的运行机制，与政权的行政机制无关。后来标志西方史学正式形成的希罗多德《历史》，以及修昔底德、色诺芬、波里比阿、李维、塔西陀等等名家的历史著述，都是私家的著述，不论他们自己如何强调史学的教育作用、鉴戒作用，却并无国家政权予以响应，古希腊和古罗马官方根本无意于史学事业。这种西方私家史学与同属私家治学的思想家、哲学家相比，还缺少由众多学生、追随者构成的学派，历史知识并未制度化地纳入社会教育之内，因而只能是间断、不连续地发展，后来史家不是接续、模仿先前的杰作，而是自辟蹊径，开拓新意。而其成果的状况，要看社会条件或重大事件何时激发出具有何等见识、何等才华的历史学家。

西欧中世纪的基督教史学之所以思想僵化，令史学整体上成为神学的附庸，乃是撰史者俱为教士、教徒，他们出于虔诚的信仰，自动地以基督教观念理解历史，而大多不是教会有组织地主持其事，更与当时国家政权并无联系，有些著述反而包含激烈贬低世俗政权的议论。因此，基督教史学仍然是私家史学，仍然有着与古罗马史学大致相似的运行机制。不过，基督教史家处于同一思想基础的同一组织之中，历史名著的出现会导致模仿之作，例如攸西比阿斯（约260—340）的《编年史》面世之后，大批仿作、续作络绎不绝，形成教会史学的编年史系列。西方9世纪也曾偶然出现国王组织汇纂的编年资料史籍，即英国《盎格鲁撒克逊编年史》与法国加洛林王朝之《罗耳士年代记》二书。但前者是几个寺院的年代记合编而成，后者委托多名教士编纂，各部分良莠不一，差别很大。这都说明官方并未对纂修予以切实的管理和控制，没有严密的组织机构与撰写程序[①]，与中国传统的官方史学相距甚远。总之，西方古代史学的发展机制，是以私家史学的方式运行，治史活动的无组织状态是其显著标志。

中国的战国时期，文化的发展呈现全新的、类似古希腊的景象。大量身份自由的脑力劳动者成为思想、文化、学术活动的主要群体，于是诸子蜂起，讲学流行，处士横议，百家争鸣，私家治学活动放射出夺目的光彩。史学上的私家著述如《左氏春秋》《国语》等，虽然当时的声势、影响远不能企及诸子学说，但也达到超越官方的层次。这种状况经过秦朝短期的波折，一直延续到西汉，司马迁撰著的《史记》标志私家史学在超越官方上达到了巅峰。

需要指出这一漫长时期的中国史学，还是与西方古希腊、古罗马的史学不尽相同。其一，官方的记录历史制度仍然存在，私家撰述往往以官方史料作为依托，也同时接受官方连续记载史事、史不可或缺的观念[②]；其二，西周、春秋时期官方形成的历史鉴戒观念，以史教化、以史资治的理念，仍在官方与私家中具有普遍的影响，甚至还得到强化。到东汉时期，官方即不再专事历史记录，而参照《史记》《汉书》的模式组织纂修纪传体国史《东观汉记》。官方不仅记录史事，而且组织编纂历史著作，标志官方史学与私家史学两条相互联系的轨道已经形成，此为史学发展的一大变化。唐朝设馆修史成为定制，而且取得突出成果，后来各个朝代对此皆加以承袭和强化，中国不同于西方的特殊史学路径完全确立，并且深深地影响了东亚日本及后来的朝鲜半岛政权，使之出现官方的修史活动，这是不可忽视的政治文化现象。

为什么说中国古代史学比西方多出一项官方史学，就是二者的根本性区别呢？这是因为早期官方史学的存在与成熟，不仅仅是添加一类修史的主体，而且影响整个史学的运行机制。对比西方的古代史学，可以从三方面予以分析：

---

① 参见［美］J·W·汤普森著，谢德风译：《历史著作史》上卷第一分册，第234、243页。

② 《左传》僖公七年载管仲"作而不记，非盛德也"之言，《国语》卷四载曹刿"君举必书"之语，皆含有史之不可缺失的蕴义。

第一，中国官方史学从产生的本源上，就将史学与国家政治紧密地联结在一起，史学活动纳入政权建设和运转，历史观念与政治思想融为一体，形成中国古代特有的“政治历史观”，即政治方针、政治见解多从对历史的分析中得出，而且以历史的事例来论证自己的政治见解，形成政治观点与历史知识的互动与循环。西周“殷鉴”思想即是这种政治历史观的肇始，西汉时陆贾遵汉高祖刘邦指示所著《新语》、后贾谊所撰《过秦论》等等，都具有既为政论又是史论的特点。

中国官方史学的发展表明历代政权统治者十分重视史学，这促使史学兴旺，但也令史学成为政治的附庸，导致无论官方、私家的史学都趋于共同的思维方式，而销蚀个性与学术独立性。东汉官方既记史又修史的举措，以及对司马迁《史记》模仿形式、批判思想的行为，把史学导入官方为主导的官私并行机制。荀悦更在理论层面将撰史宗旨归纳为“一曰达道义，二曰章法式，三曰通古今，四曰著功勋，五曰表贤能”[①]，从此私家史学也不能远离王朝的当前政治。源于“殷鉴”等官方理念的“垂训鉴戒”“惩恶劝善”“资治”“翼经”等等经世致用思想，成为官私史学共同的宗旨，其声势大于直书实录的主张。史学的学术性被压抑在致用的原则之下，治史求真、记述如实的理念实际逊位于纲常、名教，所谓“史臣不必心术偏私，但为君父大义，则于理自不容无所避就”[②]，意即如斯。

西方古代几乎皆为私家史学，史学从其体制上完全可以不附庸于国家政治，除非当代史的写作卷入政派斗争，如罗马帝国奥古斯都时期是个例外。不同史家见解不同，主要是在文化的、学术的机制中争鸣。尽管对史学宗旨有过形形色色的异说，而总归是记史求真的理念占据主导，强调真实是史学最高原则的论断，其气势最为强劲，失真的史籍最终将被批判和淘汰。因此，西方史学思想上多样化的观念，并不能改变历史家的“首要任务是如实叙述”[③]的史学价值观。但中世纪的史学完全成为基督教思想的附庸，在极端化的宗教信仰下，根本不再关注史学求真的问题。不过，基督教史学不是教会组织

---

① 《后汉书》卷六二《荀淑附荀悦传》，中华书局，1965 年，第 2062 页

② 《章氏遗书》外编卷三《丙辰札记》，《章学诚遗书》，文物出版社，1985 年，第390 页。

③ ［古罗马］卢奇安（Loucianos）：《论撰史》，载章安祺编订《缪灵珠美学译文集》第一卷，中国人民大学出版社，1998 年，第 203 页。

起来的修史活动，更与国家政权无关，是信徒自愿地以历史来申明信仰，不属于官方史学。

第二，中国朝廷无论记史、修史，都实行官僚制度化的组织方式，这种组织性、制度化的史学活动，要求记录历史的连续性，其发展的趋势也自然要求修纂史书的连续性。在官私史学互动互补的作用下，中国古代史籍丰富，形式多样，编年体、纪传体、纪事本末体等均组成了在记述时间上前后连续的系列史书，这是西方古代所不具备的特点与优点。

官方修史组织多名官员参与，史书的纂修在客观上具有强烈的规范化的要求，自史书的结构到词语的运用，无不讲究义例。春秋时期官方记史即有“书法”，此为词语上的规范。司马迁创立纪传体史书，官方采用后很快规范为固定的体式，摒弃了《史记》原有的灵活性，如为吕后、项羽立本纪等做法。而官方对一种史籍形式的规范化，权威性地使多数私家取为范本，私家又往往开拓出新的史书类型，而被官方采用和私家模仿，又将之规范化。官私史学在互动中，扩大了中国史学的规范化空间，编年体、纪事本末体、典制史等各种史籍，也都形成较一致的撰写模式。当然，体例规范具有一定的弹性，但史书一般都各自明定凡例，将弹性部分再次定成具体的规范。这种规范化的特点源于官方史学，自是西方所不具备。

西方古代私家修史活动，其分散、个体的特点浓厚，到 17 世纪的“博学时代”才发生大的变化。在博学时代，由教会、文化机构、学术团体组织了大型系列化历史文献的鉴定、整理、编纂和出版，政府也有时参与、主持。这是大规模的有组织的史学活动，弥补了西方古代、中世纪以及文艺复兴时期单一个体撰史方式的缺陷，在史学机制上又增加一条发展轨道。这与中国官方、私家史学双轨发展的模式有相当大的相似性，因而 17 世纪之后，西方史学已经获得中国史学具备的主要优点。但是，这种大型编纂活动，主要都是档案、文献和其他史料的汇集、整理与出版，便于私家撰写自成一家之言的史学著作，实际起到促进私家史学的作用。因此，西方虽然形成有组织的史学活动，但整体上还是以私家史学为轴心，与中国的官方史学仍然不同。而此时的西方，已逐步跨入近代的门槛。

第三，中国古代官方史学与私家史学是互相矛盾又互动、互补的两条发展轨道。而从总体来看,官方起主导方向的作用。官方史学依据中央集权、君主专制的政治体制,具有尊贵的名分和权威的地位,官方认可的史学思想、修史方式的影响力远大于私家异说。官方史学具有私家史学不可比拟的财力、人力资源,官方能够掌握和调动的历史资料也优于私家。而私家的历史名著,大多是直接或间接依靠官方记录和整理的史料来撰写,这样,传统史学处处渗透着以君主为中心的官方立场。

官方在史学发展机制中起主导作用,不仅使史书纂修趋于规范化,而且思想范式一旦形成便较难变动,尤其史学思想与儒学名教结合后,保守性更加牢固。西方中世纪的基督教史学,其思想范式更加保守、僵化,但此前与此后,西方史学则表现为史学理论多元争鸣,常变常新,直至近现代仍然因袭了这样的风格。

综上所述,中西古代史学的主要不同特征,都源于官方史学的有无及其相关机制,这是最大的、根本性的区别。进行中西史学的比较研究,首先应当抓住这个关键,才能得出系统深入的学术结论。

三　中西史学比较研究的理论启示

中国传统史学与西方古典史学的比较,是世界两大史学体系从本源上的异同对照,将给史学史研究以多方面的启示,这应当由史学界共同研究和探讨。笔者仅对一个理论性的问题提出见解,以供商榷,这就是:什么是古代史学内在的主要矛盾?

历史学在其产生后的早期,存在和发展尚依赖整个社会文化环境的运行机制。但历史学必须形成内部的矛盾结构 方能在参与社会文化运行中成长壮大,最终独立成学。笔者认为,历史记述的真实性与历史撰述的社会功用之间的矛盾,是历史学发展的内在动力。

如实述史、记事求真,对于明知不实的故事与传闻,不能当作史实而载入史书,是为史学的底线,古代、当代概莫能外。有意违反,其作品就不应属于史学的范围。[①]一个民族和地区,如果在其追忆往事而渐次形成文字撰述的早期阶段,未能形成强劲的记史求真理念,其

---

① 这里要将"史学"与"史料"两个概念严格区分,神话、传说、文艺作品等等都可以用作史料,但其本身不是史学。

社会的记忆就会过度呈现为神话想象和文学渲染，从而不能发展出自己的真正意义的史学。我们看到，许多古文明地区，只可谓之存有史料与传说，而并无史学。中国古代与西方古希腊、古罗马，记史求真的意识十分强烈，是世界上这两个史学支派得以持续发展到今天的主要原因。因此，历史记述的真实性是史学产生、存在和发展的第一必要条件。

历史撰述产生后的早期阶段，由于史学尚未形成一个相对独立的社会系统，所以史学发展的重要条件之一，是要具备一定的社会功能。舍此不能得到当时所处社会的广泛关注、认可与支持，不能参与到整个社会政治、文化环境的运行之中。史家相信史学具有某种社会功能，也才会具备撰史的信心、热情与责任感。在中国古代，历史记载本是从官方开始，官方的史学思想长期处于主导地位，史学的社会功能主要体现在政治层面。在古希腊、古罗马只有私家史学，史家虽认为史学具有鉴戒作用、教育作用等等，但并未与国家的政治机制结合起来，实际乃像文学一样在社会文化机制中运行和发展，其社会功能主要是传播知识，感化读者，无怪乎西方总有人将史学视为一种文学或艺术。

然而，记事求真的理念与社会功用的诉求之间存在着矛盾，矛盾的焦点是孰为主导的问题。中国传统史学和西方古典史学在发展进程中，应对这项矛盾的方式是不尽相同的。中国古代，由于政治与史学密切联结，且官方史学成为主导力量，史学经世致用的观念居于上风，这在上文已经论述。需要说明的是，中国在强调史学具备垂训鉴戒、惩恶劝善、资治、教化、明道等等社会功能的同时，并不否认撰史的务求真实，官方、私家都有“君举必书”、直书实录的规范，致用与求实是当作一个理想的统一体提倡的，但在具体实行中，却有着为君父讳、为尊者讳等等抵消记史真实度的戒律，更不用说涉及政治私利时的故意隐瞒和曲笔。但是中国古代反复地改朝换代，而且同一朝代也政局屡变，这可以使原先一些隐瞒的史实得以揭发。加之尚有私家史学这一轨道，与官方记载相参照，同样起到加强真实性的作用。如唐太宗曾问史官：“朕有不善，卿必记之耶?”褚遂良曰：“守道不如守官，臣职当载笔，君举必记。”另一官员刘洎说：“设令遂良不记，天下亦记之矣。”[①]这形象地表明中国古代记史规范与官私双方记录史事的相互牵制，撰史的真实性与功用性的矛盾，就在官私之间、政局变动的流程之中运转。在改朝换代之后，史学求真与以史鉴戒间的对立统一往往十分活跃，于是，官、私史学都可能会出现新的起色。

西方从古希腊开始的私家史学与现实政治的结合远不及中国古代，历史著述像文学、艺术那样参与社会文化机制的运行。西方历史家对史学社会功能的认识，会有较高的垂训、鉴戒之类的期望，如果其著述的社会功效被许多读者认可，就有助于这部史著的留存与传播。如果认可的读者中包含政界权要，也可以间接发挥政治作用。但这一切基本都是个人行为的组合，而不是中国那样的国家政权的组织行为。被读者认可的史著，除了具有社会教益作用的知识性、思想性之外，还需其他重要因素，如记述真实而不荒诞，文笔优美而不太枯燥，符合当地、当时读者的心理要求等等。在这些因素中，记述的真实性为一方，其他因素结合成对读者群体有益的社会功效为另一方，构成西方每部历史著述的内在矛盾。这里，“社会功效”是广义的，赢得读者，传播知识，引起人们对历史的关注，都属于一种社会功效。西方古代史家有的强调记述的真实，有的偏重文笔或知识、见解，史学在不同倾向的争鸣中取得进展。

希罗多德《历史》的撰述宗旨是保留史事的记忆，使之不致遗忘。《历史》涉及跨越欧洲、亚洲、非洲广大地区的历史，当时不可能将所有史实考核清晰，因而希罗多德采取几乎有闻必录的撰写方针，包括记录他自己也表示怀疑的传说，这是在真实性与功效性的矛盾中找到了合宜的解决办法。但修昔底德并不模仿希罗多德的方法，明确史书主张力求真实，反对把未经查证的传说载入史籍，即使牺牲趣味性也在所不计。他为自己著述划定的读者是“想清楚地了解过去”并且从中吸取实际教益的人们，而《伯罗奔尼撒战争史》的选题范围也具有更严格考核史实的条件。古希腊、罗马的史家，基本在记史真实性与实际功效性之间调整，如前述卢奇安《论撰史》主张“写出真实”是史学的根本，而塔西陀更重视“赞美正义、揭露邪恶”的社会功能。波里比阿则一方面认为历史的真实最为重要，另一方面又十分重视

---

① 《旧唐书》卷八〇《褚遂良传》，中华书局，1975年，第2730页。

史学的社会功能，甚至提出："我觉得可以允许历史家对自己的国家有所偏袒，但不能允许他们写出完全和事实相反的东西。"[①]这句话充分展现了历史记述真实性与社会功用性的矛盾。

史学内在的真实性与功用性的矛盾，是从中西古代史学的共同点上概括出来，其矛盾的性质整体上是非对抗的。古代一般表现为真实是史学产生与成立的条件，而一定的社会功能帮助史学发展、壮大。追求史学的社会功用，会冲击真实性的彻底贯彻，而史学在发展中又不断克服社会功用冲击造成失真的不良后果，反复运转，以互动、互补、互为牵制的方式前进。但在特殊政治背景下，利用历史以党同伐异、大兴文字狱等等，则会出现对抗性的矛盾。

史学真实性与功用性的矛盾，使史学总的发展为逐步强化其学术性，走向史学专业化，形成相对独立的历史学社会系统。这样，史学在其学术机制内运行，历史知识的功用大多成为历史学学术之外的活动。但史学仍然有责任纠正历史知识被利用中的扭曲，直至现实社会中各个团体渐渐没有必要通过扭曲历史来追求利益和功效，史学的主要矛盾成为在求真基础上求是与求新之间的矛盾。但这是中西古代社会皆不能达到的层次。随着史学渐渐成为相对独立的社会学术系统，求真与求用之间的矛盾日益弱化，而求真、求是与求新之间的矛盾会渐行渐著，凸显为史学发展的主要内在矛盾。某些史学派别可能因为学术求新的目的，偏离历史学研究的本质导向，伤及记史求真的根底，甚至从理念上否认历史记述能够达到真实，否认历史评论可以做到正确。西方现代和后现代的某些史学流派的观点，正是这种因求新而误入歧途的表现。但记史求真是史学成立的底线，评论历史的求是目标乃是史学的基干，任何史学流派的任何新说，只要还在历史学的范围之内，就无法摆脱求真底线与求是基干的约束，这可以看作是史学发展的一条定律。

（原载《学术研究》2007 年第 11 期）

---

① 转自[美]J·W·汤普森著，谢德风译：《历史著作史》上卷第一分册，第 54 页。

论中日两国传统史学之“正统论”观念的异同

中国古代的正统论思想，是与西方思想文化区别最为显著的、最富有特色的政治历史观念。说它是政治观念，是因为“正统”往往成为中国古代各个政权在政治斗争中的旗帜，有利于争取人心、凝聚力量；说它是历史观念，是因为“正统”与否，是从历史的概括、总结中提出的判断，而各个政权争夺正统名分，实际上可归宿于历史地位、历史价值的判断。这种正统论观念融入传统史学的肌体，成为中国史学中最显著的思想要素，而且向域外传播，对日本等国的政治与史学产生深刻的影响。惟因区域、民族、社会历史的具体条件不一，中日两国“正统论观念”也就具有许多不同的特点。考察这种异同变化，具有重要的学术意义。[①]

一　中国传统史学的正统论观念

在中国，正统论观念何时形成？学界尚无确定说法。[②]其实这种思想的发展，乃是逐步深化与扩展的，在其发展进程中，有几个关键的环节值得注意。

---

① 本文考察仅在传统史学范围，中国至清朝前期，日本至德川幕府时期。

② 饶宗颐：《中国史学上之正统论》（香港龙门书店，1977年），对历代正统论问题有较详细清理，并附录大量资料，可资参考。但该书忽略清代雍正帝与乾隆帝的论述，稍有不当。

战国后期，在思想界百家争鸣的历史背景下，阴阳家邹衍提出"五德终始论"，即以五行的木、金、火、水、土各代表一"德"，套用五行之间的相胜关系，将大跨度的历史变化和朝代更迭解释为"五德"的交替循环。这种历史观具备恢宏的视野、博大的气度，因而对古代政治文化造成极大的影响。从"五德终始论"中可以得出合乎逻辑的推论：一个政权，必须占据一"德"的地位，方为合理合法的政权；同一时代，只能有一个占据五德之一的政权。这正是后来"正统论"思想的基点。

西汉武帝时期，国家统一、国势强盛，思想家董仲舒发挥《公羊传》的观点，倡导《春秋》大一统论及天人感应学说，将一统天下作为政权受命于天的条件与象征，对历史正统论的产生起了催化的作用。此后，汉代学者好以五德相生说或五德相胜说议论政权更迭，多讴歌汉朝的历史地位。例如司马迁《史记·高祖本纪》"太史公曰"称："三王之道若循环，终而复始……汉兴，承敝易变，使人不倦，得天统矣。"《汉书·郊祀志》言刘向父子以为"高祖始起，神母夜号，著赤帝之符，旗章遂赤，自得天统矣。"据《后汉书·班彪传》，班彪《王命论》称汉朝承接帝尧之统。班固承袭其父思想，所著《汉书》以歌颂西汉为宗旨，且于《典引》一文赞汉高祖、光武帝"盖以膺当天之正统，受克让之归运"[①]，可见东汉初期关于"正统"的概念即已形成。

东晋时期史家习凿齿著文论"晋承汉统"，否定曹魏政权的正统地位，认为"魏未曾为天下之主；王道不足于曹，则曹未始为一日之王矣"。[②]认为晋朝应承接汉朝的统绪，将曹魏排除在正统政权的序列之外。为此，他还撰写编年体史书《汉晋春秋》记述汉末至晋朝的历史，为实践其说，在曹丕篡位之后用刘备政权的年号纪年，以刘备政权为汉朝遗绪。虽然他的议论当时影响不大，但在正统论观念的整体发展中具有重要意义。第一，这恰好触及正统论面对历史的一个焦点，即三国时期哪一国应为正统政权，引起后世不同观点的争论。第二，习凿齿不但议论，也实际撰史，自觉地用正统论观点撰写历史著述。从此，正统论观念主要表现于史学领域，而成为多数史书贯彻

---

① （汉）班固：《典引》，载《文选》卷四八，上海古籍出版社，1986年，第2161页。

② 《晋书》卷八二《习凿齿传》，中华书局，1974年，第2156页。

的历史思想。

北宋文学家、史学家欧阳修连撰正统论之文七篇，认为：“《传》曰‘君子大居正’，又曰‘王者大一统’，正者所以正天下之不正也，统者所以合天下之不一也。”[①]“夫居天下之正，合天下于一，斯正统也。”[②]这是他正统论思想的基本点，即必须实行儒学正宗的王道，同时达到天下一统的政权，才是真正的正统。欧阳修将正统观念提高到理论性的论述层次，导致后来的广泛关注。宋元明三个朝代，撰文论议正统者风起云涌，各持所见。

在正统问题的纷纭聚讼中，理学家朱熹编纂《资治通鉴纲目》一书，通过《凡例》提出“凡天下混一为正统”的标准，认为宋朝以前周、秦、汉、晋、隋、唐是正统政权，同时主张尊王贱霸、内中华、外夷狄。他反对司马光《资治通鉴》在三国时期以曹魏年号纪年的做法，确认刘备政权仍为东汉的继续。其他各朝各君主，皆用特定书法表达褒贬，构成以正统论观念为主导而系统评判历史的史学体系，影响极其巨大。南宋至明初编撰或修改史书，多参照《资治通鉴纲目》的范例。但明代中期之后，华夷之辨更加升温，不承认元朝正统的舆论渐成主流，“天下混一为正统”的标准退居其次。

清朝建立之后，华夷之辨思想成为反清社会力量的精神武器。雍正年间，书生曾静等人欲说服清朝将领岳钟琪反清，这本来属于政治谋反事件。但雍正帝将之导向文字狱案件，宽免曾静等人死罪，矛头指向主张华夷之分大于君臣之义的已故学者吕留良。他发布长篇上谕，辩论华夷以及正统问题。其主要论点是：所谓“华夷”，不过是地域不同，“皇天无亲，惟德是辅”，不能以华夷判别正统或非正统政权。况且随国家版图扩大与伦理教化的推行，以往的外夷地区，今多成为礼仪之乡。大一统政权是绝对的正统政权，无论君主是哪一民族。君为臣纲是最高原则，目无君父，即为禽兽。[③]雍正帝的理论是打破民族界限的帝王大一统思想，旨在压制汉人的华夷观念，伸张清朝的正统地位，但尚未对历代正统问题作系统的论述。至乾隆时期，以纂修与修

① (宋)欧阳修：《欧阳文忠公集》卷五九《原正统论》，《四部丛刊初编》本。

② (宋)欧阳修：《欧阳文忠公集》卷五九《明正论》。

③ 《清代文字狱档》下册，上海书店，1986年影印本，第925—933页。

订《御批通鉴辑览》为契机，官方逐渐形成对历史正统论的系统性认识。乾隆四十六年，乾隆帝发布关于历代政权正统问题的谕旨说：

> 《春秋》大一统之义，尊王黜霸，所以立万世之纲常，使名正言顺，出于天命人心之正。紫阳《纲目》，义在正统……夫正统者，继前统、受新命也。东晋以后，宋、齐、梁、陈虽江左偏安，而所承者晋之正统。其时若拓拔魏氏，地大势强，北齐、北周继之，亦较南朝为盛，而中华正统，不得不属之宋、齐、梁、陈者，其所承之统正也。至隋则平陈以后，混一区宇，始得为大一统。即唐之末季，藩镇扰乱，自朱温以讫郭威等，或起自寇窃，或身为叛臣，五十余年之间，更易数姓，甚且称臣称侄于契丹，然中国统绪相承，宋以前亦不得不以正统属之梁、唐、晋、汉、周也。[①]

这种正统论的要点是：(1)大一统政权有绝对的正统地位，不论其统治民族如何、发祥地何在。一统政权的标准，就是对以中原为中心的广大经济、文化发达地区的实际统治。(2)原正统政权的皇族血统，仍作为很重要的因素。如三国时蜀汉、东晋、南宋等政权，只要具备偏安规模，即为正统。(3)统一政权崩析，几个政权并存的时期，承接原正统政权者为正统，如承接晋朝的南朝宋、齐、梁、陈，承接唐朝的五代梁、唐、晋、汉、周等，只要具备偏安一方的规模，即视为正统。没有承续关系的政权，只有完成大一统之后，才取得正统资格。官方定论，当时具有权威性，使私家不同见解的争议减少。但不难看出，这里“夫正统者，继前统、受新命也”，主张正统政权连绵不断，而不得不放弃对正统之“正”的标准，与欧阳修、朱熹的见解皆不相同。因此，这种官方观念并未得到学者的完全认同，甚至还出现一些否定正统论的观点，但在中国古代，正统观念已经深入史学、深入人心，成为史学思想的思维定式。

古代的编年体史书，要采用帝王年号纪年；纪传体史书，要将正统政权的君主立为本纪。如果取消正统论，令编年体以干支纪年，纪传体无“纪”，就不符合帝王为中心的古代政治观和历史观，也颠覆了旧的史学传统，这在君主专制的条件下是不可取的。然而正统政权

① 《清高宗实录》卷一一四二，乾隆四十六年十月甲申，中华书局，1985年影印本。

的判断标准不一，反映出正统论理论与史实之间的矛盾。正统论产生与立足的基点，是以承认政权革命、朝代更替为前提。但古代的三纲五常原则强调“君为臣纲”，臣民取代君主是为作乱，所以怎样认识正统之“正”，自然聚讼纷纭。这反映了正统论在名教思想体系内的逻辑矛盾。

矛盾的存在，并不妨碍正统论中具有的观念一致性，这表现为：(1)认同大一统，认同君主独尊；(2)认同正统地位的血缘承袭以及政权承续；(3)大多主张华夷之分，以“中华”政权为正统。即使身为满族的清乾隆帝，也不得不向这种一致性正统观念退让与调和，因而取消了辽、金的正统地位。正是在一致性的正统观念框架之内，观念与史实的矛盾、思想体系内的逻辑矛盾都促进了历史观点的思辨，也刺激许多史书的编纂，对史学的繁荣起到推动作用。在古代史学史上，发表论正统之文的学者络绎不绝，宋代以降尤为兴盛。而专修一史以阐明正统问题，例如东晋习凿齿《汉晋春秋》，宋代萧常《续后汉书》、朱熹《资治通鉴纲目》与元明时期多种“续纲目”之作，元朝郝经《续后汉书》，明朱权《天运绍统》、丘濬《世史正纲》、丰坊《世统本纪》、王洙《宋史质》，清官修《御批通鉴辑览》、陈鳣《续唐书》等，为其中荦荦驰名者，其余撰述更不胜枚举。正统论观念在中国古代政治史、思想史和史学史上，皆占有重要的地位。

二　正统论观念立足于日本史学及其影响

中国的历史正统论观念传入日本，与中国传统文化在日本的影响不断深化有关。传说约 4 世纪末、5 世纪初，中国《论语》等书籍就已经从朝鲜半岛传入日本。6 世纪初，中国南朝萧梁时期与朝鲜半岛的百济国有密切的海上交通，中国经史之学进一步加深了对朝鲜半岛的影响。而百济同时与日本的经济、文化交流极其频繁，连续有百济知名的“五经博士”到达日本，传播中国的思想文化，中国的典籍也应在此时大量传入日本。[①] 6 世纪是中国儒学、中国历史文化在日本扩大影响的重要时期。

---

① [日]大庭脩:《漢籍输入の文化史》，研文出版，1997 年，第 25—26 页。

7世纪初的日本推古天皇时期，圣德太子[①]于公元604年制定了《十七条宪法》，体现了全面接受中国政治文化理念的趋向，这是此前长期接受中国的经史之学熏陶的结果。例如《十七条宪法》第十二条称“国非二君，民无两主，率土兆民，以王为主。所任官司，皆是王臣”[②]，这里表现出建立统一国家和独尊一个君主的理念，明确提出“国司”“国造”等各地领主都是“王臣”。不仅体现了儒学的“尊王”意识，也是日本历史正统论观念的思想基础。日本学者早已指出，《十七条宪法》使用了出自《毛诗》《尚书》《礼记》《左传》《孝经》《论语》《孟子》《管子》《墨子》《荀子》《韩非子》《史记》《文选》等书的语句。[③]可见圣德太子等日本上层人物接触到的中国典籍，种类已经十分可观，上列各书中《史记》的行文与《文选》中班彪《王命论》、班固《典引》等文，无疑带有中国当时所具备的正统论观念。《王命论》称“唐据火德，而汉绍之。始起沛泽，则神母夜号，以彰赤帝之符”，又曰“神器有命，不可以力求”[④]，不仅传达正统论思想，而且包含正统君权来自神授的观念，这应对日本依据正统论观念而构建神话发挥了影响。《文选》卷五十特别摘录班固《汉书》的《述高帝纪第一》，文字简短，其中有“皇矣汉祖，纂尧之绪，实天生德，聪明神武”，歌颂汉朝正统时出现醒目的“神武”字样。

日本公元646年开始的“大化改新”，模仿唐朝的政治体制，实际是向往建立一个唐朝那样的大一统的正统政权。从6世纪至8世纪初期，官方纂修史书的活动也开展起来，其中最引人注目的是《古事记》和《日本书纪》的编纂，两书都是以天皇为中心的编年史。

日本官方修史也是由圣德太子肇始，据记载，推古天皇二十八年

---

① 圣德太子（574—622），日本女天皇推古天皇（第三十三代天皇）时执政者，为用明天皇（第三十一代）之子、推古天皇之侄。通儒学、佛学，制定其政权中的官位品级与《十七条宪法》，遣使访问隋朝，积极推行中国文化，在日本历史发展中有深远影响。因早逝于推古天皇之前，未得继承皇位。

② 《日本书纪》卷二二，日本新订增补《国史大系》本，东京吉川弘文馆，1961年，第145页。

③ ［日］大庭脩：《漢籍输入の文化史》，第26页。

④ 《文选》卷五二，第2264页。

(620)，组织撰写了《天皇记及国记臣连伴造国造百八十部并公民等本记》[①]，其书不存。天武天皇[②]之时，开始编撰以天皇为中心的历史著述《古事记》，但直至元明天皇在位的公元712年才最后完成。天武天皇重视史学亦非偶然，他是发动武装叛乱，夺取其侄大友皇子（弘文天皇）皇位而登基的，这种不大光彩的经历，促使他关注传于后世的历史记载，其诏书曰：“朕闻诸家之所赍帝纪及本辞，既违正实，多加虚伪。当今之时不改其失，未经几年其旨欲灭。斯乃邦家之经纬，王化之鸿基焉，故惟撰录帝纪，讨核旧辞，削伪定实，欲流后叶。”[③]表明要将记载歧异的资料修改统一，撰成帝纪，建立天皇的正统世系。后来元明天皇令太安万侣完成修撰之业，成《古事记》三卷，序言中赞颂起兵夺位的天武天皇曰：

> 皇舆忽驾，凌度山川。六师雷震，三军电逝。杖矛举威，猛士烟起。绛旗耀兵，凶徒瓦解。未移浃辰，气沴自清……清原大宫，升即天位。道轶轩后，德跨周王。握乾符而总六合，得天统而包八荒。乘二气之正，齐五行之序。[④]

这里称天武天皇超过消灭蚩尤的黄帝与讨伐商纣的周武王，“得天统”而且“齐五行之序”，不难看出，这是源于中国的正统论观念。而《古事记》全书主要宗旨是构建从神代到推古天皇的皇位继承体系，将天皇的血统直接描述为神的后裔。三卷之书，神代部分占有一卷，三十三代天皇仅为两卷，极其简略。如前所述，中国正统论本来具有君权神授以及皇帝血缘后裔承接正统的观念，《古事记》结合日本国情，为天皇建立起神的血统体系，其目的不在于记述历史事迹，是一部自觉体现正统论中血统观念的史书。

---

① 此据日本学者坂本太郎《日本的修史与史学》，沈仁安等译，北京大学出版社，1991年，第3页。作者认为“国记”是记载国家之史事，臣、连是日本中央政权中有势力的氏族，伴造是世代掌握朝廷某种事务的中等氏族；“百八十”表示众多，并非确数，“部”为伴造的同族；“公民”指直属于中央朝廷的人们。此书意欲记述上自天皇、下至国民的历史，是否撰成，学界看法不一，内容久已无存。

② 天武天皇，日本第四十代天皇，以军事叛乱方式击败已立为天皇的大友皇子，夺取皇位。在位期间(673—686)国力比较强盛。

③ 《古事记》卷首《序》，日本新订增补《国史大系》本。

④ 《古事记》卷首《序》，日本新订增补《国史大系》本。

正统论另一重要的观念是大一统思想,《古事记》已经包含这种观念,但学界早有怀疑此书经过了后来的修补改动,甚至有人将整部《古事记》都看成伪书[①],因此我们主要从《日本书纪》来分析中国"大一统"思想在日本史学的最初表现。《日本书纪》成于公元720年,共三十卷,另附帝王系谱一卷已经佚失。本书完全用汉字编写,大体上采取编年体形式,名为"书纪",是仿照中国纪传体史书的本纪。

即使是公元720年《日本书纪》修成之时,天皇政权实际统治的地域也是十分有限的。但该书在卷一《神代上》的神话中,叙述阳神伊奘诺尊与阴神伊奘册尊的创世过程,则尽其所知地将各个岛屿归入其中,从根源上将之统一起来:

> 伊奘诺尊、伊奘册尊立于天浮桥之上,共计曰:底下岂无国欤?乃以天上之琼矛指下而探之,是获沧溟。其矛锋滴沥之潮,凝成一岛,名之曰磤驭卢岛。二神于是降居彼岛,因欲共为夫妇,产生洲国……于是阴阳始媾和为夫妇,及至产时,先以淡路洲为胞,意所不快,故名之曰淡路洲,乃生大日本丰秋津洲,次生伊豫二名洲,次生筑紫洲,次双生亿歧洲与佐渡洲……次生越洲、次生大洲、次生吉备子洲。由是始起八大洲国之号焉。即对马岛、壹歧岛及处处小岛,皆是潮沫凝成者矣,亦曰水沫凝而成也。[②]

上文涉及的地名中,磤驭卢岛即今日本沼岛,淡路洲即淡路岛,丰秋津洲即本州岛,伊豫二名洲即四国岛,筑紫洲即九洲岛,亿歧洲即隐歧诸岛,佐渡洲即佐渡岛,越洲即本岛之三越地区,大洲泛指本岛,吉备子洲乃吉备海岸外之粟岛、小豆岛等等岛屿,对马岛、壹歧岛今仍原名。[③]这些位置十分分散的地点,被描述为一对阴阳神所生,甚至相距500多公里的隐歧诸岛与佐渡岛[④],竟然被说成双胞胎,目

---

① 中、日学者怀疑《古事记》为伪书的见解,参阅卫挺生著《日本神武天皇开国新考》(香港商务印书馆,1950年)第一章《日本开国传说史史料的检讨》。今日本史学界多数学者认为其书不全为伪书。

② 《日本书纪》卷一《神代上》,日本新订增补《国史大系》本,第4—6页。

③ 卫挺生:《日本神武天皇开国新考》第五章,第76—77页。

④ 佐渡岛位于日本北部新泻西北的日本海中。

的是从根源上将各地规定为不可分割的统一国家。因此,《日本书纪》中记述的神话,虽然可能汲取日本与其他民族早期神话传说的因素,但其主要脉络,则是官方按照国家统一的理念而精心编定,是在正统论的一统观念影响下构建的。日本杰出的史学家津田左右吉[①]早就指出《日本书纪》《古事记》的神话并非民间自发产生与发展,其主题出于实现政治统一的构想[②],但他没有看到这是源自正统论观念的影响。值得注意的是,《日本书纪》采用标明“一书曰”、又“一书曰”的方式,罗列多项传说,似乎很忠于原始资料。但这些罗列只有细节上的出入,实质并无区别,都是说明日本众多的国土以及其他资源都是相同的日本祖先神所创造,而且各种传说还起到扩大创世范围的作用。试想在整个日本未引进汉字之前,哪里会有这“一书”又“一书”的许多典籍?这种假托,应是灵活模仿《三国志注》或《春秋左传集解》的那种排列多种资料的方法,借以表明所构建神话的主体内容毋庸置疑。再者,《日本书纪》连所记年代都是有意识地伪造,将第一代神武天皇即位时间提前到公元前660年,以符合当时日本信奉的中国谶纬之说。[③]那么,按照正统论的政治理念塑造神话,也是当时顺理成章的行为。

与《古事记》一样,《日本书纪》也强烈表现出帝王正统地位的血统继承观念,同样将天皇叙述为天照大神即日神的后嗣,但神祇的名号、传承体系与《古事记》有较大区别。我们在此不必清理两书神话的异同,因为无论哪种说法,实质并无区别,恰如有的日本历史著述所言:要之日本神话的本质,就是天皇作为天照大神的“正统的子孙”,具备高贵的血统,而其他各个氏族大家也是各路神祇的后嗣。[④]另外,本书排列从神武天皇到第四十一代持统天皇的正统世系,比较详细地记载了各代的史事,被天武天皇推翻的大友皇子则被排斥出

① 津田左右吉(1873—1961),日本杰出历史学家,于二战之前即剖析了日本“神代史”的本质,指出其完全不是史实,而是因应政治需要的构想,开日本古代史科学研究之先河。著述宏富,有全集行世。

② 《津田左右吉全集》别卷第一《神代史の新しい研究》,东京岩波书店,1966年,第42页。

③ [日]坂本太郎著,沈仁安等译:《日本的修史与史学》,第5、17页。

④ [日]肥后和男:《天皇と国のあゆみ》,日本教文社,1965年,第147页。

天皇统绪，连他本来已经继承皇位的史实也被隐没。这表明本书编纂之际，充分考究了正统地位的予夺问题。《日本书纪》中录用中国史书现成文句的例子随处皆有，深受中国史学思想和史学传统的影响无可置疑，而其中相当强烈、深刻、成熟的国家统一观念和皇室神圣血缘的正统观念，没有中国文化的影响，在当时是不可能形成的。

《日本书纪》对日本政治、文化的影响极其重大深远，如果说中国的四书五经同样是日本儒学的经典，那么《日本书纪》乃是日本“国学”的经典，曾被誉为“阐发鬼神之幽秘，通贯帝王之经纶，焕乎大哉，昭如日星”。[①]因此这部史书的修成与流布，标志经过改造的正统论观念已在日本史学中立足。

4世纪后半期至5世纪，日本接近于中国和朝鲜半岛的地区，虽然出现以大倭政权为中心的某种统一趋向，但仍然十分松散且不稳定。尤须明了的是，这种统一趋向乃强势政权的自发扩张，距离自觉的大一统意识的形成尚极其遥远。在中国广袤而且便于经济、文化联结的中原地区，从西周到西汉经过悠长历史，才形成较为明确、系统的大一统观念。日本多零散群岛，大的岛屿上也山岭纵横，这样的地理环境在古代难以实现大范围统一政权，更不用说大一统的自觉意识。但日本十分幸运，中国业已发育成熟的思想文化接续不断地传入，对尚处于早期社会状况的日本产生不可估量的影响。大一统理论传入，促使日本超前地建立起认同政治统一的主流理念，遏止了不同思想的萌发，是日本形成十分稳固统一国家的主要原因。君权神授、君主正统地位血缘承袭的观念等等，与日本氏族社会状况的结合，形成天皇神裔地位不可取代的社会意识，是维护日本天皇“万世一系”的重要因素。因此，中国正统论的历史观念，在别无异端思想可以匹敌的日本，参与铸成了其特殊的历史进程，即分散地理状况下的早期政权统一，以及皇位始终一姓承袭的历史景观。

三　正统论思想在日本的延续与发展

《日本书纪》之后，官方依照其义例接续纂修五部编年史，与《日

① ［日］中村光：《中世に於ける日本書紀の研究》，东京大学史学会编《本邦史学史论丛》上卷，东京富山房，1939年，第593页。

本书纪》合称“六国史”。由于日本历史上没有发生中国那样的改朝换代，不存在争辩正统的问题，因而“六国史”虽贯彻正统论的观念，“正统”字样却极少出现于史册。随后，日本在政治上形成武家掌权的局面，史书编纂也呈现出多样化景象。但对《日本书纪》的研习、讲论、注释、抄录则始终没有歇止[1]，而且记述历代天皇统治世系之书接踵而出，例如《先代旧事本纪》《历代皇记》《皇年代略记》《皇代记》等等。[2]这些史书大多从日本神代说起，以宣扬天皇的血统神圣和统治世系为宗旨，而不重视详细记载客观的史事。因此，由史书、史学引导，神皇血统观念、日本统一国家观念成为其民族精神的重要因素。

从社会政治层面来看，日本没有异姓权贵篡位和地方势力问鼎、称帝等“革命”性事件。即使靠武力完全掌握实权的幕府统治者，也未产生自己篡位做天皇的企图，这乃是思想被神皇血统观念所束缚的结果。至 14 世纪 30 年代，日本开始了延续六十年的南北朝时期，即占据京都的足利氏武装集团拥立皇室成员为傀儡天皇，而被逼让位的原天皇逃奔南方组织力量，双方处于战争和对峙状态。

这样，哪个天皇为正统君主的问题就凸现出来。属于南朝政权的北畠亲房在兵败流离之中，撰写了对后世影响很大的《神皇正统记》一书，正式将历史正统论观念标识于书名。该书记事简略，主要内容是排列从神代到历代天皇正统的世系，直至“第九十六代今上皇帝”。书中认定南朝天皇为正统，提倡大义名分，对历史上有作为的天皇都予以推重，因而把建立功业的神功皇后也作为第十五代天皇来重点记述，对新即位的南朝天皇则寄托着转变时运的希望。

日本南北朝的这一客观历史状况，以及《神皇正统记》一书的传布，中国程朱理学以及《资治通鉴纲目》传入日本，都对日后日本史学更加重视正统问题起到促进作用。随着朱熹学说在日本影响的扩大，特别在朱子学成为显学的德川幕府时期，史家不仅在其历史著述中表现“神皇正统”思想，而且将正统问题作为史学议论的课题。如

---

① 参阅日本学者太田晶二郎：《上代に於ける日本書紀講究》，中村光：《中世に於ける日本書紀の研究》，载东京大学史学会编《本邦史学史论丛》上卷。

② 参阅日本史学家黑板胜美：《（更訂）国史の研究・総説》第三章，东京岩波书店，1931 年。

当时有名的儒学家浅见絅斋(1652—1711)评论日本的南北朝历史，主张南朝正统："亲房之《神皇正统记》为此而著者，此一节尤君臣大义所关，《春秋》《纲目》所为作也……《纲目》中天子播越流离之间，贼帅往往奉王子王孙以假号攘位者，朱子皆黜书之，而至于天子，则虽微弱必以正统归之。"[①]这里议论的是日本南北朝正统问题，推重的则是《神皇正统记》，而以朱熹正统论思想为理论依据。

德川幕府时期水户藩纂修《大日本史》的过程，是吸取、发挥中国传统史学义例的过程，同时也是一个全面清理日本历史上正统问题的过程。这部纪传体通史从1657年开始组织纂修，后时断时续，至1906年才全部印刷成书，历时竟达250年之久。[②]全书之本纪、传记、志、表与目录共402卷，本纪自传说之神武天皇至南北朝结束之后小松天皇，共一百代。虽然未将神祇列于本纪，但立于典志之首，其《总叙》称："天皇以天祖之遗体世传天业，群臣以神明之胄裔世亮天功……故以神祇为首，君传天统，臣皆神胤。"[③]可见尽管成书于近代，血统论特色的神皇正统观念依然十分浓厚。

《大日本史》在义例上有所谓的"三大特笔"，第一是将原被奉为一代天皇的神功皇后归入《后妃传》，理由是她虽实际执政且有很大功业，但从未即天皇之位。这是从"名分"原则出发。第二是将天皇大友列入本纪，大友是被其叔父大海人(即天武天皇)举兵叛乱所推翻。本书查考史实，批评旧史隐没"天皇大友"，造成"是非混淆而顺逆倒置"。这两项特笔，确与《日本书纪》《神皇正统记》等义例不同。第三是在南北朝问题上裁定南朝为正统，虽《神皇正统记》早有此说，但具体记述方式颇有分歧。有主张严执"大义名分"者欲将北朝天皇黜入列传，北朝权臣足利之党书之为"贼"，而编修官、著名史家安积澹泊(1656—1737)提出："所谓南北两宗，钧之天祖之胤，而所谓北朝五主，即今天子之祖宗也，岂可降为列传乎?"[④]结果，北朝五位天皇

① [日]浅见絅斋:《答跡部良贤问书》，载《浅见絅斋集》，东京诚文堂新光社，1937年，第255页。

② [日]坂本太郎著，沈仁安等译:《日本的修史与史学》，第128—129页。

③ 《大日本史》卷二四四，《神祇志总叙》，东京共同印刷株式会社，1928年。

④ [日]藤田幽谷:《修史始末》，载《大日本史后附》卷之上，东京共同印刷株式会社，1929年，第4页。

载于《后小松天皇本纪》之首，足利氏亦免于称“贼”。这达到了申明正统的目的，但义例十分温和。

此后，学界的激烈的议论仍未止息，例如藤田东湖（1806—1855）在《弘道馆记述义》中，仍痛斥北朝足利氏祸乱国家，罪恶尤大，“仰足利之鼻息者皆贪婪无耻之徒也，既歼忠义之士以孤皇家，又聚贪婪无耻之徒以成其私，甚矣哉，足利之无道！”①另一著名史学家赖山阳（1780—1832）认为：“天子南迁，而贼臣私立君。当是时，南则正，北则伪，事南者荣，事北者辱”，若对北朝有所忌讳而不能贬斥，乃是“犹陷厕溷粪秽之中，终古不肯洗涤，是所谓自贼、贼其君者也”。②这类评论比比皆是，成为幕末朱子学“尊王”理论中最耀眼的史学思想。但对德川幕府的政治态度则迥然有别，一为“尊王敬霸”，另一为“尊王贱霸”，后一种观念促成“倒幕”的政治运动，从而带来以“王政复古”为发端的明治维新。正统论之社会影响，由此可知其大而深远。

中国正统论的另一重要思想是“内中华，外夷狄”的华夷之辨，少数民族建立的政权，若未取得天下一统，绝对没有历史上的正统地位；即使是元朝那样的大一统政权，也还是被许多汉族士人所否认。这种观念对于接受中国古代思想文化的日本，是挑战也是激励。与朝鲜半岛不同，日本对中国的交往，除南北朝时足利氏政府称臣于明朝之外，从最初就保持本国的“自尊”，并且发展为自大。在接受儒学思想与中国传统史学之际，日本不能从思想体系上摒除其中的华夷观念，便将“中国”“中华”“神州”等等词语全部拿来用于自称③，以自居于“华”而否认为“夷”。9世纪末日本著名学者、大臣菅原道真（845—903）虽汉学功力深厚，但主张“和魂汉才”，他仿照中国类书形式编纂《类聚国史》，在门目设计与先后顺序上，充分体现出以日本为中心的精神。④ 14世纪的日本名僧虎关师鍊（1275—1346）著《元亨释

① ［日］藤田东湖：《弘道馆记述义》卷之下，《日本学丛书》本，东京株式会社雄山阁，1931年，第1页。

② ［日］赖山阳：《日本政记》卷一四，广岛增田兄弟活版所，1937年，第328页。

③ 参阅朱云影：《中国华夷观念对于日韩越的影响》，载《中国文化对日韩越的影响》，台湾黎明文化事业公司，1983年，第287—288页。

④ ［日］喜田新六：《類聚国史の编纂について》，载东京大学史学会编《本邦史学史论丛》上卷，第151—153页。

书》讲述佛教史，强调日本优于中国，理由之一是日本神世、人皇一系相继，没有改朝换代的革命，这个论点后来成为日本自鸣优越的重要依据。《神皇正统记》开篇第一句即称“大日本者，神国也。天祖开基，日神垂统，我国之有此事，异朝决无其类，此故云神国也”。还别出心裁地将印度、中国的上古传说与日本对比，认为只有日本天皇“宝祚之隆当与天壤无穷”。[①]德川幕府时期的大学者山鹿素行（1622—1685）撰写《中朝事实》一书，唯一宗旨是要阐明日本是“中朝”“中国”“中华”“神州”，反而称中国为“外朝”“西土”，认为“皇统与天壤无穷，礼仪因循”，远超印度与“外朝”。[②]诸如此类的议论不胜枚举，虽然也有学者承认日本相对于中国只是外夷，但被淹没于批驳指责之中，影响微弱。至于《大日本史》一书把隋、唐、宋、明都编入“诸蕃列传”，与虾夷、琉球等列，都是反映日本正统论观念变化的明显事例。

总之，中国传统史学的正统论之三大核心内容，即大一统思想、正统帝位的血统承袭观念、华夷之辨观念，皆融入日本史学之中，但却形成许多与中国不同的特点。比较二者的异同，可以加深对中日两国史学发展及各自社会背景的认识。

四　中日两国正统论思想的异同

日本的历史正统论思想既然来源于古代中国，就自然与中国的正统论有许多共同之处。除词语、文句、概念上的形似之处，在政权一统、正统皇位血缘承袭与尊王攘夷等几大观念上有着大体相同的表现。无论古代中国还是日本，正统论思想都主张政权一统、反对分裂；在政权分立的历史时期，最多只能承认一个正统政权，即正统政权在同一时期和一定范围内具有排他性。在中国与日本，这种观念都是评论历史、撰著史书的思想原则，而其影响于社会发展，都起到促进政权统一的作用。

在中国，正统政权的判断标准虽有严宽之别，但对于原正统君主

① [日]北畠亲房：《神皇正统记》卷一，东京三秀舍印本，1940年，第30页。

② [日]山鹿素行：《中朝事实》下册，《日本学丛书》本，东京株式会社雄山阁，1943年，第204—205页。

后裔继位的政权,则皆予以优先的承认,三国时期刘备政权被多数史家视为正统,盖得益于此。严执正统标准的学者如欧阳修等,亦不否定董卓以残害东汉少帝而后另立的汉献帝,这皆出于血统关系上的考虑。至于天皇皇位一姓承袭的日本,血统论观念就更加强烈,以叛乱战争夺取弘文天皇皇位的天武天皇,其正统地位从未受到史家的质疑。可见无论中国还是日本,正统皇位血缘承袭的观念与纲常伦理的道义观念在一定程度上有所剥离,并且往往是血统观念居主导地位。

"尊王攘夷"本是儒学阐释的《春秋》大义,同时也成为正统论融合于儒学思想体系的连接点。古代所谓正统政权,实际是表示在位君主的正当地位,所谓"尊王",乃是尊奉正统政权的君主。如上所述,中日两国正统论的华夷之辨思想,皆具有"内中华,外夷狄"的理念,而各自又都自居于中华,这是共同的特点。

中日正统论在以上相同的表现之外,仍然蕴含着差异。比较两国传统史学正统论的不同之处,考察其内在原因,应当更具有学术意义。概括而言,可从以下两点予以分析:

第一,中国承认"革命"的历史观与日本"皇统万世一系"的社会意识,是两国正统论思想的明显区别。中国历史的传说时代,就有古圣王尧、舜禅让的美谈,商汤灭夏、武王伐纣合称"汤武革命",得到正面的肯定与歌颂。儒学经传在主张忠君、尊王的同时,也认为"皇天无亲,惟德是辅"[①],即将改朝换代视为正常的天意。正统论思想,正是在中国中原政权多次改朝换代的背景之下,因应统一的历史趋势和舆论诉求而产生的历史观。假如没有朝代更迭,没有后来的政权分立,就不大可能出现议论纷纭的历史正统论。也正因为中国正统论存在着承认朝代革命的前提,使之难以与强调纲常伦理的名教思想体系完全契合,出现正统标准分歧较大等等矛盾,这在上文已经论述。学者、史家、统治者皆对历史正统问题争议不休,原因就在于此。

正统论观念随中国经史之学传入尚未出现正统争议的日本,一开始就受到扬弃与改造,其中认可改朝换代的因素被完全排除,而正统论中皇位血缘承袭的内容得到强化。为此,日本必须连儒学中"皇

---

① 杨伯峻:《春秋左传注》僖公五年,中华书局,1981年,第309页。

天无亲，惟德是辅”的理念一并改造，于是构建了《日本书纪》内的创世神话，把“皇天无亲”直接变成“皇天有亲”，天皇就是天神的嫡系血胤。这样，原来正统标准的分歧已经基本化解，余下的正统观念成为维护天皇万世一系、血缘传承的依据，在中国因多次发生改朝换代而产生的思想，到日本变成拒绝改朝换代的社会意识，这是中国思想文化外传的一个有趣的特例。在此，我们不能不赞叹日本自古就具有对外来文化多学善择、融合改造的精神。

第二，中国古代之“天下观”思想是正统论的深层根源，而日本接受正统论观念，乃依托于国家意识，两国的政治理论基础大不相同。

中国古代统治者或思想家动辄以普天下的代表自居，中国皇帝从精神理念上不能承认另外存有对等的政权和君主。这种观念由来已久，早在西周，即称“溥天之下，莫非王土；率土之滨，莫非王臣”①，直至清代前期，仍自认是唯一的天朝大国。这种“天下”观念，对于所谓开化的地区，坚定地试图统一，大一统思想由此产生；对于不能掌控或不甚了解的地区，概视为未及开化的夷狄，由于轻视，则可能不屑于将夷狄置于一统政权的直接管理之内。可见华夷之辨原本也是派生于“天下”观念。

日本古代是否有过影响广泛的“天下”观念？现已了无痕迹，而其国家意识产生之早而强烈，则极其值得注意。这种国家意识，不是在日本政治文化自然发展中形成，而是汲取中国“天下”观念、大一统思想，将之缩小到一定的区域而形成，但往往希望将之再向大一统的方向有所扩大。《日本书纪》中的创世神话，明确提出“八大洲国”概念，具有分明的地域范围，这应当是在清晰了解域外有一广阔的大陆，了解有经济、文化更加发达，制度更为完善的中国之后形成的内容。日本史籍也常常出现“天下”字样，但不过是挪用中国典籍的现成词语，如《日本书纪》卷二叙述天孙降临，“后拨平天下，奄有八洲”，可见所谓“天下”，还是仅仅“八洲”即八个岛屿而已。

“天下”观念与国家意识对于政权一统的认识，可以说基本没有区别，但在华夷之辨的认识中，却潜在着重大差异。中国古代“天下”

---

① 《诗经·小雅·北山》。（宋）朱熹：《诗集传》卷一三，上海古籍出版社，1980年，第150页。

观念基础上的华夷之分,拒绝承认域外可能存在超于本朝的文明,容易导致盲目的故步自封,成为近代化的桎梏,且较难克服。而国家意识极强的日本,在华夷之辨问题上虽然也表现出自大倾向,但毕竟无法否认接受大量中国文化成果的史实,例如上文提到的山鹿素行,是竭力鼓吹日本优越的学者,但也认为"外朝(指中国)之经典,广行于世,人人知圣贤之事迹,文字语言之用不乏,大补中国(指日本)之治平"。他并不将中国置于夷狄地位,承认两国"一天地之气候,同神圣之揆,而人物事义,殆不异"。①这些言论,是与中国的华夷观念不同的。因此,日本一旦真正发现"夷狄"先进,就比中国更容易地转为学习、仿效,后来明治维新的历史即可为证。

综上所述,中国古代的正统论思想与经史之学一道,深刻影响了古代日本的发展。正统论蕴含的几种观念,立足于日本史学,作用于日本社会,经过改造与演化,表现出特殊的政治文化功能,参与造就了日本反而可以向古代中国自夸的历史景观。

(原载《求是学刊》2005 年第 2 期)

① [日]山鹿素行:《中朝事实》下册,《日本学丛书》本,第 59、60、75 页。

中日两国历史学疑古思潮的比较

中日两国自古就有密切的政治、经济与文化的联系，古代中国的史学东传导致日本史学的产生和发展，至近代，日本先期所接受的西方史学观念又影响了中国史学的发展。在史学观念、记述内容和编纂形式上，两国史学长时间内在体系上颇为类似，但也演变出各自的特点，其中史学“疑古”思潮的起伏跌宕，与两国不同的政治文化背景纠结在一起，呈现了十分不同的脉络与大相径庭的结局。将中日两国的疑古思潮予以比较和分析，不仅有助于深化中国和日本的史学史研究，而且对于从理论上探索史学学术性与社会功用之间的关系，推动史学建设的健康发展，都具有十分重要的意义。

一　中国古代疑古思想的发展大略

为了分析中日疑古思潮的不同特定和不同境遇，首先需要将两国疑古思想的发展轨迹作出大略的梳理，以弄明基本史实。而疑古思想在中国古代历有源流，自当首先略述梗概。

中国先秦时期就出现对历史文献所记载史事予以质疑的论说，孟子的见解最为典型，他提出：“尽信《书》，则不如无《书》，吾于《武成》,取二三策而已矣。”[①]由于汉代之后孟子逐渐取得儒学思想体系的“亚圣”地位,“尽信《书》,则不如无《书》”的原则在中国传统史学中影响深远,给疑古思想的发展以很大的裨益。

西汉的史学家司马迁编撰《史记》,对上古史事的记述经过了“网罗天下放失旧闻”的资料搜集和“厥协六经异传,整齐百家杂语”[②]的史料整理的工作,其中包括对以往记载、社会传说的辨别与判断。他在《五帝本纪》中评论道:“学者多称五帝,尚矣。然《尚书》独载尧以来;而百家言黄帝,其文不雅驯,荐绅先生难言之……余并论次,择其言尤雅者,故著为本纪书首。”[③]在《三代世表》的序言中,司马迁又说:“五帝、三代之记,尚矣。自殷以前诸侯不可得而谱,周以来乃颇可著。孔子因史文次《春秋》,纪元年,正时日月,盖其详哉。至于序《尚书》则略,无年月;或颇有,然多阙,不可录。故疑则传疑,盖其慎也。余读谍记,黄帝以来皆有年数,稽其历谱谍终始五德之传,古文咸不同,乖异。夫子之弗论次其年月,岂虚哉!于是以《五帝系谍》《尚书》集世纪黄帝以来讫共和为《世表》。”[④]很明显,司马迁对于黄帝的事迹,不过是在纷纭、荒唐的黄帝传说中“择其言尤雅者”聊为记述;而《三代世表》也因文籍内纷乱、乖异的年数不可相信,退而仅取世系来记载而已。因为西汉经过“黄老之学”的兴旺,黄帝已成为追述上古史不能撇开的对象,司马迁欲撰述“通古今之变”的著述不得不从黄帝起始,但他自己对所记述内容的是否属实也仍存疑虑。这种状况,给后来疑古思想的发展留下了伏笔。

唐代的史学理论家刘知幾撰著《史通》,专有《疑古》篇,公然打出历史学的“疑古”旗号,对于上古“黄金时代”的种种美妙描述进行了质疑,矛头直指儒学权威典籍《尚书》、《春秋》经传、《论语》等等,时或引用晋代出土的《竹书纪年》等资料佐证己说。其中对尧、舜、禹之间所谓禅让的否定,既富于严密的逻辑思辨,又举出古籍中不同记载之间的冲突,指出“远古之书,其妄甚矣”。独到的洞察与雄辩的结论,

---

① 《孟子·尽心下》。(宋)朱熹:《四书章句集注·孟子集注》,上海古籍出版社,2001年,第433页。

② 《史记》卷一三〇《太史公自序》,中华书局,1959年,第3319—3320页。

③ 《史记》卷一《五帝本纪》,第46页。

④ 《史记》卷一三《三代世表》,第487—488页。

在思想史和史学史上具有极强的震撼力。

宋朝是中国学术文化迅速发展的时期，由于理学的兴起，理论思维与思辨精神带来学术思想上的活跃，疑古思潮兴起，辨伪学风盛行。欧阳修是掀动疑古辨伪风潮最早、最重要的大学者，他对儒学经传各书多有怀疑。例如关于《周易大传》，传统的说法是孔子所作，称为“十翼”。欧阳修在《易或问》中指出“自孔子殁，周益衰，王道丧而学废。接乎战国，百家之异端起，‘十翼’之说不知起于何人”[①]，是完全不可相信的。对于《周礼》，欧阳修也提出质疑，认为是“考之实有可疑”[②]的伪书。在《春秋论上》指出《春秋》三传都不可尽信，他说：“妄意圣人而惑学者，三子之过而已。”[③]在上古史的问题上，欧阳修在《帝王世次图序》一文中进行了深刻地疑古论断，特别指摘了将尧、舜、禹、商、周全部描述为黄帝之后裔的荒诞无稽，通过计算《史记·三代世表》的世系，指出周文王竟然比商纣王大十五辈，“而武王以十四世祖伐十四世孙而代之王，何其谬哉！”[④]

欧阳修的讲解并不孤立，年轻学人更是闻风而起，对传统经说纷纷质疑。故司马光曾指出：“新进后生……读《易》未识卦、爻，已谓十翼非孔子之言，读《礼》未知篇数，已谓《周官》非战国之书。”[⑤]但是，思想保守的司马光虽对疑古风气不满，却也撰有《史剡》[⑥]之文，对《孟子》《史记》等书所记述的一些史事予以辨别、否定。至于南宋，则出现了吴棫《书裨传》对《古文尚书》的辨伪，朱熹等人也有类似的观点，这是疑古学风陶冶下取得的一个学术进步。元明两代的疑古风气虽不如宋朝之盛，但也有图书辨伪的不少成就，如梅鷟对《古文尚书》为伪书的论断，在宋人辨伪基础上有所推进。更有胡应麟总结出判断伪书的八条方法，具有辨伪学的理论意义。文献辨伪虽不完全等同于疑古，却与疑古思辨有相互推动的作用。

---

① 《欧阳文忠公文集》卷一八《经旨十一首·易或问》，《四部丛刊初编》本，商务印书馆，1929年。

② 《欧阳文忠公文集》卷四八《问进士策三首》。

③ 《欧阳文忠公文集》卷一八《春秋论上》。

④ 《欧阳文忠公文集》卷四三《帝王世次图序》。

⑤ 《司马文正公传家集》卷四五《论风俗札子》，清乾隆六年刻本。

⑥ 《司马文正公传家集》卷七三《史剡》。

清初学者处于明清易代、社会动荡的历史背景下，提供了对社会政治和思想文化反思的理性精神，涌现了如黄宗羲《易学象数论》、黄宗炎《图书辨惑》、阎若璩《尚书古文疏证》、胡渭《易图明辨》等辨伪考释的著述。尤其是姚际恒的《古今伪书考》，质疑范围涵盖经部、史部、子部，指为作伪之书者达九十多种，开清代重新审视文献真伪之先河。清乾嘉时期考据学兴盛，历史考据已经成为治史的主流方式，但多数历史考据学家倾向于信古，被认为"去古未远"的汉代学术得到尊崇。而这种文化氛围并不能阻止史学疑古思想的涌现，因为历史考据的求实精神和认真态度终将会触及对古史、古籍的审视，这是学术视野在时间和空间上延伸的必然趋势。崔述(1740—1816)撰写的《考信录》，就是中国古代最杰出的疑古考辨著述。崔述将历史考据的求真态度与善于怀疑的思辨精神结合起来，对上古史的记述体系作一总的清扫，提出许多惊世骇俗的论断。例如，他指出战国时期以来构建的"三皇""五帝"帝王体系的荒诞无稽，认为其来源有三，一是战国时《周易大传》《春秋三传》等书"颇言羲、农、黄帝时事，盖皆得之传闻，或后人所追记"；二是《国语》《大戴礼》等"以铺张上古为事，因缘附会，舛驳不可胜计"；三是杨、墨之徒"藉其荒远无征，乃妄造名号，伪撰事迹，以申其邪说"。[①]崔述还辨定商汤并非夏臣、周文王并非殷商之臣，而是邻国关系，这虽然含有给商汤灭夏、武王伐纣做辩护的因素，但实际动摇了夏、商作为统一王朝的资格，为后世研究中国上古史开辟了正确的思路。其他如怀疑《论语》亦有后人掺杂的内容，认为孔子的弟子仅七十余人，所谓"弟子三千"乃夸大之词，"大抵战国、秦汉之书，皆难征信，而其所记上古之事，尤多荒谬"。[②] 诸如此类的论断，均具发聩振聋之效，因而胡适称崔述为"科学的古史家"。虽然崔述因时代的局限而未能怀疑儒学经典，但他的疑古考据充满缜密的逻辑思辨，对近代中国和日本的疑古思潮都产生了很大的影响。

尽管崔述的学术成就在现代已经得到史学界的充分肯定，但是在乾嘉时期却被极大地冷落。在考据学风最为炽热的时期，崔述的疑古考据几乎得不到当时任何一位有名气史家的认同，得不到任何文官的

---

① 《崔东壁遗书·补上古考信录序》，顾颉刚编辑，上海古籍出版社，1983年，第25页。

② 《崔东壁遗书·考信录提要卷上释例》，第5页。

赏识和扶助，比起重理论性探讨而不善考据的章学诚，其学术处境都要艰难得多，若没有门徒陈履和倾资为之刊刻遗书，很可能就会永遭埋没。

二　中日两国近代的疑古思潮

与中国相比，日本的情况有所不同，在古代缺乏强劲的疑古观念。从中国引入并且经过改造的史学，被官方强化了为政治服务的理念，甚至早在公元8世纪就构建了“神代”的历史和天皇属于神裔的体系，而大为淡化了记史求真的理念。在民间，“物语”即故事类书籍畅行，文学性和政治倾向性交织，史实与传说混合，并且加入“创作”性的杜撰，同样对史学求真宗旨有所屏蔽，致使日本古代史学整体上逊色于中国的直书、实录精神。但到了近代，则发生重大变化。日本自明治维新伊始，政治、经济、文化都逐步进入近代化的转型，其中大批史家接受了西方的史学观念，有许多史家具有西方留学、访学的经历。日本政府也曾主动引进西方史学理念，1887年（明治二十年）更聘任德国兰克学派的重要学者路德维格·利斯（Ludwig Riess）为东京帝国大学史学科教授，后来任教授的日本学者坪井九马三、箕作元八也都曾留学于德国，承袭兰克学派的理念和方法，使推重考证求实的客观主义史学大为流行。这与中国历史考据学的影响结合在一起，催化出一股近代化的疑古思潮。

日本天皇主导的明治维新，在提倡学习西方科技文化和社会管理体制的同时，还有一个背反的政治文化口号即“王政复古”，明治二年（1869）四月朝廷下诏由官方纂修“大日本编年史”是其中一个典型的举动。拟议中的“大日本编年史”是要按照古时的编年体“六国史”的体系，重新纂修一部贯通古今的史书，突出以天皇为中心的政治系统。“六国史”的第一部史籍《日本书纪》，早就构建了日本的“神代”历史，从而将天皇一族描述为天照大神的后裔。以这样的观念纂修史书，明显是为明治天皇的政治统治服务、为宣扬天皇“万世一系”的国体张目。但明治时期的官方修史处于维新变法的背景下，任用的史官则是重野安绎、久米邦武、星野恒等既有深厚汉学功底，又接受西方史学思想、重视史实考证的史学家。于是，撰史求真与修史的政治功用之间的矛盾，就在日本国史纂修问题上激化。

重野安绎是近代最早对日本古代历史提出质疑的史学家，他在

1884年的一次题为《〈日本外史〉的批判》的演讲中，指出“世上流传的史传多与事实有误”，随后引起了日本史学界对《日本外史》和《大日本史》等史书的考证性评判。重野安绎的代表性学术成果是被称为“儿岛高德抹杀论”的有关考证，他在《儿岛高德考》一文中，详细考察了这位《太平记》中歌颂的忠臣，最后得出结论，认为儿岛高德其实是出于政治目的而杜撰的人物。儿岛高德其人仅见于《太平记》的记述，而《太平记》是一部“物语”类的历史故事书，描述日本南北朝时期史事，站在南朝立场歌颂忠臣义士的事迹。早在日本南北朝结束不久的15世纪初，今川了俊就撰写《难太平记》一书，指责该书的叙述失实。但后来的日本政界、学界确认南朝为正统政权，儿岛高德遂成为极受推崇的忠臣，《太平记》也成为倍受赞扬的史籍。因此，从史实上“抹杀”儿岛高德，具有将求真、征实置于史学第一宗旨的意义，对传统历史观念是一大冲击。重野安绎的主张得到久米邦武、星野恒等史家的全力支持，各自发表了否定《太平记》史学价值的论文，如《太平记无益于史学》（久米邦武）、《太平记果非小说家之作乎》（星野恒）等，试图以此打开廓清日本史学体系的缺口。

久米邦武则在疑古的道路上走得更远，他在1891年的《史学会杂志》上发表了著名的《神道乃祭天古俗》的论文。文中写道：“盖神道非宗教，故无诱善利生之旨。只祭天为攘灾招福之祓，与佛教并行而毫不相戾，故以敬神、崇佛为王政之基而流传至今，且其习俗与臣民结合而为牢固之国体。然耽于神事之谬说多矣，故去其神道、儒教之偏执，而以公正之心考之，实乃史学之责任。”①这篇文章的要害在于揭示神道势力的老底，颠覆神道与皇统的紧密联系，威胁了神道祭典渲染之下的天皇神化的“国体”，因而受到神道势力和政界保守派的群起围攻。结果久米邦武被解除东京帝国大学教授与国史纂修的职务，翌年重野安绎也辞职离去。这场“久米邦武笔祸”事件，造成疑古考证史学活动的中止。几年之后，才有高山林次郎、高木敏雄等少数学者从神话学角度探讨日本所谓“神代史”的来源，将之解释为神话，而且包含了起源于国外的神话，这实际也就讽喻了那些古史记述

---

① ［日］久米邦武：《神道乃祭天古俗》，《史学会杂志》第二编第二十三号，第230页。译文参照刘萍：《津田左右吉研究》，中华书局，2004年，第141页。

的非信史性质。

到了20世纪初叶，日本的疑古史学开始形成思潮，其标志性事件就是白鸟库吉的“尧舜禹抹杀论”。白鸟库吉在中学时代，受教于那珂通世等著名学者。那珂通世将崔述的《考信录》介绍给日本，并且整理出版了《崔东壁遗书》，给日本的批判史学提供了思想来源，日后正是他的学生白鸟库吉扛起了疑古史学的大旗。1887年，白鸟库吉进入东京帝国大学史学科学习，听到路德维格·利斯的历史学讲授，深受德国兰克客观主义史学的影响。后来又曾在德国柏林大学研修，培育成坚定的考证求实的治学理念。1909年，白鸟库吉发表了《中国古传说之研究》，认为传说中的尧、舜、禹等圣人并不存在。他在文中归纳了尧、舜、禹三王的主要事迹后，认为《尚书》之《尧典》《舜典》《大禹谟》皆非当时所记，并且舜之孝道、禹之治水等事迹从常识上判断均难以置信。①这种观点被称为“尧舜禹抹杀论”，当时轰动了史学界。在遭到林泰辅等人的质疑和反驳后，白鸟库吉于1912年发表《〈尚书〉的高等批判》，又提出了“中国文化西来说”，认为中国上古许多思想是来自伊朗、印度等地。他在否定尧、舜、禹的基础上，又将伏羲、神农、黄帝的真实性也一并否定。在对中国古史进行疑辨的同时，白鸟库吉又将批判的矛头对准了日本的神代史。白鸟库吉著有《卑弥呼考》，他认为日本古史中的天照大神并不存在，只是《魏志》中具体人物卑弥呼的写照而已。

其后，日本著名的汉学家内藤湖南对白鸟库吉的史学批判作了补充，他在1921年发表的《尚书稽疑》中提出了古史的“加上原则”。他认为：“《尚书》中的《周书》以前关于殷的诸篇离孔子及其门下的时代已甚远，而关于尧舜禹的记载不得不认为更是其后附加上去的。”②也就是说，时间愈后的学派创造的历史人物愈古，因此愈是古老的历史愈是后人附加上去的。1922年，内藤湖南又发表了《禹贡

① ［日］白鸟库吉：《中国古传说之研究》，刘俊文主编《日本学者研究中国史论著选译》第一卷，中华书局，1992年，第5页。原文载《东洋时报》第131号，1909年8月。

② ［日］内藤湖南：《尚书稽疑》，《内藤湖南全集》第7卷，筑摩书房，1970年。钱婉约：《“层累地造成说”与“加上原则”——中日近代史学上之古史辨伪理论》，《人文论丛》1999年卷，武汉大学出版社，1999年。盛邦和：《20世纪初叶日本疑古史学叙论》，《思想与文化》第5辑，华东师范大学出版社，2005年。

制作的时代》,认为《禹贡》一书是战国以后的作品,进一步支持了白鸟库吉的"尧舜禹抹杀论"。

20 世纪的史坛上,对日本神代历史批判最激烈的学者无疑是津田左右吉。在日本的史籍《古事记》和《日本书纪》中,记载了日本的神代历史,日本不是普通的国家而是神的国土,是神创造了日本,由此也形成了日本的神道史观。津田左右吉从历史事实出发,对此进行了批判性的研究,1913 年撰著《神代史的研究》,1919 年出版《〈古事记〉及〈日本书纪〉的新研究》,进入 20 年代之后,他不仅撰写新作,而且将旧著修订出版,再次发行。1930 年,著有《日本上代史研究》等著述,形成了系统、全面的疑古考辨体系,被称为"神代史上古史抹杀论"。津田左右吉认为,《古事记》《日本书纪》描述的日本"神代史",不仅毫无史实可言,而且也不是日本的神话传说,而是修史者按照当时的政治需要构造出来的。这种见解等于剥夺了天皇为日神后裔的光环。他还通过细密考辨指出,从神代到仲哀天皇部分,包括天皇的家谱在内,都不完全是历史事实的记录,"关于应神天皇、仁德天皇以后的时代,甚至关于皇室的家系记录也都是经年累月地被人们制造出来的,即使没有精确地传下来,大体的情形也在帝纪编纂之时就已为人所知了。关于年代顺序也有同样的情况,书纪在纪年上把应神天皇以后到允恭天皇以前的年限拉长了,但履仲天皇、反正天皇的在位年数又明显地在变短,这恐怕也是为满足某种需要之故"。① 他说:"大体浏览一下自神武天皇到仲哀天皇的传说记载,就可以很清楚地看到,其中对国家的治理及对敌国的征服都井然有序,由近及远、由内及外的路径一丝不乱。这与其说是对历史事实的记录,倒不如把它看作是一种思想上的构成来得更为恰当。"②津田左右吉的学说从根本上动摇了日本古代史旧有的基础,对神道史观、皇国史观予以根本性的批判,使日本社会和日本史学面临了不可调和的抉择,即史学的根本宗旨,究竟是追求真实还是曲从于当前的政治需要?二者必须一决雌雄。这样,引起一场轩然大波已不可避免,这留待后文

① [日]津田左右吉:《〈古事记〉及〈日本书纪〉的新研究》,载《津田左右吉全集》卷一,转引自刘萍:《津田左右吉研究》,第 171 页。

② [日]津田左右吉:《〈古事记〉及〈日本书纪〉的研究》,岩波书店,1924 年,第 474—475 页;《津田左右吉全集》卷一,转引自刘萍:《津田左右吉研究》,第 175 页。

叙述。

在中国，疑古思想随时都可能闪现，19世纪末以康有为为代表的维新思想家，将政治体制变革的诉求和今文经学的学说框架相结合，提出了许多疑古性的历史论断。但中国史学的近代化转型迟于日本，疑古观念与新史学的结合也受到日本史籍的启示，如20世纪初夏曾佑的《中国古代史》，将太古直至西周都归结于"传疑时代"，即主张现存古籍对西周以前历史的记载都是可以质疑的。

把中国的疑古观念推向高潮的是近代以顾颉刚为代表的古史辨派。1923年，顾颉刚发表《与钱玄同先生论古史书》，提出了"层累地造成的中国古史"的概念，主要包括三个方面的内容：其一，"时代愈后，传说的古史期愈长"，"周代人心目中最古的人是禹，到孔子时有尧舜，到战国时有黄帝、神农，到秦有三皇，到汉以后有盘古等"。其二，"时代愈后，传说中的中心人物愈放愈大"，"如舜，在孔子时只是一个'无为而治'的圣君，到《尧典》就成了一个'家齐而后国治'的圣人，到孟子时就成为了一个孝子的楷模了"。其三，"我们在这上即不能知道某一件事的真确的状况，但可以知道某一件事在传说中的最早的状况。我们即不能知道东周时的东周史，也至少能知道战国时的东周史；我们即不能知道夏商时的夏商史，也至少能知道东周时的夏商史"。①顾颉刚的古史观念立刻遭到史学界和各界人士的非难。他在答复论辩中，又提出对待上古史的总原则，就是必须"打破民族出于一元的观念；打破地域向来一统的观念；打破古史人化的观念；打破古代为黄金世界的观念"。②在这种古史观念的引导下，一个以疑古为特征的古史辨派崛起于史坛。从1926到1941年间，他们先后出版了7册《古史辨》，收录了几十位学者的350余篇文章，集中探讨了中国古史的诸多问题，包括许多反对派的论文，表现学术公正和强烈的学理自信精神。古史辨派的学术思潮，是中国近代真正意义的史学革命，因而必然面临极大的社会阻力和各种保守势力的围攻。

---

① 顾颉刚：《与钱玄同先生论古史书》，《古史辨》第一册，上海古籍出版社，1982年，第60页。

② 顾颉刚：《答刘胡两先生书》，《古史辨》第一册，第99—101页。

三 中日两国疑古思潮境遇和结局的异同

近代日本和中国史学界疑古史家，都遭受到来自社会保守势力的压迫和反对派的抨击。但通过细致分析与比较，则可以发现疑古思潮在两国的境遇和结局有着极大的区别。

在日本称为“久米邦武笔祸”的事件中，久米邦武、重野安绎先后离开东京帝国大学与修史馆，这是疑古史学的一个挫折。但是，重野安绎、久米邦武等人的疑古考证仍然在学理上占据绝对的优势，对立的神道势力只能予以“损毁国体”“不敬皇室”“侮蔑国史”之类的政治性谴责，这在学术上是软弱无力的。久米邦武等人的免职，并不是疑古思潮完全的失败，个别史家的牺牲和损失换取了官方纂修《大日本编年史》的瘫痪，日本官方史学从此一蹶不振，只能做史料的编辑、汇总工作，而将历史著作这一领域基本上全部让给了私家史学，这不能不说是日本近代史学转型的一大胜利。

津田左右吉的著述和思想，意味着疑古、求真史学观念与皇国史观的一次决战，在日本军国主义和对外大肆侵略的时期，被打击和迫害的危险性更加严重。他不仅通过上古史的辨正，否定皇室的神的品格，颠覆皇国史观的根基，而且揭露日本所谓“皇国学”极力美化日本古史的荒诞性，打击了利用“国学”助长侵略扩张舆论的思想倾向。因此，津田左右吉于 1938 年、1939 年继续宣传、讲演自己的学术思想，激起了日本右翼势力的强烈攻击，其中以蓑田胸喜为首的右翼组织“原理日本社”，从狂热的皇国史观和国家专制主义理念出发，以加倍的疯狂对津田左右吉实施迫害。他们在其机关刊物《原理日本》临时增刊号上，向津田左右吉发起了猛烈的进攻，刊物封面上就直接印有大副标题“津田左右吉氏的大逆思想”和“神代史上古史抹杀论的学术批判”。与此同时，蓑田胸喜等人还到日本司法省闹事，称司法省如不起诉津田左右吉，就是同样的对皇室不敬。在这种政治压力下，1940 年 2 月 10 日津田左右吉的几部著作被封禁。1942 年 5 月，东京刑事地方裁判所根据出版法，一审判决津田左右吉因出版《〈古事记〉与〈日本书纪〉的新研究》一书，犯有“冒渎皇室尊严”罪，处以三个月监禁，缓期两年执行。[①]津田左右吉对判决结果不服，要求上诉，并且写下了近三十万字的上诉呈报书。最后这个案子以诉讼时效已过，免于起诉，一审的有罪判决也随之失去法律效力。

津田左右吉事件的政治压迫虽然来势汹汹，但却与当初的久米邦武笔祸一样，丝毫没有动摇当事人在学术上占据的学理的上风，这也牵掣或化解了政治打击和司法处置的力度。实际上，津田左右吉得到了广泛的同情，东京大学的许多教授和学生都对之声援，有人为其奔走援救，有人主动出面担当律师。结果是单纯的政治性的压制，其效果十分有限，却使更多的人感觉到津田左右吉思想和见解的正确。1945年第二次世界大战结束，日本军国主义失败，日本政体改变，天皇也发布“人间宣言”，自我否定了“神裔”的身份。津田左右吉立即享誉整个日本，他的史学思想被称为“津田史观”，在日本史学界占据了主流地位。1949年，日本天皇向这位否定天皇为神的学者颁发了日本文化勋章，这表明日本的疑古考证思潮取得了决定性的、不可逆转的胜利。

但在中国近代，疑古学派的境遇和迄今为止的结局，则是另一番景象。

1923年顾颉刚发表《与钱玄同先生论古史书》，引起舆论哗然，不久就有批驳、诘难的文章发表。一般说来，不同见解的论辩应是正常的现象，但只要与日本的情形对照，就可以体察出几分令人诧异之处。对顾颉刚和他所主导的“古史辨派”予以诘难者，主要来自于学术界，批评是以学术的面目出现，偶有关乎“世道人心”的指责，但并不大谋求当局的支持，政治势力也未过多地施加压力。而日本的久米邦武、津田左右吉等都是面临政治权力的压制，真正的学者极少参与，特别是大批接受西方思想的学者和政治家，都没有加入围攻疑古学派的队列。只有白鸟库吉的“尧舜禹抹杀论”，受到林泰辅的具有学术性质的辩驳，但终不能遏止白鸟库吉学派的发展势头和影响。而顾颉刚在中国学术界的论敌来自各个层面，其中固然多有思想保守派的学者，但具备新史学知识和留学于西方的学者也不在少数，例

① 参见刘萍：《津田左右吉研究》，第168页；[日]家永三郎：《津田左右吉之思想史的研究》，岩波书店，1972年，第400—402页。

如颇有西方史学知识的张荫麟、留学归国后在大学讲解西方史学方法的陆懋德、投身于新兴考古学的徐旭生等等，都公开发表文章指摘顾颉刚的研究方法，连打着马克思主义唯物史观旗号的马乘风、李季之流，也试图自作聪明地全盘否定古史辨派的理念。他们对疑古学者的诘难，带有很深的主观偏见甚至是无理取闹的成分。

张荫麟反驳顾颉刚的著名论述是说对方滥用了“默证法”，提出虽然《诗经》中没有尧和舜，也不能说春秋时期之前人们的心目中就没有尧、舜，因为《诗经》不是必须记载尧、舜的文献。[①] 其余以此类推，即虽然春秋之前所有的文字资料——甲骨文、金文、爻辞以及可以确定为春秋之前形成的《尚书》篇目都没有尧、舜，还是不能说那时就没有尧、舜。这样，就剥夺了任何人的疑古权力，人们应当反问：当所有的春秋前的文字资料都没有提到尧、舜，反倒能够证明那时已经有了尧、舜吗？这岂不比所谓“滥用默证法”更加荒唐百倍？实际上，张荫麟撰写的通史著述《中国史纲》，乃从殷商时代开始，并没有记述尧、舜、禹。那么他反驳顾颉刚对尧、舜的质疑，究竟用意何在呢？

陆懋德提出近代西方考古学能够发现久远的历史遗迹，说明后人可以比先人知道更早的历史，藉此指责“层累地造成的中国古史”概念不对。[②] 这明显脱离了中国上古史系统所形成时代的实际状况，类似大而无当的高调只起到把水搅浑、造成认识混乱的作用。马乘风、李季等人的议论在性质和作用上与陆懋德大体一致，马氏主张，历史研究要揭示社会生活的大轮廓，“我们只要知道中国底历史有禅让时代，有洪水时代的地位，那就不管是李四、张三都可以”，他申明的根本态度是不同意疑古派的思想方法，反对在中国古代历史上“乱斫乱杀”。[③] 李季直接攻击古史辨派“腰斩中国历史”，主张三皇、五帝传说和“编入的不少的神话”，都反映上古的历史轮廓，“并非全伪，真的因素仍占一大部分”。[④] 按照马氏说法，只要预设“禅让”时代、“洪水”时代，把谁说成君位“禅让”、把谁定为治水英雄，“不管

① 详见张荫麟：《评近人对于中国古史之讨论》，载《古史辨》第二册，上海古籍出版社，1982 年。

② 详见陆懋德：《评顾颉刚〈古史辨〉》，载《古史辨》第二册。

③ 马乘风：《中国经济史》第一册，中国经济研究会，1935 年，第 505、540 页。

④ 李季：《〈为古史辨的解毒剂的解毒剂〉进一解》，《求真杂志》1 卷 5 期，1946 年9 月。

是李四、张三都可以”，历史岂不成为任意编造情节的胡说八道？按李季之说，因为上古传说包含真实历史的因素，就不准怀疑其中的具体人物和情节，否则就是“腰斩中国历史”，这好比是对于掺入有毒添加剂的食品，因为里面也包含真实的食品，就不许检验，就要求人们囫囵地吞吃。可见假马克思主义史家的诡辩，比保守派史家的议论更近乎无赖。

然而对古史辨派史学革命潜在破坏力最大者，乃是王国维提出的“二重证据法”。所谓“二重证据法”，字面上是要以“纸上之材料”与“地下之新材料”彼此印证，但王国维举出的“地下之新材料”只有甲骨文和金文，同样为文字资料，与历史文献并无根本区别，高调标榜为“二重证据”，主要目的是反对顾颉刚的疑古思想。因此，他的论述中表现出严重、明显的逻辑错误和信古保守倾向，例如他根据自己考证出甲骨文中殷商世系而竟然断言《史记》中夏代的世系也可相信，就违反推理的基本逻辑。[①]徐旭生沿着王国维的思路向前跨越一步，在治学初期就猛烈攻击顾颉刚及古史辨派，确立了坚决信古的立场，并且将古文献的记述与考古工作结合起来应用“二重证据法”。至 20 世纪 50 年代，在徐氏主导下更有目标、有计划地寻找夏文化的发掘地点，在河南偃师二里头发现距今约 3800—3500 年的先民遗址[②]，恰好可与传说中的夏代挂钩，这似乎验证了王国维的“二重证据法”，对古史辨派理念的冲击比“二重证据法”本身更有过之无不及。这种按照上古传说有方向地寻找和发掘遗址遗物的方法，本身就值得质疑，在中国华北多处，农民一镢头下去，就可能发现一处考古宝藏，那么为印证文献和传说选择地点发掘，即使恰好有所发现，也不能就此穿凿比附，轻下结论。

然而自徐旭生以降，将考古发现与旧文献叙述的情节选择性地联系在一起，做出相互印证的解释，成为上古史研讨的时髦风尚。让古文献、古传说甚至古神话与考古发现联结起来比附解说，具有十分诱人的发挥想象的巨大空间，不仅靠文献吃饭的先秦史学者乐此不

---

① 参见乔治忠：《王国维“二重证据法”蕴义和影响的再审视》，《南开学报》2010 年第 4 期。

② 参见徐旭生：《1959 年夏豫西调查“夏墟”的初步报告》，《考古》1959 年第 11 期。

疲，一些考古学者也情有独钟。于是每当有新的考古发现，解说者争相驰骋，人言言殊，先秦史的研究兴旺了，热闹了，在中国的考古学，不仅没有淘汰纷纭歧异的古史传闻，反而只嫌其少，百般穿凿。黄帝、炎帝、尧、舜、禹等代表民族一元、地域一统的远古圣王，不仅在世俗社会得到比古代更隆重、更广泛的尊崇和祭祀，而且在许多历史著述中也登基正位，疑古思潮实际已被排抑。顾颉刚曾申明要通过文献辨伪、古史考疑，“替考古学家做扫除的工作，使得他们的新系统不致受旧系统的纠缠”①，这个学术宗旨也暂告失败，因为古籍文献与考古发现已经在“二重证据法”的草堂内联姻，岂止“纠缠”而已，谁还会欢迎别人来“做扫除的工作”呢！

在中国近代史学史的发展历程上，从来没有一个“疑古的时代”，站在古史辨派对立面的学者数量众多，许多史学名家如陈寅恪等即使未介入对古史辨派的论战，实际上也不赞同疑古思潮。至 20 世纪 50 年代，疑古考辨的基本治学方向在史学界已经休止，而 90 年代之后，则受学术外的因素影响，更标榜出一个所谓“走出疑古时代”的概念，意味着信古思潮大规模地卷土重来，许多久经定案的伪书如《今本竹书纪年》《古文尚书》《孔子家语》等等，也有人站出来指假为真，摇唇鼓舌，竭力诡辩。这不仅是古史辨理念的失败，也是先秦史学界主导方向的总体性迷失。

四　中日疑古思潮比较研究的学术启示

为什么疑古史学的源流较日本更为长远的中国，反而会遭受失败呢？中国疑古思潮的失败，在史学的学术发展上有何影响？我们应当获得怎样的学术启示？这些问题涉及面既广且大，这里仅能略抒浅见，以期抛砖引玉。

关于疑古思潮在中国的结局与日本大不相同的原因，概略而言有如下几项。

第一，日本近代出现“尧舜禹抹杀论”之际，正值日本国内涌动“脱亚入欧”思潮之后，蔑视中国的情绪增长、对外扩张的意图显现。白鸟库吉等学者“抹杀”中国上古的圣王，虽从学术研究出发，却与日

① 顾颉刚:《古史辨》第二册《自序》，第 7 页。

本社会思想的主流取向相契合，于是疑古考辨的史学思潮得以发展壮大，直至再次转向对日本古史的疑辨。而近代的中国处于国力孱弱、被列强欺凌和蔑视的状态，由于史学经世理念的文化积淀，渲染古代文明的辉煌往往与民族自卫和振兴的愿望相联系，给信古思想添加了一种民族情感上的盲目同情，也对疑古学说形成了政治的和道德的压力。日本具有明显怀疑中国古史的思潮，也恰好是个对中国进行放肆侵略的国家，因此近代中国的民族主义史学几乎无法与疑古学说相融合。1931 年“九一八”事变之后，日本帝国主义侵占中国东北地区，中华民族危机更加深重，连顾颉刚也放下疑古考辨的治学路径，转而组织禹贡学会，对边疆地理进行考察和研究，藉以申明祖国历来的领土疆域。可见在中国近代国情的制约下，始终坚持疑古考辨的治学方向是何等的不易。

第二，中国古代史学整体上具有记史求真的优良传统，史籍的记载具备很大程度的可信性。中国这种传统史学的优点和优势，也增强了许多人笃信上古传说的信念。然而中国有意识地连续性记史活动的产生，不会早于西周季年，记史求真的理念也是逐步加强，至春秋时期有了明确的“君举必书”“书法不隐”的表述。必须注意的是，这种“君举必书”之类的求真理念，长期只针对当时本政权的编年体记载，对更久远史事的描述不在其内，而且也根本不具备对先周历史予以求真的社会条件。即使在春秋时期以后，记史求真的理念也处于与史学社会功用宗旨相矛盾的状态之中，时有偏移和摇摆，更不用说由于知识水平和时代的局限，会造成大量不自觉的记述失真。史学界许多人缺乏对史学史的清晰认知，往往由此及彼地推想古籍中上古史的记载必有依据，造成信古观念的扩展。

第三，中国记录于《史记》等书籍的上古圣王及其事迹，已经被史家“整齐故事”，“择其言尤雅者”[①]筛选、改造，去除了很多神话部分和“不雅驯”传说，而且据说圣王还发明了许多人间器物和设施，拉近了与社会生活的距离。这在近代社会文化的背景下，显然比日本古史中塑造七代神仙作为皇统渊源的做法更觉合理。因此，日本对本国历史的信古派只是依靠狂热的宗教意识、政治信仰，学术上根本无

① 《史记》卷一《五帝本纪 · 太史公曰》，第 46 页。

所作为，能够与白鸟库吉做些学术争论的林泰辅，争辩的也只是中国尧、舜、禹的有无问题。而中国的信古势力貌似温和，却具有更广泛的社会基础、更强的韧性。对于疑古考辨，信古派依赖传统观念的惰性影响，或者冷漠性地排斥和封锁，或者狡辩和曲解，但无论背后有无政治因素，都更倾向于摆出学术性的姿态。这比日本的那种单纯政治打压更具实力，应是中国信古派史学理念能够居于主流地位的原因之一。

第四，“二重证据法”自王国维提出之后，几十年间没有受到严肃的批判，反而得到大肆吹捧乃至滥用，成为对先秦史学术研究的最大危害。这个“二重证据法”虽说是王国维的治史体会，但于 1925 年抛出，就是为了抵制顾颉刚的疑古理念，其一产生，就带着要印证旧有历史体系的守旧性，就包含极严重的逻辑错误，就充满比附思维的主观主义特点。当年王国维标榜“二重证据法”以批驳顾颉刚，但姿态柔谦，甚至没有点名，顾颉刚等也回应温和，有如礼尚往来，而未意识到“二重证据法”的潜在危害，没有痛击其逻辑错谬，反而因王国维的某些考据成就而对之尊重，这其中包含时代的、认识上的局限。“二重证据法”应用于考古学与古文献的结合，多年之后则积重难返，成为不少先秦史研究者的立足点，构成一个学术上的共同利益群体，大为增强了信古势力。

上述前三个原因属于有利于信古思想在中国繁衍的社会文化背景，第四点则是一种人为的治史取向，直接成为现代信古思潮的运作方式，导致上古史研究严重的负面后果。

由于对“二重证据法”的大力推重和毫无批判，许多学者将之奉为著书立说的枢纽，使本来应当重建中国上古文明史的现代考古学，反而被纳入古史体系的旧框架之中。大量考古发现被当作旧文献的印证，被指认、被定性，牵强附会的歧说异见竞相而出，纷纭失准，杂沓乱真。几乎所有的考古发现，只要测定的时间范围、地理位置稍能与上古传说附会，就会产生相应解说，如湖南会同县附近因发现远古陶器和疑似水稻的种植而被说成是炎帝故里，山西襄汾陶寺遗址被说成尧舜古都等等。当然颇有坚持考古规范和严谨慎重的学者秉持异议，但往往处于边缘化境地。考古学在某种程度上成了旧有上古文献的附庸，这是现代学术发展的一个悖论。

中国大地是史前考古资源极其丰富的地区，出土遗址和文物与日俱增。许多在地理和时代上不能与旧有古籍记述搭界的考古发现，实际已经显示出独立地运用考古学方法研究中国远古文明史，具有广阔的、科学的前景。但习惯了“二重证据法”的史家，仍热衷于按旧的框架构建尧、舜、禹、夏、商、周的一统体系，特别是得到公共资源大力支持的“断代工程”，造成对殷商之前历史的整体性曲解，负面作用颇大。

自从古史辨派发起疑古考辨，直至当前的信古与疑古的分歧，所谓“夏代”的历史乃是不同史学观念相纠葛的焦点。至今，偃师二里头遗址各期文化的定性及归属问题，仍然存在很大的学术分歧；对考古发现遗迹与器物的判断、分析，在考古学的理论、方法上也有不同的主张，这些都使“断代工程”的可信度大打折扣。而在这些涉及复杂专业知识的疑点之外，尚有一个更重要的问题应当提出：即使二里头遗址属于夏文化，就果真能够证明中国曾经有过“夏朝”“夏代”吗？答案应当是否定的，因为要想证明这个遗址城墙内的主宰者也统治着城外广大的地域而具备一个朝代的规模，是根本不可能的。与二里头遗址同一时代的城邑、聚落很多，都是相互独立的，并不受到二里头那座城邑的统辖。因此，将之想象为“夏都”，乃是预设了夏王朝的存在，而且是用后代王朝的城池来想象上古的城邑。如果非用后代历史来比拟，将二里头的城邑看成类似晋代地主村庄的“坞堡”，或许更确切一些，它只能掌握周围小范围土地以供种植、采集、捕猎等活动，而且极不稳定，常会受到侵扰。夏国这样的城邑政权在争战中灭亡，根本就是十分平常的现象。

考古学家苏秉琦强调指出，中国上古时期各邦、各族像满天星斗一样分布，互无统辖关系。他认为：“古文化是多种多样的，不同的古文化，就会产生不同的古城古国，陈仓、阳平、虢（西虢）都是古国。先商、先周都是与夏并立的国家，更确切地说，是诸多古国并立。”[①]另一考古学家王震中说：“在中国，一直到周代还动辄以‘万邦’‘万国’来表示邦国林立的局面……夏代和夏之前未必真有万国，但当时众

---

① 苏秉琦：《中国文明起源新探》，生活·读书·新知三联书店，1999年，第142页。

多族落小国分立各地，小邦小国林立，应为实际状况。”[①]著名先秦史专家王玉哲指出：“夏、商、周初时期，中原南北，地旷人稀。当时只是在广大地区内，星罗棋布地分散着无数的不同氏族、部落或小的方国政权，它们各自为政，不相统属，并没有一个所谓‘天子’者统一之。”[②]

应当说明，苏秉琦、王震中、王玉哲三位先生，都是不否认夏王朝、不反对“二重证据法”、不疑古的学者，但只要综合多处考古发现和文献记载，稍有历史研究的客观精神，就会讲出不利于“有夏”成其为一个朝代的历史实况。西周以来的专制统治者将很小的夏国夸张为一个一统政权的朝代，是在塑造“王统”的权威，而疆域的大小却不大紧要。依照这种旧观念，南宋末年奔窜于海岛的赵氏昰、昺，也可以称为正统政权，这与我们今天所维护的领土完整、人民团结的国家统一理念毫无共同之处。因此，无视时间更早、社会发展水平毫不逊色的浙江良渚遗址、辽西牛河梁遗址、四川三星堆遗址等等考古发现，把在河南偃师占据一丁点儿地方的二里头政权定为整个中华民族历史上的一个朝代，学术上是荒唐的，政治方向也是错误的。

中日两国史学的比较，清晰地表明中国近代以来缺乏一场更大规模的疑古思潮，以完成对上古史旧体系的清扫。中国古籍文献汗牛充栋，关于上古史的记述包含着丰富的历史信息，同时也充斥大量的讹误，充分揭示旧上古史体系的讹误内容及其实质，剖析其形成的原因，对旧资料做科学性的解析，才能建设好新的中国上古史构架。这不仅是历史学的学术问题，也是破除帝王崇拜的落后迷信意识、建立先进社会的精神文明所亟须的工作。

应当彻底清算“二重证据法”这个反科学方法在历史学界造成的不良影响，将中国上古文明的研究真正建立在先进考古学的基础之上。考古发现不是完全不可以与古文献发生联系，但必须是在对考古发现进行独立研究和解析的基础上参看文献，这样得出的判断，必然是否定旧上古史体系的内容居于主导地位，要坚决反对通过穿凿、比附而用考古发现印证上古传说的佞古做法。至于考古过程中发现

---

① 王震中：《中国文明起源的比较研究》，陕西人民出版社，1994 年，第 250—260 页。

② 王玉哲：《中华民族早期源流》，天津古籍出版社，2010 年，第 94 页。

的文字资料，应当以考古学规范整理，不能随意编辑分类；应按文献资料加以利用，视与传世文献属于同类，其既不构成“二重证据”，也不能被视为完全可信的史料。

必须坚定地确立历史学以求真、求是为第一准则，反对打着“史学经世”旗号、用鼓吹“增强民族凝聚力”的谎言来制造伪史、谬史。在科学昌明、思想解放趋势日益增进的现代世界，应当以内容真实无讹、观念先进、分析科学准确的中国史著述，发挥持久、进步的社会作用。至于精神、文化方面的“凝聚力”，不可一概而论，须作具体分析，当今社会不能依赖对古史的盲目信从和对古圣王的迷信崇拜来凝聚人心，实际上这样做也不能产生明显的效用。在日本，与信古观念相联结的“皇国史观”，曾起到凝聚日本扩张主义野心的作用，第二次世界大战结束后，津田左右吉的疑古史学取得主流地位，“皇国史观”所凝聚的日本扩张主义大为衰退。日本扩张主义的“凝聚力”的式微，对日本人民与世界人民都是好事。但日本民族的凝聚力失去了吗？日本人在战后经济建设中的表现已经做出明确的回答。因此，用上古“圣王”绑架“民族凝聚力”的当代说教，可以休矣！

（原载《齐鲁学刊》2011 年第 4 期，时培磊署名第二作者）

论中国史学史研究的东亚视域

自近代以来，中国史学史研究有了很大的发展，在开拓研究新领域的探讨中提出许多值得重视的见解，例如要求开展对少数民族史学的研究，希望关注各个时代处于边缘化的史家和史著，倡导从子部、集部书籍中发掘传统史学思想的内容，重视现代史学史的研讨等等，而且各方面皆取得不少的成绩。但中国史学史的研究，还需要主动地放开视域，不能将考察的空间局限在现在中国领域的范围之内，即需要在东亚的视域下进行中国传统史学发展史的研究，对近现代史学史的研究依然如此，再加上关于中西史学交流及史学比较的探索。这对于中国史学史研究的持续、健康与深入，更具有迫切性。

一　中国传统史学的文化图谱

中国的历史学，是在先秦时期本土上原发性地产生。西周初年周公等统治者萌生的“殷鉴”意识，导致第一部官方文书汇编的史料书籍产生，即此后称为《尚书》的经典。最迟至西周季年，官方开始有意识地连续性记载史事，形式类似于今尚存的《春秋》，这种编年体史籍，标志着中国史学的产生。[①] 战国时期，私家史学产生并且快速发

① 笔者《中国传统史学对日本的宏观影响》一文认为：“中国古代准确的连续纪年之所以始于‘共和行政’，是因为此时开始了官方的连续记事机制。这种记录史事的做法被后人承袭和发扬，形成制度化，导致了史学的产生。”见《南国学术》2015年第4期，第46页。

展，对官方史学有所超越，《国语》《左传》是卓有成就的代表作。西汉司马迁撰著《史记》，将私家撰史水平提到一个新的高峰，而东汉政权改变了官方仅仅记录史事、仅仅在宫廷留存史料的做法，着手纂修意图流传于世的史书著作，即纪传体本朝国史《东观汉记》。中国古代官方不仅记录史事以形成史料，而且编纂成品的、著述性的和流传于世的史书，这并不是随便哪个国家和民族都会出现的文化现象。只有中国古代具备原发性产生官方史学的土壤，其一是中国官方有源远流长的“殷鉴”理念，导致官方自历史的反思进而作历史的描述；其二是中国史学原由官方的记史体制而产生，官方记史在起始上远远早于私家所作的任何记史、修史活动；其三是私家史学一度超越官方有所创新，更推动官方对历史问题的注重，特别是司马迁著成《史记》，气度宏大、文采飞扬，但却与朝廷统治者的思想明显歧异，刺激了东汉朝廷。汉明帝说：“司马迁著书，成一家之言，扬名后世，至以身陷刑之故，反微文刺讥，贬损当世，非谊士也。”[①]也正是这位皇帝，决心开始由官方纂修本朝纪传史。从此，在中国形成官方史学与私家史学两条互补、互动又互有排抑的发展轨道，这是古代中国传统史学发达繁荣的重要原因。

中国传统史学的繁荣状况，可以图谱化地描述为三个方面。

第一，形成多种编纂形式、多种内容构成的史籍并立发展的局面。自三国、两晋时期，史学的发展就开始了多方向的探索，最后不仅确立了编年体、纪传体、纪事本末体等三种适于撰写一代全史的修纂形式，而且形成《通典》《通志》《文献通考》(合称“三通”)与其后接续到“十通”的序列，加之“会要”“会典”等史籍，成为中国古代典章制度史和文化体制历史的完整记述。另外，唐朝之后朝廷修史制度组织严密、机能完备，构建了官方起居注、时政记、实录、国史等记史、修史的格局，各个朝代虽繁简不一，但以皇朝实录为中心的编纂活动从未废止。更有地方官纂修方志，直至中央政权编辑全国性“一统志”[②]，以及私家撰著历史地理学专著，自成一大史籍系列。除上述骨干性历史撰述外，其

① 见(汉)班固《典引·序》，载(清)严可均辑：《全上古三代秦汉三国六朝文·全后汉文》卷二六，中华书局，1985年影印本，第256页。

② 隋朝有《区宇图志》，唐代有《元和郡县图志》，宋代有《太平寰宇记》，从元代起全国性地志称为“一统志”。今存清朝嘉庆《大清一统志》编纂精良，史学价值极高。

余“别史”“杂史”“传记”“史评”等等名目很多，具有总结性的清朝《四库全书》把史部之书分作十五大类，每种类目内均有传世佳作。中国传统史学遗产如此多样、丰富，在世界各国中无与伦比。

第二，中国多种不同体式的史籍，都组成从先秦以来历朝历代的史籍序列。如纪传体史书由司马迁《史记》开先，班固改撰西汉断代史，此后历代皆有一部“正史”。编年体史籍的时间线索更加明晰，《资治通鉴》纪事始于周威烈王时期而止于唐后五代，随后就有《资治通鉴前编》《续资治通鉴》等书补前续后，纪事本末体史书、《资治通鉴纲目》等亦如此例，甚至补与续者不止一家。“三通”面世后，私家历有续补，至清朝则有官方续修组成“九通”，清季又有刘锦藻在朝廷支持下撰成《清续文献通考》。这种传统也在方志纂修上得到体现，明清时期且有地方志经若干年必当续修的官方规定。自古中国的史籍前承后继，拾遗补缺，不留空白，构成一幅时间连续的图谱。

第三，中国古代的历史记载，关注的空间范围十分广大，这以纪传体史书最为突出。司马迁《史记》是一部宏大的通史，不仅时间上通贯古今、内容上通载万有，而且力求地域上通达广远，其《朝鲜列传》《西南夷列传》《匈奴列传》《大宛列传》等篇记述了域外民族政权的历史沿革、地理风情以及与汉朝的关系，尤其是《大宛列传》，详细记载了张骞开通西域获得的对中亚、西亚的认识，内容涉及安息、条支（今伊朗和伊拉克一带）。此后的纪传体正史虽多非通史，但基本继承了《史记》放开视野的撰著风格，周边民族、域外政权往往皆采入记载。如范晔《后汉书》在记述西域时，就提出远方的“天外之区”因为“不率华礼，莫有典书”，因此应当由汉人史籍“备写情形，审求根实”。[①] 此后的官修正史记述“四裔”“外国”或外“夷”，基本成为必备内容，惟怀有“天朝上国”的自大观念，不屑于出境考察，所载不免依从传闻而有所失实。而私家著述得之实地旅行者颇多，起到了一定的补充作用，如唐玄奘《大唐西域记》、元周达《真腊风土记》、明巩珍《西洋番国志》、清嘉庆间据谢清高口述成书的《海录》等等。所有这些，显示了中国传统史学并不自甘闭塞，而是具有在空间视野上扩大记述范围的意念。

① 《后汉书》卷八八《西域传·论赞》，中华书局，1965年，第2934、2931页。

对于中国史籍形式多样、著述丰富，以及时间上自古及今的连续性，学界的史学史研究中已经多有论述，但关于中国史籍记述空间范围的问题，尚少言及。除此之外，中国传统史学还有另一空间图谱，即向外传播于周边的民族和国度，引起重大的社会和文化影响，这在现有的中国史学史著述中，尚属空缺，值得引为重视。古代中国的史学外传，主要在东亚范围内进行，因此，提出在东亚视域下研究中国史学史，不仅是十分必要的，也是相当迫切的学术问题。

二　史学史研究应当纳入史学的外传与影响

迄今出版的中国史学史专著，已经超过 20 部，数量相当可观。但绝大多数并未述及中国古代史学在东亚区域内的传播与影响问题。而中国史学东传日本、朝鲜半岛，则是不争的史实，其中重要情节是否属于中国史学史研究的内容范围？是否应当在中国史学史著述内予以重彩一笔的描述？此乃关乎整个史学史学科的研究理念，不能不辨析清楚。

中国或其他国家的通史著述，只要篇幅相当，总会记述本国与其他国家的文化交流、经济来往、军事触碰等历史内容。中国通史的著述中，大多包含中国文字、艺术、医药、建筑等传入朝鲜、日本的史实内容，可见作为一种文化形态的史学，如果确实存在外传和发挥影响的事实，在中国史学史乃至通史中叙述，是理所当然的。事实上中国通史著述也偶尔讲到中国史籍在域外的流布，中国史学史的著述也有的讲述了诸如《史记》对外域的影响。但是中国传统史学整体性的修史理念、修史方法、修史体制外传及其影响往往被忽略，这是因为文字、建筑、书籍的外传具有实体物象，便于观察、掌握，而史学整体文化形态的对外影响往往不好直接显现。而这正好蕴含了中国传统史学对外影响的深刻性、重要性，中国史学史研究更加有责任将之揭示，并且推行到中国通史的叙述之中。

或许有人认为：中国史学在外域的影响，可以归属于外国史学史研究和论述。此说非是。政治交涉、经济来往以及文化事业的跨境交流，是相关各国的历史著述都应当关注的内容，但具体情况不很相同。在当前历史学未能摆脱现实政治扰动的条件下（东亚地区尤其显著），历史上的政治交涉在不同国家的主流史学中往往有着迥异的解读和叙述，经济关系也有不少问题受到政治的牵连，至于文化交流史，受狭隘民族主义情绪的影响亦未可低估。迄今日本、朝鲜半岛的史学研究，都未能深入关注中国传统史学传入和发挥作用的问题，某些论述甚至刻意淡化中国文化的影响。例如坂本太郎《日本的修史和史学》开篇即为“历史书的萌芽”，为屏蔽中国传统史学的影响，将含义缥缈、未知内容的“帝纪”“旧词”升格为“日本最早的历史书”①，看作日本史学的起源。实际上，日本同一时期的文献对此就有“帝纪”“先纪”“本辞”“旧辞”“敕语”等不同的随意称谓，尚无固定名称，可以判定这些旧的资料只是官方与诸多私家的随意杂录，散碎支离，不成体系，根本谈不上“历史书”的性质。公元7世纪末到8世纪初，日本在唐朝文化的影响下开始形成明晰的官方修史意识，公元712年成书的《古事记》，是日本第一部体现自觉修史意识的现存之书，但内容多采神话、传说、歌谣、趣事，乃以文学色彩为主，又不重视历史事件及其时间因素，难以视为规范的史籍。八年之后，即公元720年修成的《日本书纪》，才可视为日本史学产生的标志，其书以汉字撰写，编纂方法、纪年方式皆类同于中国的编年史。

朝鲜半岛与中国大陆联结，曾经完全隶属于西汉政权，本为一国，受内地传统文化的影响源远流长，无可否认。但后来的历史变迁、政权分合十分复杂，至今中外史学界在政治观念扰动下，对相关历史问题的论述分歧甚大，例如存在过几百年的“高句丽”政权是否可以视为近代朝鲜、韩国的历史前缘？“高句丽”是否就等同于后来的“高丽”？对此类基本问题的观点尚互为悖反，因此探讨朝鲜半岛史学的产生问题，就更加复杂。要解决问题，必须在整个东亚的视域下进行史学史研究，对朝鲜半岛的历史与史学，不能孤立、片面地看待，这涉及整个史学研究的理念转换。

东汉时期官方记史而且修史，使传统史学对周边民族的影响力大为增强。西晋之末，政权崩溃，少数民族政权纷纷建立，争夺北方地区，战乱频发，史称十六国时期。十六国内大多出现了记史、修史现象，第一是其境内的汉人学者私下记述所在之国史事，这些汉人即

---

① ［日］坂本太郎著，沈仁安等译：《日本的修史与史学》，北京大学出版社，1991年，第2页。

使在所在国为官，其私自撰史也不能说是该少数民族政权的修史活动。例如氐族前秦政权的君主苻坚，因史籍记载触犯忌讳，尽加焚毁，而“著作郎董谊追录旧语，十不一存”，董谊的做法当然不是苻坚政权的史学活动。其他如和苞撰《汉赵记》，田融撰写《赵书》，前秦灭亡后赵整“隐于商洛山，著书不辍”[①]，均属此类。第二是十六国政权官方的记史、修史，这在《晋书·载记》与《史通·古今正史》有丰富的记载，羯族石勒后赵政权，氐族前秦政权，鲜卑族慕容氏建立的前燕、后燕和南燕政权，匈奴族刘渊后汉政权，鲜卑拓跋部北魏政权等等，都进行过官方记史或修史。虽然修史官往往任用汉人，但属于少数民族政权的官方史学活动，乃是受中国传统史学的影响而产生。当时的高句丽、百济和新罗，与上述少数民族政权的地位完全相同，汉人学者既可以入其境、任其官而私下撰史，也可能出现于官方主持的修史活动。朝鲜古籍《三国史记》载：“百济开国以来，未有以文字记事，至是得博士高兴，始有书记。然高兴未尝显于他书，不知其何许人也。”[②]既言“得博士高兴”，则这个“高兴”其人，应是避居于百济的汉族文人，而“书记”到底是私下的史事笔记，还是朝廷的史事记录，则不得而知。《日本书纪》有相当多引述《百济本记》的条文，颇具准确的具体时间，应当是类似起居注一样的官方史事记录，纪事时间大体与《三国史记》记述“博士高兴”的时间相当[③]，可以认为百济国较早具有编年形式的历史记录。

什么是史学？什么是史学的产生？这不能随意降低标准。凡称之为“学”，必当有其体系，构成知识系统。凡称为某一“学”的产生，不能是火花一闪，多年不见，必须显示一定程度的持续性。其基本的要求是：

（1）定义确切、界域分明，其学科人物、内容、宗旨、特点清清楚楚，不能混沌一片。

（2）知识结构具备时空的连贯性与逻辑的条贯性，不能单一、简

---

① 以上见《史通》卷一二《古今正史》。（唐）刘知幾著，（清）浦起龙通释：《史通通释》，上海古籍出版社，1978年，第359页。

② 《三国史记》卷二四《百济本纪》，近肖古王三十年（375）条，汉城保景文化社，1986年，第246页。

③ 参见[日]木下礼仁：《日本書紀と古代朝鮮》第一章，东京塙书房，1993年。

陋，也不能支离破碎。

(3)形成对于其知识系统或知识载体运作的自觉意识和较为理性的认识。

(4)具有发展的继进性和系统的开放性，即能够在广度和深度上继续发展，拥有一段时期的持续进展，并且与其他文化体系有所交叉及互动。

根据上述标准，我们不要将中国古代的炼丹术说成化学工业或化学学科的产生，不要将“曹冲称象”的故事等同于物理学的阿基米德定律，同样，也不要将支离零碎、内容模糊、虚实掺杂的史料之书视为史学建立的标志。《三国史记》记载，新罗官员伊异斯夫奏曰：“国史者，记君臣之善恶，示褒贬于万代，不有修撰，后代何观?”王深然之，命大阿居柒夫等广集文士，俾之修撰。① 这个上奏，语义、语词都直接来自中国传统史学的影响，而纂修活动并无下文，并且新罗政权几百年内也再无类似的举措，恰恰说明新罗虽受到中国传统史学意识的影响，但整体上却不具备建立完备史学文化的必要条件。但此前有了统治政权的史事记录，则完全可能，据徐建顺的文章考订，《三国史记》多处提到新罗的“古记”，应于公元 402 年之后有了类似起居注的历史记录，此后的新罗王世系才比较清晰可信。②

因此，日本史学的产生，是以《日本书纪》的纂修为开端，朝鲜半岛史学的产生尚须深入探索。百济官方记录史事早于新罗，约开始于 4 世纪末，相当于东晋后期，可视为朝鲜半岛史学的开端，正与十六国各个政权初涉记史、修史的时代相同，其余支离零散的私家杂撰无足轻重。日本与朝鲜半岛史学的萌发，都是得自中国传统史学的影响，凭据确凿，毫无疑义。必须在整个东亚视域内考察，方能将史学发展和流传的来龙去脉理清。将中国传统史学史的研究视域，扩展至整个东亚地区，乃学术上求真、求是所必须，既体现治学的责任感，也具备重要、深刻的意义。当然，中国史学史不可将东亚各国的史学发展状况全盘纳入研究范围，但传统史学的外传导致相关区域

---

① 《三国史记》卷四《新罗本纪》真兴王六年(545)秋七月条，吉林大学出版社，2015 年，第 49 页。

② 徐建顺：《朝鲜早期史书辨析》，《东疆学刊》2006 年第 2 期。

产生史学的过程，以及发挥的社会影响，则必须深加研讨，责无旁贷。

三　中国史学史研究扩展视域的学术意义

将中国传统史学史研究视域扩展至东亚，完全出于学术深化的考虑，待到近现代，则不能不关注西方史学的传入和影响，史学发展的实际状况如此，必当实事求是，不应躲闪回避。一直以来，历史研究往往以区域、国别、民族为单位，国别史研究占据主要地位，这是因为在以政治史研究为主导的历史研究中，“国别”概念是解析问题的方便工具。然而这个思维框架有很大的局限性，令人不由得用现代的国别界线割裂往古史事的宏观联系，近十年以来已经受到“全球史”新理念的冲击，值得引为关注。史学史的图谱不完全重合于政治史的格局，史学这种文化现象的发展和传播并非局限于一个既定的国别或区域之内。用“国别”方式研究西方史学史是蹩脚的，用“国别”方式研究中国史学史则是片面和浅层的。因此，在东亚视域下研究中国传统史学史，具有十分重要的学术意义，这主要在于：其一，能够将史学史的研究提升到理论性的层次；其二，显著加深对于中国史学发展之性质、地位和作用的认识。二者是互为促进的。

历史学与政治、经济以及与神话、诗歌等文化现象，具有很不相同的特点，就是并非一切地区和民族都能够原发性地产生史学，如果不是自外部传播而来，可能很多民族、国家永远不会建立史学。史学在世界上的产生，有原发的史学，例如中国古代和古希腊的历史学，在本土依据一定条件自行萌发。有次生的史学，即接受外来史学文化影响而形成，例如日本、朝鲜半岛以及欧、美、非洲多数国家的历史学科。中国古代的传统史学，东传日本和朝鲜半岛等域外地区，形成以中国为核心的东亚史学文化，另外又有在古希腊、古罗马形成和发展的古代西方史学，成为世界最有发展活力的两大史学体系。这本是明显的事实，但如若不扩大史学史探索的视野，不把中国史学史研究延伸到史学外传和异域比较，就不能得出这样明晰的理论性表述。[①]

① 笔者于《关于中外史学比较研究问题的解说》(《山东社会科学》2011年第9期)一文，最早地提出上述见解。

在东亚视域下研讨史学史,可以发现朝鲜半岛与日本史学的产生,首先仿效的是中国传统的官方史学,这与十六国、北朝政权史学活动的尝试完全一致,可见官方史学具有更大的影响力。东汉之前,势力强大的匈奴等国未曾有过历史记录,东汉朝廷建立完备的官方史学之后,情况大变,十六国中比较弱小、存在年限不长的政权如前燕、后燕、南燕、后秦等等,也热心于记史,可见官方史学在古代具有很大的文化魅力。很明显,官方修史可使一个政权的事迹有可能长久流传,可以藉此宣扬统治者的思想价值观,即所谓"典谟兴,话言所以光著;载籍作,成事所以昭扬"。[①]百济、新罗、日本政权看中的也是这一点。因此,在中国史学史研究中,必须格外重视官方史学的问题,将官方与私家视为并立、对等的史学主体,这是中国史学区别于西方史学的重要特点。史学史研究的深化,得力于此。

在东亚视域下研究史学史,自然要做中国史学与日本、朝鲜半岛史学的比较。日本、朝鲜半岛的史学是从古代中国输入的,在各自社会条件下,既承袭了中国史学的许多传统,也演化出不同的特色。进行这种同中之异的比较研究,了解日本、朝鲜半岛对中国史学的影响接受了什么、舍弃了什么、改造了什么,出于什么社会原因进行这种取舍和改造,对于深入认识史学存在和发展的社会机制,极有裨益。

中国古代创建了完备的官方史学,其社会政治作用不可小觑,既能辅政资治,也可能发挥出引导历史方向的功用。例如两晋南北朝时期少数民族政权仿效内地官方史学活动,接受汉族文化的历史观念,进而将自己的祖先衔接于中国古史体系,自称黄帝、大禹等圣王之后裔,促进了民族的大融合。这样,传统史学与历史观成为古代中国民族融合的最稳固的因素,发挥持久的民族凝聚作用,在某种意义上可以说,这一时期,传统史学引导了历史、改变了历史。在中国影响下成立的古代朝鲜半岛、日本官方的史学,在其社会发展中所起到的作用也十分巨大,在东亚视域下深入探索,具有广阔的学术空间。

(原载《史学理论研究》2016 年第 2 期)

---

① 《魏书》卷五七《高祐传》,中华书局,1974 年,第 1260 页。

中国古代编年史对日本的影响

日本的古代史学，不是由其本民族原发性产生的，而是在中国传统史学的影响下产生。在世界上，不是每个民族和地区都能够原发性地产生史学并且持续发展。纵观整个世界，自上古起仅形成了两大最具活力的史学体系，一是以中国传统史学为核心的东亚历史学，另一是以古希腊史学为起源的西方历史学。日本接受中国史学的影响之后，也在本民族的史学发展中形成一些新的特色。考察中日两国传统史学之间的联系和异同，对于中日史学史研究和中日政治文化的研究，具有十分重要的意义。中国古代编年史对日本的影响，尤其值得注意，其中包含许多值得探索的学术问题。

一　中国传统史学发展中的编年体史籍

为了考察中国古代编年史对日本的影响，首先需要对中国传统史学产生、发展以及编年体史的状况做概要的了解。中国的最早史籍虽不是编年体形式，但编年体史籍却在中国史学的产生和发展之中居于特别显要的地位。

西周克商，是中国上古具有重大意义的历史事件。西周的统治者面对殷商“顽民”的反抗以及诸多的政权建设问题，开始思考国家兴亡的原因，得出“宜鉴于殷”“殷鉴不远”的理念。[①]“殷鉴”的历史观念，是中国上古最早萌生的理性思考，影响于中国政治文化的发展至为深远，并且直接导致西周初期保存和整编了官方文书，今存的《尚书》即来源于此。但这种原始文书的编存，还不能视为史学的产生，只是一种早期朦胧的史学意识，为日后史学的产生准备了一定的条件。什么是中国史学产生的标志呢？从中国上古政治和文化的社会背景分析，官方连续地记载史事，标志中国史学的正式产生。但中国上古何时开始连续地记载史事，是一个难于寻求确证的问题，白寿彝先生根据《墨子·明鬼》篇引《周春秋》谈到周宣王之事，推断“编年体国史的出现在周宣王或其前不久的时期”。[②] 对此，我们后文还将论及。

现存最早的编年史籍是《春秋》，从中可以窥知早期编年纪事的方式。《春秋》纪事跨越了240余年的时间，记载了从鲁隐公元年（前722）到鲁哀公十四年（前481）的历史。时间线索清晰，年、时、月、日俱全，体现了以时间顺序连续性记事的编年史特色，但内容却极其简略，许多事件不明原委，赖战国时产生的《左氏春秋》（《左传》）才得以明晰。《左氏春秋》基本按照《春秋》的时间线索叙述历史，内容全面，真正成为记言、记事兼备的完整史籍，被视为解释《春秋》之作，是当时史学所达到崭新水平的标志性成果。《春秋》本是鲁国的编年史，据说经过了孔子的修订，而随着孔子的圣化，《春秋》成为儒学经典之一，历来作为中国古代史学贯彻伦理大义与经世精神的样板。当然，《春秋》内在的编年史性质，也常常被奉为编年体修史活动的一面旗帜。战国时期的《国语》等史籍，虽然也蕴含丰富的史料，但史学地位及社会影响都逊色于《春秋》和《左传》。

战国时还有另一编年体史书《竹书纪年》，为魏国官修，藏于宫内，后随葬于魏襄王墓（一说为魏安釐王墓），世间再无传本，直至西晋时方因盗墓人挖掘而出土。此书记载从远古至战国魏襄王时史事，是编年体通史，资料宝贵，但可惜在唐朝末年及五代战乱中佚失，

---

① 《诗经·大雅·文王》《诗经·大雅·荡》。（宋）朱熹：《诗集传》卷一六、卷一八，上海古籍出版社，1980年，第176、204页。

② 白寿彝：《中国史学史》第一册，上海人民出版社，1986年，第210页。

仅在诸书引用中略存片断，虽可辑出，却已失其本来面貌。

西汉武帝时期，司马迁以毕生精力编纂了一百三十卷的《史记》，这是一部与先前史籍完全不同的纪传体通史。史书的纪传体是司马迁的创造，其特点在于用分类的眼光看待历史事件和历史人物，设计出本纪、世家、书、表、列传等五种形式，分别而又相辅相成地叙述历史。这样可以全盘地处理历史素材，又比较机动灵活，不太受时间顺序的限制，例如战国时的屈原可以与汉代的贾谊合为一篇列传。但《史记》的本纪仍然具有历史叙述的编年体因素。东汉之初，班固仿照和变通了《史记》的体例，撰成《汉书》，创立由纪、表、志、传构成的纪传体断代史。纪传体断代史书中的“纪”，基本上就是简要的编年史。

东汉季年，荀悦撰写编年体断代史《汉纪》，编纂方法是依据《汉书》的“纪”而加以扩充，将《汉书》表、志、列传中的重要内容萃取出来，融入“纪”内，故书名为“汉纪”，可谓名副其实。此后，纪传体与编年体的断代史就成为中国古代主要的修史形式，正如唐代史学家刘知幾所说：“班、荀二体，角力争先，欲废其一，固亦难矣。后来作者，不出二途。”[①]魏晋南北朝时期，编年体与纪传体史书均有大量编修，齐头并进，其间发生过纪传、编年何者为优的争议。东晋干宝“乃盛誉丘明而深抑子长”[②]，即以编年体为正；而南朝范晔则认为“《春秋》者，文既总略，好失事形，今之拟作，所以为短。纪传者，史、班之所变也，网罗一代，事义周悉，适之后学，此焉为优”。[③]这个争论延至唐代，歧见迭出。但唐初朝廷偏重于纪传体，唐朝不仅纂修了八部纪传体断代史，而且官修的《隋书·经籍志》将《史记》以下几乎所有的纪传体史书都列为“正史”[④]，编年体次于其后，称为“古史”，建立了以纪传体居于首要地位的史籍等级结构。

唐朝中期之后，也有不少史家致力于编年史的撰写，如唐穆宗时

---

① 《史通》卷二《二体》。(唐)刘知幾著，(清)浦起龙通释：《史通通释》，上海古籍出版社，1978年，第29页。

② 《史通》卷二《二体》。(唐)刘知幾著，(清)浦起龙通释：《史通通释》，第28页。

③ 《隋书》卷五八《魏澹传》引范晔语，中华书局，1973年，第1419页。

④ 《隋书·经籍志》史部正史类，不仅列入《史记》《汉书》《三国志》等纪传体史书，而且将晋代张莹的《后汉南记》、被时人多所诟病的王沉《魏书》、萧子显《晋史草》、隋牛弘的《周史》未成稿等等，一概归入。可见其标准是唯据体例，而不论官、私纂修及质量水平，推重纪传体史书之意十分明显。

马总撰有《通历》、唐宣宗时姚康撰有《统史》等，均为编年体通史。唐玄宗时裴光庭欲著《续春秋经传》一书，甚至得到皇帝的嘉许，手诏赞扬："今欲正人伦而美教化，因旧史而作《春秋》，斥班、马之纰缪，继经、传之褒贬，著述之美当如斯焉。"[①]但这些撰述或未曾完成，或编纂不佳，都没有造成很大影响。而编年史在唐代的一项显著发展，是唐太宗时为一朝皇帝纂修"实录"成为定制。自此之后，"实录"为极其重要的编年体史籍，象征着本朝官修当代史的最高级别，唐、宋、元、明、清历代相延，其他类别的官修史间或阙如，唯历朝皇帝实录的纂修从未废止。

宋代史学绚丽多彩，司马光以一部二百九十四卷的《资治通鉴》，重振了编年史的声势，自其面世，赞誉如潮，仿作接踵，衍生出多种相关史著。例如宋徽宗时处士江贽撰《资治通鉴节要》三十卷，乃删略司马光之书而成；南宋李焘编纂《续资治通鉴长编》，记述北宋史事达九百八十卷，仿司马光史料编排的"长编之法"而发挥之。编年类史书在《资治通鉴》的基础上，向"简"与"繁"两个方向扩展，著述层出。其余解说、注释、补续、研讨《资治通鉴》之作很多，如南宋金履祥《资治通鉴前编》，元胡三省《资治通鉴音注》，清严衍《资治通鉴补》、毕沅《续资治通鉴》等等。

南宋理学家朱熹在删略《资治通鉴》的基础上开创新意，与门徒赵师渊共撰《资治通鉴纲目》五十九卷，其体式大书为纲，分注为目，"纲仿《春秋》而参取群史之良，目仿《左氏》而稽合诸儒之粹，至于大经大法，则一本于圣人之述作。使明君贤辅有以昭其功，乱臣贼子无所逃其罪。而凡古今难制之变、难断之疑，皆得参验稽决，以合于天理之正、人心之安"。[②] 这是一部讲求书法、义例，贯彻政治伦理和纲常准则，明正统、申道义的编年史，对于后世的政治历史观与史学发展影响甚大。由南宋至清代，多有阐发、批注和接续之作，例如宋尹起莘撰《资治通鉴纲目发明》，元朝王幼学编《资治通鉴纲目集览》、刘友益撰《资治通鉴纲目书法》，明官修《续资治通鉴纲目》，清官修《明纪纲目》等等，构成编年史籍的又一体系，史学地位、社会地位和影响

① 《册府元龟》卷五五六《国史部·采撰》，景印文渊阁《四库全书》本。

② （宋）李方子：《资治通鉴纲目后序》，清圣祖御批本卷首，景印文渊阁《四库全书》本。

已经超越了《资治通鉴》史籍系列。清乾隆年间纂成的《御批通鉴辑览》，为纲目体式的通史，纪事起自上古，止于明末，天头书有清高宗大量御批之语，全面评判历代史事，臧否人物，又重于正统名分及臣下忠节，被乾隆朝君臣自诩为“读史之玉衡”“传心之宝典”[①]，“于凡正统偏安、天命人心、系属存亡，必公必平，惟严惟谨，而无所容心曲徇于其间。观是书者，凛天命之无常，知统系之应守，则所以教万世之为君者，即所以教万世之为臣者也”。[②] 这意味着当局已经将之置于所有通史与前代史的至尊地位，奉为历史评论的圭臬。

中国传统史学的修史体例是多样的，纪传体、编年体之外，还有纪事本末体，还有专记典章、专记人物、专作考证、专述地方地理以及专为史论等等内容的史籍，而且各成系列。然而纪传体、编年体始终居于最显要地位，二者各有所长。虽纪传体整体上占有“正史”名义，但编年体的《春秋》经传以及《资治通鉴纲目》系列史籍，标举名分大义、褒贬书法、尊王攘夷、大一统与正统论观念，与儒学的纲常伦理相配合，在史学史、思想史和政治史上都发挥了重大影响，纪传体史书中少有可与匹敌者。编年史在中国政治文化中的作用不可小觑，对日本的影响也十分显著，值得考察和研究。

二　中国传统编年史对日本的影响

中国的传统史学何时以何种方式传入日本，已经难于确考，《汉书》《后汉书》《三国志》等都有对于海上“倭”国的记载，而且常有使者往来。可见中国文化向日本的传播，很早就已开始，这是一个持续不断和逐渐积累的进程。据《日本书纪》记载，约公元 391 年，就有王仁从朝鲜半岛百济国来到日本，传授各种儒学典籍。到 6 世纪，屡有中国南朝与百济的五经博士到达日本，经史之学应当已经在日本立足、发展。公元 600 年，日本向中国派出第一次遣隋使，两年后，历法之书传入日本，这是后来编纂编年史的必要条件之一。至 604 年，日本圣德太子制定的“宪法十七条”乃以汉字书写，袭用《尚书》《春秋左传》《诗经》《礼记》《周易》《管子》《孟子》《韩非子》《史记》《汉书》《文

---

① 《四库全书总目》卷八八《御制评鉴阐要》提要，景印文渊阁《四库全书》本。

② 清高宗：《御批通鉴辑览序》，载《御批通鉴辑览》卷首，景印文渊阁《四库全书》本。

选》等典籍的词句与论断，同时融入了明显的佛教思想。① 公元620年，日本圣德太子等人又纂录了《天皇记及国记臣连伴造国造百八十部并公民等本纪》②，这是日本官方纂辑史书的首次尝试，虽其书久佚，而从名称的记载可以推知：这种分类别、有层次记述史事的方式，乃是从中国纪传体史籍中得到了启示。圣德太子等日本上层人物的这些活动，表明日本对于中国传统文化，已经跨越了被动地接受影响，而开始有意识地刻意仿从和有目的、有规划地汲取。

坂本太郎《日本史概说》一书叙述此事，称道圣德太子具有"文化立国的观念"，认为他的思想根据是儒教和佛教，"这两个产生于不同地区、具有不同世界观的东方思想体系，统一在圣德太子一人的人格中，构成了稀有的丰富智慧和深远的理性"。③ 这个议论只是过度拔高了圣德太子的思想水平，并未讲出当时弘扬佛教与制定《宪法十七条》的背景与原因，但揭示出圣德太子"文化立国的观念"，对研究这段历史仍具有很大的启迪作用。复旦大学韩昇教授认为，圣德太子执政之时，需要理顺与权臣苏我马子的关系，苏我马子曾经暗杀崇峻天皇而拥立现任的推古天皇，专横跋扈，气焰熏天。圣德太子谋求加强皇权，"只能采取妥协做法，暗中扩张势力，逐步造成皇权至上之势……采取苏我氏正热衷推行的佛教形式，可谓上策"。④ 这第一次指出了圣德太子与苏我氏实际上是处于博弈的状态，但作者乃强调圣德太子对佛教的利用，而忽略他以儒学实施教化的宗旨。

苏我氏势力强悍，圣德太子并无实力与之对抗，这不能不说是皇权的危机。圣德太子与苏我氏皆崇信佛教，弘扬佛法显示了二人的合作，起到缓冲与掩护作用。但佛教并不具备强化皇权的理论基础，

---

① 见[日]大庭脩：《漢籍输入の文化史》，研文出版，1997年；[日]坂本太郎著，汪向荣等译：《日本史概说》，商务印书馆，1992年。

② [日]坂本太郎著，沈仁安等译：《日本的修史与史学》，北京大学出版社，1991年，第3页。作者认为"国记"是记载国家之史事，臣、连是日本中央政权中有势力的氏族，伴造是世代掌握朝廷某种事务的中等氏族；"百八十"表示众多，并非确数，"部"为伴造的同族；"公民"指直属于中央朝廷的人们。此书意欲记述上自天皇、下至国民的历史，是否撰成，学界看法不一，内容久已无存。

③ [日]坂本太郎著，汪向荣等译：《日本史概说》第三章，第56页。

④ 韩昇：《北京大学图书馆藏敦煌本圣德太子写经与东亚的"佛教外交"》，《史学集刊》2001年第3期。

真正能够运用的乃是来自中国的儒学思想，《宪法十七条》内虽然也有佛学的话语，但核心是儒学的政治伦理，目的在于宣扬皇权不可冒犯。例如第三条说："承诏必谨。君则天之，臣则地之，天覆地载，四时顺行，方气得通。地欲覆天，则致坏耳。"第四条："群卿百寮，以礼为本……上不礼而下非齐，下无礼以必有罪，是以君臣有礼，位次不乱，百姓有礼，国家自治。"第十二条："国非二君，民无两主，率土兆民，以王为主。所任官司，皆是王臣。"①思想之儒学特征，语句之模仿中国典籍，都十分明显。《天皇记及国记臣连伴造国造百八十部并公民等本纪》的编辑，也是昭示天皇高高在上以及下属的等级身份制度，等级身份制同样起到维护皇权的效用。应当明了：无论《宪法十七条》还是《天皇记及国记臣连伴造国造百八十部并公民等本纪》，都不具有法律效力，只是一种官方教谕，试图影响人们的思想和观念。圣德太子希望以此争取人心，树立起拥护天皇集权的理念，引导社会意识，这正是所谓"文化立国"的真谛。但其效果不可能一蹴而就、立竿见影，需要持续长久的努力，更需要与现实的世态民情密切结合。

圣德太子与苏我马子死后，日本政局又经历了几番动荡，还发生了内乱外战。在中国，唐朝取代了隋朝，政治体制和文化发展渐进到新的繁荣局面，对日本的影响力也空前加大。在朝鲜半岛，新罗与百济之间开始了兼并战争，新罗联合唐朝，百济亲近日本。公元663年，唐朝与日本、百济的联军在白江村激战，日军遭受惨败，百济随之灭亡。此事对日本具有巨大的多方面刺激，而是否全面坚持仿从唐朝的改革，成为政治斗争的主线。在眼花缭乱的权力纷争、律令制定、经济调整的背后，官方较为平稳的史学建设，乃是对日本社会发展起到最坚韧、最稳固、最特别也是最长远影响的因素。这种重要的史学活动发生于日本大和政权的奈良时代（701—794），体现了中国传统史学对日本的深刻影响。

据记载，公元712年，元明天皇令安万侣承接此前修史工作，纂成《古事记》三卷，这是日本现存最早的史籍。该书叙述历代天皇事迹，略具先后次序，但缺乏确切的年代记述，叙事的各个条目详略不

---

① 以上见《日本书纪》卷二二，推古天皇十二年四月载《宪法十七条》原文，吉川弘文馆，1989年。

一，有的仅仅一行文字，类若笔记杂录。但其特点是构建了天皇为神之后裔的说法，也排列了各代天皇的世系，在制造天皇独尊的舆论上前进了一步，是向成熟史书编纂的一个过渡。公元720年成书的《日本书纪》（舍人亲王奉敕撰）三十卷，才是一部正式成熟的史籍，在日本政治文化上具有划时代的意义。此书具有以下值得分析的特点。

第一，全书基本是正规的编年体，以汉文书写，纪年历法源自中国，从形式到内容都明显地仿从了中国史编年体史书的撰著方法，但也做了一些机动灵活的调整。《日本书纪》纂修之际，正值中国的唐代，中国传统史学已然相当成熟，日本是现成地接受了中国长足发展的史学成就，在修史方式上可以做充分的选择。如前所述，唐朝特别尊崇纪传体史书，然而日本纂修本国历史则选取了编年体。日本学者认为，《日本书纪》仿照中国《汉纪》《后汉纪》等编年体史书，也汲取了《汉书》等的“本纪”，即以一代皇帝为单元的分卷做法，故名曰“书纪”。[①] 这种解释很有道理，但纪传体的本纪也是编年体，前三卷的神代部分才是编年之外的灵活处理，因为关于神代的故事不适宜编排纪年，于是仍用类若《古事记》的叙事形式。

第二，除了神代史之外，《日本书纪》排列从神武天皇到第四十一代持统天皇的正统世系，并且详叙其事，每届天皇都有言之凿凿的纪年年数。但实际上，这些纪年大都是人为编排的，如第一代神武天皇乃是根据来自中国的谶纬学说，以“辛酉革命”说出发，从推古天皇九年（辛酉）上推21个甲子编造而成，大大延长了历史纪年，造成以下的天皇纪年都掺入水分。稍有实据的纪年应当是从公元6世纪初的继体天皇开始。[②]修史者编排这样系统的纪年，是出于政治的需要，它显示了天皇正统传承的系谱、悠久的历史和年代周详，自然而然给人以敬畏、可信的印象。对于不能编年的神代史，则反复地采取标明“一书曰”、又“一书曰”的方式，罗列多项传说，似乎很忠于原始资料。但这些罗列只有细节上的出入，实质并无区别，目的也是要博得信

---

① 参见[日]坂本太郎著，沈仁安等译：《日本的修史与史学》，第15页。

② 日本幕末史学家伴信友就对此做出过考证，参见伴信友《日本纪年历考》。明治时期著名史学家那珂通世发表《上古年代考》，认为《日本书纪》的纪年依照谶纬说法做出人为的编排与延长，至少虚构了600多年的历史。上述日人论文，载于辻善之助编辑《日本纪年论纂》，东海书房，1947年。

任。实际上，日本当时哪里会有这“一书”又“一书”的许多典籍？而刚刚修成几年的《古事记》却未见引用，原因是《日本书纪》所构建的神代系统与《古史记》并不相同。

第三，该书通过塑造七世的神代史和所谓天孙降临的故事，来转换为人代历史，直接申明天皇乃是天照大神的后裔，具有不同于凡人的神的品格，至尊地位无可替代。天皇永远占据正统统治者的名位，哪怕大权旁落，这个神格的天皇地位也不能被他人取代，这是一种极端的皇权血统论观念。中国传入的儒学纲常伦理，《春秋》学的大义、名分观念，帝王正统论历史思想等等，都在天皇神格的塑造中得到无限的强化，从而否定了政权鼎革的合理性。《日本书纪》的这一主导思想，借助于日本尚存的以血缘纽带联结的社会关系，依托于圆满的历史叙述体系，较为容易地征服人心，给早期日本的各个阶层植入浓重的政治血统观念，致使在名分、大义上，形成不可触动天皇的思维定式，而且很难产生相对立的意识形态。这是日本天皇能够实现“万世一系”的主要原因，它其实是来源于中国史学理念并且稍加改造，改造的关键点是将“皇天无亲，惟德是辅”[①]的历史观念，变成“皇天有亲，神格至上”——天皇就是最高神的嫡亲后裔。

总而言之，《日本书纪》的编纂是十分政治功利主义的举措。日本杰出的史学家津田左右吉早就指出，《日本书纪》的神话并非民间自发产生与发展，而是出于实现政治统一的构想进行的有意的编纂，以加强天皇为中心的中央集权。[②] 该书之所以选择编年体撰修方式，一是这种体例较好掌握，二是宜于构建天皇为核心的历史体系，其编纂意旨远承圣德太子的理念，但比《宪法十七条》的空洞说教、比《天皇记及国记臣连伴造国造百八十部并公民等本纪》的粗糙记述，高明与成熟的程度已经天差地别，这个进步得益于对中国汉唐之际史学文化的深入领会。

有《日本书纪》开先，日本朝廷陆续纂修了《续日本纪》《日本后纪》《续日本后纪》《日本文德天皇实录》《日本三代实录》等五部史书，

---

① 杨伯峻：《春秋左传注》僖公五年，中华书局，1981 年，第 309 页。

② 《津田左右吉全集》别卷第一《神代史の新しい研究》，东京岩波书店，1966 年，第 42 页。

与《日本书纪》合称“六国史”。六国史的体例大体一致，皆为按各代天皇分卷的编年史，编年体已经成为日本官方纂修国史的主要形式，而中国兴盛的纪传体在日本修史活动中长期受到冷落。自《续日本纪》始，每值高官、贵族逝世之时，附记其人生平事迹。日本学者据此认为这是“取纪传体的传记部分加入编年体，丰富了记事的内容，弥补编年体的局限……可谓令其史体得到了进展”。① 意思是说日本发展了编年体的写作方法。这是对中国史学不甚了解造成的误说，其实唐、宋实录都在重要人物卒年加入其人简要传记，《续日本纪》以下的几种史书不过是仿效唐朝纂修的实录而已。在唐代，实录是公开发布的史籍，日本遣唐使很容易看到并且获得。日本编年体史书从仿照《汉纪》等书转而仿照唐代实录，是在接受中国编年体史书的影响中有所趋新。

“六国史”完成之后，因政局不稳，地方动荡，天皇势力式微，以朝廷名义的修史活动显著衰退，但此后仍撰成十七卷的简略编年史《百炼抄》。日本的官方修史不止天皇的朝廷，掌权的“武家”、幕府都可以成为修史的主体，此外也有不少的私家修史，他们的编年史撰述络绎不绝。例如不明作者的《日本纪略》，由藤原通宪纂修的《本朝世纪》，僧人皇圆编纂的《扶桑略记》等等，都是有影响的编年史。而镰仓幕府时纂修的《吾妻镜》一书，是又一编年体历史名著，全书达五十二卷，比较详细地记述了公元 1180—1266 年前后与幕府将军相关的历史。在日本还出现一种历史故事类书籍，史事与文学渲染纠合一起，撰者多为私家。这种撰述实际也融入编年叙事的方法和结构，例如著名的《荣华物语》即具有明晰的编年特征。由此可见，编年史的撰写已经扩展到官方与私家的各个阶层，立足于日本，形成一定的文化氛围。

《资治通鉴》这部重要的编年体史书何时传入日本，尚难确考，因为北宋严格限制图书外传。但至迟到南宋时期也已流布于日本，因为镰仓幕府时期即已成为天皇和幕府的经常阅读之书，后醍醐天皇

① ［日］坂本太郎：《六国史について》，载东京大学史学会编《本邦史学史论丛》上卷，东京精兴社，1939 年，第 130 页。

(公元1321年即位)时曾经作为经筵进讲之书。[①] 至江户时代,《资治通鉴》与《资治通鉴纲目》都成为倍受关注的重要史籍,德川幕府及宫廷均将之用于讲习,而学者之中,研习、讲论蔚成风气,史学影响和思想影响颇为显著。德川幕府时期,日本的经济与文化都获得较大的发展,修史事业也繁荣发达。幕府官修和幕府所指令学官纂修的史籍,大部分为编年体,如《武德大成记》《东武实录》《武德编年集成》《德川实纪》《续德川实纪》《后鉴》等等。这些史籍融会了对多种中国编年体史书体式的理解,稍作变通,除加入一些综述、附录的内容之外,主干均为编年记述。在这一时期最重要的著述是大学头林罗山父子编纂的《本朝通鉴》。

林罗山(1583—1657),名信胜,号罗山,又称道春。在德川幕府初期的学术文化发展中起到重大的作用,因而林家世任"大学头",相当于首席学官。他崇信朱子学说,对中国儒学和程朱理学多有研究,撰著丰富。在史学上,对《资治通鉴》和《资治通鉴纲目》甚为推重,曾写诗赞扬《资治通鉴纲目》:"紫阳通鉴笔纯精,教使君臣必正名。历代一纲张目万,盛衰治乱眼分明。"[②]

林罗山在完成多种幕府的修史项目之后,开始编纂一部编年体日本通史,生前撰成四十卷,记叙了自开国神武天皇到宇多天皇的历史,题名"本朝编年录"。他逝世几年后,幕府将军命其子林恕继续编纂,定书名为《本朝通鉴》。在官方的大力扶助下,林恕率领儿子、门生以六年的时间修成全书,即《本朝通鉴》四十卷,署名仍为林罗山,《续本朝通鉴》二百三十卷,记史下限止于后阳成天皇庆长十六年(1611),外加前编三卷,叙述神代故事,又有提要三十卷、附录五卷、卷首二卷。其书《凡例》称:"每岁某年上,横书干支,仿朱子《纲目》例。而记事之法,聊模温公《治鉴》之体。"这意味着本书主干仿照《资治通鉴》编年叙事,但也汲取了《资治通鉴纲目》的因素,不仅仅表现在每年首书干支纪年,正文内容也间有纲、目样式的编写风格,例如卷五孝德天皇大化三年十二月,正文有"制七色十三阶之冠",其下低

---

① 参见李春光:《〈资治通鉴〉传入日本及其影响》,《社会科学研究》1988年第3期。

② [日]林罗山:《罗山诗集》卷六六。转引自[日]中山久四郎:《朱子の史學特に其の資治通鑑綱目につきて》,载氏著《读史广记》,东京章华社,1933年。

一格书写一段文字，解说官冠具体的分色、分阶情况；卷九文武天皇大宝三年正月有“定大射禄法”正文，其下低一格书写一段文字，讲解这种规制。这样的实例尚有很多，都类似于有纲有目、互相配合的方法。《续本朝通鉴》将这一特点发挥推广，常常以低一格的详细文字补充内容和考述史籍的不同记载，类似解“纲”之“目”。但本书没有史论，这不同于《资治通鉴》与《资治通鉴纲目》，探寻其故，应是林氏父子以私家肩负官书纂修，意存谨慎，只直书史事，不作议论。林家是崇尚朱子的，编纂此书不用纲目体，大约也是要免于担当以书法定褒贬、发议论辨是非的责任。

但《资治通鉴纲目》这部编年史的主要影响，已经不在于修史体例方面，而是与整个朱子学说结合，发挥巨大的思想观念功效。江户时代水户藩的学术异军突起，比其他学者更为严格地讲求《春秋》大义、《纲目》大法。公元 1657 年，水户藩藩主德川光圀正式开办史局，启动纪传体通史《大日本史》的纂修。此书规模庞大，纂修艰难，几经起伏，至 1897 年基本修成，1906 年方全部印行，前后历时 250 年。全书纪、表、志、传共三百九十七卷，另目录五卷，是日本惟一的一部体例完备的纪传体通史。本书虽为纪传体，但十分讲求《春秋》大义、纲常名分，执意将早期的神功女皇写入《后妃传》，在日本南北朝历史上坚决主张以南朝为正统，自称这些都是贯彻了《春秋》精神、《纲目》准则，甚至仿照《资治通鉴纲目》的书法，为被流放的后醍醐天皇在相应的年份特别书写“天皇在隐歧”，如《资治通鉴纲目》“帝在房州”之例。[①]高唱“尊王”的水户学派，后来成为倒幕运动的舆论制造者，其思想根据，就是包括《资治通鉴纲目》历史观点在内的朱子学说。日本接受中国传统编年史的影响，不限于史学领域，前有《日本书纪》的编纂，后有《资治通鉴纲目》精神的发扬，对日本社会历史的发展，有极其重大的影响。

德川幕府垮台之后，明治天皇亲掌大权，在积极学习西方的同时，继续实行“王政复古”，其中重要举措之一就是下令纂修《大日本

① 唐武则天将其子唐中宗废除帝位，放逐房州。《资治通鉴纲目》连续十三年于每年正月开篇即书写“帝在均州”（一次）、“帝在房州”（十二次），直至返回京城。此被称为以史笔书法申明大义的典型示范。

编年史》，明治二年（1869）天皇颁诏书曰：

> 修史乃万世不朽之大典，祖宗之盛举，但自《三代实录》以后，绝而未续，岂非一大缺憾！今已革除镰仓以来武门专权之弊，振兴政务，故开史局，欲继祖宗之余绪，广施文教于天下。任总裁之职，须素正君臣名分之谊，明华夷内外之辨，以树立天下之纲常。①

语意中暗暗贬抑德川幕府纂修的《本朝通鉴》和水户藩编撰的《大日本史》，欲以天皇主持纂修的通史凌驾其上，占据最高的正史地位。当然，他属意的仍然是编年体，此中似有《日本书纪》和“六国史”的情结。在拟议的《大日本编年史》中，决不舍弃《日本书纪》构建的神代史，因为天皇政权正在整合日本的神道思想，推行鼓吹天皇神格的“国家神道”观念。然而时代已经不同，整个日本国充满了锐意学习西方政治文化的环境。在史学上，清朝历史考据学的影响和德国兰克史学的输入，孕育了强烈的治史求真的理念，弥补了日本旧史学的先天不足。担任首席纂修官的史学家重野安绎和纂修成员久米邦武，受考据学和西方史学理论的影响，著文揭发国家神道的老底，考订日本古史记述的种种失实，终于导致笔祸，久米邦武罢免，重野安绎辞职。但是，日本的国家修史活动也难以为继，因为无法回避学者所揭出的年代伪造、旧史失真的问题，官方史学于是寿终正寝，只进行史料的整理以供学界研讨。不过，私家著述仍络绎不绝，如马杉系《国史纲鉴》是以“纲目”体例编纂的通史，铃木贞治郎《江户政记》、三尾重定《新撰日本政记》等等都是标准的编年体，连重野安绎也撰修了编年体《大日本维新史》。编年体这种古老的中国史体，传入日本之后，即使在百事更张、体制西化的维新条件下，仍在相当长时间内维持了一定的活力。

三　中国编年体史书影响于日本的学术启示

研究中外史学交流和相互影响，不能仅停留在现象的罗列和堆积上，应当进而探讨其学术启示，加深对于史学史、史学理论的认识。

---

① 转自[日]坂本太郎著，沈仁安等译：《日本的修史与史学》，第166页。

中国传统的编年体史书传入日本并且产生很大影响，可以引发我们哪些学术思考呢？这里暂且列述三点，抛砖引玉。

第一，日本将编年体修史方式作为首要接受的对象，从中可深入思考中国史书体裁的多样化问题。编年体也是中国最早的修史体裁，其线索简明，把握时间顺序即可成形，切合于历史事件发生、发展的自然状态。日本在面对中国多种史书体例传入的情况下，选择编年体修史，是因为便于掌握，这在上文已经提到。那么中国古代为什么会形成多样的史书体例？这是因为中国的原发性史学包含有求真知、求广知的因素。在官方史学与私家史学的互动和互为制约中，私家创新撰史体例，是面对官方制约下达到真知、广知的一条途径。纪传体史书可以容纳较为规范的史事内容，分类记述也便于读者深化理解，司马迁就是在意欲“究天人之际，通古今之变”的探求中创立了纪传体。典制体、纪事本末体等史书，也是试图深入认识某种历史事物或便于认知历史状况的实际需要所催化产生的。纪传体通史的编纂十分艰难，中国古代实际只产生《史记》这部成功之作，而纪传体断代史较适合于中国古代反复改朝换代的状况。日本早期，没有按纪传归类方式组织史料的编纂能力；确立天皇“万世一系”后，纪传体断代史不大适宜采用。至江户时代，终于开始编纂一部纪传体通史，这其中还不无水户藩有与幕府大学头林家史学相竞争的闹意气因素①，即使有此一书，也不能动摇日本编年体史书占据的主导地位。江户时代和明治时期，还出现过几种纪传体史书②，但其影响微不足道。

其实即使在中国，纪传史体史书不是必然居于编年体史书之上，其所以会成为“正史”，是唐朝官方所酿成。唐朝起家根源在北方，唐初修史如果采用编年体，必然会面临南北朝时采用南朝还是北朝年号的问题。于是统治者倾向于纪传体，北齐、北周、梁、陈等各成一书，皆立本纪，淡化了并立政权孰为“正统”的问题，如此导致对纪传体史书的抬高，取得了正体史书的地位。史学的发展，有时也会因特殊情况偶然地形成无法逆转的趋向。

---

① 日本学者坂本太郎有此说法，见前揭氏著《日本的修史与史学》，第130页。

② 参见周斌：《日本汉文纪传体史书综论》，《史学史研究》2009年第3期。

第二，原发性史学产生的条件之一，是一定的社会历史背景和文化环境，造成较普遍的自觉记史意识与记事求真的强劲理念，并且此种理念得以立足于社会，历史学才能真正破土萌发，由可能性转化为现实。一些民族和地区，不能原发性地产生史学，也可以次生地接受传入的史学，但次生、传入的史学不仅需要做出适合新环境的改造，而且往往有先天的缺陷，这是原发史学与次生史学的不同生态。日本最初接受中国的传统史学，出于功利性宗旨，《日本书纪》就反映了这种倾向，其先天缺陷是记事求真的意识相当淡薄。按说缺乏坚韧的记事求真意识，移植而来的史学也容易枯萎，日本的史学发展也确实有过间断，有过《荣华物语》之类杂糅文学想象的记史作品，这都可能导致史学的异化和消解。不过，日本史学是靠从中国源源不断引进史籍来维持，直至其自身逐渐成熟。日本史学真正具备可以独立、内在地发展，大约应迟至江户时代，这时受中国传统考据学影响，具有求真考实的理念，也有了对于历史观念的独立思考。中外史学交流上的这一问题，值得延伸考察和认真研究。

第三，如前所述，《日本书纪》为了某种政治需要，公然编排不确实的历史纪年，这种情况是否也存在于中国古代？中国的上古纪年是否也曾有过这样的编排？通过对日本早期史学的研讨，不能不思考这个问题。

中国古代的历法，记日方法和记月方法产生很早，也比较完善，唯独纪年方法十分模糊，至西汉初年也没有多大改善，到汉武帝时才渐次形成帝王年号的纪年方式，算是有了确切的纪年方法。从现存殷商、西周的甲骨文和铜器铭文来看，长期沿用“维王”若干年（祀）的纪年方式，而对于在位君王又缺乏明确的称谓①，以致于今存铜器铭文即使有其纪年，但所属哪一君王，仍然不易判断，这反映出纪年方法的严重缺陷。在这种纪年方法不完善的情况下，必须形成连续的记事文籍，“维王”而不明哪一君王的缺憾才可以得到弥补，而连续的、有年数的记事也就是编年体史籍的诞生。根据《史记》，中国久已

---

① 西周君王有谥号，如“成王”“康王”“昭王”等，应为死后所加。史学界有人认为早期这些王号可以“生称”。但从纪年中从未出现在位周王的称号来看，“生称”之说难以成立。

公认的确切纪年始于公元前 841 年的共和行政。所谓共和行政，是周厉王被国人暴动所驱逐，暂由共伯和执政。据顾颉刚、徐中舒等学者考订，共伯和就是很有历史意识的卫武公①，那么凭卫武公的政治眼光，不难明了共和行政只是一个过渡时期，则有必要记录时政，以备将来查验，免遭谴责与祸患。因此可以推断，共和行政开始了按时间先后连续性的记载史事，从而也有了确切的纪年，那么中国上古史学的产生与准确纪年的起始，是同时的、一致的事件。此前没有连续性的记史活动，也就不会有准确的纪年。前述西晋出土的《竹书纪年》，纪年远始于夏代，应当是很不可靠的。有人指责夏商周断代工程没有充分利用《竹书纪年》的年代体系是个败笔，对此笔者不敢苟同。断代工程固然问题甚多，但不采用《竹书纪年》的说法，不是过错。司马迁在《史记》中说："余读谍记，黄帝以来皆有年数，稽其历谱谍终始五德之传，古文咸不同，乖异。夫子之弗论次其年月，岂虚哉！"②由此可知，司马迁见过不同编排体系的上古纪年，"黄帝以来皆有年数"而且互相"乖异"，无法考信，最终还是采取从共和行政开始的准确纪年。因此，《竹书纪年》的纪年系统不过是战国时期多种编排的一种，其共和行政之前的年数可供参考，但不可贸然据信。

中国古代史学对东亚各国的影响，是中国史学史研究的必备内容，这种考察包括了东亚不同民族、不同国度之史学的比较，经过认真探索，定将会深化对史学发展史的认识，从而再创学术新境。但这项研究任务十分艰巨，当前史学界还只是蹒跚起步，极望历史学界的诸多才俊特别关注和踊跃投入。

（原载《中国高校社会科学》2014 年第 5 期，刘文英署名第二作者）

---

① 顾颉刚：《史林杂识初编》第三十八"共和"条，中华书局，1963 年，第 203 页；《徐中舒历史论文选辑》（下），中华书局，1998 年，第 1005 页。

② 《史记》卷一三《三代世表·序》，中华书局，1959 年，第 488 页。

附录　乔治忠著述、论文简目

（一）论著

1.《众家编年体晋史》，天津古籍出版社，1989年。

2.《王夫之》，新蕾出版社，1993年。

3.《清朝官方史学研究》，台北文津出版社，1994年。

4.《中国史学史研究述要》（姜胜利署名第二作者），天津教育出版社，1996年。

5.《环球凉热——中国人认识世界的历程》，河南人民出版社，1998年。

6.《清文前编》，北京图书馆出版社，2000年。

7.《中国学术史》（张国刚、乔治忠等著），东方出版中心，2002年。

8.《清史纪事本末》第四卷（雍正朝卷），上海大学出版社，2006年。

9.《中国官方史学与私家史学》，北京图书馆出版社，2008年。

10.《中国史学史》，中国人民大学出版社，2011年。

11.《增订中国史学史资料编年》，商务印书馆，2013年。（先秦至隋唐五代卷、宋辽金卷、元明卷，杨翼骧原作，乔治忠、朱洪斌订补；清代卷，乔治忠、朱洪斌编著）

12.《杨翼骧先生中国史学史手稿存真》(整理，杨柳署名第二作者)，国家图书馆出版社，2013 年。

13.《中国史学史经典精读》(主编)，高等教育出版社，2014 年。

14.《清代官方史学与私家史学相互关系研究》，新北花木兰文化出版社，2016 年。

15.《增编清朝官方史学之研究》，天津古籍出版社，2018 年。

(二)论文

1.《唐代士族、庶族的合流及科举制在其中的作用》，《南开史学》1981 年第 1 期。

2.《司马光〈史剡〉中的史料学思想》，《南开史学》1983 年第 2 期。

3.《章学诚史学思想新探》，《南开史学》1985 年第 1 期。

4.《章学诚方志学理论的形成和发展》，《史学史研究》1986 年第 3 期。

5.《〈史通〉编撰问题辩正》，《中国历史文献研究》(一)，华中师范大学大出版社，1986 年。

6.《论历史研究中的抽象性的认识》(刘泽华、乔治忠)，《红旗》1988 年第 11 期。

7.《章学诚的史学创见与修志实践的关系》，《南开学报》1988 年第 4 期。

8.《清代历史文献学的发展》，《清史研究通讯》1989 年第 1 期。

9.《章学诚的史学总体观念》，《历史教学》1989 年第 7 期。

10.《〈四库全书总目〉清代官修史书提要订误》，《史学集刊》1990 年第 1 期。

11.《晋起居注综考》，《古籍整理研究学刊》1990 年增刊。

12.《说〈康熙起居注〉》，《史学史研究》1991 年第 1 期。

13.《清朝的修史制度及其特点》，《南开史学》1991 年第 1 期。

14.《清太祖和清太宗对历史知识的学习与应用》，《历史教学》1991 年第 12 期。

15.《满文老档编撰问题补正》，《古籍整理研究学刊》1991 年增刊。

16.《论清高宗的史学思想》，《中国史研究》1992 年第 1 期。

17.《清太祖一朝实录的纂修与重修》,《南开学报》1992 年第 6 期。

18.《乾隆皇帝的史地考据学成就》,《社会科学辑刊》1992 年第 3 期。

19.《“后金檄明万历皇帝文”考析》,《清史研究》1992 年第 3 期。

20.《〈旧满洲档〉与内国史院档关系考析》,《历史档案》1994 年第 1 期。

21.《后金满文档册的产生及其史学意义》,《社会科学战线》1994 年第 3 期。

22.《清代国史馆考述》,《文史》第 39 辑,中华书局,1994 年 3 月。

23.《清入关前满文档册考析》,中国历史文献学会编《历史文献与民族文化研究》,高等教育出版社,1994 年。

24.《日本尊经阁文库》,《中国典籍与文化》1995 年第 1 期。

25.《读〈中国史学史资料编年〉第二册》(署名陆申),《史学史研究》1995 年第 2 期。

26.《论中国古代史学理论的思想体系》(杨翼骧、乔治忠),《南开学报》1995 年第 5 期。

27.《孙盛史学发微》,《史学史研究》1995 年第 4 期。

28.《清代前期诸帝维护绝对君权的政治思想》,载刘泽华主编《中国政治思想史》,浙江人民出版社,1996 年。

29.《夜半钟声及其“说明”》,《近代史资料》总 90 号,1997 年第 2 期。

30.《〈大清一统志〉的初修与方志学的兴起》,《齐鲁学刊》1997 年第 1 期。

31.《章学诚“史德”论思想评析》,载《中国历史与史学》,北京图书馆出版社,1997 年。

32.《纪传体史书中人物列传的纂修》,(台北)《历史月刊》1997 年第 8 期。

33.《清代官修史书与〈大清会典事例〉》(王鸿雁署名第二作者),《史学史研究》1997 年第 3 期。

34.《乾隆皇帝传的世纪末的审视——兼及传记史学的方法问题》(署名陆申),《清史研究》1997 年第 3 期。

35.《清初史家吴任臣及其〈十国春秋〉》，载《南开大学历史系建系七十五周年纪念文集》，南开大学出版社，1998 年。

36.《章学诚传》，载白寿彝主编《中国通史》第 10 卷，第 18 册，上海人民出版社，1999 年。

37.《〈四库全书〉本〈明史〉发覆》（杨艳秋署名第二作者），《清史研究》1999 年第 4 期。

38.《孙盛〈魏阳秋异同〉考析》（宋志英署名第二作者），载南开大学古籍研究所编《文史论集》，南开大学出版社，1999 年。

39.《〈御批通鉴辑览〉考析》，载《郑天挺先生百年诞辰纪念文集》，中华书局，2000 年。

40.《〈清世祖实录〉的纂修及康熙初期的政治斗争》（侯德仁署名第二作者），《清史研究》2000 年第 4 期。

41.《陈垣先生的历史考据学》（刘馨署名第二作者），载龚书铎主编《励耘学术承习录——纪念陈垣先生诞辰 120 周年》，北京师范大学出版社，2000 年。

42.《〈十八史略〉及其在日本的影响》，《南开学报》2001 年第 1 期。

43.《〈毛大将军海上情形〉与中日两国的学者》，《中国典籍与文化》2001 年第 2 期。

44.《日本现藏孤本〈新锲纂辑皇明一统纪要〉及其反映的明代社会》，《中国社会历史评论》第三卷，中华书局，2001 年。

45.《中国先秦时期的史学观念》，载《文史论集》二集，天津社会科学院出版社，2001 年。

46.《系地于史、史地融汇——谈顾祖禹〈读史方舆纪要〉》，《光明日报》2001 年 11 月 13 日（理论周刊）。

47.《清廷"敬天法祖"政治原则及其社会影响》，《清史论丛》2002 年号，中央广播电视出版社，2002 年。

48.《明代史学发展的普及性潮流》，《中国社会历史评论》第四卷，商务印书馆，2002 年。

49.《史学的发展应当强化学术性》，《南开学报》2002 年第 6 期。

50.《中国史学发展前景之我见》，《北京师范大学学报》2003 年第 1 期。

51.《清太宗朝汉文档案文献考析》,《中国史研究》2003 年第 1 期。

52.《试论汉赋对〈史记〉创作的影响》(王盛恩署名第二作者),《史学月刊》2003 年第 4 期。

53.《论清顺治朝与康熙朝初期对〈明史〉的纂修——兼与香港大学何冠彪博士商榷》,《河北学刊》2003 年第 3 期。

54.《杨翼骧教授的史学成就及其学术特点》(姜胜利署名第二作者),《史学史研究》2003 年第 2 期。

55.《论中国史学史的学术体系》,《史学理论与史学史学刊》2002 年卷,社会科学文献出版社,2003 年。

56.《历史主义方法是史学批评的基本方法》,《郑州大学学报》2004 年第 1 期。

57.《论学术史视野下的史学史研究》,《南开学报》2004 年第 2 期。

58.《十六国、北朝政权的史学及其历史意义》(王秀丽署名第二作者),《齐鲁学刊》2004 年第 4 期。

59.《魏显国的通史著述与史学思想——日本藏本〈历代史书大全〉书后》,《史学史研究》2004 年第 3 期。

60.《试论新修大型〈清史〉的体例问题》,《清史编纂体裁体例讨论集》下册,中国人民大学出版社,2004 年。

61.《论章学诚史学理论形成的三项根基》,中国社科院历史研究所编《明清浙东学术文化研究》,中国社会科学出版社,2004 年。

62.《章学诚学术的百年来研究及其启示》,《史学理论与史学史学刊》2003 年卷,社会科学文献出版社,2004 年。

63.《乾隆朝官修西域图志考析》(侯德仁署名第二作者),《清史研究》2005 年第 1 期。

64.《论中日两国传统史学之"正统论"观念的异同》,《求是学刊》2005 年第 2 期。

65.《中国古代官方史学的兴盛与当代史学新机制的完善》,《河北学刊》2005 年第 2 期。

66.《朝鲜吴庆元小华外史考论》(孙卫国署名第二作者),《史学史研究》2005 年第 2 期。

67.《中国古代史研究综述》(天津范围,孙文阁署名第二作者),《2004 年天津社会科学年鉴》,天津人民出版社,2005 年。

68.《论中日两国传统史学的比较研究》,《学术月刊》2006 年第 1 期。

69、《〈孔宅志〉其书以及相关的历史问题——日本现藏孤本〈孔宅志〉发覆》,《求是学刊》2006 年第 5 期。

70.《略论顺治朝的官方史学》(崔岩署名第二作者),《史学理论与史学史学刊》2006 年卷,社会科学文献出版社,2006 年。

71.《清代历史地理学的一次科学性跨越——乾隆帝〈题毛晃禹贡指南六韵〉的学术意义》(崔岩署名第二作者),《史学月刊》2006 年第 9 期。

72.《韵文述史,审视百代——论清高宗的咏史〈全韵诗〉》(崔岩署名第二作者),《文史哲》2006 年第 6 期。

73.《徐元文为修〈明史〉奠定基础》,载《二十六史作者评传》,文化艺术出版社,2006 年。

74.《历史学的扩大视野与独立思考——读叶文宪教授的〈重新解读中国〉》,《苏州科技学院学报》2007 年第 1 期。

75.《〈国史要义〉导读》,载中国人民大学出版社 2007 年版《国史要义》卷首。

76.《史家王树枏及其〈欧洲族类源流略〉》(刘芹署名第二作者),《史学月刊》2007 年第 8 期。

77.《清代乾嘉时期的官方史学与私家史学》(杨永康署名第二作者),《学术月刊》2007 年第 8 期。

78.《清高宗与章学诚史学思想的比较研究——透视清朝"盛世"史学的价值取向》(崔岩署名第二作者),《天津社会科学》2007 年第 6 期。

79.《中国与西方古代史学的异同及其理论启示》,《学术研究》2007 年第 11 期。

80.《中国历史考据学的发展》,载《从考古到史学研究之路——尹达先生百年诞辰纪念文集》,云南人民出版社,2007 年。

81.《略论清朝官方史学中的少数民族因素及其启示》(崔岩署名第二作者),《郑州大学学报》2008 年第 3 期。

82.《胡思敬撰述〈国闻备乘〉初探》(李泽昊署名第二作者),《史学史研究》2008年第2期。

83.《中日两国官方史学及其近代转型的比较》,《史学月刊》2008年第7期。

84.《继之成之,三代学人协力;开焉拓焉,铺展专业通途——读白寿彝先生主编六卷本〈中国史学史〉》,《史学理论与史学史学刊》2008年卷,社会科学文献出版社,2008年。

85.《清朝纂修〈明史〉述论》,载《万斯同与〈明史〉》(下),宁波出版社,2008年。

86.《〈史籍考〉编纂问题的几点考析》,《史学史研究》2009年第2期。

87.《古代中国官方修史视角下的中外史学比较》,《史学理论研究》2009年第2期。

88.《改革开放以来的中国史学史研究》,《史学月刊》2009年第7期。

89.《对"史料学"、历史文献学与史学史关系的探析》,《学术研究》2009年第9期。

90.《毕沅幕府修史在乾隆时期史学发展中的地位》(李金华署名第二作者),《求是学刊》2010年第1期。

91.《中国古代"起居注"记史体制的形成》(刘文英署名第二作者),《史学史研究》2010年第2期。

92.《学术、学术史与知名学府的重要作用》,《云梦学刊》2010年第4期。

93.《王国维"二重证据法"蕴义与影响的再审视》,《南开学报》2010年第4期。

94.《钱实甫〈清代布政使年表〉订误举要》(刘文英署名第二作者),《历史教学》2010年第16期,8月下半月刊学术版。

95.《魏秀梅〈清季职官表·布政使表〉补正》(刘文英署名第二作者),《历史档案》2010年第3期。

96.《〈世本〉成书年代问题考论》(童杰署名第二作者),《史学集刊》2010年第5期。

97.《两汉时期中国古代传统史学基础的奠定》,《史学理论与史学史学刊》2010年卷，社会科学文献出版社，2010年。

98.《中国传统史学对民族融合的作用》，《学术研究》2010年第12期。

99.《论历史知识普及工作的基本原则》，《郑州大学学报》2011年第1期。

100.《坚持求真理念，致力新中国史学整体建设——陈垣1949年之后的学术建树》（钟学艳署名第二作者），《学习与探索》2011年第2期。

101.《中日两国历史学疑古思潮的比较》（时培磊署名第二作者），《齐鲁学刊》2011年第4期 。

102.《弘扬郑天廷先生敦厚持重的学术风范——读〈及时学人谈丛〉》，载《中国古代社会高层论坛文集》，中华书局，2011年。

103.《关于中外史学比较研究问题的解说》，《山东社会科学》2011年第9期。

104.《中国史学起源问题新论》，《史学史研究》2011年第3期。

105.《论中国古代的政治历史观》，《天津社会科学》2011年第6期。

106.《中国史学史学科体系的思考》，《学术月刊》2012年第1期。

107.《论中国史学史知识体系的更新——课程教学与学术研究的体验》，《廊坊师范学院学报》2012年第1期。

108.《论中国传统史学双轨发展格局的形成》（孔永红署名第二作者），《苏州大学学报》2012年第3期。

109.《中国史学史学科发展与中外史学比较》，《史学月刊》2012年第8期。

110.《日藏孤本〈勋贤祠志〉及其相关史事》，《浙江学刊》2012年第6期。

111.《清代普及性史籍〈鉴撮〉析论》（孔永红署名第二作者），《史学史研究》2012年第4期。

112.《康熙帝与孝庄太皇太后政治关系的解构》（孔永红署名第二作者），《齐鲁学刊》 2013年第2期。

113.《史学史专家杨翼骧先生的治学历程和学术贡献》，《首都师范大学学报》2013年第2期。

114.《中日两国传统政治历史观的纠结》,《天津社会科学》2013年第4期。

115.《张荫麟诘难顾颉刚“默证”问题之研判》,《史学月刊》2013年第8期。

116.《构筑中国史学史的学术高地——乔治忠教授访谈录》(乔治忠、金久红),《史学月刊》2013年第8期。

117.《建立鉴定与整理新发现历史文献的学术规范》(安学勇署名第二作者),《历史教学》2013年第22期,11月下半月刊学术版。

118.《〈越绝书〉成书年代与作者问题的重新考辨》,《学术月刊》2013年第11期。

119.《雷海宗学术评价问题新议》,《学术研究》2014年第1期。

120.《中国史学史资料辨析五则》,《史学史研究》2014年第1期。

121.《中国历史研究外向借鉴的信息窗口——读朱政惠等主编的〈北美中国学的历史与现状〉》,《历史教学问题》2014年第2期。

122.《〈增订中国史学史资料编年〉的编纂及其学术体会》,《廊坊师范学院学报》2014年第2期。

123.《中国古代编年史对日本的影响》(刘文英署名第二作者),《中国高校社会科学》2014年第5期。

124.《20世纪30年代中国社会史论战问题探实》,《天津社会科学》2014年第5期。

125.《传统历史观念与当代中国》,《中国学》第四辑,上海人民出版社,2014年。

126.《李东阳〈历代通鉴纂要〉及其在清朝的境遇》,《中国史研究》2014年第4期。

127.《论清朝官方史学的研究及其学术拓展》(阚琉声署名第二作者),《山西大学学报》2015年第1期。

128.《历史研究电子资源运用的兴利除弊》,《史学月刊》2015年第1期。

129.《〈增订中国史学史资料编年〉新识五则》,《史学史研究》2015年第2期。

130.《清雍正帝对政治历史观的整饬》,《廊坊师范学院学报》2015年第4期。

131.《再评张荫麟主张的“默证之适用限度”及相关问题——兼评周书灿〈“默证法”与古史研究〉一文》,《史学月刊》2015 年第 10 期。

132.《中国传统史学对日本的宏观影响》,《南国学术》2015 年第 4 期。

133.《关于人类社会历史发展规律的再思考》,中国社科院历史研究所编《理论与史学》第 1 辑,中国社会科学出版社,2015 年。

134.《试论中国史学史研究的学术穿透力》,《淮阴师范学院学报》2016 年第 1 期。

135.《用中国话语发展当代史学理论》,《中国社会科学报》2016 年 5 月 12 日第 1 版。

136.《论中国史学史研究的东亚视域》,《史学理论研究》2016 年第 2 期。

137.《历史年代学家刘坦及其学术成就》(李金华署名第二),《首都师范大学学报》2016 年第 3 期。

138.《〈左传〉〈国语〉被刘歆窜乱的一项铁证——历史年代学家刘坦之说申论》,《北京师范大学学报》2016 年第 3 期。

139.《鲜为人知的历史年代学家刘坦》,《中华读书报》2016 年 7 月 13 日第 7 版。

140.《刘坦的〈论殷历纪年〉及其历史年代学思想》,《史学月刊》2016 年第 7 期。

141.《史学发展与史籍辑佚——〈史学辑佚文献汇编〉序》,《史学辑佚文献汇编》第 1 册卷首,国家图书出版社,2016 年。

142.《“问题意识”与“精要”准绳》,《中国社会科学报》2016 年 9 月 20 日第 1 版。

143.《中日两国在古史研讨上的政治扰动——20 世纪前期疑古史学及其背景的审思》,《史林》2016 年第 4 期。

144.《中国古代史:于绵密中见宏通》,《中国社会科学报》2017 年 1 月 9 日第 4 版。

145.《试论史学理论学术体系的建设》,《中国史研究》2017 年第 2 期。

146.《怀念道范庄肃、学术精深的史学家杨志玖先生》,载《杨志玖教授百年诞辰纪念文集》,天津古籍出版社,2017 年。

147.《清道光朝之后若干官修史籍论略》,《河北学刊》2017 年第 5 期。

148.《清朝〈四库全书〉馆隐没图书的另类手段——以三种史籍的遭际为例》,《史学理论与史学史学刊》2017 年上编,社会科学文献出版社,2017 年。

149.《〈吕思勉读史札记〉的史识与启迪》,《学术研究》2018 年第 3 期。

150.《杨翼骧教授与南开大学史学史学科建设》,《廊坊师范学院学报》2018 年第 1 期。

151.《治史仍需以读书为根基》,《人民日报》2018 年 4 月 23 日第 16 版。

152.《改革开放 40 年以来的中国史学史研究》,《中国史研究动态》2018 年第 4 期。

153.《历史年代学家刘坦手稿存真序》,《中国古代纪年丛考》卷首,国家图书馆出版社,2018 年。

154.《唯物辩证法与中国史学史研究》,《淮阴师范学院学报》2018 年第 5 期。

155.《杨翼骧历史讲义的惊喜重现》,《中华读书报》2018 年 12 月 5 日第 7 版。

156.《张居正编纂〈帝鉴图说〉及其在官方史学上的建树》,《史学史研究》2018 年第 4 期。

157.《中国近代史学研究值得反思的一个问题》,《河北学刊》2019 年第 5 期。

158.《谈谈中国史学史的要务及使命》,《中国社会科学报》2019 年 9 月 9 日第 5 版。

159.《刘泽华先生与我关联的若干往事》,中国社会科学网 2019 年 9 月 12 日,http://www. cssn. cn/lsx/ycsf/201909/t20190911_4971031. shtml。又载《中国政治思想的反思者——刘泽华先生纪念文集》,南开大学出版社,2022 年。

160.《史学史在历史学中的特殊地位和作用——乔治忠教授访谈录》(邹兆辰、乔治忠),《史学史研究》2019 年第 3 期。

161.《略谈新中国 70 年来史学理论研究》,《中国社会科学报》

2019年10月21日第5版。

162.《论史学史视域下的史学评论》,《历史教学》2019年第24期,12月下半月刊学术版。

163.《关于历史考据方法的几点辩正》,《廊坊师范学院学报》2019年第4期。

164.《论史学理论与史学史之间的关系》,《史学理论研究》2020年第1期。

165.《郑天挺之明清史讲义及相关的学科建设》,《历史教学》2020年第10期,5月下半月刊学术版。

166.《中国马克思主义史学史研究的若干理念问题》,《学术研究》2020年第11期。

167.《中国史学的起源及早期发展考析》,《史学月刊》2021年第1期。

168.《马克思主义揭示的历史发展规律》,《史学理论研究》2021年第4期。

169.《论历史认识的检验标准》,《南开学报》2021年第5期。

170.《陈寅恪治史,有成就也有局限》,《历史评论》2021年第4期。

后　记

本人自 1981 年报考历史学研究生起，即确立了以研究中国史学史为人生鹄的，在著名的史学史专家、业师杨翼骧先生的指导下，步入治学门径。硕士研究生毕业后，留校任教，随之继续在职攻读本专业博士学位，依旧在杨先生麾下。三十多年间在南开大学从事历史教学与研究，虽然个人兴趣颇为广泛，也时有其他业务需要应对，但不敢多所偏移，主要心思和精力始终放在史学理论及史学史专业之内。这样，逐渐积累，已经出版学术撰述十余种，发表论文 180 多篇，著述数量跟得上学界潮流，学术创新更富于独得之见。

凡欲治学，读书获知须博，深思研讨宜专，选取一方沃土，坚守开拓，精耕细作，即可取得系列性的丰硕成果。若游移多变，随波逐流，即使撰述较多，终无自己的学术根据地，见识也极难深入。而史学研究的理路，一是史实的考证，二是运用理论思维的阐释和评论，精于其中一种就能够业绩优良，卓然自立，二者兼通更为理想。史学史学科内许多史实尚未得到认真清理，考证之功不可或缺，史学史又与史学理论联系密切，理论思维尤不可少。本人治学初始，就自觉地在历史考证与理论思维两方面多所致力，已经发表的各篇论文，清晰地显现了史学考据与理论思维相结合的成效。

2015 年春，我从南开大学退休，随即有若干高校征聘。廊坊师范学院的各级领导和各届领导，重学术，守信义，礼贤下士，我遂成为该校的特聘教授。至 2019 年 11 月，南开大学历史学院院长发出通知，《南开史学家论丛》第四辑的编选紧急启动，我被列入这次收揽的名单之中。能够进入这一丛书系列，是十分荣幸的，标示着学院对个人学术业绩的认可，我对南开大学历史学院表示由衷的感谢！

因我曾为业师杨先生编辑《学忍堂文集》，即《南开史学家论丛》第一辑的八种著作之一，为示承接先师书名蕴意，自定书名为“上思斋史学文选”，送交学院。但延至 2020 年 7 月，又接到历史学院通知，由于疫情、经费以及世间学术风尚等等原因，原编定文集必须压缩至指定篇幅，书名也要反映实质内容。于是，大幅度删减原选之文，书名改作《史学史研究的理论与实践》。这样一来，保留下来的各篇，更加不可能全部收录我自己最感觉满意的论文，斟酌取舍，须照顾一些知识奇特而流传不广的长文，如关于历史年代学家刘坦的论述。另外，在本书书后附录了迄今发表了的论文简目，渴望学界时贤多多关注和批评。2022 年 7 月底，终于收到本书排印清样，随即进行最后的校订。而两年间中华书局的责任编辑，不知为拙稿的编排、校改付出了多少辛劳，谨致以诚挚的谢意。

本人在这次书稿校订中，以往多历年所的治学历程不时闪现在记忆之中，颇有追思感触。近来偶到南开历史学院，已经有诸多新的陌生面庞，而原先若干学生辈的同仁，也已经纵横驰骋于史坛，非复当年旧阿蒙。噫！真乃“逝者如斯夫”，不禁有理不清、道不明的沧桑之感！谨以七言绝句系于文末，聊为慨叹：

问学南开四十春，而今或若外乡人。
每逢旧识当刮目，时世翻新新更新！

2022 年 11 月 16 日于南开园上思斋